KB246210

10개의 앱으로 배우는

# iPhone
# 실전 프로젝트
## 따라하기

안진섭, 박인혜, 최재규 공저

YoungJin.com Y.
영진닷컴

10개의 앱으로 배우는
# iPhone 실전 프로젝트 따라하기

Copyright ⓒ 2012 by Youngjin.com Inc.

10F. Daeryung Techno Town 13th. Gasan-dong, Geumchen-gu, Seoul 153-803, Korea.

All rights reserved. First published by Youngjin.com Inc in 2011. Printed in Korea.


저작권법에 의하여 한국 내에서 보호를 받는 저작물이므로 무단 전재와 무단 복제를 금합니다.

이 책에서 언급된 모든 상표는 각 회사의 등록 상표입니다.
또한 인용된 사이트의 저작권은 해당 사이트에 있음을 밝힙니다.

ISBN   978-89-314-4259-5

**독자님의 의견을 받습니다**
이 책을 구입한 독자님은 영진닷컴의 가장 중요한 비평가이자 조언가입니다. 저희 책의 장점과 문제점이 무엇인지, 어떤 책이 출판되기를 바라는지, 책을 더욱 알차게 꾸밀 수 있는 아이디어가 있으면 이메일, 또는 우편으로 연락주시기 바랍니다. 의견을 주실 때에는 책 제목 및 독자님의 성함과 연락처(전화번호나 이메일)를 꼭 남겨 주시기 바랍니다. 독자님의 의견에 대해 바로 답변을 드리고, 또 독자님의 의견을 다음 책에 충분히 반영하도록 늘 노력하겠습니다.

**주 소**　　(우)153-803 서울특별시 금천구 가산동 664번지 대륭테크노타운 13차 10층 영진닷컴 기획1팀
**대표전화**　1588-0789
**대표팩스**　(02) 2105-2200
**등 록**　　2007. 4. 27. 제16-4189호
**이 메 일**　support@youngjin.com

**집필** 안진섭, 박인혜, 최재규 | **총괄** 김태경 | **진행** 김태경, 정소현
**본문 편집** 이경숙 | **표지 디자인** 임정원

# 머리말

**2007**년 혜성처럼 등장한 아이폰은 짧은 시간 동안 세상의 많은 부분을 변화시켰다. 기존 휴대폰의 개념을 바꾸어 놓았으며, 많은 사람들의 삶에 큰 변화를 가져다 주었다. 사람들은 앵그리버드 게임을 하며 즐거운 시간을 가졌으며, 모르는 것이 생기면 그때그때 웹 브라우저로 인터넷을 검색하기 시작하였다. 언제 어디서나 스트리밍 기반의 음악을 듣고, 영화도 볼 수 있게 되었다. 아이폰에 내장된 네비게이션을 이용하면 모르는 길도 쉽게 찾아갈 수 있다. 또한 은행이나 증권 같은 금융 업무도 손안의 컴퓨터 아이폰에서 처리할 수 있게 되었다. 아이폰의 등장은 경쟁 제품인 안드로이드나 윈도우 모바일 진영에도 큰 영향을 주었다. iOS로 대변되는 스마트폰 운영체제는 아이폰, 아이패드, 아이팟 터치 등에 사용되며, 이들 기기 사용자들은 iOS에서 구동되는 앱을 모아놓은 앱스토어에서 자신이 필요한 앱을 다운로드 받아 사용할 수 있다.

애플 앱스토어는 iOS 기반 수십만 개의 앱으로 가득 차 있다. 앱스토어에 등록된 앱은 소비자 입장에서 애플 제품을 쓰게 되는 동기를 제공한다. 앱스토어에는 소비자가 원하는 거의 모든 종류의 앱들이 존재하며, 언제 어디서나 쉽고 편리하게 사용할 수 있다. 앱스토어는 개발자 입장에서 iOS를 공부해 앱을 만들어야 되는 동기도 제공한다. 복잡한 유통 경로와 비싼 마케팅 비용을 들이지 않아도, 쉽고 간편하게 자신이 만든 앱을 전세계 수천 수억의 소비자에게 직접 제공할 수 있기 때문이다. 이미 우리는 앱스토어의 편리함과 활용성을 칭찬하는 수많은 소비자와 앱스토어를 통해 큰 성공을 거둔 개인 개발자나 소규모 앱 회사의 성공담을 주위에서 많이 들어오고 있다.

그렇다면 개발자 입장에서 어떻게 해야 전세계 수많은 아이폰 사용자들의 마음을 매료시킬 뛰어난 앱을 만들어 앱스토어를 통해 유통시킬 수 있을까? 서점에는 이미 iOS 관련 수많은 서적이 넘쳐나고 있다. iOS의 개념과 Xcode, Objective C 등의 개발 문법서, iOS SDK 활용서 등 수 많은 책들이 나와있다. 그렇지만 책만으로는 아이폰 생태계의 큰 숲을 보기는 어렵다.

필자가 이 책을 집필하게 된 동기는 기초부터 앱스토어 등록까지 다양한 종류의 앱들을 직접 설계하고, 구현하는 방법을 체계적으로 보여주기 위해서다. 구구단처럼 기초적인 프로그램부터 만화책 뷰어, 피카사, 앵그리버드 스타일의 게임까지 10개의 앱을 처음부터 직접 만들어가며, iOS 기반 앱을 어떻게 기획하고 설계하고 코딩하는지를 보여주고 싶었다. 처음 기획에서 책이 나오기까지 거의 1년의 시간이 흘렀고 그 사이에 iOS 버전도 몇 차례 갱신되었다. 집필 기간 내내 기술의 변화가 얼마나 빠른지 느낄 수 있는 시간이었다.

이 책을 제대로 활용하기 위해서는 iOS 및 Xcode를 알고 있어야 하며, Objective C와 iOS SDK에 대해서도 어느 정도 파악하고 있어야 한다. 즉, 요리에 비유하자면 각각의 재료에 대한 특성은 미리 파악하고 있어야 한다는 뜻이다. 이 책은 각각의 재료를 사용해 맛있는 요리를 만드는 조리법(recipe)를 설명해놓은 책이라고 보면 된다. 이 책이 독자 여러분들이 만드는 맛있는 요리에 밑거름이 되는 용도로 활용되기를 기원한다.

저자 일동

아이폰을 처음 만난 때는 아이폰 3Gs와 옴니아가 한창 스마트폰 전쟁을 치루던 그 때였다. 당시 저자는 윈도우 모바일용 앱을 만들고 있어서 개발에 참고용으로 아이폰 3Gs를 구입해서 사용했다. 아이폰은 깔끔한 화면 디자인, 화려한 애니메이션 그리고 무엇보다 잘 정리된 사용자 경험(UX)은 지금까지 사용했던 그 어떤 모바일 디바이스에서도 찾아 볼 수 없었다. 그 이후로 아이폰, 아이패드, 아이맥, 맥미니 등 애플 제품을 구입해서 사용하기 시작했고 열광했다. 모든 애플 매니아들이 그렇듯 애플의 제품이라면 일단 구입해서 평가해보았다. 그 때마다 느끼는 애플의 기술 혁신과 심플함은 감탄을 자아낸다. 이런 애플의 제품에 대한 혁신과 심플함은 애플의 SDK에서 느낄 수 있었다. 거의 매년 메이저 버전 업그레이드가 이루어지고 그 때마다 산업 전체에 영향을 줄 신기술을 포함하고 있었다. 그러면서도 SDK는 깔끔하게 유지되고 있다. 잘 정리된 SDK를 사용해서 앱을 작성하는 일은 다른 플랫폼의 그것들 보다 즐겁다. 몇 번의 클릭과 적당한 핸들러를 작성하면 내가 원하는 앱이 만들어진다. 모든 앱 개발이 쉽지는 않지만 다른 플랫폼에 비하면 쉬운 편이다. 이제 코드 작성보다는 로직에, 로직보다는 원하

# 머리말

는 앱이 무엇인지에 집중을 할 수 있게 되었다. 이 책은 앱 개발 기쁨을 다른 개발자들과 함께 나누기 위해 쓰기 시작했다. 이 책이 아이폰 개발자들에게 하나의 길잡이가 되어 주기를 기원한다.

이 책을 기획하고 쓰는데 1년이라는 긴 시간이 들었다. 그 동안 함께 책을 썼던 다른 저자들에게 감사를 전하고 특히나 주말에 시간을 내어준 사랑스런 아내와 아이들에게도 깊은 고마움을 전한다.

저자 안진섭

옴니아 SLP(SAMSUNG LINUX PLATFORM), 갤럭시에 이어 아이폰까지, 운좋게도 이렇게 다양한 폰 개발을 할 수 있었던 것은 회사 덕분이었다. 당시 회사에서 아이폰 개발을 시작하면서 처음으로 아이폰을 접하게 되었고 그간의 폰들과는 다른 사용법 및 화려한 UI, 핸드폰에 깃들어 있는 애플의 철학에 빠져들 수밖에 없었다. 그리하여 아이폰, 아이패드, 아이맥, 맥북에어, 맥북프로까지 애플의 모든 제품을 경험해 보고 싶은 강한 호기심으로 필자의 지갑은 가벼워질 수 밖에 없었지만 애플에 대한 호기심과 열망은 점점 더 커져만 갔다.

흔히들 현재 양대 산맥인 안드로이드와 iOS를 비교하곤 한다. 안드로이드는 오픈형이고 적용되는 단말기의 수가 애플처럼 한 회사에서 나오는 제품이 아니라 수백 개의 제조사에서 동시에 수많은 제품을 쏟아낼 수 있다는 장점이 있고, iOS는 플랫폼의 안정성, 실행 능력, 앱스토어라는 유통 시스템 및 개발하기에 좋은 양질의 토양을 가지고 있다. 직접 개발하거나 경험하지 않고서는 각각의 플랫폼에 대하여 이것이 좋다 저것이 좋다라고 단언할 수 없다. 이 책을 통하여 직접 상용 앱을 개발하고 앱스토어에 등록하여 실제 앱이 동작하는 것을 확인해 보면서 iOS의 매력에 같이 빠져 보기를 바란다. 이 책을 보면서 개발자의 두 눈에서 반짝반짝 빛나는 호기심이 보이길 희망한다.

머리말

마지막으로 이 책을 함께 집필한 다른 저자들에게 진심으로 감사의 마음을 전하고 항상 옆을 지켜주는 세상에서 제일 소중한 가족과 이제 한 가족이 될 내 사람에게도 고마움과 사랑을 표한다.

저자 박인혜

2007년 미국 출장 당시 같이 일하던 미국인 동료들 손에 들려있던 아이폰의 첫 인상은 상당히 강렬했다. 아이폰이 출시된 이후 기존 휴대폰의 절대 강자들이던 모토롤라, 노키아, 블랙베리 등이 차례로 무너져가고 있으며, 경쟁 영역이 아니라고 생각되던 전자 사전 및 게임기 시장도 그 영향을 크게 받고 있다. 1년 전에 이 책을 기획하고 집필을 시작했을 때에 비해 세상은 많이 변하고 있고 앞으로도 크게 변할 것으로 예상된다. 그렇지만 그 혁신의 방향은 크게 변하지 않을 것이다. 개발자들은 앞으로 더 쉬운 방법으로 자신의 상상력을 펼쳐나갈 것이며, 앱스토어 생태계는 더욱 더 견고해질 것이다. 이 책이 이러한 큰 변화의 중심에서 하나의 역할을 할 수 있기를 기대하며, 지난 1년여의 집필을 마무리하려 한다.

마지막으로 책이 나오기까지 애써주신 김태경 팀장님과 공동 집필자 진섭, 인혜에게 감사의 마음을 전한다. 언제나 꿈과 희망이 가득한 이야기를 펼쳐나가는 Future Designers 멤버들에게도 감사의 마음을 전한다. 또한 사랑하는 가족과 친구들에게도 고마움을 전한다. 그리고 언제나 밝은 미소로 옆을 지켜주는 단아(진호)에게도 지면을 통해 사랑의 마음을 보낸다.

저자 최재규

# CONTENTS

# CONTENTS



## Chapter 04 단어장 만들기

## Chapter 05　QR 리더와 생성기



## Chapter 06　만화책 뷰어(myComicViewer)

# CONTENTS

# CONTENTS

## Appendix    앱스토어에 나만의 앱 등록하기

# Chapter 01

# 구구단 만들기

아이폰에서 작동하는 구구단 프로그램을 작성해보자. 구구단은 두 개의 반복문을 사용해 계산하는 간단한 프로그램으로 아이폰 프로그램에 대한 기초 지식을 쌓는 용도로 만들어 볼 것이다. 이번 장을 통해 제어문에 대한 이해 및 알고리즘, 기본 iOS UI 사용법을 알아보자. 또한 기본 구구단과 이를 확장한 단별로 출력되는 구구단, 값을 입력받아 계산하는 구구단, 간단한 구구단 퀴즈 프로그램도 작성해보자.

- 구구단 알고리즘 구현하기

- 기본 응용 프로그램 작성하기

아이폰에서 작동하는 구구단을 만들어보자.

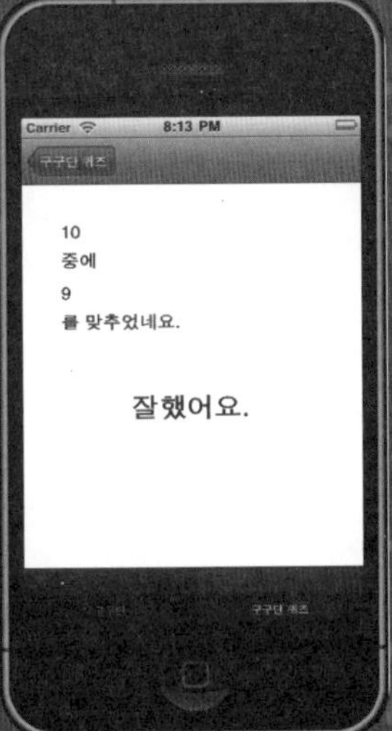




1. 이 책의 기획 의도 및 활용 방법을 소개한다.

2. 구구단을 만들어 아이폰에서 실행한다.

## 1.1  이 책의 기획 의도

이 책은 아이폰 애플리케이션 개발 방법에 대한 노하우를 소개한 책으로 기본 프로그래밍 문법을 학습한 초보 아이폰 개발자가 중급 및 고급 개발자로 나아가기 위해 학습할 다양한 주제와 내용을 담고 있다. 아이폰 애플리케이션을 개발하기 위해서 어떤 과정을 거쳐야 할까? 아이폰 개발 과정의 이해도를 높이기 위해 집 짓는 과정과 아이폰 앱 만드는 과정을 비교해보자.

| 항목 | 집 만들기 | 아이폰 앱 만들기 |
| --- | --- | --- |
| 재료 | 벽돌, 나무, 철근, 시멘트, … | 각종 iOS API, 라이브러리, 소스 코드, … |
| 가공 방법 | 설계도, 각종 시공 기법, … | 설계도, Objective-C 사용 프로그램 작성 |
| 검증 | 시공 안전 검사 | 테스트(디버깅, 단위, 통합, 인수, 설치 …) |
| 완료 | 구청에서 주택 승인 절차 진행 | 앱스토어에 앱 등록 |

집을 지으려면 우선, 집의 용도를 정확히 정의해야 한다. 이를 바탕으로 구체적인 설계도와 시공 계획이 나와야 한다. 또한 집을 짓기 위한 다양한 재료도 준비해야 한다. 똑같은 재료를 사용해 집을 짓더라도 재료의 특성을 고려한 시공 기법을 적용해야 튼튼한 집을 만들 수 있게 된다. 집을 다 지으면 집에 대한 준공 검사를 한다. 이를 통해 집이 처음 목적대로 제대로 만들어졌는지 확인하고, 집으로 사용 가능한지에 대한 최종 승인 과정을 따르게 된다. 이 과정이 완료되면 법적으로 집으로서의 권리를 인정하고 주택 시장에서 매매가 가능해진다.

아이폰 앱도 집 만드는 절차와 매우 유사한 과정을 거쳐 개발이 진행된다. 아이폰 앱을 개발할 때 맨 처음 가장 중요한 과정은 바로 어떤 용도로 사용할 앱을 만들 것인지 정의하는 것이다. 앱의 용도와 목적을 정확히 한 후에 앱에 대한 구체적인 설계도가 필요하다. 어떤 화면을 갖고 어떤 방식으로 값을 입력받아 어떻게 처리하는지 정의한 후 이에 필요한 재료를 모아야 한다. 아이폰 응용 프로그램 개발에 있어 가장 중요한 재료의 원천은 iOS가 제공하는 SDK(Software Development Kit)에 포함된 각종 API(Application Programming Interface)들이다. 이런 재료들은 오브젝티브

C 언어를 이용해 프로그램을 작성하게 된다. 각종 테스트 기법을 이용해 작성된 프로그램에 문제점이 없는지 검증한다. 프로그램 개발이 완료되면 애플 앱스토어 등록 절차를 밟아야 한다. 자신이 만든 애플 응용 프로그램을 제 3자의 아이폰에서 실행시키려면 애플의 승인을 받고 애플 앱스토어에 등록되어 있어야 하기 때문이다. 즉, 앱을 앱스토어에 등록하면 시장에서 프로그램을 거래할 수 있게 된다.

아이폰 개발을 위해서는 우선 오브젝티브 C 언어에 대해 알고 있어야 한다. 오브젝티브 C 언어는 데니스 리치가 만든 C 언어와 스몰토크(small talk)의 객체 지향 개념을 모태로 개발되었다. 만약, C 계열 언어(C, C++, Java)에 대한 경험이 있다면 오브젝티브 C 언어를 보다 빨리 습득할 수 있다. 오브젝티브 C 언어를 얼마나 능숙하게 다루는가에 따라 개발할 프로그램의 성능이 크게 달라진다. 그 다음 중요한 요소는 iOS SDK가 제공하는 API를 얼마나 잘 알고 있는지에 대한 것이다. 재료의 속성 및 특징에 대해 많이 알고 있다면, 더욱 풍부한 기능을 구현할 수 있기 때문이다. 예를 들어, 라면을 끓이는데 기본 재료인 물과 라면, 라면 스프의 특성 및 부가 재료들의 특성과 활용법을 잘 알고 있다면, 조금 더 푸짐한 라면을 만들 수 있을 것이다. 또한 야채나 만두, 고기, 계란에 대한 이해가 있다면 더 맛있는 음식을 조리할 수 있을 것이다. 마찬가지로 iOS가 제공하는 각종 API를 잘 알고 있다면, 더 풍부하고 강력한 앱을 보다 쉽고 빠르게 만들 수 있을 것이다. 그럼 iOS가 제공하는 API는 어떻게 학습해야 할까? 우선, 애플 개발자 사이트(https://developer.apple.com)를 잘 활용해야 한다. 애플의 최신 기술이나 각종 API에 대한 설명 그리고 응용 프로그램이 이 사이트에 잘 정리되어 있다. 그 다음으로 중요한 부분은 시중에 출간된 iOS 응용 프로그램 서적을 구입해 공부하는 것이다. 이를 바탕으로 간단한 샘플 애플리케이션을 개발하면서 기능을 계속 추가하다 보면, 자신도 모르는 사이에 iOS가 제공하는 API의 고수가 되어 있을 것이다.

아이폰 앱을 개발할 때 가장 중요하고 어려운 부분은 어떤 프로그램을 만들지 선정하는 과정과 경쟁 제품을 비교 분석하며, 어떻게 프로그램을 설계하고 개발할 것인지 스스로 터득하는 것이다. 이 책은 10개의 샘플 프로그램을 작성한다. 우선 어떤 프로그램을 만들지 정의하고, 정의한 프로그램과 유사한 경쟁 제품을 분석해 장단점을 파악한다. 이를 바탕으로 프로그램 내용을 상세하게 설계한다. 프로그램 설계는 UI와 코드 부분으로 나눠 진행하며, 설계가 끝나면 프로그램을 하나하나 만들어가는 모습을 보여준다. 오브젝티브 C와 iOS SDK가 제공하는 각종 API 그리고 Xcode에 어느 정도 익숙한 독자라면, 이 책에서 제시하는 방식에 따라 프로그램을 선택하고 만들어가는 과정을 반복 학습할 필요가 있다. 이러한 과정을 반복하다 보면 자신이 만든 앱이 앱스토어에 등록되고, 유통되는 모습을 직접 확인할 수 있게 된다. 즉, 진정한 아이폰 개발자로서의 자신의 모습을 확인할 수 있게 될 것이다.

## 1.2 이 책의 활용 방법

실제 아이폰 프로그램을 개발하다 보면 가장 중요하고 어려운 부분이 어떤 프로그램을 어떻게 만들 것인지 계획하는 부분이다. 이 책은 이런 독자들을 위해 10개의 테마를 정하고 프로그램을 기획하고 만들어가는 부분을 단계별로 소개하는 내용을 담고 있다.

| 초급 | 중급 | 고급 |
| --- | --- | --- |
| 기본 프로그램 설계 | 각종 프로그램 응용 | 고급 프로그램 개발 |
| 1. 구구단<br>2. UI 이해<br>3. 디바이스 제어 | 4. 단어장 만들기<br>5. QR 리더와 생성기<br>6. 만화책 뷰어<br>7. 피아노 | 8. 피카사 프로그램<br>9. 게임 프로그램<br>10. iCloud 활용 |

10개의 챕터는 각각의 난이도와 작성 목적에 따라 초급, 중급, 고급으로 구분된다.

초급 단계에서 소개할 구구단, UI 이해, 디바이스 제어는 iOS 프로그램에 대한 기본 이해와 개발에 필요한 사전 지식을 학습하는 용도로 작성되었다. 구구단은 기본 알고리즘의 이해 및 활용을 위해 작성되었으며, UI는 Xcode의 템플릿을 활용하는 방법을 소개한다. 디바이스 제어는 iOS 디바이스들의 각종 센서를 제어하는 프로그램을 작성하는 방법을 설명한다.

중급 단계의 단어장, QR, 만화책, 피아노 앱은 기본 프로그램 지식을 바탕으로 앱스토어에 많이 올라오는 주요 애플리케이션을 만드는 방법에 대해 소개한다. 단어장은 영어 학습 앱으로 앱스토어에도 비슷한 종류의 앱이 많이 존재한다. QR은 요즘 인기를 끌고 있는 각종 바코드 및 QR 코드를 인식하고 생성하는 기능을 갖추고 있다. 또한 QR을 통해 오픈 소스를 활용하는 방법을 배우게 될 것이다. 만화책 뷰어는 아이폰에서 만화책을 볼 수 있는 뷰어를 만들어보고 아이패드에서도 동작하도록 유니버셜 앱으로 제작할 것이다. 이를 통해, 아이폰/아이패드 애플리케이션의 고급 기술에 접근할 수 있는 기회가 될 것이다.

고급 단계에서는 피카사와 게임 그리고 iCloud 활용에 대해 설명한다. 피카사는 구글의 웹 앨범 서비스로, Open API를 활용해 아이폰에서 피카사 앨범을 연동하는 프로그램을 작성하는 방법을 소개한다. 게임 프로그램은 앵그리버드 스타일의 게임을 직접 만들면서, 아이폰에서 게임을 어떻게 개발하고 활용하는지 설명한다. 특히, 오픈 소스 게임 엔진인 cocos2d와 box2d에 대해 자세히 설명한다. 마지막 챕터인 iCloud 활용은 애플의 클라우드 서비스인 iCloud를 실제 앱 개발에 어떻게 활용하는지 자세히 설명한다.

이 책은 응용 프로그램을 만드는 방법을 소개하는데 초점을 맞추고 있다. 즉, 아무것도 없는 상태에서 프로그램을 기획하고 필요한 자료를 찾고, 이를 바탕으로 프로그램을 설계하고 기능을 하나씩 구현해 나가는 방법에 대해 설명한다. 또한 완성된 프로그램을 개선하여 보다 진보한 프로그램이 되도록 유도하는 내용을 담고 있다. 이 책을 제대로 활용하기 위해서 독자들은 사전 준비 작업이 반드시 필요하다. 오브젝티브 C와 iOS SDK에 대한 기본 이해와 Xcode를 사용하는 방법에 대한 사전 학습이 반드시 필요하다. 프로그램을 학습하는 가장 빠른 길은 많이 생각하고 많이 작성하고 많이 고민해보는 과정을 거치는 것이다.

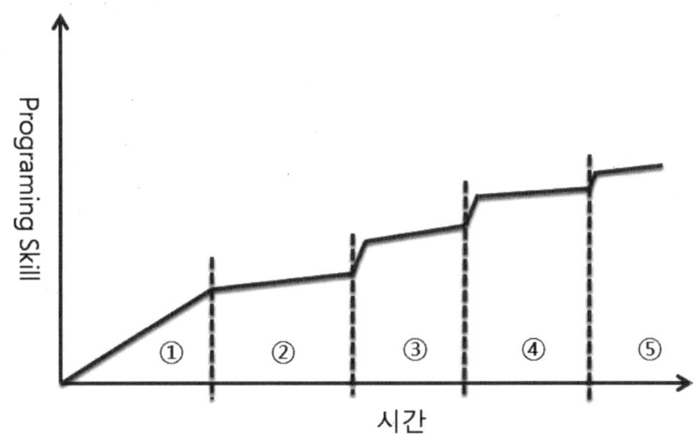


[그림 1-1] 프로그래밍 기술 습득 그래프

프로그램 작성 기술은 노력한 시간에 꼭 비례하지는 않는다. 물론 프로그램을 처음 학습하고 어느 정도 시간이 지날 때까지는 ① 처럼 노력한 시간에 비례해 실력이 향상되는 것을 확인할 수 있다. 처음 오브젝티브 C 언어를 학습하고, 기본적인 iOS SDK의 활용법을 습득하는 기간이 이 부분에 해당한다.

① 기간이 지나면 노력한 시간에 비해 성취하는 프로그램 기술은 예전만 못하다. SDK가 제공하는 수많은 API를 학습하지만 뚜렷하게 코딩 실력이 향상되지는 않는다. 이 시기에는 각종 샘플 프로그램과 iOS SDK 입문서를 학습하는 것이 중요하다. 투자한 시간에 비해 예전만큼 성과를 얻지는 못하지만 노력한 만큼 코딩 실력은 향상된다.

③ 단계에 들어서면, 프로그램 개발 생산성을 높일 수 있는 디버깅이나 Xcode의 세밀한 활용법 학습에 시간을 투자할 필요가 있다. 실제로 상용 프로그램을 작성하다 보면 프로그램 개발에 들어가는 대부분의 시간이 디버깅이나 유지보수에 투입되는 것을 볼 수 있다. Xcode가 제공하는 디버깅 기능과 Xcode가 제공하는 UI 편집기, 코드 인텔리전스 기능, 도움말 기능을 최대한 활용할 수 있도록 노력해야 한다. 또한 이 시기부터 자신이 직접 프로그램을 기획하고, 처음부터 하나씩 구현해가면서 코딩 실력을 향상시킬 필요가 있다.

앞의 ①, ② 단계보다 투입한 시간에 비해 얻어지는 성과는 크지 않다. 그렇지만 계속 시간과 노력을 투자하다 보면, 어느 날 코딩 실력이 월등하게 향상되는 기분을 맛볼 수 있게 된다. ④ 단계에 들어서면, 노력한 시간에 비해 얻는 성과물이 급격하게 떨어지게 된다. 이 단계부터는 자신이 직접 프로그램을 설계하고 구현하면서, 어떤 성과물을 만들어가야 하는 단계이다. 작성할 프로그램을 정의하고, 경쟁 제품을 벤치마킹하고, 자신의 프로그램에 장점을 부여할 수 있어야 한다. 또한 이를 바탕으로 프로그램의 상세 설계를 하고 UI와 데이터 구조도 직접 설계해 나가야 한다.

이러한 설계를 바탕으로 코딩에 필요한 재료를 하나씩 찾아 가공할 수 있어야 하며, 레고 블록을 맞추듯이 프로그램 모듈을 하나씩 만들어 자신이 처음 설계한 프로그램을 만드는 연습을 꾸준히 해야 한다. 상당수 초보 개발자들이 이 기간의 어려움을 이겨내지 못해 프로그래머의 세계에 들어오지 못하고 탈락되는 안타까운 순간을 맞이하기도 한다. 이 책은 이러한 단계에 초보 개발자들이 겪을 수 있는 어려움을 덜어주고 공부 방향을 가이드 해주기 위해 작성되었다. 이렇게 길고 험한 학습 과정을 마치면, 작은 규모의 프로그램을 자신이 직접 기획하고 빠른 시간 안에 개발할 수 있는 프로그래머가 될 수 있다.

⑤ 단계부터는 보다 큰 규모의 프로그램을 여러 명의 개발자와 협업해 개발하는 과정이다. 큰 프로그램을 여러 개발자 아키텍처와 협업해 개발해 나가는 과정으로 SA(Software Architecture), DA(Data Architecture), TA(Technical Architecture), 프로그래머 등 다양한 사람들이 모여, 하나의 큰 프로젝트를 개발하는 단계이다. 이때부터 객체 지향의 모듈과 컴포넌트의 중요성이 부각되며, 모듈간 통합, 시스템 테스트 등 보다 큰 규모의 디버깅 작업이 중요해진다. 이 책은 ③단계와 ⑤단계 사이에 있는 초보 프로그래머들을 위해 기획된 책으로 상용 iOS 애플리케이션 개발자로 도약할 수 있는 방법에 대해 소개하고자 한다.

3장부터 이 책의 모든 내용은 작성할 프로그램에 대한 정의, 경쟁 제품 분석, 작성할 프로그램 구상, 화면 구현하기, 프로그램 설계, 프로그램 구현 순으로 작성되어 있다. 마지막으로 프로그램 개선 사항에 대해서 다루고 있다. 프로그램 구상부터 구현까지의 단계를 연습하면서 고급 개발자로 도약할 수 있는 능력을 키우도록 챕터들이 구성되어 있다.

## 02 구구단 만들기

### 2.1 작성할 구구단 살펴보기

구구단은 우리가 학교에 입학해 가장 먼저 학습하는 수학의 기본 공식이다. 모든 수학의 기본 중 기본이 바로 구구단인 것이다. 마찬가지로 프로그램의 알고리즘을 처음 설명하는 주제로 구구단만한 것도 없다. 구구단은 제어문과 UI(User Interface) 구성을 통한 프로그램 구현과 디버깅 방법을 설명하기 쉬운 샘플 프로그램이다.

지금부터 구구단을 실행하는 아이폰 애플리케이션을 개발해보자. 우리가 개발할 구구단 프로그램은 1단부터 9단까지 구구단의 내용을 리스트에 출력한다. 또한 구구단 퀴즈를 통해 10개의 구구단 문제를 내고, 이를 하나씩 풀고 최종 결과를 확인할 수 있도록 구성되어 있다.

$1 \times 1$부터 $9 \times 9$까지 구구단 계산 결과를 테이블뷰에 출력한다. 구구단 계산은 반복문을 이용해 쉽게 구현할 수 있다. 예를 들어 1단부터 9단까지의 구구단을 콘솔 화면에 출력하는 코드를 간략하게 작성하면 다음과 같다.

```
int i, j;
for (i = 1; i < 10; i++) {
  for (j = 1; j < 10; j++) {
    NSLog(@"%d x %d = %d \n", i, j, i*j);
  }
}
```

구구단을 대표하는 하나의 수식을 만들어 보면

▥ A x B = C 형태로 표현할 수 있다.

[그림 1-2] 구구단

A, B, C 는 모두 변하는 수로 A는 구구단의 단 수를, B는 해당 단에서의 변하는 수, 그리고 C는 A와 B의 곱셈 결과가 된다. 구구단을 구성하려면 두 개의 변하는 값인 변수가 필요하다. 즉, 대표식 A x B = C에서 변하는 값 A와 B를 변수 i, j로 선언하면 된다. A는 1단부터 9단까지 표현하는 숫자로 for( i = 1; i 〈 10; i++) { ～ } 형태로 구문을 작성하면 된다. 구문이 의미하는 뜻은 i값이 1부터 10이 되기 전까지 하나씩 i값을 증가시키면서 구문 { ～ } 을 반복하라는 뜻이다. 각 단에서 다시 1 ～ 9까지 값을 변경하면서 단 내부에 숫자의 곱을 표현해야 하므로 동일한 반복문 패턴이 한번 더 필요하다. 따라서, for( j=1; j 〈 10; j++) 처럼 코드를 작성해야 한다. 두 개의 반복문 안에 A×B = C의 대표식이 출력되도록 코드를 작성하면 간단한 구구단 구현은 끝이 난다. 하지만 우리는 이 부분을 조금 다르게 구현해 볼 생각이다. 테이블뷰 위에 구구단을 출력할 계획이므로 UITableView 속성을 고려해 구구단 출력 방식을 제어문이 아닌 컨트롤 특징을 살린 방식으로 변형해 볼 것이다.

**여기서 잠깐만** | 오브젝티브 C

오브젝티브 C는 C를 완전히 포함한 수퍼셋이다. 오브젝티브 C를 사용하면 언어상의 차이 없이 C 함수를 호출하거나 만들 수 있다.

[그림 1-3] 구구단 퀴즈

구구단 퀴즈는 10개의 구구단 문제를 출력하고, 각각의 문제에 대해 사용자가 키 패드를 이용해 구구단 결과 값을 입력한 후 "다음" 버튼을 눌러 진행하는 방식이다. 정답을 입력하면 동그라미(○)를, 오답을 입력하면 엑스(×)를 화면에 출력한다. 구구단 퀴즈 문제는 난수 발생기를 사용해 그때그때 다른 문제가 출력되도록 작성한다. 난수 발생은 C 표준 함수인 arc4random( )를 사용해 구한다. 만약, 1~9 사이의 난수를 발생시키고 싶다면 다음과 같이 코드를 작성하면 된다

```
int  value = arc4random( ) % 9 + 1;
```

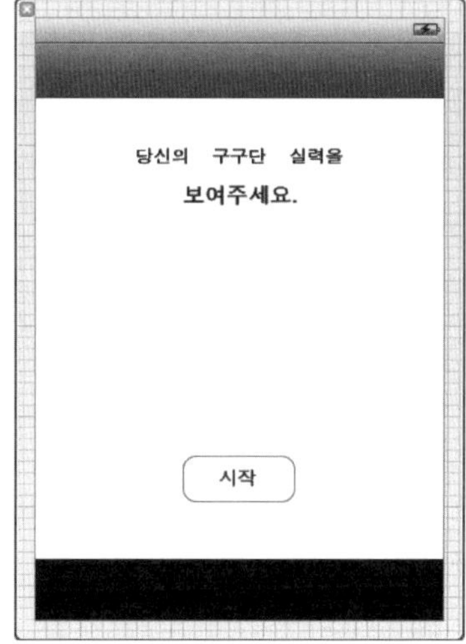

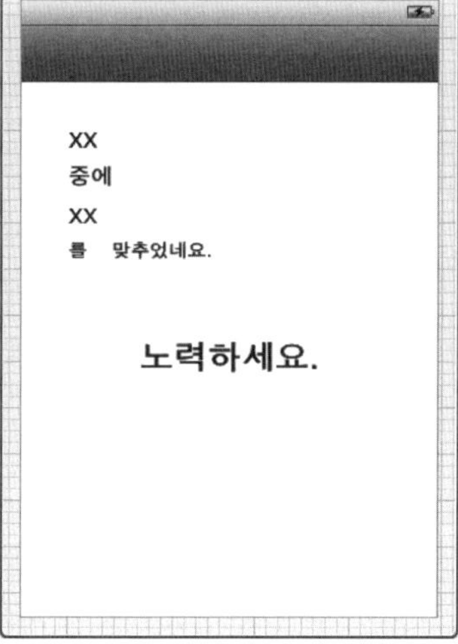


[그림 1-4] 구구단 퀴즈 시작과 종료 화면 설계

구구단 퀴즈의 시작과 종료는 [그림 1-4]처럼 작성하면 된다. 시작 화면은 단순히 라벨과 버튼만 존재하며, 종료 화면은 구구단 퀴즈의 결과에 따라 출력 모양이 바뀐다. 10개의 퀴즈를 맞춘 개수에 따라 다음과 같은 제어문이 작동해 출력 결과를 다르게 보이도록 작성했다.

```
NSString *message = @"";
float score = (float)correctAnswer / (float)totalQuiz * 100.0f;

if (score == 100.0) {
    message = @"참 잘했어요. ";
} else if (score > 80.0f){
    message = @"잘했어요. ";
} else if (score > 60.0f){
    message = @"노력 좀 하셔야 겠네요. ";
} else if (score > 40.0f){
    message = @"부모님이 걱정하십니다. ";
} else if (score > 20.0f){
    message = @"아직 희망이 있어요.";
} else {
    message = @"이를 어쩌나...";
}
```

correctAnswer는 맞춘 개수, totalQuiz는 총 출제 문제 수이다. 종료 화면의 "노력 하세요." 라벨에 구구단 퀴즈를 10개 모두 맞추면 "참 잘했어요." 2개 이하를 맞추면 "이를 어쩌나…" 라는 문장이 출력되도록 코드를 작성했다.

## 2.2 제어문에 대한 이해

컴퓨터 프로그램이란 디지털 기기를 사용해 데이터와 데이터 조작을 처리하는 기술이다. 제어문은 컴퓨터의 데이터 조작을 처리하는 핵심 기술로 반복, 선택, 기타로 구분할 수 있다. 반복문은 특정 문장을 반복 수행하며 for, while 등의 문법이 존재한다. 선택문은 하나 이상의 조건을 판별해 참, 거짓으로 처리할 구문을 분기하는 명령어이다. 반복문과 선택문 이외에 특정 위치로 분기하는 break, continue 등의 기타 제어문도 존재한다. 이들 제어문은 프로그램 언어에 상관없이 대다수의 언어가 갖고 있는 특성이다.

이러한 제어문은 컴퓨터 CPU의 산술논리 연산장치(ALU, Arithmetic Logic Unit)에 의해 처리된다. 제어문은 알고리즘 구현의 핵심 요소이다. 오브젝티브 C 언어의 제

어문을 학습한 이후에는 대학 교재로 주로 사용되는 컴퓨터 알고리즘 책을 통해, iOS
에서 사용 가능한 제어문을 이용해 알고리즘을 직접 구현하는 연습을 열심히 해야
한다.

## 2.3  iOS에서 UI 사용하기

iOS에서 가장 중요한 요소가 바로 UI(User Interface)의 사용이다. 아이폰은 화면이
컴퓨터에 비해 작고, 해상도가 낮기 때문에 UI의 중요성이 상대적으로 강조된다. 아이
폰에서 UI를 설계할 때 주의할 사항은 어떻게 하면 더 편안하고 쉽게 데이터를 입력하
고, 결과 값을 더 효율적으로 볼 수 있을지 생각해야 한다는 점이다. 이러한 UI 설계와
관련된 가이드는 애플 개발자 사이트의 아래 문서 내용을 참고하자.

▦ http://goo.gl/BQdPE

애플이 제공한 이 문서는 아이폰 이외에 각종 모바일 폰의 UI 표준 가이드 역할을 하
고 있다.

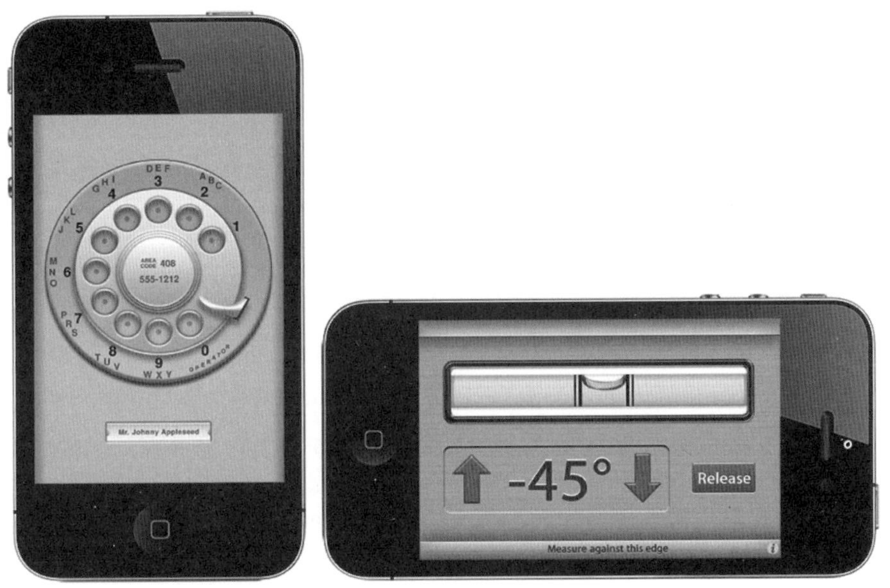

[그림 1-5] 사용자 중심의 휴먼 인터페이스 예

이 문서를 참고하면, 아이폰에서 사용 가능한 각종 UI에 대한 개념에 대해 이해할 수
있다. 시간을 투자해 꼭 읽어보도록 하자.

## 2.4 구구단 구현하기

지금부터 구구단을 구현해보자. 작성할 구구단 프로그램은 구구단을 출력하는 부분
과 구구단 퀴즈를 내는 두 부분으로 구성되어 있다. UIViewController를 상속받는
ListViewController를 만들고 테이블뷰에 구구단을 구현해보자. 새로운 프로젝트를
guguquiz로 작성해보자. 기본 프로젝트가 만들어지면 [그림 1-6]처럼 구현해 나갈
것이다.

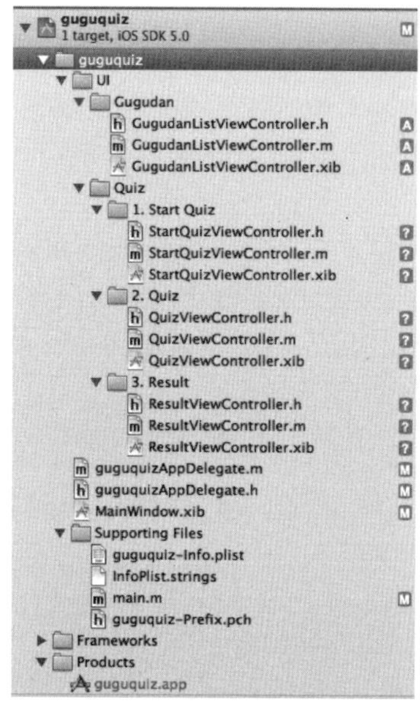

[그림 1-6] 구구단 퀴즈 프로젝트

UI 하단의 Gugudan은 구구단이 출력되는 화면을 처리하며, Quiz는 구구단 게
임의 시작, 진행, 완료를 각각 구분해 구현하였다. 구구단 프로그램의 출발점은
Supporting Files 아래의 main.m 파일이다. 이 파일에는 main 함수가 정의되어 있
으며, 모든 iOS 프로그램의 시작점이자 종료 지점이다.



```
1:    #import <UIKit/UIKit.h>
2:
3:    int main(int argc, char *argv[])
4:    {
5:        NSAutoreleasePool *pool = [[NSAutoreleasePool alloc] init];
6:        int retVal = UIApplicationMain(argc, argv, nil, nil);
7:        [pool release];
8:        return retVal;
9:    }
```

main.m 파일은 UIKit.h 헤더 파일을 import한다. UIKit.h에는 아이폰의 기본 UI에 대한 각종 API가 선언되어 있다. 3라인에 선언된 main 함수는 C 언어의 기본 프로그램 진입점과 같은 형태로 선언되어 있다. 5라인은 메모리에 해당 프로그램의 인스턴스 할당을 처리하며, 6라인에서 UIApplicationMain 메소드를 호출해 UI를 갖는 iOS 프로그램을 실행시킨다. 디버깅을 설정해보면 프로그램이 종료될 때까지 디버깅 포인트가 6라인에서 멈춰 있는 것을 확인할 수 있다. UI 화면이 실행되기 전에 디버깅 콘솔에 구구단을 출력하고자 한다면 5라인 이후에 코드를 작성하면 된다.

6라인의 UIApplicationMain은 guguquizAppDelegate.m 파일을 호출한다. guguquizAppDelegate는 앱이 실행되면서 발생하는 이벤트를 처리하는 핸들러 클래스이다. 코코아에서는 이것을 델리게이트라고 부른다.

**[소스 1-2] guguquizAppDelegate.m**

```
1:    #import "guguquizAppDelegate.m"

2:

3:    @implementation guguquizAppDelegate

4:

5:    @synthesize window = _window;

6:    @synthesize tabController = _tabController;

7:

8:    - (BOOL)application:(UIApplication *)application didFinishLaunc
hingWithOptions:(NSDictionary *)launchOptions

9:    {

10:       self.window.rootViewController = self.tabController;

11:       [self.window makeKeyAndVisible];

12:       return YES;

13:    }


... < 생략 > ...


14:    - (void)dealloc

15:    {

16:       [_window release];

17:       [_tabController release];

18:       [super dealloc];

19:    }

20:

21:    @end
```

guguquizAppDelegate는 iOS의 이벤트를 받아 프로그램이 처리할 수 있도록 하며, 프로그램의 초기 설정을 처리한다. guguquizAppDelegate는 하나의 윈도우에 탭컨트롤(tabContoller)를 올린 형태로 구성된다. 10라인에서 초기 뷰컨트롤러를 탭컨트롤로 설정한다. 14~19 라인에 선언된 dealloc은 프로그램 종료 시 호출되는 구문으로 윈도우 및 메모리에 할당된 각종 리소스를 제거하는 역할을 수행한다.

guguquizAppDelegate.h 파일은 다음 코드를 담고 있다. 이 파일에는 IBOutlet을 이용해 UIWindow와 UITabBarController가 선언되어 있다. IBOutlet은 디자인 파일과 코드를 연결하기 위한 매크로이다. 자세한 것은 2장에서 설명한다.

[소스 1-3] guguquizAppDelegate.h

```objc
#import <UIKit/UIKit.h>

@interface guguquizAppDelegate : NSObject <UIApplicationDelegate>
@property (nonatomic, retain) IBOutlet UIWindow *window;
@property (nonatomic, retain) IBOutlet UITabBarController
*tabController;
@end
```

MainWindow.xib 파일은 인터페이스 빌더로 확인할 수 있는 UI 디자인 파일이다. 이 파일은 구구단 프로그램의 초기 화면을 처리한다(그림 1-7 참조).

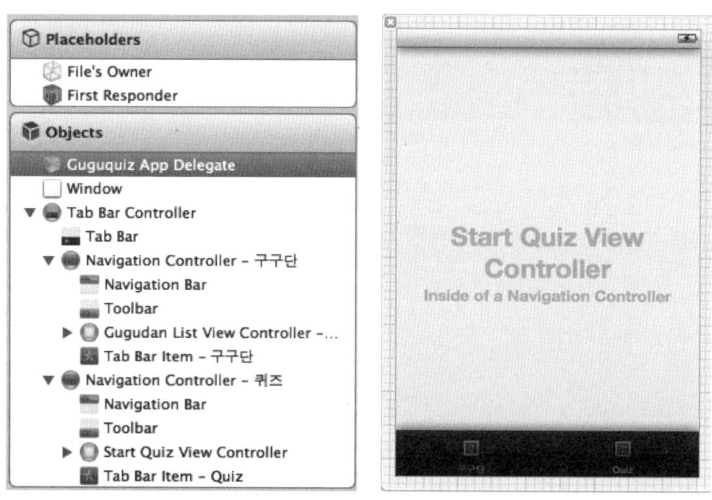


[그림 1-7] 초기 화면 구성

우선 구구단 화면부터 만들어보자. 화면은 탭 바를 이용해서 구성하는데, 탭 바를 사용하면 여러 화면을 등록하고 탭 버튼을 통해서 원하는 화면으로 바로 전환될 수 있다. GugudanListViewController.m 파일은 구구단을 출력하는 UIListViewController를 상속받아 구현되었다. 이곳에서는 테이블뷰에 구구단을 출력한다. 구구단 출력의 핵심은 5~8, 10~13라인에 선언된 두 개의 메소드가 반환하는 값에 있다. 7라인에서 반환한 값은 구구단 뒷자리 숫자를 가리키고, 12라인에서 반환한 값은 구구단의 단 수의 크기를 가리킨다.

[소스 1-4] 구구단 출력화면 – GugudanListViewController.m

```
1:  #import "GugudanListViewController.h"
2: @implementation GugudanListViewController
3: … < 생략 > …
4: #pragma - UITableView handler
5: - (NSInteger)tableView:(UITableView *)tableView numberOfRowsInSec
tion:(NSInteger)section
6: {
7:     return 9;
8: }
9:
10: - (NSInteger)numberOfSectionsInTableView:(UITableView *)
tableView
11: {
12:     return 9;   // 단수 출력
13: }
14:
15: - (NSString *)tableView:(UITableView *)tableView titleForHeaderI
nSection:(NSInteger)section
16: {
17:     return [NSString stringWithFormat:@"%d 단", section + 1];
18: }
19:
20: - (UITableViewCell *)tableView:(UITableView *)tableView
cellForRowAtIndexPath:(NSIndexPath *)indexPath
21: {
22:     NSString *identify = @"cell";
23:     UITableViewCell *cell = [tableView dequeueReusableCellWithId
entifier:identify];
24:     if ( cell == nil )
25:     {
26:         cell = [[UITableViewCell alloc] initWithStyle:UITableVie
wCellStyleValue1 reuseIdentifier:identify];
27:     }
28:
29:     cell.textLabel.text = [NSString stringWithFormat:@"%d x %d",
(indexPath.section + 1), (indexPath.row + 1)];
```

```
30:    cell.detailTextLabel.text = [NSString stringWithFormat:@"%d"
,(indexPath.section + 1) * (indexPath.row + 1)];
31:
32:    return cell;
33: }
34:
35: @end
```

17라인에서 구구단 출력 단수를 구분하는 문자열을 만든다. 실질적인 구구단 출력은 20~33라인에 선언된 메소드 안에서 처리된다. 29라인에서 구구단의 단수를 테이블의 indexPath값을 통해 알아내고, 이 값을 이용해 A x B 형태의 문자열을 만들어 테이블 셀(cell)에 추가한다. 구구단 결과 값은 셀의 detailTextLabel에 별도로 넣어준다. 테이블뷰의 특성을 살려 1×1부터 9×9까지의 구구단을 테이블에 출력한다.

메인 화면 하단의 Quiz 탭을 클릭하면 StartQuizViewController.m 파일이 호출된다. 이 파일은 단순히 구구단 퀴즈의 시작을 보여주는 역할만 수행한다. "시작" 버튼을 클릭하면 QuizViewController.m 파일을 호출한다. 퀴즈 화면에는 두 개의 라벨과 하나의 값 입력용 텍스트 필드가 있다. 구구단 퀴즈 화면은 QuizViewController.xib 파일에 UI가 그려져 있다.

아래 그림처럼 왼쪽 9, 오른쪽 9 그리고 가장 오른쪽에 있는 텍스트 필드가 오브젝티브 C 코드와 연결되어 있다. 화면 중앙의 0 라벨 역시 퀴즈를 맞추면 0, 틀리면 X로 변경되도록 소스 코드와 연결되어 있다. UI 요소와 연결되는 소스는 IBOutlet이라는 매크로로 선언되어 있다.

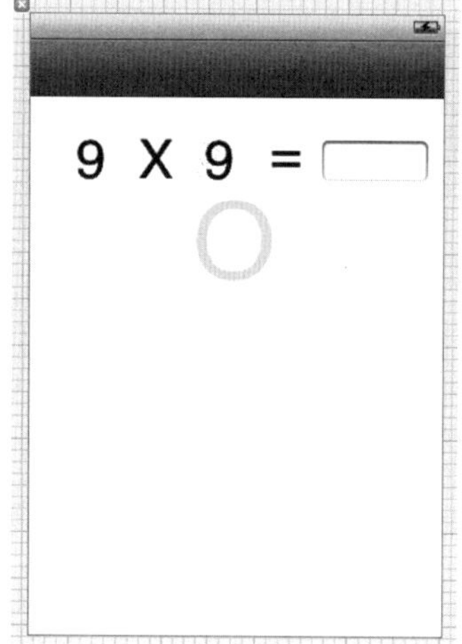


[그림 1-8] 구구단 퀴즈 화면

QuizViewController.m의 주요 부분을 살펴보자. 2라인은 퀴즈 결과를 보여줄 ResultViewController 헤더를 임포트시킨다. 6~12라인에는 QuizViewController 에서 사용하는 프로퍼티가 선언되어 있다.



```
1:    #import "QuizViewController.h"
2:    #import "ResultViewController.h"
3:
4:    @implementation QuizViewController
5:
6:    @synthesize totalQuiz;
7:    @synthesize correctAnswer;
8:    @synthesize wrongAnswer;
9:    @synthesize textAnswer;
10:   @synthesize labelFirst;
11:   @synthesize labelSecond;
12:   @synthesize labelMark;
13:
14: - (id)initWithNibName:(NSString *)nibNameOrNil bundle:(NSBundle
*)nibBundleOrNil
15: {
16:     self = [super initWithNibName:nibNameOrNil
bundle:nibBundleOrNil];
17:     if (self) {
18: }
19:     return self;
20: }
21:
22: - (void)didReceiveMemoryWarning
23: {
24:     [super didReceiveMemoryWarning];
25: }
26: #pragma mark - View lifecycle
27:
28: - (void)viewDidLoad
29: {
30:     [super viewDidLoad];
31:     [self putTheQuiz];
32:     [self.textAnswer becomeFirstResponder];
33:     UIBarButtonItem *nextButton = [[UIBarButtonItem alloc]
initWithTitle:@"다음"
style:UIBarButtonItemStyleDone target:self action:@selector(onCheckA
nswerAndNext)];
34:     self.navigationItem.rightBarButtonItem = nextButton;
35:     [nextButton release];
36:
37:     self.title = [NSString stringWithFormat:@"%d 문제",
```

```
     self.correctAnswer + self.wrongAnswer + 1];
38:  }
```

28~38라인의 viewDidLoad 메소드는 QuizViewController가 메모리에 로드될 때
호출되는 부분이다. 31라인의 putTheQuiz 메소드는 1~9 사이의 난수를 발생시켜
퀴즈를 만들어내는 기능을 처리한다.

```
- (void) putTheQuiz{
    int gugu_1 = arc4random() % 8 + 1;
    int gugu_2 = arc4random() % 8 + 1;
    labelFirst.text = [NSString stringWithFormat:@"%d", gugu_1];
    labelSecond.text = [NSString stringWithFormat:@"%d", gugu_2];
 numAnswer = gugu_1 * gugu_2;
 }
```

33라인에서 화면 상단에 "다음" 버튼을 생성한다. 이 버튼을 클릭하면 onCheck
AnswerAndNext 메소드가 호출되도록 핸들러를 등록한다. 이 함수는 아래
3~9라인처럼 입력 값이 정답인지 확인해 O와 X를 화면에 출력한다. 또한 화
면 전환 애니메이션을 처리하며, 10 문제 퀴즈를 모두 풀면 20~24라인에서
ResultViewController 화면으로 전환시키는 기능도 처리한다. 26~31라인에서는
아직 10 문제의 퀴즈를 모두 풀지 않았기에 다시 퀴즈 출제 화면으로 전환하는 처리를
한다.



```
 1:  - (void) onCheckAnswerAndNext
 2:  {
 3:      if ([textAnswer.text intValue] == numAnswer) {
 4:          self.correctAnswer++;
 5:          self.labelMark.text = @"O";
 6:      } else {
 7:          self.wrongAnswer++;
 8:          self.labelMark.text = @"X";
 9:      }
10:     // animation
11:     self.labelMark.hidden = NO;
12:     self.labelMark.alpha = 0.0f;
13:     [UIView animateWithDuration:0.5f animations:^{
14:
15:     self.labelMark.alpha = 1.0f;
16:
17:     } completion:^(BOOL finished) {
18:         // 화면 전환
```

```
19:            if (self.totalQuiz == self.correctAnswer + self.
wrongAnswer) {
20:                ResultViewController *viewController =
[[ResultViewController alloc]
initWithNibName:@"ResultViewController" bundle:nil];
21:                viewController.totalQuiz = self.totalQuiz;
22:                viewController.correctAnswer = self.correctAnswer;
23:                [self.navigationController pushViewController:viewC
ontroller animated:YES];
24:                [viewController release];
25:            } else {
26:                QuizViewController *viewController =
[[QuizViewController alloc] initWithNibName:@"QuizViewController"
bundle:nil];
27:                viewController.totalQuiz = self.totalQuiz;
28:                viewController.correctAnswer = self.correctAnswer;
29:                viewController.wrongAnswer = self.wrongAnswer;
30:                [self.navigationController pushViewController:viewC
ontroller animated:YES];
31:                [viewController release];
32:            }
33:            self.title = @"구구단 퀴즈";
34:        }];
35: }
```

작성한 애플리케이션을 아이폰이나 아이패드에서 실행하는 방법과 앱스토어에 등록하는 방법은 [부록] 앱스토어에 나만의 애플리케이션 등록하기 부분을 참고하자.

## 마무리

지금까지 간단한 아이폰용 구구단 퀴즈 프로그램을 작성해 보았다. 구구단 기능을 조금 더 확장해 나만의 구구단 앱을 만들어보자. 텍스트 상자에 구구단이 달력처럼 출력되도록 만들어 보거나, 문자열을 분석해 구구단을 처리하는 로직을 작성해보자. 예를 들어 텍스트 상자에 109×291을 입력하면 자동으로 숫자를 분별하고 곱셈 값을 계산하는 프로그램을 작성해보자. 혹은 구구단을 확장해 사칙 연산 계산기를 작성해 보는 것도 좋은 시도일 것이다. 기본 프로그램의 원리를 바탕으로 나만의 프로그램을 만들면서 하나씩 배워나가다 보면, 어느새 프로그램 실력이 향상된 자신의 모습을 발견하게 될 것이다.

# 애플 최고의 제품 10가지

애플은 지금까지 수많은 제품을 발표해왔다. 애플 매니아들은 애플이 만든 최고의 제품을 통해, 애플의 철학과 디자인 그리고 성능에 대한 열렬한 지지를 보내고 있다. 애플이 만든 최고의 제품들에는 어떤 것이 있을까?

- **아이폰** : 2007년 혜성같이 등장한 아이폰은 기존의 스마트폰 개념을 바꿔놓았다. 또한 오늘날 최고의 브랜드인 애플을 만들어 놓은 대표주자이다.

- **아이패드** : PC 산업의 패러다임을 바꾼 혁신적인 태블릿 PC. 스티브 잡스가 가장 만들고 싶어하던 작품이었다.

- **맥 OS X** : 최근 윈도우 운영체제를 위협하는 가장 강력한 경쟁자로 떠오르는 맥 OS. iOS와 유사한 스타일과 맥앱스토어를 바탕으로 제 2의 애플 컴퓨터 시대를 이끌고 있다.

- **애플 2** : 애플이 1977년 판매한 제품으로 1MHz CPU와 4KB RAM 그리고 카세트 테이프 저장 장치를 사용했다. 개인용 컴퓨터 붐을 일으킨 장본인.

- **아이튠즈** : Soundjam MP에 의해 1999년 탄생했으며, 애플로 인수되어 아이튠즈로 이름이 변경되었다. 아이튠즈 스토어로 진정한 디지털 허브로서의 역할을 수행하고 있다.

- **아이맥** : 기능과 성능으로 대변되던 PC 시장을 디자인과 감성으로 변화시킨 장본인으로 적자의 늪에 빠진 애플을 구해낸 일등 공신이다. 조나단 아이브가 디자인했다.

- **아이팟** : 조그셔틀을 사용해 음악 선곡을 할 수 있었던 혁신적인 인터페이스. 2004년 미국 디지털 플레이어 시장의 70%를 장악했으며, 애플 부활의 신호탄을 쏘아 올렸다.

- **아이팟 나노** : 플래쉬 메모리를 사용하고 극단의 미니멀리즘을 표방하는 제품이다.

- **앱스토어** : iOS 기반의 새로운 생태계를 만들어낸 앱 마켓이다. 수십만 개의 앱이 유통되는 거대한 생태계로 오늘날 애플이 갖고 있는 최고의 전략 무기이다.

- **애플스토어** : 제품의 판매나 전시뿐 아니라 애플의 혁신적인 이미지를 소비자에게 직접 전달하는 장소로 애플의 브랜드를 만들어가는 중추 역할을 수행하고 있다.

MEMO

# Chapter 02

# UI 이해와 Xcode 프로젝트 템플릿 알아보기

경쟁 스마트폰 플랫폼과 비교해 아이폰이 갖는 가장 큰 차별화 포인트는 UI(User Interface) 부분이다. 아이폰이 제공한 혁신적인 UI에 많은 사람들이 열렬한 지지를 보냈으며, 그 결과 애플은 IT 업계의 중심에 우뚝 설 수 있게 되었다. 이번 장에서는 애플이 제공하는 아이폰의 UI에 대해 살펴본다. 앱 개발에 있어 UI에 대한 이해와 사용법 습득은 상당히 중요하다. Xcode에서 제공하는 템플릿과 이를 이용해 베이스 코드를 만들어 가는 방법에 대해 상세히 알아본다.

- UI 이해

- 템플릿 사용하기

애플 iOS UI를 이해하고 프로젝트 템플릿을 학습한다.



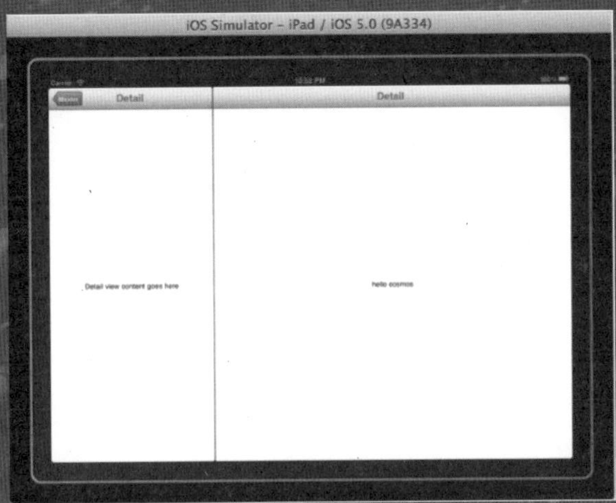

1. iOS UI 이해

2. Xcode의 iOS 프로젝트 템플릿 사용하기

　　– 마스터 디테일 앱(Master-Detail Application) 템플릿

　　– 페이지 기반 앱(Page-Based Application) 템플릿

　　– 싱글 뷰 앱(Single View Application) 템플릿

　　– 탭 기반 앱(Tabbed Application) 템플릿

2007년 아이폰이 처음 등장했을 때 사람들은 혁신적인 UI(User Interface)에 열광했다. 기존에 경험하지 못한 사용자 경험은 많은 이의 뇌리에 깊은 인상을 남겼다. 이후 아이폰이 날개 돋친 듯 팔려나가면서 UI의 중요성은 크게 부각되기 시작했다. 애플은 매킨토시에서 사용하던 UI를 그대로 iOS 환경으로 가져왔으며, 한층 더 진보적인 발전을 이뤄냈다. 이러한 UI 가이드라인에 대한 자세한 내용은 http://goo.gl/MwFaC 휴먼 인터페이스 가이드 문서를 통해 확인할 수 있다. 이 가이드라인은 앱의 용도와 특성에 따라 알맞은 디자인 방법과 iOS에서 제공하는 모든 UI 요소에 대한 사용법과 용도에 대해 자세히 설명하고 있다.

## 1.1 UI를 잘 활용한 아이폰 앱

획기적인 아이디어와 멋들어진 UI로 무장한 기발한 앱들이 이 시간에도 앱스토어에 계속 등록되고 있다. UI를 잘 활용한 아이폰 앱을 살펴보자.

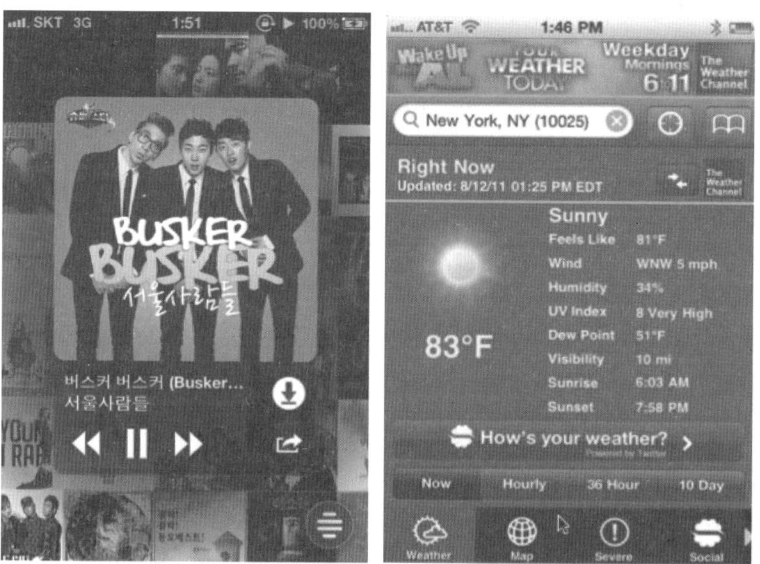


[그림 2–1] Wall of Sound/The Weather Channel 앱

"Wall Of Sound" 앱은 아이팟 터치, 아이폰, 아이패드에서 앨범 커버로 음악을 보여준다. 앨범 커버를 선택하면 노래를 들을 수 있다. 대부분의 음악 플레이어 앱들이 단순히 리스트 형식으로 음악을 배열하고 재생한다. 그렇지만 "Wall Of Sound"는 벽

돌모양의 앨범 커버를 나열한 UI로 구성되어 있다. 사용자들이 경험하지 못한 UI를 제공하며, 이를 통해 주목받는 앱으로 사람들 뇌리 속에 기록되었다.

"The Weather Channel" 앱은 수많은 날씨예보 앱 중에서 가장 높은 순위를 차지하고 있다. 이 앱은 여러 장소의 정보를 저장하여 매시간마다 날씨를 예보해주고 해당 지역의 날씨를 볼 수 있는 영상 레이더를 제공한다. 이 같은 기능을 사용자들이 손쉽게 사용하도록 UI를 복잡하지 않게 구성하였다.

[그림 2-2] 어썸 노트 앱

어썸 노트는 생산성 카테고리 분야에서 꾸준히 1위를 차지하고 있는 앱이다. 첫 화면만 봐도 UI가 상당히 세련되게 구성되어 있는 것을 볼 수 있다. 어썸 노트 앱은 너무 화려하지도 않고 그렇다고 너무 단조롭지도 않은 디자인을 갖고 있으며, 노트가 가져야 하는 기본 기능을 충실히 지원한다. 여기에 사용하기 편리한 UI를 제공해 사용자들로부터 인기를 끌고 있다.

앞에서 살펴본 앱들처럼 잘 구성된 UI를 만드는 것은 쉽지 않고 시간도 많이 드는 일이다. 이런 어려움을 해결하는 방법 중 하나는 Xcode의 템플릿 기능을 활용하는 것이다. Xcode는 가장 많이 사용되는 마스터 디테일 앱 템플릿 외에도 다양한 템플릿을 제공하고 있다. iOS 개발자라면 원하는 앱을 개발하기 위해서 적절한 템플릿을 선택해서 사용할 수 있어야 한다. 이번 장에서는 주요 템플릿을 살펴보면서 사용 방법에 대해서 알아볼 것이다.

Xcode의 템플릿을 사용해 아이폰 앱을 개발해보자. 개발자들이 애플리케이션을 개발할 때는 보통 다음과 같은 절차를 따른다.

01_개발할 애플리케이션의 목적, 용도를 생각하여 구현할 앱의 기능 리스트 정리하기

02_UI 구상하기 – 스토리보드 작성하여 화면 디자인 만들기

03_프로그램 설계하기 – 클래스 다이어그램, 아키텍처 설계하기

04_프로그램 개발하기

05_테스트 및 배포하기

이러한 과정을 거쳐 앱을 개발할 때 처음 설계한 UI 구성 기획을 잘 유지하며, 앱을 개발하는 것이 중요하다. UI 기획을 통해 구현할 인터페이스의 유형이 확실해지면 Xcode에서 제공하는 템플릿 중에서 가장 적합한 것을 골라 프로젝트를 생성하자. Xcode는 자주 사용하는 UI 인터페이스가 적용된 템플릿을 제공한다.

Xcode를 실행하고 [File]-[New]-[New Project] 메뉴를 선택하거나 Command + Shift + N 키를 선택하면 새 프로젝트 창이 나타난다. 다음은 Xcode에서 프로젝트 템플릿을 선택하는 화면이다.

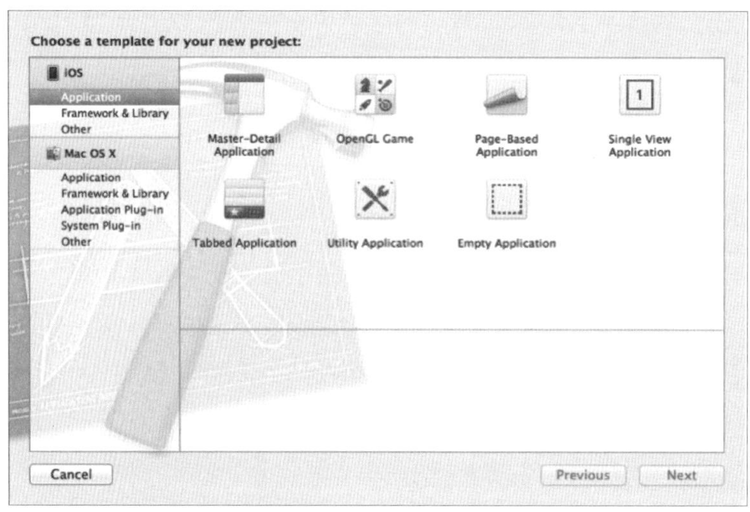


[그림 2-3] Xcode 프로젝트 템플릿

프로젝트 템플릿은 iOS용과 Mac OS X용으로 구분되어 있다. [그림 2-3]처럼 각각의 템플릿을 선택하면 해당 템플릿에 대한 간단한 설명을 하단에서 볼 수 있다. Xcode 4.2 이상 버전에서는 프로젝트 템플릿이 약간 변경되었다. 가장 많이 사용하던 "Navigation-based Application"이 없어지고 대신 "Master-Detail Application"과 "Page-Based Application"이 새로 추가되었다. 각 템플릿에 대한 사용법에 대해 살펴보자.

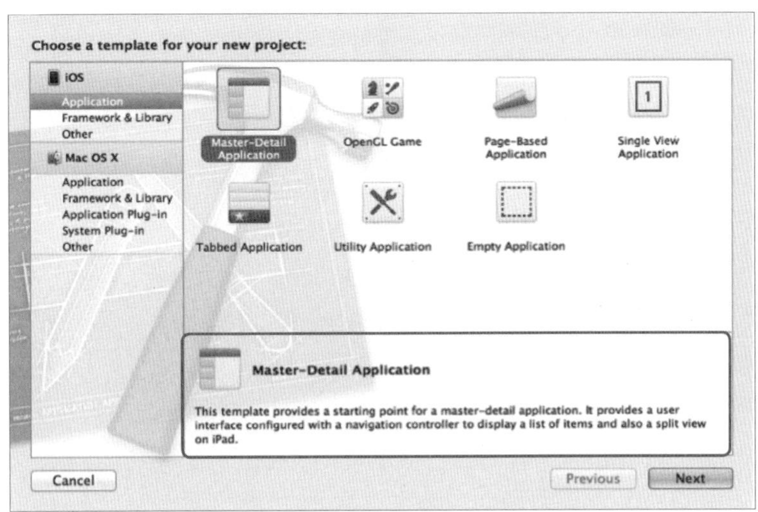

[그림 2-4] Xcode "Master-Detail" 프로젝트 템플릿 - 상세 설명

사용할 프로젝트 템플릿을 결정했으면 해당 템플릿을 선택하고 "Next" 버튼을 클릭한다. 화면에 프로젝트 이름을 입력하면 프로젝트가 생성된다. 만들어진 프로젝트를 실행시키면 아이폰 시뮬레이터나 디바이스에서 곧바로 프로젝트 템플릿을 확인할 수 있다.

지금부터 Xcode가 제공하는 기본 템플릿에 대하여 알아보자.



Xcode 4.2 이후 부터 네비게이션 템플릿과 스플릿 뷰 템플릿이 없어지고 마스터 디테일 앱 템플릿과 페이지 기반 앱 템플릿이 추가되었다. 하지만 이 책의 일부에서 네비게이션 기반 앱 템플릿을 사용하고 있다. 만약 Xcode 4.2를 사용하고 있다면 http://10apps.tistory.com/2를 참조해서 추가하도록 해야 한다.

프로젝트 생성시에 마스터 디테일 템플릿을 선택한 채로 "Next" 버튼을 클릭하자.

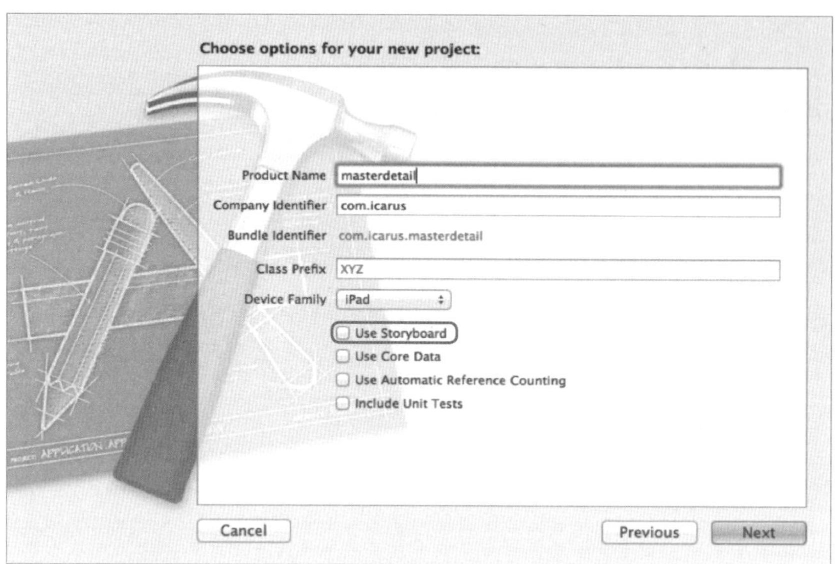

[그림 2-5] Xcode Project 생성 화면

프로젝트 이름을 입력하고 "Use Storyboard" 기능을 체크하면, 프로젝트 내비게이
터에서 기존에 만들어지는 XIB 파일들 대신에 MainStoryborad.storyboard 파일
이 생기는 것을 확인할 수 있다.

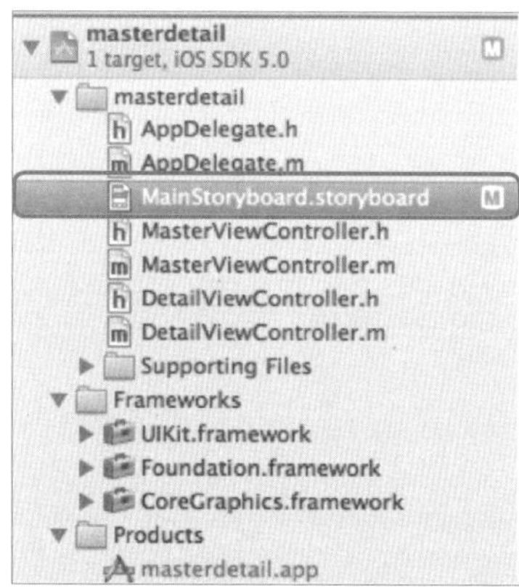

[그림 2-6] Xcode Project 화면 – 프로젝트 생성시 스토리보드 선택

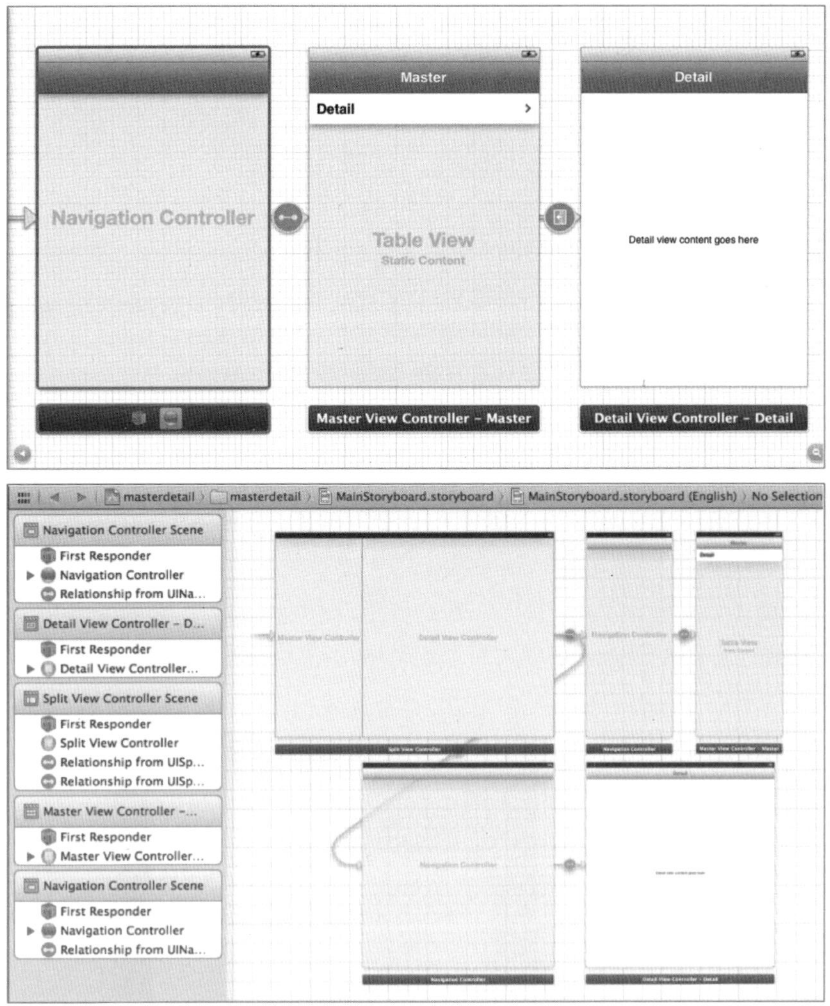

[그림 2-7] Xcode Master-Detail 프로젝트 스토리보드 (iPhone/iPad)

기존에 인터페이스 빌더(Interface Builder)를 이용해 각각의 XIB 파일에 개별적으로 UI를 구성하는 방식(이하 XIB 방식)은 전체 UI의 흐름을 파악하기가 상당히 어려웠다. 이러한 문제점을 해결하기 위한 대안으로 등장한 기술이 바로 스토리보드이다. 스토리보드는 거대한 도화지 위에 그림을 그리면서, 전체 UI 흐름을 파악할 수 있다. 이번 장에서는 XIB 방식과 스토리보드 방식 모두를 살펴볼 것이다.

우선, 인터페이스 빌더를 사용해 XIB 파일을 사용하는 프로젝트를 생성해보자. 프로젝트 생성 화면에서 "Use Storyboard" 체크를 해제하고 프로젝트를 생성하자.

[그림 2-8] Xcode Project 화면 - 프로젝트 생성시 스토리보드 체크 해제

생성된 프로젝트를 바로 실행하면 시뮬레이터가 출력된다. 프로젝트 생성 화면을 자세히 보면 디바이스 종류를 선택하는 부분이 있다. iPhone, iPad, universal의 3가지 타입이 존재하고, 구현할 앱에 맞추어 디바이스를 선택하면 된다. iPad를 선택하고 프로젝트를 생성하면 [그림 2-9] 오른쪽 그림에서 아이패드 시뮬레이터에 스플릿 뷰로 내비게이션 화면이 생성된다. 우리는 여기서 iPad를 선택한다.

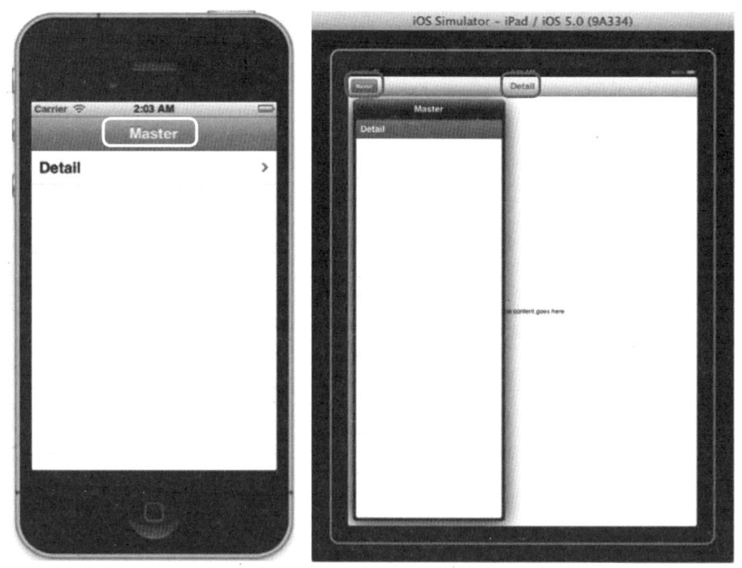

[그림 2-9] 아이폰, 아이패드 마스터 디테일 템플릿 실행화면

마스터 디테일 앱 템플릿은 트리나 연결 리스트 형태의 데이터 구조로 깊은 단계로 들어갔다가 나올 수 있는 경우에 유용하다. 주로 앱 상단에 타이틀과 좌우에 간단한 버튼을 표시할 때 사용한다.

[그림 2-10] 아이폰에 포함된 이메일과 설정 앱 – 마스터 디테일 앱 템플릿

아이폰에 들어있는 이메일과 설정앱은 마스터 디테일 템플릿 (이전 이름, 내비게이션 템플릿)이 사용된 앱들이다. 마스터 디테일 템플릿에서 사용되는 내비게이션 컨트롤러는 새 컨트롤러와 뷰를 메모리에 자동으로 로드한다. 현재 뷰는 화면 왼쪽으로 밀려 나가고, 새로운 뷰가 오른쪽으로 밀려 들어오는 화면 전환 애니메이션을 갖고 있다. 아이폰에 내장된 이메일 앱의 받은 편지함에서 읽을 메일을 선택하면 이러한 애니메이션을 보여준다.

이제, 본격적으로 소스 코드를 구현하며 마스터 디테일 앱 템플릿을 사용하는 방법을 살펴보자.

아이패드 실행 화면을 보면, 왼쪽 Master View와 오른쪽 Detail View가 있다. 왼쪽 Master View 안의 Detail 테이블 셀을 선택하면 테이블뷰에서 "Detail View Content goes here"가 적힌 뷰 컨트롤러 화면으로 전환한다. 마스터 디테일 템플릿을 아무런 수정없이 실행시키면, MasterViewController만 테이블뷰에서 뷰 화면으로 전환되고 DetailViewController 화면은 변하지 않는다.

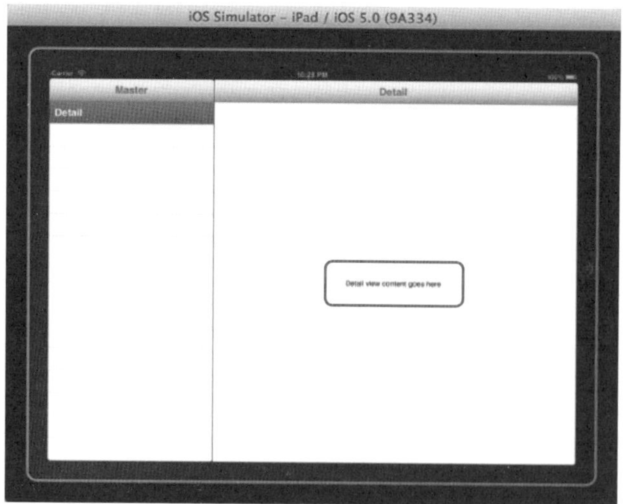

[그림 2-11] 마스터 디테일 앱 템플릿 아이패드 화면(1)

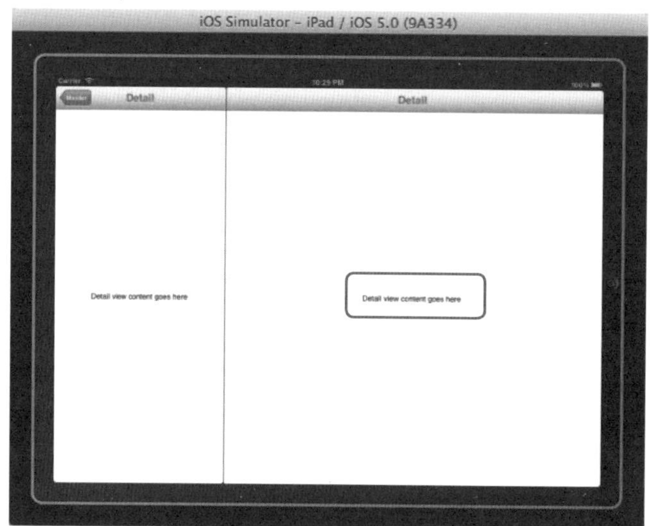

[그림 2-12] 마스터 디테일 앱 템플릿 아이패드 화면(2)

왼쪽 MasterViewController 안에서 Detail 테이블의 셀을 선택하면, 오른쪽 DetailViewController의 "Detail View Content goes here" 텍스트 문구를 "hello cosmos"로 변경하는 코드를 작성해보자.



```
1. #import <UIKit/UIKit.h>
2.
3. @class DetailViewController;
4.
```

```
5. @interface MasterViewController : UITableViewController
6.
7. @property (strong, nonatomic) DetailViewController
*detailViewController;
8.
9. // 추가된 코드
10.@property (strong, nonatomic) DetailViewController
*mainDetailViewController;
11.
12.@end
```

MasterViewController.h에서는 @property (strong, nonatomic) DetailView
Controller *detailViewController; 프로퍼티를 추가한다(10라인).



```
1.#import "MasterViewController.h"
2.
3.#import "DetailViewController.h"
4.
5.@implementation MasterViewController
6.
7.@synthesize detailViewController = _detailViewController;
8.@synthesize mainDetailViewController; // 추가된 코드
```

MasterViewController.m에는 @synthesize mainDetailViewController; 를 추
가한다(8라인).



```
1. - (BOOL)application:(UIApplication *)application didFinishLaunchi
ngWithOptions:(NSDictionary *)launchOptions
2. {
3.     ... 생략 ...
4.     ... 생략 ...
5.     self.splitViewController.delegate = detailViewController;
6.     self.splitViewController.viewControllers = [NSArray arrayWi
thObjects:masterNavigationController, detailNavigationController,
nil];
7.     self.window.rootViewController = self.splitViewController;
8.
9.     // 추가된 코드
10.    masterViewController.mainDetailViewController =
detailViewController;
```

```
11.    [self.window makeKeyAndVisible];
12.    return YES;
13.}
14.
15.- (void)applicationWillResignActive:(UIApplication *)application
16.{
17.}
```

AppDelegate.m의 10라인에서 detailViewContoller를 masterViewController.
mainDetailViewController에 대입하는 부분을 추가한다. 코드를 작성한 후 프로젝
트를 빌드한 후 다시 실행하면 디테일 뷰 컨트롤 화면이 변경된다. 이제 출력 문구를
바꿔보자.



```
1 - (void)tableView:(UITableView *)tableView didSelectRowAtIndexPath
:(NSIndexPath *)indexPath
2 {
3   if (!self.detailViewController) {
4       self.detailViewController = [[[DetailViewController alloc]
initWithNibName: @"DetailViewController" bundle:nil] autorelease];
5   }
6   [self.navigationController pushViewController:self.
detailViewController animated:YES];
7
8   // 추가한 코드
9   mainDetailViewController.detailDescriptionLabel.text = @"hello
cosmos";
10  }
11
12  @end
```

8라인에서 라벨 텍스트를 "hello cosmos"로 입력한다. 프로젝트를 새롭게 빌드하고
실행해보자. 앱 왼쪽 마스터 뷰의 디테일 셀을 클릭하면 오른쪽 디테일 뷰의 문구가
"Detail view content goes here"에서 "hello cosmos"로 변경된다.

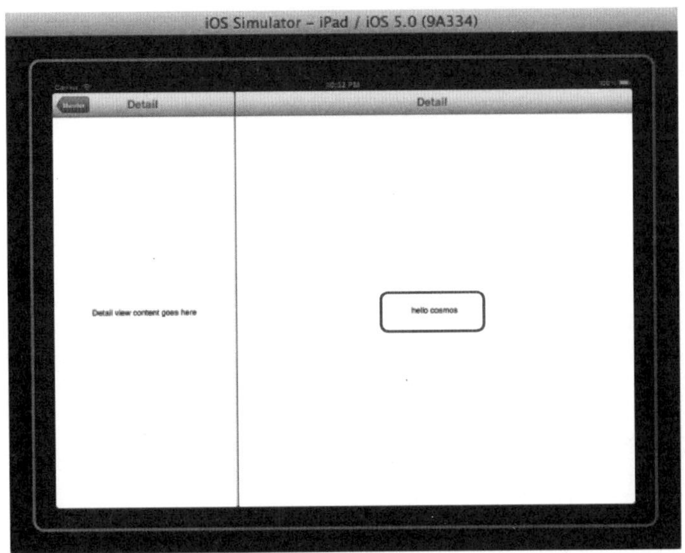


[그림 2-13] 마스터 디테일 변경

## 04 페이지 기반 앱 템플릿

Xcode 4.2 이후 버전부터 UIPageViewController 클래스가 추가되었다. 이 클래스를 이용하면 전자책의 페이지 넘김 효과를 쉽고 간편하게 구현할 수 있다. 이 클래스를 사용한 "Page-Based Application" 템플릿이 Xcode에 추가되었다. 이 템플릿을 사용하면 자연스러운 페이지 넘김 효과를 구현할 수 있다.

[그림 2-14]은 페이지 기반 앱(Page-Based Application)의 다양한 형태를 보여주고 있다. 왼쪽은 책을 볼 때 사용하는 iBooks 앱이고, 오른쪽은 뉴스나 매거진을 구독하는 뉴스피드 앱이다. 각각의 앱을 보면 페이지를 넘길 때 실제 책을 펼치는 것처럼 뒷장의 모습이 보이면서 종이가 말아 올라가듯 넘어간다.

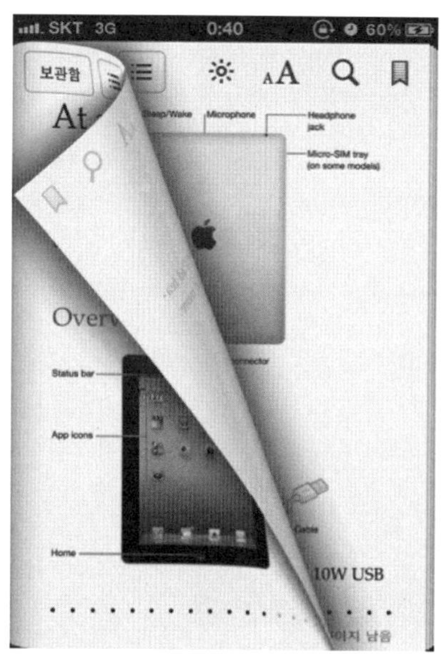 

[그림 2-14] 아이폰 iBooks / 아이폰 뉴스 가판대

페이지 넘김 효과를 구현하는 앱을 작성해보자. Xcode의 "Page-Based Application" 템플릿을 선택해 프로젝트를 만들어보자. 프로젝트 이름을 "PageTemplate"로 설정하자.

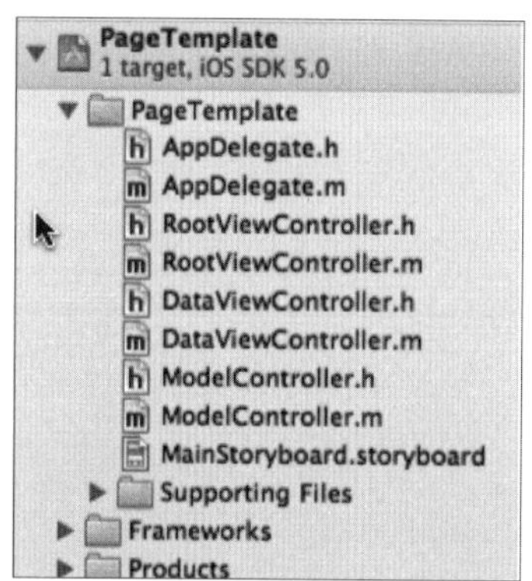

[그림 2-15] "Page-Based Application" 프로젝트 내비게이터

프로젝트 생성을 하면 위와 같이 AppDelegate.h, AppDelegate.m, RootView Controller.h, RootViewController.m, DataViewController.h, DataView Controller.m, ModelController.h, ModelController.m, MainStoryboard. storyboard 파일이 생성된다. 여기서 MainStoryboard.storyboard 파일은 기존 UI 구성 XIB들을 하나로 정리한 것이다. MainStoryboard.storyboard 파일을 클릭하면 세부 구성 내용을 확인할 수 있다.

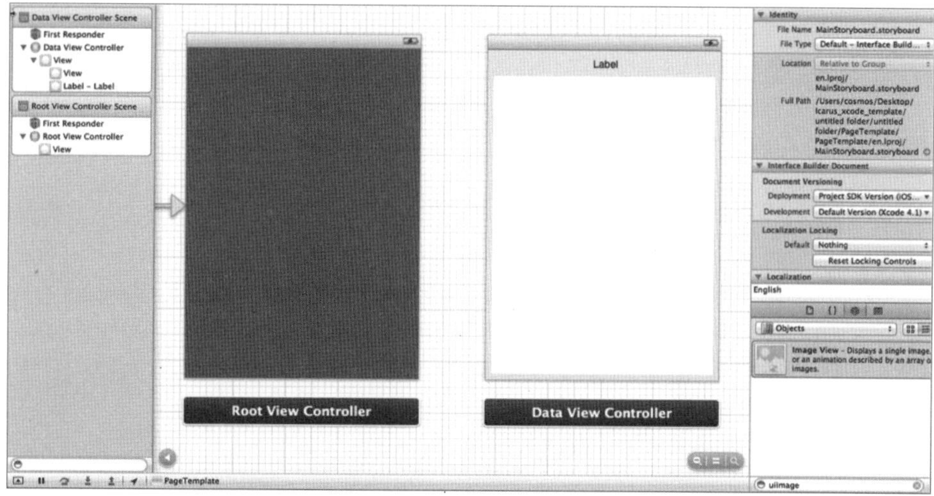

[그림 2-16] 페이지 기반 프로젝트 스토리보드 화면

RootViewController와 DataViewController 두 화면으로 구성되어 있는 것을 알수 있다. DataViewController는 View를 가지고 있고, 그 안에 라벨(Label)과 또 하나의 뷰(View)가 존재한다. 페이지 기반 템플릿을 사용한 프로젝트를 소스 코드 수정없이 실행시키면, 뷰 상단에는 1월, 2월, … 달이 적혀 있고 하단부를 터치하면 자연스럽게 페이지가 넘어가는 애니메이션 효과를 볼 수 있다.

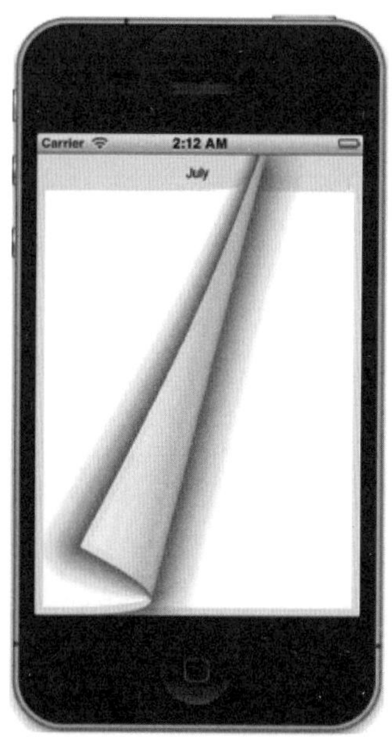

[그림 2-17] 소스 수정없이 실행한 화면

그럼, 이제 본격적으로 페이지 기반 템플릿에 대해 알아보자. 위 화면 상단에 표시되는 라벨은 기본적으로는 "1월~12월"이 표시된다(언어 설정이 영어인 경우는 영어로 표시됨). 이 부분은 ModelController.m에 구현되어 있다.



```
1. @interface ModelController()
2. @property (readonly, strong, nonatomic) NSArray *pageData;
3. @end
4.
5. @implementation ModelController
6. @synthesize pageData = _pageData;
7. …
8. …
9. - (id)init
10.{
11.    self = [super init];
12.    if (self) {
13.        // 코드 작성
14.        NSDateFormatter *dateFormatter = [[[NSDateFormatter
alloc] init] autorelease];
15.        _pageData = [[dateFormatter monthSymbols] copy];//1월~12월
까지 표시
16.    }
17.    return self;
18.}
```

15라인에서 ModelController의 _pageData를 정의하고 DataViewController에 표시한다. 12월까지 표시해야 하므로 페이지를 12페이지로 지정한다. 이번에는 방금 전에 배운대로 동작하는지 1~12월 구현 부분을 월요일에서 일요일로 변경해보자.



```
1. - (id)init
2. {
3.     self = [super init];
4.     if (self) {
5.         // 데이터 모델 작성.
6.         //NSDateFormatter *dateFormatter = [[[NSDateFormatter
alloc] init] autorelease];
7.         //_pageData = [[dateFormatter monthSymbols] copy]; //1월
```

```
8.          NSArray *dataFormatter = [[[NSArray alloc]initWithObjects:
@"월", @"화", @"수", @"목", @"금", @"토", @"일", nil] autorelease];
9.          _pageData = [dataFormatter copy];
10.     }
11.     return self;
12.}
```

8라인에서 NSArray *pageData에 월, 화, 수, 목, 금, 토, 일을 배열로 가지고 있는
dataFormatter를 넣어보자. 구현한 부분이 정상적으로 돌아가는지 실행시켜 확인해
보자.

[그림 2-18] 라벨을 월~일로 변경

그림처럼 1월에서 12월 구현은 총 12페이지, 일주일 구현은 총 7페이지가 생성된 것을
확인하자.

보통, 전자책은 문장이나 이미지를 표시한다. 이번에는 뷰 화면에서 이미지를 표시하
도록 변경해보자. 먼저, 뷰 안에 들어갈 적당한 이미지를 준비한다. 같은 크기의 7 종
류의 png 이미지를 준비한다. 드래그 앤 드롭으로 다음과 같이 프로젝트에 추가한다.

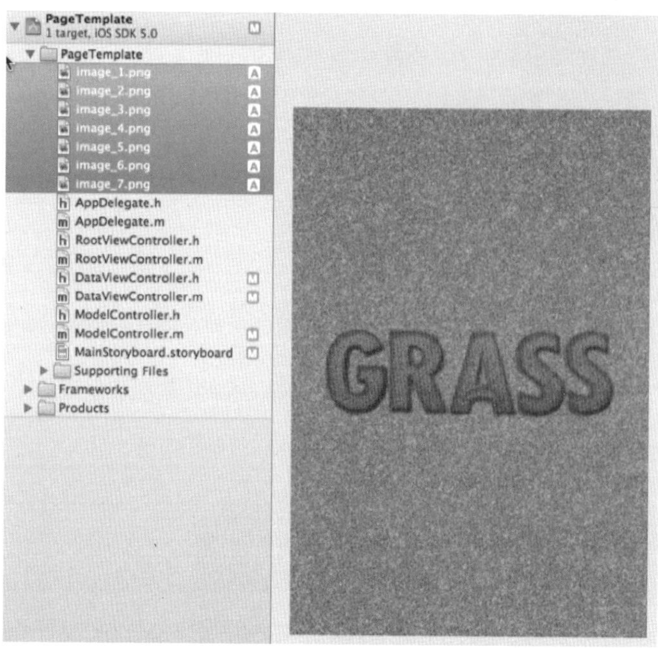

[그림 2-19] 이미지 추가

이미지를 표시하기 위해 데이터를 표시하는 DataViewController.h를 수정한다.



```
1. #import <UIKit/UIKit.h>
2.
3. @interface DataViewController : UIViewController
4. //@property (strong, nonatomic) IBOutlet UILabel *dataLabel;
5. @property (strong, nonatomic) id dataObject;
6. @property(strong, nonatomic) IBOutlet UIImageView *image;
7. @end
```

기존 뷰에 표시되어 있던 UILabel을 대신해 UIImageView를 사용하자. 6라인에 새
로 구현할 UIImageView 프로퍼티를 선언한다.

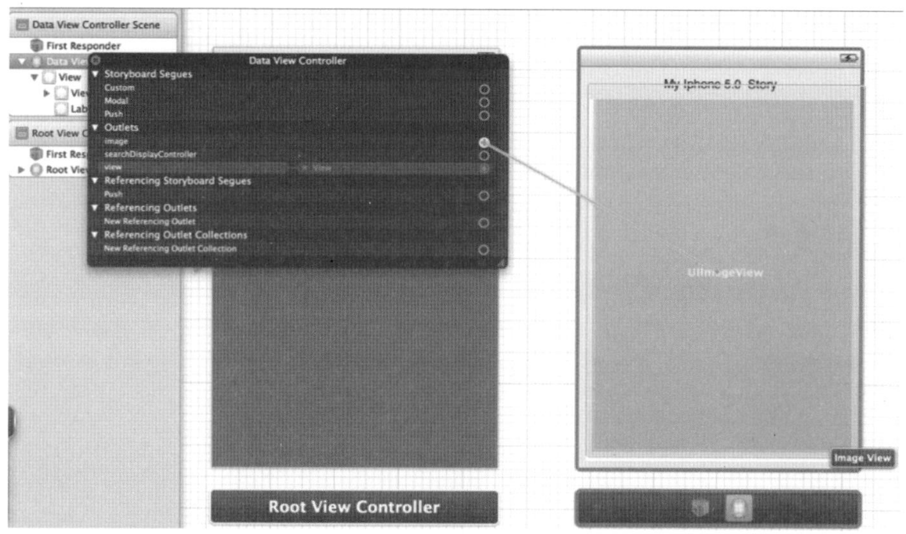

[그림 2-20] 스토리보드에 UIImageView 아웃렛 연결

소스 코드에 IBOutlet을 선언한 후 스토리보드를 열고 "DataViewController"에 UIImageView를 추가해 앞서 선언한 image를 연결하자. 화면 상단 UILabel에 전자책 제목을 출력하자. 여기서는 "My iPhone 5.0 Story"로 입력한다.

이번에는 배경과 라벨의 글자 색깔을 변경해보자. View를 선택하고 Attributes Inspector 탭을 눌러 Background 색깔을 남색으로 변경하고, Label도 Attributes Inspector 탭을 눌러 Text Color를 흰색으로 변경한다. 여기서 폰트는 System Bold로 변경하였다.

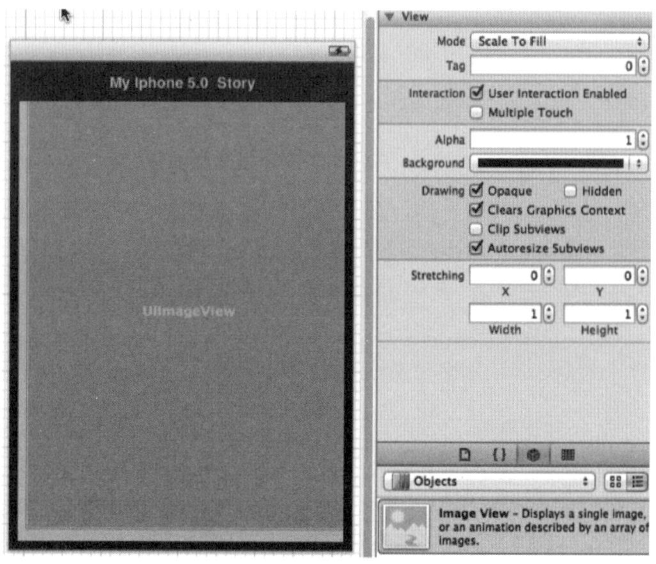

[그림 2-21] 스토리보드 UIImageView Outlets 연결

이제 인터페이스 작업이 모두 끝났으면 이미지가 표시되도록 소스를 수정해보자. UI
를 변경했으니 "DataViewController.m"을 다음과 같이 수정한다.



```
1. @implementation DataViewController
2.
3. //@synthesize dataLabel = _dataLabel;
4. @synthesize image = _image;
5. @synthesize dataObject = _dataObject;
6.
7. - (void)dealloc
8. {
9. //    [_dataLabel release];
10.    [_image release];
11.    [_dataObject release];
12.    [super dealloc];
13.}
14. …
15. …
16.- (void)viewWillAppear:(BOOL)animated
17.{
18.    [super viewWillAppear:animated];
19. //    self.dataLabel.text = [self.dataObject description];
20.    [self.image setImage:self.dataObject];
21.}
```

지금까지 데이터를 표시할 UI를 수정했다.

3, 9, 19라인을 주석 처리하고 4라인에 새로 구현할 image를 synthesize로 선언하
고, dealloc할 때 리소스를 release 하도록 구현한다. 20라인에서 self.image에다가
self.dataObject를 setImage로 선언한다.

이제 UI에서 사용할 데이터를 정의하는 "ModelViewController.m"을 수정할 차례
이다.



```
1. - (id)init
2. {
3.    self = [super init];
4.    if (self) {
5.        // Create the data model.
```

```
6.          //NSDateFormatter *dateFormatter = [[[NSDateFormatter
alloc] init] autorelease];
7.          //_pageData = [[dateFormatter monthSymbols] copy];
//1월~12월까지 표시
8.          //NSArray *dataFormatter = [[[NSArray alloc]
initWithObjects:@"월", @"화", @"수", @"목", @"금", @"토", @"일", nil]
autorelease];
9.          NSArray *dataFormatter =[ [[NSArray alloc]initWithObjects:
                          [UIImage imageNamed:@"image_1.png"],
                          [UIImage imageNamed:@"image_2.png"],
                          [UIImage imageNamed:@"image_3.png"],
                          [UIImage imageNamed:@"image_4.png"],
                          [UIImage imageNamed:@"image_5.png"],
                          [UIImage imageNamed:@"image_6.png"],
                          [UIImage imageNamed:@"image_7.png"],  nil]
autorelease];
10.         _pageData = [dataFormatter copy];
11.     }
12.     return self;
13.}
```

6~8라인에서 기존에 월~일까지 표시하던 부분을 주석처리하자. 9라인에서 등록한 이미지를 UIImage로 읽어 배열의 데이터로 등록한다. 프로그램을 다시 빌드하고 실행해보자. 페이지 넘김 시에 자연스럽게 다음 이미지가 보이는 것을 확인할 수 있을 것이다.

[그림 2-22] 마스터 디테일 수정 완료 화면

 싱글 뷰 앱(Single View Application) 템플릿

[그림 2-23] 싱글 뷰 앱 실행 화면

단일 뷰 앱을 구현하기 가장 쉬운 방법은 Xcode의 "Single View Application" 템플릿을 사용해 프로젝트를 생성하는 것이다. "Single View Application" 템플릿은 Xcode의 다른 프로젝트 템플릿에 비해, 상대적으로 사용 빈도가 높지 않다. 그렇지만 간단한 아이폰 애플리케이션을 만들 때는 유용하다. UIView와 UIViewController 사용법을 예제를 통해 확인해보자. "Single View Application" 템플릿은 한 개의 UIView와 이 뷰를 관리하는 UIViewController를 제공한다.

Xcode 프로젝트 생성 화면에서 "Single View Application" 템플릿을 선택하고, 프로젝트 이름을 SingleView로 입력하자.

[그림 2-24] 싱글 뷰 프로젝트 내비게이터

SingleView 프로젝트 내비게이션을 보면 인터페이스 빌더가 만들어 놓은
ViewController와 AppDelegate 클래스와 IB를 위한 간단한 XIB 파일인
ViewController.xib가 존재하는 것을 알 수 있다. 흔히 볼 수 있는 손전등을 표현하
는 앱이나 촛불 앱 등이 이 템플릿을 사용해 만들어졌다.

[그림 2-25] 손전등과 촛불 앱

## 06 탭 기반 앱(Tabbed Application) 템플릿

탭 기반 앱(Tabbed Application)은 유틸리티나 각종 정보를 제공하는 앱에서 자주
활용된다. 탭 기반 앱은 하단부에 탭을 가지고 있고, 탭 안에 위치한 버튼을 누르면 해
당 뷰로 전환된다. 탭 버튼은 보통 이미지와 텍스트로 구성되어 있고 2가지 이상의 기
능을 구현할 때 사용된다.

예를 들어, 시계 앱을 만들고자 할 때 세계시계, 알람, 스톱워치, 타이머와 같은 동일
한 레벨 상의 여러 기능들을 구현하고자 한다면 각각의 기능들을 탭에 연결하여 탭을
터치하면 해당 탭의 정보를 표시하도록 구현하는 것이 좋다. 실제로 아이폰 내장 시계
앱도 탭 기반 앱 형식으로 구현되어 있다. 탭 기반 앱은 주요 기능을 한 눈에 손쉽게
보여주기 때문에 내비게이션과 함께 가장 자주 사용된다.

[그림 2-26]은 탭 기반 앱의 여러 유형을 보여주고 있다. 왼쪽에 위치한 앱은 생산성 앱인 "Pocket Informant"이고 하단 오른쪽은 아이폰 내장 시계 앱이다. 각각의 앱은 탭 바를 통해 앱의 주요 기능을 보여주고 있다. Informant 앱은 Today, Calendar, Tasks, Contacts 그리고 Notes 기능을 가지고 있고, 시계 앱은 세계시계, 알람, 스톱워치, 타이머 기능을 가지고 있다.

[그림 2-26] 탭 기반 앱 – Pocket Informant, 아이폰 내장 시계

이제, 탭 바 앱을 작성해보자. Xcode를 실행하고 프로젝트 생성 버튼을 눌러 "Tabbed Application" 템플릿을 선택한 후 "Use Storyboard" 기능을 사용하지 않고 기존 XIB 파일로 만들어지도록 프로젝트를 생성하자. 프로젝트 이름은 "tabbedTest"로 설정한다.

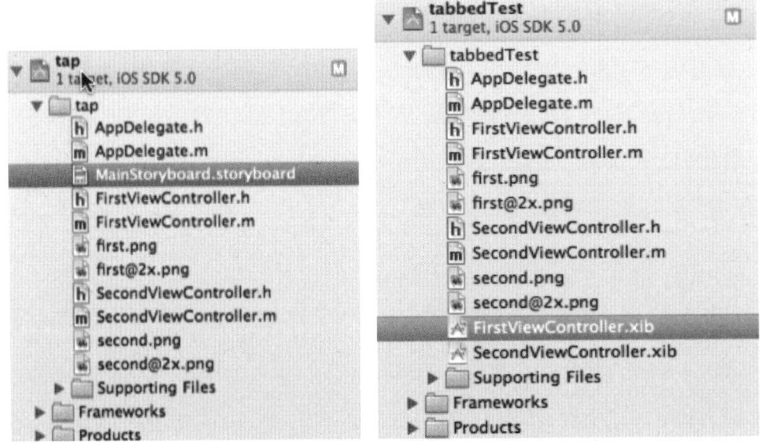

[그림 2-27] Use Storyboard 형태와 tabbedTest 프로젝트 폴더

테스트를 위해서 프로젝트를 하나 더 만들도록 하자. 앞서 설명한 것처럼 생성하고 프로젝트명은 "tap"으로 하고 "use storyboard"를 체크한 채 생성한다.

생성된 프로젝트를 보면, 스토리보드 형태에서는 MainStoryboard.storyboard 리소스 파일이 만들어지고, tabbedTest 프로젝트에는 FirstViewController.xib과 SecondViewController.xib 리소스 파일들이 생성된 것을 확인할 수 있다. MainStoryboard.storyboard 파일을 클릭해 UI 화면을 보면 First View와 Second View를 한눈에 볼 수 있게 구성되어 있다. 스토리보드 방식을 사용하여 앱을 구현하면 기존에 개별적으로 XIB 파일을 디자인했던 방식보다 효율적으로 UI 화면을 구성할 수 있다. 이번 장에서는 기존 XIB 파일 방식으로 탭 기반 앱을 작성해 볼 것이다.

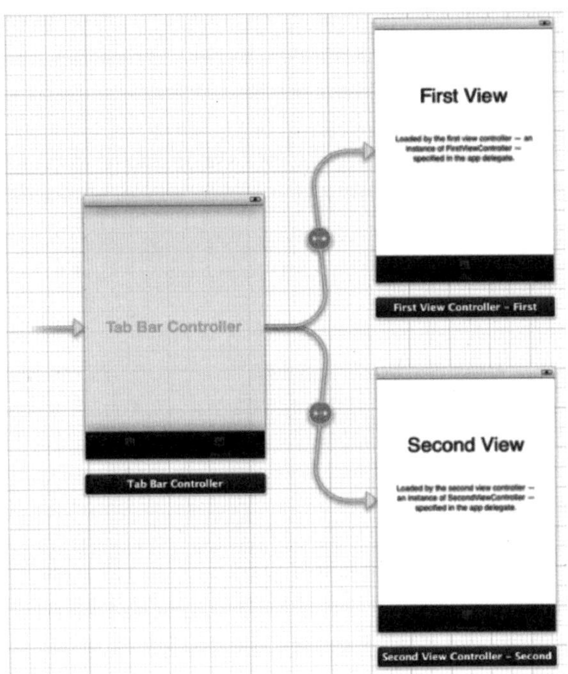


[그림 2-28] 탭 기반 프로젝트 템플릿 – 스토리보드

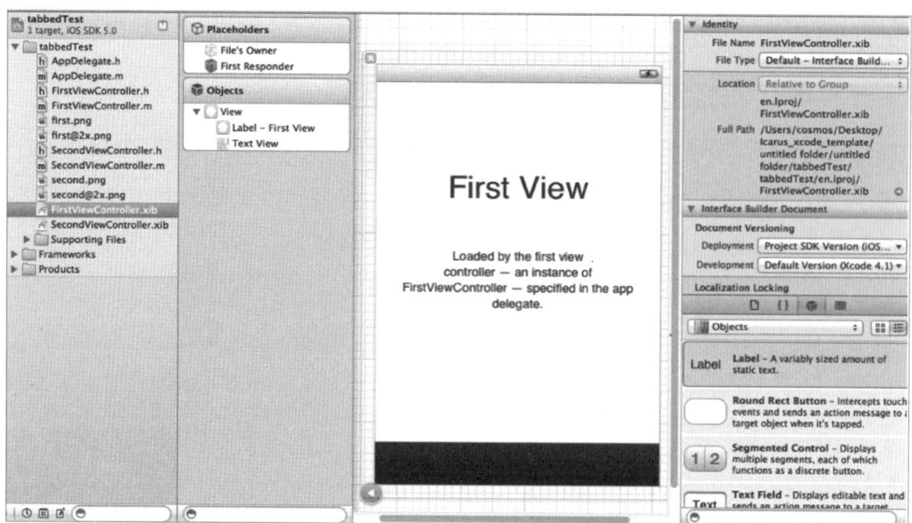

[그림 2-29] tabbedTest 프로젝트 폴더

tabbedTest 프로젝트 폴더에서 FirstViewController.xib을 인터페이스 빌더로 열어보면 화면에 View가 하나 보이고 그 안에 First View가 쓰여진 라벨과 상세 설명이 적혀 있는 Text View를 확인할 수 있다. 이 프로젝트를 수정 없이 곧바로 실행해보면 First, Second 탭 메뉴를 갖는 탭 기반 앱을 확인할 수 있다.

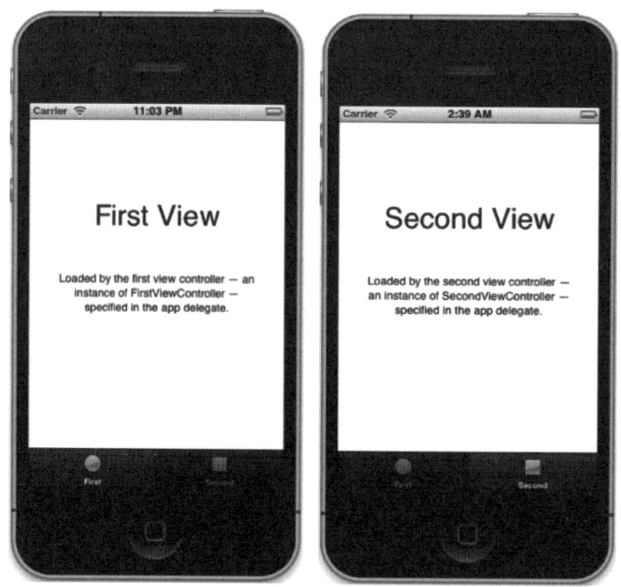

[그림 2-30] 탭 기반 프로젝트 실행 화면

템플릿이 만들어 놓은 코드에 메뉴를 추가해보자. Pocket Informant, 아이폰 내장 시계 등은 탭 메뉴가 4~5개 이상으로 구성되어 있다. tabbedTest 프로젝트에 UIVewController subclass 파일을 하나 생성하자.

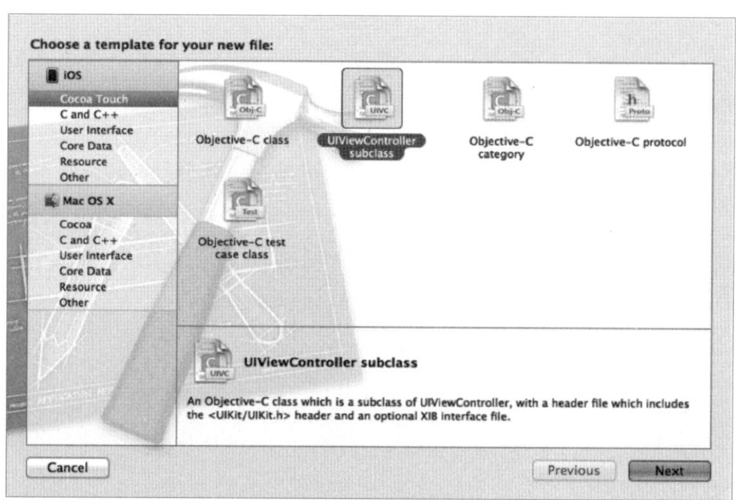

[그림 2-31] UIVewController subclass로 파일 생성

파일 생성시 Class 이름은 ThirdViewConroller로 하고 "With XIB for user Interface" 기능을 체크하고 "Create" 버튼을 눌러 완료한다.

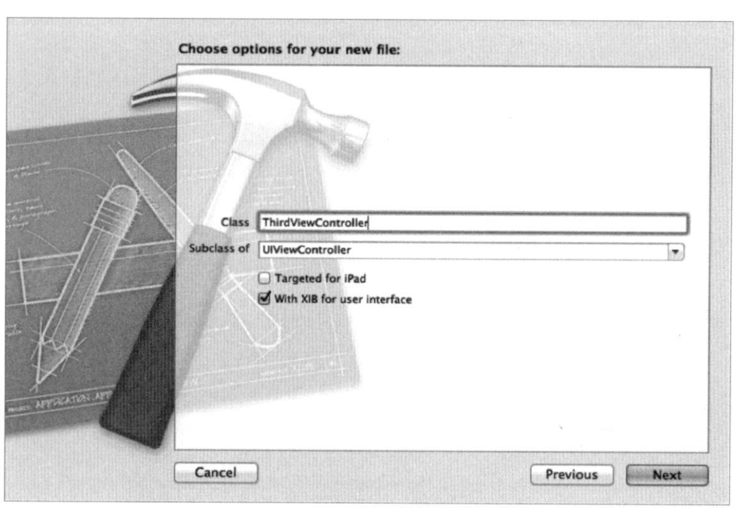

[그림 2-32] ThirdViewController 파일 생성 - With XIB for user interface

[그림 2-33] ThirdViewController 파일 생성 - With XIB for user Interface

tabbledTest 프로젝트 내비게이터에 ThirdViewController.h, ThirdView
Controller.m, ThirdViewController.xib 파일이 추가된다. 이 중에서 ThirdView
Controller.xib 파일을 클릭해 First View와 Second View처럼 Label과 Text
View를 집어 넣는다. "실행" 버튼을 눌러 앱을 실행해보면 기대와 달리 방금 만든 세
번째 탭이 나오지 않는다.

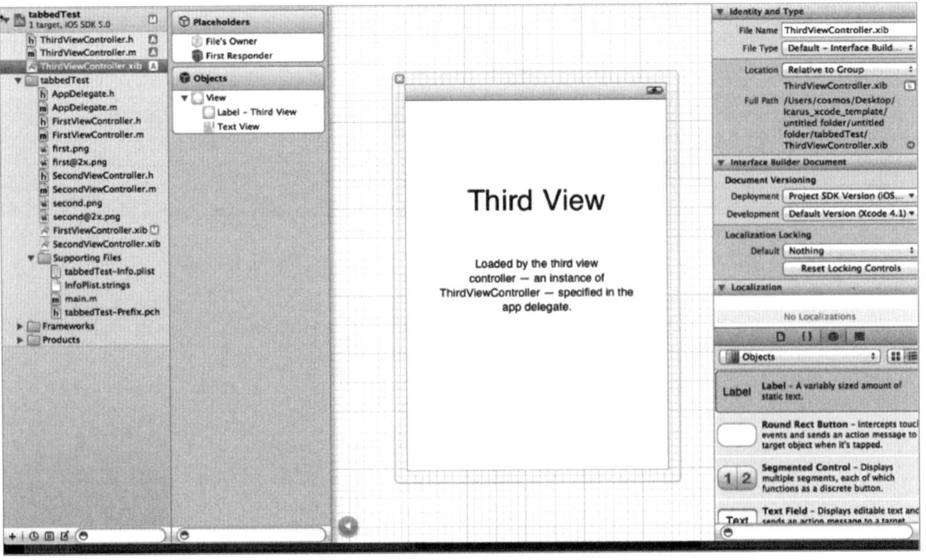

[그림 2-34] ThirdViewController 파일 생성 - With XIB for user Interface

세 번째 탭이 나오지 않는 이유는 새로 추가한 탭에 대한 정보를 뷰 컨트롤러가 모르
기 때문이다. 탭 정보를 추가하기 위해 AppDelegate.m 파일을 수정해야 한다. App
Delegate.m은 애플리케이션 전체의 구성 정보를 관리하는 중요한 역할을 담당한다.

```objc
1. #import "AppDelegate.h"
2.
3. #import "FirstViewController.h"
4. #import "SecondViewController.h"
5. #import "ThirdViewController.h"    // 추가
6.
7. @implementation AppDelegate
8.
9. @synthesize window = _window;
10.@synthesize tabBarController = _tabBarController;
11. ...
12. ...
13.- (BOOL)application:(UIApplication *)application didFinishLaunchi
ngWithOptions:(NSDictionary *)launchOptions
14.{
15.    self.window = [[[UIWindow alloc] initWithFrame:[[UIScreen
mainScreen] bounds]] autorelease];
16.    // Override point for customization after application launch.
17.    UIViewController *viewController1 = [[[FirstViewController
alloc] initWithNibName:@"FirstViewController" bundle:nil] autorelease];
18.    UIViewController *viewController2 = [[[SecondViewController
alloc] initWithNibName:@"SecondViewController" bundle:nil] autorelease];
19.    UIViewController *viewController3 = [[[ThirdViewController
alloc] initWithNibName:@"ThirdViewController" bundle:nil] autorelease];
20.    self.tabBarController = [[[UITabBarController alloc] init]
autorelease];
21.    self.tabBarController.viewControllers = [NSArray arrayWithObj
ects:viewController1, viewController2, viewController3, nil];
22.    self.window.rootViewController = self.tabBarController;
23.    [self.window makeKeyAndVisible];
24.    return YES;
25.}
```

5라인에서 ThirdViewController.h를 import하고 19라인에 ThirdViewController 를 추가하자. 생성된 뷰 컨트롤러를 탭 바 컨트롤러에 알려줘야 한다.

21라인의 self.tabBarController.viewControllers에 viewController3를 추가한 후 앱을 빌드한 후 다시 실행하면 [그림 2-35]처럼 세 번째 탭이 추가된 모습을 확인 할 수 있다.

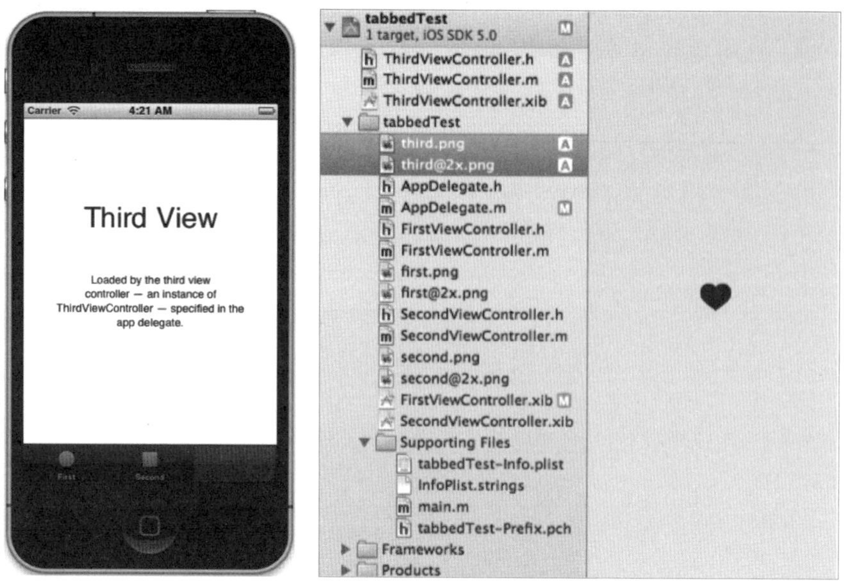

[그림 2-35] Third View 탭 생성/tabbedTest 프로젝트 아이콘 이미지 추가

그렇지만 Third 탭 바에는 아이콘과 탭 이름이 나오지 않는다. 탭 바에 아이콘과 이름을 추가해보자.

우선, 탭에 들어갈 이미지를 만든다. 탭에 들어갈 이미지는 배경이 투명인 png 파일이다.

third.png와 third@2x.png 파일을 프로젝트에 추가하자. third.png은 아이폰 3GS에서 지원하는 이미지이고, third@2x.png은 아이폰 4에서 사용되는 이미지이다. 아이폰 종류에 따라 해상도가 다른 이미지 파일을 사용한다. third.png 파일은 크기가 30×30, third@2x.png 파일은 60×60이다. @2x는 이미지 크기가 2배임을 표시하는 애플의 이름 명명 규칙이다.



```
1. #import "FirstViewController.h"
2.
3. @implementation FirstViewController
4.
5. - (id)initWithNibName:(NSString *)nibNameOrNil bundle:(NSBundle *)
nibBundleOrNil
6. {
7.     self = [super initWithNibName:nibNameOrNil
bundle:nibBundleOrNil];
```

```
8.      if (self) {
9.          self.title = NSLocalizedString(@"First", @"First");
10.         self.tabBarItem.image = [UIImage imageNamed:@"first"];
11.     }
12.     return self;
13.}
```

이제 뷰 컨트롤러 파일에서 탭 바 아이콘 이미지를 설정해주고 메뉴 타이틀을 구현해보자. 우선 기존에 생성되어 있었던 FirstViewController.m 파일을 살펴보자. 5라인의–(id)initWithNibName:(NSString *)nibNameOrNil bundle:(NSBundle *)nibBundleOrNil 메소드에서 탭 바 타이틀을 9라인처럼 First로 정하고 10라인에 탭 바 버튼 이미지를 "first"로 설정한다. 동일한 방식으로 ThirdViewController.m을 구현해보자.

[소스 2-12] 탭 아이콘 추가 – ThirdViewController.m

```
1. #import "ThirdViewController.h"
2.
3. @implementation ThirdViewController
4.
5. - (id)initWithNibName:(NSString *)nibNameOrNil bundle:(NSBundle *)
nibBundleOrNil
6. {
7.     self = [super initWithNibName:nibNameOrNil
bundle:nibBundleOrNil];
8.     if (self) {
9.         // Custom initialization
10.        self.title = NSLocalizedString(@"Third", @"Third ");
11.        self.tabBarItem.image = [UIImage imageNamed:@"third"];
12.     }
13.     return self;
14.}
```

ThirdViewController.m의 (5라인) – (id)initWithNibName:(NSString *)nibNameOrNil bundle:(NSBundle *)nibBundleOrNil 메소드에서 (9라인) // Custom initialization라고 적혀 있는 부분 아래에 (10라인) FirstViewController.m과 같은 방법으로 @"Third"로 title을 정하고 (11라인) 탭 바 버튼 이미지를 "third"로 설정한다.

[그림 2-36] Third View 탭/More 화면

프로젝트를 실행시켜보자. 세 번째 탭에 Third 타이틀을 가진 아이콘이 추가 되어있다. 하단의 탭 메뉴가 계속 추가되면 어떻게 될까? 메뉴 탭은 4개까지 표시되며, 그 이상 메뉴는 "More" 탭 안에서 숨겨진다. "More" 탭을 누르면 나머지 메뉴들이 리스트 형태로 보여지게 된다. More View 화면 우측 상단에 있는 "Edit"버튼을 클릭한다.

[그림 2-37] Third View 탭 생성 – 아이콘 이미지, 타이틀 변경

탭 바 메뉴 중에 하단으로 이동할 수 있게 편집할 수 있는 화면이 나타난다. 메뉴들 중에 하단에 넣고 싶은 메뉴를 끌어서 원하는 위치에 넣으면 된다. First 대신에 Seventh를, Second 대신에 Sixth를 Third 자리에 Fifth로 이동시켜보자.

## 마무리

이번 장에서는 아이폰 UI 요소에 대해 알아보았다. 그리고 Xcode의 템플릿을 사용해 앱의 기본 뼈대를 만들고 앱을 개발하는 방법에 대해 살펴보았다. 템플릿을 사용하면 쉽고 빠르게 앱의 기본 형태를 만들 수 있으며, 효율적인 방법으로 코드를 작성할 수 있게 된다. 차별화된 앱의 첫 번째 요소는 차별화된 UI에 있다. 이와 더불어 차별화된 기능을 갖춘다면 좋은 애플리케이션이 될 수 있을 것이다.

# 애플 최악의 제품 5가지

애플의 만든 제품을 모두 성공했을까? 당연히 애플에도 실패한 제품이 많다. 시대를 너무 앞서가거나 소비자가 원하는 제품을 만들지 않거나 마케팅을 잘못하거나…… 애플이 실패한 비운의 제품에는 어떤 것이 있을까? 애플 최악의 제품 5가지를 살펴보자.

1. **피핀** : 1995년 일본 반다이사가 제작 의뢰한 애플이 만든 콘솔 게임기

 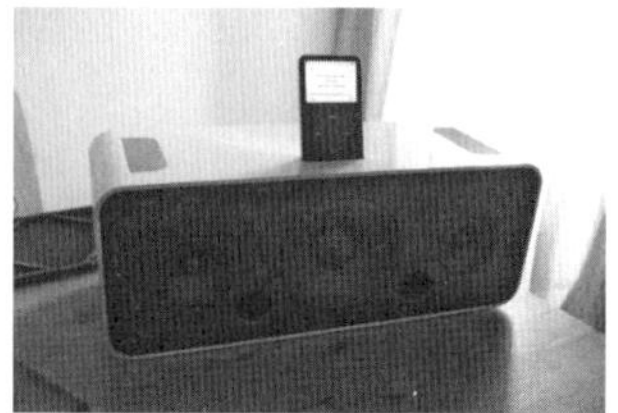

2. **아이팟 Hi-Fi** : 애플이 개발하고 제작했던 스피커로 아이팟을 도킹할 수 있었다. 그렇지만 가격대 품질에 문제가 있던 이 제품 실패 후 애플은 더 이상 스피커 생산을 안하고 있다.

3. **메시징 패드** : 아이폰 이전의 팬 방식 PDA 기기. Newton OS가 탑재된 시대를 앞서가는 명품이었으나 높은 가격과 제한된 기능으로 시장에서 퇴출당했다.

4. **이월드** : 1994년 서비스된 온라인 서비스. AOL과 애플이 합작하여 이메일, 뉴스, 커뮤니티 센터를 서비스하였다. 오직 맥유저만 사용할 수 있었으며, 시장에서 인기를 얻지 못했다.

5. **애플 USB 마우스** : 일명 하키퍽으로 불렸던 둥근 모양의 마우스. 애플이 만든 첫번째 USB 마우스였지만 모양이나 사용성에서 실패한 제품이다.

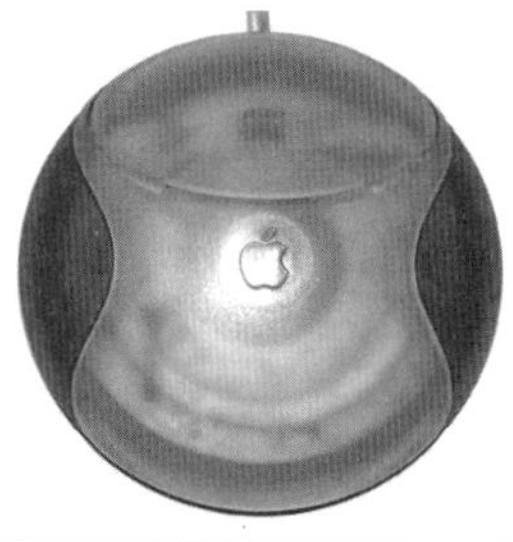

MEMO

# 디바이스 제어

아이폰에는 GPS, 가속센서, 자이로스코프, 조도센서, 근접센서 그리고 카메라 등 많은 디바이스가 장착되어 있다. 이번 장에서는 이 디바이스들에 대한 기본 지식 및 사용 방법과 시스템 전체에 대한 정보를 조회하는 방법에 대해서 살펴본다.

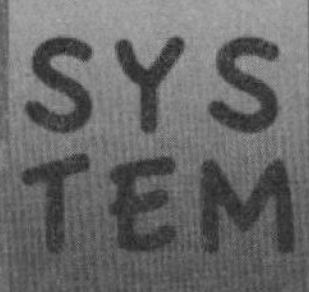

- 앱 주소 : http://itunes.apple.com/us/app/ mydevicechecker/id527413609?l=ko&ls=1&mt=8
- 앱 이름 : MyDeviceChecker

– iOS 디바이스의 이해

– 디바이스 제어 방법 학습

– 응용 프로그램 작성

iOS 디바이스의 시스템 정보와 디바이스 동작을 확인하는 앱을 만들어보자.

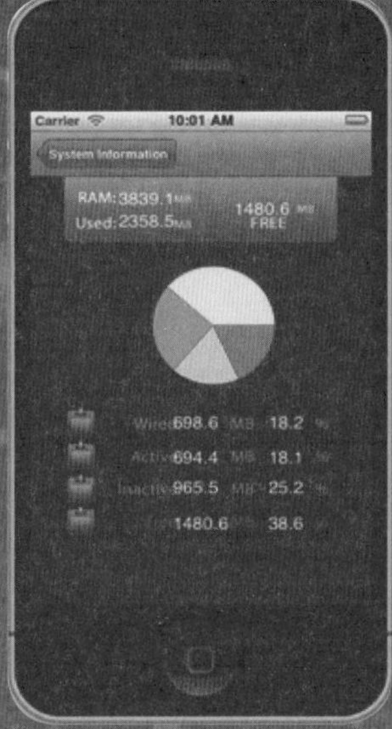




1. 아이폰의 시스템 정보(메모리, 저장메모리, 기타정보)를 구하는 방법을 소개한다.

2. 디바이스 장비의 유무를 확인하는 방법을 학습한다.

3. 카메라를 제어하는 방법을 알아본다.

4. 가속센서, 자이로스코프를 활용하는 방법을 살펴본다.

아이폰 앱 중에 아이폰의 시스템 정보를 조회하거나 일부 디바이스를 조정하는 시스템 앱들이 있다. 이런 앱처럼 디바이스를 제어하기 위해서는 우선 iOS에서 제공하는 각종 정보를 어떻게 확인하는지, 그리고 이들 정보를 어떻게 활용해야 하는지 알아야한다. 디바이스를 잘 활용해야만 좋은 앱이 되는 것은 아니지만 좋은 앱은 디바이스를 잘 활용하고 있다. 이번 장에서는 iOS 계열 디바이스들 중에서 주로 아이폰과 관련된 디바이스 활용 방법에 대해 살펴보자.

## 1.1 디바이스를 잘 활용한 앱들

아이폰에는 어떤 디바이스들이 있을까? 우선 사진과 동영상을 찍을 수 있는 카메라가 있다. 아이폰 4G의 경우 전면과 후면에 각 1개씩 있다. 카메라 이외에 음성 신호를 받아들이는 마이크, 조명의 밝기를 측정하는 조도센서, 아이폰을 귀에 가까이 대고 있는지 측정하는 근접센서, 위성 신호를 이용해 현재 위치를 확인할 수 있는 GPS모듈 그리고 아이폰의 움직임을 측정하는 가속센서가 있다. 이외에도 휴대폰으로는 처음으로 아이폰4에 채택된 자이로스코프센서가 있는데, 이것은 물체의 역학 운동을 확인하는 센서로 물체의 3차원 움직임을 인식할 수 있다.

아이폰 디바이스가 갖춘 기능들을 우리는 어떻게 활용해야 할까? 지금부터 이들 기능의 특성 및 활용 방법에 대해 알아보자.

### GPS(Global Positioning System)

Nike+ 앱은 아이폰을 들고 이동한 경로를 추적하고 운동한 속도, 거리 등을 계산해서 운동량을 알려 주는 기능을 갖고 있다. 이런 기능 구현이 가능한 이유는 현재 위치 정보를 알 수 있는 GPS 센서가 아이폰에 탑재되어 있기 때문이다. 이 센서는 삼각 측량법 기술을 바탕으로 지구 상공에 떠 있는 GPS 위성과 아이폰에 내장된 GPS 수신기의 위상차를 이용해 현재 자신이 지구 상의 어느 곳에 있는지 정확히 알아낸다. GPS 센서는 현재 위치 이외에 이동 속도 및 고도 정보를 제공하며, 이를 활용한 대표적인 소프트웨어 제품이 자동차 네비게이션이다. 아이폰에 탑재된 GPS 센서를 이용하면 네이비게이션 스타일의 앱도 개발할 수 있다.

다음은 Nike+ 앱에서 GPS 정보를 이용해 운동 코스와 이동 속도에 대한 정보를 보여주는 화면과 GPS 기능을 이용해 제작한 아이폰용 네비게이션 앱 화면이다.

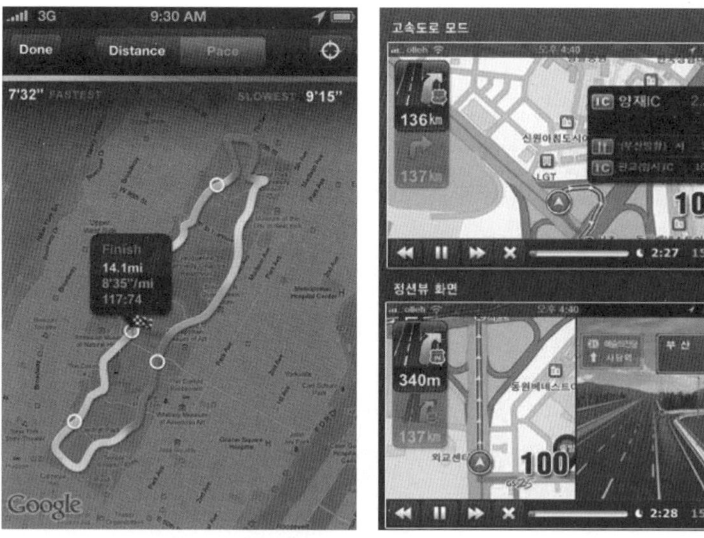

[그림 3-1] GPS 정보를 이용한 앱(Nike+, Olleh navi)

## 카메라

대표적인 사진 앱인 Instagram은 카메라 기능을 이용한다. 사진에 이미지 처리를 해서 감성적인 사진을 만들어 공유하는 기능을 가지고 있다. 아이폰에서 카메라를 이용할 때는 [그림 3-2]처럼 SDK에서 제공해주는 화면을 이용해서 사진을 찍거나, [그림 3-3]처럼 사진을 찍는 화면을 커스텀뷰를 이용해서 원하는 형태로 변경할 수도 있다.

[그림 3-2] 카메라 앱을 실행해 사진을 찍는 화면

[그림 3-3] instagram 앱으로 사진을 찍은 화면

## 마이크

아이폰의 기본 앱 중 "음성 메모" 앱은 마이크를 이용한 대표적인 응용 프로그램이다. 이 앱은 아이폰에 내장된 마이크를 이용해 음성을 녹음하는 기능을 갖고 있다. 비슷한 응용 프로그램으로 회의 시간에 회의 내용을 음성으로 녹음하는 앱들이 많다. 메모 앱으로 명성이 높은 에버노트(Evernote)도 마이크를 이용한 음성 메모 기능을 제공하고 있다. 마이크를 이용한 재미있는 앱 중에 [그림 3-5]의 Sleep Recorder라는 앱이 있는데, 이 앱은 밤에 잠을 자는 동안에 코 고는 소리나 잠꼬대 소리를 녹음하는 재미있는 기능이 있다. 이외에도 음성 인식 앱이나 네이버 검색 앱에서 목소리나 음악 소리를 입력받아 검색 엔진을 이용하거나 비슷한 음원 파일을 찾는 등의 마이크 기능을 활용하고 있다.

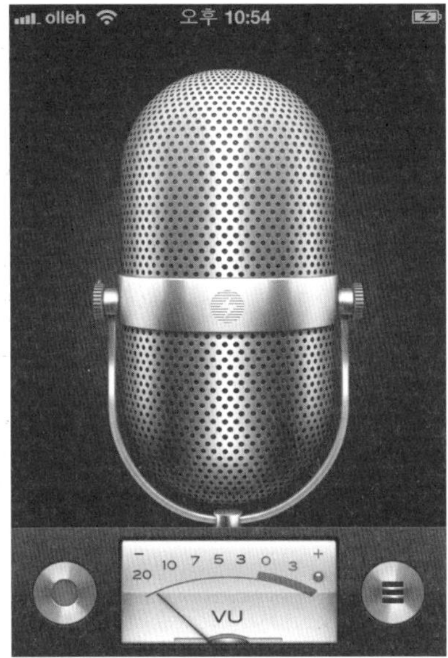

[그림 3-4] 음성 메모 앱

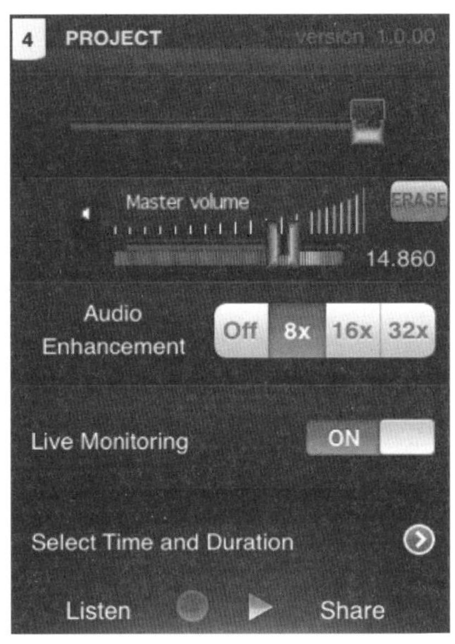


[그림 3-5] 잠꼬대 소리를 녹음하는 Sleep Recorder

## 자이로스코프(Gyroscope)와 가속센서

자이로스코프는 아이폰 4G에 새롭게 추가된 디바이스로 기기의 기울어진 정보를 정확히 측정할 수 있다. 이 디바이스를 게임에 활용한 것이 [그림 3-7]의 Gun Range 이다. 이 게임은 사격을 하기 위해 화면을 이동시킬 때 아이폰을 움직여서 목표물을 조준할 수 있도록 만들어져 있다.

기존에도 아이폰의 움직임을 이용한 앱들이 있었지만 단순한 폰의 움직임 정보만 알 수 있는 가속도 센서만 사용하였기에 구현할 수 있는 기능이 상당히 제한적이었다.

가속센서만으로는 폰의 기울기를 정확히 알 수 없기 때문이다. 그러나 아이폰 4G 이후의 디바이스들에는 자이로스코프센서가 탑재되어 폰의 기울기, 기울어진 방향까지 정확히 감지할 수 있게 됨으로써 보다 재미있는 인터페이스를 개발할 수 있다.

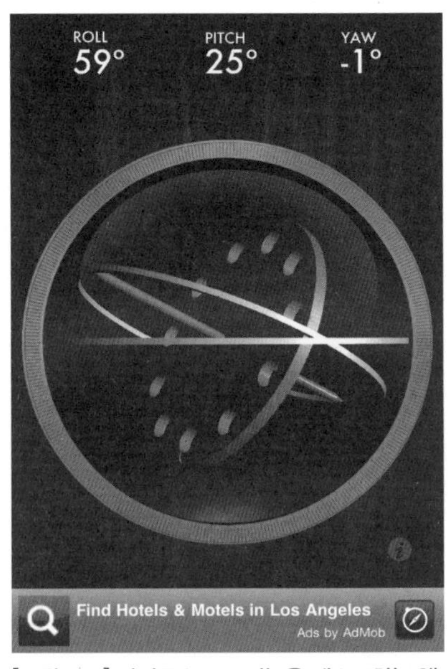


[그림 3-6] 자이로스코프 기능을 테스트하는 앱

[그림 3-7] 자이로스코프를 활용한 사격 게임(Gun Range)

**[표 3-1] iOS 계열 디바이스들의 하드웨어 스펙**

| | iPhone 3Gs | iPhone 4G | iPhone 4S | iPad | iPad2 | New iPad |
|---|---|---|---|---|---|---|
| CPU | 833MHz Cortex-A8 싱글 코어 | 1GHz(A4), 싱글 코어 | 1GHz(A5), 듀얼 코어 | 1GHz(A4), 싱글 코어 | 1GHz(A5), 듀얼 코어 | 1GHz(A5X), 듀얼 코어 |
| 메모리 | 256MB | 512MB | 512MB | 256MB | 512MB | 1024MB |
| 디스플레이 | 3.5 inch (480×320) | 3.5 inch (960×640) | 3.5 inch (960×640) | 9.7 inch (1024×768) | 9.7 inch (1024×768) | 9.7 inch (2038×1536) |
| GPS | O | O | O | O | O | O |
| 마이크 | O | O | O | O | O | O |
| 카메라 | 300만 | 전면 30만, 후면 500만 | 전면 90만, 후면 800만 | X | 전면 30만, 후면 70만 | 전면 30만, 후면 500만 |
| 전자 나침반 | O | O | O | O | O | O |
| 자이로스코프 | X | O | O | X | O | O |
| 진동 모터 | O | O | O | X | X | X |

이외에 조도센서와 근접센서도 있는데 조도센서는 주변 밝기에 따라서 화면의 밝기를 조절하는 용도로 활용되고 근접센서는 아이폰에 귀를 대고 있는지를 확인하기 위한 용도로 사용되고 있다. 하지만 이 센서들의 기능은 iOS SDK를 이용해 그 값을 얻거나 변경하는 방법이 제공되지 않기 때문에, 현시점에는 개발자가 조도와 근접센서를 활용할 수 없다.

## 02 경쟁 제품 분석

애플 앱스토어에서 시스템 정보를 조회할 수 있는 앱들은 유틸리티로 분류되어 있다. 키워드로 device, info, system 등으로 검색하면 쉽게 찾을 수 있는데, 이들 앱 중에서 디바이스 센서 기본 기능을 충실히 구현한 다음 앱들을 살펴보자.

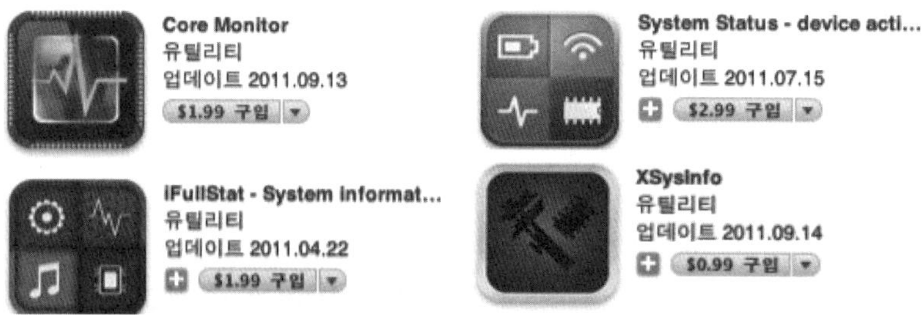


[그림 3-8] 시스템 정보를 조회하는 앱들

시스템 정보를 보여주는 유료 앱 4종을 분석해보자. 이들 앱은 iOS SDK의 시스템 정보 API를 이용해 구현되었으며, 다음과 같은 기능을 제공한다.

[표 3-2] 기능 비교표

| | Core Monitor | System Status | iFullStat | XSysInfo |
|---|---|---|---|---|
| 메모리 | O | O | O | O |
| 배터리 | O | O | O | O |
| 저장메모리 | O<br>(저장된 음악 개수 표시) | O<br>(음악, 비디오, 정보 표시) | O | O |
| 프로세스 | O | O | O | O |
| 디바이스 정보 | O | O | O | O |

| 네트워크 | O | O | O | O |
| --- | --- | --- | --- | --- |
| 기타 | 정보를 계속 업데이트 해서 보여줌. | 시스템에서 구할 수 있는 거의 모든 정보를 표시 | 정보를 메일로 보낼 수 있는 기능, 전자 나침반 테스트 기능 제공 | 디바이스 상세 Spec을 표시 (Apple spec) |

[표 3-2]를 보면 현재 앱스토어에 올라온 앱들은 주로 메모리, 배터리, 저장 메모리(Storage), 프로세스 목록 정보, 디바이스 정보, 그리고 네트워크 정보를 표시하는 기능을 제공한다. 추가적으로 조회한 정보를 메일로 보낼 수 있는 기능이 있거나 정보를 좀 더 쉽게 보여줄 수 있는 통계 화면을 제공한다. 이런 앱들은 얼마나 많은 정보를 알아보기 쉽게 정리해서 사용자에게 보여주는가를 앱 차별화 포인트로 삼고 있으며, 디바이스 통계 정보를 차트로 보여주거나 실시간으로 변화되는 데이터양을 화면에 출력하는 기능을 제공한다.

## 03 구상하기

디바이스에 탑재된 각종 장치를 제어하는 앱을 만들어보자. 우리가 만들 앱은 기존 앱들이 가지고 있는 시스템 정보들 즉, 주 메모리, 저장 메모리, 배터리, 프로세스 목록, 기기 정보, 네트워크 정보를 표시해 이용자에게 아이폰에 대한 보다 더 많은 정보를 제공하는 기능을 갖추고 있다. 시스템 정보 중에는 실시간으로 변화하는 정보들이 많은데, 대표적인 예가 메모리 사용량과 배터리 사용량의 변화이다. 구현할 앱의 주요 기능은 다음과 같다.

**구현할 기능**

▦ 시스템 정보 조회

- 메모리 정보 조회
- 네트워크 정보 조회
- 배터리 정보 조회
- 저장 메모리 정보 조회
- 기타 정보 조회

▦ 디바이스 동작 테스트

- 카메라 테스트
- 가속센서 테스트
- 자이로스코프 테스트
- 플래쉬 테스트
- 전자 나침반 테스트

구상된 내용을 구체화해보면 앱의 기능은 크게 두 개로 나누어 생각할 수 있다. 첫째
는 시스템 정보를 조회하는 기능이고, 둘째는 디바이스의 동작을 확인하는 기능이다.
표시해야 할 정보도 많고, 테스트할 기능도 많기 때문에 메인 화면에는 항목들의 이름
만 표시하고 각 항목별로 별도 화면을 구성해 표시하도록 프로그램을 작성할 것이다.

## 04 UI 구상하기

우리가 만들 앱(이하 myDeviceChecker)은 사용자가 원하는 정보를 한번에 보여 주기
보다는 각 항목별로 나누고, 각각의 정보를 형태에 맞게 표시할 수 있게 만들 것이다.

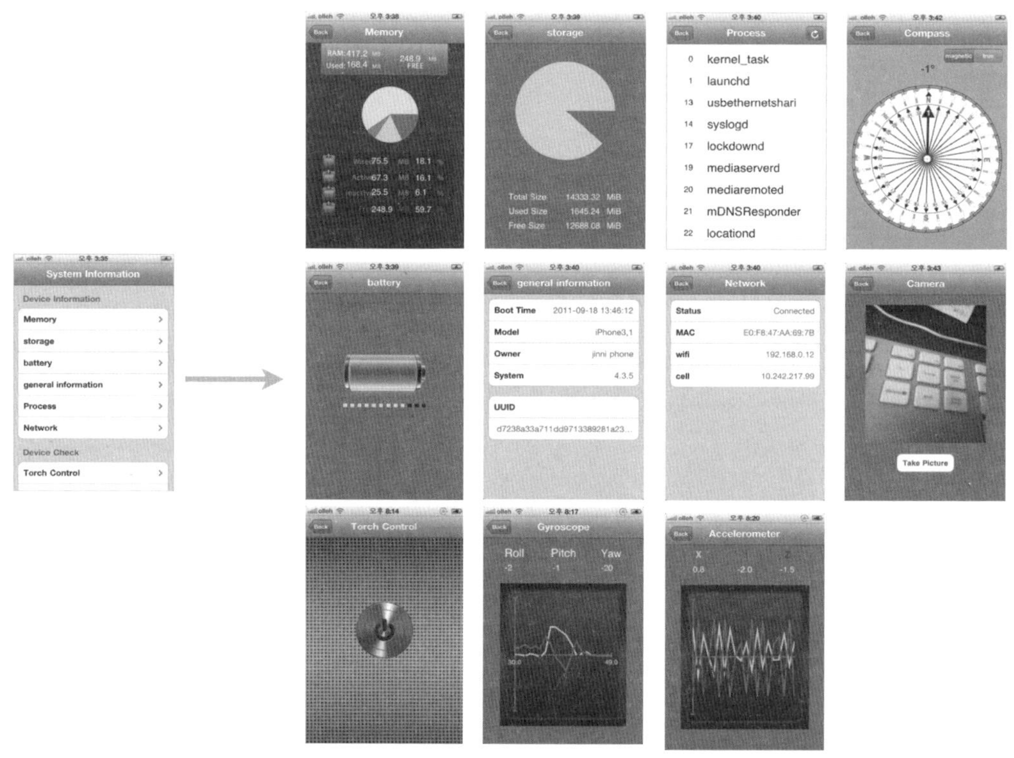

[그림 3-9] myDeviceChecker의 UI 흐름도

## 4.1 메모리

메모리는 총 4개의 영역으로 나눌 수 있다. 각 메모리 영역에 해당하는 메모리 사이즈와 전체 메모리에서 차지하는 영역을 퍼센트로 표시해 사용자들이 어떤 영역이 얼마나 많이 사용되고 있는지 알 수 있도록 구성하자. 총 사용 가능한 메모리 사이즈, 이미 사용한 메모리 사이즈, 아직 사용하지 않은 메모리 사이즈에 관한 정보는 독립적으로 표시한다.

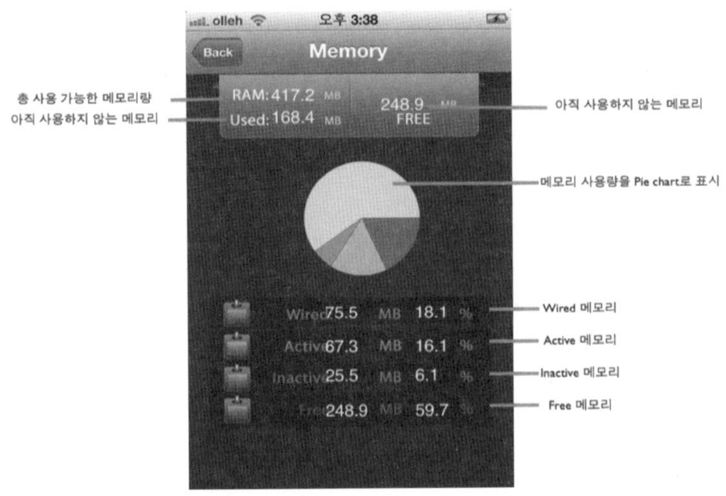


[그림 3-10] 메모리 정보 화면

## 4.2 저장 메모리

앱을 다운 받거나 노래를 싱크할 때 해당 컨텐츠는 아이폰의 저장 메모리에 저장된다. 아이폰은 추가적으로 외부 메모리를 장착할 수 없어 저장 메모리에 민감한 사용자들이 많다. 여기서 우리는 이들의 불만을 조금이라도 해소할 수 있도록 전체 메모리 사이즈와 사용하지 않은 메모리 사이즈를 보여주고, 현재 사용 중인 메모리 비율을 다음과 같이 차트 형태로 표시할 것이다.

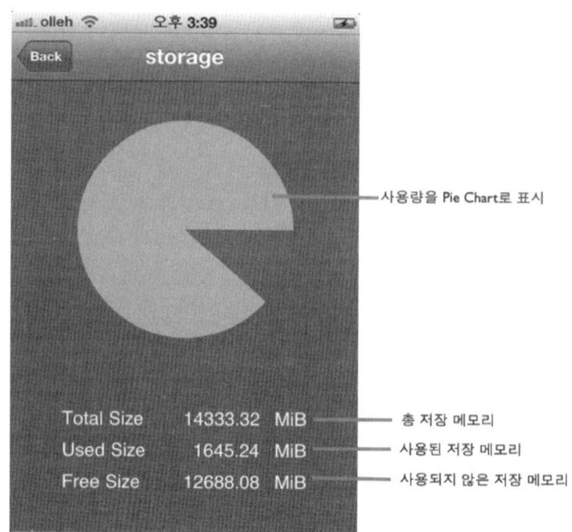


[그림 3-11] 저장 메모리 화면

메모리 사용량은 총 저장 메모리 사이즈, 사용된 저장 메모리 사이즈, 사용되지 않은 저장 메모리 사이즈로 나누어 표시하고 사이즈 비율은 원 차트(Pie chart)로 표시한다.

## 4.3 네트워크 정보

아이폰에는 와이파이(wifi)와 3G(cell) 기능이 장착되어 있다. 이들 정보를 항목별로 쉽게 알 수 있도록 테이블뷰를 사용해서 표시하도록 하자. 현재 네트워크에 연결되어 있는지 표시하고 네트워크에 연결되어 있다면 연결된 IP주소까지 추가로 표시한다.

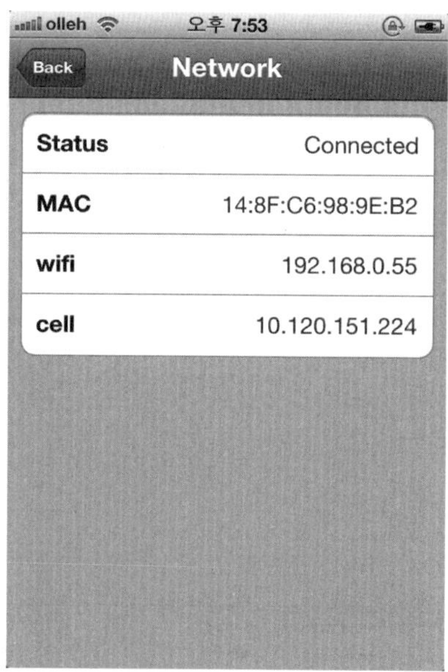


[그림 3-12] 네트워크 정보 화면

## 4.4 일반정보

일반정보는 시스템에 대한 정보들로 다른 정보들과 다르게 특별히 분류될 수 없는 정보들을 의미한다. 이런 정보는 상당히 많을 수 있기 때문에, 앞의 네트워크 정보 표시 방법과 마찬가지로 테이블 형태로 표시한다. UUID와 같이 정보량이 많은 데이터는 두 줄로 나누어서 표시한다.

여기서 잠깐만 | UDID |

UDID는 애플 디바이스 고유의 식별번호로써 주민등록번호와 같다. 최근 애플의 개인정보 취급에 대한 정책이 강화되면서 UDID를 얻는 API가 deprecated 되었다.

[그림 3-13] 일반 정보 화면

## 4.5 프로세스 목록 정보

시스템을 구성하는 프로세스를 프로세스 아이디와 프로세스 명으로 구분해서 표시한다. 프로세스 정보는 계속 변하기 때문에 이 정보를 실시간으로 표시할 수는 없다. 최신 정보를 알고 싶을 때에는 오른쪽 상단에 있는 "갱신" 버튼을 클릭하면 확인할 수 있게 만들어보자.

[그림 3-14] 프로세스 목록 화면

## 4.6 배터리

배터리 정보는 충전 중인지에 대한 정보와 현
재 배터리 잔량에 대한 두 가지 정보를 표시
한다. 배터리 잔량은 문자열과 배터리 아이콘
으로 정보를 표시해보자.

[그림 3-15] 배터리 화면

## 4.7 LED 플래쉬 테스트

아이폰 4에 장착된 LED 플래쉬를 점등할 수
있는 기능을 구현한다. 화면 중앙에 LED 플
래쉬를 키고 끌 수 있는 버튼을 배치시킨다.
LED를 켜기 위해 버튼을 누르면 버튼의 중
앙 부분에 불이 들어오게 된다.

[그림 3-16] 플래쉬 테스트 화면

## 4.8 자이로스코프 테스트

자이로스코프는 아이폰이 어떤 방향으로 기
울어져 있는지에 대한 정보를 제공한다. 이
화면은 아이폰의 기울어진 각도를 상단에 표
시하고 그 변화량을 차트로 표시한다.

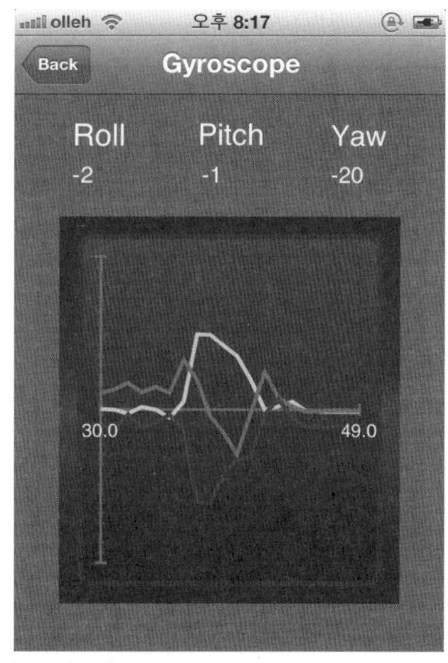

[그림 3-17] 자이로스코프 화면

## 4.9 가속센서 테스트

가속센서는 중력을 측정하는 장치로 1은 중
력 가속도 1G를 의미한다. 이 화면에서는 현
재의 중력 가속도를 X축, Y축, Z축으로 나누
어 숫자로 표시하고, 그 변화량을 차트로 표
시해서 가속도센서가 정상적으로 동작하는지
테스트할 수 있다.

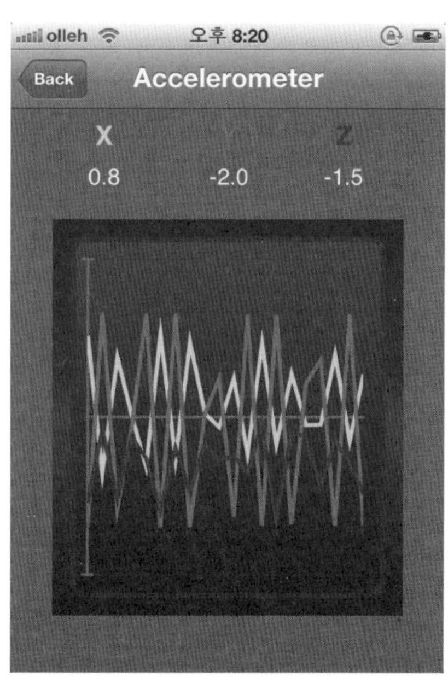

[그림 3-18] 가속센서 화면

## 4.10 전자 나침반 테스트

아이폰의 기본 앱인 나침반 앱을 차용한 것으로 현재의 북쪽을 가리키는 방향과 각도를 표시한다. 북쪽은 자북과 진북이 있으므로 찾고자 하는 북쪽의 종류를 선택할 수 있도록 세그먼트 컨트롤을 이용한다.

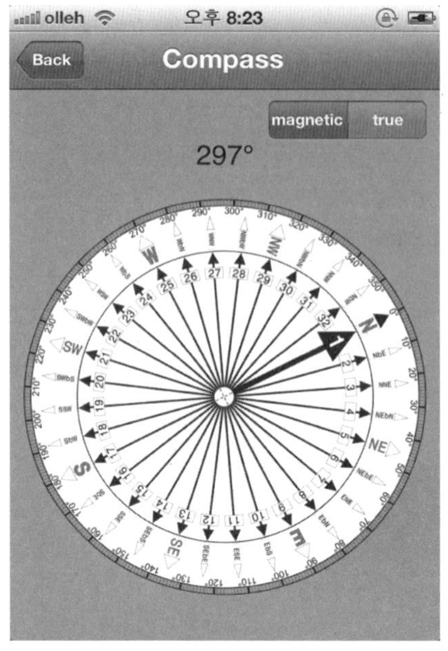

[그림 3-19] 전자 나침반 화면

## 4.11 카메라 테스트

카메라 테스트를 위한 화면으로 사진을 찍는 버튼과 찍은 사진을 보여 줄 Image View로 구성한다. "Take Picture"라는 버튼을 누르면 사진을 찍을 수 있는 시스템 UI가 나오고, 그 UI를 통해 사진을 찍으면 중앙의 이미지 뷰를 통해 사진이 보이게 된다.

[그림 3-20] 카메라 테스트 화면

## 4.12 GPS 정보 확인

GPS를 이용해서 알 수 있는 정보는 너무나
많다. 많은 정보를 효과적으로 표시하기 위
해서 테이블뷰를 사용한다. GPS의 정보를
네 개의 섹션으로 분리해서 표시한다. 각각
의 섹션별로 나누어 표시하고 각 섹션별 제
목을 표시한다.

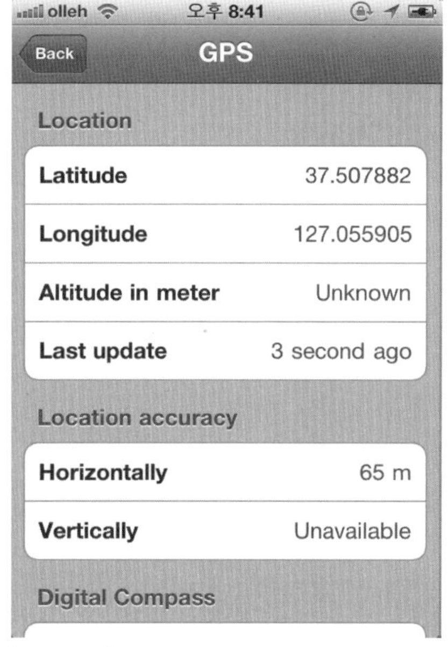

[그림 3-21] GPS 정보 화면

이렇게 UI에 대한 설명을 마쳤다. 이번 장에서 디바이스의 각 정보와 기능을 표시하기
위해 상당히 많은 화면이 나왔다. 지금부터 UI의 흐름과 기능을 구현하기 위한 프로그
램을 설계해보자.

## 05 프로그램 설계하기

[그림 3-22]는 myDeviceChecker의 전체 클래스 구조를 보여 주는 클래스 다이어
그램이다. 우리가 만들 앱의 클래스 다이어그램을 보면 앱이 그렇게 복잡하지는 않
다. 이 앱의 목적은 시스템의 다양한 정보를 조회하고 디바이스의 기능을 확인하는
것이다. 다양한 디바이스 정보를 보여 주어야 하기 때문에 정보별, 기능별로 화면을
나누어서 구성하자. 클래스 다이어그램의 아래쪽에 표시된 XXXXController들은
MainViewController에서 모두 독립된 화면들로 관리하며, 이들 컨트롤러를 프로그
램에서 선택적으로 화면에 보여준다.

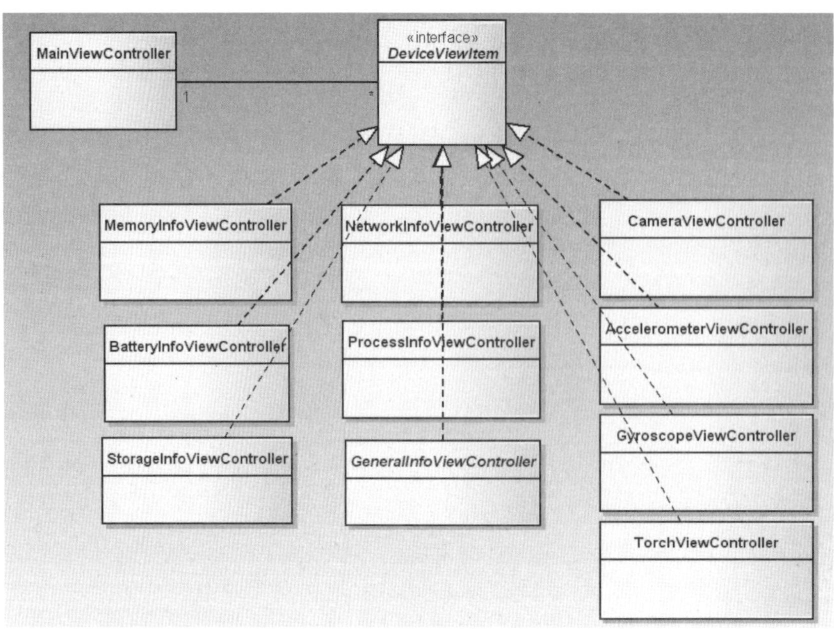


[그림 3-22] 클래스 다이어그램

실제 프로그램을 만들 때 가장 중요한 부분은 프로그램의 구상 및 설계 단계이다. 이 부분을 얼마나 상세하게 하느냐에 따라 프로그램의 품질과 개발 시간, 디버깅 편의성이 좌우된다. 설계 부분은 상당히 지루하고 어려운 작업이다. 그렇지만 상당히 중요한 부분이다. myDeviceChecker는 간단한 기능을 갖춘 앱으로 위에서 정의한 클래스 다이어그램만으로도 모든 기능을 표현할 수 있다. 이 책의 목적은 프로그램을 만드는 방법을 독자 스스로 터득하도록 유도하는 것이다. 따라서 책에 나와 있는 내용을 단순히 따라 만드는 것만이 중요한 게 아니라 이 책을 통해 잘 작동하는 앱의 기능은 어떻게 만들어졌고, 어떻게 변형해야 자신만의 앱으로 유용하게 변화시키는지를 배워가는 것이다.

## 06 개발하기

이제까지 지루하기만 한 사전 준비 과정을 마치고 Xcode를 이용해 실제 프로그램을 작성해보자. 이 장의 주제인 디바이스에 대한 내용을 중심으로 iOS SDK를 이용해 어떻게 프로그램을 만드는지 지금부터 알아보자.

# 6.1 프로젝트 만들기

먼저 Xcode를 이용해 프로젝트를 만들어보자. 키보드 단축키 Shift + Command + N 을 이용하거나 Xcode의 메뉴 [File]–[New]–[New Project]를 선택해 Navigation– based Application을 하나 만들자. 작은 화면에 많은 정보를 효과적으로 표현하기 위해서 네비게이션 기반의 템플릿을 사용하자. XCode 4.2 이상을 사용하고 있다면 http://10apps.tistory.com/2를 참조해서 템플릿을 설치해야 한다.

```
Product Name: myDeviceChecker
Company Identifier: com.icarus
```

Unit Test와 Core Data는 사용하지 않기 때문에 해당 기능은 선택하지 않는다. 프로 젝트를 보면 RootViewController라는 이름을 MainViewController라는 이름으로 바꾸도록 하자. 쓰임에 맞는 이름으로 고치는 것으로 Xcode의 리팩토링 기능을 이용 하면 쉽게 바꿀 수 있다. RootViewController.h 파일을 열고 RootViewController 라는 이름에 커서를 옮기고 [Edit]–[Refactor]–[Rename] 메뉴를 선택하거나 오른 쪽 버튼을 클릭하면 나오는 문맥 메뉴인 [Refactor]–[Rename] 메뉴를 선택한다. 변 경할 이름으로 MainViewController를 입력하면 관련 이름들이 모두 바뀌게 된다. 이때 "Rename releated files" 항목을 선택해서 관련 파일 이름을 모두 변경하도 록 한다. 그런 후에 MainWindow.xib에서 MainViewController의 XIB Name을 RootViewController에서 MainViewController로 변경한다. Xcode의 버전에 따 라서 XIB 파일은 변경이 되지 않을 수도 있으니 확인이 필요하다.

---

**여기서 잠깐만** **| 리팩토링 |**

리팩토링(Refactoring)이란 소스 코드의 기능 변경 없이 프로그램의 구조를 간략하고 명료화시켜 코드를 보다 읽기 쉽고, 유지보수가 쉽게 만드는 활동을 가리킨다. 리팩토링에 대한 보다 자세한 내용은 마틴 파울러가 집필한 책을 참고하면 된다. Xcode는 6가지의 리팩토링 기법을 제공한다.

- 이름 변경(Rename): 클래스, 변수, 메소드를 변경한다.
- 추출(Extract): 소스의 일부 코드를 추출해서 메소드나 함수로 분리시킨다.
- 캡슐화(Encapsulate): 특정 변수에 접근할 수 있는 getter/setter 함수를 자동으로 생성한다.
- 상위클래스 만들기(Create Superclass): 특정 클래스의 상위클래스를 만든다. 이후에 상위 올리기를 통해서 현재 클래스의 메소드를 상위클래스로 이동시킬 수 있다.
- 상위로 올리기(Move Up): 하위클래스의 메소드를 상위클래스로 옮긴다.
- 하위로 내리기(Move Down): 상위클래스의 메소드를 하위클래스로 옮긴다.

Xcode가 제공하는 리팩토링 기능은 완벽하지 않기 때문에, 리팩토링 전에 반드시 미리 보기를 통해 리팩토링 결과를 미리 확인해야 한다. 만약 변경된 코드가 잘못되었다면 스냅샷 기능을 이용해서 원상복구시킬 수 있다.

## 6.2 메인 화면 만들기

메인 화면(MainViewController에 의해서 생성되는 첫 화면)의 테이블뷰에 두 개의
섹션을 통해 시스템 정보와 디바이스 기능 체크 셀을 표시하자. 우선, 섹션을 확실하
게 보여 주기 위해서 MainViewController.xib 파일을 클릭해서 테이블뷰의 스타일
을 Grouped로 변경한다.

[그림 3-23] MainViewController의 테이블뷰 속성


### MainViewController 인터페이스 선언

메인 화면에 표시된 항목들을 저장하기 위해서 헤더 파일에 deviceInfoView
Controllers, deviceCtrlViewControllers 변수를 선언한다. deviceInfoView
Controllers에는 시스템 정보를 표시할 뷰컨트롤러 클래스 객체들이 저장되고,
deviceCtrlViewControllers에는 디바이스 동작 확인을 위한 뷰컨트롤러 클래스 객
체가 저장될 것이다. 이 변수들은 테이블뷰에 표시된다.

[소스 3-1] ViewController를 저장할 변수 선언 – MainViewController.h

```
 1 : @interface MainViewController : UITableViewController
 2 : {
 3 :     // system infomation viewcontrollers
 4 :     NSArray *_deviceInfoViewControllers;
 5 :     // device check viewcontrollers
 6 :     NSArray *_deviceCtrlViewControllers;
 7 : }
 8 : @property (nonatomic, retain) NSArray *deviceInfoViewControllers;
 9 : @property (nonatomic, retain) NSArray *deviceCtrlViewControllers;
10 : @end
```

**여기서 잠깐만** | **@property**

```
@property (nonatomic, retain) NSArray *deviceInfoViewControllers;
```

위 문장은 @property 키워드를 사용해 특정 기능을 수행하고 있다. 이 기능은 오브젝티브 C 2.0에서 추가된 기능이다. 프
로퍼티(property)는 클래스 내부 변수 값을 외부에서 사용할 때 유용하게 사용하는 기능이다.

즉, 클래스 내부의 값을 숨기고 대신 프로퍼티를 통해 내부 값을 설정하고, 내부 값을 밖에서 사용할 수 있게 제공하는 일종의 레이어를 가리킨다. 컴파일러의 도움없이 사용자가 직접 setter와 getter를 만들어 보면 다음과 같다.

**변수 선언**

```
UILabel *_labelFoo;
Setter/getter 선언
- (UILabel*) labelFoo;
- (void) setLabelFoo(UILabel *val);
```

**Setter/getter 구현**

```
- (UILabel*) labelFoo
{
    return _labelFoo;
}
- (void) setLabelFoo(UILabel *val);
{
    if( _labelFoo != val )
    {
        [_labelFoo release];
        _labelFoo = [val retain];
    }
}
```

변수 _labelFoo을 위한 getter와 setter를 직접 만드는 것은 귀찮은 일이다. 같은 코드를 반복적으로 사용해야 하므로 중간에 실수할 수 있다. 이런 귀찮은 작업을 대신하는 것이 @property/@synthesize 키워드이다. 그럼 이런 키워드를 사용하면 어떻게 될까?

**변수 선언**

```
UILabel *_labelFoo;

// setter/getter 선언
@property(nonatomic, retain) UILabel *labelFoo;

// setter/getter 구현
@synthesize labelFoo = _labelFoo;
```

코드가 아주 간단해졌다. @property, @synthesize라는 키워드는 코드를 컴파일할 때 직접 수작업으로 정의했던 부분을 자동으로 생성시켜 준다. 즉, 사용자를 대신해 컴파일러가 직접 코드를 만들어 주는 것이다. 만약, 같은 이름의 함수가 미리 만들어져 있다면 사용자가 만든 코드를 사용하고 컴파일러는 추가적인 코드를 생성하지 않는다.

## MainViewController의 awakeFromNib 구현

awakeFromNib은 XIB 파일에 정의된 객체들이 생성된 이후에 호출되는 함수이다. 보통 이 함수에서 UI의 상태값들을 변경하는 것은 그 때문이다. 이 함수에서는 메인 화면의 테이블뷰에 표시할 데이터를 초기화할 것이다.

[소스 3-2] 표시한 view controller 등록 - MainViewController.m

```
13 : - (void)awakeFromNib
14 : {
15 :     //
16 :     // Device Information Classes
17 :     //
18 :     NSMutableArray *viewControllers = [[NSMutableArray alloc]
initWithCapacity:10];
19 :
20 :     // add memory view controller
21 :     id class = NSClassFromString(@"MemoryInfoViewController");
22 :     [viewControllers addObject:class];
23 :
24 :         ... 다른 View Controller들도 같은 방식으로 등록 ...
25 :
26 :     self.deviceInfoViewControllers = viewControllers;
27 :     [viewControllers release];
28 :
29 :     //
30 :     // Device Controller Classes
31 :     //
32 :     viewControllers = [[NSMutableArray alloc]
initWithCapacity:10];
33 :
34 :     // flash control view controller
35 :     class = NSClassFromString(@"TorchViewController");
36 :     if (IsEnableDevice(class)) {
37 :         [viewControllers addObject:class];
38 :     }
39 :
40 :         ... 다른 controller view Controller들도 등록 ...
41 :
42 :     self.deviceCtrlViewControllers = viewControllers;
43 :     [viewControllers release];
44 :
45 : }
```

awakeFromNib에서는 추가할 뷰컨트롤러의 클래스 오브젝트를 찾아서 리스트에 추가한다. 추가할 뷰컨트롤러는 21라인처럼 NSClassFromString 함수를 사용해서 클래스를 동적으로 찾는다. 이 구문은 오브젝티브 C의 특징을 이용한 것으로 자바 언어의 리플렉션 기능과 같이 동적으로 클래스를 찾고 그 속의 메소드를 검색할 수 있다. 또한, 새로운 메소드 추가도 가능하다. 클래스 객체를 얻는 방법으로 다음처럼 명시적인 방법을 사용할 수도 있다.

```
[MemoryInfoViewController class]
```

어느 방법을 사용하든지 기능은 동일하다. 이렇게 찾은 클래스 객체는 리스트에 추가한다. 이 객체들은 리스트에 표시될 것이다.

35~38라인은 기능을 테스트하는 뷰컨트롤러 객체를 찾아서 리스트에 추가하는 것이다. 다른 구문과 동일하지만 IsEnableDevice() 함수가 있는 점이 특이하다.

**[소스 3-3] 사용할 수 있는 class인지 확인하는 함수 – MainViewController.m**

```objc
 1 : static BOOL IsEnableDevice(Class cls)
 2 : {
 3 :     if (cls != nil && [cls respondsToSelector:@
selector(isEnableDevice)]) {
 4 :         if ([cls isEnableDevice]) {
 5 :             return YES;
 6 :         }
 7 :
 8 :         return NO;
 9 :     }
10 :     return cls != nil;
11 : }
```

IsEnableDevice는 주어진 클래스 객체가 현재 동작중인 기기에서 사용 가능한 기능인지 확인하기 위한 함수이다. 예를 들어 아이폰 3GS에서는 자이로스코프 하드웨어 모듈이 없기 때문에 사용할 수 없다. 만약 아이폰 3GS 디바이스에서 자이로스코프 기능을 호출한다면 에러가 발생할 것이다. 이때, IsEnableDevice를 사용해 이러한 에러를 미리 방지할 수 있다. 즉, IsEnableDevice를 사용해 해당 기능이 지원되지 않는다고 확인되면 그에 따른 별도의 실행 로직을 지정해 처리하면 된다.

3라인에서 클래스 객체에 isEnableDevice라는 메소드가 있는지 찾는다. 만약, 이 메소드가 있다면 isEnableDevice를 실행해 해당 기능 사용이 가능한지 확인한다.

여기서 잠깐만 | @selector |

@selector는 메소드 이름에 해당하는 SEL type의 값을 반환한다. 이 값은 메소드에 대한 일종의 인덱스라고 생각을 하면 된다. 오브젝티브 C는 이 값으로 메소드를 찾거나 호출할 수 있다.

[소스 3-4] DeviceViewItem protocol – DeviceViewItem.h

```
 1 : @protocol DeviceViewItem <NSObject>
 2 : // view controller 생성
 3 : + (id) createViewItem;
 4 : // list에 표시할 icon image
 5 : + (UIImage*)  iconImage;
 6 : // list에 표시할 title
 7 : + (NSString*)  title;
 8 : // 테스트 하려는 기능이 현재 Device에서 동작하는지 확인하는 메소드
 9 : + (BOOL) isEnableDevice;
10 : @end
```

등록한 ViewController들이 구현해야 하는 프로토콜은 다음 4개의 메소드가 있다.

| 메소드명 | 역할 |
| --- | --- |
| createViewItem | 뷰컨트롤러 인스턴스 객체를 생성한다 |
| iconImage | 테이블뷰에 표시할 이미지 객체를 반환한다. |
| Title | 테이블뷰에 표시할 타이틀 문자열을 반환한다 |
| isEnableDevice | 사용 가능한 기능인지 반환한다. |

이 프로토콜은 메인 화면 테이블뷰에 표시할 데이터를 조회하거나 화면 로드를 위해서 사용한다. iconImage, title 메소드는 테이블뷰에서 항목을 표시할 때 사용할 데이터이고, isEnableDevice는 이 항목을 테이블뷰에서 표시할지 확인하기 위해 사용한다. 그리고 createViewItem은 테이블뷰에서 항목을 선택했을 때, 해당 항목의 화면으로 이동하기 위해서 뷰컨트롤러 객체를 생성한다.

여기서 잠깐만 | UIViewController 초기화 순서 |

XIB 파일을 이용한 UIViewController 생성시의 초기화 순서
  1. 리소스 파일들을 메모리에 로드한다(이미지 파일 등).
  2. 다음 순서로 XIB 파일의 객체를 초기화한다.
     a. initWithCoder:가 있으면 호출되고 없으면
     b. init가 있으면 호출

3. XIB 파일에 정의된 객체와 UI 컴포넌트를 연결한다. 객체간의 정의된 연결을 한다.

   a. outlet 연결(IBOutlet으로 정의된 변수와 연결)

   b. action 연결(IBAction으로 정의된 메소드와 연결)

4. XIB 파일의 객체에 awakeFromNib이 있으면 호출한다.

UIViewController에서 NIB 파일을 이용해서 객체를 만들 때 생성 이후에 초기화가 필요하다면 awakeFromNib에 초기화 코드를 넣으면 된다.

## 메인 화면의 테이블뷰에 데이터 표시하기

awakeFromNib에서 추가한 뷰컨트롤들을 테이블뷰에 표시해야 한다. 우선 테이블에 표시할 섹션이 두 개이므로 이를 명시한다. 15~18라인에 두 개의 섹션을 표시하도록 지정하고 7라인과 10라인에서 이름을 각각 "Device Information"과 "Device Checker"라고 지정한다. 섹션별 항목 수는 tableView:numberOfRowsInSection: 메소드에서 지정한다. 20~30라인에서 실제 표시할 항목 생성은 tableView:cellForRowAtIndexPath:에서 하는데, 테이블 셀 객체를 생성하고 표시할 뷰컨트롤러 클래스 객체를 찾아서(44라인) 테이블에 표시할 타이틀 속성을 지정한다. 44라인의 classForIndex: 메소드는 indexPath에 해당하는 뷰컨트롤러 클래스 객체를 찾는다.

**[소스 3-5] 테이블뷰 목록을 표시 – MainViewController.m**

```
 1 : #pragma mark - UITableViewDatasource handler
 2 :
 3 : - (NSString *)tableView:(UITableView *)tableView titleForHeader
InSection:(NSInteger)section
 4 : {
 5 :     switch (section) {
 6 :         case 0:
 7 :             return @"Device Information";
 8 :
 9 :         case 1:
10 :             return @"Device Check";
11 :
12 :     }
13 :     return @"";
14 : }
15 : - (NSInteger)numberOfSectionsInTableView:(UITableView *)tableView
16 : {
17 :     return 2;
18 : }
```

```
19 :
20 : - (NSInteger)tableView:(UITableView *)tableView numberOfRowsInS
ection:(NSInteger)section
21 : {
22 :     switch (section) {
23 :         case 0:
24 :             return [self.deviceInfoViewControllers count];
25 :
26 :         case 1:
27 :             return [self.deviceCtrlViewControllers count];
28 :     }
29 :     return 0;
30 : }
31 :
32 : // Customize the appearance of table view cells.
33 : - (UITableViewCell *)tableView:(UITableView *)tableView cellFor
RowAtIndexPath:(NSIndexPath *)indexPath
34 : {
35 :     static NSString *CellIdentifier = @"Cell";
36 :
37 :     UITableViewCell *cell = [tableView dequeueReusableCellWithI
dentifier:CellIdentifier];
38 :     if (cell == nil) {
39 :         cell = [[[UITableViewCell alloc] initWithStyle:
UITableViewCellStyleDefault reuseIdentifier:CellIdentifier]
autorelease];
40 :         cell.accessoryType = UITableViewCellAccessoryDisclosure
Indicator;
41 :     }
42 :
43 :
44 :     id item = [self classForIndex:indexPath];
45 :
46 :     //cell.imageView.image = [item iconImage];
47 :     cell.textLabel.text = [item title];
48 :
49 :     return cell;
50 : }
51 :
52 : - (id) classForIndex:(NSIndexPath*) indexPath
53 : {
54 :     id item = nil;
55 :
56 :     if (indexPath.section == 0) {
57 :         item = [self.deviceInfoViewControllers
objectAtIndex:indexPath.row];
```

```
58 :     } else
59 :     {
60 :         item = [self.deviceCtrlViewControllers
objectAtIndex:indexPath.row];
61 :     }
62 :     return item;
63 : }
```

지금까지의 작업을 통해 [그림 3-24]와 같은 화면이 만들어졌다. 아직 각 항목들에 해당하는 클래스들을 만들지는 않았지만 항목들을 추가할 기본 구조가 만들어졌다. 이제 원하는 정보와 테스트할 기능들을 구현하면 된다.

[그림 3-24] MainViewController 초기 화면

## MainViewController의 항목 선택 후 화면 전환

테이블의 한 항목을 클릭하면 tableView:didSelectRowAtIndexPath: 메소드가 호출된다.

[소스 3-6] tableView를 click했을 때 호출되는 메소드 – MainViewController.m

```
1 : - (void)tableView:(UITableView *)tableView didSelectRowAtIndexP
ath:(NSIndexPath *)indexPath
2 : {
3 :     id item = [self classForIndex:indexPath];
4 :
```

```
 5 :     // back button title을 "Back"으로 변경.
 6 :     UIBarButtonItem *backButton = [[UIBarButtonItem alloc]
initWithTitle:@"Back"
style:UIBarButtonItemStylePlain target:nil action:nil];
 7 :     self.navigationItem.backBarButtonItem = backButton;
 8 :     [backButton release];
 9 :
10 :     UIViewController *viewController = [item createViewItem];
11 :     viewController.title = [item title];
12 :     [self.navigationController pushViewController:viewControll
er animated:YES];
13 : }
```

3라인에서 선택한 화면으로 전환하기 위해서 선택한 셀에 해당하는 뷰컨트롤러 클래스 객체를 찾는다. 5~8라인은 네비게이션 컨트롤러의 "뒤로 가기" 버튼(Back Button)의 문자열을 "Back"으로 변경한 것이다. 특별히 지정하지 않으면 변경될 뷰컨트롤러의 타이틀 문자열이 사용될 것이다. 만약 긴 문자열이 부담스럽다면 미리 문자열의 길이를 조정해야 한다.

10~12라인에서 createViewItem 메소드를 이용해 객체를 생성한 후 화면을 전환한다.

## 6.3 시스템 정보 구하기

시스템 정보를 알면, 해당 시스템에 대한 이해도가 커진다. 또한, 개발자 관점에서 시스템 정보를 확인할 수 있다면 프로그램을 더욱 최적화할 수 있을 것이다. 예를 들어, 메모리 여유량을 미리 확인할 수 있거나 네트워크 연결 상태를 미리 알 수 있다면 개발자는 더욱 프로그램을 최적화 시킬 수 있을 것이다.

**[표 3-3] 시스템 정보 종류**

| 시스템 정보 종류 | 설명 |
| --- | --- |
| 메모리 | 프로그램을 시작한 메인 메모리에 대한 정보 |
| 프로세스 | 프로세스들에 대한 목록 정보 |
| 배터리 | 배터리의 남은 용량 정보 |
| 저장 메모리 | 데이터를 저장할 플래쉬 메모리의 사용 정보 |
| 네트워크 | 네트워크 정보 |

## 메모리 정보

iOS에서의 메모리 영역은 Mac과 같이 4개로 구분되어 관리된다.

**[표 3-4] 메모리 사용상의 분류**

| 메모리 영역 | 설명 |
| --- | --- |
| Free 메모리 | 아직 어디에도 사용되지 않는 메모리 |
| Wired 메모리 | 커널, 시스템 리소스 등과 같이 이동할 수 없는 메모리 |
| Active 메모리 | 현재 사용되는 메모리 |
| Inactive 메모리 | 이전에 사용된 메모리로 현재는 사용되지 않는 메모리 |

이들 메모리 중에 Inactive 메모리는 앱 실행 속도를 향상시키기 위해서 사용된다. 앱이 실행되다가 종료되면, 앱이 사용한 메모리가 모두 Free 메모리로 전환되는 것이 아니라 일부는 Inactive 전환되어서 다음번 앱 실행 시에 재사용될 수 있다.

iOS의 메모리를 보면 한 가지 이상한 점이 있다. Mac의 경우 위에서 설명한 4가지의 메모리를 합하면 Mac에 설치된 메모리 사이즈와 용량이 같지만, iOS 기기의 경우에는 그렇지 않다. 이러한 이유는 아이폰과 같은 iOS 기기들은 공유 메모리 아키텍처(Shared Memory Architecture)를 사용하고 있기 때문이다. 즉, 메모리의 일부를 비디오 메모리로 사용하고 있기 때문에 실제 메모리와 시스템을 통해 확인한 메모리 용량 사이에 차이가 발생한다. 지금부터는 메모리 정보를 어떻게 구하는지 알아보자.

## 메모리 정보 구하기

앞에서 설명한 메모리의 4가지를 저장하기 위한 변수(4, 6, 9, 10 라인)와 총 메모리, 사용 중인 메모리, 실제 물리적 메모리, 커널 메모리, 유저 메모리를 구하는 메소드를 선언한다. 마지막으로 메모리 정보는 매 순간 변경되기 때문에 메모리 정보를 업데이트시키킨 메소드를 선언한다.

**[소스 3-7] 메모리 정보 구하기 인터페이스 정의 – MemoryInfo.h**

```
1 : @interface MemoryInfo : NSObject
2 : {
3 :     // 여유 메모리
4 :     CGFloat freeMemory;
5 :     // 사용된 메모리로 다른 app에 의해서 점유된 메모리
6 :     CGFloat wiredMemory;
7 :     // 활성 메모리
8 :     CGFloat activeMemory;
```

```objc
 9 :       // 비활성 메모리, 언제든지 다른 용도로 활용될 수 있는 메모리
10 :       CGFloat inactiveMemory;
11 : }
12 : @property (nonatomic, readonly) CGFloat freeMemory;
13 : @property (nonatomic, readonly) CGFloat wiredMemory;
14 : @property (nonatomic, readonly) CGFloat activeMemory;
15 : @property (nonatomic, readonly) CGFloat inactiveMemory;
16 :
17 : // 사용중인 메모리 (free 메모리를 제외한 메모리)
18 : - (CGFloat) usedMemory;
19 : // 총 메모리 (4종류의 메모리를 합친 메모리량)
20 : - (CGFloat) totalMemory;
21 : // 총 메모리 (비디오 메모리를 제외한)
22 : - (CGFloat) phisicalMemory;
23 : // 유저 메모리
24 : - (CGFloat) userMemory;
25 : // 커널 메모리
26 : - (CGFloat) kernelMemory;
27 : // 메모리 정보를 업데이트한다.
28 : - (void) update;
29 : @end
```

메모리 정보를 구하기 위해서는 OS 레벨의 API를 사용해야 한다. 20라인에서 host_statistics() 메소드를 이용해 가상 메모리(Virtual Memory) 정보를 구한다. 이 정보에는 active, wired, inactive, free page 수가 들어있다. 18라인에서 iOS의 페이지(page) 정보를 구해서 계산해보면 실제 메모리 사이즈를 확인할 수 있다. 현재 iOS 기기들의 페이지 사이즈는 4KB이다.



```objc
 1 : // 사용중인 메모리 (Free 메모리를 제외한)
 2 : - (CGFloat) usedMemory
 3 : {
 4 :       return wiredMemory + activeMemory + inactiveMemory;
 5 : }
 6 : // 총 메모리
 7 : - (CGFloat) totalMemory
 8 : {
 9 :       return freeMemory + [self usedMemory];
10 : }
11 :
12 : // 메모리 업데이트
13 : - (void) update
14 : {
```

```
15 :    < ... >
16 :    // page size 구하기(보통 iOS, Mac은 4KB이다.)
17 :    host_page_size(host_port, &pagesize);
18 :    // 메모리 정보 구하기
19 :    host_statistics(host_port,
20 :                    HOST_VM_INFO,
21 :                    (host_info_t)&vm_stat,
22 :                    &host_size);
23 :
24 :    // 메모리량을 계산한다.
25 :    inactiveMemory = vm_stat.inactive_count * pagesize;
26 :    activeMemory = vm_stat.active_count * pagesize;
27 :    wiredMemory = vm_stat.wire_count * pagesize;
28 :    freeMemory = vm_stat.free_count * pagesize;
29 : }
30 :
31 : // 비디오 메모리를 제외한 주 메모리 용량
32 : - (CGFloat) phisicalMemory
33 : {
34 :    int mem;
35 :    int mib[2];
36 :    mib[0] = CTL_HW;
37 :    mib[1] = HW_PHYSMEM;
38 :    size_t length = sizeof(mem);
39 :    sysctl(mib, 2, &mem, &length, NULL, 0);
40 :    return mem;
41 : }
42 :
43 : // 사용자 메모리
44 : - (CGFloat) userMemory
45 : {
46 :    int mem;
47 :    int mib[2];
48 :    mib[0] = CTL_HW;
49 :    mib[1] = HW_USERMEM;
50 :    size_t length = sizeof(mem);
51 :    sysctl(mib, 2, &mem, &length, NULL, 0);
52 :
53 :    return mem;
54 : }
55 :
56 : // 커널 메모리
57 : - (CGFloat) kernelMemory
58 : {
59 :    return [self phisicalMemory] - [self userMemory];
60 : }
```

이외에, 32라인에서 설치된 메모리에서 비디오 메모리를 제외한 실제 프로그램을 동작시키기 위해서 사용할 수 있는 주 메모리량을 구하는 메소드는 sysctl 함수를 사용해서 구한다. 또한, 44라인에서 유저 레벨에서 사용하는 유저 메모리 정보, 57라인에서 커널이 사용하는 커널 메모리 사이즈를 확인하고 있다.

[그림 3-25] iOS 프레임워크 구성

## 메모리 정보를 화면에 표시하기

메모리 정보를 화면에 표시하기 위해서 Xcode에서 Command + N 단축키를 누르거나, 메뉴에서 [File]-[New]-[File New]를 선택해 새로운 파일을 하나 만들어보자. 새로 추가할 파일에는 UIViewController 객체를 상속받는 MemoryInfoViewController를 정의한다. 이때 XIB도 같이 만들도록 "With XIB for user interface" 항목을 체크하는 것을 잊지 말자. XIB 파일을 이용해 화면에 메모리 정보를 표시하는 화면을 만들기에 앞서 MainInfoViewController.h를 열고 데이터를 표시할 변수들을 정의하자.

### [소스 3-9] 메모리 정보 표시 – MainInfoViewController.h

```objc
 1 : @interface MemoryInfoViewController : UIViewController
 2 : < DeviceViewItem, UINavigationBarDelegate >
 3 : {
 4 :     < … UILabel* 변수들 … >
 5 :
 6 :     // 메모리 정보 조회를 위한 객체
 7 :     MemoryInfo *_memoryInfo;
 8 :     // 파이차트 뷰
 9 :     PieChart *_pieChart;
10 : }
11 :
12 : @property (nonatomic, retain) IBOutlet UILabel *wiredPercent;
13 : @property (nonatomic, retain) IBOutlet UILabel *activePercent;
14 : @property (nonatomic, retain) IBOutlet UILabel *inactivePercent;
```

```objectivec
15 : @property (nonatomic, retain) IBOutlet UILabel *freePercent;
16 :
17 : @property (nonatomic, retain) IBOutlet UILabel *activeSize;
18 : @property (nonatomic, retain) IBOutlet UILabel *wiredSize;
19 : @property (nonatomic, retain) IBOutlet UILabel *inactiveSize;
20 : @property (nonatomic, retain) IBOutlet UILabel *freeSize;
21 :
22 : @property (nonatomic, retain) IBOutlet UILabel *totalSize;
23 : @property (nonatomic, retain) IBOutlet UILabel *usedSize;
24 : @property (nonatomic, retain) IBOutlet UILabel *freeBriefSize;
25 :
26 : @property (nonatomic, retain) IBOutlet PieChart *pieChart;
27 :
28 : @end
```

화면에 표시할 변수와 파이차트(Pie Chart)를 표시할 커스텀뷰를 선언한다. 이 부분에 대해서는 이후에 따로 설명하겠다. 이외에 각 변수들은 XIB에서 디자인한 컨트롤과 연결을 위해서 IBOutlet으로 작성한다.

## DeviceViewItem 프로토콜 구현

앞에서도 언급했듯이, 메인 화면에 표시할 모든 뷰컨트롤러들은 DeviceViewItem 프로토콜을 정의해야 한다. 위에 소스는 4개의 클래스 메소드를 구현한다. 우선, createViewItem은 MemoryViewController 객체를 생성하고 메인 화면의 테이블 뷰에 표시할 정보인 아이콘 이미지와 타이틀을 iconImage, title 클래스 메소드에서 반환하도록 한다. 마지막으로 isEnableDevice는 이 아이템이 사용 가능한 것인지, 그래서 화면에 표시해서 사용자가 실행해도 되는지 반환하는 메소드다. 메모리 정보 조회는 모든 기기에서 사용할 수 있기 때문에 YES로 반환된다.

[소스 3-10] DeviceViewItem 프로토콜 구현 – MemoryViewController.m

```objectivec
 1 : #pragma mark - DeviceViewItem protocol
 2 :
 3 : + (id) createViewItem
 4 : {
 5 :     id ret = [[MemoryInfoViewController alloc] initWithNibName:
@"MemoryInfoViewController" bundle:nil];
 6 :
 7 :     return [ret autorelease];
 8 : }
 9 :
10 : + (UIImage*)   iconImage
```

```objc
11 : {
12 :     return [UIImage imageNamed:@"memory.png"];
13 : }
14 :
15 : + (NSString*)  title
16 : {
17 :     return @"Memory";
18 : }
19 :
20 : + (BOOL) isEnableDevice
21 : {
22 :     return YES;
23 : }
```

## MemoryInfoViewController의 메모리 정보 업데이트

메모리 사용량은 매 순간 변화한다. 이 정보를 주기적으로 업데이트해서 화면을 갱신시켜주어야 한다. iOS에는 이와 같은 기능을 구현할 수 있도록 NSTimer라는 클래스를 제공한다.



```objc
 1 : @interface MemoryInfoViewController()
 2 : // 메모리 정보를 표시하기 위한 함수
 3 : - (void) updateInfo;
 4 : // register update timer
 5 : - (void) registerUpdateTimer;
 6 : // unregister update timer
 7 : - (void) unregisterUpdateTimer;
 8 :
 9 : @property (nonatomic, retain) NSTimer *updateTimer;
10 : @end
11 :
12 : @implementation MemoryInfoViewController
13 :
14 : @synthesize updateTimer = _updateTimer;
15 :
16 : // 객체 생성
17 : - (id)initWithNibName:(NSString *)nibNameOrNil bundle:(NSBundle
*)nibBundleOrNil
18 : {
19 :     self = [super initWithNibName:nibNameOrNil
bundle:nibBundleOrNil];
20 :     if (self) {
```

```
21 :            _memoryInfo = [[MemoryInfo alloc] init];
22 :        }
23 :      return self;
24 : }
25 :
26 : #pragma mark - View lifecycle
27 :
28 : - (void)viewDidAppear:(BOOL)animated
29 : {
30 :       [super viewDidAppear:animated];
31 :       [self registerUpdateTimer];
32 : }
33 :
34 : - (void)viewDidDisappear:(BOOL)animated
35 : {
36 :       [super viewDidDisappear:animated];
37 :       [self unregisterUpdateTimer];
38 : }
39 :
40 : - (void) registerUpdateTimer
41 : {
42 :       [self.updateTimer invalidate];
43 :       self.updateTimer = [NSTimer scheduledTimerWithTimeInter
val:5.0f target:self selector:@selector(updateInfo) userInfo:nil
repeats:YES];
44 :       [self updateInfo];
45 : }
46 :
47 : - (void) unregisterUpdateTimer
48 : {
49 :       [self.updateTimer invalidate];
50 :       self.updateTimer = nil;
51 : }
```

1~10라인까지는 Private 메소드를 선언하기 위한 것이다. 오브젝티브 C는 메소드에 다른 언어들처럼 접근제한을 할 수 없다. 따라서, 메소드를 외부에 노출시키지 않는 방식으로 구현한 것이다. 물론 이런 식으로 구현해도 동적으로 메소드를 찾아서 호출할 수 있다. 뷰컨트롤러를 생성하면 17라인이 호출된다. 21라인은 이 메소드에서 메모리 정보를 조회하는 MemoryInfo 객체를 생성한다. 31라인에서 메모리 정보를 주기적으로 업데이트시키기 위해서 타이머 객체를 생성하는 registerUpdateTimer 메소드를 viewDidApper: 메소드에서 실행시킨다. viewDidApper 메소드가 화면이 보이기 시작할 때 호출된다면, viewDidDisapper: 메소드는 현재 화면이 사라지고 나

서 호출된다. 따라서 이때 viewDidApper에서 등록한 타이머를 제거한다(37라인). 화면이 보일 때 등록하는 updateInfo 메소드를 호출하여 메모리 정보를 갱신하고 화면을 업데이트시킨다.

[소스 3-12] 화면 갱신 - MemoryInfoViewController.m

```
 1 :
 2 : - (void) updateInfo
 3 : {
 4 :     // 메모리 정보 조회
 5 :     [_memoryInfo update];
 6 :
 7 :     // 메모리 정보 화면에 표시
 8 :     self.totalSize.text = <총 메모리 정보 문자열>;
 9 :     self.usedSize.text = <사용 메모리 정보 문자열>;
10 :     self.freeBriefSize.text = <안쓰는 메모리 정보 문자열>;
11 :
12 :     self.wiredPercent.text = <Wired 메모리 차지 비율>;
13 :     self.activePercent.text = <Active 메모리 차지 비율>;
14 :     self.inactivePercent.text = <Inactive 메모리 차지 비율>;
15 :     self.freePercent.text = <Free 메모리 차지 비율>;
16 :
17 :     self.activeSize.text = <Active 메모리량>;
18 :     self.wiredSize.text = <Wired 메모리량>;
19 :     self.inactiveSize.text = <Inactive 메모리량>;
20 :     self.freeSize.text = <Free 메모리량>;
21 :
22 :     // 파이 차트에 정보를 표시
23 :     [self.pieChart clearData];
24 :     [self.pieChart addPercent:<Wired 메모리 차지 비율>
color:[UIColor redColor]];
25 :     [self.pieChart addPercent:<Active 메모리 차지 비율>
color:[UIColor greenColor]];
26 :     [self.pieChart addPercent:<Inactive 메모리 차지 비율>
color:[UIColor blueColor]];
27 :     [self.pieChart addPercent:<Free 메모리 차지 비율> color:[UIColor
cyanColor]];
28 :     [self.pieChart setNeedsDisplay];
29 : }
```

MemoryInfo의 객체를 통해서 얻은 정보를 UILabel 객체에 표시를 한다(8~20라인). 22라인 이후 코드는 커스텀뷰를 통해서 차트 이미지를 그리기 위해 데이터를 설정한다. 데이터를 뷰에 추가하고 setNeedsDisply를 통해서 화면을 다시 그리도록 한다.

차트 커스텀뷰에 대해서는 곧이어 자세히 알아보자.

## MainInfoViewController.xib를 이용한 화면 디자인

애플에서 제시한 MVC(Model View Control) 모델에서 V에 해당하는 것이 이 XIB 파일이다. XIB 파일을 Xcode 3까지는 인터페이스 빌더라는 이름의 독립적인 프로그램에서 처리했는데, Xcode 4 이후 버전부터는 Xcode에 화면 편집 기능이 통합되었다. XIB 파일에 대한 하위 호환성이 제공되므로, 이전 버전에서 작성한 XIB 파일을 최신버전 Xcode에서도 동일하게 사용할 수 있다.

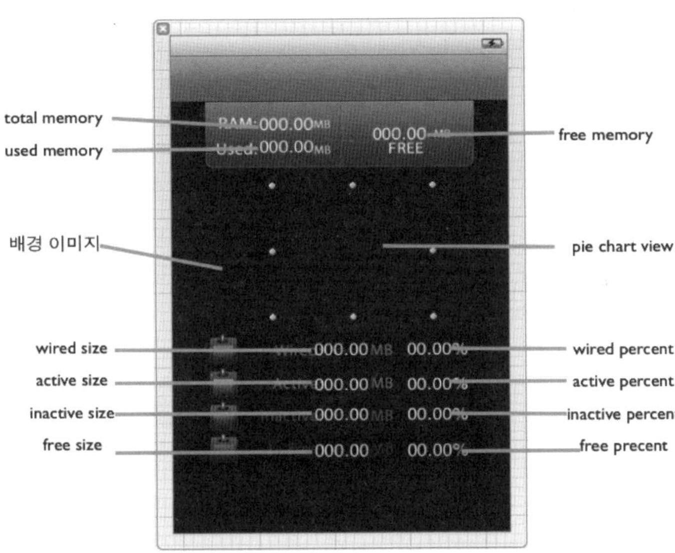


[그림 3-26] MemoryInfoViewController.xib 화면 설계 화면

[표 3-5] MainInfoViewController.xib의 컨트롤 설정

| 이름 | Class Type | 비고 |
| --- | --- | --- |
| total memory | UILabel | 총 메모리 사이즈 표시 |
| used memory | UILabel | 사용하고 있는 메모리 사이즈 |
| free memory | UILabel | 사용하지 않는 메모리 사이즈 |
| wired size | UILabel | wired 메모리 사이즈 |
| active size | UILabel | active 메모리 사이즈 |
| inactive size | UILabel | inactive 메모리 사이즈 |
| free size | UILabel | free 메모리 사이즈 |
| wired percent | UILabel | wired 메모리 비율 |

| active percent | UILabel | active 메모리 비율 |
| inactive percent | UILabel | inactive 메모리 비율 |
| free percent | UILabel | free 메모리 비율 |
| background | UIImageView | 배경 이미지 |
| pie chart view | UIView | 파이 차트 (custom view) |

[표 3-4]를 참조해서 Xib를 구성한다. 구성된 컨트롤들과 소스의 변수들을 연결한다. 그럼 커스텀뷰 PieChart 클래스를 만들자. 표의 마지막 부분의 pie chart view는 customView를 위치시킨다. customView는 UIView 클래스인데 다음에 설명할 PieChart 클래스가 만들어지면 클래스를 변경해야 한다.

## 파이 그래프를 그리기 위한 파이차트(PieChart)

커스텀뷰라고 하면 애플에서 만들어서 배포하는 뷰가 아닌 개발자가 원하는 UI 혹은 동작을 하기 위해서 직접 개발하는 뷰이다. 여기서는 간단히 데이터를 설정할 수 있고 그 정보를 원 차트로 그리는 커스텀뷰를 만들어 볼 것이다.

[소스 3-13] CustomView를 이용한 Pie Chart View - PieChart.h / PieChart.m

**PieChart.h**

```
 1 : @interface PieChart : UIView
 2 : {
 3 :     @private
 4 :     NSMutableArray *_datas;
 5 : }
 6 :
 7 : // data 추가
 8 : - (void) addPercent:(CGFloat)percent color:(UIColor*)color;
 9 : // data 초기화
10 : - (void)clearData;
11 : @end
```

**PieChart.m**

```
13 : - (void)drawRect:(CGRect)rect {
14 :
15 :     CGRect parentViewBounds = self.bounds;
16 :     CGFloat x = CGRectGetWidth(parentViewBounds)/2;
17 :     CGFloat y = CGRectGetHeight(parentViewBounds)/2;
18 :     CGFloat r = MIN(x,y) * 0.9;
19 :
```

```objectivec
20 :
21 :     // Get the graphics context and clear it
22 :     CGContextRef ctx = UIGraphicsGetCurrentContext();
23 :     //CGContextClearRect(ctx, rect);
24 :
25 :     // define stroke color
26 :     CGContextSetRGBStrokeColor(ctx, 1, 1, 1, 1.0);
27 :
28 :     // define line width
29 :     CGContextSetLineWidth(ctx, 4.0);
30 :
31 :     // need some values to draw pie charts
32 :     CGFloat start = 0.0f;
33 :     for (PieData* data in self.datas)
34 :     {
35 :         CGContextSetFillColor(ctx, CGColorGetComponents( [data.
color CGColor] ));
36 :         CGContextMoveToPoint(ctx, x, y);
37 :         CGContextAddArc(ctx, x, y, r,  radians(start),
radians(start+data.percent * 360.0f), 0);
38 :         CGContextClosePath(ctx);
39 :         CGContextFillPath(ctx);
40 :
41 :         start += data.percent * 360.0f;
42 :     }
43 : }
44 :
45 : - (void) addPercent:(CGFloat)data color:(UIColor*)color;
46 : {
47 :     PieData *piedata = [[PieData alloc] init];
48 :     piedata.percent = data;
49 :     piedata.color = color;
50 :     [self.datas addObject:piedata];
51 :     [piedata release];
52 : }
53 :
54 : - (void)clearData
55 : {
56 :     [self.datas removeAllObjects];
57 : }
```

모든 뷰는 UIView를 상속받는다. 커스텀뷰 역시 뷰의 일종이기 때문에 UIView를 상속받고 drawRect:를 재정의 하도록 한다. drawRect:는 뷰가 화면에 그려질 때 호출되는 메소드다. Quartz2D API를 사용해서 파이 차트를 그릴 것이다.

Quartz2D에 대한 자세한 내용은 "Quartz 2D Programming Guide"를 참조하기 바란다. Quartz2D는 간단히 어디에 점, 선, 도형을 그릴지, 어떤 색으로 그릴지에 대한 API들이라고 생각하면 된다(http://goo.gl/uikfG).

drawRect:는 다음과 같은 과정으로 그림을 그린다.

① 그림을 그릴 컨텍스트를 구한다.(22라인)

② 컨텍스트에 선, 색, 굵기를 설정(26, 29라인)

③ 화면에 그릴 데이터마다 다음을 수행한다.

  a. 채울 색을 설정(35라인)

  b. 현재 위치를 중앙으로 이동(36라인)

  c. 호를 그림(37라인)

  d. 호에 색을 채움(39라인)

Quartz2D를 사용할 일은 생각보다 많지 않다. 대부분은 UI 컨트롤러들을 사용해서 개발할 수 있기 때문이다. 하지만 간혹 기존의 컨트롤러로는 불가능한 UI라면 Quartz2D를 사용해야 한다.

메모리 정보를 구해서 표시하는 부분까지 설명이 모두 끝났다. 지금까지의 내용을 정리하면 메모리 정보를 구하는 객체를 통해서 얻는 정보를 XIB로 정의한 뷰를 통해서 화면에 보여주는 것이다. 메모리 외에 다른 시스템 정보들 역시 시스템의 정보를 구하고 그 정보를 화면에 보여주는 전체 구조는 동일하다.

## Process 정보

[그림 3-27]은 Mac의 프로세스 목록을 보여주고 있다. iOS는 Mac OS X를 휴대기기용으로 포팅한 것이다. 따라서 기본 구조는 동일하다. Mac 프로그램을 실행시키면 하나의 프로세스가 만들어지고 프로세스가 실행되면서 프로그램의 작업을 수행하는 것처럼 iOS의 App들도 프로그램이 시작되면 Process가 실행된다. iOS3까지는 User Process는 하나만 실행할 수 있는 제한이 있었지만, iOS4 이상에는 Multi-Process가 지원되기 때문에 동시에 여러 프로세스를 실행할 수 있다. 단, 휴대기기 자원의 제약으로 인해 언제든지 시스템에 의해서 실행하던 프로세스는 종료될 수 있다.

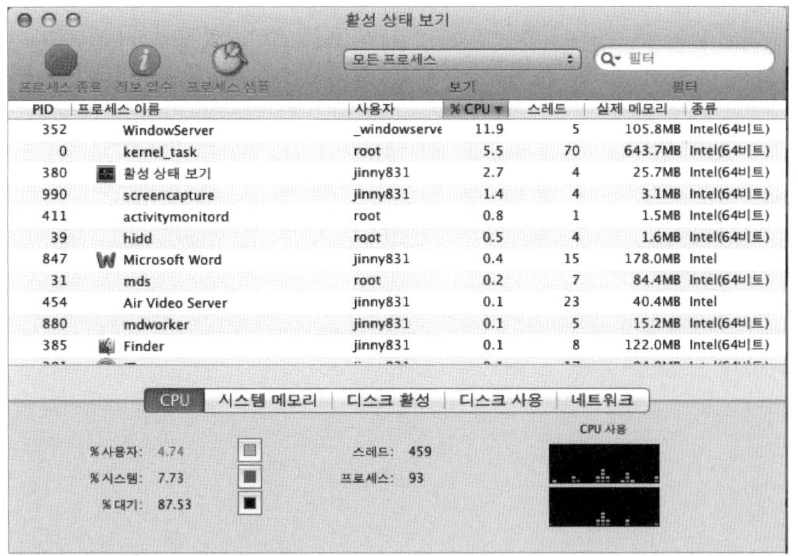

[그림 3-27] Mac의 활성 상태 보기

그럼 아이폰에서 실행되고 있는 프로세스 목록을 구해보도록 하자. BSD 혹은 Linux 에서 시스템 설정을 변경하거나 조회하는 시스템 유틸리티 프로그램으로 sysctl이 있다.

```
$ sysctl kern kern.ostype
kern.ostype: Darwin
```

터미널에서 위와 sysctl을 이용하면 부팅 시간, OS 버전 등 시스템의 정보를 조회할 수 있다. 이 명령과 같은 이름의 함수를 이용하면 프로그램상에서 시스템 정보를 조회 할 수 있다.

[소스 3-14] runningProcess 메소드 구현 – ProcessInfo.m

```
 1 : + (NSArray *)runningProcesses
 2 : {
 3 :     int mib[4] = {CTL_KERN, KERN_PROC, KERN_PROC_ALL, 0};
 4 :     size_t miblen = 4;
 5 :
 6 :     // 필요한 메모리 구하기
 7 :     size_t size;
 8 :     int st = sysctl(mib, miblen, NULL, &size, NULL, 0);
 9 :
10 :     struct kinfo_proc * process = NULL;
11 :     struct kinfo_proc * newprocess = NULL;
12 :
```

```objc
13 :     // process list data 가져오기
14 :     do {
15 :         size += size / 10;
16 :         newprocess = realloc(process, size);
17 :         if (!newprocess){
18 :             if (process){
19 :                 free(process);
20 :             }
21 :             return nil;
22 :         }
23 :         process = newprocess;
24 :         st = sysctl(mib, miblen, process, &size, NULL, 0);
25 :     } while (st == -1 && errno == ENOMEM);
26 :
27 :     // 가져온 process 정보에서 id, name을 구한다.
28 :     if (st == 0){
29 :
30 :         if (size % sizeof(struct kinfo_proc) == 0){
31 :             int nprocess = size / sizeof(struct kinfo_proc);
32 :
33 :             if (nprocess){
34 :
35 :                 NSMutableArray * array = [[NSMutableArray alloc] init];
36 :
37 :                 for (int i = nprocess - 1; i >= 0; i--){
38 :
39 :                     NSString * processID = [[NSString alloc] initWithFormat:@"%d", process[i].kp_proc.p_pid];
40 :                     NSString * processName = [[NSString alloc] initWithFormat:@"%s", process[i].kp_proc.p_comm];
41 :
42 :                     NSDictionary * dict = [[NSDictionary alloc] initWithObjects:[NSArray arrayWithObjects:processID, processName, nil]
43 :                                     forKeys:[NSArray arrayWithObjects:@"ProcessID", @"ProcessName", nil]];
44 :                     [processID release];
45 :                     [processName release];
46 :                     [array addObject:dict];
47 :                     [dict release];
48 :                 }
49 :
50 :                 free(process);
51 :                 return [array autorelease];
52 :             }
53 :         }
54 :     }
```

```
55 :     return nil;
56 : }
```

sysctl를 통해서 가져올 시스템 정보를 정의한다. 3라인 이후에 필요한 메모리 사이즈를 구하기 위해 빈값으로 sysctl를 호출해서 메모리 크기를 조회한다. 8라인에서 이렇게 필요한 메모리를 구했으면 실제 데이터를 가져온다. 24라인에서 가져온 정보를 분석해서 프로세스 아이디와 프로세스 이름을 추출해서 반환한다. 39~40라인에서 C 함수를 통해서 데이터를 얻는 방식은 전통적으로 Unix 시스템 프로그램의 방식이기 때문에, 조금은 낯선 방법이지만 아이폰 개발에서 이런 함수를 쓸 일은 그렇게 많지 않기 때문에 겁먹을 필요는 없다. 필요하다면 인터넷 검색을 통해서 사용 방법을 쉽게 찾을 수 있을 것이다. sysctl를 통해서 얻을 수 있는 정보는 이외에도 다양하다.

## 배터리 정보

휴대기기의 제약 사항 중 가장 큰 문제는 사용 시간이다. 아무리 좋은 기능과 성능을 가지고 있는 기기라도 외부에서 몇 시간 밖에 사용하지 못한다면, 아무도 사려 하지 않을 것이다. 이 부분에서 아이폰은 다른 기기들에 비해서 강점을 가지고 있다. 아이폰 4G의 경우 공식적으로 최대 대기 시간 300시간, 동영상 재상 최대 10시간, 3G 통화 최대 7시간을 사용할 수 있다. 작은 기기에 이렇게 긴 사용 시간을 가질 수 있는 것은 큰 용량의 배터리만 설치한다고 되는 것은 아니다. OS에서 철저하게 전원을 관리하고 응용 프로그램인 앱에서도 전원에게 신경을 쓰고 있기 때문이다. 그런 의미에서 앱에서도 배터리의 정보에 대해서 알아야 하는 경우가 있다.

예를 들어 배터리가 부족하면 시스템이 언제 종료될지 모르기 때문에 안전한 동작을 위해서 일정 수준의 배터리 용량 이상에서만 동작하도록 앱을 만들어야 하는 경우이다. 이 경우 다음과 같이 배터리 정보를 구할 수 있다.

[소스 3-15] 배터리 정보 – BatteryInfo.m

```
1 : - (CGFloat) level
2 : {
3 :     return [UIDevice currentDevice].batteryLevel;
4 : }
5 :
6 :
7 : - (UIDeviceBatteryState) state
8 : {
9 :     return [UIDevice currentDevice].batteryState;
10 : }
```

배터리 정보는 UIDevice 객체를 통해서 알 수 있다. UIDevice를 통해서 알 수 있는 정보는 배터리 상태와 현재 남은 배터리 용량이다. 9라인처럼 배터리의 상태 값을 조사하면 [표 3-5]와 같은 값이 나온다. 배터리 상태는 다음과 같은 상태가 있다.

**[표 3-5] 배터리 상태 표**

| 배터리 상태 | 설명 |
| --- | --- |
| UIDeviceBatteryStateUnknown | 알 수 없는 상태 |
| UIDeviceBatteryStateUnplugged | 배터리 사용 중 |
| UIDeviceBatteryStateCharging | 충전중 |
| UIDeviceBatteryStateFull | 100% 충전되어 있고 전원이 연결된 상태 |

**여기서 잠깐만** | **배터리 소모 측정 도구** |

Xcode 4의 Instruments에서는 소모배터리를 측정할 수 있는 도구가 추가되었다.

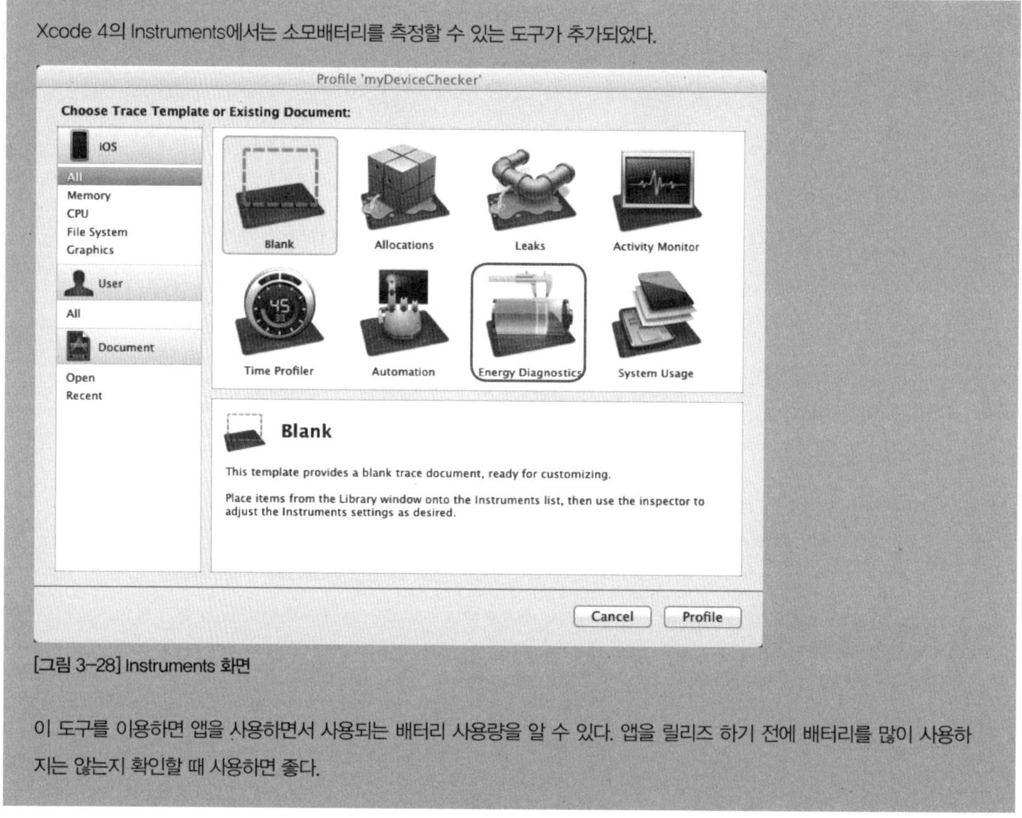


[그림 3-28] Instruments 화면

이 도구를 이용하면 앱을 사용하면서 사용되는 배터리 사용량을 알 수 있다. 앱을 릴리즈 하기 전에 배터리를 많이 사용하지는 않는지 확인할 때 사용하면 좋다.

그리고 배터리 용량을 나타내는 batterLevel값을 읽으면 현재 배터리 용량을 퍼센트로 얻을 수 있다. 단, 정확도 5% 단위로 정확한 값은 알 수가 없다. 만약 좀 더 정확한 값을 원한다면 IOKit의 전원 값을 읽는 함수를 사용해야 한다. IOKit을 사용하기 위해서는 IOKit framework를 추가해야 한다. [소스 3-16]의 주석을 참고하라.



```objc
 1 : - (CGFloat)levelInDetail
 2 : {
 3 :     // UIDevice에서 가져오는 battery level은 정확도가 0.05단위이다.
 4 :     // 즉, 80%, 83% 모두 0.8로 표시된다.
 5 :     // return [UIDevice currentDevice].batteryLevel;
 6 :
 7 :     // 아래 방법은 직접 battery level을 구하는 방식이다. 이 방식은 Mac OS X의
 8 :     // 방식이다. 하지만 이 방식을 쓰기 위해서는 IOKit framework의 헤더가 필요하다.
 9 :     //
10 :     //
11 :     // - Mac OS X의 IOKit의 IOPowerSources.h, IOPSKeys.h를 복사해서
import 시킴.
12 :     // - libIOKit.dylib를 link에 포함.
13 :     //
14 :     // @ref http://lists.omnipotent.net/pipermail/lcdproc/2006-
January/010417.html
15 :     // @ref http://forums.macrumors.com/showthread.php?t=474628
16 :
17 :     CFTypeRef blob = IOPSCopyPowerSourcesInfo();
18 :     CFArrayRef sources = IOPSCopyPowerSourcesList(blob);
19 :
20 :     CFDictionaryRef pSource = NULL;
21 :     const void *psValue;
22 :
23 :     int numOfSources = CFArrayGetCount(sources);
24 :     if (numOfSources == 0) {
25 :         return -1.0f;   // could not retrieve battery.
26 :     }
27 :
28 :     for (int i = 0 ; i < numOfSources ; i++)
29 :     {
30 :         pSource = IOPSGetPowerSourceDescription(blob,
CFArrayGetValueAtIndex(sources, i));
31 :         if (!pSource) {
32 :             return -1.0f;   // could not retrieve battery.
33 :         }
34 :         psValue = (CFStringRef)CFDictionaryGetValue(pSource,
CFSTR(kIOPSNameKey));
35 :
36 :         int curCapacity = 0;
37 :         int maxCapacity = 0;
38 :         double level;
```

```
39 :
40 :            psValue = CFDictionaryGetValue(pSource, CFSTR(kIOPSCurr
entCapacityKey));
41 :            CFNumberGetValue((CFNumberRef)psValue,
kCFNumberSInt32Type, &curCapacity);
42 :
43 :            psValue = CFDictionaryGetValue(pSource,
CFSTR(kIOPSMaxCapacityKey));
44 :            CFNumberGetValue((CFNumberRef)psValue,
kCFNumberSInt32Type, &maxCapacity);
45 :
46 :            level =  (double)curCapacity/(double)maxCapacity;
47 :
48 :            return level;
49 :        }
50 :     return -1.0f;
51 :
52 : }
```

위 소스는 IOKit의 전원 정보를 구하는 함수를 통해서 직접 전원 용량을 구하는 방식
으로 좀 더 정확한 값을 알 수는 있으나 UIDevice의 batterLevel의 값과는 다소 상
이한 값이 구해진다. 그것은 capacity가 정확히 사용할 수 있는 배터리량을 의미하는
것이 아니기 때문이다. 이 값을 이용하기 위해서 보정이 필요하고, 보정을 위해서 기
기별로 테스트해야 한다.

## 저장 메모리 정보

아이폰 4G의 저장 메모리 용량은 16GB, 32GB, 64GB로 큰 용량을 가지고 있지만,
동영상이나 음악을 많이 가지고 있는 사용자들에게는 결코 큰 용량이라고 할 수 없다.
더욱이 애플 제품은 SD카드와 같은 보조 저장매체를 이용할 수 없기 때문에 더욱 그
렇다. 하지만 사용자의 입장에서는 애플의 이런 정책이 원망스럽겠지만, 앱을 개발하
는 프로그래머의 입장에서 애플의 제한적인 정책이 싫지만은 않다. 보조 저장 장치와
주 저장 장치 간의 속도의 차이, 사용자의 데이터를 어디에 저장할지에 대한 복잡한
문제로 곤란을 겪고 있는 안드로이드 개발자를 보면 그런 생각이 든다. 그럼, 간단히
iOS의 저장 메모리에 대한 정보를 구해보자.

[소스 3-17] 저장 메모리 정보 조회 – BatteryInfo.m

```
1 : - (unsigned long long)totalSize
2 : {
3 :    return _freeSize + _usedSize;
```

```
 4 : }
 5 :
 6 : - (void) update
 7 : {
 8 :     NSFileManager* fMgr = [ NSFileManager defaultManager ];
 9 :     NSError* pError = nil;
10 :     NSArray *paths = NSSearchPathForDirectoriesInDomains(NSDocu
mentDirectory, NSUserDomainMask, YES);
11 :     NSString* documentDirectory = [paths objectAtIndex:0];
12 :     NSDictionary* pDict = [fMgr attributesOfFileSystemForPath:
documentDirectory error:&pError];
13 :     NSNumber* pNumAvail = (NSNumber*)[pDict objectForKey:NSFile
SystemFreeSize];
14 :     NSNumber* pNumFull = (NSNumber*)[pDict
objectForKey:NSFileSystemSize];
15 :
16 :     _freeSize = [pNumAvail unsignedLongLongValue];
17 :     _usedSize = [pNumFull unsignedLongLongValue] - _freeSize;
18 :
19 : }
```

저장 메모리에 대한 정보를 NSFileManager를 통해서 알아볼 수 있다. NSFileManager의 객체를 하나 만든다. 8라인에서 Documents 디렉터리 경로를 구한다. 9~11라인에서 이 경로를 통해서 저장 메모리의 사용 중인 용량과 남은 용량을 구한다.

## 네트워크 정보 조회

아이폰의 국내 출시 이후에 무선 데이터 사용량이 폭발적으로 늘었다. 2011년 3월 지디넷 코리아의 기사에 따르면 한국 아이폰 이용자의 평균 무선 데이터 사용량이 636MB로 이는 1년 사이에 321%가 증가된 수치라고 한다. 이는 아이폰의 경우 인터넷이 없으면 제대로 사용을 할 수 없다는 것을 의미하기도 하다.

네트워크에 대한 중요성은 앱스토어의 앱 심사에서도 알아볼 수 있는데, 앱을 심사할 때 앱의 사용 중에 네트워크가 중간에 끊기거나 네트워크가 연결되어 있지 않을 때 사용자에게 네트워크 연결에 대한 정보를 표현하는지를 심사한다. 만약, 네트워크 오류에 대한 정보를 제대로 표시하지 않는다면 앱 심사에서 승인되지 않을 수 있다. 즉, 앱스토어에 등록하기 위해서는 네트워크 상태에 대한 세밀한 고려가 필요하다.

그리고 또 다른 필요성으로 iOS5에서는 UDID(기기를 식별할 수 있는 번호)를 구할 수 있는 API를 사용할 수 없도록 정책을 수정했다. 대신 필요할 때마다 UDID을 생성해서 사용할 것을 권고하고 있다. 그렇지만 앱을 만들다 보면, 사용자의 특정 기기를 식별해야 하는 경우가 종종 있다. 예를 들어서 멜론과 같은 프로그램을 만들 경우 사용자의 등록된 기기만 이용하도록 제한을 해야 하는 필요가 있다. 지금까지는 UDID를 이용해서 기기를 구별했는데 이 정보를 사용할 수 없다면 기기 무선 랜의 MAC 주소를 이용할 수 있다. MAC 주소도 UUID처럼 디바이스에 오직 하나만 존재하기 때문이다.

그럼 iOS에서 네트워크의 정보나 상태를 어떻게 알아볼 수 있는지 살펴보자.

[소스 3-18] 네트워크 주소(MAC Address) 구하기 – NetworkInfo.m

```
 1 : static char*  getMacAddress(char* macAddress, char* ifName) {
 2 :
 3 :     int  success;
 4 :     struct ifaddrs * addrs;
 5 :     struct ifaddrs * cursor;
 6 :     const struct sockaddr_dl * dlAddr;
 7 :     const unsigned char* base;
 8 :     int i;
 9 :
10 :     success = getifaddrs(&addrs) == 0;
11 :     if (success) {
12 :         cursor = addrs;
13 :         while (cursor != 0) {
14 :             if ( (cursor->ifa_addr->sa_family == AF_LINK)
15 :                 && (((const struct sockaddr_dl *)
cursor-> ifa_addr)->sdl_type == IFT_ETHER) && strcmp(ifName,
cursor->ifa_name)==0 ) {
16 :                 dlAddr = (const struct sockaddr_dl *) cursor-
>ifa_addr;
17 :                 base = (const unsigned char*) &dlAddr->sdl_
data[dlAddr->sdl_nlen];
18 :                 strcpy(macAddress, "");
19 :                 for (i = 0; i < dlAddr->sdl_alen; i++) {
20 :                     if (i != 0) {
21 :                         strcat(macAddress, ":");
22 :                     }
23 :                     char partialAddr[3];
24 :                     sprintf(partialAddr, "%02X", base[i]);
25 :                     strcat(macAddress, partialAddr);
26 :
27 :                 }
28 :             }
29 :             cursor = cursor->ifa_next;
```

```
30 :            }
31 :
32 :            freeifaddrs(addrs);
33 :        }
34 :    return macAddress;
35 : }
```

소켓 API 중에 10라인의 getifaddrs( )를 이용하면 네트워크 인터페이스 주소에 대한 정보를 얻을 수 있다. 다소 어려운 C 함수 코드로 구현되어 있다. 그렇지만 구현보다는 이용하는 것에 초점을 맞춘다면, 이 함수를 활용하는 것은 그리 어렵지 않다.



```
1 : static char*  getIpAddress(char* ipAddress, char* ifName)
2 : {
3 :     int  success;
4 :     struct ifaddrs * addrs;
5 :     struct ifaddrs * cursor;
6 :
7 :     success = getifaddrs(&addrs) == 0;
8 :     if (success) {
9 :         cursor = addrs;
10 :        while (cursor != 0) {
11 :            if ( cursor->ifa_addr->sa_family == AF_INET
12 :                && (cursor->ifa_flags & IFF_LOOPBACK) == 0
13 :                && strcmp(ifName,  cursor->ifa_name)==0 ) {
14 :                sprintf(ipAddress, "%s",inet_ntoa(((struct
sockaddr_in *)cursor->ifa_addr)->sin_addr));
15 :                NSLog(@"%s\t%s\t%#x", cursor->ifa_name,
ipAddress, cursor->ifa_flags);
16 :            }
17 :            cursor = cursor->ifa_next;
18 :        }
19 :
20 :        freeifaddrs(addrs);
21 :    }
22 :    return ipAddress;
23 : }
```

getIpAddress( ) 함수는 네트워크 주소(MAC Address)를 구하는 함수와 마찬가지로 getifaddrs( ) 함수를 이용한다. getinfaddrs( ) 함수는 기기가 가지고 있는 모든 네트워크 인터페이스에 대한 정보를 조회한다.

▥ **en0** : wifi interface

▥ **pdp_ip0** : 3g interface

만약, 3G에서 사용하는 IP 주소를 알고 싶다면, "pdp_ip0"이라는 이름을 가진 네트워크 인터페이스의 IP 주소를 구하면 된다. 이외에, 네트워크에 연결되었는지 확인하기 위해서는 다음과 같은 코드를 사용한다.



```
 1 : + (Reachability*) reachabilityWithAddress: (const struct
sockaddr_in*) hostAddress;
 2 : {
 3 :     SCNetworkReachabilityRef reachability = SCNetworkReachabil
ityCreateWithAddress(kCFAllocatorDefault, (const struct sockaddr*)
hostAddress);
 4 :     Reachability* retVal = NULL;
 5 :     if(reachability!= NULL)
 6 :     {
 7 :         retVal= [[[self alloc] init] autorelease];
 8 :         if(retVal!= NULL)
 9 :         {
10 :             retVal->reachabilityRef = reachability;
11 :             retVal->localWiFiRef = NO;
12 :         }
13 :     }
14 :     return retVal;
15 : }
16 :
17 : + (Reachability*) reachabilityForInternetConnection;
18 : {
19 :     struct sockaddr_in zeroAddress;
20 :     bzero(&zeroAddress, sizeof(zeroAddress));
21 :     zeroAddress.sin_len = sizeof(zeroAddress);
22 :     zeroAddress.sin_family = AF_INET;
23 :     return [self reachabilityWithAddress: &zeroAddress];
24 : }
```

위 소스는 애플에서 제공하는 Reachability라는 Class의 한 함수인데, System Configuration.framework를 이용해서 주어진 주소에 연결할 수 있는지 확인한다. 이외에도 이 클래스에는 주어진 주소로 네트워크에 연결할 수 있는지, 네트워크가 WIFI로 연결되었는지, 3G로 연결되었는지 확인할 수 있는 API도 가지고 있다.

## 6.4 디바이스 제어

iOS에서 디바이스를 사용하는 방법을 익힌다는 것은 다른 말로 애플의 SDK를 활용하는 방법을 배운다는 것과 동일한 표현이다. 애플이 정의한 SDK를 통해 어떻게 디바이스를 제어하는지 알아보자.

### 자이로스코프

자이로스코프는 비행기나 미사일 등에 장착되어서 기체의 방향을 측정하기 위한 장치이다. 항공, 군사 장치에 쓰이던 기술이 iPhone 4G를 시작으로 휴대기기에 필수적인 장치가 되어 가고 있다. 자이로스코프를 이용하면 기기의 방향을 정확히 알 수 있다. 이 말은 곧 기기의 움직임을 이용한 새로운 인터페이스의 등장을 의미한다. 게임 시장에서는 발 빠르게 이 새로운 장치를 이용한 게임을 내놓았다.

FPS나 사격 게임에서 적이나 과녁으로 시선을 옮기기 위해서 더 이상 화면의 조정바를 움직이지 않아도 된다. 단순히 아이폰을 원하는 방향으로 움직이면 된다. 기존에 가속센서를 사용했지만 이 값으로는 정확한 기기의 방향을 알 수 없었다.

자이로스코프를 활용하기 위해서 CMMotionManager 클래스를 활용한다. 이 클래스는 iOS4에서 추가된 것으로 CoreMotion.framework를 추가해야 사용한다. 우선, 자이로스코프를 현재 실행하는 기기에서 동작시킬 수 있는지 확인해보자.

**[소스 3-21] 자이로스코프 확인 – GyroscopeViewController.m**

```
1 : + (BOOL) isEnableDevice
2 : {
3 :     id cls = NSClassFromString(@"CMMotionManager");
4 :     if (cls == nil) return NO;
5 :     CMMotionManager *motionManager = [[CMMotionManager alloc]
init];
6 :     BOOL ret = motionManager.gyroAvailable;
7 :     [motionManager release];
8 :     return ret;
9 : }
```

CMMotionManager 클래스가 있는지 확인한다. 3~4라인에서 CMMotionManager는 iOS4 이상에서만 사용할 수 있기 때문에 클래스를 사용할 수 있는지 확인한다. 이후에 CMMotionManager의 객체의 속성값으로 gyroAvailable 값을 읽어서 값을 확인한다. 이외에도 gyroActive라는 속성이 있는데, 이 속성을 이용하면 자이로스코프가 동작 중인지 확인할 수 있다.

헤더 파일에 CMMotionManager 멤버 변수를 다음처럼 추가하자.

[소스 3-22] 자이로스코프 시작 – GyroscopeViewController.m

```objc
 1 : -(void) enableGyro:(BOOL) flag
 2 : {
 3 :     if (flag == YES) {
 4 :
 5 :         // 0.3초 마다 업데이트
 6 :         _motionManager.deviceMotionUpdateInterval = 0.3;
 7 :         // 자이로스코프 시작.
 8 :         [_motionManager startDeviceMotionUpdatesToQueue:[NSOpe
rationQueue mainQueue]
 9 :                         withHandler: (CMDeviceMotion *motion,
NSError *error)
10 :             {
11 :                 // 실제 XYZ 기울기 값을 구해보자.
12 :                 CMAttitude *attitude = motion.attitude;
13 :                 self.gyroRoll.text = [NSString stringWithFormat:
@"%.0f", degrees(attitude.roll)];
14 :                 self.gyroPitch.text = [NSString stringWithFormat:
@"%.0f", degrees(attitude.pitch)];
15 :                 self.gyroYaw.text = [NSString stringWithFormat:
@"%.0f", degrees(attitude.yaw)];
16 :
17 :                 // 차트에 표시할 Data 생성 및 추가
18 :                 PlotDataPosition *posData = [[PlotDataPosition
alloc] initWithRoll:degrees(attitude.roll)
19 :                                    pitch:degrees(attitude.pitch)
20 :                                    yaw:degrees(attitude.yaw)];
21 :                 [self addPlotDataPosition:posData];
22 :                 [posData release];
23 :
24 :             }];
25 :
26 :     } else
27 :     {
28 :         // 자이로스코프 종료
29 :         [_motionManager stopDeviceMotionUpdates];
30 :     }
31 : }
```

[소스 3-22]에는 포함되어 있지 않지만, GyroscopeViewController 객체 생성과 함께 CMMotionManager 객체를 만든다. 이 객체를 통해 자이로스코프를 동작시킬 것

이다. 우선 자이로스코프 데이터를 0.3초마다 갱신하도록 설정한다(6라인).

startDeviceMotionUpdatesToQueue:withHandler:를 실행시키면 자이로스코프를 동작시키고, 주어진 업데이트 시간마다(0.3초) 등록한 핸들러 블럭을 실행한다(10~24 라인). 9라인 코드 중에 보이는 [NSOperationQueue mainQueue]는 핸들러가 메인 스레드에서 실행된다는 뜻이며, UI를 변경시키는 로직을 수행해도 된다는 의미이다.

12~15라인은 자이로스코프 데이터를 가공해서 화면에 출력하는 구문이다.

데이터가 업데이트될 때 핸들러로 넘어오는 CMDeviceMotion 객체에 여러 정보가 들어 있다. DeviceMotion 정보는 자이로스코프, 가속센서에서 들어오는 데이터를 분석한 정보가 들어 있다. [표 3-6]에서 어떤 정보가 들어있는지 볼 수 있다.

**[표 3-6]** CMDeviceMotion 객체를 통해서 얻을 수 있는 정보

| 속성 | 설명 |
| --- | --- |
| attitude | 기기의 위치 상태, 기기가 어떤 방향으로 얼마나 기울어져 있는지 확인할 수 있다. |
| rotationRate | 자이로스코프에서 얻을 수 있는 원시 데이터로 기기를 기울였을 때의 회전 가속도를 구할 수 있다. |
| gravity | 가속센서를 통해서 얻을 수 있는 원시 데이터로 가속도를 구할 수 있다. |
| userAcceleration | 가속도에서 지구 중력에 의한 가속도를 제외한 순수하게 사용자에 의해서만 발생한 가속도를 구할 수 있다. |

만약, rotationRate 정보만 필요하다면 startGyroUpdatesToQueue:withHandler:를 통해서 자이로스코프 원시 데이터만 얻을 수 있다.

```objc
// 0.3초다 마다 업데이트
_motionManager.gyroUpdateInterval = 0.3;
// 자이로스코프 시작.
[_motionManager startGyroUpdatesToQueue:[NSOperationQueue mainQueue]
            withHandler: ^(CMGyroData *gyroData, NSError *error) {
                CMRotationRate rate = gyroData.rotationRate;
                <회전 가속도를 가지고 처리>
            }];
```

어떤 쪽을 선택하든 같은 결과를 얻을 수 있다. 그렇지만 프로그램을 작성하다 보면 대부분 CMDeviceMotion 정보를 얻어 기능을 구현하는 경우가 많다.

12~15라인은 기기의 기울기를 화면에 출력하는 코드이다. Roll, pitch, yaw 값은 기본적으로 −1~1 사이의 실수값으로 Radius 단위로 각도를 나타낸 것이다. Degree 단위로 바꾸기 위해 다음과 같은 인라인 함수를 사용한다.

```
#define PI 3.14159265358979323846
static inline float degrees(double radian) { return radian * 180.0f /
PI; }
```

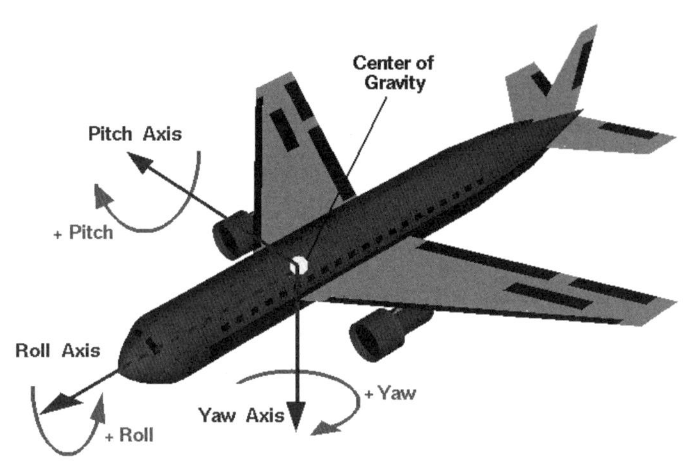


[그림 3-29] roll, pitch, yaw의 의미

## 위치의 변화량을 차트로 표현하기

변화량을 차트로 나타내기 위해서 외부 라이브러리를 사용했다. 아이폰에서 사용할 만한 오픈 소스 라이브러리로 Core-Plot이라는 라이브러리가 있다. 공식URL은 http://code.google.com/p/core-plot/ 이다.

Core Plot은 Mac OS X와 iOS에서 사용하기 위해 개발된 차트용 라이브러리로 애플의 Core Animation, Core Data, Cocoa Bindings와 같은 기술들과 같이 사용할 수 있다. 단, 아이폰에서 Cococa Bindings는 현재까지 지원하지 못하기 때문에 사용할 수 없다. 그림, 지금부터 Core Plot을 사용해보자. 우선, Core Plot에 필요한 요소를 살펴보자.

|||| **호스팅뷰** : 차트를 표시할 뷰

|||| **차트(plot)** : 표시할 차트 (종류에 따라 설정 값들이 다르다.)

|||| **차트데이터 (plot data source)** : 데이터를 테이블뷰처럼 델리게이트 방식으로 공급해야 한다.

CorePlot를 사용하기 위한 요소를 하나 하나 살펴보도록 하자.

## 호스팅뷰 객체 생성

호스팅뷰는 차트가 자리 잡은 위치를 지정하기 위한 뷰이다. 객체의 생성은 코드나
XIB에서 생성할 수 있다. 여기는 XIB를 통해서 객체를 만들어보자.

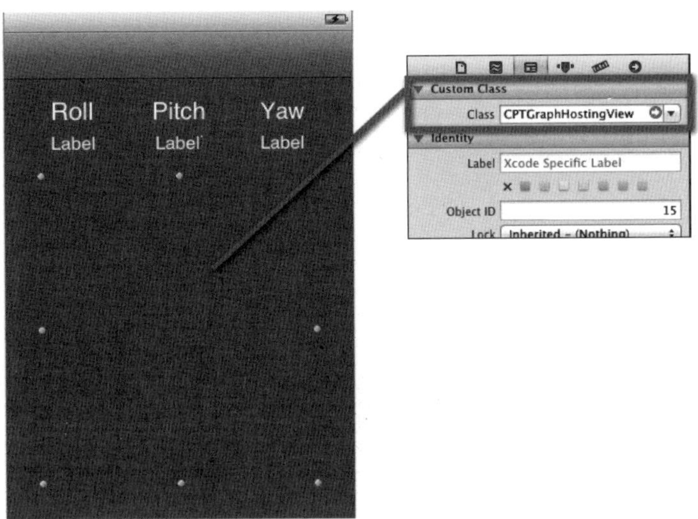


[그림 3-30] GyroscopeViewController.XIB의 CorePlot 호스팅뷰 설정

XIB에서 UIView를 원하는 위치에 위치시키고 [그림 3-30]처럼 클래스명을
CPTGraphHosingView로 변경한다. 이 뷰는 GyroscopeViewController.h의
graphHostingView에 연결된다.

헤더 파일에 다음 코드를 추가한다.

```
@property (nonatomic, retain) IBOutlet CPTGraphHostingView
    *graphHostingView;
```

[소스 3-23] 차트 초기화 – GyroscopeViewControoller.m

```
 1 : - (void)viewDidLoad
 2 : {
 3 :     [self renderPositionStatus];
 4 : }
 5 :
 6 : - (void) renderPositionStatus
 7 : {
 8 :     // 호스트 뷰에 차트 그래프 뷰를 생성해서 붙인다.
 9 :     CGRect bounds = self.graphHostingView.bounds;
10 :     CPTGraph *graph = [[[CPTXYGraph alloc]
```

```
initWithFrame:bounds] autorelease];
 11 :        self.graphHostingView.hostedGraph = graph;
 12 :
 13 :  < … >
 14 :
 15 :  // Axes
 16 :      // X축 설정
 17 :      CPTXYAxisSet *axisSet = (CPTXYAxisSet *)graph.axisSet;
 18 :      CPTXYAxis *x = axisSet.xAxis;
 19 :    x.labelingPolicy = CPTAxisLabelingPolicyEqualDivisions;
 20 :      < … >
 21 :      // Y축 설정
 22 :      CPTXYAxis *y = axisSet.yAxis;
 23 :      y.labelingPolicy = CPTAxisLabelingPolicyEqualDivisions;
 24 :      y.orthogonalCoordinateDecimal = CPTDecimalFromUnsignedInte
ger(0);
 25 :      y.axisConstraints = [CPTConstraints
constraintWithLowerOffset:0.0];
 26 :  < … >
 27 :
 28 :      // 데이터를 나타낼 Plot 생성 (3개의 그래프를 나타내야 하므로 3개를 생성)
 29 :      // roll을 위한 Plot
 30 :      CPTScatterPlot *dataSourceLinePlot = [[[CPTScatterPlot
alloc] init] autorelease];
 31 :      dataSourceLinePlot.identifier = kPlotRoll;
 32 :      dataSourceLinePlot.dataSource = self;
 33 :      < … >
 34 :      [graph addPlot:dataSourceLinePlot];
 35 :
 36 :      // pitch를 위한 Plot
 37 :      dataSourceLinePlot = [[[CPTScatterPlot alloc] init]
autorelease];
 38 :      dataSourceLinePlot.identifier = kPlotPitch;
 39 :      dataSourceLinePlot.dataSource = self;
 40 :      < … >
 41 :      [graph addPlot:dataSourceLinePlot];
 42 :
 43 :
 44 :      // yaw를 위한 Plot
 45 :      dataSourceLinePlot = [[[CPTScatterPlot alloc] init]
autorelease];
 46 :      dataSourceLinePlot.identifier = kPlotYaw;
 47 :      dataSourceLinePlot.dataSource = self;
 48 :      < … >
 49 :      [graph addPlot:dataSourceLinePlot];
 50 :
```

```
51 :     // Plot을 표현할 영역을 표시.
52 :     // X축은 0에서 데이터가 가질 수 있는 영역까지
53 :     CPTXYPlotSpace *plotSpace = (CPTXYPlotSpace *)graph.
defaultPlotSpace;
54 :     plotSpace.xRange = < 0 ~ 데이터 최대 크기 까지 >
56 :     plotSpace.yRange = < -180도에서 180 도 까지 >
57 : }
```

차트 생성은 view가 로드될 때 이루어진다. renderPositionStatus 메소드는 차트 뷰를 생성하는 역할을 한다. 이 함수를 생성하면 [그림 3-31]과 같은 차트가 만들어진다. 실제 소스는 조금 더 복잡하고 긴 설정 과정을 거쳐야 한다. 여기서는 간략하게 차트의 각 요소를 설정해보자. 우선 호스팅 뷰에 그래프뷰를 만든다(10라인). 15~25라인 그래프에는 X축, Y축이 있는데, 이 값에 대해서 설정을 해주자. 이후에 데이터를 표현할 그래프, 여기서는 Plot이라는 용어를 사용하는데 Plot 객체를 생성해서 추가해준다. Plot 객체를 구별하기 위해서 Tag를 설정한다. 31, 38, 46라인에서 값을 설정하는데, 이 설정값은 이후 Data Source를 가져오는 콜백 함수에서 각 plot별 데이터를 구별하기 위해 사용된다.

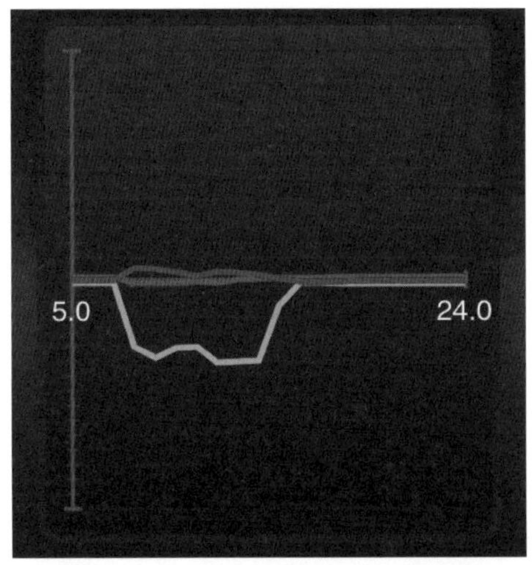

[그림 3-31] renderPositionStatus에 의해서 만들어진 차트

## Accelerometer 데이터 가져오기

가속센서는 가속도의 변화량을 측정한다. 즉, 가속도센서 변화량을 이용하면 아이폰을 가지고 마구 흔드는 것을 감지할 수 있다. 이 장치를 잘 활용한 앱으로 Bump라는 앱이 있다. 이 앱은 두 기기를 부딪쳐서 사진이나 연락처를 교환하는 방식 때문에 큰 인기를 끌었다.

[그림 3-32] 기기끼리 부딪쳐 사진과 연락처 등을 교환하는 Bump

이 앱은 가속센서를 이용해 구현되었다. 두 기기의 부딪친 위치, 시간, 가속도, 방향을 고려해서 Bump 서버가 두 기기를 찾아서 데이터를 교환할 수 있도록 연결해주는 것이다.

가속센서 디바이스를 이용하는 API 종류는 크게 두 가지가 있다. 첫째로 자이로스코프에 사용했던 CMMotionManager를 이용하는 방법이다. 이 방법은 자이로스코프와 동일한 방식으로 업데이트 시간을 미리 설정하고 센서를 동작시키는 방식이다. 다른 방법으로, 이전에 사용하는 API로 UIAccelerometer를 이용하는 것이다. UIAccelerometer 객체를 구해서 업데이트 시간을 설정하고 delegate를 통해서 업데이트된 데이터를 받아보는 방식이다. CMMotionManager를 이용하는 방식은 앞에서 살펴보았으므로 여기서는 UIAccelerometer를 사용하도록 하겠다.



```
   1 : #pragma mark - UIAccelerometer delegate
   2 : - (void)accelerometer:(UIAccelerometer *)accelerometer
didAccelerate:(UIAcceleration *)acceleration {
   3 :      labelX.text = [NSString stringWithFormat:@"%@%f", @"X: ",
acceleration.x];
   4 :      labelY.text = [NSString stringWithFormat:@"%@%f", @"Y: ",
acceleration.y];
   5 :      labelZ.text = [NSString stringWithFormat:@"%@%f", @"Z: ",
acceleration.z];
```

```
 6 : }
 7 :
 8 : #pragma mark - private method
 9 : - (void) enableAccelermeter:(BOOL)flag
10 : {
11 :     if (flag)
12 :     {
13 :         // turn on
14 :         self.accelerometer = [UIAccelerometer
sharedAccelerometer];
15 :         self.accelerometer.updateInterval = 0.1f; // update in
0.1 second.
16 :         self.accelerometer.delegate = self;
17 :
18 :     } else
19 :     {
20 :         // turn off
21 :         self.accelerometer.delegate = nil;
22 :     }
23 :
24 : }
```

우선, 14라인처럼 UIAccelerometer 객체를 구해야 한다. UIAccelerometer의 sharedAccelerometer를 통해서 객체를 구한다. 이후에 15~16라인처럼 업데이트 시간과 delegate를 설정한다.

가속도센서에 변화가 일어나면 accelerometer:didAccelerate:가 호출되는데, 이를 이용하면 X,Y,Z 축에서 받고 있는 중력 가속도를 구할 수 있다.

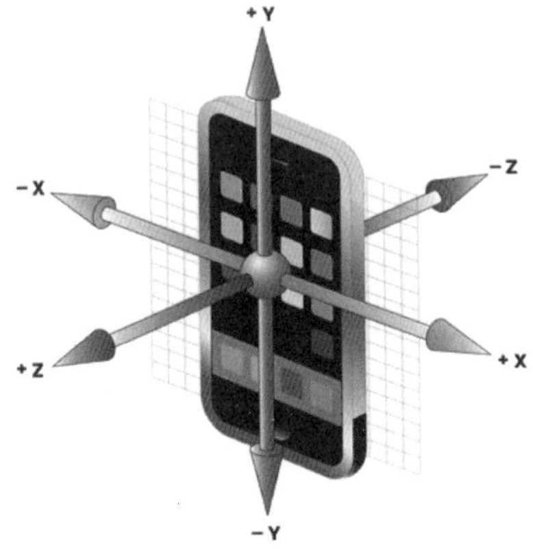


[그림 3-33] 아이폰의 기본 축 구조(출처 : 애플 Exent handling Guide)

# 플래쉬 제어 방법

아이폰 4G에는 뒷면 카메라에 LED가 달려있다. LED를 활용해서 플래쉬로 활용할 수 있는 앱이 나와서 한때 유행한 적이 있었다. 지금부터 LED를 활용한 플래쉬 앱을 만들어보자. 우선, Torch라는 용어부터 설명하자면 장시간 동안 플래쉬를 켜는 동작을 말한다.

플래쉬를 제어하기 위해서는 AVFoundation.framework를 이용해야 한다. 이 프레임워크 중 UIImagePickerController를 통해서 torch 기능 사용 여부를 확인할 수 있다.



```
 1 : + (BOOL) isEnableDevice
 2 : {
 3 :     // camera flash가 있는지 확인
 4 :     BOOL hasTorch = [UIImagePickerController isFlashAvailableF
orCameraDevice:UIImagePickerControllerCameraDeviceRear];
 5 :     return hasTorch;
 6 : }
```

4라인처럼 후면카메라 플래쉬가 있는지 확인한다. UIImagePickerController를 활용하면 사진을 찍을 때 플래쉬를 켜도록 설정을 할 수 있지만 계속 켜지도록 설정하지는 못한다. Torch를 켜기 위해서는 조금 긴 코드를 작성해야 한다.



```
 1 : #pragma mark - private method
 2 : - (void) initDevice
 3 : {
 4 :     // flash device 초기화
 5 :     // 현재까지 flash가 있는 것은 iPhone4G, iOS4 이상에서만 동작하기 때문에
 6 :     // 아래와 같이 class를 조회한다.
 7 :     Class captureDeviceClass = NSClassFromString(@"AVCaptureDe
vice");
 8 :     if (captureDeviceClass != nil) {
 9 :         // Video device를 생성한다.
10 :         AVCaptureDevice *device = [AVCaptureDevice
defaultDeviceWithMediaType:AVMediaTypeVideo];
11 :
12 :         // touch가 있는지 확인한다.
13 :         if ([device hasTorch] && [device hasFlash]){
```

```objc
14 :               AVCaptureDeviceInput *input = [AVCaptureDeviceInput
deviceInputWithDevice:device error:nil];
15 :               AVCaptureVideoDataOutput *output =
[[AVCaptureVideoDataOutput alloc] init];
16 :
17 :               // Session과 device input, output를 연결시킨다.
18 :               AVCaptureSession *session = [[AVCaptureSession
alloc] init];
19 :               [session beginConfiguration];
20 :               [session addInput:input];
21 :               [session addOutput:output];
22 :               [session commitConfiguration];
23 :               [output release];
24 :
25 :               // capture 시작.
26 :               [session startRunning];
27 :
28 :               self.avSession = session;
29 :               [session release];
30 :           }
31 :       }
32 : }
33 :
34 : - (void) enableTorch:(BOOL)flag
35 : {
36 :     // Capture Device를 찾기.
37 :     // flash 속성 변환을 위해서
38 :     Class captureDeviceClass = NSClassFromString(@"AVCaptureDe
vice");
39 :     if (captureDeviceClass != nil) {
40 :
41 :         AVCaptureDevice *device = [AVCaptureDevice
defaultDeviceWithMediaType:AVMediaTypeVideo];
42 :
43 :         [device lockForConfiguration:nil];
44 :
45 :         if(flag) {
46 :             // turn on
47 :             // flash키는 option을 set하고 flash를 지속적으로
48 :             // 켜 있도록 하기 위해서 torch option을 set한다.
49 :             [device setTorchMode:AVCaptureTorchModeOn];
50 :             [device setFlashMode:AVCaptureFlashModeOn];
51 :             _torchOn = YES;
52 :         } else {
53 :             // turn off
54 :             [device setTorchMode:AVCaptureTorchModeOff];
```

```
55 :                    [device setFlashMode:AVCaptureFlashModeOff];
56 :                    _torchOn = NO;
57 :                }
58 :                [device unlockForConfiguration];
59 :            }
60 : }
```

AVFoundation 가이드 문서에 보면 아래와 같은 그림이 있다. AVFoundtaion은 미디어 장치를 제어할 수가 있는데, 다음 3가지 요소가 필요하다.

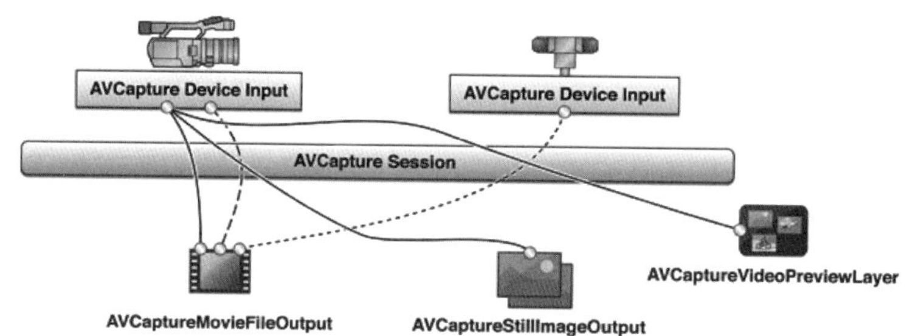


[그림 3-34] AVFoundation의 구성 요소 관계도(출처:developer.appli.com)

IIIII AVCaptureDevice

IIIII AVCaptureXXXOuput

IIIII AVCaptureSession

AVCaptureDevice는 카메라, 마이크 등과 같이 미디어 데이터를 입력받을 수 있는 장치를 추상화한 것이고 AVCaptureXXXOutput은 데이터를 담아두거나 보여 줄 장치를 추상화한 것이다. 마지막으로 AVCaptureSession은 이 둘을 연결해주는 역할을 한다.

AVFoundation을 이용하기 위해서는 초기화 작업이 필요하다. 초기화 과정은 위에서 설명한 3가지 기본 요소를 만들어서 연결시킨다. 우선, AVCaptureDevice를 생성한다. 이때, 10라인에서 AVMediaTypeVideo 을 선택해 비디오 디바이스 객체를 만든다. Torch 기능은 동영상을 찍을 때만 작동하기 때문에 비디오 디바이스 객체를 생성한 것이다. 이후에 14라인에서 AVCaptureVideoDataOutput 객체를 만든다. 이 객체는 아무 일도 하지 않을 것이다. 초기화를 위한 객체라고 생각하면 된다. 이후에 18라인처럼 인풋 객체와 아웃풋 객체를 연결하기 위한 AVCaptureSession을 만들어서 연결해야 한다. 세션 객체가 만들어지면 19~22라인처럼 인풋객체와 아웃풋객체를 연결한다. 26라인에서 장치를 동작시킨다. 장치를 동작시킨 이후에 플래쉬에 대한 설정을 변경시켜서 플래쉬를 켜고 끌 수 있게 된다.

플래쉬를 켜고 끄는 동작은 41~58라인에 정의되어 있다. 플래쉬를 동작시킬 때도 41라인처럼 AVCaptureDevice 객체를 먼저 생성한다. 이제 이 객체의 플래쉬 관련 속성을 변경시키도록 하자. 속성을 변경할 때는 lockForConfiguration:을 이용해서 속성값을 다른 곳에서 변경하지 못하도록 처리해야 한다.

```
[device lockForConfiguration:nil];

    < device 객체의 속성 변경 >

[device unlockForConfiguration];
```

플래쉬에 대한 속성 변경 메소드는 두 가지가 있다.

- setTorchMode:
- setFlashMode:

setFlashMode:는 플래쉬를 켤 것인 말 것인지에 대한 설정이고 setTorchMode:는 플래쉬를 켠 상태로 둘 것인지 말 것인지에 대한 설정이다.

## 카메라 제어 방법

아이폰을 사용하다 보면 많이 사용하는 것이 카메라 기능이다. 아이폰 4는 800만 화소 카메라를 내장하고 있어 더 이상 사진을 찍기 위해서 큰 카메라를 들고 다닐 필요가 없어졌다. 스마트폰만 있으면 언제 어디서나 원하는 사진을 찍을 수 있게 된 것이다.

카메라는 단순히 사진만을 찍기 위한 장치는 아니다. 외부 세계와 소통할 수 있는 하나의 인터페이스로서 카메라는 중요한 역할을 담당하고 있다. 길거리에 흔히 접하는 QRCode를 카메라로 찍으면 QR에 내장된 각종 정보를 이용할 수 있다. 카메라를 제어하는 API는 다음 두 가지가 있다.

- UIImagePickerController
- AVFoundataion

가장 일반적으로 사용되는 방법은 UIImagePickerController를 이용하는 방법이다. 사용 방법은 예제 코드를 통해 살펴보자.

[소스 3-27] 카메라 동작

```
 1 : -(IBAction) onTakePicture
 2 : {
 3 :     //
 4 :     // UIImagePickerController를 이용하는 방법
 5 :     //
 6 :     UIImagePickerController *picker = [[UIImagePickerController
alloc]init];
 7 :     picker.delegate = self;
 8 :     // 사진을 찍고 수정할 수 있도록
 9 :     picker.allowsEditing = YES;
10 :
11 :     // 카메라 이용
12 :     picker.sourceType = UIImagePickerControllerSourceTypeCame
ra;
13 :     ////  이미 찍어놓은 사진 중에서 선택
14 :     //picker.sourceType = UIImagePickerControllerSourceTypePho
toLibrary;
15 :     ////  iTunes와 동기화한 사진들 중에서 선택
16 :     //picker.sourceType = UIImagePickerControllerSourceTypeSav
edPhotosAlbum;
17 :
18 :     [self presentModalViewController:picker animated:YES];
19 :     [picker release];
20 : }
```

6라인에서 UIImagePickerController를 생성하고 이미지를 찍거나 사진함으로부터 이미지를 선택했을 때 호출될 타켓으로 자기 자신(self)을 선택하자. 그리고 이미지를 얻는 방법을 선택해야 하는데, 우리가 원하는 것은 카메라를 이용해서 직접 찍을 것이기 때문에, 12라인처럼 UIImagePickerControllerSourceTypeCamera를 선택하자. 이 때 선택 가능한 값은 다음과 같다.

- **UIImagePickerControllerSourceTypeCamera** : 직접 촬영한 이미지
- **UIImagePickerControllerSourceTypePhotoLibrary** : 이전에 찍어서 저장된 이미지
- **UIImagePickerControllerSourceTypeSavedPhotosAlbum** : PC와 동기화를 통해서 저장된 이미지

모든 설정을 마쳤다면, presentModalViewController:animated:로 화면 전환을 하면 된다.

```
 1 : // 이미지를 찍었을 때 호출되는 함수.
 2 : - (void)imagePickerController:(UIImagePickerController *)
picker didFinishPickingMediaWithInfo:(NSDictionary *)info
 3 : {
 4 :     UIImage * image = [info objectForKey:@"UIImagePickerContro
llerOriginalImage"];
 5 :
 6 :     self.imageView.image = image;
 7 :
 8 :     [[picker parentViewController] dismissModalViewControllerA
nimated:YES];
 9 : }
10 : // 이미지 촬영을 취소했을 때 호출되는 함수
11 : - (void)imagePickerControllerDidCancel:(UIImagePickerControll
er *)picker
12 : {
13 :     [[picker parentViewController] dismissModalViewControllerA
nimated:YES];
14 : }
```

카메라를 이용해서 사진을 촬영하면 찍은 이미지를 delegate로 지정된 object에 콜백 함수가 호출된다. 2라인 함수는 이미지 촬영에 성공했을 때 호출되는데, 이 때 4라인처럼 촬영된 이미지를 얻어서 UIImageView의 객체에 이미지를 설정하자. 이미지 촬영을 사용자가 취소하면 11라인 메소드가 호출되는데, 여기서는 단지 UIImagePickerController만 메모리에서 제거하도록 설정한다.

## 마무리

지금까지 우리는 아이폰이 가지고 있는 디바이스들에 대해서 알아보고 그 디바이스에서 정보를 조회하거나 기능 테스트를 할 수 있는 앱을 개발해 보았다. 이번 장에서 디바이스에 대한 모든 정보를 다루지는 못했지만 어떤 식으로 디바이스 정보를 다룰 수 있는지에 대해서 개략적으로 살펴보았다. 만약, 디바이스에 대해서 좀 더 정확한 사용 방법을 알고 싶다면 애플에서 제공하는 레퍼런스를 참고해야 한다. 이번 장에서 학습한 myDeviceChecker를 여러분 나름대로 변형하고 기능을 확장해보자. 백 번 보고 듣는 것보다는 한 번이라도 코드를 변경하고 작성해 보는 것이 중요하다.

# 스티브 잡스와 애플

세계에서 가장 많이 팔린 책 중 하나를 꼽으라면 스티브 잡스의 인생을 다룬 스티브 잡스 자서전을 이야기할 수 있다. 스티브 잡스는 젊은 나이에 애플 컴퓨터로 큰 성공을 거두었다. 그 이후 성공에 대한 자만심과 시장을 무시한 실험적 제품을 출시하다 자신이 만든 애플에서 쫓겨나는 치욕을 맛보게 된다. 그 이후 자신이 만들어 놓은 공룡 애플이 침몰해가게 되는 시점에 화려한 복귀를 하게 된다. 1997년 애플 CEO로 복귀한 스티브잡스는 애플이 새로운 회사로 거듭나는 일련의 행동을 취한다.

- 1997년 스티브 잡스 임시 CEO로 복귀

  애플 온라인 스토어 오픈, 애플 제품 정리, 데스크 탑과 모바일 기기에 집중

- 1998년 일체형 컴퓨터 아이맥 발표 (아이맥 디자인은 조나단 아이브)

  동영상 편집툴인 파이널 컷을 마이크로 미디어로부터 구입

- 2000년 애플의 정식 CEO가 됨 (이전에는 임시 CEO로 활동)

  애플 온라인 서비스인 iTools 발표, SoundJam MP 구입(후에 iTunes가 됨)

- 2001년 Mac OS X 발표 (NeXT의 OPENSTEP과 BSD Unix를 기초로 한 OS )

  미국 버지니아 주에 첫 번째 애플 스토어 오픈, 아이팟 출시

- 2003년 아이튠즈 스토어 오픈 (곡당 0.99 달러에 판매)

  사파리 브라우저 발표 (WebKit을 이용한 브라우저, 이전까지 IE 사용)

- 2007년 회사명을 애플 컴퓨터에서 애플로 변경

  아이폰, 애플 TV 발표, 아이튠즈 스토어에 DRM이 걸리지 않은 음악파일 판매 시작

- 2008년 앱 스토어 오픈 (SDK 공개 ), 모바일 미(Mobile Me) 서비스 시작

- 2009년 스티브 잡스의 병가, 아이폰 3Gs 발표 , 애플의 맥월드 마지막 참가

- 2010년 아이패드 발표 (9.7인치 태블릿 PC )

  아이폰 4G 발표 (CPU 업그레이드 및 화면 해상도 증가 )

- 2011년 아이클라우드 발표, 스티브잡스 사망, 아이폰 4s 발표

- 2012년 새로운 아이패드 발표(해상도 업그레이드)

MEMO

# Chapter 04

# 단어장 만들기

대량의 데이터를 처리하기 위해서는 아이폰이 제공하는 데이터베이스를 이용해야 한다. 이번 장에서는 iOS의 기본 프레임워크로 제공되는 SQLite를 이용해 대량의 데이터를 다루는 방법을 알아본다. 또한 이를 응용해 영어 단어를 학습하는 myMeoryCard라는 단어장 앱을 작성해본다.

- 앱 주소 : http://itunes.apple.com/us/app/
  mymemorycard/id526625507?l=ko&ls=1&mt=8
- 앱 이름 : myMomoryCard

- SQLite를 이용한 데이터 처리

- 영어 단어 학습용 앱 만들기

데이터베이스 기능을 활용해 자신만의 영어 단어장 앱을 만들어보자.



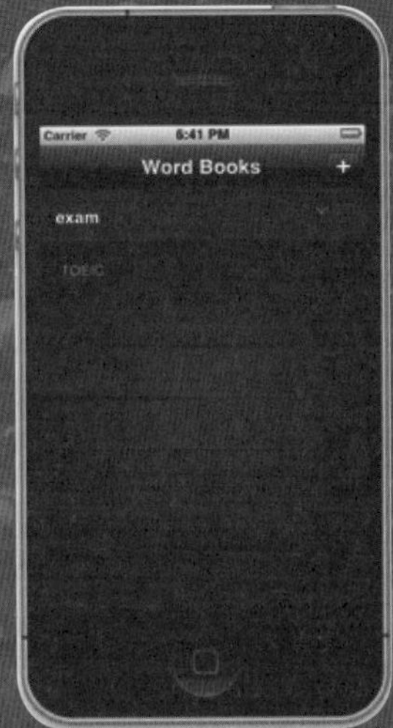

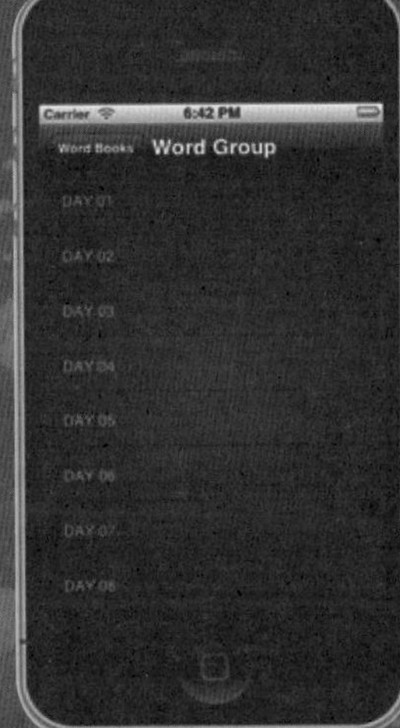

## 학습 목표

1. SQLit을 활용해 대용량 데이터를 처리하는 방법을 학습한다.

2. plist 파일로 데이터를 읽거나 쓸 수 있다.

3. JSON 파일을 읽거나 쓸 수 있다.

4. XML 파일을 읽거나 쓸 수 있다.

5. UITableView를 커스텀 마이징할 수 있다.

# 아이폰, 아이패드, 교육시장에 새로운 바람이 되다.

2010년 봄 아이패드가 처음 출시된 이후로 국내외 많은 교육 기관에서 태블릿을 교육용 교재로 활용하기 위한 시도를 하고 있다. 아이패드를 이용해 강의 교재를 다운받고, 이를 이용해 언제 어디서나 강의를 수강하고, 공부할 수 있는 방안이 다양한 분야에서 연구되고 있다. 이런 시도 이전에도 2004년 미국의 듀크 대학에서는 아이팟을 외국어 과정을 듣는 학생들에게 무상으로 지급했다. 이 대학 학생들을 아이팟을 통해서 수업 자료를 내려받거나 과제물을 아이팟에 저장해서 손쉽게 가지고 다니며, 학습을 할 수 있었다.

교육 분야에서 모바일을 이용한 교육, 이른바 m-러닝 시장은 이제 막 태동을 시작했다. 10년 전 인터넷을 통한 e-러닝 시장의 발전과 상황이 비슷하다. 당시 인터넷의 보급으로 인프라가 갖추어진 상황에서 양질의 교육을 원하는 사람들에게 싼 가격으로 유명강사의 교육을 집에서 원하는 시간에 보고 들을 수 있도록 하는 사업은 급성장을 이루었다. 지금은 집에서 교육을 듣는 것이 아니라 지하철, 커피숍 등에서 각자가 가지고 있는 휴대폰을 통해서 교육을 들을 수 있다. 앞으로 더 많은 스마트 폰이 보급될 것이다. 어쩌면 집에 있는 컴퓨터를 대체할지도 모르는 상황속에는 m-러닝 시장은 그 발전 가능성이 무한하다고 할 수 있다.

이제 단어를 공부하는 단어장을 만들어 보면서 교육 앱을 어떻게 만드는지 알아보도록 하자. 이 글을 쓰는 현재 시점에서 Apple 앱스토어의 유료 앱 베스트 100개 가운데 23개 교육 앱이다. 그중에 5개가 단어장이다. 단어장은 간단한 기능에 비해서 유료로 판매되는 몇 안되는 앱이다. 물론 무료 앱들도 많이 있지만 단어장의 주 목적인 단어를 쉽게 학습할 수 있다면 경쟁력은 충분하다.



# 경쟁 제품들

다른 단어장 앱들에 대해서 조사해보자. 현재 유료로 구매할 수 있는 3개의 앱을 선택했다. 이들 앱들은 각각의 단어장으로써의 사용자들의 평가도 좋지만 앱의 목적을 잘 살리기 위한 노력이 돋보인다. 그런 점 때문에 많은 사용자들의 사랑을 받고 있다.

||||| **UpDown 시리즈**

- 하루에 공부할 수 있는 만큼의 단어를 묶어서 제시

- 학습 모드에서 아는 단어는 가중치 +1, 모르는 단어는 가중치 −1을 가산

- 핵심 기능 : 아는 단어는 위로, 모르면 아래로 제스추어를 사용함

||||| **Super 영단어집 50권**

- 다양한 지역 사람들이 영어를 학습할 수 있도록 5개 국어를 지원(영어, 일어, 중국어, 한국어, 스페인어)

- 학습 모드에서는 각기 다른 3가지 모드를 사용해서 단계적 학습 유도

- 단어 학습은 다른 사람과 비교할 수 있는 "워드챌린지" 기능 제공

- 핵심 기능 : 30만개의 단어를 각 테마별로 분류함

||||| **뇌새김 영단어 시리즈**

- 단어 학습을 매일 매일 할 수 있도록 일별 학습 진도를 관리

- 매 학습 종료 후 시험이 있어서 학습 내용을 확인할 수 있음

- 핵심 기능 : 단어를 쉽게 기억할 수 있는 그림 제공

"UpDown 시리즈" 경우에는 단어 학습의 재미에 중점을 두었으며, "Super 영단어집 50권"은 많은 단어들의 체계적은 분류를 강점으로 내세우고 있다. "뇌새김 영단어 시리즈"는 각 단어별 그림, 소리를 통한 입체적 학습을 유도하는 특징을 갖고 있다. 이러한 앱들의 장점을 잘 조합하면 상당히 매력있는 앱을 만들 수 있을 것이다. 그렇지만 이러한 장점을 모두 다루기에는 많은 어려움이 있다. 따라서 이번 장에서 살펴볼 단어장 앱에서는 아래 기능에 한해서만 제한적으로 구현해보자.

||||| 단어장을 테마별로 분류한다.

||||| 학습할 단어를 학습할 양만큼 분류한다.

||||| 학습하는 단어를 저장했다가 복습할 수 있다.

||||| 단어장 암기 모드를 제공한다.

예제로 구현할 내용들은 이전에 분석했던 단어장 앱에 비해서 기능이 상당히 제한적이다. 그렇지만 단어장의 기본 구조는 갖추고 있다. 이번 장의 예제를 만들면서 기술을 습득하고, 이를 더욱 더 발전시켜 좋은 앱을 독자적으로 만들어보자.

우리가 만들 단어장을 생각해보자. 우리가 단어장을 활용하는 목적은 단어를 암기하는 것이다. 단어를 암기하기 좋도록 화면에 보여주는 것이 좋을 것이다. 단어를 크게 보이도록 해서 헬스클럽에서도 운동하면서도 쉽게 단어장을 볼 수 있도록 하자. 그리고 단어를 학습하고 암기한 단어와 그렇지 못한 것을 표시해 암기하지 못한 단어는 다시 학습하도록 해야 한다.

모든 단어가 들어 있는 사전과 같은 앱은 우리가 추구하는 앱이 아니다. 단어를 항목별로 분리해서 비슷한 단어끼리 학습을 할 수 있도록 묶어주자. 그러기 위해서는 단어장을 항목별로 관리하고 표시할 수 있어야 한다.

새로운 항목을 추가하기 위해서, 별도의 파일을 이용해 단어장 내용을 추가할 수 있도록 구성해보자. 지금까지 구상한 내용들을 정리해보면 다음과 같다.

- 단어장을 단어의 묶음별로 보여준다.
- 단어장을 외부에서 만들어서 추가할 수 있다.
- 단어를 학습하기 위한 학습 모드를 만든다.
- 학습 모드에서는 단어를 크게 보이도록 한다.



앞에서 구상한 앱의 실제 모습을 그려보자. 각 화면에 대한 디자인과 각 화면 간의 연결 관계를 만들면 다음과 같다.

### UI 흐름도

단어장은 크게 단어장 선택 화면과 암기 화면, 결과 화면 그리고 단어장 추가 화면으로 나눌 수 있다. 크게 4개의 화면으로 나눌 수 있으나 [그림 4-1]처럼 단어장 선택 화면을 두 개의 화면으로 분리를 표시했다. 단어장의 경우 하나의 단어장에 많은 단어가 포함될 수 있다. 이 경우 암기 모드에서 한번에 단어를 모두 학습하는 것보다 단어의 일부씩 나누어서 암기하도록 구성하는 것이 좋다. 단어장 속의 단어들을 작은 그룹으로 나누어 구성하였다. 이러한 이유로 [그림 4-1]처럼 단어장 선택 화면과 단어장 속에서 암기하려는 단어 그룹을 선택하는 두 화면으로 화면을 구성하였다.

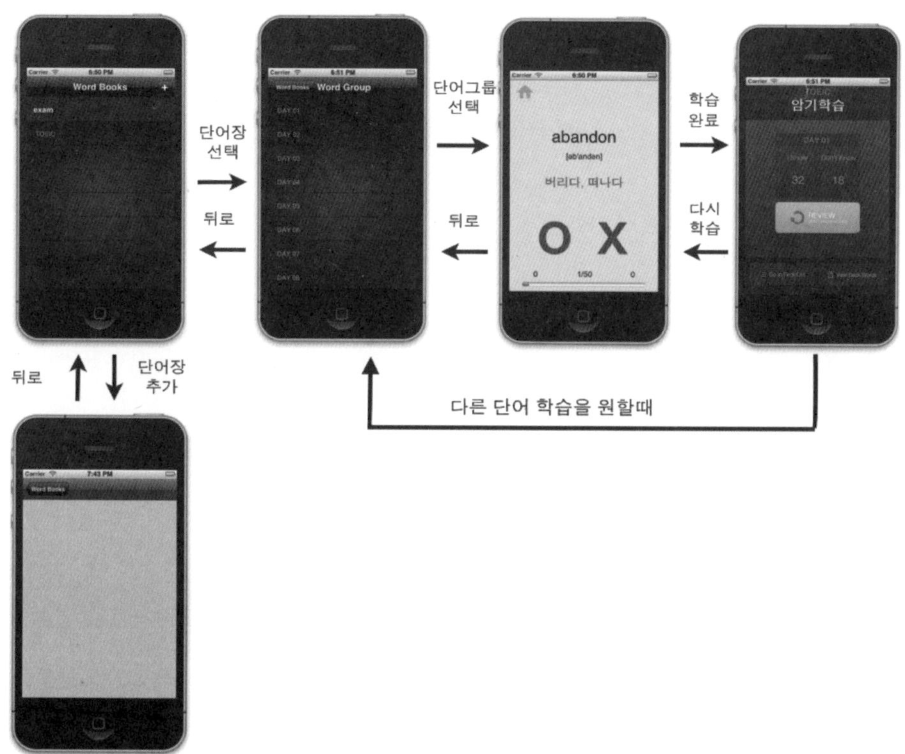



[그림 4-1] 단어장 화면 흐름도

화면 흐름을 어떤 식으로 구성할지에 대한 정답은 없다. 사용자의 입장에서 가장 앱을 잘 활용할 수 있도록 만들어야 한다는 대원칙만 있을 뿐이다. 가장 쉬운 방법은 직접 만들어서 사용해 보는 것이지만 앱이 만들어지지 않은 상태에서 실행하기는 어려움이 있다. 더욱이 앱이 모두 완성된 상태에서 화면 흐름을 변경한다는 것 역시 쉽지 않는 일이다. 따라서 화면 디자인을 하는 발사믹(http://balsamiq.com)과 같은 화면 디자인 툴을 사용해서 가상으로 앱을 사용해 보면서 디자인하는 방법도 있다. 혹은 [그림 4-2]처럼 화이트 보드에 직접 그림을 그려가면서 화면 흐름을 만들어 볼 수도 있다.

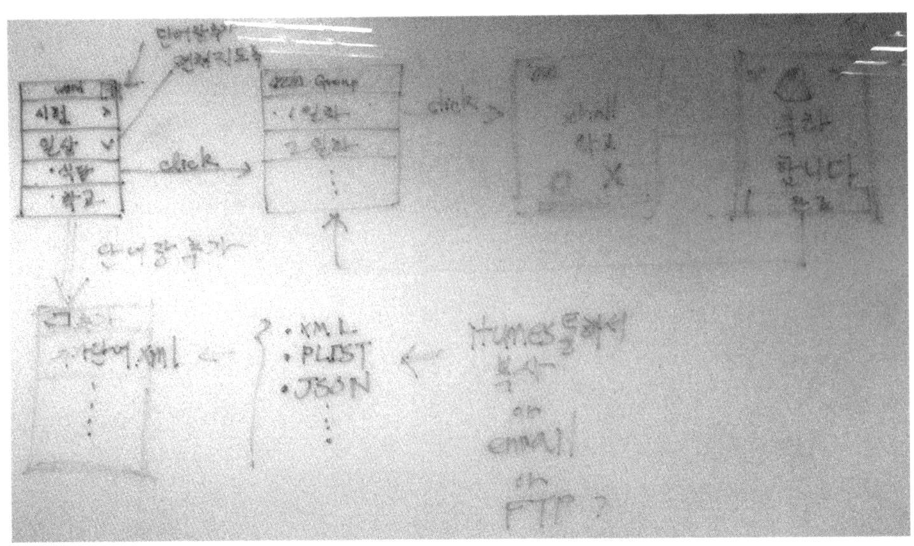

[그림 4-2] 화이트 보드에 그린 UI 흐름도

### 각 화면별 설명

첫 번째로 단어장 선택 화면이다. 단어장은 단어장의 성격에 따라서 시험에 자주 나오는 단어장인지, 장소에 관련된 단어장인지에 따라서 몇가지 카테고리로 나눌 수 있다. 그래서 [그림 4-3]처럼 같은 성격의 단어장을 하나의 카테고리로 분류할 수 있도록 테이블뷰를 이용했다.

단어장을 누르면 단어장 속 단어 그룹 선택화면이 나온다. 단어장 추가를 위해서는 오른쪽 상단의 +버튼으로 단어장을 추가할 수 있다.

[그림 4-3] 단어장 선택 화면

단어장 속에는 많은 단어들이 있다. 이들을 한꺼번에 학습한다는 것은 무리가 있다. 그래서 학습할 만큼의 단어를 따로 분리했다. 이것을 단어 그룹이라고 부른다.

단어 그룹을 선택하면 해당 그룹에 속하는 단어를 학습할 수 있다.

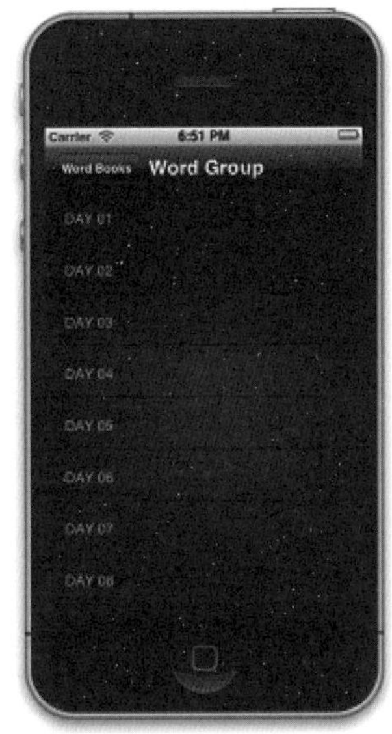

[그림 4-4] 단어 그룹 선택 화면

단어 학습 화면이다. 단어 암기를 빨리 할 수 있도록 단어와 뜻이 표시되어 있고 O, X로 암기 여부를 선택할 수 있다. 여기서 암기하지 못한 내용은 체크되어서 다음 기회에 다시 암기할 수 있도록 한다.

화면의 하단에는 학습 진도를 표시한다.

[그림 4-5] 암기 모드 화면

단어 학습을 마쳤다면 암기 학습의 결과를 확인해야
한다. 암기 화면에서 몇 개의 단어를 암기했고 몇 개를
못했는지 표시한다. 암기하지 못한 단어는 다시 학습
할 수 있도록 Review 버튼을 만들고 이 버튼을 누르
면 암기하지 못한 단어를 다시 암기할 수 있도록 암기
화면으로 이동시킨다.

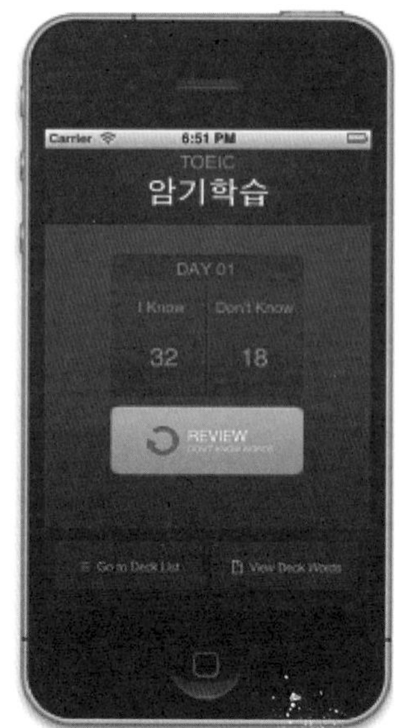

[그림 4-6] 학습 결과 화면

이 앱의 특징은 사용자가 단어장을 추가할 수 있다는
것이다. 단어장의 추가는 iTunes의 도큐먼트에 파일
을 복사하는 방식과 서버를 통해서 가져오는 방식 두
가지를 제공할 것이다.

[그림 4-7] 단어장 추가 화면

위에서 화면을 구성했다면 이제 프로그램을 만들기 위해서 프로그램을 개발하기 위한 설계를 해보자. 설계는 대략적인 프로그램 구조를 알 수 있는 정도까지만 해볼 것이다. 프로그램 개발을 위한 상세한 설계를 소개하는 것은 이 책의 의도가 아니기 때문에 단어장을 어떻게 구성하고, 어떻게 만들어 가는지에 대한 가이드 만을 위해 대략적인 설계만 할 것이다. 프로그램을 구체화시키고, 개선시키는 것은 독자 여러분의 몫이다. 지금부터 단어장 프로그램을 설계해보자.

[그림 4-8]은 단어장 앱의 주요 클래스들 간의 관계를 나타내는 클래스 다이어그램이다. 《《UI》》라고 표시한 클래스들은 화면을 가지고 있는 ViewController들을 의미한다. 각 화면마다 하나의 클래스를 만들었다.

    ▥ LoadWordBookViewController : 단어장을 추가하는 화면

    ▥ WordBookViewController : 단어장을 선택하는 화면

    ▥ WordGroupViewController : 단어장의 단어 그룹 선택화면

    ▥ WordCardViewController : 암기 모드 화면

    ▥ MemoryCompleteViewController : 암기 모드의 최종 결과를 보여주는 화면(통계화면)

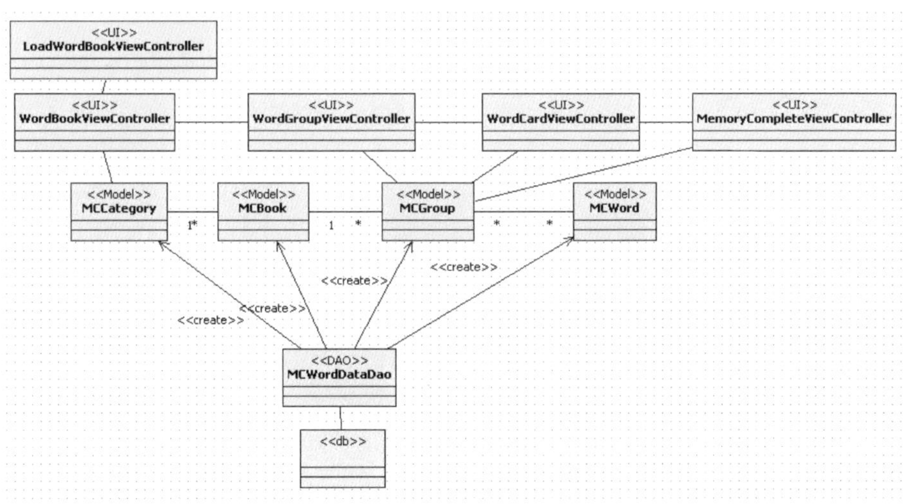


[그림 4-8] 클래스 다이어그램

이 화면들을 각각 단어장의 정보를 보여주고 있다. 가령 WordBookViewController 는 단어 카테고리와 단어장 정보를 화면에 보여주고 사용자에게 단어장을 선택하도록 하는 기능을 가지고 있다. WordGroupViewController은 단어장의 그룹들을 표시하 고 어떤 단어 그룹을 학습할지 선택할 수 있다.

WordCardViewController와 MemoryCompleteViewController는 앞에서 선택 한 단어 그룹을 학습하도록 하고 그 결과를 요약해서 보여주는 역할을 한다.

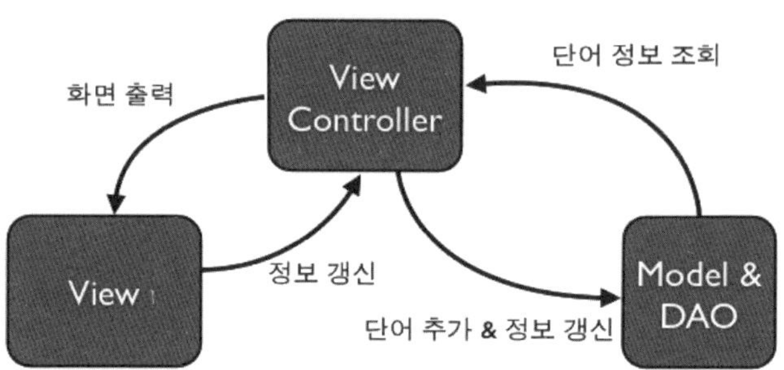


[그림 4-9] MVC 구성 요소 간의 관계

전체 프로그램을 간략하게 표시한다면 [그림 4-9]와 같다. 프로그램은 전체적으로 MVC 모델을 따르고 있다. DAO나 기타 모델 클래스를 이용해서 단어장 데이터를 조 회하고 ViewController가 정보를 조작해서 화면 컨트롤러(View)를 통해서 화면에 보여준다. 화면을 이용해서 사용자가 정보를 변경하면 ViewController가 사용자의 데이터를 가공해서 DAO나 모델 클래스를 이용해서 데이터베이스에 저장한다.

MVC 모델은 화면 라이브러리인 UIKit 프레임워크의 핵심 디자인 패턴으로 큰 의미 에서 아이폰의 대부분의 앱들은 대부분 MVC 모델을 따르고 있다.

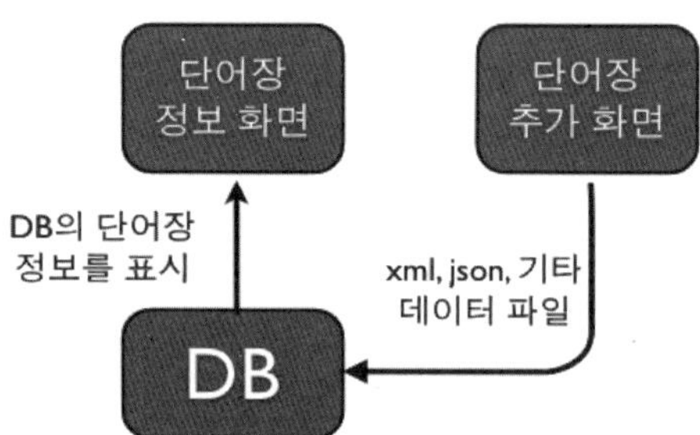


[그림 4-10] 데이터 흐름도

단어장 앱 프로그램을 데이터 관점에 고민해보자. 프로그램을 데이터 관점에 보면 [그 림 4-10]과 같다. 우선 단어장을 앱에 추가하기 위해서는 단어장 추가 화면에서 데이터를 선택해서 데이터베이스에 추가해야 한다. 이때 추가되는 파일은 XML, JSON, 혹은 기타 다른 형식의 파일일 수도 있다.

이제 단어장 프로그램에 대한 대략적인 설명은 이쯤에서 마치고, 앞에서 설명한 내용들을 실제 코드로 구현해보자.

## 06 구현하기

설계도에 정의한 요소들을 하나 하나 순서대로 만들어 가면서 각 항목별로 필요한 요소들을 하나씩 구현해볼 것이다.

### 6.1 개발 순서에 대해서

[그림 4-8]에서 보여준 클래스 항목들을 구현해보자. 각 단계별로 구현되어가는 과정은 다음과 같다.

① 기본뷰 만들기

② 모델 만들기 SQLite

③ 단어장 선택 화면 만들기

④ 단어장 그룹 선택 화면 만들기

⑤ 암기 모드 화면

⑥ 결과 화면

⑦ 단어장 추가 UI 만들기

⑧ 완성

기본뷰 만들기에서는 템플릿을 이용해서 기본 UI를 만들어본다. 이후에 SQLite를 이용해서 단어장 데이터베이스를 만들고 데이터를 추가, 수정, 조회하는 API가 있는 DAO 클래스와 DAO 클래스에서 다룰 모델 클래스들을 만들 것이다. 이후 데이터베이스에서 조회한 단어장 정보를 표시해서 사용자가 원하는 단어장을 선택할 수 있는 단어장 선택 화면, 그룹 선택 화면을 만든다. 암기 모드에서는 앞 화면에서 선택한 단어장의 단어들을 암기할 수 있는 암기 모드를 만들고, 최종결과를 보여주는 화면을 만든다. 마지막으로 단어장을 추가할 수 있는 화면을 만들 것이다. 이 화면에서 여러 가지 타입(json, xml 파일) 등으로 되어 있는 단어장을 데이터베이스에 추가하는 일을 담당한다.

## 6.2 기본 뷰 만들기

단어장 앱의 전체 구조에 해당하는 기본 구조를 만들어보자. 맨 처음에 단어장은 네비게이션 템플릿을 이용해 기본 골격을 만들어야 한다. 네비게이션을 통해서 암기하려는 단어장을 선택하고 선택된 단어장으로 학습할 수 있는 구조로 화면을 구성해보자.

### 프로젝트 만들기

메뉴를 통해서 새로운 프로젝트 만들거나 단축키로 Command + Shift + N 을 눌러 Navigation-based Application를 만든다. XCode 4.2 이상을 사용하고 있다면 http://10apps.tistory.com/2를 참조해서 템플릿을 설치해야 한다.

 ⅢⅢ **Product Name** : MemoryCard

 ⅢⅢ **Capany Identifier** : com.icarus

코어데이터와 단위 테스트는 여기서 사용하지 않을 것이다. 따라서 "Use Core Data" 와 "Include Unit Tests"를 선택하지 않는다. 만들어진 파일들을 Xcode 그룹으로 논리적 분류를 해보자.

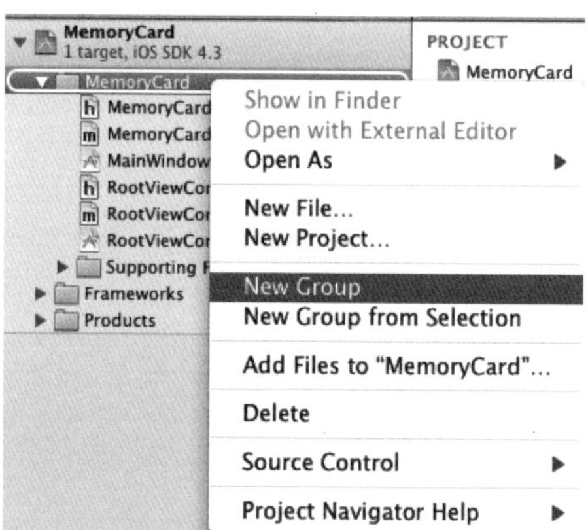


[그림 4-11] 그룹 추가

[그림 4-11]처럼 Group을 추가하려는 곳에서 Context 메뉴를 통해서 New Group 을 추가한다. 앞으로 추가할 파일들이 많기 때문에 여러 파일들을 논리적으로 나누기 위해서 그룹을 다음과 같이 추가해보자.

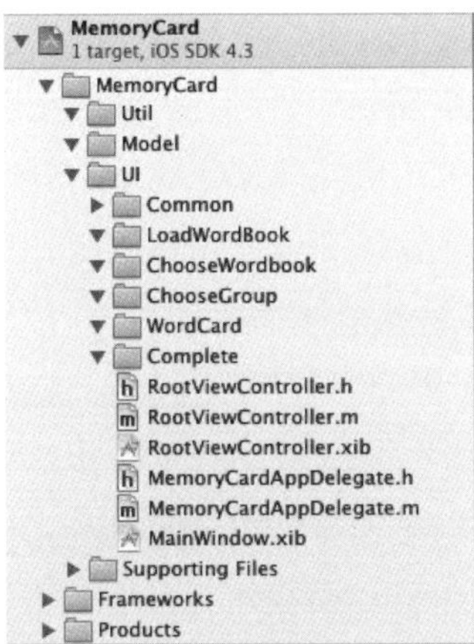

[그림 4-12] 세부 구성 항목

Util 그룹은 앱 전체에서 사용될 유틸성 소스를 위한 것이고, Model은 다음에 구현한
데이터베이스 클래스들을 위한 그룹이다. 마지막으로 UI 항목은 UI 화면들을 내부 그
룹을 통해서 다시 분리할 것이다.

## 6.3 단어장에 쓰일 모델 개발

단어장에서 사용하게 될 모델 클래스는 MCCategory, MCBook, MCGroup,
MCWord 등 4개가 있다. 이들은 각각 단어장을 구성하는 정보들을 나타내게 된다.

### 모델 간의 관계

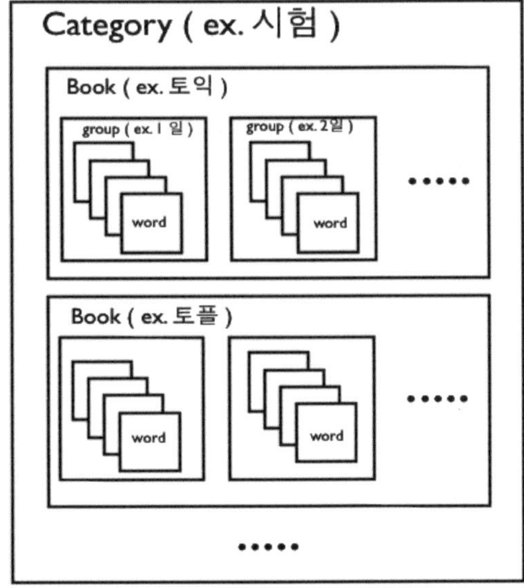



[그림 4-13] 단어장 구성 요소

단어장에 사용된 모델 클래스들은 각각 단어장의 구성 요소와 1:1로 매핑된다. [그림 4-13]은 단어장의 구성 요소를 나타낸 것이다. MCWord 클래스는 하나의 단어를 나타내며 철자, 발음기호, 예문 등과 같은 정보를 담고 있다. MCGroup은 단어 그룹들로 단어들의 집합으로 이루어지는데, 단어장 속의 많은 단어를 하루 분량으로 나누어서 학습할 수 있도록 구분하기 위해서 사용된다. 이런 단어 그룹들 여러 개가 모인 것이 단어장 앱이다. MCBook 클래스가 단어장을 의미한다. 단어장들은 그 종류에 따라서 카탈로그로 구분할 수 있다. MCCategory는 단어장의 카탈로그 정보에 해당한다. 카탈로그는 단어장을 성격에 따라서 나누기 위해 사용된다. 예를 들어, 시험 항목에 속하는 단어장 아래에는 토익, 토플, GRE를 위한 단어장이 들어가고 장소 카탈로그에 속하는 단어장 아래에는 공항, 사무실과 같은 단어장이 위치한다.

## DAO 클래스 개발 개요

DAO는 Data Access Object의 약자로 데이터베이스를 다룰 때 DAO 객체를 통해서 데이터를 가져오거나 저장하는 디자인 패턴이다. 쉽게 말해 데이터베이스에서 정보를 생성, 조회, 수정, 삭제를 할 때 DAO 클래스를 통해서만 하도록 한 것이다. 이런 구조로 만든 이유는 추후에 데이터베이스를 변경하였을 때, 프로그램의 변경을 최소화하기 위해서다. 여기서는 구조를 단순화 시키기 위해서 사용했다.

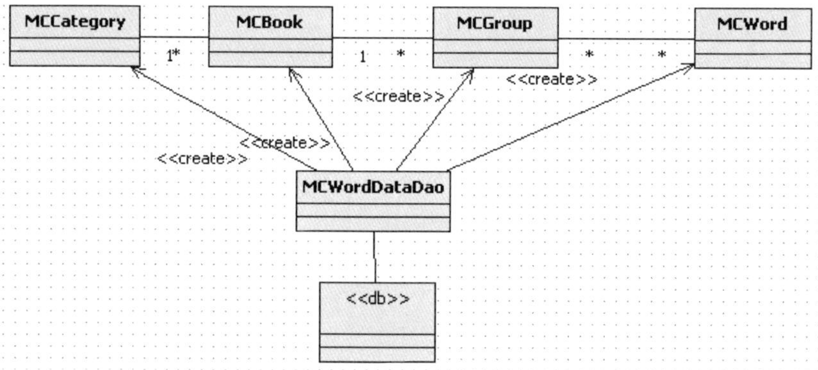

[그림 4-14] 모델 클래스와 DAO 클래스와의 관계

[그림 4-14]처럼 DAO 클래스에서 모델 클래스들을 생성하고 있다. DAO 클래스는 사용자가 데이터 조회를 요청하면 데이터베이스 파일을 조회해서 조회 결과를 모델 객체로 만들어서 반환한다. 데이터베이스 파일을 다루기 위해서는 반드시 DAO 클래스를 이용하도록 했다.

## 데이터베이스 파일 경로 구하기

SQLite는 파일 기반의 데이터베이스로 데이터를 저장할 때 파일을 사용한다. 물론 파일명 대신 :memory:라는 문자열을 사용하면, 파일에 데이터를 쓰는 대신 메모리에 데이터베이스를 생성할 수 있다. 파일 대신 메모리에 데이터를 쓰면 데이터 처리속도가 빨라지는 장점이 있다. 하지만 데이터 양이 증가하는 경우 앱이 다시 실행되면 정보가 모두 사라지기 때문에 여기서는 대부분 파일에 데이터를 저장한다. 파일은 각 앱별로 할당되는 HOME 디렉터리의 Documents 디렉터리에 worddata.sqlite라는 파일명으로 저장된다.

||||| /private/var/mobile/Applications/⟨app_uuid⟩/Documents/worddata.sqlite

**[소스 4-1] 데이터베이스 파일 경로 구하기 – MCWordDataDao.m**

```
 1 : - (NSString*) dbpath
 2 : {
 3 :     static NSString *copiedDB = nil;
 4 :     if (copiedDB == nil)
 5 :     {
 6 :         copiedDB = [[[NSSearchPathForDirectoriesInDomains(NSDo
cumentDirectory, NSUserDomainMask, YES) lastObject]
stringByAppendingPathComponent:@"worddata.sqlite"] retain];
 7 :     }
 8 :     return copiedDB;
 9 :
10 : }
```

디렉터리 경로는 NSSearchPathForDirectoriesInDomains()를 통해서 Documents 디렉터리를 동적으로 구하도록 설정한다. 동적으로 디렉터리 경로를 확인하는 이유는 향후에 Documents의 경로가 변경될 경우에도 프로그램이 정상 작동하도록 하기 위해서다.

**여기서 잠깐만** ┃ 아이폰의 디렉터리 구조 ┃

아이폰에 앱이 설치되면 다음과 같은 구조로 디렉터리가 생성된다.

Home

– Documents

– Library                    – Caches

– tmp                        – Preferences

– XXXX.app(앱 번들)

ⅢⅢ Documents : 앱에서 생성되는 데이터를 저장하기 위한 디렉터리

ⅢⅢ Library : 앱의 설정 값이나 캐쉬 정보를 저장하기 위한 디렉터리

ⅢⅢ tmp : 임시 파일 저장용 경로로 폰을 재부팅되면 자동으로 삭제됨

ⅢⅢ 〈appname〉.app : 실행 번들 파일

디렉터리 경로를 구하기 위해서 NSSearchPathForDirectoriesInDomains() 함수를 사용하면 된다.

```
NSArray * NSSearchPathForDirectoriesInDomains(
NSSearchPathDirectory directory,
NSSearchPathDomainMask domainMask,
BOOL expandTilde);
```

directory는 구하려고 하는 디렉터리 유형으로 Documents는 NSDocumentDirectory, Library인 경우 NSLibraryDirectory로 입력한다. domainMask에는 찾으려는 디렉터리가 시스템 디렉터리에 있는 것인지 홈 디렉터리에 있는 것인지 선택한다. 마지막으로 expandTilde가 YES이면 절대 경로로 반환하고 NO인 경우 홈 디렉터리를 의미하는 "~"가 사용된다. Tmp 디렉터리는 간단히 NSTemporaryDirectory()를 사용해서 쉽게 얻어올 수 있다.

## SQLite를 이용한 데이터 조회



```objc
 1 : - (NSArray*) categories
 2 : {
 3 :     sqlite3 *database = NULL;
 4 :
 5 :     NSMutableArray *ret = [[NSMutableArray alloc]
initWithCapacity:10];
 6 :
 7 : if (sqlite3_open([[self dbpath] UTF8String], &database) ==
SQLITE_OK) {
 8 :
 9 :     const char *sql = "select CATEGORYID, TITLE from CATEGORY";
10 :     sqlite3_stmt *selectstmt;
11 :     if(sqlite3_prepare_v2(database, sql, -1, &selectstmt,
NULL) == SQLITE_OK) {
12 :
13 :         while(sqlite3_step(selectstmt) == SQLITE_ROW) {
14 :
15 :         MCCategory *category = [[MCCategory alloc] init];
16 :
17 :             category.categoryId = sqlite3_column_
int(selectstmt, 0);
18 :             category.title = [NSString stringWithUTF8String:(char
*)sqlite3_column_text(selectstmt, 1)];
19 :         [ret addObject:category];
```

```
20 :                    [category release];
21 :        }
22 :    }
23 :        sqlite3_finalize(selectstmt);
24 :    }
25 :    if(database)
26 :        sqlite3_close(database);
27 :    return [ret autorelease];
28 : }
```

위 소스는 단어장의 카탈로그 정보를 데이터베이스에서 조회하는 코드이다. 이후에 소개할 정보 조회(SELECT문으로 조회하는)는 모두 같은 코드를 사용하게 된다. 단지, 다른 부분이 있다면 조회에 사용되는 SQL과 데이터 레코드에서 정보를 추출하는 항목이 다를 뿐이다.

먼저, 7라인에서 sqlite 데이터베이스 파일을 연다. 이때 사용되는 파일 경로는 이전에 설명한 dbpath를 이용한다. 9라인에서 데이터베이스 조회에 사용될 SQL문을 정의한다. 11라인처럼 SQL문은 조회를 위해서 sqlite library로 해석해서 내부적으로 실행시킬 수 있는 명령 코드로 변환시켜 주어야 한다. SQL문이 실행할 준비가 되면 sqlite3_step()으로 실행시킨다. 데이터베이스의 조회 결과를 sqlite3_column_XXX() 함수로 결과값을 얻을 수 있다. 16~19라인은 결과값을 카탈로그 모델 객체로 만들고 결과로 반환할 리스트에 추가한다.

모든 결과를 카탈로그 모델 객체로 만들때까지 sqlite3_step()를 반복한다. 더 이상 조회할 데이터가 없다면 23라인처럼 내부 데이터를 해제시키고 26라인처럼 데이터 파일을 닫는다.

다음은 주어진 카탈로그에 속하는 단어장 정보를 구하는 코드이다. 소스 코드를 보면 알겠지만 이전 코드와 크게 다르지 않다. 조회하는 SQL문과 조회된 데이터를 추출하는 방법에 차이가 있을 뿐이다.

**[소스 4-3] 책 정보 조회 – MCWordDataDao.m**

```
1 : - (NSArray*) booksForCategory:(NSInteger) categoryId
2 : {
3 :    sqlite3 *database = NULL;
4 :    NSMutableArray *ret = [[NSMutableArray alloc]
initWithCapacity:10];
5 :
6 :    // DB 파일 열기
```

```
 7 :    if (sqlite3_open([[MCWordDataDao dbpath] UTF8String],
&database) == SQLITE_OK) {
 8 :
 9 :            // SQL문을 분석해서 내부 명령으로 변환
10 :       NSString *query = [NSString stringWithFormat:
@"select BOOKID, TITLE from BOOK where CATEGORYID = '%d'", categoryId];
11 :       sqlite3_stmt *selectstmt;
12 :       if(sqlite3_prepare_v2(database, [query UTF8String], -1,
&selectstmt, NULL) == SQLITE_OK) {
13 :
14 :                   // SQL문 실행
15 :                   // slite3_step을 복수번 실행하면 SELECT문의 경우 각 레코드를 이동한다.
16 :           while(sqlite3_step(selectstmt) == SQLITE_ROW) {
17 :                   // 조회된 값을 MCBook 객체에 기록한다.
18 :       MCBook *obj = [[MCBook alloc] init];
19 :               obj.bookId = sqlite3_column_int(selectstmt, 0);
20 :               obj.title = [NSString
stringWithUTF8String:(char *)sqlite3_column_text(selectstmt, 1)];
21 :       [ret addObject:obj];
22 :                   [obj release];
23 :           }
24 :   }
25 :       // SQL 명령을 제거한다.
26 :       sqlite3_finalize(selectstmt);
27 :
28 :   }
29 :       // DB 파일을 닫는다.
30 :       if(database) sqlite3_close(database);
31 :
32 :       return [ret autorelease];
33 : }
```

여기서 사용된 SQL문은 10라인에 다음처럼 정의하고 있다.

```
select BOOKID, TITLE from BOOK where CATEGORYID = '%d'
```

BOOK 테이블에서 지정한 카탈로그 아이디와 CATEGORYID 항목의 값이 같은 데이터 중에서 단어장 아이디(BOOKID), 단어장 제목(TITLE)을 조회하는 SQL문이다. 카탈로그 아이디는 외부에서 파라미터로 입력된다. 외부의 파라미터는 NSString의 format 메소드를 사용해서 최종 SQL문을 만든다. SQL로 조회된 결과를 18~21라인에서 정보를 조회해 MCBook 객체를 만든다. 이후에 단어 그룹와 단어에 대한 정보 역시 SQL과 데이터를 가져오는 API 사용만 다르며, 동일한 코드를 사용한다.

다음은 SQL과 DATA를 레코드에서 조회하는 코드만 나타낸 것이다.

▥ 〈단어 그룹 정보 조회〉

SQL:

```
select GROUPID, TITLE from 'GROUP' where BOOKID = '%d'
```

조회:

```objc
MCGroup *obj = [[MCGroup alloc] init];
obj.groupId = sqlite3_column_int(selectstmt, 0);
obj.title = [NSString stringWithUTF8String:
                (char *)sqlite3_column_text(selectstmt, 1)];
```

▥ 〈단어 정보 조회〉

SQL:

```
select WORDID, LEVEL,WORDCLASS,MEANING, SPELLING,EXAMPLE,
    PRONUNCIATION, MEMORIZED
from WORD,WORDGROUP
where WORD.WORDID = WORDGROUP.WORD and WORDGROUP.'GROUP' = '%d'
```

조회:

```objc
MCWord *obj = [[MCWord alloc] init];

obj.wordid = sqlite3_column_int(selectstmt, 0);
obj.level = sqlite3_column_int(selectstmt, 1);
obj.wordclass = [NSString stringWithUTF8String:(char *)
    sqlite3_column_text(selectstmt, 2)];
obj.meanning = [NSString stringWithUTF8String:(char *)
    sqlite3_column_text(selectstmt, 3)];
obj.spelling = [NSString stringWithUTF8String:(char *)
    sqlite3_column_text(selectstmt, 4)];
obj.example = [NSString stringWithUTF8String:(char *)
    sqlite3_column_text(selectstmt, 5)];
obj.pronunciation = [NSString stringWithUTF8String:(char *)
    sqlite3_column_text(selectstmt, 6)];
obj.memorized = sqlite3_column_int(selectstmt, 7) == 0 ? NO : YES;
```

## DAO를 이용한 데이터 입력

단어장을 추가하기 위한 API를 만들어보자. API를 알아보기 전에 먼저 SQL문을 살펴보자. 만약, SQL문을 잘못 작성하면 뜻하지 않는 에러가 발생할 수 있다. 또한 디버깅 과정에서 많은 어려움을 만날 수도 있다. 정확한 의도를 갖는 SQL문이 작성되었는지 꼼꼼하게 확인해야 한다.



```
BEGIN;
INSERT INTO CATEGORY(title) values('%@');
INSERT INTO BOOK(title, CATEGORYID) values('%@', (
        SELECT CATEGORYID from CATEGORY where title='%@'));
INSERT INTO 'GROUP'(title,BOOKID) values ('%@', (select BOOKID from
BOOK where title = '%@'));
INSERT INTO WORD(LEVEL, WORDCLASS, MEANING, SPELLING, EXAMPLE,
PRONUNCIATION)
        values (?, ?, ?, ?,?, ?);
INSERT INTO WORDGROUP('GROUP','WORD') values ('%d', last_insert_
rowid());
COMMIT;
```

먼저, BEGIN으로 트랜잭션을 시작한다. 트랜잭션이란 여러 명령을 하나의 단위 명령처럼 실행하면서, 만약 처리 중간 과정 중에 에러가 발생할 경우 변경된 모든 데이터를 이전의 원본 데이터로 복원시키는 기능을 갖고 있다. SQLite에서 트랜잭션이 시작되면, 새로운 임시 파일을 만들고 트랜잭션이 종료될 때 한번에 데이터베이스 파일에 반영시킨다. 트랜잭션은 ROLLBACK 혹은 COMMIT으로 종료된다. COMMIT은 BEGIN 이후에 변경 내용을 반영하는 것이고, ROLLBACK은 지금까지의 변경 내용을 취소하는 것이다.

트랜잭션에서 수행할 SQL문들은 다음과 같은 순서로 처리된다.

① 카테고리 정보를 저장한다.

② ①에서 저장한 카테고리에 속하는 단어장 정보를 저장한다.

③ ②에서 저장한 단어장에 속하는 그룹 정보를 추가한다.

④ 단어 정보를 저장한다.

⑤ 그룹 정보와 단어 정보를 연결하는 테이블에 값을 저장한다.

위에서 설명한 SQL 명령들은 sqlite3 명령을 통해서 테스트해 볼 수 있다. SQLite

API로 만들기 전에 sqlite3 명령을 통해서 의도한 SQL문이 맞는지 검증한 후에 코드를 작성해 나가자.

위에서 살펴본 SQL문을 SQLite API를 사용해서 실행을 시켜보도록 하자. 데이터를 삽입하는 것 역시 SQL 문장만 다를 뿐, 사용하는 API 종류는 동일하다.



```
  1 : - (BOOL) addWords:(NSArray*)words group:(NSString*)group
book:(NSString*)book category:(NSString*)category
  2 : {
  3 :   … 생략 …
  4 :
  5 :      // DB 파일 열기
  6 :  if (sqlite3_open([[MCWordDataDao dbpath] UTF8String],
&database) == SQLITE_OK) {
  7 :
  8 :          do{
  9 :              // transaction 시작.
 10 :              if( sqlite3_exec(database, "BEGIN", NULL, NULL,
&zErr) !=SQLITE_OK )
 11 :              {
 12 :                  NSLog(@"addWords error : %s", zErr);
 13 :                  sqlite3_free(zErr);
 14 :                  break;
 15 :              }
 16 :
 17 :              // add category
 18 :              query = [NSString stringWithFormat:
@"insert into CATEGORY(title) values ('%@');", category];
 19 :              if (sqlite3_exec(database, [query UTF8String],
NULL, NULL, &zErr) != SQLITE_OK) {
 20 :          … 생략 …
 21 :              }
 22 :
 23 :              // add book
 24 :              query = [NSString stringWithFormat:@"insert
into BOOK(title,CATEGORYID) values ('%@', (select CATEGORYID from
CATEGORY where title = '%@'));", book, category];
 25 :              if (sqlite3_exec(database, [query UTF8String],
NULL, NULL, &zErr) != SQLITE_OK) {
 26 :          … 생략 …
 27 :              }
 28 :
 29 :              // add group
```

```
30 :                query = [NSString stringWithFormat:@"insert into
'GROUP'(title,BOOKID) values ('%@', (select BOOKID from BOOK where
title = '%@'));", group,book];
31 :                if (sqlite3_exec(database, [query UTF8String],
NULL, NULL, &zErr) != SQLITE_OK) {
32 :                … 생략 …
33 :                }
34 :
35 :                int groupid = sqlite3_last_insert_rowid(database);
36 :
37 :                // add words
38 :                for (MCWord *word in words)
39 :                {
40 :                const char* sql = "insert into WORD(LEVEL,
WORDCLASS, MEANING, SPELLING, EXAMPLE, PRONUNCIATION) values (?, ?, ?,
?,?, ?);";
41 :                sqlite3_stmt *stmt;
42 :                // SQL문을 분석해서 내부 명령으로 변환
43 :                if(sqlite3_prepare_v2(database, sql, -1,
&stmt, NULL) == SQLITE_OK) {
44 :
45 :                sqlite3_bind_int(stmt, 1, word.level);
46 :                sqlite3_bind_text(stmt, 2, [word.wordclass
UTF8String], -1, SQLITE_STATIC);
47 :                sqlite3_bind_text(stmt, 3, [word.meanning
UTF8String], -1, SQLITE_STATIC);
48 :                sqlite3_bind_text(stmt, 4, [word.spelling
UTF8String], -1, SQLITE_STATIC);
49 :                sqlite3_bind_text(stmt, 5, [word.example
UTF8String], -1, SQLITE_STATIC);
50 :                sqlite3_bind_text(stmt, 6, [word.
pronunciation UTF8String], -1, SQLITE_STATIC);
51 :                sqlite3_step(stmt);
52 :                sqlite3_finalize(stmt);
53 :                }
54 :
55 :
56 :                // add wordgroup
57 :                query = [NSString stringWithFormat:@"insert
into WORDGROUP('GROUP','WORD')  values ('%d', last_insert_rowid());
", groupid];
58 :                if (sqlite3_exec(database, [query UTF8String],
NULL, NULL, &zErr) != SQLITE_OK) {
59 :                … 생략 …
60 :                }
61 :
```

```
62 :                     }
63 :
64 :                     if( sqlite3_exec(database, "COMMIT", NULL, NULL,
&zErr) !=SQLITE_OK )
65 :                     {
66 :                         … 생략 …
67 :                     }
68 :
69 :
70 :                 }while(false);
71 :
72 :     }
73 :     // DB 파일을 닫는다.
74 :     if(database) sqlite3_close(database);
75 :     return NO;
76 : }
```

먼저, 6라인처럼 사용할 데이터베이스 파일을 열어야 한다. 10라인에서 sqlite3_exec 함수를 사용해서 트랜잭션 명령을 실행시킨다. 18~21라인에서 카탈로그를 추가하고, 24~27라인에서 단어장 추가, 30~33라인에서 단어 그룹 추가 그리고 40~53라인에서 단어를 추가한다. 57~60라인에서 마지막으로 그룹에 단어를 추가한다. 추가가 끝났으면 데이터베이스 트랜잭션을 종료시킨다.

지금까지 SQL문들은 sqlite3_exec 함수를 사용해서 실행시켰는데, 40~53라인을 보면 지금까지와는 다른 방식으로 SQL 문장을 실행시킨다. sqlite3_prepare_v2는 SQL문 내부 명령을 컴파일하고 컴파일된 명령을 sqlite3_step로 실행시킨다.

이렇게 컴파일된 명령은 실행속도가 빠르기 때문에 반복해서 사용해야 한다면 이 방법을 사용하는 것이 좋다. 또 파라미터를 넣을 수도 있는데, sqlite3_bind_int(숫자값 등록), sqlite3_bind_text(문자열 등록) 등으로 값을 등록할 수 있다. 이후에 sqlite3_prepare_v2에서 컴파일된 명령을 sqlite3_finalize를 통해서 해제시킨다. Sqlite API는 C 함수로 되어 있기 때문에 메모리와 관련한 작업은 신중히 그리고 정확히 해주어야 한다. 그렇지 않으면 앱이 알 수 없는 문제로 종료될 수 있다.

지금까지 SQLite API를 사용해서 DAO 메소드를 만들어 보았다. DAO를 작성하기 위해서는 SQL문과 SQLite API를 잘 알고 있어야 한다. 또한 데이터베이스를 효과적으로 관리하기 위한 복잡한 구조를 만들어야 한다. 애플에서는 이러한 개발자들의 불편을 CoreData라는 프레임워크를 이용해 해결해 주고 있다. CoreData는 8장 피카사 뷰어를 만들 때 사용해 볼 것이다.

# 6.4 단어장 선택 UI 만들기

지금까지 데이터를 어떻게 데이터베이스에서 저장하고 조회하는지 살펴보았다. 이제부터는 이렇게 조회된 데이터를 테이블뷰를 통해서 어떻게 보여주는지 살펴보자.

## UITableView에 대해서

UITableView는 아이폰의 여러 뷰 클래스들 중 가장 사랑받고 있는 뷰이다. 아이폰의 많은 앱들을 분석해보면, 한 앱에서 여러 개의 UITableView를 사용하는 경우를 흔히 볼 수 있다. 아이폰의 작은 화면에 많은 정보들을 보여주는데 있어 UITableView보다 유용한 뷰는 없을 것이다. UITableView의 구조를 알아보자.

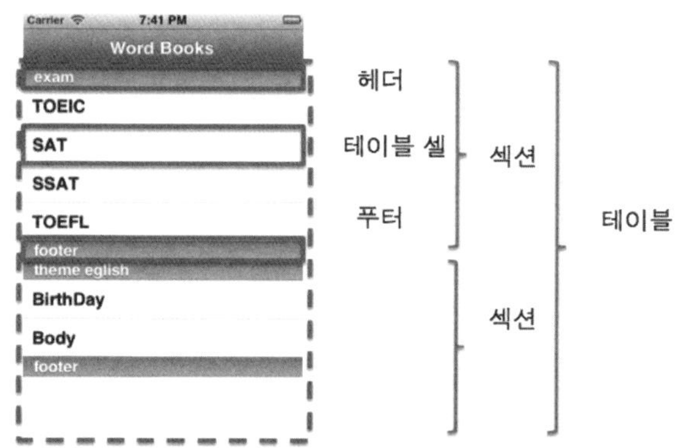

[그림 4-15] 테이블뷰의 구성

테이블뷰는 여러 섹션들로 구성된다. 각 섹션에는 헤더와 푸터가 붙을 수 있고 테이블 셀들이 헤더와 푸터 사이에 위치하게 된다. 헤더와 푸터는 섹션당 하나씩만 들어갈 수 있지만 테이블 셀은 그런 제한이 없다. 테이블 뷰가 효과적으로 메모리 관리를 하기 때문에 많은 수의 셀도 처리할 수 있다.

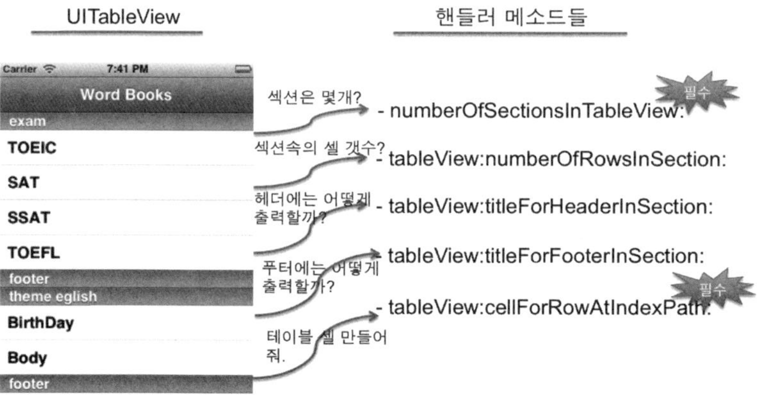


[그림 4-16] 테이블뷰와 데이터 소스 간의 관계

UITableView를 사용하기 위해서 먼저 UITableView 객체를 하나 만들어야 한다. UITableView를 코드로 구현할 때는 다음과 같이 코딩을 해야 한다.

```
UITableView *tableView = [[UITableView alloc]
initWithStyle:UITableViewStylePlain];
```

객체를 생성할 때 테이블뷰 스타일을 설정할 수 있다. 두가지 스타일을 지원하는 Plain과 Grouped이 그것이다. 일단 한 번 설정된 스타일은 이후에 변경할 수 없다.

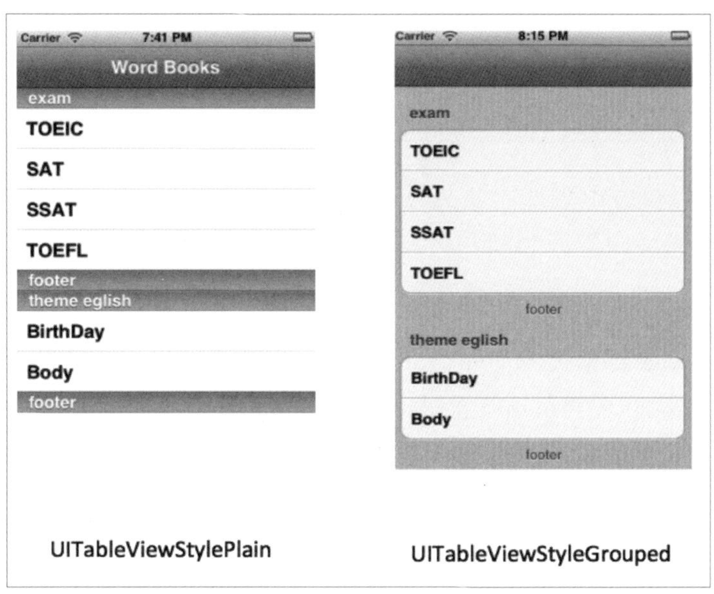


[그림 4-17] 테이블뷰 스타일 두가지

이렇게 생성된 객체에 DataSource를 설정해야 한다.

```
tableView.datasource = <UITableViewDataSource를 구현한 객체>
```

DataSource는 이름에서도 알 수 있듯이 테이블뷰를 화면에 표시하기 위해서 필요한 정보를 가지고 있는 객체를 의미한다. [그림 4-16]은 테이블뷰가 생성되기 위해서 필요한 정보를 DataSource 객체를 통해서 구하는 것을 보여준다.

먼저 테이블뷰에 표시할 섹션의 개수가 필요하다. 섹션의 개수는 numberOfSectionsInTableView:에서 반환하는데, 그림의 경우처럼 2개의 섹션을 표시한다면 2를 반환한다. 각 섹션에 들어가야 할 셀의 개수는 tableView:numberOfRowsInSection:를 통해서 각 섹션별 셀의 개수를 설정할 수 있다. 헤더와 푸터는

tableView:titleForHeaderInSection:과 tableView:titleForFotterInSection:을 통해서 문자열을 설정할 수 있다. 마지막으로 tableView:cellForRowAtIndexPath: 가 있는데 각 셀별로 표시할 뷰를 생성한다.

테이블뷰의 핸들러에는 두 종류가 있는데 dataSource가 테이블뷰의 데이터 정보를 설정하기 위한 객체라면 delegate는 테이블뷰의 이벤트를 처리한다. 가령, 셀을 터치 했을 때 어떤 동작을 하도록 하려면 delegate를 설정해야 한다.

테이블뷰의 delegate는 UITableViewDelegate 프로토콜을 구현해야 한다. 이 프로 토콜 메소드 중에서 사용자가 필요한 메소드를 구현하면 된다.

```
tableView.delegate = <UITableViewDelegate를 구현한 객체>
```

UITableViewDelegate에서 가장 많이 사용되는 메소드는 테이블뷰의 셀을 선택했 을 때 호출되는 tableView:didSelectRowAtIndexPath:이다. 이 메소드를 구현하 면 셀이 선택되었을 때의 동작을 정의할 수 있다.

지금까지 UITableView에 대해서 살펴 보았다. UITableView는 정말 많은 기능을 가지고 있는 뷰이다. UITableView의 사용법에 대해서 자세히 알고 싶다면, Table View Programming Guide for iOS 문서를 읽어 볼 것을 권한다(http://goo.gl/ tXjOl).

## 단어장 선택화면 만들기

앞에서 학습했던 UITableView를 사용해서 단어장의 선택 화면을 만들어보자. 화면 에 표시할 데이터는 DAO를 이용해 DB에서 정보를 가져오고, 이렇게 가져온 데이터 를 화면에 표시한다. UITableView를 가장 간단한 방법으로 먼저 만들어보자. 기초적 인 코드에서 출발해 점점 기능을 확대해 만들어 나갈 것이다.

우선, UITableViewController를 상속받은 WordBookViewControllerl 클래스를 만든다. 클래스를 만들 때는 [그림 4-18]과 같이 ChooseWordbook 그룹에 만들도록 하자. 화면별로 클래스를 만들면 관리하기가 쉽다. 이때, XIB 파일은 만들지 않는다. XIB에서 테이블뷰에 대한 설정을 할 수도 있지만, 여기서는 XIB 없이 코드로만 UI를 작성할 것이다.

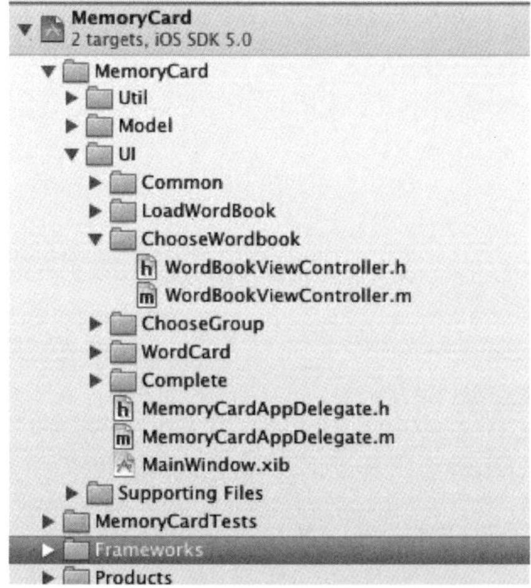

[그림 4-18] WordBookViewConroller 생성



**┃ UITableView와 UITableViewController간의 관계 ┃**

UITableViewController는 UITableView를 가지고 있는 UIViewController이다. UITableView를 구현하기 위해서는 UITableView를 생성하고 액세스할 수 있는 프로퍼티를 만들어주고, UITableView에 필요한 프로토콜들을 정의해야 한다. UITableViewController은 UITableView를 개발자가 이용할 때 불편한 점들을 해결하기 위해서 만들어졌다. 간단히 테이블 뷰를 사용하는 UIViewController를 만들어야 한다면, UITableViewController를 만들어 사용하는 것이 여러모로 편리하다.

**[소스 4-6] 단어장 선택 화면 – WordBookViewController.m**

```objectivec
1 : @interface WordBookViewController : UITableViewController
2 : {
3 :     // 카테고리 목록
4 :     NSArray* _categories;
5 : }
6 :
7 : @property (nonatomic, retain) NSArray* categories;
8 :
9 : @end
```

WordBookViewController 인터페이스는 UITableViewController를 상속받았으며, 카테고리 목록을 나타내는 categories가 정의되어 있다.

**[소스 4-7] 간단한 테이블뷰 – WorldBookViewController.m**

```objectivec
1 : #import "WordBookViewController.h"
2 : #import "MCWordDataDao.h"
3 :
```

```objc
 4 : @implementation WordBookViewController
 5 :
 6 : @synthesize categories=_categories;
 7 :
 8 : … 생략 …
 9 :
10 : - (void) dealloc
11 : {
12 :     [_categories release];
13 :     [super release];
14 : }
15 :
16 : - (void)viewDidLoad
17 : {
18 :     [super viewDidLoad];
19 :
20 :     // Set Title
21 :     self.title = @"Word Books";
22 :     // 데이터를 DB에서 가져온다
23 :     MCWordDataDao *dao = [MCWordDataDao sharedDao];
24 :     self.categories = [dao categories];
25 : }
26 :
27 : #pragma mark Table view data source and delegate
28 : // 섹션의 개수
29 : -(NSInteger)numberOfSectionsInTableView:(UITableView*)
tableView {
30 :
31 :     return [self.categories count];
32 : }
33 :
34 : // 각 섹션별 Cell의 개수
35 : -(NSInteger)tableView:(UITableView*)tableView numberOfRowsInSe
ction:(NSInteger)section {
36 :
37 :     MCCategory *category = [self.categories
objectAtIndex:section];
38 :
39 :     return category.books.count;
40 : }
41 :
42 : // 섹션의 헤더
43 : - (NSString *)tableView:(UITableView *)tableView titleForHeade
rInSection:(NSInteger)section
44 : {
45 :     MCCategory *category = [self.categories
```

```
objectAtIndex:section];
46 :
47 :        return category.title;
48 : }
49 :
50 : // 셀 생성
51 : - (UITableViewCell *)tableView:(UITableView *)
tableView cellForRowAtIndexPath:(NSIndexPath *)indexPath
52 : {
53 :        static NSString *CellIdentifier = @"Cell";
54 :
55 :        UITableViewCell *cell = [tableView dequeueReusableCellWith
Identifier:CellIdentifier];
56 :        if (cell == nil) {
57 :            cell = [[[UITableViewCell alloc] initWithStyle:UITabl
eViewCellStyleDefault reuseIdentifier:CellIdentifier] autorelease];
58 :        }
59 :
60 :        MCCategory *category = [self.categories
objectAtIndex:indexPath.section];
61 :        MCBook *book = [category.books objectAtIndex:indexPath.row];
62 :
63 :        cell.textLabel.text = book.title;
64 :
65 :        return cell;
66 : }
67 : @end
```

[소스 4-7]은 가장 기본이 되는 테이블뷰를 정의하고 있다. 테이블뷰의 data source
만 구현되어 있다. 테이블뷰가 로드되면 viewDidLoad가 호출이 된다. 이 메소드에서
데이터를 가져오면 View에 대한 초기화를 할 수 있다. 먼저, 21라인에서 뷰컨트롤러의
타이틀을 변경한다. 뷰컨트롤러에 설정하는 타이틀은 네이게이션 컨트롤러를 사용할
경우에 상단의 툴바에 제목이 표시한다. 이때 사용되는 문자열이다. 23~24라인에서
테이블뷰에서 표시할 데이터를 DB에서 조회한다. 이 데이터를 테이블뷰에 표시하도록
코드를 작성해야 한다. UITableViewDatasource가 UITableViewController에 이
미 정의가 되어 있기 때문에 여기서는 필요한 메소드에 대해서 재정의만 하면 된다.

우리가 구현한 메소드는 다음처럼 총 4가지가 있다.

① numberOfSectionsInTableView:

② tableView:numberOfRowsInSection:

③ tableView:titleForHeaderInSection:

④ tableView:cellForRowAtIndexPath:

1번 메소드는 섹션의 개수, 2번은 각 섹션별 셀의 개수, 3번은 세션이 시작할때 표시할 문자열, 마지막으로 표시할 셀를 반환하는 메소드이다. 29~32라인은 섹션의 개수를 반환한다. 우리는 카테고리별로 섹션을 구분할 것이므로 카테고리 개수를 반환한다. 35~40라인까지는 각 섹션별 셀의 개수를 반환한다. 즉, 카테고리에 속해 있는 단어장의 개수를 반환한다. 43~48라인에서는 섹션 헤더 카테고리 타이틀을 설정할 것이다. 마지막으로 화면에 표시할 셀을 생성하는 메소드를 구현해보자.

4번 메소드에서 만들 Cell은 UITableCellView이다. UITableCellView의 화면 구성은 다음과 같다. UITableCellView는 크게 두가지 모드를 가지고 있다. 하나는 평상시 모습으로 데이터를 보여주는 모드이고, 다른 하나는 수정 모드로 데이터를 삭제하거나 위치를 변경할 때 사용되는 모드이다. 각 구성은 다음과 같다.

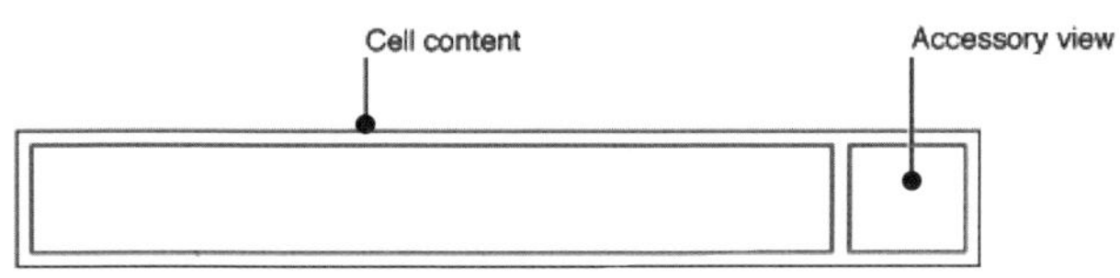


[그림 4-19] 테이블뷰의 화면 구성 (일반 모드)

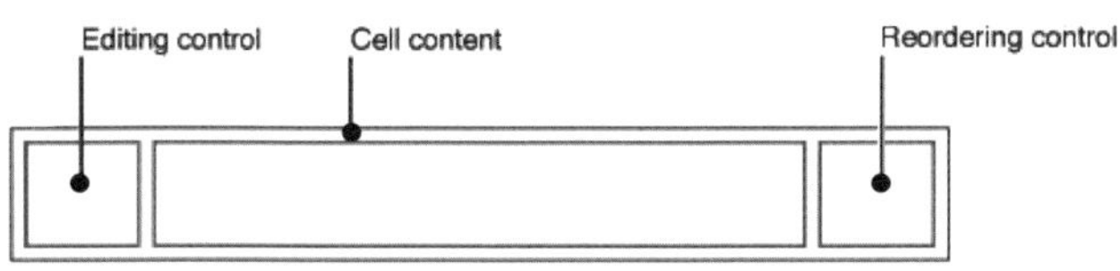


[그림 4-20] 테이블셀뷰 구조 (수정 모드)

UITableViewCell의 editing 프로퍼티을 이용해서 상태를 변경할 수 있다.

테이블셀의 cell content에는 어떤 값들이 들어갈 수 있을까? UITableCellView를 사용한다면 3개의 컨트롤이 들어가게 된다. textLabel, detailLabel, imageView가 바로 그것이다. 이들 컨트롤들은 스타일에 따라서 위치가 바뀌고, 경우에 따라서는 화면에 나타나지 않는 것도 있을 수 있다. 다음은 UITableCellView에서 설정할 수 있는 스타일이다. 테이블뷰 셀에는 SDK에 미리 정의되어 있는 스타일을 가지고 있다.

| 스타일 | 사용예 | 설명 |
| --- | --- | --- |
| UITableViewCellStyleDefault | TOEIC > | 이미지와 text 라벨 표시 |
| UITableViewCellStyleValue1 | TOEIC 토익단어 공부 > | 이미지와 text 라벨, detail 라벨을 표시 |
| UITableViewCellStyleValue2 | TOEIC 토익단어 공부 > | text 라벨, detail 라벨을 표시 |
| UITableViewCellStyleSubtitle | TOEIC 토익단어 공부 > | 이미지와 text 라벨, detail 라벨을 표시 (상하로 라벨을 위치시킴) |

미리 정의되어 있는 스타일은 개발할 때 편리하다. 또한 기본 앱들이 사용하고 있는 만큼 앱 UI 통일감도 높일 수 있지만, 좀 더 멋진 테이블셀뷰를 원하다면 커스텀 셀뷰를 만들어야 한다. 커스텀 셀뷰에 대해서는 다음에 소개될 셀뷰 바꾸기 부분에서 소개할 것이다.

## 헤더뷰 바꾸기

기존 헤더뷰를 변경해보자. 기존 헤더뷰는 데이터소스에서 헤더의 스트링을 주면 자동으로 표시된다. 이렇게 문자열만 주는 것도 좋지만 좀 더 예쁜 헤더를 만들 수 있을까?

UITableViewDataDelegate에 다음과 같은 메소드가 정의되어 있다.

- (UIView*)tableView:(UITableView *)tableView viewForHeaderInSection:(NSInteger) section
- (CGFloat)tableView:(UITableView *)tableView heightForHeaderInSection:(NSInteger) section

첫 번째 메소드는 특정한 Section의 헤더뷰를 교체하기 위한 메소드로, 이 메소드에서 리턴된 뷰를 헤더뷰로 설정한다. 이 헤더뷰의 높이를 저정해야 하는데 헤더뷰 높이를 지정하는 것이 두 번째 메소드이다.

헤더뷰를 교체하기 위해서는 헤더뷰로 사용될 커스텀뷰와 위의 두 메소드를 정의해야 한다. 먼저, 커스텀뷰를 만들어보자.

**exam**

[그림 4-21] 커스텀 헤더

위와 같은 커스텀 헤더를 만들어보자.



```objc
 1 : @interface SectionHeaderView : UIView
 2 : }
 3 :
 4 : @property (nonatomic, retain) UILabel *titleLabel;
 5 : @property (nonatomic, retain) UIButton *disclosureButton;
 6 : @property (nonatomic, assign) NSInteger section;
 7 :
 8 : -(id)initWithFrame:(CGRect)frame title:(NSString*)title
section:(NSInteger)sectionNumber;
 9 :
10 : @end
```

커스텀 헤더뷰는 제목(title)과 버튼을 하나씩 가지고 있는 버튼 형태다. titleLabel과
discousureButton을 정의하고, 현재 HeaderView의 section 위치를 알기 위해서
section이라는 변수를 하나 만든다.



```objc
 1 : @implementation SectionHeaderView
 2 :
 3 : @synthesize titleLabel, disclosureButton, section;
 4 :
 5 : -(id)initWithFrame:(CGRect)frame title:(NSString*)title
section:(NSInteger)sectionNumber
 6 : {
 7 :     self = [super initWithFrame:frame];
 8 :     if (self != nil) {
 9 :
10 :         // 배경색 추가
11 :         UIImageView *backgroudImage = [[UIImageView alloc]
initWithFrame:self.bounds];
12 :         backgroudImage.image =
[UIImage imageNamed:@"common_main_list_view_mainplate_back.png"];
13 :         [self addSubview:backgroudImage];
14 :         [backgroudImage release];
15 :
16 :                              >
17 :         // 제목을 표시할 라벨 추가
18 :         section = sectionNumber;
19 :         CGRect titleLabelFrame = self.bounds;
```

```objc
20 :            titleLabelFrame.origin.x += 15.0;
21 :            titleLabelFrame.size.width -= 35.0;
22 :            CGRectInset(titleLabelFrame, 0.0, 5.0);
23 :            titleLabel = [[UILabel alloc]
initWithFrame:titleLabelFrame];
24 :            titleLabel.text = title;
25 :            titleLabel.font = [UIFont boldSystemFontOfSize:17.0];
26 :            titleLabel.textColor = [UIColor whiteColor];
27 :            titleLabel.backgroundColor = [UIColor clearColor];
28 :            [self addSubview:titleLabel];
29 :
30 :
31 :            // disclosure 버튼 생성 및 추가
32 :            disclosureButton = [[UIButton buttonWithType:UIButtonT
ypeCustom] retain];
33 :            disclosureButton.frame = CGRectMake(270.0, 15.0, 14.0,
14.0);
34 :            [disclosureButton setImage: [UIImage imageNamed:
@"common_main_list_view_mainplate_icon_arrow.png"]
forState:UIControlStateNormal];
35 :            [disclosureButton setImage:[UIImage imageNamed:
@"common_main_list_view_mainplate_icon_arrow.png"] forState:UIContro
lStateSelected];
36 :            [self addSubview:disclosureButton];
37 :        }
38 :
39 :     return self;
40 : }
41 :
42 : - (void)dealloc {
43 :
44 :        [titleLabel release];
45 :        [disclosureButton release];
46 :        [super dealloc];
47 : }
48 : @end
```

헤더뷰에 보이게 될 제목과 버튼을 만들게 된다(10~36라인). 여기서는, UI를 코드를
이용해 만들고 있지만 XIB을 이용해 만들 수도 있다.

WordBookViewController 쪽을 수정해보자. 우선, 헤더뷰를 담을 변수를 하나 만
들자.

```objc
@property (nonatomic, retain) NSMutableArray* headerViews;
```

이 변수는 헤더뷰들을 저장하기 위해 사용된다.

[소스 4-10] 헤더뷰를 테이블뷰에 표시하는 메소드 – wordBookViewController.m

```objc
 1 : -(UIView*)tableView:(UITableView*)tableView viewForHeaderInSection:(NSInteger)section
 2 : {
 3 :         // header view list가 Nil이면 하나 만든다.
 4 :         if(self.headerViews == nil)
 5 :         {
 6 :             // 일단 자리만 만들어 둔다.
 7 :             NSMutableArray *headers = [[NSMutableArray alloc] initWithCapacity:self.categories.count];
 8 :             for (int i=0; i<self.categories.count; ++i) {
 9 :                 [headers addObject:[NSNull null]];
10 :             }
11 :             self.headerViews = headers;
12 :             [headers release];
13 :
14 :         }
15 :
16 :     UIView *view = [self.headerViews objectAtIndex:section];
17 :     if (view == (void*)[NSNull null]) {
18 :         // view 생성
19 :         MCCategory *category = [self.categories objectAtIndex:section];
20 :         NSString *title = category.title;
21 :
22 :         view = [[[SectionHeaderView alloc] initWithFrame:CGRectMake(0.0, 0.0, self.tableView.bounds.size.width, 52) title:title section:section] autorelease];
23 :
24 :         [self.headerViews addObject:view];
25 :     }
26 :
27 :     return view;
28 : }
29 :
30 : - (CGFloat)tableView:(UITableView *)tableView heightForHeaderInSection:(NSInteger)section
31 : {   // 셀 높이
32 :     return 52;
33 : }
```

두개의 메소드를 재정의한다. 하나는 헤더뷰로 사용할 뷰를 만들어서 리턴하는 메소드(1라인)와 헤더뷰의 높이는 지정하는 메소드(30라인)이다. 이들을 정의하면 기존에 정의하였던 헤더뷰 문자열을 반환하는 메소드(- tableView: titleForHeaderInSection:)는 제거한다.

22라인에서 표시할 헤더뷰를 생성한다. 생성된 뷰는 headerViews에서 관리를 하게 된다. 한번 만들어진 헤더뷰를 재사용하기 위한 것이다. 이 때 생성된 헤더의 높이는 32라인에서 정의한다.

## 셀뷰 바꾸기

헤더 뷰를 바꾸는 것과 동일하게, 셀뷰 역시 커스텀뷰가 가능한다. 표시할 셀뷰를 반환하는 것은 다음 메소드에서 정의한다.

```
(UITableViewCell *)tableView:(UITableView *)tableView cellForRowAtIndexPath:(NSIndexPath *)indexPath;
```

이 메소드에서 개발자가 원하는 형태의 UITableViewCell를 만들어서 반환하면 된다. UITableViewCell를 만들어 반환하는 방법으로는 크게 3가지가 있다.

① UITableView를 상속받아 클래스를 정의하고 코드로 UI를 생성하는 방법

② XIB를 생성하고 UITableViewCell를 만들어 원하는 컨트롤들로 화면을 구성하고 그에 해당하는 코드를 만들어서 매핑시키는 방법

③ XIB로 화면을 생성하고 UITableViewCell를 만들어 구성하고 로드시키는 방법. 각 컨트롤들은 viewTag를 이용해서 구분함

여기서는 2번 방법을 사용해보자. XIB를 하나 만들어서 화면을 구성하고 커스텀 셀을 제어할 코드를 만들 것이다. 이후에 커스텀뷰를 테이블뷰에 설정하는 코드를 작성해 볼 것이다.

### 〈XIB 화면 구성〉

커스텀 셀을 만들기 위해서 디자인을 먼저 해보자. XIB를 이용해 디자인을 해야 하기 때문에 우선 XIB 파일을 만든다. 파일명은 ItemCellView.xib이고 빈 XIB 파일 하나를 생성한다. 아무것도 없는 XIB에 Table View Cell 컨트롤러를 오브젝트 라이브러리에서 하나 끌어다가 추가한다. 이렇게 추가된 컨트롤러의 클래스명을 ItemCellView로 설정한다. XIB에서 컨트롤러의 클래스를 변경하면 XIB 파일이 객체화 될때 변경된 클래스로 객체가 생성된다(그림 4-22).

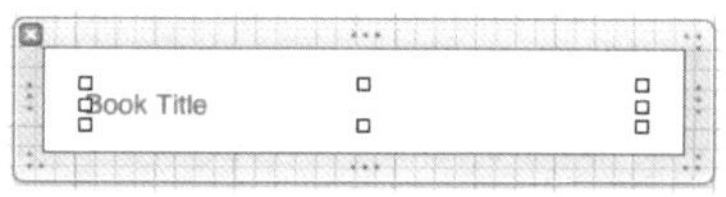


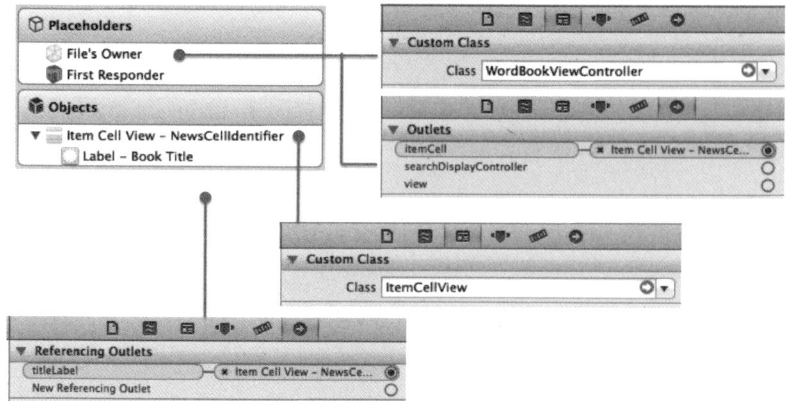


[그림 4-22] 커스텀 테이블 셀 디자인 및 설정들

그리고 File's Owner의 클래스도 WordBookViewController로 변경한다. File's Owner 항목은 프록시 오프젝트로 XIB가 생성될 때 파라미터로 입력되는 Owner 값 값이다. File's Owner를 이용해서 XIB와 실제 객체를 연결하기 때문에 중요한 값이다.

테이블뷰 셀은 [그림 4-22]처럼 UILabel을 이용해, 책 제목 넣을 자리를 만들어 두자. 그리고 폰트 크기를 18로 조정하고 Text Color도 하늘색으로 변경한다. XIB를 이용하면 디자인은 간단히 끝난다.

앞에서 테이블 뷰의 클래스명으로 지정한 ItemCellView 클래스를 만들 차례다. UI가 있으면 UI의 라벨을 변경하기 위한 코드가 있어야 한다.

[소스 4-11] 커스텀 셀 뷰 제어하기 위한 클래스 - ItemCellView.h

```objc
 1 : // @file ItemCellView.h
 2 : @interface ItemCellView : UITableViewCell
 3 : // 멤버변수 선언없이 프로퍼티만 선언을 해도
 4 : // 컴파일러가 멤버변수를 생성시켜줌. 이름은 프로퍼티 이름과 동일
 5 : @property (nonatomic, retain) IBOutlet UILabel *titleLabel;
 6 :
 7 : @end
 8 :
 9 : // @file ItemCellView.m
10 : #import "ItemCellView.h"
```

```
11 :
12 : @implementation ItemCellView
13 :
14 : @synthesize titleLabel;
15 :
16 : - (void)dealloc {
17 :
18 :     [titleLabel release];
19 :     [super dealloc];
20 : }
21 :
22 : @end
```

ItemCellView는 소스 4-11처럼 UITableViewCell을 상속받는다. 그리고 제목을 표시한 라벨 컨트롤러와 연결한 변수를 선언한다(4라인). titleLabel은 XIB의 라벨 컨트롤러와 연결하기 위해서 IBOutlet으로 선언한다. 코드가 만들어졌으면 XIB 화면으로 가서 titleLabel 변수와 라벨 컨트롤러를 바인딩시킨다. XIB 객체와 변수를 바인딩시키는 가장 간단한 방법은 보조편집기(Assistant Editor)를 이용하는 것이다. Xcode의 오른쪽 상단에 편집기를 선택할 수 있다(그림 4-23). XIB와 코드를 동시에 표시하고 소스 편집기의 왼쪽에 작은 원이 보이는데 IBOutlet으로 선언된 변수만 보인다. 이 원을 드래그해서 원하는 UI 컨트롤러에 연결하면 된다.

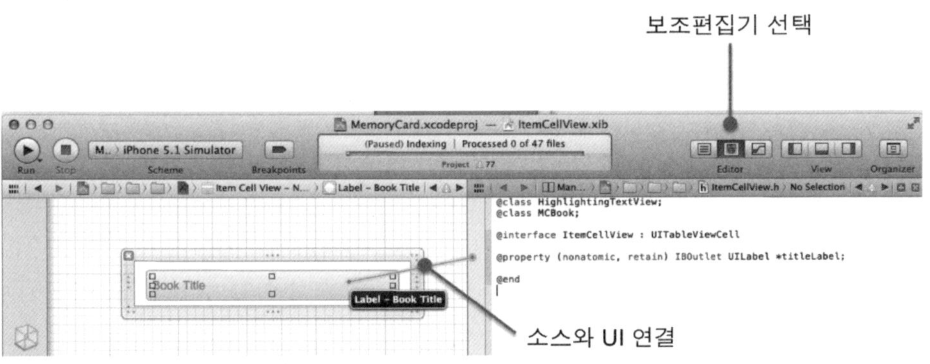


[그림 4-23] 코드와 UI 연결

지금까지 커스텀 테이블 뷰 셀을 만들기 위해서 XIB파일과 소스를 만들었다. 이제 남은 것은 지금까지 만든 커스텀뷰 객체를 만들고 이용하는 것이다. 다음 소스에서 눈여겨 보아야 하는 부분은 ItemCellView를 생성하는 부분이다. XIB 파일을 이용해서 객체를 생성하는 것은 비단 커스텀 뷰를 만들 때만 쓰는 것은 아니니 잘 알아 두어야 한다.

### 〈커스텀 테이블 뷰 셀 적용〉

WordBookViewController.h 파일에 다음을 선언한다.

```
// Custom Cell 생성에 사용될 임시 변수
ItemCellView *_itemCell;


@property (nonatomic, retain) IBOutlet ItemCellView *itemCell;
```

프로퍼티를 사용했으니 WordBookViewController에 synthesize를 선언하고
dealloc도 수정한다.

```
@synthesize itemCell=_customCell;

- (void) dealloc
{
    [_itemCell release];

        생략...

[super dealloc];
}
```

customCell은 이후에 설명한 cell 객체를 만들때 임시로 사용될 변수다.

XIB를 이용해서 객체를 생성하면 owner를 설정하게 되는데, owner에 설정된 값이
XIB 화면에서 보이는 file's owner 객체가 된다. 이때 file's owner를 proxy object
라고 부른다. 이 설정을 통해서 XIB 파일과 소스 코드가 연결된다.

[소스 4-12] 커스텀 셀 생성

```
 1 : -(UITableViewCell*)tableView:(UITableView*)tableView
cellForRowAtIndexPath:(NSIndexPath*)indexPath {
 2 :
 3 :     static NSString *CellIdentifier = @"CellIdentifier";
 4 :
 5 :     ItemCellView *cell = (ItemCellView*)[tableView
dequeueReusableCellWithIdentifier:CellIdentifier];
 6 :
 7 :     if (!cell) {
 8 :         Class cls = NSClassFromString(@"UINib");
 9 :         if ([cls respondsToSelector:@selector(nibWithNibName:b
undle:)]) {
```

```
 10 :              UINib *_labelCellNib = [[cls nibWithNibName:
@"ItemCellView" bundle:[NSBundle mainBundle]] retain];
 11 :                  [_labelCellNib instantiateWithOwner:self
options:nil];
 12 :          } else {
 13 :              [[NSBundle mainBundle] loadNibNamed:@"ItemCellView"
owner:self options:nil];
 14 :          }
 15 :
 16 :          cell = self.itemCell;
 17 :          self.itemCell = nil;
 18 :      }
 19 :
 20 :      MCCategory *category = (MCCategory *)[[self.
sectionInfoArray objectAtIndex:indexPath.section] category];
 21 :      MCBook *book = [category.books objectAtIndex:indexPath.row];
 22 :
 23 :      cell.titleLabel.text = book.title;
 24 :
 25 :      return cell;
 26 : }
```

셀 객체 생성 과정은 기존의 셀 생성 과정과 동일하다. 사용하지 않는 셀뷰가 있는지 확인한다. 만약, 셀뷰가 없다면 하나 만드는데, 이때 앞에서 만든 커스텀 셀을 사용하는 것이다. 먼저 iOS 4.0 이전 방법을 알아보자. UINib 클래스는 iOS 4.0 이후에 사용할 수 있는 방법으로 동적으로 클래스를 사용할 수 있는지 확인한다(8~9라인).

XIB 파일을 로드하는 코드를 보면 다음과 같다.

```
[[NSBundle mainBundle] loadNibNamed:@"ItemCellView"
owner:self options:nil];
```

[NSBundle mainBundle]은 현재 app 파일을 접근하기 위한 번들 객체이다. 이 번들에 있는 ItemCellView.nib 파일을 로드하기 위해서 loadNibName: owner:options:를 사용한다. 이 메소드에서 중요한 것은 owner인데, owner에 설정한 객체가 XIB의 files's object로 표현되는 proxy object에 설정이 된다. XIB와 객체 사이는 이렇게 proxy 객체를 통해서 이어지게 된다.

XIB의 커스텀 테이블뷰와 위에서 정의한 itemCell은 연결되어 있어야 한다. 이제 XIB의 객체가 생성되고, 그 객체를 itemCell 변수로 연결하였다. 16~17라인에서 customCell 변수는 객체 생성을 위해서 임시로 사용한 것인 만큼, cell 변수로 객체를 넘기고 nil을 설정한다. 생성된 커스텀 테이블 객체에 제목을 설정하고 리턴한다.

객체를 생성하는 다른 방법으로 UINib을 활용하는 방법이 있다. NSBundle을 활용해서 XIB를 로드하면 nib 파일을 메모리에 로드하고 nib 파일로부터 객체를 생성하는 부분을 같이 처리한다. 같은 객체를 많이 생성할 때는 이런 과정이 프로그램의 속도 저하를 불러올 수 있기 때문에 XIB 파일을 메모리에 모두 로드해 놓고, 필요할 때 XIB 객체를 생성하면 실행속도가 빨라질 수 있다. UINib이 바로 이런 역할을 수행한다. UINib 파일 객체를 생성하고 instantiateWithOwner:options:을 이용해서 객체를 만든다.



NIB는 Nextstep Interface Builder의 약자로 Interface Builder가 생성하는 파일을 의미한다. XIB 역시 인터페이스 빌더가 생성하는 파일로 XIB가 XML로 되어 있는 반면, NIB는 바이러리 파일로 되어 있다. XIB가 새롭게 추가된 이유는 SCM(형상 관리 툴)에서 UI 파일을 조금 더 쉽게 관리하기 위해서다. 바이러리 파일을 형상 관리하기 위해서는 전체 파일을 저장해야 한다. XIB는 최종 빌드될 때 컴파일 과정을 거쳐 NIB 파일을 생성한다.

커스텀 셀을 생성하는 다른 방법들도 많이 있다. 지면 관계상 이 책에서 모든 방법을 설명하기 어렵다. 대신 애플에서 제공하는 샘플을 보면 쉽게 이해할 수 있을 것이다. 이러한 내용에 대해서는 애플 개발자 사이트에서 다음을 참고하자.

‖‖ TableViewSuite(http://goo.gl/nKSGC)

## 접을 수 있는 테이블뷰 만들기

마지막으로 헤더뷰를 누르면 헤더뷰에 속한 셀뷰들이 보이거나 보이지 않도록 접을 수 있는 테이블뷰를 만들어보자. 만들고자 하는 프로그램의 원리는 매우 간단하다. 접힌 상태에서 헤더뷰를 누르면, 해당 섹션의 셀뷰들이 동적으로 추가되고, 다시 접을 때는 셀뷰를 제거한다.

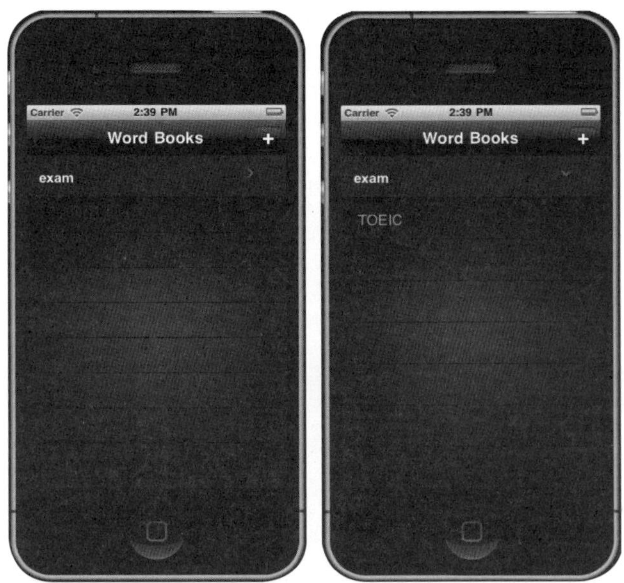

[그림 4-24] 접을 수 있는 테이블뷰 만들기

[그림 4-24]에서 보는 것처럼 헤더를 터치하면 하위의 항목들이 보이게 된다. 이런 구성을 위해서 다음과 같이 클래스를 구성해보자.

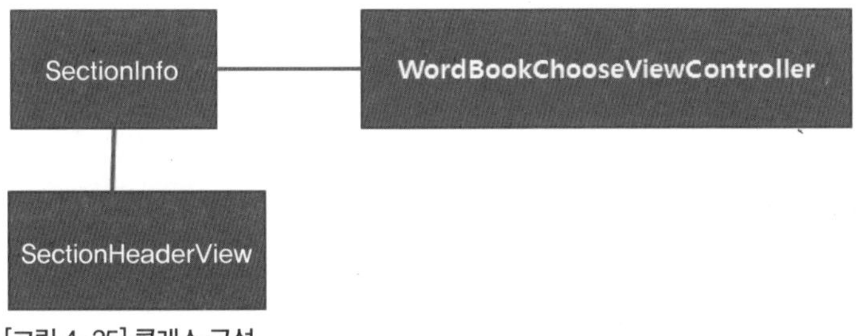

[그림 4-25] 클래스 구성

HeaderInfo 클래스를 하나 만들어보자. 이 클래스는 화면에 표시되는 뷰 객체와 뷰 객체에 표시할 데이터를 가지고 있다. 헤더뷰가 클릭이 되면 HeaderInfo에 있는 정보를 바탕으로 테이블을 갱신한다.



```
1 : @interface SectionInfo : NSObject
2 :
3 : @property (assign) BOOL open;
4 : @property (retain) MCCategory* category;
5 : @property (retain) SectionHeaderView* headerView;
6 :
```

```
7 : … 생략 …
8 :
9 : @end
```

관리할 정보들은 현재 섹션들이 접혀있는지 표시할 변수 open과 표시할 정보인 category 정보 그리고 정보들을 화면에 표시할 뷰인 headerView가 있다.

HeaderInfo 객체를 생성하는 부분을 알아보자.

[소스 4-14] HeaderInfo 객체 생성 – WordBookViewController.m

```
 1 : - (void)viewWillAppear:(BOOL)animated {
 2 :   [super viewWillAppear:animated];
 3 :
 4 :     MCWordDataDao *dao = [MCWordDataDao sharedDao];
 5 :     self.categories = [dao categories];
 6 :
 7 :   if ((self.sectionInfoArray == nil) || ([self.sectionInfoArray
count] != [self numberOfSectionsInTableView:self.tableView])) {
 8 :
 9 :     NSMutableArray *infoArray = [[NSMutableArray alloc] init];
10 :
11 :     for (MCCategory *category in self.categories) {
12 :
13 :       SectionInfo *sectionInfo = [[SectionInfo alloc] init];
14 :       sectionInfo.category = category;
15 :
16 :       [infoArray addObject:sectionInfo];
17 :       [sectionInfo release];
18 :     }
19 :
20 :     self.sectionInfoArray = infoArray;
21 :     [infoArray release];
22 :   }
23 :     [self.tableView reloadData];
24 : }
```

화면이 표시될 때 호출되는 viewWillAppear:에서 객체를 생성한다. 단어장에 새로운 데이터가 추가될 수 있기 때문에, 화면이 출력될 때마다 단어장을 검사해서 화면 정보가 변경되었으면 테이블뷰를 갱신해야 한다. 화면에 표시할 데이터는 DAO를 통해서 DB의 정보를 4~5라인처럼 가져오면 된다. 단어장 정보가 갱신되었다면 카테고리 별로 SectionInfo 객체를 만들어 sectionInfoArray 변수에 저장해야 한다.

커스텀 헤더뷰를 생성하는 부분을 살펴보자.

[소스 4-15] 커스텀 헤더뷰 생성 – WordBookViewController.m

```
 1 : -(UIView*)tableView:(UITableView*)tableView viewForHeaderInSec
tion:(NSInteger)section {
 2 :      // 커스텀 헤더 뷰를 생성
 3 :   SectionInfo *sectionInfo = [self.sectionInfoArray
objectAtIndex:section];
 4 :       if (!sectionInfo.headerView) {
 5 :     NSString *title = sectionInfo.category.title;
 6 :           sectionInfo.headerView = [[[SectionHeaderView alloc]
 7 :                   initWithFrame:CGRectMake(0.0, 0.0, self.
tableView.bounds.size.width, 52)
 8 :                         title:title
 9 :                         section:section
10 :                         delegate:self] autorelease];
11 :     }
12 :
13 :     return sectionInfo.headerView;
14 : }
```

viewWillAppear:에서 생성한 SectionInfo에 헤더뷰 객체가 없으면 해당 객체를 생
성하고 생성된 헤더뷰 객체를 반환한다. 이미 헤더뷰가 생성되어 있다면 기존 객체를
사용한다. 만약, 헤더뷰가 너무 많아서 헤더뷰 객체가 사용하는 메모리가 너무 늘어나
면 어떻게 해야 할까? 테이블 셀뷰의 경우에 테이블에서 셀의 객체를 관리해서 셀뷰의
개수를 조정하는 헤더뷰의 경우에는 관련 메소드가 없다. 따라서 헤더뷰에도 같은 방
식을 적용하고 싶다면, 헤더뷰를 관리는 Array를 만들어 화면에 표시하지 않는 객체
를 제거하고 필요할 때 다시 만들어서 사용하는 로직이 추가되어야 한다.

[소스 4-16] 테이블 셀의 개수 – WordBookViewController.m

```
 1 : -(NSInteger)tableView:(UITableView*)tableView numberOfRowsInSe
ction:(NSInteger)section {
 2 :
 3 :   SectionInfo *sectionInfo = [self.sectionInfoArray
objectAtIndex:section];
 4 :   NSInteger numStoriesInSection = [[sectionInfo.category books]
count];
 5 :
 6 :      return sectionInfo.open ? numStoriesInSection : 0;
 7 : }
```

헤더뷰가 접혀 있는지는 sectionInfo 객체의 open값으로 확인할 수 있다. 만약, 헤더뷰가 접혀 있다면 섹션의 셀은 없을 것이고, 펼쳐져 있다면 카테고리에 속하는 단어장의 개수만큼 셀이 표시될 것이다.

이제 헤더뷰에 터치 이벤트에 대한 핸들러를 설정해 사용자가 섹션을 펴거나 접을 수 있도록 구현해보자.



```
 1 : @protocol SectionHeaderViewDelegate <NSObject>
 2 :
 3 : @optional
 4 : // 섹션을 펼 때
 5 : -(void)sectionHeaderView:(SectionHeaderView*)sectionHeaderView
sectionOpened:(NSInteger)section;
 6 : // 섹션을 접을 때
 7 : -(void)sectionHeaderView:(SectionHeaderView*)sectionHeaderView
sectionClosed:(NSInteger)section;
 8 :
 9 : @end
10 :
```

헤더뷰에서 하위 셀을 접거나 펼쳐야할 때 사용할 프로토콜을 정의한다(소스 4-17). 이 프로토콜은 나중에 WordBookViewController에서 구현할 것이다.



```
 1 : -(id)initWithFrame:(CGRect)frame
 2 :               title:(NSString*)title
 3 :             section:(NSInteger)sectionNumber
 4 :            delegate:(id <SectionHeaderViewDelegate>)aDelegate {
 5 :
 6 :     self = [super initWithFrame:frame];
 7 :
 8 :     if (self != nil) {
 9 :
10 :         // Set up the tap gesture recognizer.
11 :         UITapGestureRecognizer *tapGesture =
[[UITapGestureRecognizer alloc] initWithTarget:self action:@
selector(toggleOpen:)];
12 :         [self addGestureRecognizer:tapGesture];
13 :         [tapGesture release];
14 :
```

```
15 :          delegate = aDelegate;
16 :          self.userInteractionEnabled = YES;
17 :          … 생략 …
18 :      }
19 :
20 :      return self;
21 : }
22 :
23 :
24 : -(IBAction)toggleOpen:(id)sender {
25 :
26 :      [self toggleOpenWithUserAction:YES];
27 : }
28 :
29 : -(void) animateDisclosure
30 : {
31 :      [UIView beginAnimations:nil context:NULL];
32 :      [UIView setAnimationDuration:0.3f];
33 :      CGFloat rotationDegree = (self.disclosureButton.selected)
? 90.0f : 0.0f;
34 :
35 :      disclosureButton.transform =
CGAffineTransformMakeRotation(degreesToRadian(rotationDegree));
36 :
37 :      [UIView commitAnimations];
38 : }
39 :
40 : -(void)toggleOpenWithUserAction:(BOOL)userAction {
41 :
42 :      // Toggle the disclosure button state.
43 :      disclosureButton.selected = !disclosureButton.selected;
44 :
45 :      // If this was a user action, send the delegate the
appropriate message.
46 :      if (userAction) {
47 :          if (disclosureButton.selected) {
48 :              if ([delegate respondsToSelector:@selector(section
HeaderView:sectionOpened:)]) {
49 :                  [delegate sectionHeaderView:self
sectionOpened:section];
50 :              }
51 :          }
52 :          else {
53 :              if ([delegate respondsToSelector:@selector(section
HeaderView:sectionClosed:)]) {
54 :                  [delegate sectionHeaderView:self
```

```
sectionClosed:section];
 55 :                   }
 56 :              }
 57 :          }
 58 :      // 접혔는지 표시하는 > 버튼을 회전시킨다.
 59 :      [self animateDisclosure];
 60 : }
 61 :
```

헤더뷰가 터치되면, 이를 감지할 수 있도록 UITapGestureRecognizer를 설정한다
(10~13라인). 이 객체를 생성해서 뷰에 설정하면 뷰에서 탭 이벤트를 감지해서 설정
된 핸들러를 호출하게 된다.

HeaderView를 탭하면 toggleOpen:이 호출되고 toggleOpenWithUserAction:이
호출된다. 현재의 상태를 갱신하고 델리게이트를 통해서 테이블뷰를 갱신시킨다.

**여기서 잠깐만** ▌UIGestureRecognizer에 대해서▐

UIGestureRecognizer가 나오기 이전에는 터치 이벤트를 처리하기 위해서, touchesXXXX:withEvent:를 사용해 사용자가
한 행동이 탭인지, 스와이프인지 혹은 핀치인지를 Event 객체 정보를 이용해 알아내야 했다. 터치 이벤트를 알아내는 작업
은 반복적이며 지루하고 이와 더불어 실수하기 쉬웠다. 만약, 여러 터치 이벤트들이 동시에 일어나면 사용자가 했던 동작에
대해서 알아내는 로직이 복잡해지는 문제점이 있었다. 애플에서는 이런 불편함을 없애기 위해 UIGestureRecognizer를 새
롭게 만들었다. UIGestureRecognizer는 이름에서도 알 수 있듯이 사용자가 취하는 행동을 알아내는 클래스이다. 이 클래
스의 장점은 애플에서 정의한 표준 제스쳐어를 쉽게 검출할 수 있을 뿐 아니라, 여러 제스쳐어를 동시에 설정할 수 있다는
것이다. 이 객체에 대한 자세한 내용은 Event Handling Guide의 Gesture Recognizers 항목을 참고하자.

자! 이제 헤더뷰를 통해서 섹션을 열어야 할지 닫아야 할지 결정이 되었으니 실제로
테이블뷰를 갱신해보자.

**[소스 4-19] 셀 추가 혹은 삭제하기 – WordViewController.m**

```
 1 : -(void)sectionHeaderView:(SectionHeaderView*)sectionHeaderView
 2 :              sectionOpened:(NSInteger)sectionOpened {
 3 :
 4 :   SectionInfo *sectionInfo = [self.sectionInfoArray
objectAtIndex:sectionOpened];
 5 :   sectionInfo.open = YES;
 6 :
 7 :      // 십입할 셀의 인덱스들을 만든다.
 8 :      NSInteger countOfRowsToInsert = [sectionInfo.category.
books count];
 9 :      NSMutableArray *indexPathsToInsert = [[NSMutableArray
```

```objc
      alloc] init];
10 :        for (NSInteger i = 0; i < countOfRowsToInsert; i++) {
11 :            [indexPathsToInsert addObject:[NSIndexPath
indexPathForRow:i inSection:sectionOpened]];
12 :        }
13 :
14 :        // 삽입하는 애니메이션 설정
15 :        UITableViewRowAnimation insertAnimation =
UITableViewRowAnimationTop;
16 :
17 :        // 셀 삽입
18 :        [self.tableView beginUpdates];
19 :        [self.tableView insertRowsAtIndexPaths:indexPathsToInsert
withRowAnimation:insertAnimation];
20 :        [self.tableView endUpdates];
21 :
22 :        [indexPathsToInsert release];
23 : }
24 :
25 :
26 : - (void)sectionHeaderView:(SectionHeaderView*)sectionHeaderView
sectionClosed:(NSInteger)sectionClosed {
27 :
28 :   SectionInfo *sectionInfo = [self.sectionInfoArray
objectAtIndex:sectionClosed];
29 :
30 :        sectionInfo.open = NO;
31 :        NSInteger countOfRowsToDelete = [self.tableView numberOfRo
wsInSection:sectionClosed];
32 :
33 :        if (countOfRowsToDelete > 0) {
34 :
35 :            // 제거할 셀들을 찾는다.
36 :
37 :            NSMutableArray *indexPathsToDelete = [[NSMutableArray
alloc] init];
38 :            for (NSInteger i = 0; i < countOfRowsToDelete; i++) {
39 :                [indexPathsToDelete addObject:[NSIndexPath
indexPathForRow:i inSection:sectionClosed]];
40 :            }
41 :
42 :            // 셀을 제거한다.
43 :            [self.tableView beginUpdates];
44 :            [self.tableView deleteRowsAtIndexPaths:indexPathsToDel
ete withRowAnimation:UITableViewRowAnimationTop];
45 :            [self.tableView endUpdates];
```

```
46 :            [indexPathsToDelete release];
47 :        }
48 : }
```

접고 펴는 동작을 표현하기 위해서 UITableView에 셀을 추가하거나 삭제해야 한다. 우선, 섹션을 펼치는 동작을 알아보자. sectionHeaderView:sectionOpened: 는 헤더뷰를 탭해서 섹션을 열려고 할 때 호출된다. 이때, 4라인에서 열어야 하는 SectionInfo 객체를 찾는다. SectionInfo에 속해 있는 단어장 객체의 개수만큼 추가할 셀들의 인덱스를 생성한다(10~12라인).

추가할 인덱스 목록을 만들었다면, 19라인처럼 insertRowsAtIndexPaths:withRowAnimationTop:으로 추가할 인덱스들을 추가한다. 추가한 인덱스들은 cellForRowAtIndexPath: 메소드가 호출되면 자동으로 생성될 것이다. 많은 셀뷰를 추가 혹은 삭제해야 할 경우에는 beginUpdates, endUpdates로 블록을 감싸주어야 한다. 그렇지 않으면 셀이 추가될 때마다 UI가 업데이트되기 때문이다.

26~48라인까지는 목록을 접을 때 수행하는 메소드이다. 목록을 접어야 하는 경우, SectionInfo 객체를 찾아서(28라인) 삭제할 NSIndexPath 목록을 만들어(38~40라인) 테이블 뷰에서 해당 내용을 삭제한다(44라인).

**여기서 잠깐만** ┃ NSIndexPath에 대해서 ┃

UITableView에서 어떤 셀 경로를 표현하기 위해서 사용하는 클래스이다. 클래스의 프로퍼티를 보면 section, row가 있다. 이 프로퍼티는 각각 섹션과 셀의 위치를 표현한 것이다. UITableView로 작업을 때는 NSIndexPath를 이용할 경우가 많다. 예를 들어, UITableView에서 셀 객체를 찾고자 한다면 다음과 같이 처리한다.

```
// 찾아야 하는 위치의 index path 객체를 생성한다.
NSIndexPath *path = [NSIndexpath indexPathForRow:0 inSection:0];
// 테이블뷰에서 해당 위치의 셀 객체를 찾는다.
UITableViewCell *cell = [self.tableView
cellForRowAtIndexPath:path]
```

이외에도, NSIndexPath을 이용할 경우가 상당히 많으므로 사용법을 충분히 숙지해두자.

## 6.5 워드 그룹 선택 UI 만들기

단어장이 선택되었다면, 단어장에 속하는 워드 그룹을 선택해야 한다. 워드 그룹은 테이블뷰를 이용해서 간단히 표시하도록 하자.

테이블뷰에 표시할 데이터를 넣을 변수를 헤더에 선언해보자.



```
 1 : @interface WordGroupViewController : UITableViewController <
UIAlertViewDelegate >
 2 :
 3 : // table에 표시한 data
 4 : @property (nonatomic, retain) NSArray *groups;
 5 : // custom table view 생성을 위한 임시 변수
 6 : @property (nonatomic, assign) IBOutlet ItemCellView *itemCell;
 7 :
 8 : // 학습 시작
 9 : // 여기서 학습 모드로 화면 전환을 수행한다.
10 : - (void) startStudy:(MCGroup*) group;
11 :
12 : @end
```

테이블에 표시할 데이터를 저장한 groups라는 변수와 앞서 살펴보았던 커스텀셀 생성용 변수를 추가해보자. 마지막으로 단어 그룹을 선택하면 학습 모드로 이동할 startStudy: 메소드로 만들어 볼 것이다.

앞에서도 설명했지만 테이블을 이용해 데이터를 표시할 때는 UITableViewData Source를 정의하기만 하면 된다.



```
 1 : - (NSInteger)tableView:(UITableView *)tableView numberOfRowsIn
Section:(NSInteger)section
 2 : {
 3 :     return self.groups.count;
 4 : }
 5 :
 6 : - (UITableViewCell *)tableView:(UITableView *)tableView cellFo
rRowAtIndexPath:(NSIndexPath *)indexPath
 7 : {
 8 :     static NSString *CellIdentifier = @"CellIdentifier";
 9 :
10 :     ItemCellView *cell = (ItemCellView*)[tableView
dequeueReusableCellWithIdentifier:CellIdentifier];
11 :
12 :     if (!cell) {
13 :         [[NSBundle mainBundle] loadNibNamed:@"ItemCellView"
owner:self options:nil];
```

```
14 :            cell = self.itemCell;
15 :            self.itemCell = nil;
16 :       }
17 :
18 :       // Configure the cell...
19 :       MCGroup *group = [self.groups objectAtIndex:indexPath.row];
20 :       cell.titleLabel.text = group.title;
21 :       return cell;
22 : }
23 :
24 : -(CGFloat)tableView:(UITableView*)tableView
heightForRowAtIndexPath:(NSIndexPath*)indexPath
25 : {
26 :       return 52;
27 : }
```

테이블에 표시할 데이터를 한 섹션에 표시한다. 한 세션에 들어갈 데이터는 3라인처럼 표시할 data의 개수를 구하면 된다. 각 셀의 높이는 52포인트로(26라인) 기본값인 44포인트 보다 조금 높게 설정한다. 만약, 셀마다 높이가 다른 테이블뷰를 만들어야 한다면 tableView:heightForRowAtIndexPath:에서 각 셀별로 높이를 다르게 설정하면 된다.



iOS 개발을 하다보면, 포인트라는 단위를 자주 만나게 되는데 포인트는 논리적인 단위로 실제 화면에 표시되는 픽셀은 포인트에 화면 scale을 곱한 값이다.

IIIII 실제 픽셀 (pixel) = 포인트(point) * 스케일 (scale)

아이폰 3Gs의 스케일은 1이고 아이폰 4의 스케일은 2이다. 실제로 아이폰 3Gs의 해상도는 320x480이고, 아이폰 4는 640x960 해상도를 가지고 있지만, Xcode 프로그램에서는 화면 크기를 320x480으로 가정하고 코드를 작성하게 된다. 포인트라는 개념을 사용하면 아이폰 기종에 구애받지 않고 프로그램을 쉽게 구현할 수 있다. 즉, 화면 해상도에 대한 차이를 포인트 개념을 통해 극복할 수 있다는 뜻이다. 추후 다른 해상도의 아이폰 디바이스가 출시되더라도, scale값만 조정하면 프로그램 변경없이 다양한 해상도의 기기를 손쉽게 지원할 수 있게 된다.

6~22라인에서는 화면이 표시된 셀을 만들게 된다. 기존에 만들어두고 쓰지 않는 셀 객체가 있는지 확인한 후에 없다면 하나 만들게 된다. 이때 만들 셀 객체는 XIB 파일로부터 만들어지게 된다. XIB 파일로부터 객체가 만들어지고 itemCell에 저장된다. 19~21라인에서 셀 객체에 단어장의 그룹 제목을 설정하고 반환한다.

```objc
 1 : - (void)tableView:(UITableView *)tableView didSelectRowAtIndex
Path:(NSIndexPath *)indexPath
 2 : {
 3 :     // 암기모드
 4 :     MCGroup *group = [self.groups objectAtIndex:indexPath.row];
 5 :
 6 :     // skip if it has no words.
 7 :     if ([group countOfWords] == 0 ) {
 8 :         return;
 9 :     }
10 :
11 :     if ([group countOfUnmemorized] == 0 )
12 :     {
13 :         // 경고창
14 :         UIAlertView *alertView = [[UIAlertView alloc]
initWithTitle:@"알림" message:@"암기할 단어가 없습니다. 초기화 후 다시 학습하시겠습니
까?" delegate:self cancelButtonTitle:@"취소" otherButtonTitles:@"확인",
nil];
15 :         alertView.tag = indexPath.row;
16 :         [alertView show];
17 :         [alertView release];
18 :     } else {
19 :         [self startStudy:group];
20 :     }
21 : }
22 :
23 : - (void) startStudy : (MCGroup*) group
24 : {
25 :     WordCardViewController *viewController =
[[WordCardViewController alloc] initWithNibName:@"WordCardViewContro
ller" bundle:nil];
26 :     viewController.words = [group wordsOfUnmemorized];
27 :     viewController.wordgroup = group;
28 :     [self.navigationController pushViewController:viewControll
er animated:YES];
29 :     [viewController release];
30 : }
31 :
32 :
33 : - (void)alertView:(UIAlertView *)alertView
clickedButtonAtIndex:(NSInteger)buttonIndex
34 : {
35 :     if (buttonIndex == 1) {
36 :         MCGroup *group = [self.groups objectAtIndex:alertView.
```

```
tag];
 37 :
 38 :                // reset study status
 39 :                for(MCWord *word in [group wordsOfMemorized])
 40 :                {
 41 :                    word.memorized = NO;
 42 :                }
 43 :
 44 :                [self startStudy:group];
 45 :        }
 46 : }
```

테이블뷰에서 셀을 클릭하면 1~21라인이 실행된다. 이 함수는 UITableView
Delegate의 메소드 중에 하나이다. 셀이 클릭되면 선택한 단어 그룹에 암기할 단어가
있는지 확인한다. 만약, 암기할 단어가 없다면 다시 암기할 것이지 사용자에게 14~16
라인에서 묻는다. 사용자가 "예"로 답을 하면 36~44라인의 메소드가 실행이 되면서
암기 모드로 넘어간다. 암기할 단어가 있으면 바로 암기 모드로 넘어간다. 25라인처
럼 화면을 전환할 때는 전환할 화면을 먼저 생성해야 한다. 생성된 객체에 표시할 데
이터들을 설정하고 pushViewController:animated:를 통해서 28라인처럼 화면을
전환한다(28라인).



UIAlertView는 사용자에게 정보를 알려주거나 사용자 의향을 물을 때 사용하는 간단한 모달뷰이다.

```
UIAlertView *alert = [UIAlertView alloc] initWithTitle:@"Title"
message:@"message"
delegate:self
cancelButtonTitle:@"취소" otherButtonTitles:@"확인", nil];
[alert show]
[alert release]
```

UIAlertVeiw은 위와 같이 객체를 만들고, show와 release 메소드를 호출해 사용하면 된다. 초기화 메소드에서 delegate
는 UIAlertViewDelegate 메소드를 구현한 객체를 설정하는데 UIAlertView에서 버튼을 누르면, 설정한 객체의 alertView:
clickedButtonAtIndex: 메소드가 호출된다.

```
(void)alertView:(UIAlertView *)alertView clickedButtonAtIndex:
(NSInteger)buttonIndex
{
 // buttonIndex가 0이면 취소, 1이면 확인
}
```

# 6.7 암기 모드 만들기

단어들이 선택되었다면 이 단어들을 가지고 암기를 해야 한다.



화면을 구성하는 방법은 3가지가 있다.

첫째는 XIB 파일을 이용하는 것으로 인터페이스 빌더를 통해서 화면을 만들 수 있어서 최종 결과물을 바로 확인할 수 있는 장점을 갖고 있다. 그렇지만 라이브러리를 만들어 사용해야 한다면, XIB 파일을 사용하는 방법은 적절치 않다. 왜냐하면 iOS 의 프레임워크는 라이브러리 형태로는 XIB 파일을 사용할 수 없기 때문이다. 굳이 이 방법을 사용하려면, 필요할 때마다 XIB 파일을 별도로 배포해 주어야 한다.

두 번째 방법은 XIB로 화면을 구성하는 대신, 소스 코드로 직접 컨트롤들을 배치하는 방법이다. 코드 상으로 UI를 생성하기 때문에 화면을 위해서 XIB 파일을 따로 배포하지 않아도 된다. 단, 화면을 코드로 구성하는 경우, 상대적으로 코드 작성이 복잡해지는 문제점이 있다. 코드 작성에 익숙하지 않거나 어려움이 있다면, nibobj라는 유틸을 사용해 XIB파일로 구현된 UI 를 소스 코드 형태로 변환해 확인할 수 있다.

마지막 방법으로 Quartz 2d를 이용해서 직접 그리는 방법이다. 가장 어려우면서 자유도가 높은 방법으로 Quartz 2d에 대한 사전 지식이 있어야 한다.

[그림 4-26]과 같이 화면을 구성한다. XIB에서 구성한 UI를 소스 코드에서 제어하기 위해서, IBOulet, IBAction으로 해당 코드와 연결시킨다. 이 화면은 XIB로 구성한 화면에 단어 정보를 표시한다. 만약, 단어 암기를 다 마쳤다면 "O"버튼을 클릭해 단어 암기 했음을 표시하고, 그렇지 않다면 "X"버튼을 클릭해 단어 암기를 안했다고 표시 한다. 사용자가 선택한 내용들은 나중에 통계를 낼 때 사용된다.

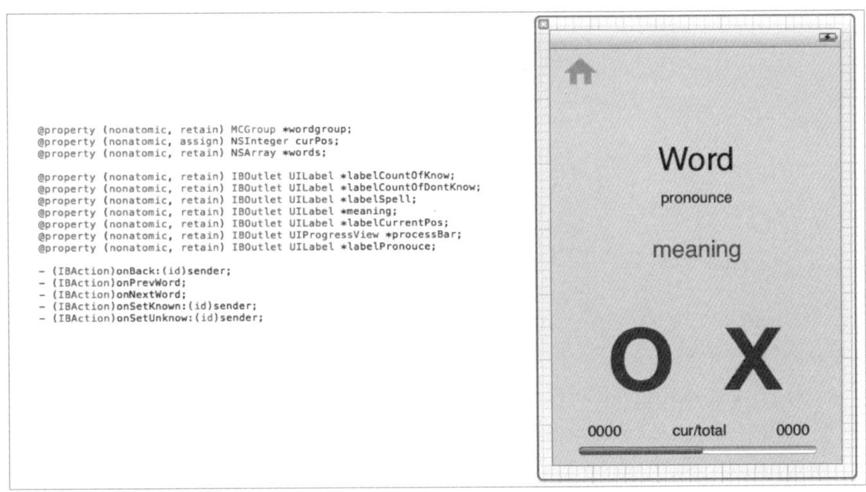



[그림 4-26] XIB를 이용한 UI 화면 구현

```objectivec
 1 : - (void)updateMemoryPage
 2 : {
 3 :     MCWord *word = [self.words objectAtIndex:_curPos];
 4 :
 5 :     self.labelSpell.text = word.spelling;
 6 :     self.meaning.text = word.meanning;
 7 :     self.labelPronouce.text = word.pronunciation;
 8 :     self.labelCurrentPos.text = [NSString stringWithFormat:
@"%d/%d", _curPos + 1, self.words.count];
 9 :
10 :     self.labelCountOfKnow.text = [NSString stringWithFormat:
@"%d", countOfKnow];
11 :     self.labelCountOfDontKnow.text = [NSString
stringWithFormat:@"%d", countOfDontKnow];
12 :
13 :
14 :     [self.processBar setProgress: ( (float)_curPos + 1.0f ) /
[self.words count]];
15 : }
16 :
17 : - (IBAction)onSetKnown:(id)sender
18 : {
19 :     MCWord *word = [self.words objectAtIndex:_curPos];
20 :     word.memorized = YES;
21 :     countOfKnow++;
22 :     [self onNextWord];
23 : }
24 :
25 : - (IBAction)onSetUnknow:(id)sender
26 : {
27 :     countOfDontKnow++;
28 :     [self onNextWord];
29 : }
30 :
31 : - (IBAction)onNextWord {
32 :     if (self.words.count > _curPos + 1) {
33 :         _curPos++;
34 :         [self updateMemoryPage];
35 :     } else {
36 :         [self onCompleted];
37 :     }
```

```
38 : }
39 :
```

화면 컨트롤러에 데이터를 표시해야 한다. updateMemoryPage를 이용해 화면을 갱신한다. 변수 words에 우리가 표시하려는 데이터가 들어있다. 그리고 현재 표시한 객체의 index는 _curPos 변수에 담겨 있다. 따라서 updateMemoryPage의 시작은 3라인에서 표시하려는 객체를 찾는 것부터 시작한다. 이 정보를 5~14라인에서 컨트롤러에 설정한다.

앞에서 사용한 화면 구성 방법은 XIB 파일을 이용한 것이다. 이 방법 외에 코드를 사용해 컨트롤을 생성하고 배치하는 방법도 있다.

▕▏▏▏ (void)loadView

UIViewController의 loadView는 코드를 사용해 화면을 구성할 때 사용하는 함수로 이 함수는 UIViewController가 생성되면서 자동으로 호출된다. 이렇게 코드를 이용하면 로직에 따라서 화면을 다르게 만들수 있고 속도도 XIB 방식보다 빠르다. 하지만 프로그램 수행 속도 차이가 크게 없고, 개발 생산성을 고려한다면 XIB 방식을 사용한 UI 구현을 적극 권장한다.

사용자가 단어를 암기완료하면 "O" 버튼을 선택한다. "O" 버튼을 누르면 onSetKnown: 이 호출된다. 이 메소드는 단어 정보에 암기를 했다는 기록을 남기고, 다음 단어를 화면에 표시한다. 만약, 모든 단어을 암기했다면 onComplete를 호출한다.

**[소스 4-24] 화면 이동 – WordCardViewController.m**

```
 1 : - (IBAction)onCompleted
 2 : {
 3 :     MemoryCompleteViewController *viewController =
[[MemoryCompleteViewController alloc] initWithNibName:@"MemoryComple
teViewController" bundle:nil];
 4 :     viewController.wordgroup = self.wordgroup;
 5 :     viewController.studiedWord = self.words;
 6 :     [self.navigationController pushViewController:viewControll
er animated:NO];
 7 :     [viewController release];
 8 : }
 9 :
10 : - (IBAction)onBack:(id)sender
```

```
11 : {
12 :     [self.navigationController setNavigationBarHidden:NO
animated:YES];
13 :     [self.navigationController popViewControllerAnimated:YES];
14 : }
```

암기할 단어를 모두 학습했다면 최종 화면으로 이동한다. 만약, 화면 상단 오른쪽의 Home 아이콘을 눌렀다면, 12~13라인에서 다시 단어 그룹 선택 화면으로 이동한다.

화면 이동은 모두 UINavigationViewController 메소드를 이용해 이뤄진다. pushViewController:animated:와 popViewControllerAnimated:가 그 주요 함수이다. pushViewController:animated:를 이용하면 다른 UIViewController 화면이 나타나면서, 오른쪽에서 왼쪽으로 화면이 이동한다. 반대로, popViewControllerAnimated:를 이용하면 화면이 왼쪽에서 오른쪽으로 이동하며 사라진다. 메소드의 animated 파라미터를 NO로 설정하면 애니메이션 효과가 사라진다.

화면 이동에 대해서 조금 더 자세히 알아보자. iOS 화면 구성은 UIViewController 단위로 구성된다. UIViewController 자체는 화면이 보이지 않지만 내부에 가지고 있는 view 객체를 통해서 화면을 관리한다. 화면을 새롭게 구성할 때 UIViewController를 만든 것은 이 때문이다. 이런 측면에서 화면 간의 전환은 UIViewController 간의 전환이라고 볼 수도 있다. UIViewController 간의 전환은 크게 두가지로 나눌 수 있다.

▥ 모달뷰 컨트롤 방식

▥ 컨테이너에서의 뷰컨트롤러 전환 방식

모달뷰 컨트롤 방식은 간단한 정보를 표시하거나 정보를 사용자에게 입력받을 때 사용하는 방식으로 새로운 화면으로 기존 화면 위에 표시한다. 아이폰의 경우에는 전체 화면이고, 아이패드의 경우는 modalPresentationStyle 값에 따라서 다른 화면으로 표시한다.

### ▥ 모달뷰 컨트롤러 화면 표시

- (void)presentModalViewController:(UIViewController *)modalViewController
  animated:(BOOL)animated

### ▥ 모달뷰 컨트롤러 종료

- (void)dismissModalViewControllerAnimated:(BOOL)animated

```
@property UIModalTransitionStyle modalTransitionStyle;
typedef enum {
  UIModalTransitionStyleCoverVertical =
  0,
  UIModalTransitionStyleFlipHorizontal,
  UIModalTransitionStyle
  CrossDissolve,
  UIModalTransitionStylePartialCurl, }
  UIModalTransitionStyle;
```

화면에 표시할 때는 presentModalViewController:animated:를 사용한다. 이때 전환되는 방식은 modalTransitionStyle의 값에 따라서 결정된다. 모달뷰를 끝낼 때는 dismissModalViewControllerAnimated:를 사용하고, 모달뷰를 시작한 뷰컨트롤러에서 호출하면 된다.

컨테이너에서 뷰컨트롤러 전환방식은 컨테이너에 따라 다르다. UINavigationController는 뷰컨트롤러들을 스택처럼 관리하고 뷰컨트롤러의 전환은 좌에서 우, 혹은 우에서 좌로 화면이 밀려서 들어가는 애니메이션을 사용한다. 반면 UITabBarController는 탭바 버튼을 클릭하면 연결된 뷰컨트롤러가 바로 전환된다. 보통 이런 컨테이너 컨트롤러들은 화면 전환을 위한 메소드를 가지고 있다. 가령 UINavigationController 같은 경우, 화면을 표시하기 위해서 pushViewController:animated:를 사용하고, 이전 화면으로 전환하기 위해서는 popViewController:animated:를 사용한다. 즉, 화면 전환을 위해서 컨트롤러의 화면 전환 메소드를 사용한다.

iOS5에서는 다음과 같은 화면 전환를 위한 새로운 메소드가 추가되었다.

▥ (void)transitionFromViewController:(UIViewController *)fromViewController

▥ toViewController:(UIViewController *)toViewController

▥ duration:(NSTimeInterval)duration options:(UIViewAnimationOptions)options

▥ animations:(void (^)(void))animations

▥ completion:(void (^)(BOOL finished))completion

이 메소드는 자식 컨트롤러를 전환할 때 사용하는 메소드들이다. 사실 iOS5 이전에는 컨테이너뷰 컨트롤러를 정의하는 것이 쉽지 않았다. 하지만 iOS5에서는 화면의 일부를 뷰컨트롤러로 만들어서 표현할 수 있고, 다른 뷰컨트롤러로 전환해 사용할 수 있도록 개선되었다.

## 6.8 결과 화면 만들기

학습한 결과를 화면에 출력해보자. 학습 결과는 DB를 통해서 읽어 온다.

[그림 4-27] 학습 결과 화면 만들기

XIB를 통해서 정보를 표시할 컨트롤러들을 배치한다.

[소스 4-25] 결과 화면 – MemoryCompleteViewController.m

```
 1 : - (void)viewDidLoad
 2 : {
 3 :     [super viewDidLoad];
 4 :
 5 :     // 모든 단어를 암기했다면 성공 화면을,  아니면 실패 화면을 보여준다.
 6 :     if (self.wordgroup.wordsOfUnmemorized.count == 0) {
 7 :         self.viewForSuccess.hidden = NO;
 8 :         self.viewForFail.hidden = YES;
 9 :     } else
10 :     {
11 :         self.viewForSuccess.hidden = YES;
12 :         self.viewForFail.hidden = NO;
13 :     }
14 :
15 : // 정보를 컨트롤러에 설정
16 :     self.labelBook.text = self.wordgroup.book.title;
17 :     self.labelGroup.text = self.wordgroup.title;
18 :
19 :     int countOfMemoried = 0;
20 :     for (MCWord *word in self.studiedWord)
21 :     {
```

```objc
22 :         if (word.memorized) {
23 :             countOfMemoried++;
24 :         }
25 :     }
26 :     int countOfUnmemoried = self.studiedWord.count -
countOfMemoried;
27 :
28 :
29 :     self.labelNumberOfDontKnow.text = [NSString
stringWithFormat:@"%d", countOfUnmemoried];
30 :     self.labelNumberOfKnow.text = [NSString
stringWithFormat:@"%d", countOfMemoried];
31 :     self.labelResult.text = [NSString stringWithFormat:
@"총%d개의 단어를    모두 암기하였습니다.", self.studiedWord.count];
32 : }
33 :
34 : // 암기할 Word Group List로 돌아가기
35 : - (IBAction) onClickBackGroupList:(id)sender
36 : {
37 :     [self.navigationController setNavigationBarHidden:NO
animated:YES];
38 :     [self.navigationController popToViewController:[self.
navigationController.viewControllers
objectAtIndex:1] animated:NO];
39 : }
40 :
41 : // 다시 암기
42 : - (IBAction) onClickTryAgain:(id)sender
43 : {
44 :     // 암기 모드
45 :     WordCardViewController *viewController = [self.
navigationController.viewControllers objectAtIndex:[self.
navigationController.viewControllers count] - 2];
46 :
47 :     viewController.words = [self.wordgroup wordsOfUnmemorized];
48 :     viewController.curPos = 0;
49 :
50 :     [self.navigationController popViewControllerAnimated:YES];
51 :
52 : }
```

결과 화면은 암기 모드에서 암기한 학습 결과를 화면에 표시하는 일과 결과에 따라서
화면 전환를 하는 일을 처리한다. 암기 결과는 viewDidLoad:에서 UILabel 객체의
설정을 변경해 나타내고, 각 버튼에 연결된 핸들러를 통해 화면 이동을 한다.

다시 암기 모드로 이동할 때는 42~52라인이 호출되는데, 45~48라인에서 암기 모

드 화면의 데이터를 다시 설정하고 화면을 전환한다. 단어 선택 화면으로 가야 한다면, 35라인 단어 그룹 선택 화면을 찾아서 popToViewController:Animated:를 이용해 화면 전환을 한다. UINavigationViewController는 화면을 전환할 때 화면들을 스택으로 관리한다. 스택상에서 원하는 뷰로 돌아가기 위해서 popToViewController:Animated:를 이용한다.

## 6.9 단어장 추가하기

단어장을 추가해보자. 자신이 원하는 단어장을 파일로 만들어서 단어장에 추가할 수 있다. 단어장 파일을 여러 가지 파일 타입으로 만들수 있다. iOS에서 주로 사용하는 파일 타입으로는 다음과 같은 것들이 있다.

- plist
- Archieve file
- JSON
- XML

plist는 NSDictionary, NSArray, NSString, NSNumber 등으로 정의된 객체를 객체의 writeToFile:을 이용해 저장한 파일을 가리킨다. plist 파일은 NSDictionary의 readFromFile:을 통해서 읽을 수 있다. 데이터를 간단하게 저장하거나 읽을 필요가 있을 때 이 방식을 사용해 데이터 입출력을 처리하는 것이 좋다.

Archiveve file은 NSKeyedArchiver를 이용해 저장하고, NSKeyedUnarchiver를 통해 읽을 수 있다. 이 방식은 NSCoding 프로토콜을 상속받은 객체를 저장할 수 있다. 만약, 기본 plist 방식으로 저장할 수 없는 객체를 파일로 저장해야 한다면, 이 방식을 사용하도록 하자.

JSON은 자바스크립트 object 데이터를 문자열로 표현하기 위한 표준으로 json.org에서 문법을 정의하고 있다. 이 방식을 사용해 데이터를 표현하면 XML에 비해 사이즈도 작아지고 데이터를 보다 효율적으로 다룰 수 있는 장점이 있다. 최근에는 웹 서비스에서 데이터를 JSON 방식으로 제공하는 경우가 많아 자주 이용된다.

XML은 데이터를 표현하기 위한 전통적인 방식으로 XML 라이브러리를 이용해 데이터를 쉽게 이용할 수 있는 장점을 제공한다. 또한 XML로 표현할 경우, 다른 시스템과 데이터를 쉽게 교환할 수 있으며, 데이터 검증 역시 XML 라이브러리를 통해 쉽게 처리할 수 있다. 단, 간단한 데이터 교환 처리를 위해서라면 JSON이나 plist를 추천

한다. XML을 이용하는 것은 상대적으로 복잡하기 때문에 다른 방식에 비해 생각해야 할 요소들이 많다. XML API들 역시 다른 방식에 비해 사용하기 어렵다.

마지막으로, 직접 정의한 바이너리 방식이다. 이 방식은 XML 저장 방식 이전부터 존재한 방식이며, 데이터를 저장하는 가장 보편적인 방식이었다. 그렇지만, 요즘은 많이 사용하지 않는 방식이다. 특별한 이유가 없다면 바이너리 저장 방식은 사용하지 않는 것이 좋다.

## 단어장 추가 UI 만들기

단어장을 추가할 때 사용한 단어장 파일 속의 속성은 다음과 같다.

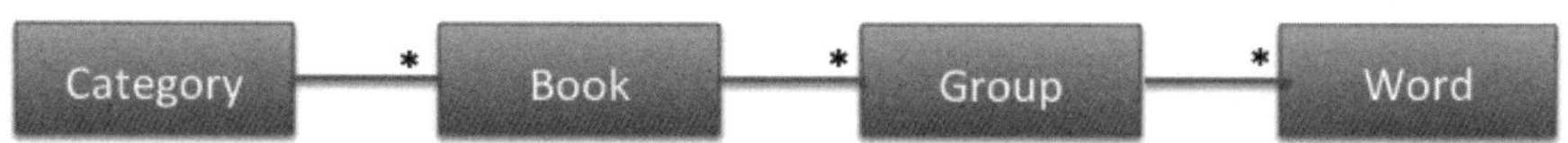


[그림 4-28] 단어장 파일의 요소 속성

[그림 4-28]과 같이 단어 파일은 크게 Category, Book, Group, Word 등 4개 부분으로 나눌 수 있다. Category는 여러 Book을 가지고 있고, Book은 다수의 Group를 가질수 있다. 마지막으로 Group은 여러 Word가 속한다. 단어장은 Category를 중심으로 간단한 계층 구조를 이루고 있다. 이러한 구조의 파일을 어떻게 읽어서 사용할 수 있을까? XML, JSON, plist 형태로 단어장 파일을 읽어들이는 방법을 지금부터 살펴보자.

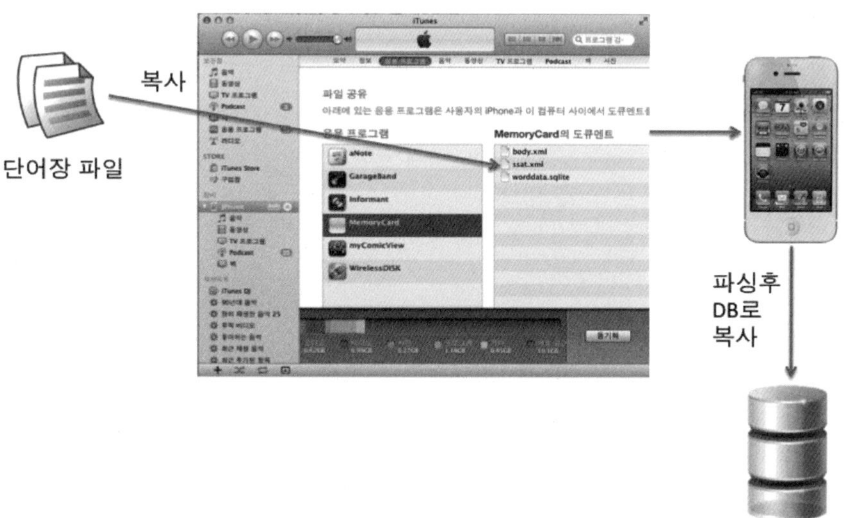


[그림 4-29] 단어장을 추가할 때의 데이터 흐름도

우선, [그림 4-29]처럼 단어장 파일을 아이튠즈에 복사한다. 아이튠즈의 애플리케이션 항목에 있는 파일 공유 기능을 이용하면 특정 파일을 해당 애플리케이션의 Documents 폴더에 복사할 수 있다. 이 기능은 아이폰에 데이터를 넣어야 하는 동영상 플레이어 앱이나 음악 앱 혹은 USB 앱 같은 경우 유용하게 사용된다. 이 기능을 애플리케이션에서 사용하기 위해서는 info.plist 파일을 수정해야 한다. Xcode 4.0 이상에서는 프로젝트 속성 중에 [그림 4-30]과 같이 Info 파일을 수정할 수 있는 화면을 제공한다.

| Summary | **Info** | Build Settings | Build Phases | Build Rules |
| --- | --- | --- | --- | --- |

▼ **Custom iOS Target Properties**

| Key | Type | Value |
| --- | --- | --- |
| Bundle versions string, short | String | 1.0 |
| Bundle identifier | String | com.jinni.${PRODUCT_NAME:rfc103 |
| InfoDictionary version | String | 6.0 |
| Bundle version | String | 1.0 |
| Application supports iTunes file sharing | Boolean | YES |
| Executable file | String | ${EXECUTABLE_NAME} |
| Application requires iPhone environment | Boolean | YES |
| ▶ Supported interface orientations | Array | (3 items) |
| Bundle display name | String | ${PRODUCT_NAME} |
| Bundle creator OS Type code | String | ???? |
| Icon file | String | |
| Bundle OS Type code | String | APPL |
| Main nib file base name | String | MainWindow |
| Localization native development region | String | en |
| Bundle name | String | ${PRODUCT_NAME} |

[그림 4-30] 프로젝트의 info 항목

[그림 4-30]과 같이 다음 항목을 추가한다.

```
Application supports iTunes file sharing : YES
```

항목 하나를 선택하고 마우스 오른쪽 버튼을 클릭한 후 컨텍스트 메뉴에서 Add Row를 선택하면 된다. 이렇게 설정을 마치고 빌드를 하면 단어장 앱의 파일 공유 기능이 활성화된다. 이제부터 앱에 파일을 복사할 수 있게 되었다. 샘플 코드의 example 폴더에 예제 파일들이 있으니 앱을 빌드하고 파일 공유를 이용해 파일을 복사해보자.

파일을 아이튠즈를 통해서 복사를 하면 기기의 Documents 폴더에 복사가 된다. 이렇게 복사된 파일을 검색하는 코드부터 만들어보자.

LoadWordBookViewController는 추가할 단어장을 선택하는 화면이다. 이 화면에서는 Documents 폴더에서 단어장 파일을 보여주고 내부 DB에 데이터를 갱신시키는 일을 처리한다.

```objc
 1 : - (void) updateLoadableFiles
 2 : {
 3 :  NSFileManager *fileManager = [NSFileManager defaultManager];
 4 :
 5 :     // Documents 폴더 경로 찾기
 6 :     NSURL *document = [[[NSFileManager defaultManager]
 7 :                 URLsForDirectory:NSDocumentDirectory
 8 :                 inDomains:NSUserDomainMask] lastObject];
 9 :
10 :     // Documents 폴더의 파일 목록을 얻는다.
11 :     NSArray *tempArray = [fileManager
12 :             contentsOfDirectoryAtURL:document
13 :             includingPropertiesForKeys:nil
14 :             options:NSDirectoryEnumerationSkipsHiddenFiles
15 :             error:NULL];
16 :
17 :     // 로드할 수 있는 파일만 필터링 한다.
18 :     NSMutableArray *loadableFiles = [[NSMutableArray alloc]
initWithCapacity:tempArray.count];
19 :
20 :     NSArray *allowExts = [NSArray arrayWithObjects:@"xml",@"js
on",@"plist", nil];
21 :
22 :     // 확장자로 필터링
23 :     for( NSURL *url in tempArray )
24 :     {
25 :         if ( [allowExts containsObject:[url pathExtension]] )
26 :         {
27 :             [loadableFiles addObject:url];
28 :         }
29 :     }
30 :
31 :     self.filesInLocal = loadableFiles;
32 :     [loadableFiles release];
33 :
34 :     // 업데이트된 파일을 화면에 표시한다.
35 :  [self.tableView reloadData];
36 : }
```

iOS에서는 NSFileManager를 이용해 파일이나 디렉토리에 관련된 기능을 구현한
다. 6~8라인에서 폴더 내에 있는 파일을 검색하는 것도 그 중에 하나로 Documents
폴더의 경로를 찾아서 Documents 폴더 내에 있는 파일 중에서 확장자가 xml, json,

plist인 파일만 찾는다(20~29라인). 데이터가 모두 준비되었으면 32라인에서 화면을 갱신시킨다. 화면이 갱신되면 Documents 폴더에 있는 파일 중에서 단어장 파일이 보일 것이다. [그림 4-31]처럼 화면에 추가한 단어장이 보인다.

[그림 4-31] 추가한 단어장 목록

화면에 보이는 단어장을 선택하면 파일을 읽어 DB에 단어장을 추가하는 일을 처리해야 한다. 다음 코드를 보자.

**[소스 4-27] 테이블뷰에서 추가한 단어장을 선택 – LoadWordBookViewController.m**

```
 1 : - (void)tableView:(UITableView *)tableView didSelectRowAtIndex
Path:(NSIndexPath *)indexPath
 2 : {
 3 :     NSInteger section = indexPath.section;
 4 :
 5 :     NSURL *url = nil;
 6 :
 7 :     if (section == kSectionLocal)
 8 :     {
 9 :         url = [self.filesInLocal objectAtIndex:indexPath.row];
10 :     }
11 :
12 :     LoadingView *loadingView = [LoadingView loadingViewInView:
self.view];
13 :     dispatch_async(dispatch_get_global_queue(DISPATCH_QUEUE_
```

```
PRIORITY_DEFAULT, 0), ^{
14 :            WordLoader *wordLoader = [[WordLoader alloc] init];
15 :            [wordLoader loadContentsForURL:url];
16 :            [loadingView removeView];
17 :        });
18 :
19 : }
```

9라인에서 선택한 항목의 파일 경로를 구한다. 파일 작업은 시간이 많이 소요되는 작업이므로 사용자에게 작업 처리 중임을 알리는 로딩 화면을 12라인에서 표시한다. 실제로 데이터를 로드하는 WordLoader의 loadContentsForURL를 통해서 단어장을 추가한다(14라인). 모든 작업을 마치면, 16라인에서 로딩 화면을 제거한다. 13라인의 dispatch_async는 iOS4에서 추가된 GCD(Grand Central Dispatch) API이다. 간단히 스레드를 만드는 방법이라고 생각하면 된다. 14~16라인을 다른 스레드에서 실행되게 된다. 자세한 내용은 8장 피카사 뷰어 GCD 항목에서 다시 설명할 것이다. 여기서는 간단히 비동기 처리를 하는 방법이라도 알아두자.



```
 1 : // 주어진 URL의 단어를 DB에 넣기
 2 : - (void) loadContentsForURL:(NSURL*)url
 3 : {
 4 :     NSString *ext = [url pathExtension];
 5 :     if ([[ext lowercaseString] isEqualToString:@"xml"]) {
 6 :         [self loadXMLContentsForURL:url];
 7 :     } else if ([[ext lowercaseString]
isEqualToString:@"plist"]) {
 8 :         [self loadPlistContentsForURL:url];
 9 :     } else if ([[ext lowercaseString] isEqualToString:@"json"]) {
10 :         [self loadJSONContentsForURL:url];
11 :     }
12 : }
```

우리가 지원하고 있는 파일 형식은 JSON 방식과 XML 방식 그리고 plist 방식 총 3가지이다. plist 방식이 가장 쉽고, 일반적으로 사용하는 방식이므로 이 방식부터 만들어보자.

```objc
 1 : // plist 단어장 읽기
 2 : - (void) loadPlistContentsForURL:(NSURL*)url
 3 : {
 4 :     NSDictionary *dic = [NSDictionary dictionaryWithContentsOf
URL:url];
 5 :     NSLog(@"dic = %@", dic);
 6 :
 7 :     NSString *categoryTitle = [dic objectForKey:@"title"];
 8 :     for(NSDictionary *book in [dic objectForKey:@"books"])
 9 :     {
10 :         NSString *bookTitle = [book objectForKey:@"title"];
11 :
12 :         for (NSDictionary *group in [book objectForKey:@"groups"])
13 :         {
14 :             NSString *groupTitle = [group objectForKey:@"title"];
15 :
16 :             NSMutableArray *parsedWords = [[NSMutableArray
alloc] initWithCapacity:100];
17 :
18 :             for (NSDictionary *info in [group
objectForKey:@"words"])
19 :             {
20 :                 MCWord *word = [[MCWord alloc] init];
21 :
22 :                 word.level = [[info objectForKey:@"level"]
intValue];
23 :                 word.wordclass = [info objectForKey:@"wordclass"];
24 :                 word.meanning = [info objectForKey:@"meanning"];
25 :                 word.spelling = [info objectForKey:@"spelling"];
26 :                 word.example = [info objectForKey:@"example"];
27 :                 word.pronunciation = [info
objectForKey:@"pronunciation"];
28 :
29 :                 [parsedWords addObject:word];
30 :                 [word release];
31 :             }
32 :
33 :             MCWordDataDao *dao = [MCWordDataDao sharedDao];
34 :             [dao addWords:parsedWords group:groupTitle
book:bookTitle category:categoryTitle];
35 :
```

```
36 :            [parsedWords release];
37 :
38 :        }
39 :
40 :    }
41 : }
```

plist는 앞부분에서 설명했듯이 NSDictionary, NSArray, NSString, NSNumber
등 미리 정해진 클래스의 객체 정보를 저장하거나 읽을 때 사용하는 방식으로, 이들
클래스에 정의된 함수를 사용하면 된다.

Plist로 data를 쓸 때는 아래 두 개의 메소드 중 하나를 사용하면 된다.

▥ (BOOL)writeToFile:(NSString *)path atomically:(BOOL)flag

▥ (BOOL)writeToURL:(NSURL *)aURL atomically:(BOOL)flag

data를 읽을 때는 xxxxWithContentsOfURL:과 같은 메소드를 사용해서 plist 파
일을 읽을 수 있다. 4라인처럼 파일로부터 plist 파일을 읽어서 객체를 반환한다. 이
객체는 NSDictionary 객체이다. 이 객체로부터 category, book, group, word 정
보를 추출해서 34라인에서 DB에 저장하도록 되어 있다.

plist 형식은 애플의 OS X나 iOS에서 가장 일반적으로 사용하는 파일 형식으로 그 사
용 방법을 정확히 알아두면 상당히 유용하다.

**[소스 4-30] JSON 파일 단어장 추가 – WordLoader.m**

```
 1 : // JSON 단어장 읽기
 2 : - (void) loadJSONContentsForURL:(NSURL*)url
 3 : {
 4 :     SBJsonParser *parser = [[SBJsonParser alloc] init];
 5 :     NSDictionary *dic = [parser objectWithData:[NSData
dataWithContentsOfURL:url]];
 6 :     [parser release];
 7 :     NSString *categoryTitle = [dic objectForKey:@"title"];
 8 :     for(NSDictionary *book in [dic objectForKey:@"books"])
 9 :     {
10 :         NSString *bookTitle = [book objectForKey:@"title"];
11 :
12 :         for (NSDictionary *group in [book objectForKey:@"groups"])
13 :         {
```

```
14 :                    NSString *groupTitle = [group objectForKey:@"title"];
15 :
16 :                    NSMutableArray *parsedWords = [[NSMutableArray
alloc] initWithCapacity:100];
17 :
18 :                    for (NSDictionary *info in [group
objectForKey:@"words"])
19 :                    {
20 :                        MCWord *word = [[MCWord alloc] init];
21 :
22 :                        word.level = [[info objectForKey:@"level"]
intValue];
23 :                        word.wordclass = [info objectForKey:@"wordclass"];
24 :                        word.meanning = [info objectForKey:@"meanning"];
25 :                        word.spelling = [info objectForKey:@"spelling"];
26 :                        word.example = [info objectForKey:@"example"];
27 :                        word.pronunciation = [info objectForKey:
@"pronunciation"];
28 :
29 :                        [parsedWords addObject:word];
30 :                        [word release];
31 :                    }
32 :
33 :                    MCWordDataDao *dao = [MCWordDataDao sharedDao];
34 :                    [dao addWords:parsedWords group:groupTitle
book:bookTitle category:categoryTitle];
35 :
36 :                    [parsedWords release];
37 :
38 :            }
39 :
40 :        }
41 : }
```

JSON 파일로 된 단어장을 읽어보자. 소스를 보면, 앞서 설명한 plist 파일의 단어장을 읽을 때와 크게 다른 점이 없다는 것을 알 수 있다. 단지 JSON 파일을 객체화하는 부분만이 다를 뿐이다(4~6라인). JSON은 iOS5 SDK에서나 직접 JSON을 사용할 수 있지만, 이전 SDK에서는 따로 라이브러리를 추가해야 한다. 라이브러리는 아래 주소에 있다.

▥ https://github.com/stig/json-framework

git을 사용하거나 zip 파일 형태를 받아서 JSON 파싱에 필요한 파일만 프로젝터에 추가로 포함시키면 된다.

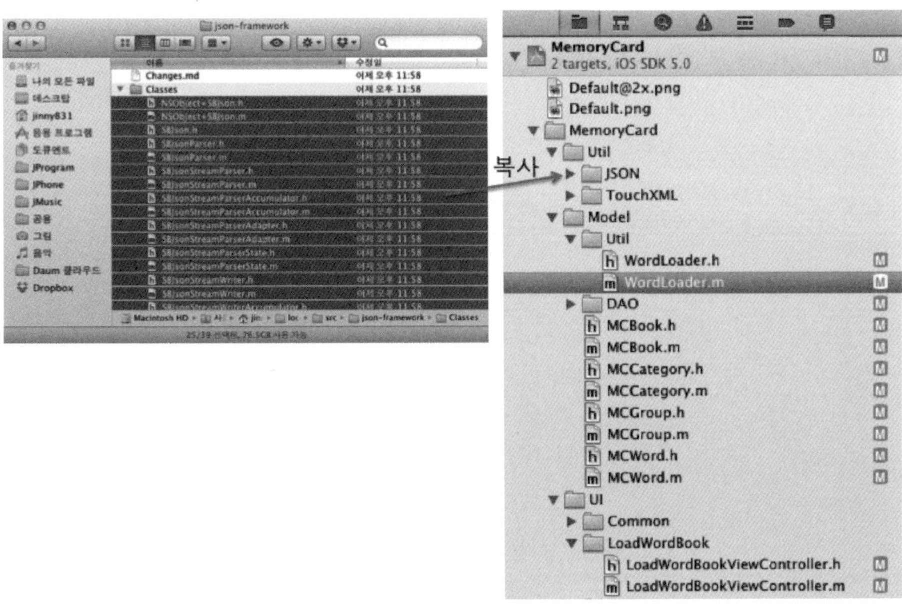


[그림 4-32] JSON 소스를 복사

위 그림처럼 JSON 소스에서 Classes 폴더 밑의 소스를 MemoryCard 프로젝트로 복사하자. 라이브러리 파일(*.a)을 별도로 추가하지 않고, 소스 코드를 직접 포함시켜서 빌드시키는 방법이 자주 사용된다.

JSON 라이브러리를 사용하기 위해서 헤더를 추가한다.

```
#import "SBJsonParser.h"
```

5라인에서 JSON 파서를 이용해 객체를 만들면, 이후 처리 과정은 plist를 이용한 방식과 동일하다.

마지막으로 XML 방식을 구현해보자. 앞에서도 설명했지만 XML을 사용하는 방법은 plist, JSON 방식에 비해서 조금 불편하다. 다음 코드를 살펴보면서 알아보도록 하자.



```
1 : // xml 단어장 읽기
2 : - (void) loadXMLContentsForURL:(NSURL*)url
3 : {
4 :     // xml load
```

```objectivec
 5 :     CXMLDocument *wordParser = [[CXMLDocument alloc]
initWithContentsOfURL:url options:0 error:NULL];
 6 :
 7 :     // group으로 검색을 해서 필요한 정보를 추출하자.
 8 :     NSArray *groupNodes = [wordParser nodesForXPath:@"//group"
error:nil];
 9 :
10 :     for (CXMLElement *groupNode in groupNodes)
11 :     {
12 :         NSString *groupTitle = [[groupNode nodeForXPath:
@"title" error:nil] stringValue];
13 :         NSString *bookTitle = [[groupNode nodeForXPath:@"../../
title" error:nil]stringValue];
14 :         NSString *categoryTitle = [[groupNode nodeForXPath:
@"../../../../title" error:nil] stringValue];
15 :
16 :         NSArray *wordNodes = [groupNode nodesForXPath:@"words/
word" error:nil];
17 :
18 :         NSMutableArray *parsedWords =
[[NSMutableArray alloc] initWithCapacity:wordNodes.count];
19 :         for (CXMLElement *wordNode in wordNodes)
20 :         {
21 :             MCWord *word = [[MCWord alloc] init];
22 :
23 :             word.level = [[[wordNode nodeForXPath:@"level"
error:nil] stringValue] intValue];
24 :             word.wordclass = [[wordNode
nodeForXPath:@"wordclass" error:nil] stringValue];
25 :             word.meanning = [[wordNode nodeForXPath:@"meanning"
error:nil] stringValue];
26 :             word.spelling = [[wordNode nodeForXPath:@"spelling"
error:nil] stringValue];
27 :             word.example = [[wordNode nodeForXPath:@"example"
error:nil] stringValue];
28 :             word.pronunciation = [[wordNode nodeForXPath:
@"pronunciation" error:nil] stringValue];
29 :
30 :             [parsedWords addObject:word];
31 :             [word release];
32 :         }
33 :
```

```
34 :            MCWordDataDao *dao = [MCWordDataDao sharedDao];
35 :            [dao addWords:parsedWords group:groupTitle
book:bookTitle category:categoryTitle];
36 :
37 :            [parsedWords release];
38 :        }
39 : }
```

XML을 사용하기 위해서는 우선, XML 라이브러리를 추가해야 한다. XML 라이브러리는 보통 DOM과 SAX 방식으로 구분된다. DOM은 XML 데이터를 생성, 수정, 삭제, 검색하는 기능을 제공하지만 상대적으로 메모리 사용량이 많고, 검색 속도가 느린 문제가 있다. SAX 방식은 데이터 검색 전용 라이브러리로 빠른 검색 기능을 제공한다. SAX 방식은 XML 문서를 처음부터 분석해서 필요한 부분을 핸들러에 별도로 등록해 처리하는 방식이다. SAX 방식은 DOM 방식에 비해 속도가 빠르고, 메모리 사용량이 적어 모바일 환경에 적당하다. iOS SDK는 SAX 방식 라이브러리만 제공하기 때문에 DOM 방식의 XML을 사용하기 위해서는 별도의 외부 라이브러리를 사용해야 한다. 대표적인 iOS용 DOM 라이브러리로 TouchXML이 있다. 이 라이브러리는 다음 링크에서 다운받을 수 있다.

▥ https://github.com/TouchCode/TouchXML

TouchXML 역시 필요한 소스를 프로젝트로 복사하는 것이 편리하다.

[그림 4-32]처럼 TouchXML 소스를 추가한다. TouchXML는 libxml2를 사용하고 있기 때문에 libxml2과 관련된 헤더(header)와 라이브러리 경로(library path)를 잡아 주어야 한다. Build Setting에 다음 값을 설정하자.

▥ **Header path** : /usr/include/libxml2

▥ **Library** : libxml2

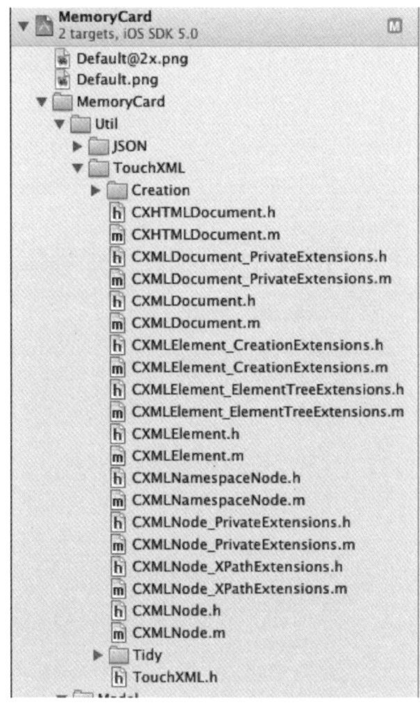



[그림 4-33] TouchXML를 프로젝트에 추가

DOM 방식의 XML을 사용하기 위해서는 우선, 5라인처럼 XML Document 객체를 만들어야 한다. 이제 원하는 데이터를 XPATH로 찾고 단어 그룹을 중심으로 필요한 데이터를 찾아서 DB에 35라인처럼 저장한다. XPATH는 XML의 특정 노드를 검색하는 방식을 정의한 표준으로 XML 트리에서 원하는 node를 xpath 표현식으로 찾을 수 있다.

## 마무리

우리는 지금까지 단어장을 만들면서 UITableView을 이용해 접기가 가능한 테이블을 만들었다. 또한 단어장에 사용될 데이터를 인터넷 혹은 파일 형태로 앱에 전송한 후 파일을 분석해 단어장에 추가하는 기능을 구현해 보았다. 그리고 SQLite를 활용하는 방법에 대해서도 알아보았다.

데이터를 저장하는 방식으로 이번 장에서 소개하지 않은 Core Data를 활용하는 방법이 있다. Core Data를 사용하면, SQL문을 사용하지 않고 SQL보다 빠른 결과물을 만들어낼 수 있다. Core Data를 학습해 개발에 사용하기가 쉽지 많은 않지만 아이폰 고급 개발자로 성장하기 위해서는 반드시 거쳐야 되는 부분이다. 또 다른 부분으로 iCloud를 활용하는 방법이 있다. iCloud를 사용하면 데이터를 파일에 담지 않고 클라우드 서버에 저장할 수 있다. Core Data와 iCloud를 이용해 기능을 추가하는 것은 여러분들이 시도해보길 바란다.

# 아이폰과 안드로이드 비교

아이폰과 안드로이드 폰에 대한 차이점에 대해 알아보자.

## 앱스토어 운영 방식

프로그램이 유통되는 앱스토어 운영 방식에 있어 아이폰과 안드로이드는 결정적인 차이가 있다. 애플의 앱스토어는 애플이 주도권을 갖고 있는 유일한 마켓이다. 즉, iOS를 이용하는 모든 사용자는 애플 앱스토어에 계정을 갖고 있어야 하며, 애플이 원하는 형태로 결제를 해야 한다. 또한 이 앱스토어에 자신의 제품을 등록한 개발자들은 수익의 30%를 애플에 지불해야 한다. 이에 반해 구글이 주도하는 안드로이드 플랫폼은 구글 Play 스토어 이외에도 수많은 앱스토어가 존재한다. 통신사 주도의 앱스토어나 아마존 같은 유통사 중심의 앱스토어도 존재한다. 각각의 앱스토어 운영방식은 애플과 달리 통일성이 없다.

## 하드웨어 다양성

iOS와 안드로이드의 가장 큰 특징은 하드웨어의 다양성에서 찾을 수 있다. iOS는 소수의 애플 생산 제품에서만 작동한다. 아무리 돈과 기술력이 있어도 아이폰은 애플 이외의 업체에서는 만들 수 없다. 현재 애플이 올리고 있는 주요 수입원은 자사 하드웨어를 판매해 벌어들이는 수입이다. 아직까지 앱스토어를 통해 유통되는 앱을 통해 얻는 수입은 미미한 수준이다.

이에 반해 안드로이드는 구글이 공개한 코드를 전세계 어떤 제조사도 만들 수 있다. 따라서, 다양한 종류의 안드로이드 응용 기기가 시장에 쏟아져 나오고 있다. 앱 개발자 입장에서 아이폰은 소수의 기기에 국한해 개발하면 되고, 이렇게 만들어진 앱의 실행은 애플에서 전적으로 책임지는 구조이다. 안드로이드 앱 개발은 수많은 파편화로 인해, 최종 기기에서 안드로이드 앱이 실행되는 책임은 안드로이드 개발자가 가져가야 한다. 이로 인해 안드로이드는 프로그램 개발비보다 호환성 및 패치에 더 많은 개발비가 소요될 수 있다.

## 사용자들의 성향

아이폰 구매자들은 상대적으로 유료 앱 구매에 너그럽다. 애플이 만들어놓은 고급 브랜드를 공유할 수 있다는 것에 상당한 자부심을 갖고 있다. 그래서 앱스토어나 아이튠즈 컨텐츠에 대해 쉽게 자신의 지갑을 연다. 그렇지만 안드로이드 사용자들은 유료 앱 구매에 지독하게 인색하다. 따라서 앱 개발자들은 아이폰의 경우 유료로 프로그램을 판매해 수익을 올리면서 제품 자체의 경쟁력 향상에 집중한다. 이에 반해 안드로이드 앱은 무료로 프로그램을 배포하며, 무료 광고를 통해 수익을 보충하려고 시도한다. 이런 이유로 안드로이드 앱은 프로그램의 완성도가 아이폰에 비해 상대적으로 떨어지는 문제점이 있다.

# Chapter 05

# QR 리더와 생성기

이번장에서는 어느샌가 우리 생활에서 흔히 접할 수 있게 된 QR 코드에 대해 알아보고, 이를 인식하고 생성하는 프로그램을 직접 만들어본다. QR의 원리와 오픈 소스 라이브러리를 활용하는 방법 그리고 카메라를 제어해, 실제로 사용 가능한 QR 제어 프로그램을 작성해보자.

- 앱 주소 : http://itunes.apple.com/us/app/
  myqrcode/id528231343?l=ko&ls=1&mt=8
- 앱 이름 : myQRCode

- QR 개념 이해하기
- QR 리더기 작성
- QR 생성기 작성

iOS에서 동작하는 나만의 QR 제어 프로그램을 만들어보자.



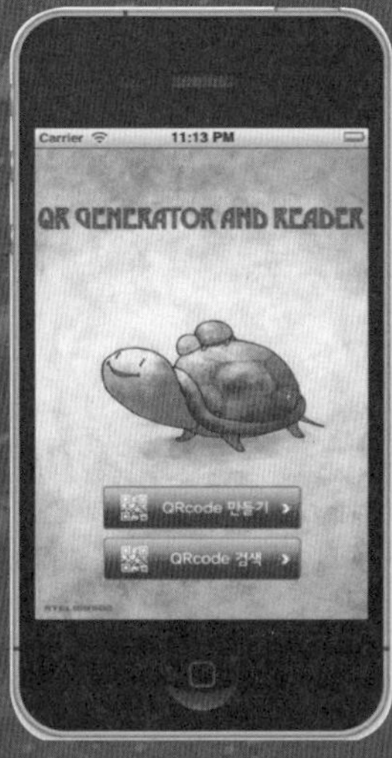

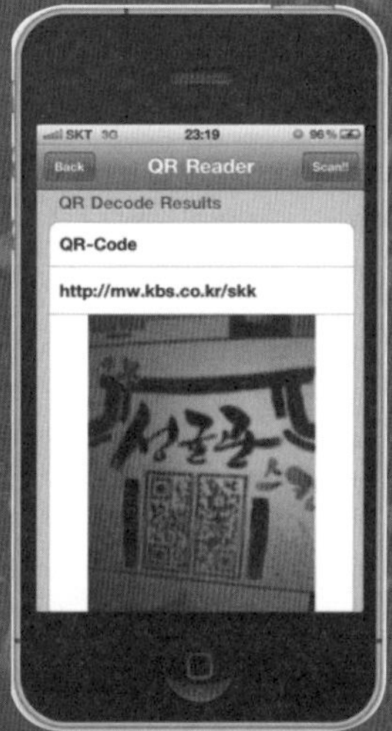




1. QR 및 바코드 인식 프로그램 작동 원리를 파악한다.

2. QR 제어 오픈 소스 라이브러리 사용 방법을 학습한다.

3. iOS 디바이스의 카메라 제어 사용 방법을 익힌다.

4. 커스텀 UI 구현 방법을 공부한다.

# 01

# 무한 가능성을 지닌 정사각형 세상

## 1.1 QR 코드란

우리 주변을 잠시 살펴보면, 버스나 지하철의 각종 광고판부터 생활 공간 곳곳에 정사각형 모양의 불규칙한 마크를 상당히 자주 볼 수 있다. 흑백의 색상으로 되어 있으며 격자무늬 패턴을 가지고 있는 특수 기호 같기도 한 이 마크를 우리는 "QR 코드"라 부른다.

그럼 QR 코드가 무엇인지에 대해서 잠시 알아보자. QR 코드는 "Quick Response Code" 즉, 빠른 반응 코드의 약자로 일본 덴소웨이브(Denso Wave)에 의해 1994년 만들어져 사용되기 시작한 2차원 코드 시스템이다. QR은 원저작권자인 덴소웨이브사가 대중적 사용을 위해 특허권을 공개한 이후 최근 2~3년 사이 스마트폰의 확산과 더불어 QR 코드는 우리 주변에 급속히 보급되었다. 그렇다면 QR 코드는 어떻게 생겼고 기존의 바코드와는 무엇이 다를까?

[그림 5-1] QR 코드 vs 바코드(출처 덴소웨이브 QR 코드 페이지)

QR 코드는 사각형 모형 안에 2차원 정보를 표시한 마크가 들어있다. 이에 비해 바코드는 두께가 다른 선의 연속된 배열 형태로 구성되어 있다. QR 코드는 기존 바코드 방식에 비해 대용량, 고밀도 및 오류 정정 기능을 갖추고 있다. 바코드는 한 방향으로만 데이터를 저장하는 반면, OR 코드는 수직 및 수평 방향으로 정보를 저장할 수 있기 때문에 대용량 데이터를 저장할 수 있다.

| 데이터 타입 | 저장 가능 데이터 크기 |
| --- | --- |
| 숫자 | 숫자 데이터는 최대 7,089자, 숫자 혼용은 최대 4,296자 |
| 이진 데이터(8비트) | 최대 2,953바이트 |
| 한자, 한글(16비트) | 최대 1,817자 |

QR 코드는 동일 정보를 저장하는 바코드에 비해, 10분의 1 정도의 크기로 데이터를 저장할 수 있으며, 한글이나 한자 같은 2바이트 체계 문자도 효율적으로 표현할 수 있다. 또한 오류 정정 기능을 갖고 있어서 QR 코드의 일부가 훼손되어도 데이터를 복구할 수 있다. 이외에도 360도 어느 방향에서나 읽을 수 있는 장점과 여러 QR 코드를 연결해 대용량 데이터를 표현할 수도 있다.

## 1.2 QR 코드 마케팅 사례

2010년 이후 기업에서 QR 코드를 활용한 다양한 마케팅 활동이 급격히 증가했다. 지하철에서 쉽게 접할 수 있는 무가지 신문을 보면 수십 개의 QR 코드가 인쇄되어 있는 모습을 쉽게 접할 수 있다. 다음은 QR 코드를 사용한 다양한 마케팅 사례들이다.

[그림 5-2] QR 코드 마케팅 사례

QR 코드가 가장 활발하게 적용되는 분야는 제품 광고 분야이다. QR 코드의 최대 장점인 대규모 데이터 저장 능력을 활용해 제품이 표현하고자 하는 다양한 부가 정보를 QR 코드에 넣어 제품을 보다 효율적으로 광고하려는 시도가 많아지고 있다. 제품 광고에서 일반적인 QR 코드 활용 방법은 제품에 대한 상세한 소개를 담은 URL 주소를 QR에 넣어 놓는 방식이다. 또한 최근 젊은 직장인들을 중심으로 자신의 명함에 QR 코드를 넣는 경우가 늘어나고 있다. 즉, QR은 기존 바코드가 담당했던 기능 이외에 다양한 영역에 활용되고 있다.

## 1.3 QR 코드 모바일 애플리케이션 사례

최근 QR 코드의 급속한 보급과 사용이 일어나게 된 배경은 QR 코드를 처리하는 모바일 애플리케이션의 영향이 크다. 카메라가 장착된 스마트폰에 QR 코드 애플리케이션을 설치하면, 언제 어디서나 쉽게 QR 코드를 읽거나 생성할 수 있기 때문이다. 이번 장에서 우리가 만들어 볼 QR 코드 리더기 & 생성기와 유사한 기능을 갖춘 모바일 애플리케이션에 대해 알아보자. 다음은 앱스토어에 등록된 QR 코드 애플리케이션 중에 많이 사용되는 것들이다.

|||| 바코드 QR 코드 – Daum 쿠루쿠루(QRooQRoo)

|||| Eggmon |||| QR 코드 리더 Scanny

|||| 바코드 스캐너 |||| 네이버 등의 포털 사이트

[그림 5-3] QR 모바일 애플리케이션

QR 모바일 애플리케이션들의 주요 기능을 살펴보면 다음과 같다.

||||| QR 코드/바코드 검색 기능을 지원한다.

||||| 검색한 기록들을 저장한다.

||||| QR 코드 생성 기능을 지원한다.

||||| 검색된 Link주소(URL 주소)로 이동하여 정보를 제공한다.

||||| 생성된 QR 코드를 앨범에 저장한다.

||||| 생성된 QR 코드를 메일, 트위터, 페이스북에 공유한다.

위에서 설명한 QR 애플리케이션들이 제공하는 모든 기능을 이번 장에서 구현하기는 힘들다. 대신 QR 애플리케이션이 갖추어야 할 핵심 기능을 어떻게 구상하고 어떻게 구현할지에 대해서 상세히 알아볼 것이다. 또한 추가로 기능을 어떻게 확장해 나갈지에 대해서도 살펴볼 것이다. 이번 장에서 우리가 구현해볼 QR 기능은 다음과 같다.

||||| QR 코드/바코드 검색 기능을 구현한다.

||||| QR 코드 생성 기능을 지원한다.

||||| 검색된 Link 주소(URL 주소)로 이동하는 기능을 제공한다.

||||| 생성된 QR 코드를 앨범에 저장한다.

## 02 QR 코드 애플리케이션 구상하기

QR 코드 애플리케이션을 어떻게 만들 것인지 기획해보자. 우리의 목표는 간단하지만 QR 처리에 필요한 기본 기능을 모두 갖춘 아이폰용 모바일 애플리케이션을 만드는 것이다. QR 코드/바코드 검색하기, 검색된 페이지로 이동하여 추가 정보 제공하기, QR 코드 생성하기, 생성된 코드를 앨범에 저장하는 기능을 어떻게 하면 구현할 수 있을까? 마인드 맵을 이용해 다음처럼 QR 애플리케이션에서 표현할 수 있는 기능들에 대하여 가능한 많이 정리해보자. 마인드 맵은 나무 뿌리가 뻗어 나가듯이 생각나는대로 기능들을 나열하면 된다.

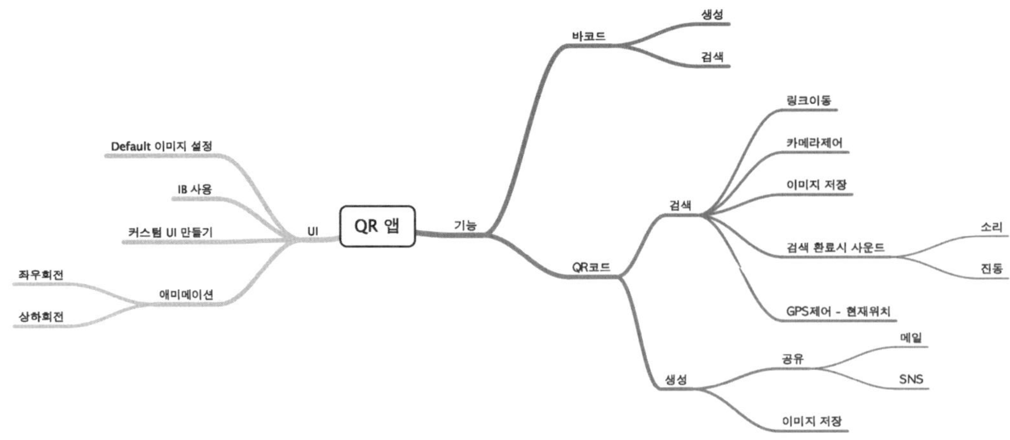


[그림 5-4] 마인드 맵을 이용한 QR 앱 주요 기능 정리

위 마인드 맵에서 우리 구현할 주요 기능은 QR 코드 검색 및 생성이다. 이외에 앱을 보다 화려하게 꾸미기 위해 애니메이션 효과와 커스텀 UI 기능을 추가해 볼 것이다. QR 코드 검색기의 기능은 카메라를 제어해 QR 코드를 읽어들이는 부분과 해당 QR 정보에 들어있는 링크를 처리하는 기능, 검색 기능 수행이 완료되면 소리와 진동으로 결과를 알려주는 기능 등이 포함된다. 이런 내용을 처리할 화면 디자인은 다음과 같다. 우선, QR 애플리케이션의 메인 화면은 QR 코드를 생성하는 기능과 검색하는 기능으로 분기하는 두 개의 버튼을 갖고 있어야 한다. QR 코드 생성 화면은 Link 정보(주로 인터넷 URL)를 바탕으로 이미지 파일을 만들어 낸다(그림 5-5, 5-6).

[그림 5-5] QR 메인 화면(a)/QR 생성 화면(b)

메인 화면에서 QR 검색 버튼을 클릭하면 [그림 5-6]과 같이 카메라뷰가 먼저 출력된 후 화면상의 QR 코드를 인식해 QR에 포함된 정보를 출력하는 기능을 수행한다.

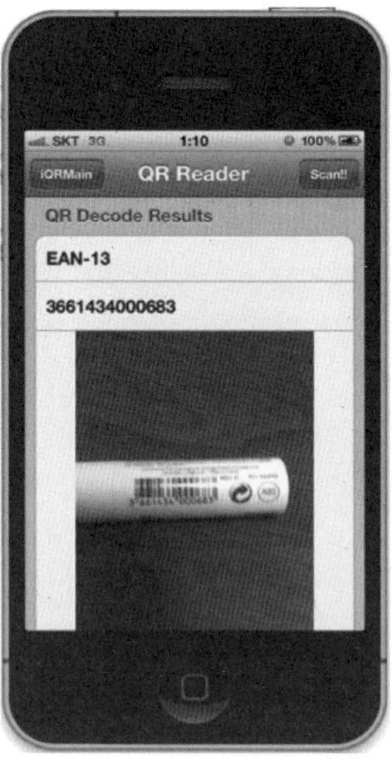

[그림 5-6] 카메라뷰/QR 검색 결과 화면

인식된 결과가 링크 주소일 경우, 해당 URL 링크를 클릭하면 특정 웹 사이트로 화면을 이동하는 기능을 갖고 있어야 한다. [그림 5-7]은 QR 코드에 www.apple.com 주소가 들어있고, 이를 선택하면 애플 사이트로 이동하는 모습을 보여준다.

[그림 5-7] QR 검색 결과 화면/검색된 링크로 이동 화면

우리가 만들 QR 앱은 다음과 같이 메인 메뉴 화면이 있고 메인 화면의 두 버튼을 선택
하면 QR 검색 화면과 QR 생성 화면으로 이동하도록 한다.

[그림 5-8] QR 앱의 화면 구성 흐름도

만약, QR 검색 화면에서 "Scan" 버튼을 누르면 카메라와 연동되고 스캔 결과를 보여
주는 화면이 추가로 생성되어야 한다. 그리고 QR 생성 화면에서는 생성하려는 QR 코
드의 내용을 입력하고 "Create" 버튼을 누르면 해당 내용이 포함된 QR 코드를 생성
하도록 하자.

애플리케이션을 구현하기 이전에 발사믹 같은 UI 스케치 툴을 이용해 화면을 미리 디
자인해보자.

 | 발사믹(Balsamiq Mockups) |

모바일 앱을 개발할 때 가장 중요하고 어려운 부분 중 하나가 바로 '화면 구성을 어떻게 하는가?' 라는 문제이다. 전통적인 화면 디자인 방법은 종이나 칠판에 그림을 그려 이용하는 방법인데, 이 방법은 여러 사람들과 정보를 주고 받는 공동 작업에는 적합하지 않은 경우가 많다. 이때, 발사믹 같은 툴을 사용하면 화면 구성에 대한 프로토 타입을 빠르게 만들어 볼 수 있으며, 쉽게 공유할 수 있고, 쉽게 자신의 아이디어를 반영해 볼 수도 있다. 발사믹 목업은 다음과 같이 다양한 오브젝트를 지원하며, 손으로 화면 UI를 그리는 것처럼 쉽고 빠르게 디자인을 할 수 있다.

▥ Balsamiq 링크 주소: http://www.balsamiq.com

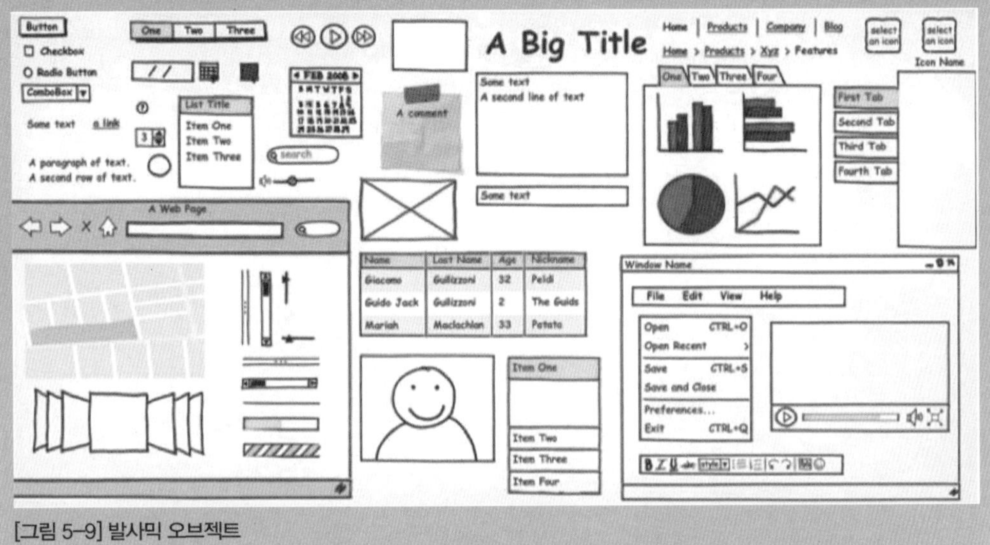

[그림 5-9] 발사믹 오브젝트

발사믹 사이트에서 실행 프로그램을 다운받아 설치하면 [그림 5-10]과 같은 화면이 뜬다. 상단에 존재하는 오브젝트들을 화면 가운데로 배치하면서 화면을 만들어가면 된다. 발사믹 툴은 가볍고, 직관적이며 화면 편집 툴에 필요한 대부분의 기능을 갖추고 있다. 이 프로그램은 7일 동안 무료로 사용 가능하고 그 후에는 라이센스를 구매해 사용할 수 있다. 발사믹은 플래쉬 기반으로 작성되어, 웹을 기반으로 한 협업에 유리하다.

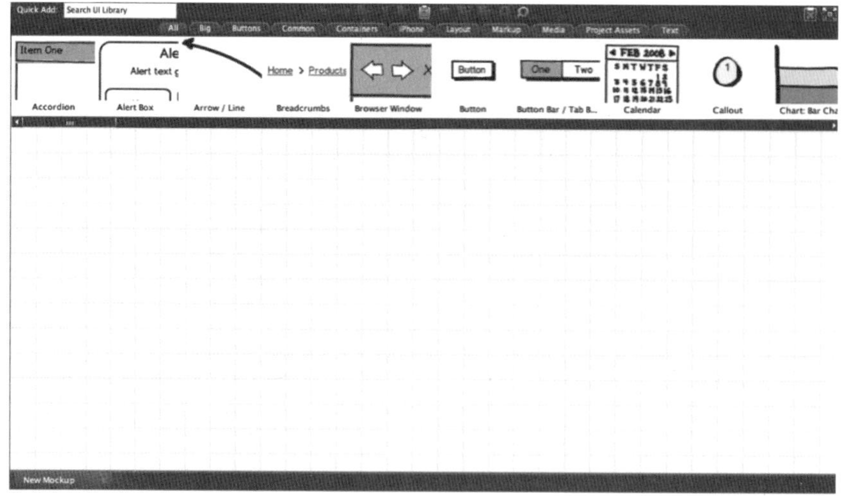

[그림 5-10] 발사믹 프로그램 실행 화면

[그림 5-11]은 발사믹을 이용하여 앱 화면을 미리 설계한 그림이다. 화면이 몇 가지 종류가 필요한지, 화면에서 버튼의 위치와 네비게이션 바는 존재하는지, 테이블 안에 컨텐츠는 무엇으로 가져갈 것인지 등 다양한 화면의 디자인을 미리 해볼 수 있다.

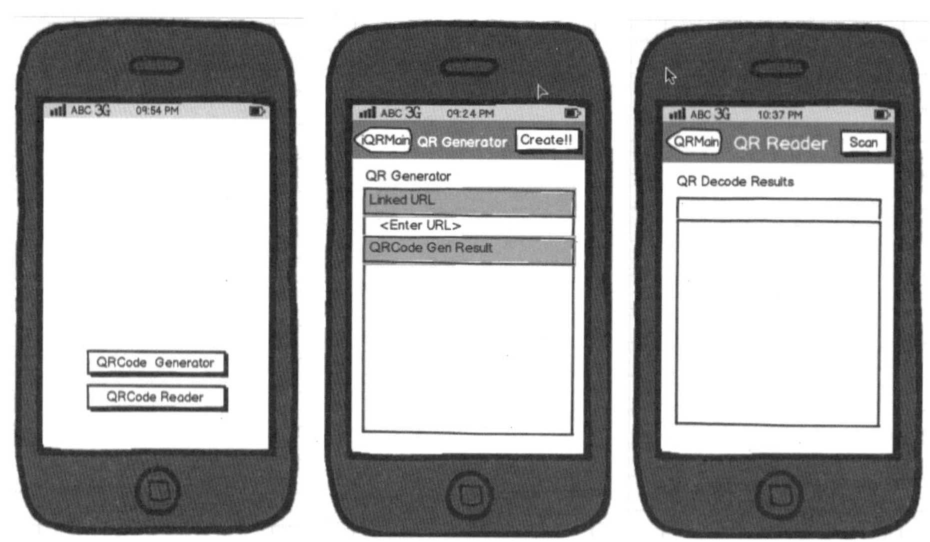


[그림 5-11] 발사믹으로 UI 화면 디자인 만들기

## 04 프로그램 설계하기

클래스 다이어그램을 이용해 QR 앱의 전체 구조를 설계해보자.

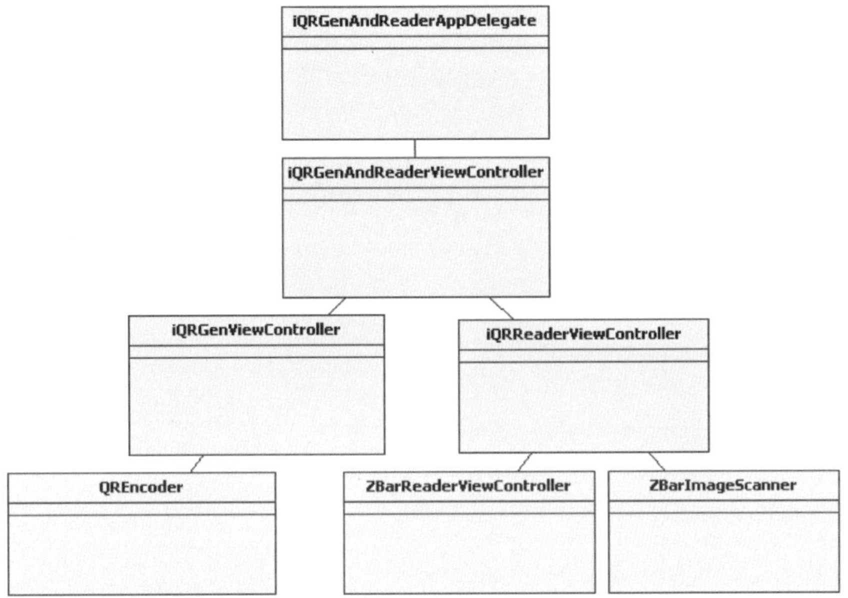


[그림 5-12] 클래스 다이어그램

[그림 5-12]는 QR 프로그램의 전체 클래스 구조를 보여주고 있다. 클래스 다이어그램을 보면 알겠지만 QR 앱은 상당히 간단하게 구성되어 있다. QR 앱의 목적은 QR 코드를 생성하고 주변에 있는 바코드와 QR 코드를 스캐닝하는 것이다. 따라서 두 기능을 선택함에 따라 보여지는 세부 화면이 있어야 한다. 메인 화면인 QRGenAndReaderViewController에서 기능 선택에 따라 QRGenViewController와 QRReaderViewController로 연결되도록 만들어야 한다.

여기서는 프로그램 전체 구조에 대한 간략한 개요만 짚고 넘어가자. 그렇지만 프로그램의 실제 구현 단계에서는 클래스 다이어그램에 클래스 안에 선언할 실제 메소드 이름 및 상호 클래스 간에 호출 관계, 내부 데이터 처리 등에 대한 상세한 내용이 추가되어야 한다.

## 5.1 Xcode를 실행하여 프로젝트 만들기

자! 이제부터 본격적으로 QR 코드 애플리케이션을 만들어보자. 우리가 작성할 QR 앱은 각 화면마다 "Back" 버튼과 "Action" 버튼이 있어 자유자재로 전후 화면을 이동할 수 있도록 디자인되어 있다. 이런 경우 사용되는 가장 대표적인 Xcode 템플릿은 기존의 Navigation-based Application 혹은 Xcode 4.2 부터 추가된 Master-Detail Application이다. 먼저, Xcode를 실행하고 메뉴에서 [File]-[New Project]를 선택한다.

---

**여기서 잠깐만** ▎Xcode 4.2와 SDK 5.0에서 변경된 점 ▎

Xcode 4.2에서는 프로젝트 기본 템플릿이 변경되었다. Master-Detail Application과 Page-Based Application이 새로 생기고 Navigation-based Application이 사라졌다. 가장 많이 사용하던 Navigation-based Application이 Master-Detail Application으로 변경되었다. Master-Detail Application 템플릿은 iPhone과 iPad를 각각 구분해 선택할 수 있으며, iPad일 경우에는 동시에 Split View도 제공되고 있다. 그리고 또 하나 주목할 점은 Page-based 템플릿이 추가된 점이다. 이 템플릿은 UIPageViewController라는 객체를 사용하는데, 이를 통해 애플 iBooks와 같은 페이지 넘김 효과를 쉽게 구현할 수 있게 되었다.

그리고 SDK 5.0에서는 XIB 대신 화면 UI 구성 방식이 한층 진보된 스토리보드를 방식을 제공한다. 기존에 화면 UI를 개발하려면, XIB의 각 화면을 이동하며 디자인을 구현해야 하는 불편함이 있었다. 이러한 불편함이 스토리보드 방식을 통해 크게 개선되었으며, 각 화면 간의 유기적인 구성 관계를 보다 직관적으로 파악할 수 있게 되었다.

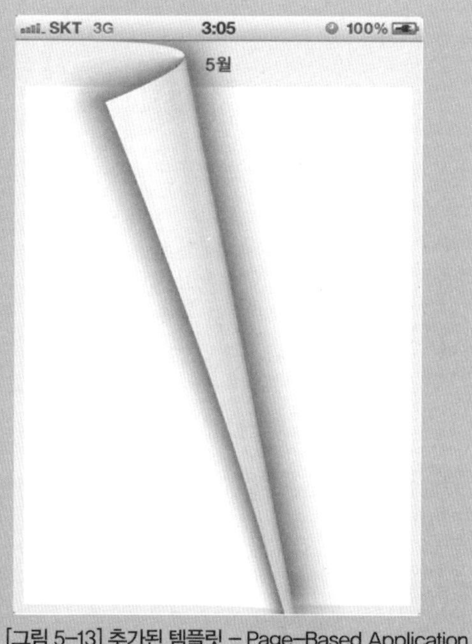

[그림 5-13] 추가된 템플릿 – Page-Based Application

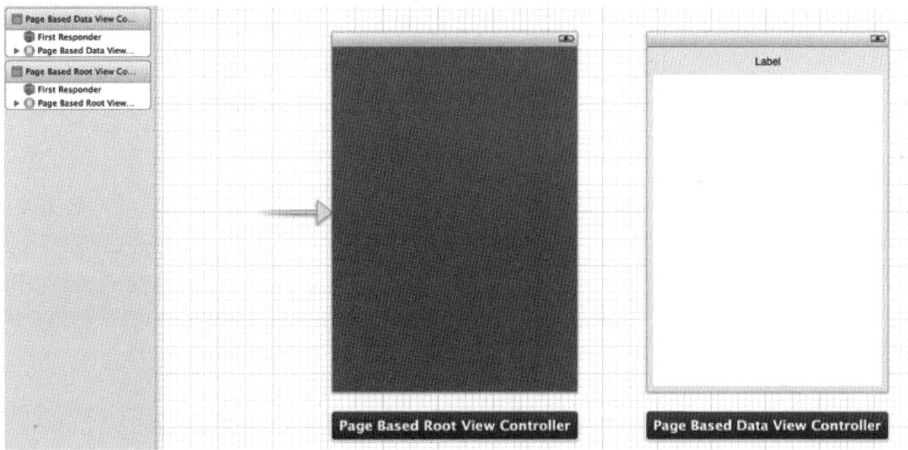


[그림 5-14] 스토리보드

템플릿에 있는 Navigation 템플릿을 선택하자. 만약 사용한 Xcode 버전이 Xcode 4.2 버전 이상이면 Navigation-based Application 템플릿을 대신할 Master-Detail Application 템플릿을 선택하자. 프로젝트 이름은 iQRGenAndReader라 하겠다. Xcode 4.2 이전 버전에서는 Navigation-based Application 템플릿을 선택해 프로젝트를 만들어보자.

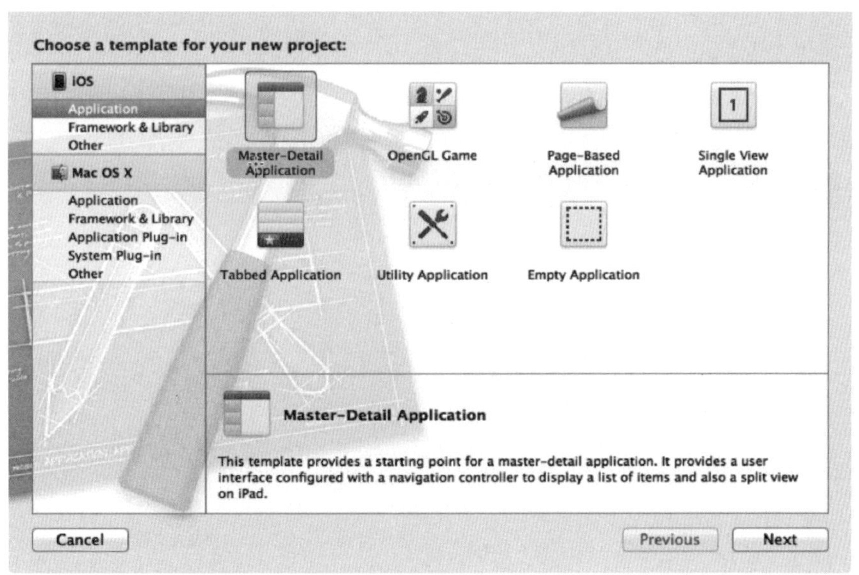


[그림 5-15] Xcode 템플릿- Master-Detail Application

Master-Detail Application 템플릿으로 프로젝트를 생성하면 QRGenReader AppDelegate와 QRGenReaderMasterViewContoller를 볼 수 있는데,

QRGenReaderMasterViewContoller.h 파일을 선택해보면 [소스 5-1]과 같이 기본적으로 UITableViewController를 상속하고 있는 것을 알 수 있다. 그렇지만 이 프로젝트에서는 UITableView를 사용하지 않고 UIView를 사용할 것이기 때문에 해당 내용을 삭제 및 수정해야 한다. Xcode가 만들어준 기본 템플릿 코드를 다음처럼 UITableViewController가 아닌 UIViewController를 상속받게 수정하자.



```
 1 :#import <UIKit/UIKit.h>
 2 :
 3 :@class QRGenAndReaderDetailViewController;
 4 :
 5 :/* Modified by cosmos in 20111014 */
 6 ://@interface QRGenAndReaderMasterViewController :
UITableViewController
 7 :@interface QRGenAndReaderMasterViewController : UIViewController
 8 :
 9 :@property (strong, nonatomic) QRGenAndReaderDetailViewController
*detailViewController;
10:
11:@end
```

QRGenReaderMasterViewContoller.m에서는 다음과 같이 TableView DataSource 부분과 Delegate 부분의 메소드를 모두 삭제한다.



```
 1 :// Customize the number of sections in the table view.
 2 :- (NSInteger)numberOfSectionsInTableView:(UITableView *)tableView
 3 :{
 4 :    return 1;
 5 :}
 6 :
 7 :- (NSInteger)tableView:(UITableView *)tableView numberOfRowsInSec
tion:(NSInteger)section
 8 :{
 9 :    return 1;
10:}
11:
12:// Customize the appearance of table view cells.
13:- (UITableViewCell *)tableView:(UITableView *)tableView cellForRo
wAtIndexPath:(NSIndexPath *)indexPath
14:{
```

```
15:  ...
16:}
17:
18:- (void)tableView:(UITableView *)tableView didSelectRowAtIndexPat
h:(NSIndexPath *)indexPath
19:{
20:  ...
21:}
```

그리고 인터페이스 빌더에서 UITableView를 제거하고 대신 UIView를 추가해주
자. 프로젝트 목록에서 iQRGenAndReaderMasterViewController.xib을 선택하
면 UITableView를 가진 iQRGenAndReaderMasterViewController 화면이 나타
난다. Objects 창 안에서 TableView를 선택한 다음 Delete 를 눌러 삭제하고 UIView를
Objects 안에 드래그인하여 추가하자.

(a)                                           (b)

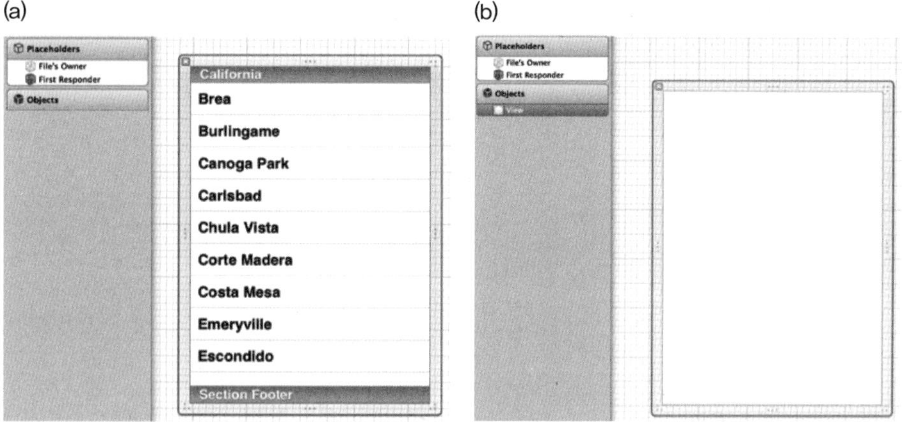

[그림 5-16] 인터페이스 메인 화면(a: 삭제할 뷰, b: 새롭게 UIView 추가)

이 상태에서 Xcode로 통합 개발 환경의 Run을 클릭해 프로그램을 실행해보자. 그
러면 View 화면이 정상적으로 출력되지 않을 것이다. 이유는 View를 추가한 이후에
UIViewController와 View를 연결하는 작업이 빠졌기 때문이다. Placeholders에서
File's Owner를 선택한 다음, 마우스 오른쪽 버튼을 클릭하면 File's Owner 창이 보
이며, 여기서 Outlets의 View를 새로 추가한 Objects의 View와 연결해 줘야 한다.
이제 정상적인 View 화면이 출력될 것이다. 인터페이스 빌더 내용을 저장한 다음에
Xcode에서 "Run" 버튼을 선택해 앱을 실행해보자.

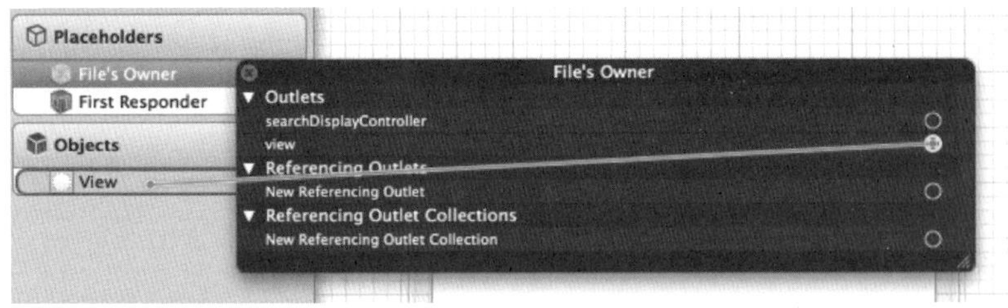

[그림 5-17] 인터페이스 연결 화면

세부 화면을 본격적으로 만들기 전에 우선, 두 가지 작업을 먼저 해야 한다. 전체 화면을 사용하기 위해 상단의 Master가 적힌 Status Bar를 제거하는 작업과 Navigation Bar를 제거하는 일이다. 우리는 Navigation View Controller가 제공하는 상단의 타이틀 바와 Back키를 사용하지 않고 커스텀 버튼을 만들어 사용할 것이다.

[그림 5-18] 앱 실행 화면

iQRGenAndReaderMasterViewController.m을 보면 viewDidAppear이라는 메소드가 있다. 이 메소드는 이름 뜻 그대로 앱이 실행되었을 때 보여주는 부분을 설정한다. 우리는 Navigation Bar를 숨기고 빈 화면을 사용할 예정이므로 다음과 같이 setNavigationBarHidden:animated:를 사용해 Hidden 여부를 결정한다. 여기서 Hidden 상태는 YES이다.

```objc
1:- (void)viewDidAppear:(BOOL)animated
2:{
3:    [super viewDidAppear:animated];
4:    [[self navigationController] setNavigationBarHidden:YES
animated:NO]; //Navigation Bar Hidden 여부
5:}
```

인터페이스 빌더 내용을 저장하고, Xcode의 Run을 다시 실행하면 [그림 5-19]처럼 Status Bar와 Navigation Bar가 없어진 화면이 출력된다.

[그림 5-19] Single View 화면

지금부터는 세부 화면을 작성해보자.

## 5.2 메인 메뉴 화면 만들기

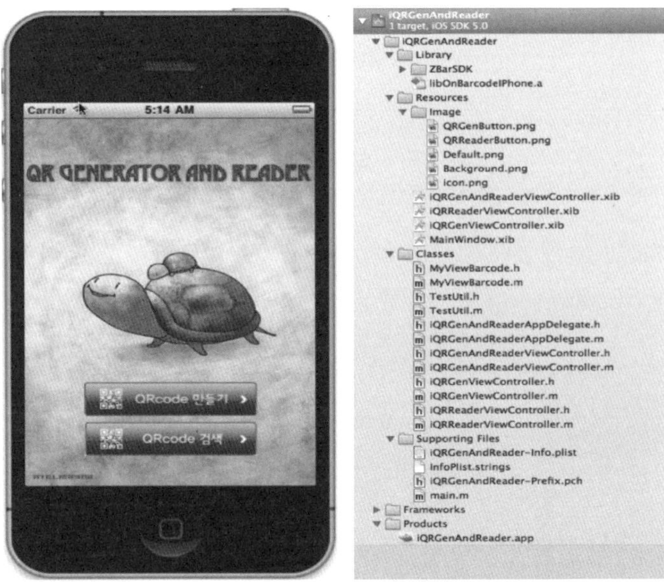

[그림 5-20] Main 화면 & 프로젝트 목록

메인 화면은 배경 화면과 두 개의 버튼으로 구성되어 있다. 배경 그림과 두 개의 버튼
은 PNG 이미지로 만들어진다. PNG 파일은 여백이 투명 처리되고 테두리가 없는 형
태로 저장되어 있다. 이들 이미지는 Resources 항목 아래에 image 그룹을 만들고 복
사해 넣어야 한다.

[그림 5-21] 메인 화면 UI 디자인

앞서, 발사믹으로 디자인한 UI를 바탕으로 메인 화면을 작성해보자. 메인 화면은 백그라운드 이미지를 갖고 있는 UIView와 2개의 UIButton이 필요하다. 먼저, UIView에 백그라운드 이미지를 넣어보자. Xcode 프로젝트 윈도우에서 iQRGenAndReaderViewController.xib 파일을 더블 클릭하여 인터페이스 빌더를 실행시키고, Library창의 Objects에서 UI 요소들을 끌어와 화면에 배치해보자. 우선, 배경이 되는 UIImageView를 끌어와 View 화면 전체를 덮는다. 그리고 오른쪽 상단의 Inspector 창의 Attributes 탭에서 배경 Image에 배경 이미지 파일인 Backgroung.png를 선택하면 아래처럼 UIImageView에 해당 이미지가 나타난다.

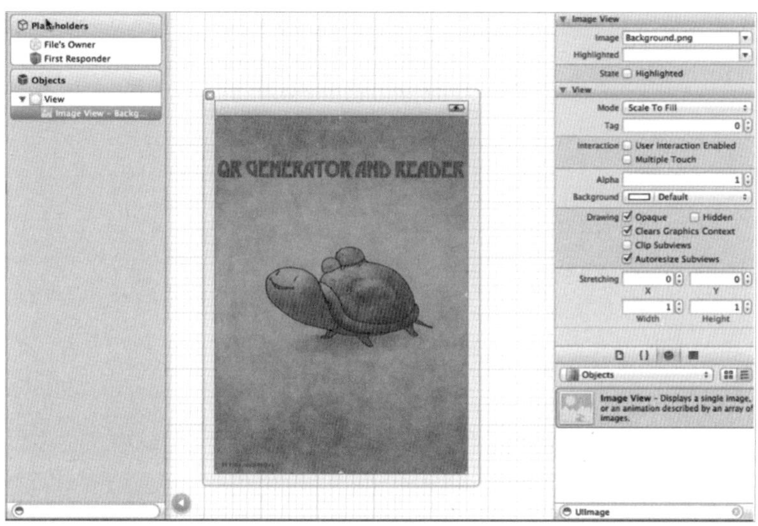

**[그림 5-22]** Main 화면 XIB 파일 구성

이제 메인 화면에 배경 화면을 넣었으니 메뉴 버튼을 배치해보자. 우리는 "QRCode 만들기" 버튼과 "QRCode 검색" 버튼을 만들 것이다. 버튼을 만드는 가장 쉬운 방법은 인터페이스 빌더에서 Objects 안에 있는 버튼을 끌어다 놓는 것이다. 그렇지만 여기서는 소스 코드를 사용해 버튼을 생성하는 방법을 사용할 것이다.

**[소스 5-4]** 메인 화면 – iQRGenAndReaderViewController.m

```objc
1 :- (void)viewDidLoad
2 :{
3 :        [super viewDidLoad];
4 :
5 :        // 버튼에 사용할 이미지를 읽어들인다
6 : UIImage *genImage = [UIImage imageNamed:@"QRGenButton.png"];
7 : UIImage *readerImage = [UIImage imageNamed:@"QRReaderButton.png"];
8 :
```

```
9 :     // 버튼 생성 : QR Code 만들기
10:     CGRect genBtnRect = CGRectMake(65.0f, 330.0f, 190.0f, 42.0f);
11:     UIButton *genBtn = [[UIButton alloc] initWithFrame:genBtnRect];
12:
13:         // 버튼 생성 : QR Code 검색
14:         CGRect readerBtnRect = CGRectMake(65.0f, 380.0f, 190.0f,
42.0f);
15:     UIButton *readerBtn = [[UIButton alloc] initWithFrame:readerBtnRect];
16:
17:     // 버튼의 배경 이미지 설정
18:     [genBtn setBackgroundImage:genImage
forState:UIControlStateNormal];
19:         [readerBtn setBackgroundImage:readerImage
forState:UIControlStateNormal];
20:     //[button setBackgroundImage:touchImage forState:UIControlState
Highlighted];
21:
22:         // 버튼 클릭시 action 설정
23:         [genBtn addTarget:self action:@selector(genClicked)
        forControlEvents:UIControlEventTouchUpInside];
24:         [readerBtn addTarget:self action:@selector(readerClicked)
forControlEvents:UIControlEventTouchDown];
25:
26:         // 버튼을 window에 붙인다
27:         [self.view addSubview:genBtn];
28:         [self.view addSubview:readerBtn];
29:
30:         [genBtn release];
31:         [readerBtn release];
32:         }
33:
34:- (void)viewDidUnload
35:     {
36:     [super viewDidUnload];
37:
38:     // Release any retained subviews of the main view.
39:     // e.g. self.myOutlet = nil;
40:
41:     self.qrGenViewController = nil;
42:     self.qrReaderViewController = nil;
43:     }
44:
45:#pragma mark Button Action
46:
47:- (void)genClicked
48:     {
```

```
49:    // Generator 버튼 클릭 이벤트 발생시 수행
50:    NSLog(@"genClicked");
51: }
52:
53:- (void)readerClicked
54: {
55:    // Reader 버튼 클릭 이벤트 발생시 수행
56:    NSLog(@"readerClicked");
57: }
```

iQRGenAndReaderViewController.m에서는 메인 화면 버튼을 인터페이스 빌더 대신 소스를 사용해 구현하였다. 버튼에 이미지를 입힐 것이기 때문에 우선, 생성 버튼 이미지와 검색 버튼 이미지를 UIImage로 2개 만들어보자. 작성한 UIImage를 가지고 10라인에서 생성할 버튼의 크기를 설정하고 18라인에서 UIImage를 입혀 버튼을 생성하면 된다.

이제 버튼을 만들었으면 버튼 클릭 이벤트에 해당하는 액션을 만들어보자. 23라인에서 "QR Code 만들기" 버튼을 누르면 QR Code Generator에 대한 상세 화면이 출력되어야 하며, 24라인 "QR Code 검색" 버튼을 누르면 QR Code Read에 대한 상세 화면으로 전환되어야 한다. 메소드 원형 (void)addTarget:(id)target action:(SEL) action forControlEvents:(UIControlEvents)controlEvents는 해당 이벤트가 발생할 때 액션과 타깃을 추가하는 메소드이다. 우리는 이 메소드를 사용하여 23라인 생성 버튼(genBtn)이 터치다운(UIControlEventTouchDown) 되었을 때 genClicked 메소드를 호출하게 하였다. 24라인 검색 버튼도 같은 방법으로 터치다운 되었을 때 readerClicked 메소드를 부른다.

각각의 버튼이 터치 다운됐을 때 제대로 된 액션을 취하는지 확인하기 위해 47라인 genClicked와 57라인 readerClicked 안에 로그 출력 코드를 추가해 프로그램 실행 후 해당 버튼을 눌렀을 때 Xcode 디버그창에 "genClicked"와 "readerClicked" 로그가 찍히는지 확인해보자. 정상적으로 로그가 출력되는지 확인했으면 이제 다음 단계로 넘어가자.

## 5.3 QR Generator 상세 화면 만들기

이제, 본격적으로 상세 화면을 만들어보자. 우선, 각각의 상세 페이지를 만들고 각 페이지를 연결해 주는 작업이 필요하다. "QR Code 만들기" 버튼을 눌렀을 때 나타나는 QR Code Generator 상세 화면을 만들기 위해 View Controller를 새로 추가하자.

메뉴에서 New File을 선택하고, UIViewController subclass를 선택하자. 이번에는
소스 코드 구현 방식 대신, 인터페이스 빌더를 사용하여 UI를 만들어 볼 것이다.

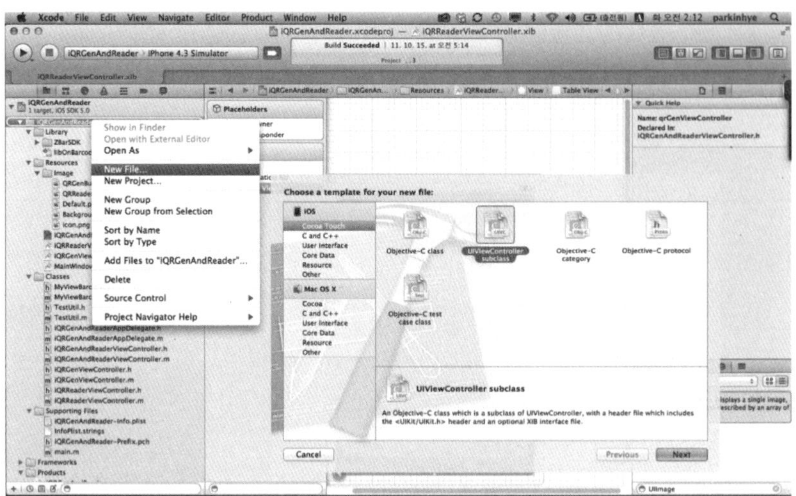

[그림 5-23] QR 앱 상세 화면 만들기 1

UIViewController subclass를 선택하고, Class 이름은 iQRGenViewController
로 지정하고 "With Xib for user interface"를 선택한 후 파일을 생성한다.

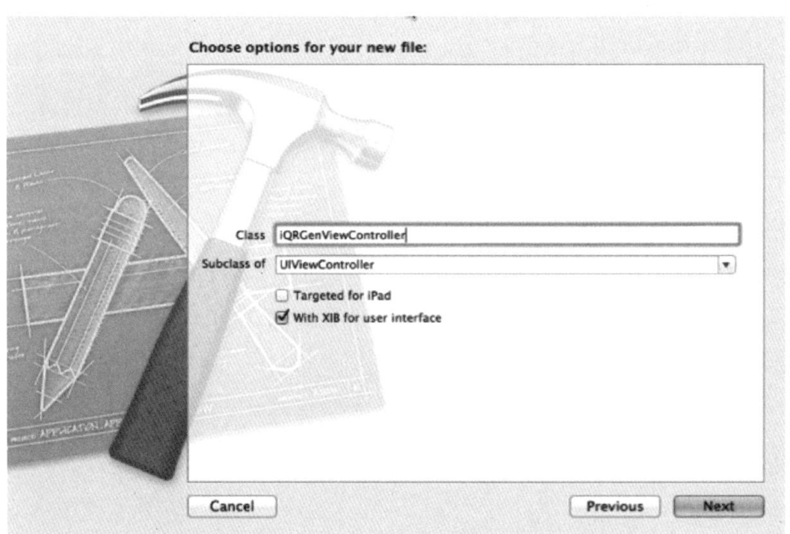

[그림 5-24] QR 상세 화면 만들기 2

프로젝트 트리를 보면 UI 파일 iQRGenViewController.xib과 소스 파일
iQRGenViewController.h, iQRGenViewController.m이 생성된 것을 확인할 수
있다.

[그림 5-25] QR 생성 화면과 프로젝트 트리

메인 화면과 같이 앞에서 발사믹으로 디자인한 UI 화면을 토대로 QR 상세 화면을 구성해보자. 이 화면은 네비게이션 바와 2개의 버튼 그리고 테이블뷰로 구성되어 있다. 테이블뷰는 Group 스타일로 만들 것이고 테이블 안에는 4개의 셀을 넣어 구성할 것이다. 첫 번째 셀은 Linked URL로 간단한 설명을 적는 Label로 만들고, 두 번째 셀은 QR Code 생성 시 집어 넣을 링크 주소를 기입하는 TextField로, 세 번째 셀은 QR 생성 결과를 알려주는 Label로 구성할 것이다. 그리고 마지막 셀은 생성된 이미지가 출력되는 ImageView를 추가할 것이다. 테이블뷰 세부 구성은 인터페이스 빌더 대신 코드를 이용해 구현하자.

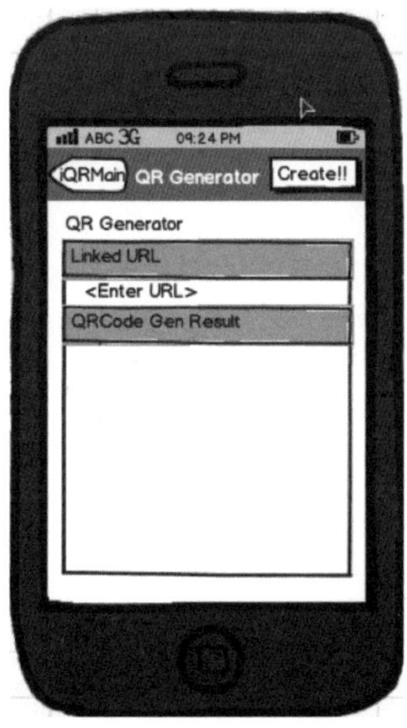

[그림 5-26] QR Generator 화면 UI 디자인

먼저 View 안에 타이틀을 적을 Navigation Bar를 만들자. iQRGenViewController. xib을 클릭하여 인터페이스 빌더를 실행시키자. 우측 하단의 라이브러리 탭에서 Navigation Bar를 검색하여 View 상단에 끌어서 추가시킨다. "QR Generator"라고 타이틀을 적고 QR Main으로 이동할 버튼과 "Create" 버튼을 생성하자. Navigation Bar를 만들 때와 똑같이 우측 하단의 라이브러리 탭에서 Bar Button Item을 검색하여 UI 디자인 화면의 해당 위치에 끌어다가 추가시킨다.

마지막으로 테이블뷰를 만들자. 위에서와 똑같은 방법으로 Table View를 검색하여 View 안에 드래그앤 드랍하여 추가한다. Table View의 속성은 Grouped로 선택한다. Table View는 Plain과 Grouped Style 2가지 스타일을 가지고 있다.

이것으로 인터페이스에서 만들 UI는 모두 끝이 났다. 이제 소스의 세계로 들어가보자. 위에서 언급했듯이 테이블뷰는 라벨과 텍스트필드, 이미지뷰로 구성되어 있다.

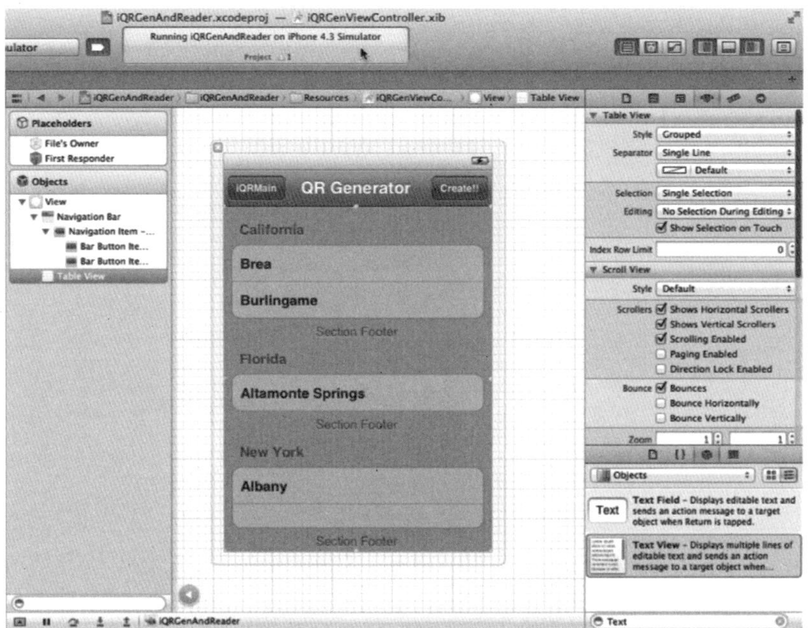

[그림 5-27] QR Gen 인터페이스 화면



[소스 5-5] QRGen UI 화면 구성: 테이블 셀의 높이 변경 – iQRGenViewController.mm

```
1 :#pragma mark - UITableViewDelegate
2 :
3 :// to determine specific row height for each cell, override this.
4 :// In this example, each row is determined by its subviews that
are embedded.
```

```
5 ://
6 :
7 ://셀의 높이를 설정하는 메소드
8 :- (CGFloat)tableView:(UITableView *)tableView heightForRowAtIndex
Path:(NSIndexPath *)indexPath
9 :{
10:    switch(indexPath.row) {
11:        case 0: return(40);    //첫 번째 셀:라벨 높이
12:        case 1: return(40);    //두 번째 셀:텍스트필드 높이
13:        case 2: return(40);    //세 번째 셀:생성결과라벨 높이
14:        case 2: return(240);   //세 번째 셀:이미지 높이
15:        default: assert(0);
16:    }
17:    return(40);
18:}
```

테이블뷰에서 각각의 셀에 다른 영역이 들어가려면 셀 높이가 달라야 한다.

(CGFloat)tableView:(UITableView *)tableView heightForRowAtIndexPath:
(NSIndexPath *)indexPath 메소드는 테이블뷰의 셀 높이를 설정하는 메소드이다.
첫 번째 셀과 두 번째, 세 번째 셀은 라벨과 텍스트 필드이므로 높이를 40로 지정하고
네 번째 셀은 QR 생성 이미지가 들어갈 수 있도록 200으로 설정하자.

[소스 5-6] QRGen UI 화면 구성: 테이블 셀 구성하기 – iQRGenViewController.mm

```
1 :- (void)viewDidLoad
2 :{
3 :    [super viewDidLoad];
4 :    // Do any additional setup after loading the view from its
nib.
5 :
6 :    self.dataSourceArray = [[NSMutableArray alloc]
initWithCapacity:1];
7 :    [self.dataSourceArray addObject:[NSNull null]];
8 :
9 :    /* 1. 테이블 첫 번째 셀 - Linked URL */
10:    UITableViewCell *typeCell = [[[UITableViewCell alloc]init]
autorelease];
11:    UILabel *typeLabel = [typeCell textLabel];
12:    [typeLabel setText:@"Linked URL"];
13:
14:    /* 2. 테이블 두 번째 셀 - Link 주소 입력받는 곳 */
```

```objc
15:     UITableViewCell *dataCell = [[[UITableViewCell alloc]init]
autorelease];
16:
17:     /* 2.1 텍스트 필드 생성 */
18:     CGRect frame = CGRectMake(kLeftMargin, 4.0, kTextFieldWidth,
kTextFieldHeight);
19:     UITextField *linktextField = [[UITextField alloc]
initWithFrame:frame];
20:
21:     linktextField.borderStyle = UITextBorderStyleBezel;
22:     linktextField.textColor = [UIColor blackColor];
23:     linktextField.font = [UIFont systemFontOfSize:17.0];
24:     linktextField.placeholder = @"<enter text>";
25:     linktextField.backgroundColor = [UIColor whiteColor];
26:     linktextField.autocorrectionType = UITextAutocorrectionTypeNo;
27:
28:     linktextField.keyboardType = UIKeyboardTypeDefault; // use the
default type input method (entire keyboard)
29:     linktextField.returnKeyType = UIReturnKeyDone;
30:
31:     linktextField.clearButtonMode = UITextFieldViewModeWhileEditi
ng;  // has a clear 'x' button to the right
32:
33:     linktextField.tag = kViewTag;    // tag this control so we
can remove it later for recycled cells
34:
35:     linktextField.delegate = self; //
36:
37:     /* 2.2 두 번째 셀에 텍스트 필드 삽입 */
38:     [dataCell addSubview:linktextField];
39:     [linktextField release];
40:
41:     /* 3. 테이블 세 번째 셀 - QR 코드 생성 결과 표시 */
42:     UITableViewCell *resultCell = [[[UITableViewCell alloc]init]
autorelease];
43:     qrResultLabel = [resultCell textLabel];
44:     [qrResultLabel setText:@"QRcode Gen Result"];
45:
46:  /* 4. 테이블 네 번째 셀 - 생성된 QR 이미지 */
47:     UITableViewCell *imageCell = [[[UITableViewCell alloc]init]
autorelease];
48:
```

```
49:     /* 4.1 이미지 위치 중앙 정렬 */
50:     CGRect parentFrame = self.view.frame;
51:     CGFloat x = (parentFrame.size.width - qrcodeImageDimension)/2.0;
52:     CGFloat y = (240 - qrcodeImageDimension) / 2.0;
53:     CGRect qrcodeImageViewFrame = CGRectMake(x, y,
qrcodeImageDimension, qrcodeImageDimension);
54:     imageView = [[UIImageView alloc] initWithFrame:qrcodeImageVie
wFrame];
55:
56:     /* 4.2 이미지 셀에 이미지 뷰 삽입 */
57:     [imageCell addSubview:imageView];
58:
59:     NSArray *results = [NSArray arrayWithObjects:typeCell,
dataCell, resultCell, imageCell, nil];
60:     [self.dataSourceArray replaceObjectAtIndex:0
withObject:results];
61:}
```

9~12라인 테이블 첫 번째 셀에는 "Linked URL" 라벨을 만들고, 14~39라인 두 번째 셀에서는 QR 코드에 집어 넣을 URL을 기입할 텍스트 필드를 생성한다. 41~44라인 세 번째 셀에는 QR 코드 생성 결과를 알려주는 라벨을 만들고, 마지막으로 46~57라인 QR 코드 생성 성공 여부를 알려줄 라벨과 생성 성공 시 만들어진 이미지를 보여줄 이미지 뷰를 생성한다.

이렇게 만들어진 세개의 셀을 NSArray로 묶어(59라인) self. dataSourceArray에 넣으면(60라인) 이제 QR Generator 상세 화면 구성은 마무리된다.

## 5.4 QR Reader 상세 화면 만들기

"QR Code 검색" 버튼을 눌렀을 때 나타나는 QR Reader 상세 화면을 만들어보자. QR Reader 상세 화면은 QR Generator 상세 화면 만들기와 거의 비슷하다. 여기서는 테이블 생성 방법만 보고 간단히 넘어가자. QR Generator 상세 화면에서 했던 방법으로 View Controller를 새로 추가해보자.

[그림 5-28] QR Reader 화면 & 프로젝트 트리

프로젝트 트리에 UI 파일 iQRReaderViewController.xib과 소스 파일 iQRReaderViewController.h, iQRReaderViewController.m을 생성하자. QR 생성 화면과 동일한 화면 구성을 갖는다. 네비게이션 바, 버튼 2개와 테이블뷰로 구성되어 있다.

[소스 5-7] QR Reader 화면 구성 – iQRReaderViewController.m

```objc
1 :#pragma mark - View lifecycle
2 :
3 :- (void)viewDidLoad
4 :{
5 :    [super viewDidLoad];
6 :
7 :    self.dataSourceArray = [[NSMutableArray alloc]
initWithCapacity:1];[
8 :    [self.dataSourceArray addObject:[NSNull null]];
9 :
10:    /* 1. Readed type : QR or Barcode */
11:    UITableViewCell *typeCell = [UITableViewCell new];
12:    typeLabel = [typeCell.textLabel];
13:
14:    /* 2. 검색된 데이터 */
15:    UITableViewCell *dataCell = [UITableViewCell new];
16:    dataLabel = [dataCell.textLabel];
17:    dataLabel.numberOfLines = 0;
```

new는 [[xxx alloc]intit]을 줄인 표현이다.

```
18:     dataLabel.lineBreakMode = UILineBreakModeCharacterWrap;
19:
20:     /* 3. 검색 이미지 */
21:     UITableViewCell *imageCell = [UITableViewCell new];
22:     imageView = [UIImageView new];
23:     imageView.contentMode = UIViewContentModeScaleAspectFit;
24:     imageView.autoresizingMask = (UIViewAutoresizingFlexibleWidth
| UIViewAutoresizingFlexibleHeight);
25:     UIView *content = imageCell.contentView;
26:     imageView.frame = content.bounds;
27:     [content addSubview:imageView];
28:     [imageView release];
29:
30:     NSArray *results = [NSArray arrayWithObjects:typeCell,
dataCell, imageCell, nil];
31:
32:     [self.dataSourceArray replaceObjectAtIndex:RESULT_SECTION
withObject:results];
33:
34:     // Do any additional setup after loading the view from its
nib.
35: }
```

테이블뷰는 검색된 코드가 바코드인지 QR 코드인지 결과를 보여주는 라벨과 검색 시 보여지는 컨텐츠 내용을 출력하는 라벨과 검색 이미지를 보여주는 이미지뷰로 구성되어 있다.

11~12라인 테이블 첫 번째 셀에는 검색된 코드 종류가 무엇인지 알려주는 라벨을 만들고, 14~18라인의 두 번째 셀에서는 검색된 데이터가 무엇인지 알려주는 라벨을 생성한다. 예를 들자면 http://google.com과 같은 URL 주소가 표시된다. 20~28라인에서는 검색된 QR 코드 이미지를 보여줄 이미지뷰를 생성한다. 30라인에서 생성된 세 개의 셀을 NSArray로 묶어 32라인의 self.dataSourceArray에 넣는다.

## 5.5 메인 화면과 상세 화면 연결하기 – 이벤트 발생 시 핸들러 실행

지금까지 메인 화면과 QR 생성 및 인식 상세 화면을 구현하였다. 이 화면들을 서로 연결해보자. 메인 화면의 "생성" 버튼(genBtn)을 클릭하면 QR 코드를 생성하는 상세 화면이 출력되고, "검색" 버튼(readerBtn)을 클릭하면 QR 코드 검색 화면이 출력되도록 코드를 작성해보자.

[소스 5-8] 버튼 클릭 이벤트 발생 시 – iQRGenAndReaderViewController.h

```objc
1 :#import <UIKit/UIKit.h>
2 :
3 :#import "iQRGenViewController.h"
4 :#import "iQRReaderViewController.h"
5 :
6 :#import "ZBarSDK.h"
7 :
8 :@interface iQRGenAndReaderViewController : UIViewController
<ZBarReaderDelegate> {
9 :    iQRGenViewController *qrGenViewController;
10:    iQRReaderViewController *qrReaderViewController;
11:}
12:
13:@property(nonatomic, retain) iQRGenViewController
*qrGenViewController;
14:@property(nonatomic, retain) iQRReaderViewController
*qrReaderViewController;
15:
16:@end
```

메인 화면의 뷰에서 iQRGenViewController와 iQRReaderViewController로 이동할 때 화면 전환 효과를 내기 위한 ViewControllder를 선언하자.

[소스 5-9] 버튼 클릭 이벤트 발생 시 호출 – iQRGenAndReaderViewController.m

```objc
1 :#import "iQRGenAndReaderViewController.h"
2 :
3 :@implementation iQRGenAndReaderViewController
4 :
5 :@synthesize qrGenViewController, qrReaderViewController;
6 :
7 :- (void)dealloc
8 :{
9 :    [qrGenViewController release];
10:    [qrReaderViewController release];
11:    [super dealloc];
12:}
13:
14:#pragma mark Button Action
15:
16:- (void)genClicked
17:{
18:    /* 1. QR Generator 상세 화면 생성 – 메모리 할당 */
```

```objc
19:    self.qrGenViewController = [[iQRGenViewController alloc]initW
ithNibName:@"iQRGenViewController" bundle:nil];
20:
21:    /* 2. 화면 전환 시 애니메이션 효과 설정 */
22:    [UIView beginAnimations:nil context:nil];    // 애니메이션 시작 설정
23:    [UIView setAnimationDuration:1.0f];// 전환 속도 실수로 설정(1.0 = 1초)
// 속성(도움말) 회전속도가 느리게~일정~느리게
24:    [UIView setAnimationCurve:UIViewAnimationCurveEaseInOut];
// TransitionCurlCup 화면이 위로 말려 올려감,  forView:self 현재 뷰를 바꿈.
25:    [UIView setAnimationTransition:UIViewAnimationTransitionCurl
Up forView:self.view cache:YES];
26:    [UIView commitAnimations];  // 애니메이션 완전히 설정 끝
27:
28:    /* 3. 화면 전환 */
29:    [self.view addSubview:qrGenViewController.view];
30:
31:    NSLog(@"genClicked");
32:}
33:
34:- (void)readerClicked
35:{
36:    /* 1. QR Reader 상세 화면 생성 – 메모리 할당 */
37:    self.qrReaderViewController = [[iQRReaderViewController
alloc]initWithNibName:
@"iQRReaderViewController" bundle:nil];
38:
39:    /* 2. 화면 전환 시 애니메이션 효과 설정 */
40:    [UIView beginAnimations:@"left flip" context:nil]; // 애니메이션
시작
41:    [UIView setAnimationDuration:1.0]; // 전환 속도 실수로 설정(1.0 = 1초)
42:    [UIView setAnimationCurve:UIViewAnimationCurveEaseInOut];
// FlipFromRight 좌측으로 회전,  forView:self 현재 뷰를 바꿈.
43:    [UIView setAnimationTransition:UIViewAnimationTransitionFlipF
romRight forView:self.view cache:YES];
44:    [UIView commitAnimations]; // 애니메이션 완전히 종료
45:
46:    /* 3. 화면 전환 */
47:    //   [self presentModalViewController:qrReader animated:YES];
48:    [self.view addSubview:qrReaderViewController.view];
49:
50:    NSLog(@"readerClicked");
51:}
52:
53:@end
```

iQRGenAndReaderViewController.h에서 qrGenViewControllerd와 qrReaderViewController를 Property로 선언했고 iQRGenAndReaderView Controller.m에서 Property로 선언한 데이터들을 외부에서 접근할 수 있도록 Synthesize 형태로 3라인에서 선언했다. Synthesize화 했으면 이제 "생성" 버튼을 눌렀을 때 호출되는 genClicked 메소드를 구현해보자.

19라인의 self.qrGenViewController에 메모리를 할당하고 화면 전환 시에 보여 줄 애니메이션 효과를 구현해보자. 22라인의 beginAnimations:context:에서 화면 전환 애니메이션 시작을 선언하고, 23라인에서 setAnimationDuration: 애니메이션 동작 시간을 초 단위로 설정하자. 24라인 setAnimationCurve:는 회전 속도를 설정한다. UIViewAnimationCurveEaseInOut는 시작은 점점 빠르게 시작해서 끝부분에는 점점 느리게 하는 것이고, UIViewAnimationCurveEaseIn은 점점 느리게 시작해서 끝에는 점점 빠르게, UIViewAnimationCurveEaseOut는 마지막에 느려지게, UIViewAnimationCurveLinear은 동일한 속도를 유지한다. 여기서는 UIViewAnimationCurveEaseInOut로 속성을 설정하자. 25라인에서 setAnimationTransition: UIViewAnimationTransitionCurlUp forView: self.view cache:YES는 어떤 효과를 줄지 설정하는 메소드이다. setAnimation Transition인자로 줄 수 있는 속성은 다음 5가지가 있다.

| UIViewAnimationTransitionNone | 아무 동작 없이 전환 |
| --- | --- |
| UIViewAnimationTransitionFlipFromLeft | 왼쪽으로 플립 |
| UIViewAnimationTransitionFlipFromRight | 오른쪽으로 플립 |
| UIViewAnimationTransitionCurlUp | 화면이 위로 말려 올라감 |
| UIViewAnimationTransitionCurlDown | 화면이 아래로 말려 내려옴 |

genClicked 메소드는 화면이 위로 말려 올라가는 듯한 화면 전환 효과를 구현할 것이다. 따라서, UIViewAnimationTransitionCurlUp로 값을 설정하자. 26라인의 commitAnimations:은 지금까지 설정한 애니메이션을 실행한다. [self.view addSubview:qrReaderViewController.view]는 애니메이션 효과가 끝나면, addSubview로 화면을 전환한다. 이제 readerClicked 메소드를 구현해보자. readerClicked 애니메이션 효과는 오른쪽으로 플립되는 UIViewAnimationTransitionFlipFromRight로 설정한다.

지금까지 우리는 메인 화면에서 상세 화면으로 이동하는 것을 구현했다.

이번에는 상세 화면에서 다시 메인 화면으로 돌아가는 것을 구현할 것이다. iQRGenViewController.xib 화면을 클릭하자. 이 화면 왼쪽에 있는 iQRMain 버튼을 눌렀을 때 메인 화면으로 돌아가는 기능을 구현해보자. 버튼을 눌렀을 때 호출되는 함수를 iQRGenViewController.h에 다음처럼 선언해보자.



```
1:#import <UIKit/UIKit.h>
2:
3:@interface iQRGenViewController : UIViewController
<UIActionSheetDelegate, UITextFieldDelegate> {
4:……
5:}
6:
7:- (IBAction) genBackBtnClicked;     //BackButton 클릭 시 메인 화면으로 돌아감
8:@end
```

7라인에는 (IBAction) genBackBtnClicked BackButton 클릭 시 호출되는 메소드를 IBAction으로 선언했다. IBAction이 선언되면 이 메소드가 액션 메소드라는 것을 인터페이스 빌더에게 알려주게 되며, 컨트롤러를 통해 호출이 가능해진다.



IBAction은 IBOutlet과 마찬가지로 컨트롤러 헤더 파일에서 메소드 형태로 선언되며, 이 메소드가 액션 메소드라는 것을 인터페이스 빌더에게 알려주는 역할을 한다. 액션 메소드는 헤더 파일에서 다음과 같은 형식으로 선언한다.

```
(IBAction)newAction:(id)sender;
```

메소드의 형식을 갖는 IBAction는 void를 리턴 타입으로 가진다. 액션 메소드는 변수 값을 리턴하지 않는다. 액션 메소드는 하나의 인자 값을 갖게 되는데, 이것은 sender라는 이름의 id 타입으로 정의되고 포인터 값이 전달된다. 이것은 똑같은 액션 메소드를 호출하는데 있어서 어떤 액션을 통해서 메소드를 호출하였는지 구분하는 구분자의 역할을 하게 된다. 버튼이 하나밖에 없는 경우에는 액션의 구분이 필요하지 않기 때문에 뒷부분의 (id)sender를 제거하고 작성해도 상관없다. 하지만 버튼이 여러 개일 경우에는 (id)sender를 제거하면 모든 버튼이 동일한 역할만을 하게 될 것이기 때문에 (id)sender가 필요하다.



```
1 :- (IBAction) genBackBtnClicked {
2 :
3 :    /* 1. 애니메이션 효과 */
4 :    [UIView beginAnimations:@"back" context:nil];    // 애니메이션 시작
5 :    [UIView setAnimationDuration:1.0];  // 전환속도 (1.0 = 1초)
```

```
 6 :     [UIView setAnimationCurve:UIViewAnimationCurveEaseInOut];
 7 :     [UIView setAnimationTransition:UIViewAnimationTransitionCurlD
own forView:self.view.superview cache:YES]; // CurlDown 아래로 말려 내려감,
forView:self 현재 뷰를 바꿈.
 8 :     [UIView commitAnimations];    //애니메이션 완전히 종료
 9 :
10:     /* 2. 화면 전환 */
11:     [self.view removeFromSuperview];
12:
13:     NSLog(@"genBackBtnClicked");
14:}
```

메인 화면으로 전환하는 부분도 메인 화면에서 상세 화면으로 애니메이션 효과와
함께 전환하였던 것과 같이 구현하자. 4라인에서 애니메이션 효과를 구현하는데,
setAnimationTransition 설정 값을 아래로 말려 내려가는 UIViewAnimationT
ransitionCurlDown로 설정하자. 11라인 애니메이션 구현이 끝났으면 [self.view
removeFromSuperview]로 self.view를 슈퍼뷰(Superview)에서 제거한다. 현재
뷰가 슈퍼뷰에서 제거되면 더 이상 화면에 나오지 않고 이전의 MainView로 전환하
게 된다.

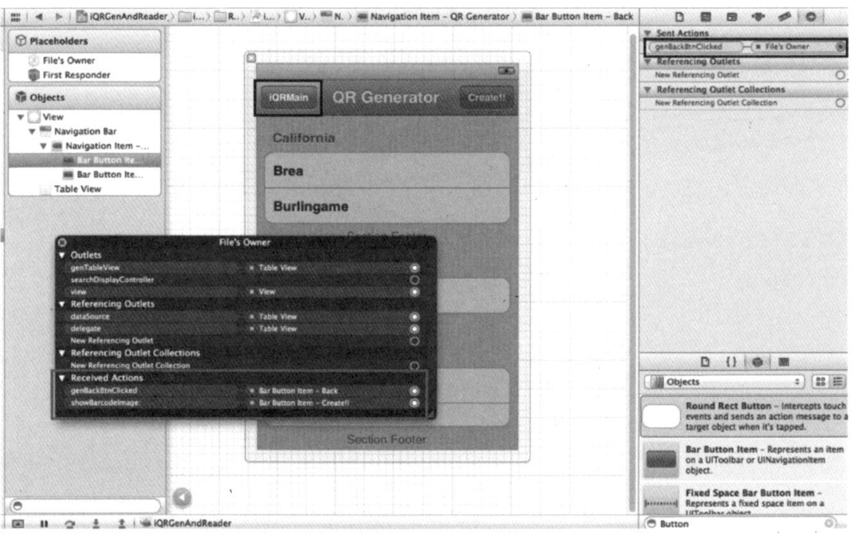

[그림 5-29] QR Generator IB화면 - iQRMain 버튼

iQRMain 버튼이 클릭되었을 때 호출될 genBackBtnClicked 메소드의 구현이 끝났
다. 소스 구현이 끝났으면 iQRGenViewContoller.xib을 클릭하여 인터페이스 빌더
를 열어 Placeholders안의 File's Owner를 마우스 오른쪽 버튼을 클릭하면 위와 같

은 다이얼로그가 출력된다. 아래 부분의 Received Actions에는 우리가 IBAction으로 구현해 놓은 함수 목록이 출력된다. genBackBtnClicked을 선택하여 iQRMain 버튼을 연결시키면 인터페이스 빌더와 IBActoin Method를 연결하는 작업은 모두 끝이 난다. 프로젝트를 저장하고 "Run" 버튼을 클릭했을 때 Main 화면과 QR Generator 상세 화면이 정상적으로 전환되는지 확인해보자.

## 5.6 QR Code Generator 기능 구현

QR UI 구현은 모두 끝이 났다. 지금부터는 QR 코드 기능을 구현해보자. QR 코드의 핵심 기능은 어떻게 구현해야 할까? QR을 인식하고, 패턴을 검색해 정보를 추출하는 방법은 어떻게 구현해야 할까? 이미지 인식 및 처리, 정보 생성 및 규칙 파악, 예외 처리 등… 다수의 복잡한 기능을 구현해야 한다. 이런 작업은 실제로 시간이 많이 걸리는 어려운 작업일 것이다. 그렇지만 QR은 오픈 소스로 구현된 양질의 코드가 존재한다.

**여기서 잠깐만** ▌오픈 소스 사용하기 ▌

오픈 소스는 소스 코드를 완전히 공개해 누구나 쉽고 자유롭게 배포, 수정, 복제할 수 있는 소프트웨어이다. 오픈 소스는 공개 범위와 권리에 대한 라이센스 정책을 갖고 있으며 라이센스의 종류는 다음과 같다.

(1) GPL(General Public License)
GPL은 오픈 소스 라이센스 중에 일반인에게 가장 많이 알려져 있다. 이 라이센스는 다른 라이센스들에 비해 엄격하다. GPL 라이센스를 사용할 때에는 '본 제품(소프트웨어)는 GPL 라이센스하에 배포되는 소프트웨어 ***(사용한 GPL 소프트웨어 이름)를 포함합니다'와 같은 문구를 매뉴얼이나 소스에 포함시키고 GPL 전문을 첨부해야 한다. 자신이 개발한 특허를 구현한 프로그램을 GPL로 배포할 때는 따로 로열티를 받을 수 없으며, 제3자의 특허인 경우에도 특허권자가 로열티 프리(Royalty-Free) 형태의 라이센스를 제공해야만 해당 특허 기술을 구현한 프로그램을 GPL로 배포하는 것이 가능하다.

(2) LGPL(GNU Lesser General Public License )
LGPL은 GPL보다 상대적으로 완화된 정책을 갖는 오픈 소스 라이센스 방식이다. GPL을 적용해 개발된 소스 코드는 GPL 정책에 따라 소스 코드 전체를 공개해야 한다. 많은 노력을 기울여 개발한 소스 코드를 모두 공개해야 하기 때문에, 개발자나 소프트웨어 회사 입장에서 GPL 라이센스가 적용된 코드 사용을 꺼려할 수 있다. LGPL은 참조하는 부분의 소프트웨어 소스 코드는 공개해야 할 의무가 없다.

(3) 기타 라이센스
BSD(Berkeley Software Distribution)는 GPL/LGPL보다 덜 제한적이기 때문에 허용 범위가 넓다. 프로그램의 자유로운 사용, 복제, 배포, 수정을 허용하고 수정 프로그램에 대한 소스 코드 공개를 요구하지 않기 때문에 상용 소프트웨어에 많이 적용된다. 아파치(Apache) 라이센스는 아파치 재단(ASF: Apache Software Foundation)의 모든 소프트웨어에 적용되며 BSD 라이센스와 비슷하다.

우리가 작성할 QR 코드 생성기에 오픈 소스를 적용해보자. 대표적인 오픈 소스 중에 myang이 작성한 QR Encoder 라이브러리가 있다. http://myang-git.github.com/QR-Code-Encoder-for-Objective-C/ 사이트에서 접속하면 소스 코드를 다운받을 수 있다. myang는 Apache License 2.0를 따르고 있다. myang을 이용해 QR 코드 생성기를 구현하기 위해서는 다음 단계를 수행해야 한다.

▷ Myang Qr Code Encoder 라이브러리 프로젝트를 내 프로젝트 안에 추가하기

▷ 빌드 환경 셋팅

▷ 코드 구현하기

### 〈*Myang Qr Code Encoder 라이브러리 프로젝트를 내 프로젝트 안에 추가하기*〉

http://myang-git.github.com/QR-Code-Encoder-for-Objective-C/에 들어가서 라이브러리 프로젝트를 다운받는다. myang-git-QR-Code-Encoder-for-Objective-C-XXXX.zip을 다운받은 다음 압축을 풀면 다음과 같다.

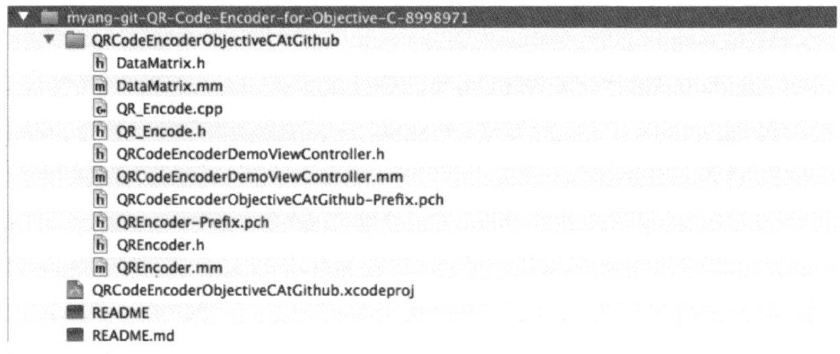

[그림 5-30] Myang QR Encoder 라이브러리 프로젝트

README 파일에는 Myang 라이브러리 프로젝트 설치와 빌드 방법에 대해 표시되어 있다.

QRCodeEncoderObjectiveCAtGithub.Xcodeproj 라이브러리 프로젝트 패키지를 QR 기능을 적용할 Xcode 프로젝트에 추가하면 된다. 현재 작성중인 iQRGenAndReader에 다음과 같이 Myang 라이브러리 프로젝트를 추가해보자.

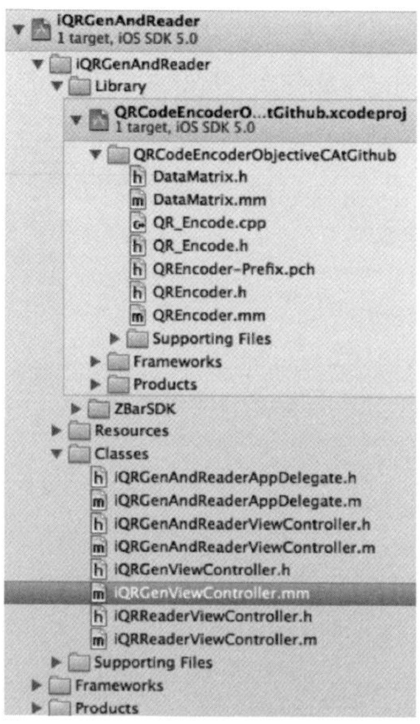

[그림 5-31] iQRGenAndReader 프로젝트 네비게이터

## 〈빌드 환경 셋팅하기〉

다음과 같이 프로젝트를 선택하고 Target을 선택해보자. Build Phases 탭에 가서 "Target Dependencies" 테이블을 펼쳐 qrencoder를 리스트에 추가시킨다. 그리고 같은 Build Phases 탭 상에 "Link Binary With Libraries" 테이블을 펼쳐 libqrencoder.a를 리스트에 추가한다.

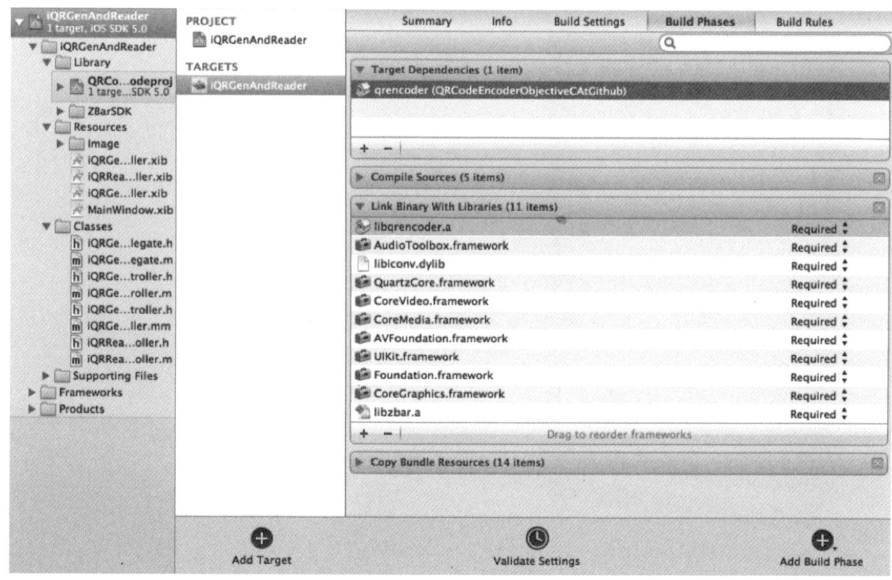

[그림 5-32] iQRGenAndReader Target 설정

Build Phases 설정이 완료되었으면 Build Settings 탭으로 가서 검색 필드에서 "header search"로 "Header Search Paths" 섹션을 찾는다. 경로 리스트에서 QRCodeEncoderObjectiveCAtGithub가 있는 경로를 추가한다.

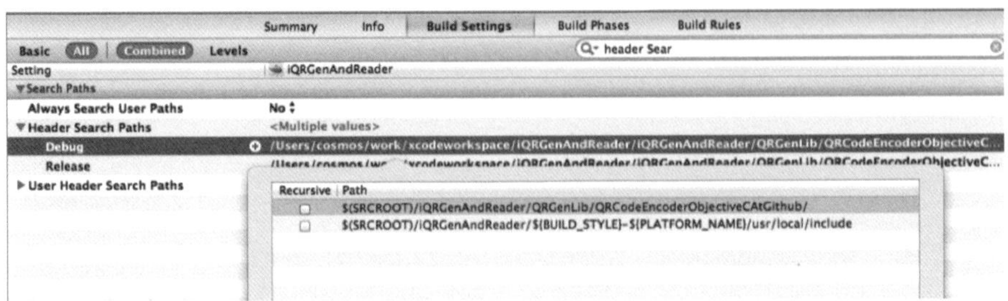

[그림 5-33] iQRGenAndReader 빌드 환경 설정

"Run" 버튼을 눌러 프로젝트가 정상 빌드되는 것을 확인한다. 이제 Myang 오픈 소스를 사용하기 위한 준비는 다 끝이 났다. 본격적으로 소스 구현부를 작성하자.

### 〈코드 구현하기〉

아래 QR 생성 화면에서 "Create!" 버튼을 누르면 바코드 생성 화면이 나타난다. 텍스트 박스에 생성할 URL 내용을 입력하는 기능과 "Create" 버튼을 누르면 바코드 생성 화면이 나타나도록 이벤트를 추가해보자.

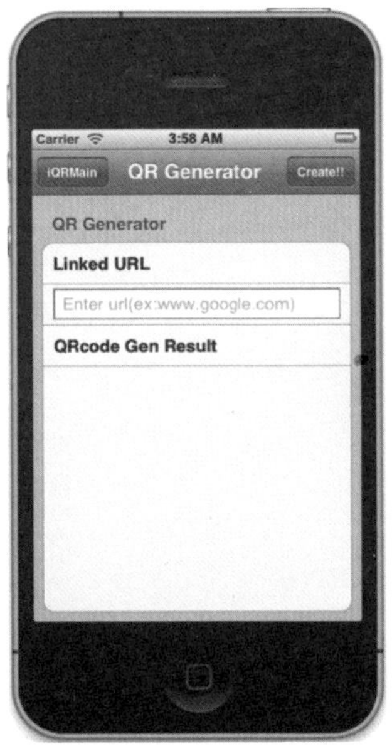


[그림 5-34] Xcode QR Generator 상세 화면 - Create!!

[소스 5-12] Myang 헤더 선언부분 – iQRGenViewController.mm

```
1. #import "iQRGenViewController.h"
2.
3. #import "QREncoder.h"
4.
5. @implementation iQRGenViewController
6.    ……
7. @end
```

먼저 Myang QR Encoder를 사용하기 위하여 iQRGenViewContoller.mm의 3라인과 같이 QREncoder.h를 import 해준다. QREncoder는 C++ 코드를 사용하기 때문에 QREncoder를 사용하는 모든 파일들은 기존의 m파일에서 확장자를 mm파일로 변경해줘야 하기 때문에 iQRGenViewContoller.m 파일을 iQRGenViewContoller.mm으로 변경한다.

이제 본격적으로 QREncoder 기능을 구현해보자. QREncoder 라이브러리 프로젝트를 보면 QRCodeEncoderDemoViewController.mm 파일이 존재한다. 이 파일은 QR Code를 인코딩하고 렌더링하는 예제이다. 이 파일을 참조하여 QR Generator 기능을 구현해보자.

QRCode를 생성하기 위해서는 다음의 두 가지 절차를 거치면 된다. 첫 번째는 QREncoder +encodeWithECLevel:(int)ecLevel version:(int)version string:(NSString*)string 메소드를 이용하여 입력된 NSString 스트링을 가지고 사각형의 DataMatrix 매트릭스를 만든다. 두 번째는 QREncoder +renderDataMatrix:(DataMatrix*)matrix imageDimension:(int)imageDimension 메소드로 전 단계에 만들어진 DataMatrix 매트릭스를 렌더링하여 QR 생성 이미지 UIImage를 만든다.

[소스 5-13] QR Code 생성 – iQRGenViewController.mm

```
1. - (IBAction) showBarcodeImage: (id) sender
2. {
3.     /* 1.linkAddrData 에러 체크 */
4.     if(linkAddrData == nil || [linkAddrData length] == 0) {
5.         NSLog(@"Please Enter URL in Edit Box.");
6.         [qrResultLabel setText:@"Please Enter URL in Edit Box."];
7.         return;
8.     }
9.
```

```
10.      /* 2.상태 체크 */
11.   self->isKeyPressed = TRUE;
12.
13.      /* 3. 테이블 세 번째 셀 - QR 코드 생성 결과 표시 */
14.      [qrResultLabel setText:@"QRcode 생성이 완료되었습니다."];
15.
16.      /* 4. 테이블 네 번째 셀 - QR 코드 생성 이미지 표시 */
17.      /* 4.1 first encode the string into a matrix of bools, TRUE
for black dot and FALSE for white. Let the encoder decide the error
correction level and version */
18.      DataMatrix* qrMatrix = [QREncoder encodeWithECLevel:QR_
ECLEVEL_AUTO version:QR_VERSION_AUTO string:self.linkAddrData];
19.
20.      /* 4.2 then render the matrix */
21.      UIImage* qrcodeImage = [QREncoder renderDataMatrix:qrMatrix
imageDimension:qrcodeImageDimension];
22.
23.      /* 4.3 put the image into the view */
24.      [imageView setImage:qrcodeImage];
25.
26.      /* 5. 테이블 리로드 */
27.      [self.genTableView reloadData];
28.      [self.genTableView scrollToRowAtIndexPath:[NSIndexPath
indexPathForRow: 0 inSection: 0] atScrollPosition:UITableViewScrollP
ositionTop animated: NO];
29.
30.}
```

---

showBarcodeImage 메소드의 14라인에는 세 번째 셀에 QR 코드 생성 결과를 표시한다. QR Code가 정상적으로 생성되었을 때에 라벨에 "QRCode 생성이 완료되었습니다."라고 qrResultLabel에 표시한다.

테이블의 네 번째 셀은 QR 코드 생성 이미지를 표시하는 부분이다(17라인~24라인). 2번째 셀에서 입력받은 텍스트를 가지고 사각형의 DataMatrix를 만든다(18라인). 만들어진 DataMatrix인 qrMatrix를 렌더링하여 가로 세로 200(qrcodeImageDimension)의 UIImage *qrcodeImage를 만든다(21라인). 만들어진 qrcodeImage를 imageView에 올려놓으면 생성된 QR 이미지가 테이블의 4번째 이미지 셀에 보여진다(24라인). QR 생성이 끝이 났으면 변경된 데이터를 적용하기 위해 테이블을 리로드한다(27라인).

위와 같이 소스 코드 구현부를 완성하면 QR 생성기가 완성된다.

# 5.7 QR 코드 리더(Reader) 기능 구현

대표적인 QR 코드 Reader로 ZBar와 Zxing 두 가지가 있다. ZBar는 상대적으로 사용하기 쉽지만 인식률이 조금 떨어진다. 반면에 Zxing은 작은 이미지도 잘 인식되지만 인식 속도가 느린 단점이 있다. ZBar는 GNU LGPL 2.1 라이센스를 갖고 있으며, Zxing은 Apache License 2.0를 따른다. 이번 장에서 구현할 QR 코드 리더기는 ZBar를 사용해 구현해보자.

**여기서 잠깐만** ┃ **알아두면 좋은 오픈 소스들** ┃

1. 페이스북을 연동하는 라이브러리 – https://github.com/facebook/facebook-ios-sdk
2. 네이트 Open API 라이브러리 – http://code.google.com/p/nate-ios-client-api/
3. SNS(트위터, 페이스북, 구글 리더)에서 그림, 글, URL 을 공유하는 라이브러리 – http://getsharekit.com/
4. 트위터 클라이언트 – http://github.com/blog/329-natsuliphone-iphone-twitter-client
  – http://code.google.com/p/tweetero/
5. Facebook 클라이언트 – http://github.com/facebook/facebook-iphone-sdk
6. YouTube 연동 라이브러리 – https://github.com/iosdeveloper/MyTube, https://github.com/pvinis/mytube
7. DropBox Open API 라이브러리 – https://www.dropbox.com/developers/releases
8. Facebook 스타일 UI 만들기 – https://github.com/steipete/PSStackedView
9. JSON 라이브러리 – JSONKit: https://github.com/johnezang/JSONKit
  – TouchJSON: https://github.com/TouchCode/TouchJSON
  – SBJSON: https://github.com/stig/json-framework/
10. OAuth 라이브러리 – http://code.google.com/p/oauthconsumner/
  – http://code.google.com/p/mpoauthconnection/
11. XML Parser 라이브러리 – TouchXML: https://github.com/TouchCode/TouchXML
  – TBXML: http://www.tbxml.co.uk/TBXML/TBXML_Free.html
  – KissXML: http://code.google.com/p/kissxml/
12. Zip/Unzip 라이브러리 – http://code.google.com/p/ziparchive/
13. HTTP 라이브러리 – http://allseeing-i.com/ASIHTTPRequest/How-to-use
14. FTP 라이브러리 – http://code.google.com/p/ios-ftp-server/
15. TCP/ UDP Socket 라이브러리 – http://code.google.com/p/cocoaasyncsocket/
16. Push Notification 관련 프로바이더
  – http://blog.toshsoft.de/index.php?/archives/3-Sending-Apple-Push-Notifications-APN-in-C-Updated-Using-CA-Cert.html (C)
  – http://code.google.com/p/javapns/ (JAVA)
  – http://code.google.com/p/apns-php/ (PHP)
17. 지도 라이브러리 – http://code.google.com/p/route-me/
18. E-mail 오픈 소스 – http://code.google.com/p/remail-iphone/
  – http://code.google.com/p/skpsmtpmessage/
19. 그래프 라이브러리 – http://code.google.com/p/core-plot/
20. 달력 – http://ved-dimensions.blogspot.com/2009/04/iphone-development-creating-native_09.html

21 . sqlite 라이브러리 – http://code.google.com/p/pldatabase/

22. 계산기 – http://code.google.com/p/hpcalc–iphone/ (GPL V2 license)

23. 택배 – http://kldp.net/projects/taekbae/src

24. 증강현실 – http://www.iphonear.org/

 – https://developer.qualcomm.com/develop/mobile–technologies/augmented–reality

25. 백업, 동기화 – http://www.funambol.com/solutions/iphone.php

 – http://code.google.com/p/gris/ (구글 리더 동기화)

26. 기본 클래스를 확장한 라이브러리 – https://github.com/enormego/cocoa–helpers

27. Custom ImagePickerController(이미지 미리보기 화면 제공) – https://github.com/jeena/JPImagePickerController

 – https://github.com/elc/ELCImagePickerController

28. 아이폰 커스텀 UI 소개 (커스텀 메뉴바, 탭 바, 스크롤바 등) – http://www.cocoacontrols.com/

 – http://code.google.com/p/cozymood/

 – http://cocoadev.tistory.com/#recentTrackback에서 공개한 내용임.

29. 게임 – http://code.google.com/p/cocos2d–iphone/

 – http://code.google.com/p/tris/ (테트리스)

 – http://code.google.com/p/mintgostop/ (고스톱)

 – http://www.joystiq.com/2009/03/24/carmack–releases–open–source–wolfenstein–for–iphone/

ZBar 라이브러리를 사용해보자. http://itunes.apple.com/ca/app/zbar-barcode-reader/id344957305?mt=8에 접속하면 ZBar로 만들어진 예제 프로그램을 확인할 수 있다.

http://zbar.sourceforge.net/ 사이트에 들어가면 ZBar Barcode Reader에 대한 기능들과 사용방법 및 라이센스 등을 알 수 있다. Objective C 뿐만 아니라 Python, Perl, C++과 같은 언어도 지원한다. ZBar 기능을 구현하기 위해서는 다음 세 가지가 필요하다.

❙ ZBar SDK를 내 프로젝트 안에 추가하기

❙ 빌드 환경 셋팅하기

❙ 코드 구현하기

### 〈ZBar SDK를 내 프로젝트 안에 추가하기〉

http://sourceforge.net/projects/zbar/files/iPhoneSDK/ZBarSDK–1.2.dmg/ download에 들어가서 SDK를 다운받는다. ZBarSDK–1.2.dmg를 다운받은 다음 더블 클릭하면 설치 화면이 출력된다. README 파일에는 ZBar SDK 사용 방법에 대한 자세한 내용이 기술되어 있다. ZBarSDK 폴더를 드래그하여 기존 Xcode 프로젝트에 포함시켜보자.

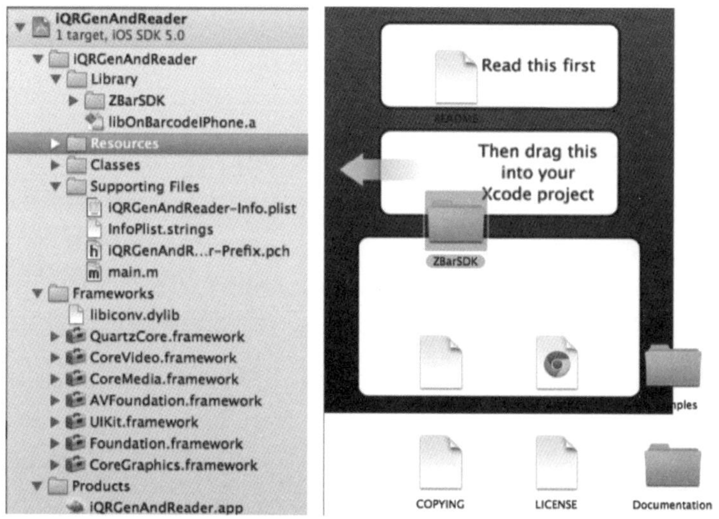


[그림 5-35] ZBar SDK를 Xcode 프로젝트에 포함시키기

## 〈빌드 환경 셋팅하기〉

환경 설정 창에서 다음 프레임워크(Frameworks)를 추가해보자.

- AVFoundation.framework (weak)
- CoreMedia.framework (weak)
- CoreVideo.framework (weak)
- QuartzCore.framework
- libiconv.dylib

Xcode 프로젝트에서 프레임워크를 추가하는 방법은 다음과 같다. 왼쪽 프로젝트 바에서 iQRGenAndReader를 클릭하면 오른쪽에 PROJECT와 TARGETS 설정 창이 나온다.

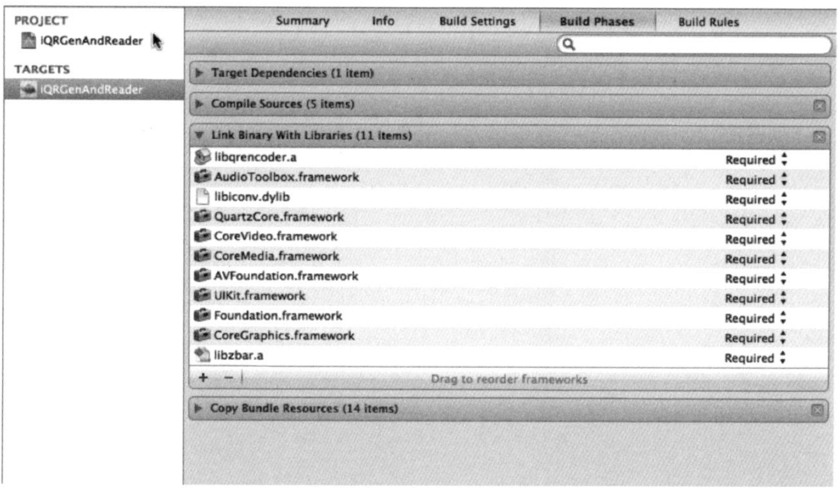


[그림 5-36] Xcode에서 프레임워크 추가하기

TARGETS를 선택하고 Summary 탭을 보면 Linked Frameworks and Libraries 안에서 "+" 버튼을 클릭해 프레임워크를 추가할 수 있다.

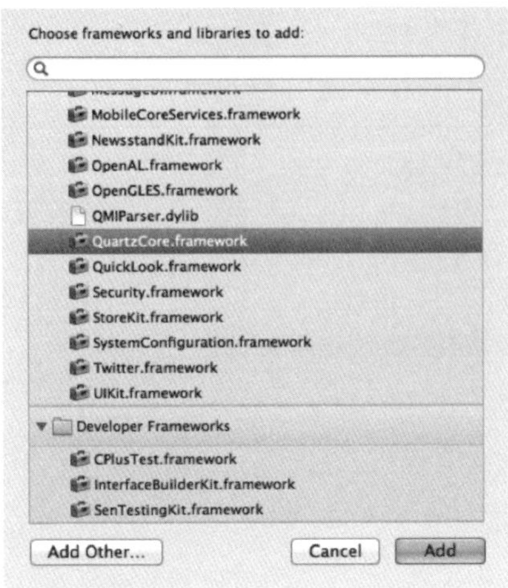

[그림 5-37] Xcode에서 프레임워크 추가하기

이제 ZBar 오픈 소스를 사용하기 위한 모든 준비가 끝났다. 본격적으로 소스 코드를 구현해보자.

### 〈코드 구현하기〉

QR Reader 상세 화면에서 "Scan!" 버튼을 누르면 바코드 인식 화면이 나타나도록 코드를 구현해보자.

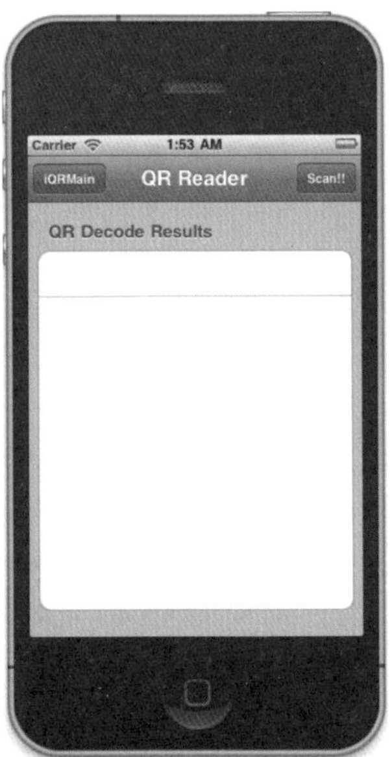


[그림 5-38] Xcode QR Reader 상세 화면 - Scan!!

```
1. #import <UIKit/UIKit.h>
2.
3. #import "ZBarSDK.h"
4.
5. @interface iQRReaderViewController : UIViewController
<ZBarReaderDelegate, UIActionSheetDelegate> {
6.   ……
7. }
9.
10.- (IBAction) scanButtonClicked; //ScanButton 클릭시 QR검색을 위해 카메라
화면으로 돌아감
11.
12.@end
```

먼저 ZBar를 사용하기 위하여 iQRReaderViewContoller.h 선언부에서 3라인
과 같이 ZBarSDK.h를 import 해주고 ZBarDelegate 프로토콜을 지원하기 위
하여 뷰컨트롤러 클래스에 정의한다. 그리고 "Scan" 버튼을 눌렀을 때 동작할
scanButtonClicked 함수를 IBAction으로 정의한다.

[소스 5-15] ZBar SDK 구현 부분 – iQRReaderViewController.m

```
1. - (IBAction) scanButtonClicked {
2.
3.     found = paused = NO;
4.     imageView.image = nil;
5.     typeLabel.text = nil;
6.     dataLabel.text = nil;
7.
8.     [self.readerTableView reloadData];
9.
10.    // QR code Reader 생성 : present a barcode reader that scans
from the camera feed
11.    ZBarReaderViewController *reader = [ZBarReaderViewController
new];
12.    reader.readerDelegate = self;
13.
14.    // 추가적인 QR reader 설정
15.    ZBarImageScanner *scanner = reader.scanner;
16     //disable rarely used I2/5 to improve performance
17.    [scanner setSymbology:ZBAR_I25 config:ZBAR_CFG_ENABLE to:0];
```

```
18.
19.     // present and release the controller
20.     [self presentModalViewController:reader animated:YES];
21.     [reader release];
22.}
```

– scanButtonClicked 메소드를 iQRReaderViewController.m에 구현한 다음 Interface Builder를 이용해 "Scan" 버튼과 연결시킨다.

11라인에서 ZBarReaderViewController 인스턴스를 생성하고, 15라인에서 리더기 설정을 셋팅한다.

19라인에서 뷰 컨트롤러를 presentModalViewController하여 화면에 모달뷰(Modal View)로 띄운다. 위와 같이 스캔 버튼을 눌렀을 때 실행되는 메소드 구현 부분을 작성했으면, 이번엔 ZBarReaderDelegate 델리게이트 메소드를 구현해야 한다. QR 코드가 성공적으로 인식되면 ZBarReaderDelegate의 메소드 (void)imagePickerController:(UIImagePickerController*)reader didFinishPickingMediaWithInfo:(NSDictionary*)info가 호출된다.

[소스 5-16] ZBar SDK ZBarReaderDelegate – iQRReaderViewController.m

```
1. #pragma mark - ZBarReaderDelegate
2.
3. - (void)imagePickerController:(UIImagePickerController *)picker
didFinishPickingMediaWithInfo:
(NSDictionary *)info {
4.
5.     // 디코드 결과 얻기
6.     id<NSFastEnumeration> results = [info objectForKey:ZBarReader
ControllerResults];
7.     ZBarSymbol *symbol = nil;
8.     for(symbol in results) {//just grab the first barcode
9.         break;
10.     }
11.
12.     // 바코드 검색된 이미지 저장하기
13.     imageView.image = [info objectForKey: UIImagePickerController
OriginalImage];
14.
15.     // 검색된 데이터 저장하기
16.     [self performSelector: @selector(presentResult:) withObject:
symbol afterDelay: .001];
```

```
17.
18.     // 이 부분은 스캔시, 삐 소리가 나게 하는 부분
19.     [self performSelector: @selector(playBeep) withObject: nil
afterDelay: 0.01];
20.
21.     // dismiss the controller(NB dismiss from the *reader*!)
22.     [picker dismissModalViewControllerAnimated: YES];
23.}
```

6라인에서 인식된 결과 (NSDictionary *)info에서 ZBarReaderController
Results키로 QR 디코드 결과 ZBarSymbol *symbol를 얻을 수 있다. 12라인은 바코
드 검색시 사용된 이미지는 따로 저장해두고, 테이블뷰에 리사이징해서 출력한다. 16
라인의 presentResult는 검색된 데이터를 저장하는 함수이고 19라인의 playBeeps는
정상적으로 QR 코드가 스캔되었을 때 사운드 효과를 내는 함수이다. 22라인은 QR 코
드 인식이 완료되었을 때 picker 뷰 컨트롤러가 사라지도록 처리한다.

여기까지 코드를 작성하면 ZBarReaderDelegate 구현 부분이 완성된다. 이제는 16
라인과 19라인에 있는 콜백 함수를 구현해보자.

**[소스 5-17] ZBar 데이터 저장 콜백 함수 – iQRReaderViewController.m**

```
1. #import "iQRReaderViewController.h"
2. #import <AudioToolbox/AudioServices.h>
3. …
4.    …
5. #pragma mark - Event Creat
6.
7. - (void) presentResult: (ZBarSymbol*) sym
8. {
9.     // 바코드 데이터 저장하기
10.     found = !!sym;
11.     NSString *typeName = sym.typeName;   //sym.typeName는 바코드 타입
12.     typeLabel.text = typeName;
13.     NSString *data = sym.data;   //sym.data는 바코드 번호 및 QR 데이터
14.     dataLabel.text = data;
15.
16.     NSLog(@"imagePickerController:didFinishPickingMediaWithInfo:
\n");
17.     NSLog(@"type=%@ data=%@\n", sym.typeName, data);
18.
19.     // 바코드 이미지 사이즈 조정하기
20.     CGSize size = [data sizeWithFont: [UIFont systemFontOfSize: 17]
                    constrainedToSize: CGSizeMake(288, 2000)
```

```
                        lineBreakMode: UILineBreakModeCharacterWrap];
21.    dataHeight = size.height + 26;
22.    if(dataHeight > 2000)
23.        dataHeight = 2000;
24.
25.    // 테이블에 인식된 데이터 표현하기
26.    [self.readerTableView reloadData];
27.    [self.readerTableView scrollToRowAtIndexPath:[NSIndexPath
indexPathForRow: 0 inSection: 0]
atScrollPosition:UITableViewScrollPositionTop animated: NO];
28.}
29.
30.- (void) playBeep {
31.    // 진동
32.    AudioServicesPlaySystemSound(kSystemSoundID_Vibrate);
33.}
```

인식된 결과를 저장하는 presentResult 메소드는 다음과 같은 내용으로 구현되어 있다.

11라인은 ZBarSymbol *sym의 프로퍼티인 typeName은 인식된 Zbar의 타입을 의미한다. 바코드인지 QR 코드인지 종류를 알 수 있다. 13라인에서 ZBarSymbol *sym의 프로퍼티 data는 인식된 QR 코드에서 얻어진 텍스트이다. 바코드 숫자가 저장되거나 QR 코드일 경우에는 링크 주소나 데이터들이 저장되어 있다. 26라인에서 각각의 인식된 데이터들을 저장하고 테이블뷰에 값을 출력한다.

여기까지 코드를 작성하면 presentResult 함수 구현 부분은 마무리된다. 정상적으로 QR 코드 인식이 되면 사운드 효과를 내는 playBeep 메소드가 호출되도록 다음 코드를 추가하자.

시스템에서 제공하는 사운드를 사용하려면 〈AudioToolbox/AudioServices.h〉 헤더를 추가하면 된다.

〈AudioToolbox/AudioServices.h〉를 사용하려면 프레임워크에 AudioToolbox.framework를 추가해야 한다. Xcode PROJECT와 TARGETS 설정 창에서 Summary 탭의 Linked Frameworks and Libraries에서 해당 프레임워크를 추가하자. 만약, 효과음과 더불어 진동 효과를 주고 싶다면, 32라인처럼 AudioServicesPlaySystemSound 메소드의 인자로 진동 효과를 뜻하는 kSystemSoundID_Vibrate을 입력하면 된다. 이 명령어는 진동모터가 장착된 iOS

디바이스에서만 작동한다. 즉, 시뮬레이터나 아이패드에서는 실행되지 않는다. 아래 ZBar 사이트를 방문하면 QR 처리에 대한 다양한 추가 기능을 구현할 수 있다.

▌ http://zbar.sourceforge.net/iphone/sdkdoc/index.html

## 5.8 이미지 저장 – UIActionSheet 사용하기

생성된 QR 이미지를 저장하기 위해 UIActionSheet를 사용해보자. UIActionSheet 는 다음처럼 슬라이드 형식으로 화면에 나타난다. 이 기능은 트위터나 페이스북에 데 이터를 공유하거나, 파일을 삭제할 때, 이메일에 사진을 첨부할 때 또는 이미지를 저 장할 때 사용된다.

[그림 5-39] 이미지 저장 – ActionSheet

[소스 5-18] UIActionSheet Delegate – iQRReaderViewController.h

```
1. #import <UIKit/UIKit.h>
2.
3.#import "ZBarSDK.h"
4.
5.@interface iQRReaderViewController : UIViewController <
ZBarReaderDelegate, UIActionSheetDelegate> {
6.
7.}
```

iQRReaderViewContoller.h 선언부에서 UIActionSheetDelegate 프로토콜을 지원하기 위하여 5라인처럼 뷰 컨트롤러 클래스를 정의한다.

[소스 5-19] UIActionSheet 생성 – iQRReaderViewController.m

```
1. // 중요! - 셀을 선택했을 때 호출되는 메소드 - indexPath는 선택된 셀의 NSIndexPath
객체
2. -(void)tableView:(UITableView *)tableView didSelectRowAtIndexPath
:(NSIndexPath *)indexPath
3. {
4.     [tableView deselectRowAtIndexPath:indexPath animated:YES];
5.
6.     // 데이터 라인 선택 시 - 해당 링크로 이동
7.     if(indexPath.row == 1) {
8.         ……
9.     }
10.    // 이미지 라인 선택 시 - ActionSheet 생성
11.    else if(indexPath.row == 2) {
12.
13.        // UIAction Sheet 구성
14.        if(imageView.image != nil) {
15.            [[[[UIActionSheet alloc] initWithTitle: nil delegate:
self cancelButtonTitle: @"Cancel"
destructiveButtonTitle: nil otherButtonTitles: @"Save Image", nil]
autorelease] showInView: self.view];
16.        }
17.    }
18.}
```

UIActionSheetDelegate 프로토콜을 선언하면 구현부에 UIActionSheet를 생성하고 설정해야 한다. QR Reader와 QR Gen의 이미지 저장 부분 클릭 시에 액션시트가 나타나 이미지를 저장할 수 있도록 구현해보자.

2라인의 –(void)tableView:(UITableView *)tableView didSelectRowAtIndexPath:(NSIndexPath *)indexPath은 테이블에서 셀을 선택했을 때 호출되는 메소드이다.

15라인은 이미지 셀을 클릭할 때 액션 시트를 생성한다. [initWithTitle: nil delegate: self cancelButtonTitle: @"Cancel" destructiveButtonTitle: nil otherButtonTitles: @"Save Image", nil] 메소드는 타이틀을 표시하지 않았다. 만약 타이틀을 넣고 싶다면 타이틀 셋팅 부분에 넣고 싶은 타이틀을 설정하자.

그림 5-40을 보면 왼쪽(QR 생성기) 액션 시트는 "이미지 저장하기" 버튼이 빨간색인 것을 볼 수 있다. destructiveButtonTitle로 버튼을 생성하면 버튼을 강조하여 위험 작업이나 중요 작업임을 알릴 수 있다.

액션 시트를 표시하는 방법은 ShowInView, ShowFromToolbar, ShowFromBar ButtonItem 세가지가 있다. ShowInView는 뷰에서부터 액션시트를 표시하는 방법 이다. ShowFromToolbar는 툴바에, ShowFromBarButtonItem은 탭 바에 표시된 다. 여기서는 ShowInView 방식을 사용한다.

다음은 UIActionSheetDelegate 구현 부분을 살펴보자. UIActionSheetDelegate 은 다음과 같이 6개의 메소드를 가지고 있다.

[소스 5-20] UIActionSheet 생성 – iQRReaderViewController.m

```objc
1 #pragma mark -
2 #pragma mark UIActionSheetDelegate Protocol Methods
3 // 버튼이 터치된 경우 실행된다.
4 - (void)actionSheet:(UIActionSheet *)actionSheet
clickedButtonAtIndex:(NSInteger)buttonIndex
5 {
6 }
7
8 // 화면이 표시되기 전에 실행된다.
9 - (void)willPresentActionSheet:(UIActionSheet *)actionSheet
10{
11}
12
13// 화면에 표시된 후에 실행된다.
14- (void)didPresentActionSheet:(UIActionSheet *)actionSheet
15{
16}
17
18// 특정 버튼을 눌러서 종료되기 전에 실행된다.
19- (void)actionSheet:(UIActionSheet *)actionSheet willDismissWithBu
ttonIndex:(NSInteger)buttonIndex
20{
21}
22
23// 특정 버튼을 눌러서 종료된 후에 실행된다.
24- (void)actionSheet:(UIActionSheet *)actionSheet didDismissWithBut
tonIndex:(NSInteger)buttonIndex
25{
26}
```

```
27
28// Cancel Button 버튼을 터치한 경우 실행된다.
29- (void)actionSheetCancel:(UIActionSheet *)actionSheet
30{
31}
```

4라인의 − (void)actionSheet:(UIActionSheet *)actionSheet clickedButtonAtIndex: (NSInteger)buttonIndex은 버튼이 터치된 경우 실행되는 메소드다. 9라인의 − (void)willPresentActionSheet:(UIActionSheet *)actionSheet은 화면이 표시되기 전에 실행된다. 14라인의 − (void)didPresentActionSheet:(UIActionSheet *)actionSheet은 화면이 표시된 후에 실행된다. 19라인 − (void)actionSheet:(UIActionSheet *)actionSheet willDismissWithButtonIndex:(NSInteger)buttonIndex은 특정 버튼을 눌러서 종료되기 전에 실행되는 메소드이다. 24라인 − (void)actionSheet:(UIActionSheet *)actionSheet didDismissWithButtonIndex:(NSInteger)buttonIndex은 특정 버튼을 눌러서 종료된 후에 실행된다. 29라인 − (void)actionSheetCancel:(UIActionSheet *)actionSheet은 "Cancel" 버튼을 터치한 경우 실행되는 메소드이다.

이 중에서 첫 번째 버튼이 터치된 경우 실행되는 메소드를 구현해보자.

[소스 5-21] UIActionSheet 델리게이트 − iQRReaderViewController.m

```
1. #pragma mark - UIActionSheetDelegate
2.
3. - (void) actionSheet: (UIActionSheet*) sheet clickedButtonAtIndex:
(NSInteger) idx
4. {
5.     // cancle 버튼 클릭 시
6.     if(idx == sheet.cancelButtonIndex)
7.         return;
8.
9.     // image save 버튼 클릭 시
10.    idx -= sheet.firstOtherButtonIndex;
11.    if(!idx)
12.        UIImageWriteToSavedPhotosAlbum(imageView.image, nil,
NULL, NULL);
13.}
```

− (void)actionSheet: (UIActionSheet*) sheet clickedButtonAtIndex:

(NSInteger) idx 메소드는 버튼이 클릭된 후 실행된다. 6라인에서 액션시트 "Cancel" 버튼을 누르면 이전 화면으로 돌아가고 12라인에서 "이미지 저장" 버튼을 누르면 UIImageWriteToSavedPhotosAlbum에 의하여 앨범에 해당 이미지가 저장된다.

## 5.9 웹 페이지 열기

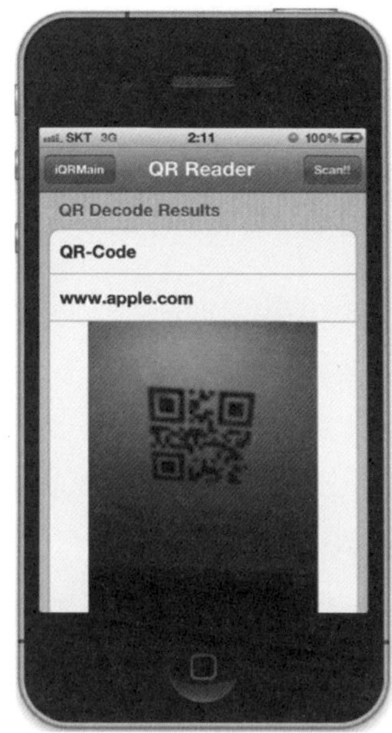

[그림 5-40] 검색된 링크로 웹 페이지 열기



```objc
1. // 중요! - 셀을 선택했을 때 호출되는 메소드 - indexPath는 선택된 셀의 NSIndexPath 객체
2. -(void)tableView:(UITableView *)tableView didSelectRowAtIndexPath
:(NSIndexPath *)indexPath
3. {
4.     [tableView deselectRowAtIndexPath:indexPath animated:YES];
5.
6.     // 데이터 라인 선택 시 – 해당 링크로 이동
7.     if(indexPath.row == 1) {
8.        if(![dataLabel.text hasPrefix:@"http://"]) {
9.            dataLabel.text = [NSString stringWithFormat:
@"http://%@", dataLabel.text];
10.        }
11        NSURL *url = [NSURL URLWithString:dataLabel.text];
12.        [[UIApplication sharedApplication] openURL:url];
```

```
13.    }
14.    // 이미지 라인 선택 시 - ActionSheet 생성
15.    else if(indexPath.row == 2) {
16.       ……
17.    }
18.}
```

검색된 QR 링크를 클릭했을 때 웹브라우저로 연결하여 해당 주소를 출력하는 기능을 구현해보자. iOS에 탑재된 웹브라우저는 사파리(Safari)이다. 검색된 www.apple.com을 클릭하면 해당 사이트로 이동한다.

데이터 셀을 클릭하면 -(void)tableView:(UITableView *)tableView didSelectRowAtIndexPath:(NSIndexPath *)indexPath 함수가 호출된다.

12라인 [[UIApplication sharedApplication] openURL:url];을 이용하여 실행 중인 앱을 중단하고 모바일 사파리를 띄워서 해당 웹 사이트에 접속할 수 있다. 이 함수를 잘 활용하면 URL 정보에 따라 메일을 보낼 수도 있고, 전화를 걸 수도 있으며, SMS를 보낼 수도, 지도를 볼 수도 있다. [[UIApplication sharedApplication] openURL:[NSURL URLWithString:@"tel://01090000000"]];처럼 사용하면 01090000000으로 전화를 거는 기능을 구현할 수 있다(참고 사이트 : http://wiki.akosma.com/IPhone_URL_Schemes).

## 마무리

지금까지 우리는 QR 코드 프로그램을 만들어 보았다. QR 코드 앱은 QR 코드를 인식하고 생성하는 기능을 갖고 있다. 이 방식을 조금 더 응용하면 포탈에서 제공하는 QR 앱처럼 다양한 기능을 제공하는 프로그램을 만들 수 있다. 또한 자신만의 QR 명함 앱을 만들어 활용할 수도 있다. 이번 장에서 살펴본 핵심은 오픈 소스를 활용하는 방법이다. 오픈 소스를 이용하면 강력한 기능을 쉽고 빠르게 구현할 수 있다. 오픈 소스를 활용해 보다 다양한 앱을 작성해보자.

# 효율적인 iOS 디버깅 방법

프로그램을 개발할 때 가장 어렵고 지루한 부분이 어디일까? 아마도 디버깅 과정일 것이다. 디버깅은 프로그램에서 발생하는 온갖 버그를 찾고 고치는 작업을 반복하는 지루한 과정이다. 그렇다면 조금 더 효율적으로 디버깅을 하려면 어떻게 해야 할까? 지금부터 몇 가지 방법에 대해 소개한다.

### Xcode를 제대로 활용하자.

iOS 개발에 가장 중요한 도구는 누가 뭐래도 애플이 제공하는 Xcode이다. Xcode에는 정말 많은 기능이 숨어있다. 전쟁터에 나가기 전에 군인은 자신이 갖고 있는 무기의 사용법을 정확히 익혀야 한다. 앱스토어에 프로그램을 올리고 판매하기 위해서 개발자가 가장 먼저 신경 쓸 부분은 자신이 사용할 도구인 Xcode에 대해서 자세히 알아야 한다는 것이다. 이 부분은 서점에 출간된 책들과 인터넷을 활용하면 다양한 정보를 손쉽게 구할 수 있다.

### 메모리를 잘 사용하자.

대부분의 디버깅 프로그램에서 가장 이슈가 되는 부분은 Retain, 오브젝트, 변수, 레퍼런스 카운트, 브레이크 포인트 등 메모리 관련 분야이다. 메모리 사용시 원칙은 적당한 크기로 적당히 할당하고, 사용한 메모리는 반드시 회수한다는 것이다. 메모리 누수는 instruments 툴을 이용해 확인할 수 있다.

### 콘솔 출력 메시지를 잘 활용하자.

Xcode는 뛰어난 디버깅 기능을 제공한다. 원하는 값의 변화를 도구를 통해 손쉽게 확인할 수 있다. 그렇지만, 비동기 값의 변화나 대량의 데이터가 빠르게 처리될 경우에는 콘솔 화면에 직접 변화된 값을 출력해보는 것이 좋다.

### iOS 애플리케이션 구조를 정확히 이해하자.

대부분의 초보 개발자들은 iOS 애플리케이션 구조를 정확히 파악하는데 시간을 쓰지 않는다. 어떤 원리로 어떻게 작동하는지 근본적인 부분을 알지 못하면, 향후 닥쳐올 엄청난 버그를 감당하기 어려워진다. 특성을 정확히 파악하고 프로그램을 정교하게 설계해야 나중에 고생을 하지 않게 된다.

### 내가 겪고 있는 문제는 이미 누군가 겪었다.

프로그램을 작성하다 발생하는 문제는 거의 예외 없이 이미 누군가 경험했던 경우가 많다. 따라서, 검색을 통해 현재 발생한 문제점을 쉽게 해결할 수 있는 경우가 많다. 디버깅 능력은 검색 능력과 비례한다.

# Chapter 06

# 만화책 뷰어(myComicViewer)

아이폰과 아이패드의 최대 장점은 책이나 영화 같은 디지털 자료를 휴대하고 다니면서 쉽게 활용할 수 있다는 점이다. 이런 이유로 애플 앱스토어에 등록된 앱들 중에 상당수가 디지털 자료를 볼 수 있는 뷰어 관련 프로그램들이다. 이번 장에서는 만화책을 쉽고 간편하게 읽을 수 있는 앱을 작성해 볼 것이다. 이 앱을 만들면서 공부도 하고 자신이 직접 작성한 앱을 활용해 재미있는 만화도 읽어보자.

- 앱 주소 : http://itunes.apple.com/us/app/
  mycomicviewer/id525691413?l=ko&ls=1&mt=8
- 앱 이름 : mycomicviewer

– 만화책 뷰어 기본 만들기

– UIGesture Recognize

iOS를 이용해서 나만의 만화책 뷰어를 만들어보자.

1. 압축 파일 라이브러리(zip file library)를 활용하자.

2. UIScrollView의 사용 방법을 학습하자.

3. NSFileManager 사용 방법을 익힌다.

4. NSUserDefaults를 이용해서 사용자 Data를 저장하는 방법을 알아보자.

5. UIGesture를 사용해 페이지를 넘기는 기능을 넣어보자.

휴대성을 강조한 작은 화면의 아이폰에 비해 아이패드는 9.7인치의 큰 화면을 갖고 있다. 휴대하기에 다소 불편함이 있지만 책을 읽거나 신문, 잡지를 보고 동영상을 감상하기에는 아이폰보다 최적화되어 있다. 처음 아이패드의 프로토타입이 공개되었을 때는 단순히 화면만 커진 아이폰이라는 평가가 지배적이었다. 그렇지만 아이패드를 사용해본 독자들은 아이패드가 단순히 화면만 큰 아이폰이 아니라는 사실을 알게 되었다. 아이폰이 스마트폰 시장을 열었다면, 아이패드는 태블릿 PC 시장을 열어놓은 장본인이다.

## 1.1 아이패드의 등장과 이북(e-book) 시장의 재발견

2010년 1월 27일 샌프란시스코에서 처음 아이패드가 공개되었다. 그 당시는 아이폰의 대성공으로 사람들에게 있어, 애플의 차세대 제품에 대한 기대감이 최고조에 달했던 시점이었다. 스티브 잡스 애플 최고 경영자가 2000년 초부터 심혈을 기울여 개발해왔던 아이패드는 발표 순간 혹평과 찬사를 동시에 받는 핫 이슈 IT 기기였다. 닌텐도의 이와타 사토루 사장은 "아이패드는 단순히 화면이 커진 아이팟에 불과하다."라고 혹평했다. 이와는 반대로 안철수씨는 "큰 흐름의 모티브를 던졌다는 점에서 큰 의미가 있는 큰 사건이다."라는 평가를 내렸다. 당시 수많은 전문가들의 평가나 블로거들의 평가가 서로 엇갈리고 있었다. 시장에 아이패드가 출시되자 이러한 논란은 순식간에 종식되었다. 아이패드는 지금껏 소비자들이 접하지 못한 새로운 세상을 열어주었다.

사람들이 아이패드에 열광을 한 이유는 무엇일까? 그 해답은 아이패드의 화면 크기에 있다. 아이패드의 9.7인치 화면은 기존 PC 화면에 비해서는 상대적으로 작지만 휴대하기 적당하고 아이폰의 작은 화면으로는 보여 주기 힘들었던 많은 정보를 보여 줄 수 있는 마법의 크기를 갖고 있었다. 아이패드 출시와 더불어 등장한 iBooks 앱은 아이패드가 전자책에 최적화되어 있다는 사실을 소비자에게 확신시켰다. iBooks 앱은 북스토어 서비스와 연계되어 앱스토어에 이어 새로운 에코 시스템을 만들어냈다. 북스토어로 불리는 이북 시장에 애플이 진입하면서 애플의 강력한 컨텐츠 확보 능력이 다시 한번 입증되었다. 주요 출판사와 제휴를 통해 다수의 전자책 컨텐츠를 북스토어에 확보하였다.

물론, 아이패드 이전에도 전자책 시장은 존재하고 있었다. 그렇지만 흑백 화면에 밋밋한 글자만 나오는 경쟁 제품에 비해, 아이패드는 얇고 가벼우며, 빠르고 화려한 컬러를 제공하는 전자책을 소비자에게 머릿속에 각인시켰다.

[그림 6-1] 애플 아이패드2와 아마존 킨들 파이어

애플 아이패드를 통해 뜨겁게 불붙은 이북 시장은 컨텐츠 소비의 패러다임에 큰 변화를 일으켰다. 이를 통해 컨텐츠의 중요성이 재확인되었고, 컨텐츠를 쉽게 사용할 수 있는 장비에 대한 수요를 촉발했다. 예를 들어 아마존 태블릿 PC인 "킨들 파이어"는 2011년 11월 14일부터 판매되기 시작하였다. 출시 가격은 199달러로 원가를 밑도는 저렴한 가격이었다. 원가를 밑도는 가격으로 출시한 킨들 파이어로 아마존은 어떻게 돈을 벌 수 있을까? 아마존은 킨들 파이어의 판매를 통한 수익이 아니라 에코 시스템을 통해 수익을 창출하고 있다. 즉, 저렴한 킨들 파이어는 아마존 에코 시스템의 미끼 상품으로 아마존 클라우드에 펼쳐진 책, 음악, 영화 등의 다양한 컨텐츠를 유통하고 최종 소비하는 장치이다.

킨들 파이어를 통한 아마존의 공격적인 전략은 다른 기업들의 전략에도 영향을 미치고 있다. 아마존과 같은 전략을 애플이나 마이크로소프트, 구글 등의 업체도 펼치고 있다.

아이패드를 등장으로 촉발된 컨텐츠 소비의 변화는 이젠 멈출 수 없는 시대의 큰 흐름이 되었다. 이런 흐름 속에서 개발자에게 중요한 것은 무엇일까? 그것은 바로 소비자가 더 효율적으로 컨텐츠를 사용할 수 있도록 보다 개선된 인터페이스와 다양한 기능을 갖춘 훌륭한 앱을 만들어 내는 것이다. 즉, 컨텐츠를 사용자가 보다 잘 소비할 수 있도록 방법을 제시해 주는 것이다. 이번 장에서 만들어볼 만화책 뷰어는 이러한 앱 중 하나이다. 지금부터 소비자가 컨텐츠를 보다 잘 활용하고 소비할 수 있도록 멋진 앱을 만들어보자.

## 1.2 만화책 뷰어를 만들어보자.

이 장에서는 수많은 뷰어 중에서도 만화 이미지를 보여 주는 가장 간단하면서도 뷰어
로써 필수적인 기능을 다 갖추고 있는 만화책 앱을 만들어 볼 것이다. 대다수의 뷰어
들은 비슷한 방식으로 컨텐츠를 보여 주고 있기 때문에 이번에 작성할 앱을 활용하면
다양한 형태의 뷰어 프로그램을 작성할 수 있는 아이디어도 얻을 수 있을 것이다.

### 경쟁 제품 분석

기존 제품에 대한 분석을 통해, 우리가 만들 앱의 기능을 정의해보자. 앱스토어에는
다양한 종류의 만화책 뷰어가 등록되어 판매되고 있다. 만화책 뷰어의 컨텐츠 구입 방
법에 따라 서비스형과 비서비스형으로 나눌 수 있다. 서비스형은 컨텐츠를 온라인에
서 필요할 때마다 구매해서 보는 방식이고, 비서비스형은 사용자가 직접 컨텐츠를 구
해서 아이패드/아이폰에 복사해 넣는 방식이다. 이번 장에서 작성할 만화책 뷰어는 비
서비스형 방식으로 작성해보자.

**[표 6-1] 컨텐츠 구매 방식에 따른 앱 구분**

| 구분 | 설명 |
| --- | --- |
| 서비스형 | 앱 내에서 만화책을 구매해서 볼 수 있는 형태.<br>대부분 이런 스타일의 앱은 앱 자체는 무료로 공급되며, 다운받는 컨텐츠에 요금을 부과한다. |
| 비서비스형 | 앱스토어에서 프로그램만 구입하는 방식<br>비서비스형 방식은 앱을 유료로 판매하는 경우가 많으며, 다양한 포맷의 사용자 컨텐츠를 처리하도록 만들어진다. |

현재 앱스토어에 등록되어 있는 대표적인 비서비스형 만화책 뷰어는 다음과 같다.

- PDF/Comic Reader Bookman
- Comic Zeal Comic Reader
- iComic – comic reader
- ComicGlass
- iComic Viewer Pro 외

이들 프로그램의 주요 기능과 특징을 정리해보자.

**[표 6-2] 경쟁 제품 기능 분석표**

| 기능 | PDF/Comic Reader Bookman | Comic Zeal Comic Reader | iComic –comic reader | ComicGlass | iComic Viewer Pro |
| --- | --- | --- | --- | --- | --- |
| 지원 포맷 | PDF, CBR, CBZ, RAR, ZIP | PDF, CBR, CBZ, RAR, ZIP | CBZ, ZIP | PDF, CBR, CBZ, RAR, ZIP | CBR, CBZ, RAR, ZIP |
| 컨텐츠 추가 방식 | iTunes, FTP, URL, app(pdf), e-mail | iTunes, Drop Box, wifi | iTunes, FTP, URL | iTunes, 전용 미디어 서버 | iTunes, FTP, HTTP, URL |
| 책장 UI 지원 | O | O | X (list 방식) | O | X |
| 페이지 나눔 기능 | O | O | O | O | O |
| 검색기능 | O | X | X | X | X |
| 북마크 | O | O | X | O | O |
| 마지막 페이지 기억 | O | O | O | O | O |
| 클라우드 연동 | dropbox 지원 | dropbox 지원 | X | X | X |
| 기타 | web browser 내장, | groupping 기능 | 큰 사이즈 사진도 지원 | Image filter 처리 | 다양한 import 방식 |

경쟁 제품 기능을 분석해 보면 만화책 뷰어가 제공해야 할 기본 기능이 어떤 것인지 파악할 수 있다. 또한 어떤 기능을 넣어야 차별화시킬 수 있는지도 확인할 수 있다. 이를 바탕으로 우리가 작성할 만화책 뷰어의 기본 기능과 추가 기능을 다음처럼 정리해 보자.

〈기본 기능〉

- 압축된 이미지 파일 지원 (zip 파일 포맷만 지원)
- 가로 화면 지원
- 전체 화면 지원
- 터치 제스츄어를 이용해서 화면 이동
- 핀치/줌 제스츄어 지원
- 마지막 본 페이지로 이동 기능
- 양면 이미지를 나누어서 보여 주는 기능

〈추가기능〉

- FTP를 이용한 파일을 업로드 기능
- 아이폰/아이패드 동시 지원

본격적인 앱 작성 이전에 앱을 어떻게 설계할지 고민해보자. 우선 앱이 어떻게 사용될 것인지 사용자 관점에서 사용 시나리오를 생각해보고, 이를 바탕으로 개발을 정리한 후 개략적인 화면 디자인을 만들어보자.

## 2.1 사용 시나리오

사용자 관점에서 만화책 뷰어에 추가할 기능을 생각해보자. 우리가 작성할 앱은 비서비스 형태로 앱 자체에서 만화책을 구매하는 기능 대신, 외부에서 사용자가 컨텐츠를 넣어 사용하는 형태로 만들 것이다. 즉, 만화책 뷰어를 위한 별도의 만화책 온라인 스토어를 만들지 않을 것이다. 만화 컨텐츠는 여러 이미지 파일을 압축한 형태로 만들어야 한다. 왜냐하면, 보통 만화책 한 권은 수백장의 이미지 파일로 구성되어 있기 때문에, 만화책 한 권에 해당하는 이미지들을 하나의 파일로 묶어 관리하는게 바람직하다.

[그림 6-3] 파일을 아이폰으로 복사하기

만화책 파일은 아이튠즈를 사용해 아이폰이나 아이패드에 복사할 수 있어야 한다. 애플 아이튠즈을 사용하면 [그림 6-3]처럼 아이폰/아이패드로 파일을 손쉽게 복사할 수 있다. 만약, 아이튠즈를 사용할 수 없는 환경이나 사용 자체가 번거롭다면, FTP 기능을 사용해 웹페이지에 파일 올리는 개념으로 만화책을 만화책 뷰어에 올리는 기능을 이용하면 상당히 편리할 것이다. FTP 개념을 이용한 컨텐츠 입출력 방법을 이번 장에서 작성할 만화책 뷰어에 적용해 볼 것이다.

만화 파일을 앱으로 이동시키면 만화책 뷰어 앱은 만화 파일 정보를 분석해 테이블 형태로 화면에 출력할 것이다. 이 상태에서 사용자가 특정 만화 파일을 선택하면 선택한 만화 파일을 스토리지에서 읽어들인다. 만약 이전에 읽었던 만화책이라면, 최근 읽었던 마지막 페이지로 화면을 이동시킨다. 스와이프 제스츄어(화면을 손가락으로 좌, 우로 빠르게 드래그하는 동작)로 다음 페이지나 혹은 특정 페이지로 이동할 수도, 원하는 특정 페이지를 선택할 수도 있다.

여기서 잠깐만 | 제스츄어

| | 용어 | 설명 |
|---|---|---|
| | 싱글 탭(Single Tap) | 화면을 가볍게 터치하는 동작 |
| | 더블 탭(Double Tap) | 화면을 빠르게 두번 터치하는 동작 |
| | 플릭(Flick) 혹은 스와이프 (swife) | 화면을 이동할 때 쓰는 동작으로 화면 터치 후 원하는 방향으로 빠르게 손가락을 이동시킨 후에 떼는 동작 |
| | 드래그(Drag) | 화면 터치 후 원하는 방향으로 이동시키는 동작(화면에서 손가락을 떼지 않는 상태 유지) |
| | 롱프레스(Long Press) | 터치후 1~2초 정도 계속 누르고 있는 동작 |
| | 로테이트(Rotate) | 두 손가락 터치후 시계방향 혹은 반시계방향으로 회전시키는 동작(한손으로 해도 됨) |
| | 핀치(Pinch) | 사진을 확대/축소 시에 사용되는 제스츄어로 두 손가락을 터치 후 손가락을 모으거나 벌리는 동작 |

참고: lukew.com (http://goo.gl/Dzxzl)

만화책 뷰어 앱은 유니버셜 스타일의 앱이다. 유니버셜 스타일이란 하나의 바이너리로 아이폰과 아이패드의 화면에 각각 최적화 할 수 있도록 만들 수 있는 프로그램 개발 방식이다. 이번 장에서는 우선 만화책 뷰어를 아이폰용으로 작성한 후 유니버설 앱으로 변경해 볼 것이다.

## 2.2 개발할 기능 정리하기

구상하기 단계에서 살펴본 주요 기능을 구체화해 보면 다음과 같다.

- 도큐먼트 폴더에서 파일 목록 가져오기
- zip 파일에서 이미지 파일 목록/데이터 가져오기
- UITableView를 통해서 파일 목록을 사용자에게 보여 주기
- UIImageView를 통해서 이미지 보여 주기
- UIScrollView를 통해서 줌 구현하기
- UIGestureRecorgnizer를 통해서 사용자의 제스츄어를 인식하고 페이지 넘기기
- NSUserDefaults를 통해서 만화 파일의 정보를 기록해서 이후에 사용하기

### 개발 순서

구상하기 단계에서 만들어진 프로토타입을 바탕으로 실제 앱을 어떻게 개발해야 할까? 우선 화면 UI를 먼저 설계한다. PC 프로그램과 달리 모바일 환경 개발에서는 사용자 UI의 중요성이 상대적으로 크게 부각된다. 따라서, UI를 먼저 설계한 후 기능을 개발하기 위한 모듈의 개발, 그리고 이를 연동하는 프로그램 개발 단계를 거쳐 앱을 작성하게 된다.

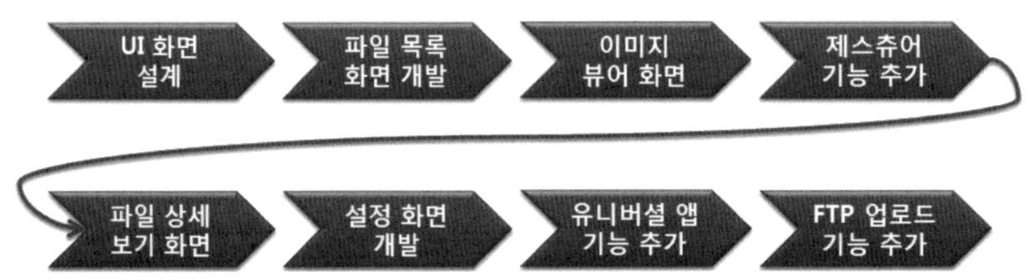


[그림 6-4] 개발 순서

UI 화면 설계가 1차적으로 완료되면 각 화면별로 개발을 진행한다. 우리가 작성할 iOS 앱은 규모가 작기 때문에 화면을 중심으로 코드를 개발할 것이다. 만약, 프로그램 규모가 커진다면, 모듈을 중심으로 기능을 구현하고, MVC(Model, View, Control) 개념을 적용해 프로그램을 작성하는 것이 좋다. 일반적인 프로그램 개발 방식은 기본 설계, 상세 설계, 화면 설계 등으로 설계 부분을 세분화하여 기능을 구현하고 이를 단위, 통합, 시스템 테스트로 구분해 성능을 검증하는 과정을 거쳐 개발하게 된다.

## 03 UI 구성하기

화면 설계를 할 때는 종이나 화이트보드에 직접 그려보는 것이 좋다. 머리 속에 떠오르는 생각을 곧바로 그려보고, 내용을 수정하고 토론하기에는 역시 종이에 스케치하는 방법이 가장 효율적이다. 물론 여러 사람과 의견을 공유하고 조금 더 체계화된 디자인 시안을 만들어야 한다면 앞장에서 소개한 발사믹 같은 UI 디자인 툴을 사용하는 것이 좋다. 앱 개발의 초기 단계에는 앱의 UI를 어떻게 설계하고, 이들 화면 간의 이동은 어떻게 정의하고, 이동할 때 서로 넘겨줘야 하는 데이터는 어떻게 만들 것인가를 정확히 정의하는 것이 중요하다. 아이폰 앱을 작성할 때 무엇보다 중요한 것은 사용자가 기능을 쉽게 사용할 수 있는 UI를 구성하는 것이다. 사용하기 어려운 앱을 계속 사용할 사용자는 없다.

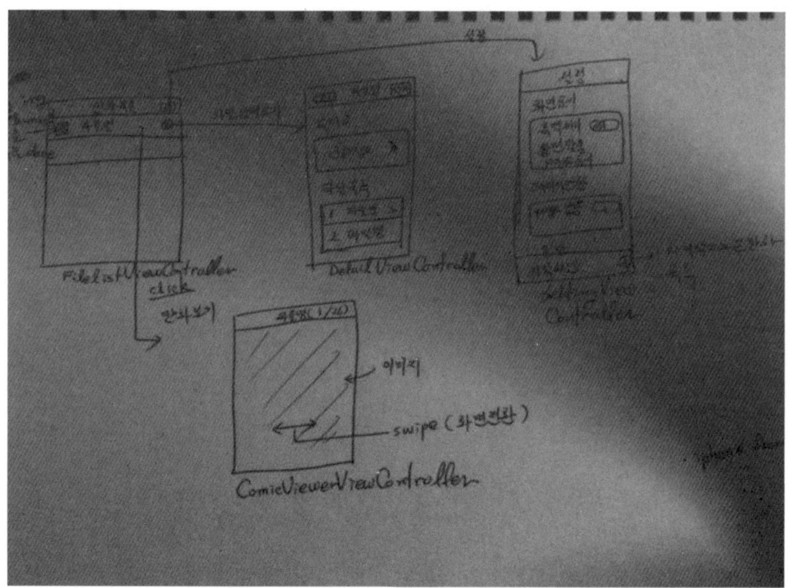


[그림 6-5] 화면 흐름 설계 및 화면 설계 프로토타입

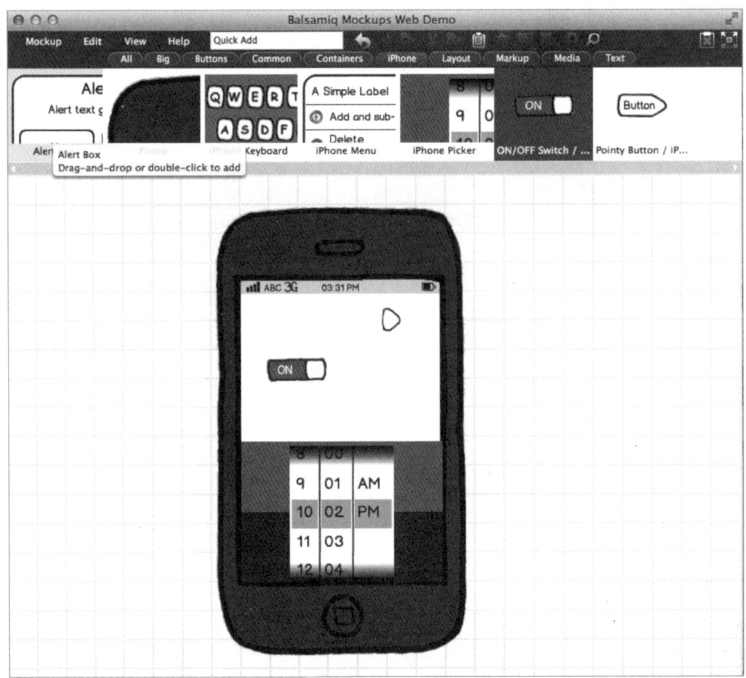

[그림 6-6] 발사믹으로 화면 UI 설계



여기서 잠깐만  │ 화면 UI 가이드 │

아이폰/아이패드 앱을 만들다보면 어떤 식으로 화면을 설계해야 할지 막연한 경우가 많다. 이럴 때는 애플에서 제공하는 "iOS Human Interface Guideline"를 참고하는 것이 좋다. 이 문서에는 iOS 앱에서 보편적으로 지켜야 하는 기준들이 명시되어 있다. 여기서 주의해야할 점이 하나 있는데, 애플은 자사 가이드라인을 준수하지 않는 앱에 대해서 앱스토어의 등록을 거부하는 경우가 종종 있다. 그렇지만 문서의 내용을 따르지 않는다고 해서 모든 앱을 거부하지는 않는다. 따라서, 다른 앱과의 차별화를 위해 새로운 인터페이스를 적용하려는 노력을 지속해야 한다.

‖‖‖ 참고 문서 : iOS Human Interface Guideline (http://goo.gl/1AGXu)

만화책 뷰어를 구성하는 화면은 총 4개이다. 등록된 만화 파일 목록을 보여주는 화면, 만화 파일 속의 이미지 목록을 보여주는 화면, 만화 이미지를 보여주는 화면 그리고 앱의 설정 값을 수정할 수 있는 화면이 있다.

## 3.1 파일 목록 보여주기

이 화면은 현재 가지고 있는 만화책 파일 목록을 보여 준다. 아이튠즈 혹은 FTP를 이용해 복사한 파일들이 테이블뷰를 통해서 보여진다. 사용자는 이 화면을 통해서 자신이 원하는 만화 파일을 선택할 수 있다.

[그림 6-7] 만화 파일 목록 화면

목록 화면에는 버튼이 여러 개 있다. 그중 하나가 화면 오른쪽 위의 + 아이콘이다. + 아이콘을 누르면 FTP 서버를 동작시킨다. FTP 서버가 동작되면 접속할 IP가 출력되고 사용자는 FTP 클라이언트를 이용해 간편하게 만화책 파일을 앱으로 전송할 수 있다.

화면 왼쪽 아래 버튼은 앱 설정 화면으로 이동할 때 사용된다. 테이블 셀을 클릭하면 이미지 화면으로 이동하고 셀의 ">" 버튼을 클릭하면, 파일 목록을 볼 수 있는 상세 정보 화면으로 이동한다.

## 3.2 상세 정보 화면

상세 정보 화면은 만화책 압축 파일에 대한 세부 정보를 출력하는 부분으로 만화 파일에 포함되어 있는 이미지 파일을 볼 수 있다. 특정 이미지 파일을 보고 싶다면, 이 화면을 통해 바로 확인할 수 있다. 화면에 표시할 정보가 많지만 이번 장에서는 파일 목록만을 출력하도록 구현할 것이다. 만약 추가적인 기능을 구현하고자 한다면 아래 정보를 출력할 수 있도록 코드를 작성해보자.

||||| 마지막으로 파일을 읽었던 날짜

||||| 만화책 파일 사이즈

[그림 6–8] 상세 정보 화면

## 3.3 이미지 화면

[그림 6–9] 이미지 화면

만화 이미지를 사용자에게 보여주는 화면이다. 이 화면은 사용자가 만화를 편리하게
볼 수 있도록 다음과 같은 기능들을 제공한다.

첫째로 줌 기능을 가지고 있다. 핀치 제스추어를 통해서 만화 이미지를 확대하거나 축소할 수 있다. 아이폰은 화면이 작기 때문에 이미지 확대 기능을 추가해 사용자가 만화를 불편함 없이 볼 수 있도록 배려해야 한다.

둘째로 페이지 넘김 기능이다. 다음 페이지로 넘기기 위해서 버튼을 사용하지 않고 스와이프 제스츄어를 통해서 화면 넘김을 할 수 있도록 한다. 마치, 종이책을 넘기듯이 손가락으로 만화책 페이지를 자연스럽게 넘길 수 있도록 코드를 작성해야 한다.

셋째로 페이지 자름 기능이다. 만화 이미지가 두 페이지가 하나의 이미지로 되어 있다면 페이지를 잘라서 한 페이지만을 보여 줄 수 있는 기능을 갖춰야한다. 이 기능 활성화는 설정 화면에서 변경할 수 있다.

마지막으로 툴바 및 상태바 숨김 기능이다. 아이폰은 화면이 작기 때문에 화면을 최대한 활용하기 위해서 만화를 볼 때 불필요한 툴바와 상태바를 숨겨서 만화 이미지를 조금이라도 더 크게 볼 수 있도록 해야 한다.

툴바의 오른쪽 버튼은 "상세보기" 버튼으로 이동시키는데 원하는 만화 페이지로 빠르게 이동하기 위해서 사용되는 버튼이다.

## 3.4 설정 화면

[그림 6-10] 설정 화면

만화 뷰어는 설정값들을 지정하는 기능을 갖고 있다. 설정 화면은 앱 전체적으로 적용할 설정값들을 확인하거나 변경하기 위한 화면이다. 설정 화면의 설정값들은 다음과 같다.

- ▥ 페이지
  - 화면 맞춤 : 만화 이미지를 화면에 맞출 때의 기준 (가로, 세로, 전체)
  - 이미지 자르기 : 한 이미지에 두 페이지가 동시에 있을 때 나누어 출력하는 기능
- ▥ 화면 전환
  - 애니메이션 : 다음 페이지로 이동할 때 애니메이션을 표시할지를 설정
  - 페이지 넘김 방향 : 페이지 넘기는 방향을 설정

앱스토어에 등록된 만화책 앱들을 보면 설정할 수 있는 값이 상당히 많이 있다. 이번 장에서 작성할 만화책 앱은 필수적인 몇 가지 설정값만을 처리하도록 만들었다.

## 04 프로그램 설계하기

화면 UI 설계를 마쳤다면 이제 본격적으로 프로그램 설계를 해보자. 실제 코드를 작성하기 전에 만화책 앱의 전체적인 모습을 설계해보자. 프로그램 설계시에 많이 사용하는 클래스 다이어그램을 이용해 전체 프로그램의 구조를 알아보자.

### 4.1 만화책 뷰어 클래스 다이어그램

[그림 6-11]은 만화책 뷰어 앱의 클래스 다이어그램이다. 컨트롤러 클래스들이 앞에서 설명한 화면과 1:1로 매핑되도록 구성을 했다. FilelistViewController는 파일 목록 화면을 DetailViewController는 상세 파일 정보를 ImageViewerViewController는 만화 이미지를 보여 줄 것이다. 마지막으로 SettingViewController를 통해서 앱의 설정을 변경하는 화면을 제공한다. 화면 이외에 ZIP 압축파일을 다루기 위한 ZipArchive 클래스와 만화 파일의 정보를 담을 ComicInfo 클래스가 있다. ComicInfo는 만화 파일의 경로 및 마지막으로 보았던 페이지 정보를 저장하는 기능을 처리한다.

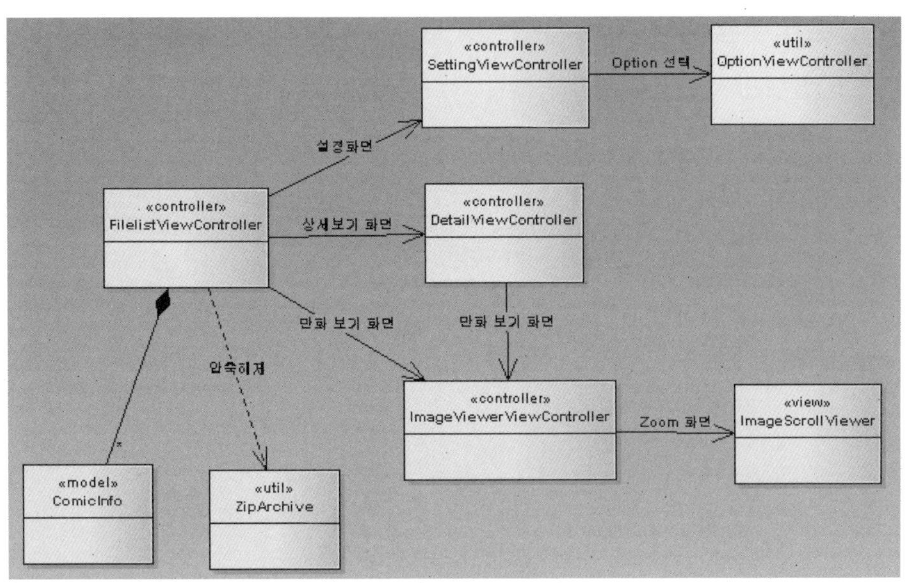


[그림 6-11] 만화책 뷰어 클래스 다이어그램

클래스 다이어그램을 보면 앱이 전체적으로 FilelistViewController를 중심으로 구성된 것을 알 수 있다. 즉 FilelistViewController의 파일 목록에서 만화 파일을 선택하면 이미지 보기 화면이나 상세 화면으로 이동한다. 화면을 전환할 때는 iPhone의 네비게이션 컨트롤러를 이용하도록 하자. 네비게이션은 만화책 앱과 같이 마스터-디테일 구성으로 되어 있는 앱을 만들 때 유용하다.

앱을 작성할 때 필요한 클래스들을 나열해보고 그들간의 관계를 클래스 다이어그램을 통해서 정리해보았다. 책에서는 설계 부분을 최대한 단순하게 표현하고 있으나 실제 개발시에는 설계 부분을 최대한 상세하게 기술해야 한다. 정교한 설계 과정은 개발 기간의 단축 및 문제 발생시 대응 능력을 극대화 시켜준다. 특히, 설계 과정에서 프로그램의 구조상의 문제점이 발견되면 쉽게 수정해 대응할 수 있게 된다.

## 05 개발하기

지금부터 만화책 뷰어를 실제로 개발해보자. 설계 과정을 거치며 만들어진 프로그램 설계도를 가지고 코드를 작성해보자. 앞서 설명한대로 화면 단위로 설계를 진행하고 마지막 부분은 유니버셜 앱으로 변경해 볼 것이다. 또한 FTP 서버 기능을 추가하는 부분의 코드도 개발할 것이다.

## 5.1 프로젝트 만들기

앱 작성을 위해 먼저 Xcode 프로젝트를 하나 만들자. 만화책 뷰어 앱은 여러 화면으로 이동하고 각 화면들이 계층 구조를 가지고 있다. 즉, 첫 화면에서 파일 목록을 선택하고 선택된 파일 속의 이미지 목록을 볼 수 있다. 그리고 그 목록의 한 이미지를 선택해 보여준다. 이런 구조의 앱을 작성할 때는 보통 네비게이션 컨트롤러를 이용하는게 좋다.

Navigation-based Application template를 이용해서 프로젝트를 하나 만들어 보자. XCode 4.2 이상을 사용하고 있다면 http://10apps.tistory.com/2를 참조해서 템플릿을 설치해야 한다.

│││ **Product Name** : myComicViewer

│││ **Company Identifyer** : com.icarus.myComicViewer

> **여기서 잠깐만** ▌코드 정리를 위한 그룹(group) 기능 ▌
>
> Xcode는 코드 정리를 위한 그룹(group) 기능을 제공한다. 이 기능을 사용하면 원하는 화면과 기능별로 소스를 관리할 수 있다.
>
> 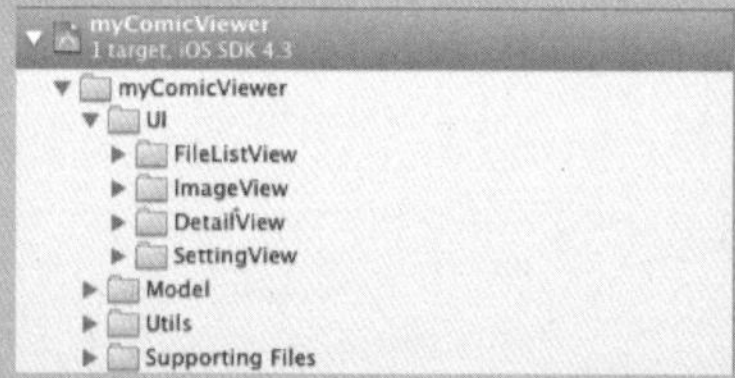
>
> [그림 6-12] myComicViewer의 그룹들
>
> 화면 UI별로 관련 파일들을 나누어 그룹을 지정했다. UI, FileListView, … 등의 이름은 실제 폴더가 아닌 관리의 편리성을 위해 Xcode에서만 보이는 그룹 이름이다. 프로그램의 크기가 커지면 관리할 소스 코드의 개수가 증가하게 된다. 이럴 경우, 연관된 파일을 그룹으로 구분하면 코드를 관리하기 쉬워진다.

## 5.2 파일 목록 화면 작성

만화 파일을 조회해서 목록을 보여 주기 위한 화면으로 UITableView를 사용해서 화면에 리스트를 보여 줄 것이다. 파일 목록을 만들기 위해 Documents 폴더에 있는 만화 이미지 압축 파일을 검색해야 한다.

### UITableViewController를 상속 받는 클래스 생성

우선, 기본으로 만들어진 RootViewController를 프로젝트에서 제거해야 한다. 파일 목록을 리스트 형태로 보여 주기 위해서 UITableViewController를 상속받은

FileListViewController 파일을 만들어보자.

파일을 위치시킬 그룹(Group)를 선택한 후에 메뉴에서 [File]–[New]–[New File]을
선택하거나 **Command** + **N** 단축키를 통해서 새로운 파일을 생성한다. Cocoa Touch에
서 UIViewController를 상속받는다. UITableViewController를 상속받는 파일을
만들고 XIB는 생성하지 않는다.

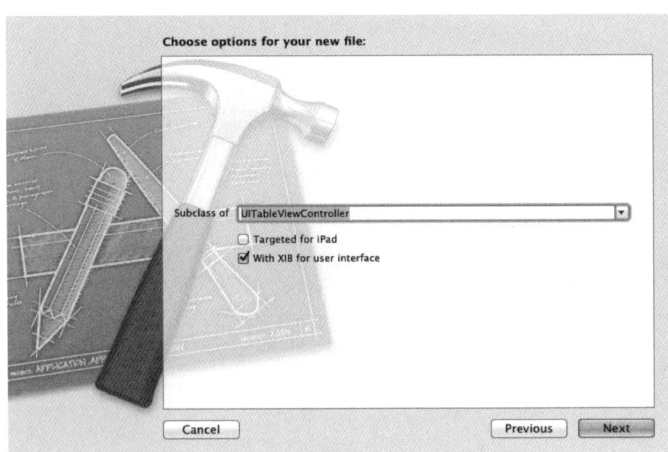


[그림 6–13] FilelistViewController 생성(Xcode 4.2 이전 버전)

UITableViewController는 UITableView를 메인뷰로 가진 UIViewController이
다. 여기서, UIViewController의 view 프로퍼티가 테이블뷰 객체를 가리킨다. 내부
적으로 UITableView를 가지고 있기 때문에 목록만을 가지고 있는 화면을 구성할 때
쉽게 구현할 수 있다.

[소스 6–1] 파일 목록 화면 헤더 파일 – FileViewController.h

```objc
@interface FilelistViewController : UITableViewController {

    ….
    // 만화 파일 이름들
    NSMutableArray *files;

    // 만화의 상세 정보
    NSMutableDictionary *comicInfos;
    ….
}
    ….
// 검색된 파일 목록
@property (nonatomic, retain) NSMutableArray *files;
```

// 만화 목록 정보  List로 새로 갱신되는 정보가 있으면 이 변수를 수정해야 한다.

```
@property (nonatomic, retain) NSMutableDictionary *comicInfos;

@end
```

FileViewController는 두 종류의 데이터를 가지고 있는데 바로 files과 comicInfos가 그것이다. files는 앱 도큐먼트 폴더에 있는 만화 파일들의 경로명이 들어가고, comicInfos은 각 만화 파일들의 상세 정보가 들어간다. FileViewController의 테이블뷰로 표시할 정보는 두 가지로 파일명과 이전에 만화 파일을 읽었는지에 대한 정보를 표시된다. 파일명은 files에서 읽은 정보는 comicInfos에서 얻을 수 있다. comicInfos는 Dictionary 객체로 파일명으로 상세정보 객체인 ComicInfo 객체를 얻을 수 있다.

[소스 6-2] 만화 정보를 저장할 모델 클래스 – ComicInfo.h

```
 1 : enum {
 2 :     kComicBookReadDone,    ///< 모두 읽음
 3 :     kComicBookReading,     ///<   읽는 중
 4 :     kComicBookReadNotYet   ///< 읽지 않음.
 5 : };
 6 :
 7 : typedef NSInteger ComicBookStatus;
 8 :
 9 : @interface ComicInfo : NSObject <NSCoding> {
10 :     NSString *path;               // 만화 압축 파일 경로
11 :     NSDate   *lastModified;        // 만화 파일의 최종 변경 시간
12 :     NSArray  *files;               // 만화 이미지 목록
13 :     NSInteger lastPage;            // 마지막으로 읽은 페이지 수
14 :     NSDate   *lastAccess;          // 마지막으로 사용했던 시간
15 : }
16 :
17 : @property(nonatomic, retain) NSString  *path;
18 : @property(nonatomic, retain) NSDate    *lastModified;
19 : @property(nonatomic, retain) NSDate    *lastAccess;
20 : @property(nonatomic, retain) NSArray   *files;
21 : @property(nonatomic, assign) NSInteger lastPage;
22 :
23 : // 책을 읽은 정보를 반환
24 : - (ComicBookStatus) readStatus;
25 : // 만화 파일(Zip파일)에서 원하는 이미지의 Data를 가져온다.
26 : - (NSData*) imageFilePathAt:(NSInteger)index;
27 : // 읽은 정보(0 ~ 100 %)
28 : - (CGFloat) percentForRead;
29 : // 현재의 정보 파일과 주어진 path의 정보가 같은지 확인
```

```
30 : // file이 update 되었는지 확인하기 위해서 사용
31 : - (BOOL) isEqualComic:(NSString*) path;
32 :
33 : @end
```

[소스 6-3] 만화 정보를 저장할 모델 클래스 – ComicInfo.m

```
 1 : @implementation ComicInfo
 2 : @synthesize path, lastModified, files, lastPage, lastAccess;
 3 : - (void) dealloc
 4 : {
 5 :     [lastAccess release];
 6 :     [path release];
 7 :     [lastModified release];
 8 :     [files release];
 9 :     [super dealloc];
10 : }
11 : ....
12 : @end
```

그럼 상세 정보에는 어떤 것들이 있을까? 이 클래스가 관리하는 정보는 다음과 같다.

- 파일 경로 (path)
- 파일의 수정 시간 (lastModified)
- 마지막으로 만화를 보았던 시간 (lastAccess)
- 파일 내부의 이미지 파일 목록 (files)
- 마지막으로 보았던 이미지의 인덱스 (lastPage)

lastPage는 이미지 목록인 files의 인덱스 값으로, 마지막으로 읽었던 이미지로 바로 가기 위해서 사용되는 값이다.

## 도큐먼트 폴더를 검색

먼저, 도큐먼트 폴더의 파일 목록에 표시할 파일들의 목록을 구해보자. iOS에서 파일 시스템과 관련된 조회, 삭제, 생성과 같은 기능들 구현하기 위해서는 SDK가 제공하는 NSFileManager를 사용해야 한다. NSFileManager는 파일 이동, 복사, 삭제, 링크, 파일 정보 조회를 위한 API를 제공한다. NSFileManager를 사용해서 도큐먼트 폴더에 있는 파일 목록을 얻어보자.

[소스 6-4] 파일 목록 조회 – FilelistViewController.m

```objc
 1 : - (void)viewWillAppear:(BOOL)animated
 2 :   {
 3 :       [super viewWillAppear:animated];
 4 :
 5 :      // 화면이 보일 때마다 현재 이미지를 다시 업데이트한다.
 6 :      [self reloadData];
 7 :   }
 8 :
 9 :  // 현재 폴더에서 만화 파일로 허용된 확장자를 가진 파일 목록을 갱신한다..
10 : - (void)reloadData
11 :   {
12 :     // File Manager 생성
13 :     NSFileManager *fileManager = [NSFileManager defaultManager];
14 :
15 :     if ([fileManager fileExistsAtPath:path] == NO){
16 :         return;
17 :     }
18 :
19 :     // 주어진 경로의 파일들을 조회
20 :     NSArray *tempArray = [[NSArray alloc] initWithArray:
[fileManager contentsOfDirectoryAtPath:path error:NULL]];
21 :     [files removeAllObjects];
22 :
23 :     // 주어진 경로에 있는 파일과 폴더를 구분해서
24 :     // 폴더는 dirs에 파일은 files에 저장한다.
25 :     for (NSString *file in tempArray)
26 :     {
27 :         BOOL isDir;
28 :         BOOL exists = [fileManager fileExistsAtPath:file
isDirectory:&isDir];
29 :         if (exists && isDir) {
30 :             [dirs addObject:file];
31 :         } else if (extensions != nil && [extensions count] > 0) {
32 :             NSString *extension = [[file pathExtension]
lowercaseString];
33 :             if ([extensions containsObject:extension]) {
34 :                 [files addObject: file];
35 :             }
36 :         }
37 :     }
38 :
39 :
40 :     // 테이블을 갱신한다.
41 :     [self.tableView reloadData];
42 :     [tempArray release];
43 : }
```

폴더 검색은 파일 목록 화면이 나타날 때마다 수행된다. 1라인의 viewWillAppear: 메소드는 화면이 나타나기 직전에 호출되는 메소드이다. 이 메소드에서 reloadData를 호출해서 화면을 갱신한다. NSFileManager을 쓰기 위해서 13라인처럼 객체를 얻어온다. 먼저 도큐먼트 폴더가 있는지 검사를 한 후 fileExistsAtPath: 메소드는 주어진 경로의 파일이 존재하면 YES 아니면 NO를 반환한다. 유사 메소드로 fileExistsAtPath:isDirectory: 메소드가 있는데 예제의 28라인처럼 대상이 파일인지 디렉토리인지 확인할 때 사용한다.

20라인에서 주어진 경로의 파일 목록을 구한다. contentsOfDirectoryAtPath:를 사용하고 있는데 얻어지는 목록은 파일과 디렉토리 목록이 모두 포함된다. 우리가 필요한 것은 파일이므로 폴더는 28~31라인에서 걸러낸다. 마지막으로 파일 확장자를 검사해 ZIP 확장자를 갖는 파일만 처리하도록 코드를 작성한다(33~35라인).

파일 목록이 만들어지면 41라인처럼 테이블을 갱신하여 화면에 표시한다. 다시 정리하자면 주어진 경로(앱의 도큐먼트 디렉토리)의 파일 중에서 ZIP 파일을 구해서 화면에서 출력하는 것이다. NSFileManager에 대한 자세한 내용은 http://goo.gl/aYUz3을 참고하자.



애플에서 제공되는 API들은 명명 규칙이 있다. 이 규칙을 알고 있다면, 애플이 제공하는 수많은 API들을 보다 쉽게 파악할 수 있다. 우선 viewWillAppear라는 API를 보면 이름에서 메소드의 동작을 짐작할 수 있다. 메소드 이름을 그대로 해석하면 이 메소드는 화면에 보이기 직전에 호출될 것이라고 짐작할 수 있다. 비슷한 다른 메소드를 보자. 이 메소드들은 UIViewController의 메소드들이다.

- viewWillAppear: 화면에 나타나기 직전에 호출되는 메소드
- viewDidAppear: 화면에 나타난 직후에 호출되는 메소드
- viewWillDisappear: 화면에서 사라지기 직전에 호출되는 메소드
- viewDidDisappear: 화면에서 사라지고 난 직후에 호출되는 메소드

API를 보면 Will, Did라는 단어가 보이는데 Will은 어떤 동작을 하기 직전에 Did는 동작 직후에 호출되는 메소드를 나타낼 때 쓰인다. 비슷하게 Should라는 단어가 포함된 메소드는 어떤 동작을 하기 전에 동작해도 되는지를 물어보기 위한 메소드에 쓰인다.

## 파일 목록을 화면에 표시

앞에서 구했던 파일 목록을 화면에 표시해보자. files 변수에 포함되어 있는 목록을 테이블뷰로 표시하면 된다. iOS에서 테이블뷰를 통해서 데이터를 표시하기 위해서는 UITableViewDataSource를 정의해야 한다. 데이터를 테이블뷰에 표시할 수 있도록 데이터를 제공하는 역할을 하는 UITableViewDataSource를 구현해보자.

```objc
1 : - (NSInteger)tableView:(UITableView *)tableView numberOfRowsInS
ection:(NSInteger)section
2 : {
3 :     // 검색된 파일 갯수.
4 :     return [files count];
5 : }
6 :
7 : - (UITableViewCell *)tableView:(UITableView *)tableView
cellForRowAtIndexPath:(NSIndexPath *)indexPath
8 : {
9 :     // 테이블에 사용할 셀(Cell)을 생성
10 :     NSString *CellIdentifier = @"briefCell";
11 :     UITableViewCellStyle cellStyle =
UITableViewCellStyleDefault;
12 :
13 :     if (fileListMode == kFileListDetailMode ) {
14 :         CellIdentifier = @"detailCell";
15 :         cellStyle = UITableViewCellStyleSubtitle;
16 :     }
17 :
18 :     UITableViewCell *cell = [tableView dequeueReusableCellWithI
dentifier:CellIdentifier];
19 :     if (cell == nil) {
20 :         cell = [[[UITableViewCell alloc] initWithStyle:
cellStyle reuseIdentifier:CellIdentifier] autorelease];
21 :     }
22 :
23 :     // Cell에 표시할 내용을 만든다.
24 :     NSString *filename = [files objectAtIndex:indexPath.row];
25 :     NSString *selectedFilePath = [self.path
stringByAppendingPathComponent:filename];
26 :     ComicInfo* info = [self.comicInfos
objectForKey:selectedFilePath];
27 :
28 :     NSDateFormatter* formatter = [[NSDateFormatter alloc]
init];
29 :     [formatter setDateStyle:NSDateFormatterLongStyle];
30 :     [formatter setTimeStyle:NSDateFormatterNoStyle];
31 :
32 :     // 파일명과 마지막으로 읽은 시간을 표시한다.
33 :     cell.textLabel.text = filename;
34 :     cell.accessoryType = UITableViewCellAccessoryDetailDisclosu
reButton;
35 :
```

```
36 :
37 :        [formatter release];
38 :
39 :        // set reading status(icon으로 표시)
40 :        cell.imageView.image = [UIImage imageNamed:@"markReadNot.
png"];
41 :        if (info != nil) {
42 :            ComicBookStatus status = [info readStatus];
43 :            if ( status == kComicBookReading )
44 :            {
45 :                cell.imageView.image = [UIImage imageNamed:
@"markReading.png"];
46 :            } else if( status == kComicBookReadDone )
47 :            {
48 :                cell.imageView.image = [UIImage imageNamed:
@"markReadDone.png"];
49 :            }
50 :        }
51 :
52 :        return cell;
53 : }
```

[그림 6-14]는 UITableDataSource 구현을 위한 두 개의 필수 메소드를 보여주고
있다. 이 두 메소드는 테이블뷰를 구현할 때 사용되며, FileViewController에 구현되
어 있다.

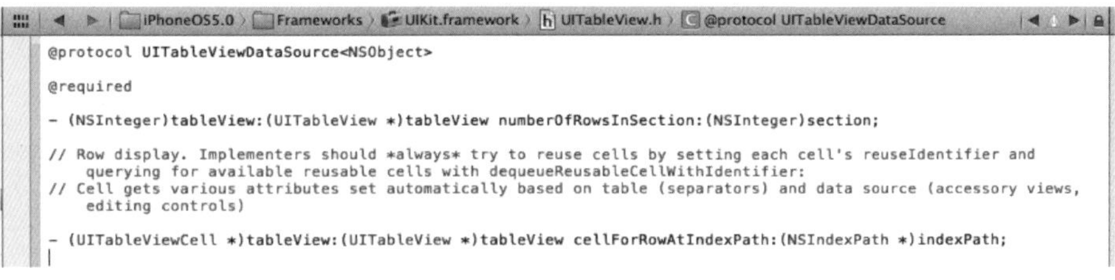


[그림 6-14] UITableViewDataSource 프로토콜

두 개의 필수 메소드는 다음과 같은 정보를 제공한다. 하나는 테이블에 표시할 셀의
총 개수가 몇개인지? 그리고 표시할 셀은 어떤 모양이어야 하는지? 테이블뷰의 입장
에서는 이러한 두 가지 정보가 필요하다. 1~5라인은 표시할 정보의 개수를 테이블뷰
에 전달한다. 우리가 표시할 정보는 파일 목록이므로 파일의 개수만큼 셀이 필요하다.

이제 표시할 셀을 정의해보도록 하자. 9~21라인에서 표시할 셀을 만든다. 셀은 모
든 정보를 표시할 개수만큼 만드는 것이 아니라 화면에 필요한 만큼만 만들면 된다.

18~21라인에서 현재 사용하지 않는 셀이 있는지를 확인해 객체를 생성한다. 그리고
화면에 표시할 문자열을 만들어서 셀의 값을 설정한다.

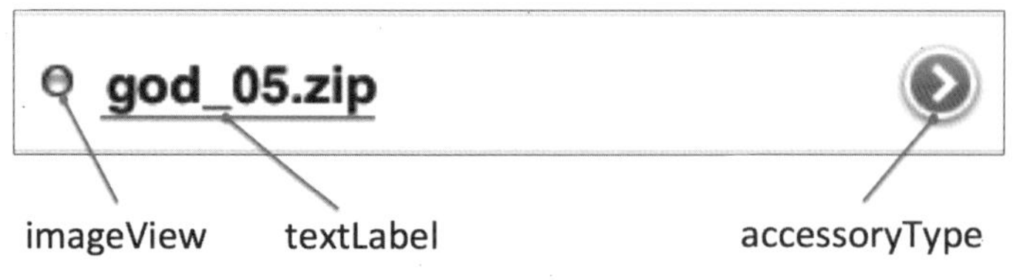



[그림 6-15] FileListViewController의 테이블뷰 셀

40~50라인은 만화책 뷰어 앱의 현재 읽은 이미지 파일을 로드해 셀의 imageView
프로퍼티에 설정한다. textLabel 값은 파일명을 구해서 표시한다. 마지막으로 34라
인에서 accessoryType을 DisclosureButton으로 설정해서 화살표가 있는 버튼을
표시한다.

## Zip으로 압축된 만화 파일을 목록을 가져오기

여기까지 하면 만화 파일을 조회해서 화면에 표시할 수 있게 되었다. 이후에 목록에
표시된 항목 중에서 하나를 선택해서 상세 보기 혹은 이미지 보기 화면으로 이동하는
다음 화면에서 표시할 정보를 구해야 한다. 즉, 만화 파일을 검색해서 내부에 있는 이
미지 목록을 구해야 한다.

[소스 6-6] 테이블 항목을 선택했을 때 호출되는 메소드 – FilelistViewController.m

```
 1 : - (void)tableView:(UITableView *)tableView didSelectRowAtIndexP
ath:(NSIndexPath *)indexPath
 2 : {
 3 :     // table view를 사용자가 이상 동작 방지를 위해서 사용하지 못하도록 설정.
 4 :     [self.tableView setUserInteractionEnabled:NO];
 5 :
 6 :     // Loading 화면 표시
 7 :     LoadingView *loadingView = [LoadingView
loadingViewInView:self.view];
 8 :
 9 :     dispatch_async(dispatch_get_global_queue(
DISPATCH_QUEUE_PRIORITY_DEFAULT, 0), ^{
10 :
11 :         // 만화 상세 정보 조회
12 :         ComicInfo* info = [self comicInfoOfSelected:[self.path
stringByAppendingPathComponent:[files objectAtIndex:indexPath.row]]];
13 :
```

```
14 :            // Loading 화면 제거
15 :            [loadingView removeView];
16 :
17 :            dispatch_async(dispatch_get_main_queue(), ^{
18 :                // UI thread에서 다음 화면 전환를 한다.
19 :                // UI 관련 작업은 반드시 UI Thread에서 해야 한다.
20 :
21 :                NSString *NibName = @"ImageViewerViewController";
22 :                ImageViewerViewController *viewController =
[[ImageViewerViewController alloc] initWithNibName:NibName bundle:nil];
23 :                viewController.info = info;
24 :                [self.navigationController pushViewController:viewC
ontroller animated:YES];
25 :                [viewController release];
26 :
27 :                // 사용자가 사용할 수 있도록 활성화
28 :                [self.tableView setUserInteractionEnabled:YES];
29 :            });
30 :
31 :        });
32 : }
```

[소스 6-6]은 테이블뷰에 표시한 만화 파일 목록 중에 하나를 클릭했을 때 호출되는
UITableViewDelegate를 위한 메소드이다. 우선, 이 함수는 동작 과정 중에 만화 파
일을 조회해서 만화 이미지 목록을 조회하는 작업을 하는데, 이때 처리 작업이 다소
오래 걸릴 수 있기 때문에 "Loadding.."이라는 메시지를 7라인에서 화면에 표시한
다. 그리고 comicInfoOfSelected: 메소드를 이용해 만화 파일 이미지 목록을 조회
하고, 기타 다른 정보들도 12라인에서 화면에 표시한다. 이 함수에서 눈여겨 볼 것은
dispatch_async 구문이다.

이 함수는 GCD(Grand Central Dispatch) 함수이다. GCD는 iOS 4.0부터 추가되
었다. GCD의 가장 큰 장점은 멀티코어 프로그램을 쉽게 할 수 있다는 것이다. 멀티코
어를 사용하고 있는 기기는 아이패드2와 아이폰 4S 이후 기기들이다. 만약, 싱글코어
를 사용하고 있다하더라도 GCD를 사용하면 멀티 스레드 처리가 더 쉬워진다. 즉, 멀
티코어, 멀티 스레드 프로그램 작성시에 GCD를 사용하면 소스 코드가 간결해진다.

GCD를 사용하기 위해서는 블럭(Block) 개념을 먼저 알아야 한다. 블럭은 데이터처럼
취급되면서 함수처럼 실행을 시킬 수 있는 코드의 묶음이다. 예를 들어보자.

```
1 : int sum_to(int val) {
2 :     int ret = 0;
3 :     for(int i=1; i < val+1; ++i) {
4 :         ret += i;
5 :     }
6 :     return ret;
7 : }
8 :
9 : sum_to(100);
10 :
11 : int (^sum_to_block)(int) =  ^(int val){
12 :     int ret = 0;
13 :     for(int i=1; i < val+1; ++i) {
14 :         ret += i;
15 :     }
16 :     return ret;
17 : };
18 :
19 : sum_to_block(100);
```

[소스 6-7]은 1부터 100까지의 합을 구하는 함수와 블럭 코드들이다. 1~7라인까지는 함수로 정의한 것이다. 반면 11~17라인은 블럭으로 정의한 코드이다. 함수 내부는 동일하게 val라는 변수를 받아서 합을 구한다. 하지만 11라인의 선언 부분을 보면 변수에 할당하는 것과 비슷하다. 블럭은 로직을 데이터처럼 변수에 할당할 수 있다. 그리고 19라인에서 보여주고 있는 것처럼 호출도 가능하다.

로직을 데이터처럼 다룰 수 있다면, 다음과 같은 장점들이 제공된다.

① **코드를 함수 내부에서 정의할 수 있다.**

기존의 스레드 코드를 작성할 때의 문제점은 스레드를 통해서 실행할 코드를 반드시 함수로 분리해야 한다는 것이다. 이렇게 되면 스레드를 호출하는 부분과 실행되는 부분이 분리가 되어서 코드 관리의 문제뿐만 아니라 코드도 이해하기 어렵게 된다. 관련된 코드는 최대한 같은 곳에 있어야 관리가 쉽다. 블럭은 함수 내부에서도 정의을 할 수 있기 때문에 코드를 관리하기 쉬워진다.

② **코드를 파라미터로 넘길 수 있다.**

코드를 파라미터로 다른 함수에 넘길 수 있다. 이런 특징은 기존의 함수 포인터를 사용할 수도 있다.

③ **코드가 간결해진다.**

스레드를 이용해서 어떤 작업을 하고자 할 때 함수를 따로 만들지 않고 함수를 호출할 때 실행할 코드를 작성할 수 있게 되었다. 함수를 쓰지 않기 때문에 코드가 줄고 함수의 파라미터를 이용하지 않고, 데이터를 사용할 수도 있어 코드가 간결해진다.

```
int multiplier = 7;
int (^myBlock)(int) = ^(int num) {
    return num * multiplier;
};
```

multiplier 변수는 파라미터로 전달되지 않았지만 블럭내부에서 사용할 수 있다. 보다 더 자세한 내용은 애플의 가이드 문서 http://goo.gl/6luEf를 참고하자.

다시 [소스 6-6]으로 돌아가 보자. 17~29라인까지의 내용을 요약해보면 다음과 같다.

```
    dispatch_async(dispatch_get_global_queue(DISPATCH_QUEUE_
PRIORITY_DEFAULT, 0), ^{


    // [CodeBlock #1]
    //다른 Thread에서 처리해야 하는 명령을 이곳에서 수행한다.
    // 이 부분에서 수행되는 code는 다른 Thread(Task Queue라는 용어가 더 맞다)에서
수행된다.



    dispatch_async(dispatch_get_main_queue(), ^{
        // [CodeBlock #2]
        // Main Thread (UI Thread)에서 처리해야 하는 코드는 이쪽에 작성한다.
        // UI 관련 명령들을 모두 Main thread에서 해야 안전하다.
    });
});
```

"^{ …}" 부분은 블럭으로 dispatch_async 함수를 통해서 주어진 큐(global_queue)에 할당이 되어 실행된다. 즉, 비동기 실행을 한다. 이 코드만 보아도 기존 스레드 API를 사용하는 것에 비해서 코드가 상당히 간결해진 것을 알 수 있다. 내부에 dispatch_async 부분이 또 있는데, 이전 코드와 다른 점은 큐가 메인 큐라는 것뿐이다. 메인 큐는 메인 스레드 즉, UI 스레드를 의미한다. UI 스레드를 사용해서 코드를 실행시킨다.

다시 정리를 해보면 CodeBlock #1을 비동기로 실행시키고, 실행이 완료되면 UI 스레드를 사용해서 CodeBlock #2를 실행시켜 UI 화면을 갱신시키는 것이 예제 코드의 목적이다. UI 코드는 반드시 UI 스레드에서 실행시켜야 원하는 동작을 기대할 수 있다. UI 로직은 UI 스레드 이외의 스레드로 실행을 시키면 이상 동작을 하게 된다. 이런 문제는 안드로이드나 윈도우폰 등 다른 스마트폰 플랫폼에서도 동일하게 나타나는 문제들이다. 각각의 플랫폼 별로 해결 방법이 있지만 목적은 위에서 설명한 것과 같다. 즉, UI 조작은 UI 스레드에서 실행시켜야 한다.

GCD에 관련된 자세한 사항은 http://goo.gl/fvfNv를 통해서 더 자세히 알아볼 수 있다.

[소스 6-8] 도큐먼트 폴더의 만화 파일을 분석하는 메소드 – FilelistViewController.m

```objc
 1 :  // 테이블에서 선택한 만화의 상세 정보를 구함
 2 :  // 이미 정보가 있다면 메모리에서, 그렇지 않다면 파일에서 정보를 추출한다.
 3 : - (ComicInfo*) comicInfoOfSelected:(NSString *)filepath
 4 : {
 5 :     // check comic info in memory
 6 :     if ( [self.comicInfos valueForKey:filepath] != nil ) {
 7 :         ComicInfo* info = [self.comicInfos valueForKey:filepath];
 8 :         info.lastModified = [NSDate date];
 9 :         return info;
10 :     }
11 :
12 :     // if no, extract info from file.
13 :     ComicInfo* info = [[ComicInfo alloc] init];
14 :     info.path = filepath;
15 :     info.lastModified = [NSDate date];
16 :
17 :     // read files in zip file
18 :     ZipArchive *za = [[ZipArchive alloc] init];
19 :     if ([za UnzipOpenFile:filepath]) {
20 :
21 :         info.files = [za UnzipFileList:allowImages];
22 :         [za UnzipCloseFile];
23 :     }
24 :     [za release];
25 :
26 :     [self.comicInfos setObject:info forKey:filepath];
27 :     return [info autorelease];
28 : }
```

사용자가 테이블뷰에서 하나의 셀을 선택한 후 실제 이미지를 보려면 선택한 파일에 대한 상세 정보가 필요하다. 상세 정보로는 파일 내부의 이미지 목록과 마지막으로 보았던 파일 인덱스 같은 기록들이다. 이런 정보를 구하기 위한 코드가 [소스 6-8]에 기술되어 있다.

6-10라인은 기존의 데이터를 self.comicInfos에서 찾아보고 만약, 찾는 정보가 있다면 해당 객체를 반환한다. 만약, 기존 파일이 없다면 13라인에서 객체를 하나 만들고 18~24라인에서 ZIP으로 된 파일을 읽어서 내부의 이미지 파일 목록을 구한다. 데이

터가 만들어졌다면 self.comicInfos에 저장을 해두고 다음에 정보를 재활용할 수 있도록 한다.

ZIP파일에서 정보를 조회하는 방법은 ZipArchieve라는 오픈 소스를 이용했다(http://goo.gl/wDP3K). ZipArchieve에서 필요한 기능은 파일 목록인데 관련 기능이 없어서 소스를 약간 수정해 사용했다. 수정된 내용은 곧이어 설명할 것이다.

**여기서 잠깐만** | **ZipArchieve 라이브러리** |

ZipArchieve 라이브러리(library)는 Zip 파일을 생성, 파일 추출 및 추가 등에 사용되는 minizip을 Objective C 클래스로 래핑(wrapping)한 것이다. MIT라이센스로 배포되고 있어 상업적으로 이용해도 전혀 문제가 없는 오픈 소스이다.

## ZipArchieve 라이브러리 추가

zip 파일은 Phil Katz가 작성한 pkzip 압축 프로그램에 사용된 포맷으로 하나 이상의 파일을 압축해서 저장하기 위한 포맷이다. 우리는 zip 파일을 다루기 위해서 ZipArchive library를 이용할 것이다. ZipArchive는 내부적으로 minizip 라이브러리를 이용한다. ZipArchive는 minizip을 obj-c 클래스로 래핑(wrapping)한 클래스로 쉽게 사용자가 사용하도록 해준다.

ZipArchieve를 프로젝트에 적용하기위해 http://goo.gl/wDP3K에서 소스를 다운받는다. 그리고 다운받은 파일을 풀어서 소스를 프로젝트에 추가시킨다. 제공하고 있는 예제에서는 다음 경로 소스를 복사해 두었다.

```
$(SRCROOT)/thirdparty-lib/ZipArchieve
```

이렇게 해서 ZipArchieve를 사용할 준비는 끝났다. 하지만 현재의 ZipArchieve를 그대로 프로젝트에서 쓰지는 못한다. 우리가 원하는 기능이 빠져있기 때문이다. 따라서 ZipArchieve를 조금 수정해보도록 하겠다.

## ZipArchieve 라이브러리 수정

ZipArchieve는 c로 작성된 minizip을 오브젝티브 C로 래핑을 한 것이다. 래핑을 하면서 필요한 기능만 API로 제공하고 있다. 예를 들어서 zip 파일을 특정 디렉토리에 모두 풀어버리는 기능이 있다. 반대로 특정 디렉토리의 파일을 압축할 수도 있다. 하지만 myComicViewer에서 필요한 다음과 같은 기능이 빠져 있다.

빠진 기능을 추가해보자. ZipArchieve는 MIT 라이센스를 쓰고 있으므로 수정하는 것도 허용되니 마음껏 수정해보도록 하겠다.

**[소스 6-9] zip파일을 분석하는 클래스 - ZipArchive.h**

```
 1 : // UnzipFileList에서 반환할 Entry 값.
 2 : @interface ZipEntry : NSObject <NSCoding> {
 3 : @private
 4 :     // 파일이름
 5 :     NSString* filename;
 6 :     // index in zipfile
 7 :     NSInteger zipIndex;
 8 : }
 9 :
10 : @property (nonatomic, retain) NSString* filename;
11 : @property (nonatomic, assign) NSInteger zipIndex;
12 : @end
13 :
14 :
15 : @interface ZipArchive : NSObject {
16 :     ....
17 : -(NSArray*) UnzipFileList:(NSArray*)extentions;
18 : -(NSData*) UnzipDataOfIndex:(NSInteger)index;
19 :     ....
20 : @end
```

ZipArchive 클래스에 두 개의 메소드를 추가할 것이다. 하나는 압축 파일의 정보 리스트를 가져오는 함수(17라인), 또 다른 하나는 특정 인덱스의 파일을 압축이 풀린 데이터를 가져오는 함수(18라인)이다. Minizip API를 쓰는 방법은 모르지만 ZipArchieve의 다른 API를 참조해서 만든다.

**[소스 6-10] 특정 인덱스의 파일을 데이터로 가져오기 - ZipArchive.mm**

```
 1 : -(NSData*) UnzipDataOfIndex:(NSInteger)index
 2 : {
 3 :     BOOL success = YES;
 4 :     int count = 0;
 5 :   int ret = unzGoToFirstFile( _unzFile );
 6 :   unsigned char   buffer[512*1024];
```

```
 7 :   if( ret!=UNZ_OK )
 8 :   {
 9 :      [self OutputErrorMessage:@"Failed"];
10 :   }
11 :
12 :      for( int i=0; i<index;++i)
13 :      {
14 :          ret = unzGoToNextFile( _unzFile );
15 :          if( ret!=UNZ_OK || UNZ_OK==UNZ_END_OF_LIST_OF_FILE )
return nil;
16 :      }
17 :
18 :      if( [_password length]==0 )
19 :          ret = unzOpenCurrentFile( _unzFile );
20 :      else
21 :          ret = unzOpenCurrentFilePassword( _unzFile, [_password
cStringUsingEncoding:NSASCIIStringEncoding] );
22 :      if( ret!=UNZ_OK )
23 :      {
24 :          [self OutputErrorMessage:@"Error occurs"];
25 :          success = NO;
26 :          return nil;
27 :      }
28 :
29 :      NSMutableData *data = [[[NSMutableData alloc]
initWithCapacity:64*1024] autorelease];
30 :
31 :      while (TRUE)
32 :      {
33 :          int read = 0;
34 :          read=unzReadCurrentFile(_unzFile, buffer, sizeof(buffer));
35 :          if( read > 0 )
36 :          {
37 :              [data appendBytes:buffer length:read];
38 :          }
39 :          else if( read<0 )
40 :          {
41 :              [self OutputErrorMessage:@"Failed to reading zip
file"];
42 :              break;
43 :          }
44 :          else
45 :              break;
46 :      }
47 :
48 :      unzCloseCurrentFile( _unzFile );
```

```
49 :
50 :     return data;
51 : }
```

[소스 6-10]은 zip 파일에서 특정 인덱스의 데이터를 조회하는 API를 보여주고 있다. 소스의 대부분은 ZipArchieve의 다른 부분을 가져와서 사용했다. zip 파일은 파일 하나하나를 데이터 블럭으로 나누어 저장한다. 따라서 파라미터로 받는 인덱스는 몇 번째 블럭의 데이터를 가져와야 하는지를 의미한다.

zip 파일에서 특정 인덱스를 가기 위해서 첫 번째 블럭으로 이동을 해야 한다(5라인). 그런 다음에 주어진 인덱스만큼 다시 이동을 한다(12~16라인). 이제 zip 파일에서 원하는 블럭을 찾았다. 블럭을 찾으면 데이터를 읽는다(19라인). 읽은 데이터를 버퍼에 저장한다(34, 37라인).

지금까지 간단히 데이터를 가져오는 소스를 살펴보았다. 이런 구조는 파일 리스트를 조회하는 UnzipFileList:에서도 사용된다. 블럭마다 저장된 파일명을 리스트로 만들어서 리턴하는 부분만 다르다.

## 5.3 상세 목록 화면 작성

상세 목록 화면은 File List View에서 선택한 만화 파일의 상세 목록을 보여 주는 역할을 한다. 만화 파일에 대한 상세 정보는 파일 목록 화면에서 구해서 상세 화면으로 데이터를 넘겨 준다. 상세 화면은 만화 파일들의 목록을 보여준다. 만약 특정 페이지로 이동하기 위해서는 원하는 셀을 선택하면 된다. 선택한 만화 이미지 화면으로 이동한다.

### FilelistView에서 DetailView 화면으로 이동

FilelistView의 한 셀에서 선택할 수 있는 영역이 두개가 있다(그림 6-16). 하나는 "〉" 버튼으로 이 영역을 터치하면 상세 보기 화면으로 이동하며, 다른 부분을 클릭하면 ImageView로 화면이 이동한다. 소스 6-10은 "〉" 버튼을 터치했을 때 처리하는 로직이다.

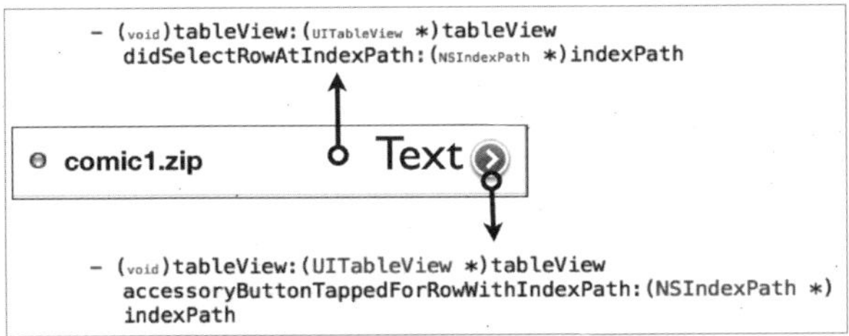


[그림 6-16] 테이블 셀뷰를 클릭했을때 호출되는 메소드



```objc
 1 :  // 상세 보기 버튼을 클릭하면 상세화면(DetailViewController)으로 이동
 2 : - (void)tableView:(UITableView *)tableView
 3 :          accessoryButtonTappedForRowWithIndexPath:(NSIndexPath *)
indexPath
 4 : {
 5 :     ComicInfo* info =
 6 :          [self comicInfoOfSelected:
 7 :          [self.path stringByAppendingPathComponent:
 8 :          [files objectAtIndex:indexPath.row]]];
 9 :     DetailViewController *detailView = [[DetailViewController
alloc]
10 :                          initWithStyle:UITableViewStyleGrouped];
11 :     detailView.info = info;
12 :     [self.navigationController pushViewController:detailView
animated:YES];
13 :     [detailView release];
14 : }
15 :
16 :
17 : // 테이블에서 선택한 만화의 상세 정보를 확인
18 : // 이미 정보가 있다면 메모리에서, 아니면 파일로부터 정보를 추출
19 : - (ComicInfo*) comicInfoOfSelected:(NSString *)filepath
20 : {
21 :     // Cache에 데이터가 있는지 확인
22 :     if ( [self.comicInfos valueForKey:filepath] != nil ) {
23 :         ComicInfo* info = [self.comicInfos valueForKey:filepath];
24 :         info.lastModified = [NSDate date];
25 :         return info;
26 :     }
27 :
28 :     // 데이터가 없으면 압축 파일을 내부 정보를 조회
29 :     ComicInfo* info = [[ComicInfo alloc] init];
30 :     info.path = filepath;
31 :     info.lastModified = [NSDate date];
32 :
33 :     // Zip 파일을 읽음
```

```
34 :        ZipArchive *za = [[ZipArchive alloc] init];
35 :        if ([za UnzipOpenFile:filepath]) {
36 :            // 이미지 파일 목록을 조회
37 :            // allowImages를 통해서 원하는 이미지 확장자를 배열로 전달
38 :            info.files = [za UnzipFileList:allowImages];
39 :            [za UnzipCloseFile];
40 :        }
41 :        [za release];
42 :
43 :        // 캐쉬(cache)에 데이터 기록
44 :        [self.comicInfos setObject:info forKey:filepath];
45 :        return [info autorelease];
46 : }
```

2~14라인에 정의된 함수는 테이블 셀의 "Disclouser" 버튼을 클릭했을 때 호출되는 콜백 메소드이다.

여기서는 선택된 만화 파일의 상세 정보를 구하고 DetailViewController를 생성한다(9~11라인). 그리고 새로 생성한 오브젝트에 정보를 설정하고 화면을 전환하게 된다. 그럼 상세 정보는 어떻게 구할 수 있을까? comicInfoOfSelected: 메소드가 상세 정보를 조회한다. 34~41라인이 정보를 조회하는 부분으로 ZipArchive의 메소드를 이용해 이미지 파일 목록을 가져온다. 이 메소드에 대한 설명은 ZipArchive 클래스에 새로운 메소드를 추가하는 부분에서 설명하였으니 참고하길 바란다.

### 이미지 목록 보여 주기

목록 작성이 완료되면 화면 전환이 이루어진다. 이제는 전환된 화면에서 주어진 정보를 화면에 출력하도록 하자.

**[소스 6-12] 만화 파일의 상세정보 화면**

**DetailViewController.h**

```
 1 : // 만화의 상세 정보를 보여주는 UI
 2 : // 아래와 같은 기능을 제공한다.
 3 : //    - 만화 Image 목록 표시
 4 : //    - 만화 Image를 선택해서 바로 볼 수 있는 기능
 5 : @interface DetailViewController : UITableViewController {
 6 :     ComicInfo        *info;
 7 :     id<DetailViewControllerDelegate> _delegate;
 8 : }
 9 :     ....
10 : @property(nonatomic, retain) ComicInfo        *info;
```

```
11 : @property(nonatomic, assign) id<DetailViewControllerDelegate>
delegate;
12 : @end
13 :
```

**DetailViewController.m**

```
14 : @implementation DetailViewController
15 :     ....
16 : - (NSInteger)tableView:(UITableView *)tableView
numberOfRowsInSection:(NSInteger)section
17 : {
18 :     // 만화 압축 파일에 포함된 이미지 개수
19 :     return [info.files count];
20 : }
21 :
22 : - (UITableViewCell *)tableView:(UITableView *)tableView
cellForRowAtIndexPath:(NSIndexPath *)indexPath
23 : {
24 :     // 셀 객체(object) 얻기
25 :     static NSString *CellIdentifier = @"Cell";
26 :     UITableViewCell *cell = [tableView
dequeueReusableCellWithIdentifier:CellIdentifier];
27 :     if (cell == nil) {
28 :         cell = [[[UITableViewCell alloc] initWithStyle:UITableV
iewCellStyleDefault
reuseIdentifier:CellIdentifier] autorelease];
29 :     }
30 :
31 :     // 이미지 파일명을 화면에 출력
32 :     ZipEntry* entry = [info.files objectAtIndex:indexPath.row];
33 :     cell.textLabel.text = entry.filename;
34 :     cell.textLabel.lineBreakMode = UILineBreakModeMiddleTruncat
ion;
35 :
36 :     return cell;
37 : }
38 :     ....
39 : @end
```

상세 정보를 테이블에 표현하기 위해서 UITableViewController를 상속받아 구현하
였다. 테이블뷰의 셀 개수는 만화 파일의 개수이고 내용은 파일 경로명이다.

여기서 잠깐만 | TableView |

TableView를 사용하는 방법은 여러 가지가 있다. XIB 파일을 이용하는 방법, 수동으로 TableView를 생성하는 방법 그리고 UITableViewController를 상속받는 방법 등이 있다. 이들 방법 중에 어떤 것이 가장 좋다고 말할 수는 없다. 단지 개발자 자신이 편리하고 익숙한 방법을 쓰면 된다. 필자의 경우에는 화면 전체가 UITableView인 경우, UITableViewController를 이용하고 화면의 일부가 UITableView인 경우에는 XIB 파일을 이용한다. 정적 라이브러리(static library)를 만드는 경우에는 소스 코드로 tableview를 생성하는 방법을 사용한다.

## 5.4 이미지 화면 작성

만화책 뷰어 앱의 핵심 기능은 만화 이미지를 보여 주는 기능과 페이지와 페이지 간의 전환을 어떻게 구현하느냐 하는 것이다. 이미지를 UIScrollView를 사용해 표현하는 방법과 페이지 전환하는 방법을 알아보자.

### ScrollView를 이용해서 줌 기능을 구현하기

iOS의 대표적인 UI 인터페이스인 핀치줌(Pinch-Zoom)으로 이미지를 확대하거나 축소하기 위해서 UIScrollView를 상속받는 커스텀뷰를 만들어보자. 여기서 사용한 ImageScrollView는 애플에서 샘플로 제공하는 소스로 우리 앱에 필요한 부분을 일부 추가해 코드를 새로 작성했다.

[소스 6-13] 만화 이미지 화면에서 줌 기능 구현

**ImageScrollView.h**

```
 1 : @interface ImageScrollView : UIScrollView <UIScrollViewDelegate> {
 2 :     UIView          *imageView;
 3 :     NSUInteger       index;
 4 : }
 5 : @property (assign) NSUInteger index;
 6 :
 7 : - (void)displayImage:(UIImage *)image;
 8 :     ....
 9 : @end
10 :
```

**ImageScrollView.m**

```
11 : @implementation ImageScrollView
12 : @synthesize index;
13 :     ....
14 :
```

```objc
15 : #pragma mark -
16 : #pragma mark UIScrollView delegate methods
18 : // 핀치줌(pinch-zoom)으로 이미지를 확대 축소할 때
19 : // zooming 될 view를 지정
20 : - (UIView *)viewForZoomingInScrollView:(UIScrollView *)
scrollView
21 : {
22 :     return imageView;
23 : }
26 : // 화면에 맞는 줌 레벨 찾기
27 : - (CGFloat)zoomScaleForFitMode
28 : {
29 :     Setting *setting = [Setting sharedSetting];
31 :     CGSize boundsSize = self.bounds.size;
32 :     CGSize imageSize = imageView.bounds.size;
34 :     // 최대/최소 줌 레벨 계산
35 :     CGFloat xScale = boundsSize.width / imageSize.width;
36 :     CGFloat yScale = boundsSize.height / imageSize.height;
37 :     CGFloat minScale = MIN(xScale, yScale);
39 :     // 설정에 정의한 맞춤 모드 설정
40 :     switch (setting.fitScreen)
41 :     {
42 :         case kFitScreenHorz:     ///< 가로 화면 맞춤
43 :             return xScale;
44 :         case kFitScreenVirt:     ///< 세로 화면 맞춤
45 :             return yScale;
46 :         case kFitScreenBoth:     ///< 가로, 세로를 고려한 화면 맞춤
47 :             return minScale;
48 :         case kFitScreenNone:     ///< 화면 맞춤 하지 않음
49 :             return 1.0f;
50 :     }
51 :     return 1.0f;
52 : }
54 : - (void)displayImage:(UIImage *)image
55 : {
56 :     // 이전 ImageView 제거
57 :     [imageView removeFromSuperview];
58 :     [imageView release];
59 :     imageView = nil;
60 :
61 :     // 줌 스케일(Zoom Scale)을 1.0으로 초기화
62 :     self.zoomScale = 1.0;
63 :
64 :     // ImageView를 다시 생성 후 추가
65 :     imageView = [[UIImageView alloc] initWithImage:image];
66 :     [self addSubview:imageView];
```

```
67 :
68 :        // scroll view 크기 설정 및 줌 레벨 설정
69 :        self.contentSize = [image size];
70 :        [self setMaxMinZoomScalesForCurrentBounds];
71 :        self.zoomScale = [self zoomScaleForFitMode];
72 : }
```

핀치줌 인터페이스 는 UIScrollView에 이미 구현되어 있다. 우리는 UIScrollView를 상속 받아서 핀치줌 이벤트가 발생할 때 어떤 뷰를 확대/축소시킬 것인지 정하면 된다. 20~23라인에 정의된 viewForZoomingInScrollView: 메소드가 어떤 뷰를 확대하거나 축소할지 알려주는 UIScrollViewDelegate 함수이다.

만화 이미지는 54~72라인에 정의되어 있는 displayImage를 이용해 이미지를 표현한다. UIImageView를 만들어 scrollView에 추가해보자. 이미지 크기가 크거나 작아서 화면 맞춤이 필요한 경우라면 27~52라인의 zoomScaleForFitMode 메소드에서 화면 맞춤 줌 레벨을 계산해서 설정한다.

## 만화 이미지를 화면에 표시

이제 확대/축소가 가능한 ImageScrollView를 만들었으니, 실제 이미지를 연결해보자. ImageViewereViewController 클래스를 통해 FilelistView 화면에서 넘어온 만화 리스트를 화면에 표시한다. 화면 구성은 XIB 파일로 작성한다.

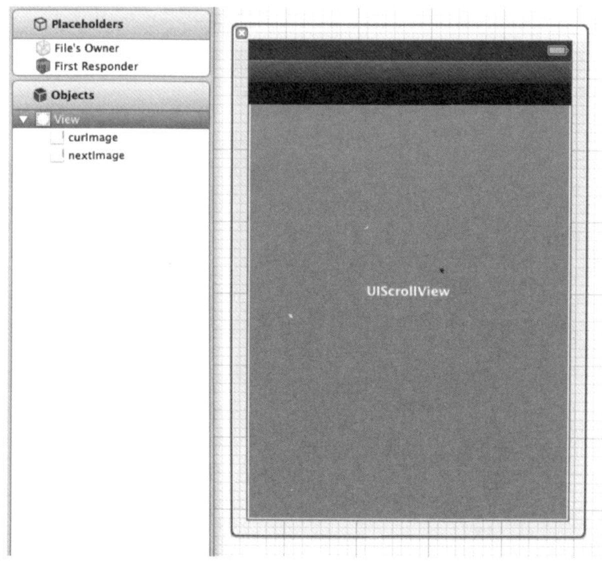

[그림 6-17] 이미지 화면 설계

ImageViewerViewController.xib에는 앞에서 작성한 ImageScrollView 컨트롤러를 두 개 올려둔다. 이를 각각 curImage, nextImage 라고 부르자. 하지만 ImageScrollView는 라이브러리에 없기 때문에 라이브러리에서 ScrollView를 위치시키고 속성에서 클래스명을 ImageScrollView로 변경한다(그림 6-17).

마지막으로 XIB의 컨트롤러인 curImage, nextImage를 ImageViewerViewController의 같은 이름의 변수와 연결시킨다.

[소스 6-14] 만화 이미지 화면

**ImageViewerViewController.h**

```
 1 : @interface ImageViewerViewController : UIViewController
<DetailViewControllerDelegate> {
 2 :
 3 :        // 보여준 만화책 정보
 4 :        ComicInfo *info;
 5 :
 6 :        // 현재 페이지를 보여주는 image View
 7 :        ImageScrollView *curImageView;
 8 : }
 9 :
10 : // outlets
11 :
12 : @property (nonatomic, retain) IBOutlet ImageScrollView
*curImageView;
13 : @property (nonatomic, retain) IBOutlet ImageScrollView
*nextImageView;
14 : @property (nonatomic, retain) ComicInfo *info;
15 :
16 : @end
17 :
```

**ImageViewerViewController.m**

```
18 : @implementation ImageViewerViewController
19 :
20 : - (void)viewDidLoad
21 : {
22 :        ....
23 :        // 마지막 보았던 페이지로 이동
24 :        [self currentPage];
25 :        ....
26 : }
```

```
27 :
28 : // 마지막으로 보았던 페이지를 표시
29 : - (void) currentPage
30 : {
31 :     curImageView.hidden = NO;
32 :     [curImageView displayImage:[self currentImage]];
33 :     nextImageView.hidden = YES;
34 :     self.navigationItem.title = [NSString stringWithFormat:
@"%d/%d", info.lastPage + 1, [info.files count]];
35 : }
36 :
37 : // 현재 페이지 이미지 반환
38 : - (UIImage*) currentImage
39 : {
40 :     ....
41 :     Setting *setting = [Setting sharedSetting];
42 :     UIImage *image = [UIImage imageWithData:[self
imageFilePathAt:info.lastPage]];
43 :     ....
44 :     return image;
45 : }
46 :
47 : ....
48 :
49 : @end
```

ImageViewerViewController로 화면 전환이 이루어지기 전에 화면에 표시할 이미지 정보를 받아야 한다. info 변수는 화면에 표시할 만화 파일에 대한 모든 정보를 담고 있는 변수이다. 화면이 전환되면 viewDidLoad 메소드가 호출되면서 현재 파일을 24라인에서 화면에 표시한다. info.lastPage는 마지막으로 보았던 이미지 index로 이 값을 기준으로 압축파일에서 이미지 데이터를 가져와서 UIImage로 만든다. 31~34라인에서 UIImage를 ImageScrollView 화면에 표시한다.

## UIGestureRecognizer를 이용해 화면 이동

만화책 페이지의 전환은 어떻게 처리할까? 실제 책과 비슷하게 책장을 넘기는 동작으로 페이지 전환을 하는 것이 좋을 것이다. 이를 위해서는 사용자의 제스츄어를 알아내야 한다. iOS 4.0 이상에서는 터치 이벤트를 이용해서 제스츄어를 식별하는 대신, 애플에서 표준 인터페이스로 사용되는 여러 제스츄어를 쉽게 구현할 수 있도록 UIGestureRecognizer라는 클래스를 따로 제공하고 있다.

UIGestureRecognizer를 구현하기 위해서는 다음 절차를 따라야 한다.

① 제스츄어를 제스츄어가 발생하는 뷰에 등록한다.

② 제스츄어가 발생하면 실행할 핸들러를 구현한다.

ImageViewerViewController에 제스츄어를 어떻게 구현했는지 살펴보자.



```
 1 : - (void)viewDidLoad
 2 : {
 3 :     [super viewDidLoad];
 4 :
 5 :     UISwipeGestureRecognizerDirection leftDir =
UISwipeGestureRecognizerDirectionLeft;
 6 :     UISwipeGestureRecognizerDirection rightDir =
UISwipeGestureRecognizerDirectionRight;
 7 :
 8 :     ....
 9 :
10 :     // 싱글 탭 제스츄어 설정
11 :     UITapGestureRecognizer* tapGesture =
[[UITapGestureRecognizer alloc] initWithTarget:self action:
@selector(tapGuestureHandler:)];
12 :     [self.view addGestureRecognizer:tapGesture];
13 :     tapGesture.numberOfTapsRequired = 2;
14 :     [tapGesture release];
15 :
16 :     // Swipe 제스츄어 설정(다음장, 이전장 넘기 때 사용)
17 :     UISwipeGestureRecognizer *swipeRecognizer;
18 :     swipeRecognizer = [[UISwipeGestureRecognizer alloc]
initWithTarget:self action:@selector(swipeHandler:)];
19 :     swipeRecognizer.direction = leftDir;
20 :     [self.view addGestureRecognizer:swipeRecognizer];
21 :     [swipeRecognizer release];
22 :
23 :     swipeRecognizer = [[UISwipeGestureRecognizer alloc]
initWithTarget:
self action:@selector(swipeHandler:)];
24 :     swipeRecognizer.direction = rightDir;
25 :     [self.view addGestureRecognizer:swipeRecognizer];
26 :     [swipeRecognizer release];
27 : }
28 :
29 : // 싱글 탭(single tap)을 했을 때 호출
30 : // 싱글 탭을 하면 네비게이션바를 숨기거나 보이게 한다.
31 : - (void)tapGuestureHandler:(UIGestureRecognizer *)
```

```
gestureRecognizer
32 : {
33 :        // toggle navigation bar
34 :        [self.navigationController setNavigationBarHidden:
!self.navigationController.navigationBarHidden animated:YES];
35 :
36 : }
37 :
38 : // 다음장, 이전장을 넘기는 제스추어에 대한 핸들러
39 : - (void)swipeHandler:(UISwipeGestureRecognizer *)recognizer {
40 :     Setting *setting = [Setting sharedSetting];
41 :     if(recognizer.direction == UISwipeGestureRecognizerDirectio
nLeft) {
42 :
43 :         if(setting.openDirMode == kOpenDirLeft)
44 :             [self prevPage];
45 :         else
46 :             [self nextPage];
47 :     }
48 :     else if(recognizer.direction == UISwipeGestureRecognizerDir
ectionRight) {
49 :         if(setting.openDirMode == kOpenDirLeft)
50 :             [self nextPage];
51 :         else
52 :             [self prevPage];
53 :     }
54 : }
```

UIGestureRecognizer 등록은 viewDidLoad 메소드에서 한다. 화면을 한 번 클릭하는 이벤트를 잡기 위해서 싱글 탭(single tap) 인식을 10~14라인에서 등록하고 오른쪽, 왼쪽으로 이미지를 넘기기 위해서 스와이프(Swipe) 이벤트를 등록한다. 스와이프 이벤트는 두 개를 등록한다. 하나는 오른쪽에서 왼쪽으로 움직이는 이벤트와 또 다른 하나는 왼쪽에서 오른쪽으로 움직이는 이벤트를 인식시키기 위해서다. UIRecognizer는 하나의 이벤트만 감지할 수 있기 때문에 하나씩 별도로 등록해야 한다.

이벤트가 발생하면 등록한 핸들러 메소드가 호출된다. 싱글 탭 이벤트(single tap event)는 네비게이션바를 보이거나 숨기는(show/hide) 핸들러로 31~36라인에서 처리한다. 스와이프를 통해 페이지 넘김을 수행하는 핸들러는 39~54라인에서 스와이프 방향을 파악해서 다음 페이지 혹은 이전 페이지로 이동한다. 여기서 코드가 조금 복잡한 것은 우리나라처럼 다음 페이지가 오른쪽에 있어서 오른쪽에서 왼쪽으로 스와이프를 하는 방식과 일본처럼 다음 페이지가 왼쪽에 있어서 왼쪽에서 오른쪽으로 스

와이프를 하는 방식의 차이를 코드로 구현했기 때문이다.

한국만화

일본만화

**[그림 6-18] 책 넘기는 방향의 차이**

nextPage, prevPage는 각각 페이지를 다음 페이지 혹은 이전 페이지로 화면을 전환
시킨다.

## UIView Animation으로 화면 전환 효과

iOS에서 애니메이션을 구현하는 방법은 다음과 같다.

- UIView animation : UIView의 클래스 메소드를 이용해 구현
- CoreAnimation : 코어 애니메이션에서 제공하는 애니메이션 클래스를 직접 이용
- Manual Animation : 애니메이션을 직접 구현하는 방식으로 OpenGL ES를 이용

iOS의 애니메이션을 사용하는 일반적인 방식은 UIView animation을 이용하는 것
이다. 이 방식을 사용하면 직관적이고 쉽게 애니메이션을 구현할 수 있다.

| iOS 4.0 이전 애니메이션 구현 방식 | iOS 4.0 이후 애니메이션 구현 방식 |
| --- | --- |
| [UIView beginAnimations:nil context:NULL]; <br> 애니메이션을 뷰의 위치 및 크기에 맞게 변경한다. <br> 애니메이션 속도를 설정한다. <br> [UIView commitAnimations]; | [UIView animateWithDuration:0.3f <br> animations:^{ <br> 애니메이션을 뷰의 위치 및 크기에 맞게 변경한다. <br> } completion:^(BOOL finished) { <br> 애니메이션이 완료되면 처리할 코드를 작성한다. <br> }]; |

iOS 4.0 이전 환경에서는 애니메이션 완료 후 어떤 동작을 시키기 위해서는 독립된 메소드를 추가로 만들어 주어야 했다. 이러한 제약 사항은 iOS 4.0 이후 버전에서 개선되었다. 즉, 애니메이션을 선언한 메소드에서 애니메이션과 애니메이션 완료 후 처리할 코드를 동시에 작성할 수 있어, 코드의 가독성과 유지보수성이 크게 향상되었다. 여기서는 후자의 방식을 사용하였다.

**[소스 6-16] 만화 이미지 화면에서 페이지 전환 – ImageViewerViewController.m**

```
 1 : - (void) movePage:(UIImage*)image directionToRight:(BOOL)
rightDir
 2 : {
 3 :      // nextPage가 있으면 nextImage를 오른쪽에 위치시키고 다음 페이지 이미지를
Load 시킴
 4 :      [nextImageView displayImage:image];
 5 :
 6 :      if (rightDir) {
 7 :          // 오른쪽에서 왼쪽 방향으로 이동
 8 :          // 한국형 책 넘김으로는 다음 페이지로 이동하는 것
 9 :
10 :          CGRect nextImageFrame = curImageView.frame;
11 :          nextImageFrame.origin.x = CGRectGetMaxX(curImageView.
frame);
12 :          nextImageView.frame = nextImageFrame;
13 :          nextImageView.hidden = NO;
14 :
15 :          // UIView animation으로 오른쪽으로 이동시킴
16 :          Setting *setting = [Setting sharedSetting];
17 :          if( setting.transitionAnimation == NO )
18 :          {
19 :              CGRect frame = curImageView.frame;
20 :              nextImageView.frame = frame;
21 :              frame.origin.x -= frame.size.width;
22 :              curImageView.frame = frame;
23 :              nextImageView.hidden = YES;
24 :          } else {
25 :              [UIView animateWithDuration:0.3f animations:^{
26 :                  CGRect frame = curImageView.frame;
27 :                  nextImageView.frame = frame;
28 :                  frame.origin.x -= frame.size.width;
29 :                  curImageView.frame = frame;
30 :              } completion:^(BOOL finished) {
31 :                  nextImageView.hidden = YES;
32 :              }];
33 :
```

```objc
34 :             }
35 :         } else {
36 :             // 왼쪽에서 오른쪽 방향으로 이동
37 :             // 한국형 책 넘김으로는 이전 페이지로 이동하는 것
39 :             CGRect nextImageFrame = curImageView.frame;
40 :             nextImageFrame.origin.x -= CGRectGetMaxX(curImageView.
frame);
41 :             nextImageView.frame = nextImageFrame;
42 :             nextImageView.hidden = NO;
43 :
44 :             // UIView animation으로 왼쪽으로 이동시킴
45 :             Setting *setting = [Setting sharedSetting];
46 :             if( setting.transitionAnimation == NO )
47 :             {
48 :                 CGRect frame = curImageView.frame;
49 :                 nextImageView.frame = frame;
50 :                 frame.origin.x += frame.size.width;
51 :                 curImageView.frame = frame;
52 :                 nextImageView.hidden = YES;
53 :             } else {
54 :                 [UIView animateWithDuration:0.3f animations:^{
55 :                     CGRect frame = curImageView.frame;
56 :                     nextImageView.frame = frame;
57 :                     frame.origin.x += frame.size.width;
58 :                     curImageView.frame = frame;
59 :                 } completion:^(BOOL finished) {
60 :                     nextImageView.hidden = YES;
61 :                 }];
62 :             }
63 :         }
64 :
65 :     // curImage, nextImage를 swap
66 :     id tmp = curImageView;
67 :     curImageView = nextImageView;
68 :     nextImageView = tmp;
69 : }
```

페이지 넘김을 좀 더 자연스럽게 하기 위해서 애니메이션을 적용했다. 화면을 다음 혹은 이전 장으로 이동하는 것과 같은 효과를 주기 위해서 ImageScrollView를 두 개 만들었던 것을 기억할 것이다. 오른쪽에서 왼쪽으로 페이지가 전환되는 효과를 만들기 위해서 10~13라인에서 nextImage를 curImage의 오른쪽으로 이동시킨다. 이후에 UIView 애니메이션을 이용해 25~32라인처럼 화면을 이동시킨다. 같은 방식으로 왼쪽에서 오른쪽으로 화면 전환을 시킬 수도 있다(36~62라인).

지금부터 화면 분할 구현에 대해 살펴보자.



```
 1 : // 이미지를 주어진 Split 방식에 따라서 나누어진 Image를 반환한다.
 2 : - (UIImage*) splitImage:(UIImage*)image AtIndex:(NSInteger)
index ofSplitType:(PageSplitMode)splittype
 3 : {
 4 :     // 일본책의 경우 좌우 순서를 보정한다.
 5 :     Setting *setting = [Setting sharedSetting];
 6 :     if(setting.openDirMode == kOpenDirLeft)
 7 :     {
 8 :         switch (splittype) {
 9 :             case kPageSplitHorz:
10 :                 index = 1 - index;
11 :         }
12 :     }
13 :
14 :     CGRect drawFrame = CGRectMake(0, 0, [image size].width,
[image size].height);
15 :     CGSize imageSize = [image size];
16 :
17 :     // 출력 이미지의 위치 조정
18 :     switch (splittype) {
19 :         case kPageSplitHorz:
20 :             imageSize.width /= 2.0f;
21 :
22 :             switch (index) {
23 :                 case 0:
24 :                     break;
25 :                 case 1:
26 :                     drawFrame.origin.x -= imageSize.width;
27 :                     break;
28 :             }
29 :             break;
30 :         case kPageSplitVirt:
31 :             imageSize.height /= 2.0f;
32 :
33 :             switch (index) {
34 :                 case 0:
35 :                     break;
36 :                 case 1:
37 :                     drawFrame.origin.y -= imageSize.height;
38 :                     break;
39 :             }
40 :             break;
```

```
41 :       }
42 :
43 :       // 버퍼에 이미지를 그려 원하는 이미지를 얻는다.
44 :       UIGraphicsBeginImageContext(imageSize);
45 :       [image drawInRect:drawFrame];
46 :       UIImage* splitedImage = UIGraphicsGetImageFromCurrentImageC
ontext();
47 :       UIGraphicsEndImageContext();
48 :
49 :       return splitedImage;
50 : }
```

만화 이미지는 경우에 따라서 양면의 페이지가 한 이미지 파일에 있다. 따라서, 일반
적으로 한 이미지에 두 페이지가 동시에 보이게 된다. 아이폰의 경우 화면이 작기 때
문에 두 페이지를 한 번에 볼 수는 없다. 그렇다고 화면을 이동해가면서 보는 것 역시
불편하다. 따라서, 이미지를 나눠 한 페이지씩 보여 주는 방법을 구현해야 한다.

splitImage:atIndex:ofSplitType: 메소드는 페이지 분리 종류에 따라서 이미지를
분리한다. 그림 6-19는 페이지를 분리하는 방식을 간략히 보여준다.

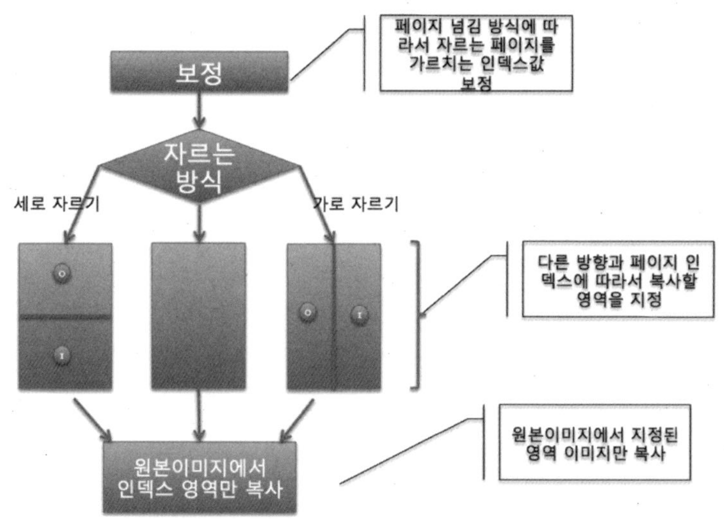


[그림 6-19] 페이지 나눔 동작 방식

5~41라인에서 어디를 자를지 영역을 계산한다. 44~47라인에서 원하는 이미지를
UIImage로 만든다.

## 5.5 설정 화면 작성

이제 설정 화면을 만들어보자. 설정 화면은 사용자에게 여러 가지 선택 가능한 옵션을
보여준다. 설정 화면은 설정 가능한 옵션을 표시하고 설정값을 저장한다.

### 설정 항목 작성

만화책 뷰어 앱에서 다룰 설정 항목은 다음과 같다.

- ▥ 페이지
  - 화면 맞춤
    - 가로 화면 맞춤
    - 세로 화면 맞춤
    - 맞춤
    - 화면 맞추기 않음
- ▥ 화면 전환
  - 애니메이션
  - 페이지 넘김 방향
    - 한국형
    - 일본형

설정 항목은 전체적으로 두 파트로 구성되어 있다. 페이지, 화면 전환 방식에 대한 설
정 기능을 구현할 것이다.

### 설정 화면 구현 방법에 대해서

설정 화면을 앱 내부에 둘 것인가 아니면 시스템 설정 화면에 둘 것인가에 따라 두 가
지 방식으로 설정 화면을 구현할 수 있다. 만화책 뷰어 앱에서는 앱 내부에 설정 화면
을 배치해보자. 시스템 설정 화면에 만화책 뷰어 앱의 설정 내용을 구성해도 되지만
그렇게 하면 설정을 위해서 앱 밖으로 나갔다가 다시 돌아와야 하므로 사용자 입장에
서 불편할 수 있다. 그렇지만 필요에 따라서는 앱의 설정 정보를 시스템 설정 부분에
두는 것이 오히려 유리할 수도 있다.

[그림 6-20] 설정 앱 내의 페이스북 설정 화면

설정 앱에 설정 화면을 추가시키기 위해서는 Settings.bundle을 추가하면 된다. Setting.bundle속에 plist를 통해서 화면을 구성하는 방식이다. 자세한 내용은 http://goo.gl/TXSdm을 참고하자.

앱 내부에 설정 화면을 구성하는 방식은 Settings.bundle을 사용하는 방법보다 보편적으로 사용되는데, 앱의 다른 화면을 만들 듯 설정 화면을 별도로 만들어야 한다. 또 다른 방법으로 설정 앱을 위한 Settings.bundle을 이용해서 앱 내부에서 설정 화면을 추가하는 방법도 있다. InAppSettingsKit(http://goo.gl/jSks6) 라이브러리를 이용하면 Settings.bundle을 이용해서 앱 내부에 설정 화면을 만들 수 있다.

설정 화면을 만드는 방법은 다음과 같다.

① **수작업** : 설정 화면을 수작업으로 작성해서 앱의 UI 컨셉과 통일된 설정 화면을 구성할 수 있다. 그렇지만 설정 화면을 구현해야 하기 때문에 다른 방법에 비해서 작업량이 많다.

② **Setting.bundle을 작성해 설정 화면 만들기** : iOS 기기 설정을 할 수 있는 설정 앱을 이용해서 앱 설정을 하는 방법으로( [그림 6-20] 참조) Setting.bundle을 통해서 화면을 구성할 수 있다.

③ **InAppSettingsKit 라이브러리 사용** : ②번 방법과 같이 Setting.bundle을 이용해 앱 내부에 설정 화면을 표시한다. 이미 Setting.bundle 화면이 있다면 재활용할 수 있고, 설정 화면을 구성할 때 ①번 방식보다 작업량이 적다는 장점이 있다.

만화책 뷰어 앱은 수작업을 통해 설정 화면을 만들어보자.

## 수동으로 설정 UI 만들기

[그림 6-21] 설정 화면 구성



[소스 6-18] 설정 화면 문자열 등록 – SettingViewController.m

```
 1 : // 설정 화면 Section들
 2 : enum{
 3 :     kSectionPage,
 4 :     kSectionPageTransition,
 5 :     kSectionCount,
 6 : };
 7 : #define kSectionPageTitle    @"페이지"
 8 : #define kSectionPageTransitionTitle    @"화면전환"
 9 :
10 : // kSectionPage의 항목들
11 : enum {
12 :     kSectionPageFitScreen,
13 :     kSectionPageSplit,
14 :     kSectionPageCount
15 : };
16 : #define kSectionPageFitScreenTitle    @"화면 맞춤"
17 : #define kSectionPageSplitTitle        @"이미지 나눔"
18 :
19 : // kSectionPageTransition
20 : enum {
21 :     kSectionPageTransitionAnimation,
22 :     kSectionPageTransitionOpenDirection,
```

```
23 :        kSectionPageTransitionCount
24 : };
25 : #define kSectionPageTransitionAnimationTitle    @"애니메이션"
26 : #define kSectionPageTransitionOpenDirectionTitle @"페이지 넘김 방향"
```

일단 소스 코드에서 사용할 설정 상수와 문자열들을 정의한다. 이 값들은 설정 화면을
구성할 때 사용된다.



```
 1 : //  설정 화면으로 이동
 2 : - (IBAction)clickSetting
 3 : {
 4 :     SettingViewController *viewController =
 5 :         [[SettingViewController alloc]
 6 :          initWithStyle:UITableViewStyleGrouped];
 7 :
 8 :     [self.navigationController pushViewController:viewControll
er animated:YES];
 9 :     [viewController release];
10 : }
```

우선, SettingView로 화면이 이동하는 부분을 살펴보자. SettingViewController
를 생성하고 navigationController를 이용해서 SettingView로 화면을 전환한다.
이때, SettingView가 UITableViewController를 상속받아 구현하였다. 테이블뷰의
스타일을 항목별 구분이 명확한 UITableViewStyleGrouped로 지정한다(4~6라인).



```
 1 : - (NSInteger)numberOfSectionsInTableView:(UITableView *)
tableView
 2 : {
 3 :     // 전체 섹션의 개수 (총 2개)
 4 :     return kSectionCount;
 5 : }
 6 : - (NSInteger)tableView:(UITableView *)tableView
numberOfRowsInSection:(NSInteger)section
 7 : {
 8 :     // 섹션별 항목의 개수
 9 :     if(section == kSectionPage)
10 :         return kSectionPageCount;
11 :     else if(section == kSectionPageTransition)
12 :         return kSectionPageTransitionCount;
```

```
13 :     return 0;
14 : }
15 : - (UITableViewCell *)tableView:(UITableView *)tableView
cellForRowAtIndexPath:(NSIndexPath *)indexPath
16 : {
17 :     UITableViewCell *cell = <cell 생성>
18 :     Setting *setting = [Setting sharedSetting];
19 :     // 섹션별, 아이템별로 제목과 기타 항목을 설정한다.
20 :     if(indexPath.section == kSectionPage)
21 :     {
22 :         if(indexPath.row == kSectionPageSplit)
23 :         {
24 :             cell.textLabel.text = kSectionPageSplitTitle;
25 :             cell.detailTextLabel.text =
[setting stringForPageSplitMode:setting.pageSplitMode];
26 :             cell.accessoryType = UITableViewCellAccessoryDisclo
sureIndicator;
27 :         }
28 :     }
29 :     return cell;
30 : }
31 : - (NSString *)tableView:(UITableView *)tableView
titleForHeaderInSection:(NSInteger)section
32 : {
33 :     // 섹션 이름 설정
34 :     if(section == kSectionPage)
35 :     {
36 :         return kSectionPageTitle;
37 :     }else if(section == kSectionPageTransition)
38 :     {
39 :         return kSectionPageTransitionTitle;
40 :     }
41 :     return nil;
42 : }
```

위에 소스 코드는 설정 메뉴를 테이블에 표시한다. 1~5라인은 표시할 섹션의 개수를 나타낸다. 6~14라인은 각 섹션별로 셀의 개수를 지정한다. 15~30라인은 "이미지 나눔" 셀을 생성하는 코드이다. 실제로는 각 셀 별로 생성을 하는데 지면 관계상 하나의 셀을 생성하는 부분만 설명하기로 하자. 생성하려는 셀의 위치는 IndexPath의 row와 section을 통해서 알 수 있는데, if문을 사용해서 원하는 셀을 생성한다. 나머지 설정값들도 앞에서 설명한 방식과 동일하게 만들고 변경할 수 있다. SDK 5.0 이상에서는 테이블 뷰에 static 방식이 추가되어서 정적 데이터를 보여주는 테이블을 XIB를 이용해서 만들 수 있게 되었다. 31~42라인에서 섹션의 헤더 이름을 지정한다.

```objc
 1 : - (void)tableView:(UITableView *)tableView
didSelectRowAtIndexPath:(NSIndexPath *)indexPath
 2 : {
 3 :     Setting* setting = [Setting sharedSetting];
 4 :
 5 :     if(indexPath.section == kSectionPage)
 6 :     {
 7 :         if(indexPath.row == kSectionPageFitScreen)
 8 :         {
 9 :             NSArray* options = [NSArray arrayWithObjects:
10 :                 [setting stringForFitScreen:kFitScreenHorz],
11 :                 [setting stringForFitScreen:kFitScreenVirt],
12 :                 [setting stringForFitScreen:kFitScreenBoth],
13 :                 [setting stringForFitScreen:kFitScreenNone],
14 :                 nil];
15 :             OptionViewController *viewController =
[[OptionViewController alloc] initWithTitle:kSectionPageFitScreenTitle options:options selectedIndex:setting.fitScreen];
16 :             viewController.optionKind = kSectionPage*10+kSectionPageFitScreen;
17 :             viewController.delegate = self;
18 :             [self.navigationController pushViewController:viewController animated:YES];
19 :             [viewController release];
20 :         }
21 :     }
22 : }
23 :
24 : #pragma mark OptionViewControllerDelegate handler
25 : // OptionViewController를 이용해 옵션을 지정하면 호출됨
26 : - (void) optionView:(OptionViewController*)viewController isValueChanged:(NSInteger)selectedIndex
27 : {
28 :     Setting *setting = [Setting sharedSetting];
29 :     if (viewController.optionKind == kSectionPage*10+kSectionPageFitScreen)
30 :     {
31 :         setting.fitScreen = selectedIndex;
32 :     }
33 :     [self.tableView reloadData];
34 : }
```

1~22라인은 셀을 클릭하면 호출되는 콜백 메소드이다. "이미지 나눔" 셀을 클릭하면 9~19라인이 실행되며, OptionViewController 객체를 만들어 표시한다.

OptionViewcontroller는 9~14라인에서 정의한 문자열을 순서도로 보여 주고, 사용자에게 선택할 수 있도록 한다. 사용자가 원하는 메뉴를 선택하면 26라인의 메소드가 호출된다. 31라인에서 사용자가 선택한 값을 설정값으로 변경한다.

## 5.6 유니버셜 앱 만들기

유니버셜 앱으로 작성된 앱을 아이패드에서 실행시키면 에뮬레이터 모드로 앱이 실행된다. 즉, 아이폰과 비슷한 사이즈의 화면으로 앱이 실행되는 것이다. 아이패드의 큰 화면은 활용하지 못하는 것이다. 아이폰과 아이패드에서 모두 전체 화면으로 앱을 실행시키는 방법은 없을까?

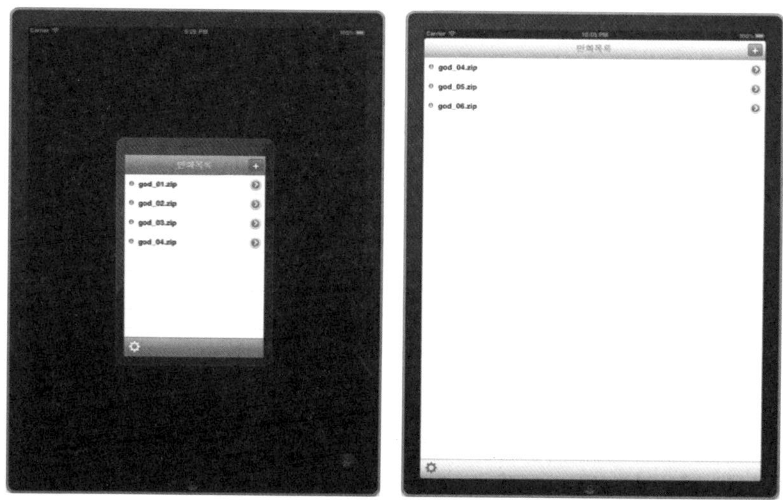

[그림 6-22] 일반 아이폰 앱을 아이패드에서 실행한 화면과 유니버셜 앱을 실행한 화면

아이패드에서도 전체 화면으로 앱이 실행되게 하려면, 앱을 만들 때 아이폰/아이패드에서 동시에 동작하는 유니버셜 앱 스타일로 코드를 작성해야 한다. 아이폰용 앱을 유니버셜 앱으로 만들기 위해서는 다음과 같은 절차를 따라야한다.

① *Targets의 Summary에서 Devices 항목을 Universal로 변경한다.*

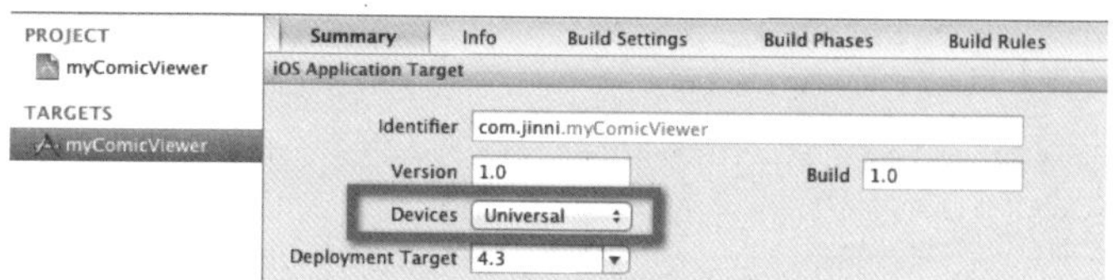

[그림 6-23] Devices 항목을 "Universal"로 변경

프로젝트의 타겟(Targets)에서 요약탭(Summary)의 디바이스(Devices) 항목을
"Universal"로 변경한다(그림 6-23). 디바이스를 변경하면 "MainWindow-iPad.
xib"가 생성되고 자동으로 인포 항목(Info)에 추가된다.

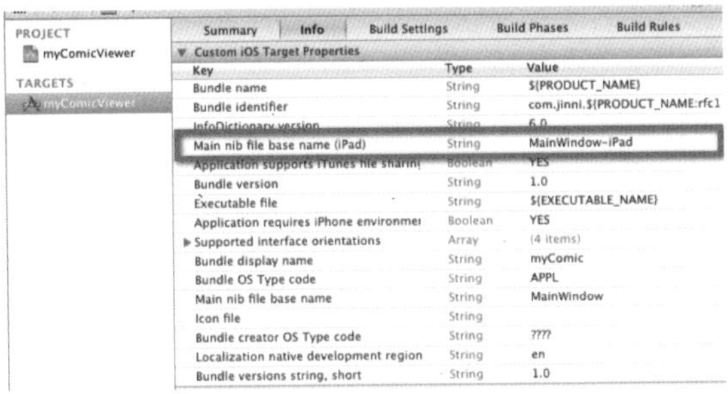

[그림 6-24] Info.plist에 추가된 아이패드용 키

## ② xxxx-iPad.xib를 만든다.

MainWindow.xib 파일은 앞단계를 거치면 아이패드용 XIB 파일이 만들어
지지만, 다른 XIB 파일들은 모두 아이패드용으로 수정해 주어야 한다. 현재
myComicViewer에서는 ImageViewerViewController.xib만 추가적으로 사용하
고 있으므로 이것을 아이패드용으로 만들자.

Command + N 혹은 메뉴 [File]-[New]-[New File]를 선택한다. 파일 템플릿에
서 User Interface-View를 선택해서 아이패드용 XIB를 만든다. 이름은 Image
ViewerViewController-iPad.xib로 지정한다.

이후에 ImageViewerViewController.xib에 변경이 있으면 같은 설정을
ImageViewerViewController-iPad.xib에도 해주어야 한다. 클래스의 아웃렛
(Outlet) 연결에 특히 신경을 써야한다. 이 설정이 잘못되면 앱이 정상적으로 동작하
지 않는다.

initWithNibName:bundle: 메소드로 view controller를 생성하는 부분의 NIB 이
름을 아이패드일 때는 ImageViewerViewController-iPad로 하도록 변경한다.

▌▌ 변경 전

```
ImageViewerViewController *viewController =
  [[ImageViewerViewController alloc]
initWithNibName:@"ImageViewerViewController" bundle:nil];
```

```objc
NSString *NibName = @"ImageViewerViewController";
if (UI_USER_INTERFACE_IDIOM() == UIUserInterfaceIdiomPad) {
    NibName = @"ImageViewerViewController-iPad";
}
ImageViewerViewController *viewController =
  [[ImageViewerViewController alloc]
initWithNibName:NibName bundle:nil];
```

ImageViewerViewController을 생성하는 코드를 보면 NibName을 넣는 부분이 있는데, 아이패드일 때는 NibName을 ImageViewerViewController-iPad로 변경한다. UI_USER_INTERFACE_IDIOM()을 사용하면 아이패드일 때 UIUserInterfaceIdiomPad값을 반환하므로 이를 이용해 NibName을 변경한다.

## 5.7 FTP 서버 기능 만들기

FTP를 기능을 이용해 만화책 파일을 아이폰/아이패드로 복사할 수 있도록 FTP 서버를 만화책 뷰어 앱(myComicViewer)에 추가해보자. FTP Server를 아이폰에 구현하기 위해서는 ios-ftp-server(http://code.google.com/p/ios-ftp-server/) 라이브러리를 이용해야 한다. 이 라이브러리는 LGPL을 사용하고 있어, 오픈 소스 원본 코드를 수정하지 않는 한 소스 공개의 의무가 없고, 상업적으로 사용할 수 있다. FTP 서버를 구현하는 방법은 다음과 같다.

### ① ios-ftp-server library를 만들어서 프로젝트에 추가한다.

http://code.google.com/p/ios-ftp-server/에 접속해서 소스 코드를 다운받는다. 소스 코드를 빌드해 라이브러리를 만들고 헤더와 라이브러리를 내 프로젝트로 복사한다. 여기서는 thirdparty-lib 폴더에 해당 파일을 복사해놓자.

### ② 헤더 경로 및 라이브러리를 추가한다.

만화책 뷰어 앱 프로젝트에서 사용하기 위해서 헤더 경로를 추가하고 라이브러리를 링크에 포함시켜야 한다. 먼저 헤더 경로를 추가해보자.

타겟의 빌드 세팅(Build Settings)에서 "Header Search Paths"에 $(SRCROOT)/thirdparty-lib/ios-ftp-server/headers를 추가한다.

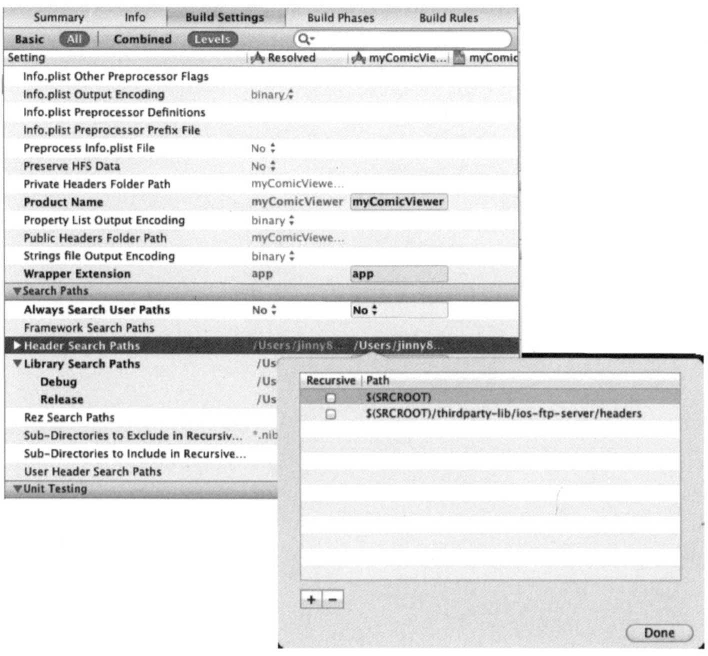

[그림 6-25] FTP 라이브러리 헤더 추가

Build Phases에서 Link Binary With Libraries에 libdiddyFtpServer.a를 추가
한다.

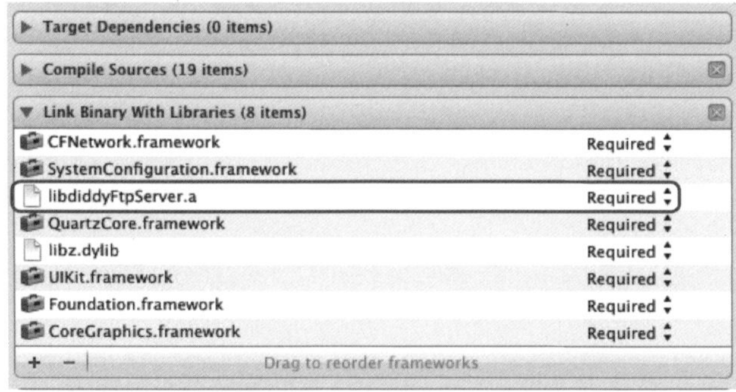

[그림 6-26] FTP 라이브러리 추가

③ *ftp서버를 활성화 시키는 코드를 추가한다.*

FilelistViewController.h에 FTP 서버 변수를 선언한다.

[소스 6-22] FTP 서버를 헤더에 등록 – FilelistViewController.h

```objc
// FTP Server
FtpServer *theServer;
```

```
// FTP Server
@property (nonatomic, retain) FtpServer *theServer;
```

FTP 서버 활성화를 위한 코드를 다음처럼 작성한다.



```
 1 :  // 업로드 버튼을 눌렀을 때 호출되는 이벤트
 2 :  - (IBAction)uploadComic
 3 :  {
 4 :      NetworkInfo* network=[[[NetworkInfo alloc] init] autorease]
 5 :      [network update];
 6 :
 7 :    NSString *localIPAddress = network.wifiAddress;
 8 :      NSInteger ftpPort = 30000;
 9 :
10 :    UIAlertView *alert = [[UIAlertView alloc] initWithTitle:@"FTP
서버 동작 중"
11 :            message:[NSString stringWithFormat:@"FTP client를 사용해서
데이터를 전송해주세요.
12 :            서버:%@ 포트:%d", localIPAddress, ftpPort]
13 :        delegate:self
14 :        cancelButtonTitle:@"서버 중지"
15 :        otherButtonTitles:nil];
16 :    [alert show];
17 :    [alert release];
18 :
19 :      NSString *baseDir = [[Utility applicationDocumentsDirectory]
path];
20 :
21 :    FtpServer *aServer = [[ FtpServer alloc ] initWithPort:ftpPort
withDir:baseDir notifyObject:self ];
22 :    self.theServer = aServer;
23 :    [aServer release];
24 :  }
25 :
26 :  #pragma mark - ftp handler
27 :  - (void)didReceiveFileListChanged
28 :  {
29 :      [self reloadData];
30 :  }
31 :
32 :  // FTP 서버 중지 버튼이 클릭되었을 때 호출되는 이벤트
33 :  - (void)alertView:(UIAlertView *)alertView
```

```
clickedButtonAtIndex:(NSInteger)buttonIndex
34 : {
35 :     [self stopFtpServer];
36 : }
37 : - (void)stopFtpServer
38 : {
39 :   if(theServer)
40 :   {
41 :      [theServer stopFtpServer];
42 :      [theServer release];
43 :      theServer=nil;
44 :   }
45 : }
```

첫 화면에서 왼쪽 상단의 "+" 버튼을 클릭하면 FTP 서버가 동작한다. Filelist
ViewController.m에서 서버를 동작시킨다. 10~17라인에서 서버가 동작 중임을 표
시하기 위해 AlertView를 이용한다. 19~23라인에서 AlertView를 화면에 출력하고
서버를 동작시킨다. FTP 서버 중지는 UIAlertView의 델리게이트를 이용해 처리한
다. didReceiveFileListChanged는 FTP에 의해서 파일이 삭제되거나 추가되면 호
출되는 메소드로 이 이벤트가 발생을 했을 때 파일을 다시 검색하도록 처리한다.

## 마무리

지금까지 우리는 아이폰에서 동작하는 만화책 뷰어 앱을 만들어 보았다. 만화책 뷰어 앱은 간단한 만화
뷰어 기능을 처리하는 앱이지만 이 방식을 약간만 변형하면 다양한 프로그램을 작성할 수 있다. 예를
들어, 자신만의 사진 갤러리 앱을 만들거나 WebView를 이용한 HTML 기반의 잡지책 뷰어 앱을 만들
수도 있다. 만화책 뷰어 앱에 다음 기능을 추가해 더 발전된 앱을 만들어보자.

- 만화 파일 목록을 iBooks의 책장처럼 보여주는 기능
- HTTP Server를 내장해 파일을 업로드하는 기능
- iCloud을 이용해 다른 디바이스에서 만화책 이어보기 기능을 구현
- Zip 파일 이외에 다른 압축 파일 지원
- 만화 페이지 넘길 때, 책장 넘기는 애니메이션 추가

# 아이폰 프로그래머가 가야 할 길

처음 아이폰을 접하고 앱스토어를 통해 크게 성공한 개발자 이야기를 접하면, 많은 초보 개발자들은 황금의 땅 앨도라도에 대해 떠올린다. 조금만 해서 괜찮은 프로그램을 개발하면 금방 큰 명성과 부를 갖는 유명한 개발자가 될 수 있다는 착각을 하게 된다. 그렇지만 아이폰 프로그래머가 되기 위해 가야 할 길은 멀고도 험하다.

우선, 아이폰 개발자가 되기 위해서는 아이폰 세계에서 사용되는 새로운 언어를 익혀야 한다. 영어를 한마디도 못하는데 아무도 모르는 미국 땅에 홀로 남겨져 있다고 생각해 해보자. 얼마나 답답하고 힘들 것인지… 아이폰 개발자가 되기 위해서는 아이폰이 알아들을 수 있는 언어인 Objective C를 학습해야 한다. 그리고 이 언어를 사용할 수 있는 도구인 Xcode를 익혀야 한다.

보통 우리가 외국어를 익힐 때 해당 언어를 사용하는 나라의 문화나 역사에 대해 학습한다. 이를 통해, 해당 언어 사용에 대한 이해도를 높일 수 있기 때문이다. 마찬가지로 아이폰의 특징, iOS의 구조, 역사 등을 익히면 프로그램 작성시에 큰 이점을 갖게 된다.

영어 기본 문법을 공부할 때에 수 많은 단어와 숙어를 암기해야 한다. 또한 이를 통해 자신만의 표현과 작문을 수없이 반복해나가야 한다. 프로그래밍도 마찬가지이다. 기본 문법인 Objective C를 익혔다면, 단어와 숙어에 해당하는 수 많은 iOS SDK를 학습해야 한다. 이를 바탕으로 자신만의 프로그램을 작성하고 수정해 나가면서 SDK 사용법을 익혀야 한다.

프로그램을 작성하는 것은 소설을 쓰는 것과 비슷하다. 기본 스토리를 잡고 주인공과 배경 그리고 기,승,전,결의 이야기를 만들어가야 한다. 개발자는 iOS 세계에서 통용되는 언어로 자신이 만들 프로그램(소설)의 스토리를 만들어야 한다.

MEMO

# Chapter 07

# 피아노 만들기(MobilePiano)

아이폰과 아이패드가 확산됨에 따라 과거 어느 때보다 음악과 더 가까워지고 있다. 언제 어디서든 손쉽게 음악을 들을 수 있고 음악을 만들 수도 있다. 기존에는 소수 전문가들만이 만들던 음악을 이제는 고가의 장비나 대단한 지식없이도 누구나 간단하게 만들 수 있게 된 것이다. 아이폰이 출시되고 선풍적인 인기를 끈 앱 중에는 유독 음악 관련 프로그램이 많다. 아이폰용 음악 프로그램을 사용하면 쉽고 재미있게 음악의 세계에 입문할 수 있다. 이번 장에서는 전문 지식 없이도 피아노를 연주하여 음악을 만들 수 있는 앱을 작성해 볼 것이다. 이 앱을 통해 자신이 직접 만든 음악을 친구들과 공유해보자.

- 앱 주소 : http://itunes.apple.com/us/app/mypiano/id528529264?l=ko&ls=1&mt=8
- 앱 이름 : myPiano

- iOS 사운드 제어하기
- iOS UI 제어와 Plist 사용하기
- 광고 배너 달기

iOS에서 동작하는 나만의 피아노 연주 프로그램을 만들어보자.



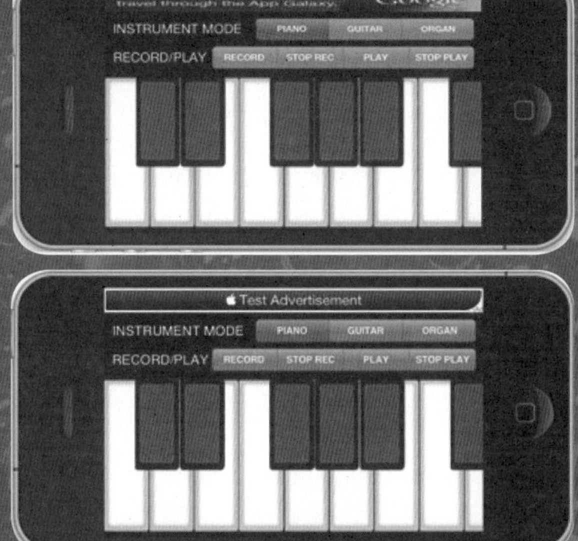


## 학습 목표

1. iOS 사운드 제어 작동 원리를 파악한다

2. iOS UI 제어 방법을 학습한다.

3. iOS Plist 사용 방법을 익힌다.

4. 아이애드와 애드몹 배너 광고 사용 방법을 익힌다.

# 아이폰으로 만들어지는 음악

대중으로부터 사랑받는 음악의 영역이 점점 넓어지고 있다. 음악 시장은 과거 레코드나 카세트 테이프 등의 아날로그 기술 중심에서 CD, DVD 그리고 MP3를 위시한 디지털 기술로 발전했고, 인터넷의 발달과 함께 온라인 음반 시장이 활성화되고 있다. 이제 우리는 언제 어디서든 음악을 쉽게 접할 수 있게 되었다. 하지만 여전히 음악을 만드는 일은 소수의 전문 지식이 있는 사람들만의 영역이었다. 음악을 만들어 내기 위해서는 고가의 장비가 필요하기 때문이다. 피아노 연주 음악을 만들려면 피아노라는 악기가 필요하고, 여러 악기가 사용된 대중 음악을 만들려면 드럼, 기타, 베이스 등등 많은 악기를 구비해야 한다. 이런 악기를 구입하는 비용이나 연주하기 위한 수고를 생각하면 음악을 만든다는 것은 어렵고 비용이 많이 발생하는 일이었다.

하지만, 아이폰과 아이패드가 보급되고 저렴한 비용으로 구입 가능한 디지털 악기 앱의 확산으로 우리는 그 어느 때보다 더 간단히 음악을 만들 수 있게 되었다. 높은 음악 진입 장벽이 아이폰으로 인해 허물어지고 있는 것이다. 기존에 소수의 전문가들이 만들어내던 음악들을 이제는 비싼 악기가 없어도 대단한 지식이 없어도 간단하고 쉽게 나만의 음악을 만들 수 있게 되었다. 그동안 프로만의 세계였던 음악 분야에 아마추어들이 버튼 클릭 몇 번 만으로 입문할 수 있게 된 것이다. 특히 맥에서 동작하던 GarageBand가 아이패드 앱으로 나오면서 실제 악기 연주 방법을 몰라도 누구나 아이패드를 통해 가상의 악기를 연주할 수 있게 되었다.

아이폰 음악 앱을 이용하면 기타를 칠 수도 있고, 드럼 전문가가 될 수도 있고, 한 번도 피아노를 제대로 배워 보지 않은 사람도 멋진 음악을 연주할 수 있게 된다. 이러한 이유로 많은 음악 앱들이 인기를 끌고 있다. 오카리나 앱(Ocarina)과 드럼 앱(uDrummer, Drum Meister) 그리고 포켓 기타 앱(Pocket Guitar)은 아이폰, 아이패드에서 선풍적인 인기를 끌고 있는 앱들이다.

| 앱 이름 | 기능 및 특징 |
| --- | --- |
| 오카리나 (Ocarina) | • 오카리나를 표현한 창의적인 UI/심플하면서 간단한 디자인과 UI<br>• 버튼을 이용해 오카리나 소리를 연주함<br>• 오카리나 공유 기능 – 전세계 곳곳의 다양한 연주 소리를 들을 수 있음<br>• 상세한 앱 설명 |

| | |
|---|---|
| 포켓 기타<br>(Pocket Guitar) | • 실제 기타에 최대한 가깝게 만들어 짐<br>• 실제 기타를 치듯 플랫보드를 손으로 잡고 연주<br>• 기타 튜닝 기능 제공<br>• 여러 악기 및 기능 제공(어쿠스틱 기타, 일렉트릭 기타, 디스토션, 코러스, 딜레이) |
| 유드러머<br>(uDrummer) | • 다양한 드럼 키트 스킨 지원<br>• 8가지 드럼 지원(Studio Heavy, Rock, Indie, Hip-Hop, Jazz, Pop, Seventies, Dance)<br>• 드럼 속도 조절(40bpm to 360bpm)<br>• 녹음 및 재생 기능<br>• 아이팟터치와 아이폰에 자신의 음악과 함께 재생 |
| 드럼 마이스터<br>(Drum Meister) | • Mashable이 선정한 세상에서 가장 놀라운 10대 악기 앱<br>• 단순한 디자인과 UI<br>• 하이햇, 크래쉬 심벌 2벌, 스플레쉬 심벌 1개, 탐이 16인치~20인치 4개 지원<br>• 다양한 옵션과 설정 메뉴를 통해 사운드의 표현을 다양하게 할 수 있음<br>• 드럼 연주 녹화와 재생 |

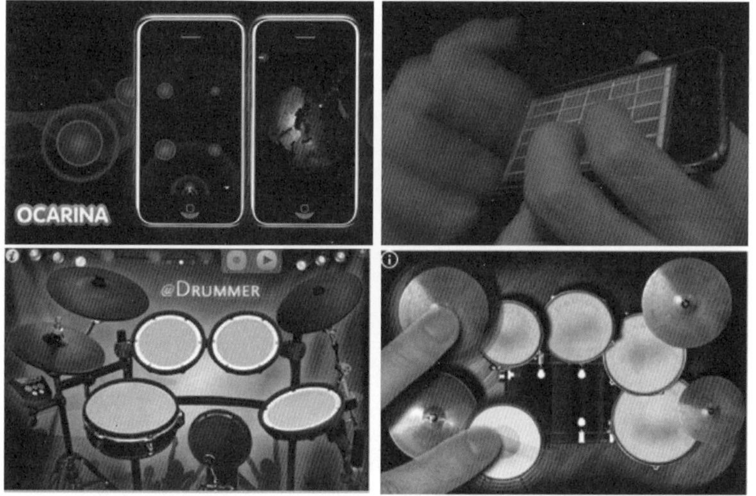


[그림 7-1] 오카리나(Ocarina)/포켓 기타(Pocket Guitar)/드럼(uDrummer, Drum Meister)

이제 본격적으로 피아노 연주 앱에 대해 살펴보자. 아이폰에서 가장 많이 애용되는 음악 악기는 우리 주변에서 가장 자주 쉽게 접할 수 있는 악기인 피아노이다. 앱스토어에서 피아노(piano)로 검색하면 상당히 많은 앱을 확인할 수 있다.

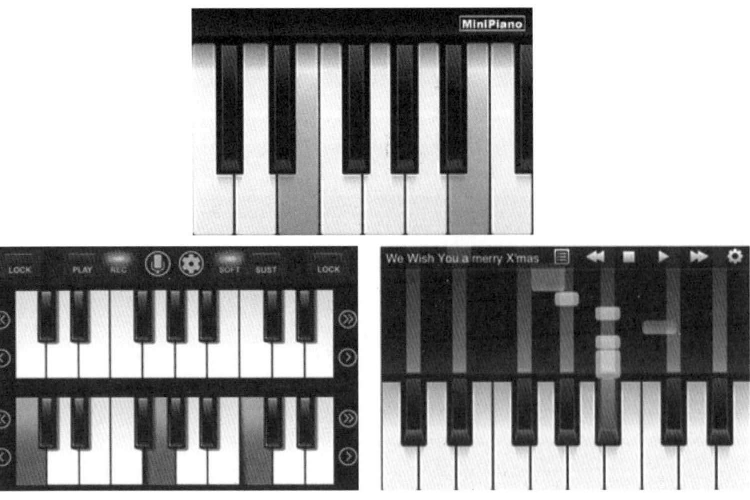


[그림 7-2] 피아노 앱(Finger Piano / pianist / miniPiano)

다음은 앱스토어에 등록된 피아노 관련 앱 중 인기있는 앱들이다.

▥ 핑거 피아노(Finger Piano)

▥ 피아니스트(Pianist)

▥ 미니피아노(Mini Piano)

위에 소개한 앱들의 주요 기능은 다음과 같다.

▥ 여러 가지 악기 기능을 제공한다(기타, 피아노, 드럼 등).

▥ 유저가 연주한 음원을 녹음한다.

▥ 양손 건반을 모두 지원한다.

▥ 녹음된 음원을 리플레이하고 정지시킨다.

▥ 악보 애니메이션을 제공한다(노래 100여곡 지원).

▥ 볼륨, 페달, 아르페지오, 템포 설정 기능을 지원한다.

▥ 광고 배너를 지원한다.

유명한 피아노 앱들이 제공하는 모든 기능들을 이번 장에서 구현하기는 힘들다. 그 대신에 피아노 연주 앱들이 갖추어야 할 핵심 기능들에 대해 기획부터 구현 부분까지 상세히 알아볼 것이다. 또한 어떠한 기능들이 추가되면 더 알차고 완성도 있는 앱을 만들 수 있을지에 대해서도 살펴볼 것이다.

이번 장에서 우리가 구현해볼 피아노 앱 기능은 다음과 같다.

||||| 여러 가지 악기 기능을 제공한다(기타, 피아노, 드럼 등).

||||| 유저가 연주한 음원을 녹음한다.

||||| 녹음된 음원을 리플레이하고 정지시킨다.

||||| 광고 배너를 지원한다.

## 02 피아노 앱 기획하기

피아노 연주 애플리케이션을 어떻게 만들 것인지 기획해보자. 이번 장에서 우리의 목표는 피아노 건반 버튼을 눌렀을 때 디바이스 사운드를 제어하여 피아노, 기타, 오르간 등 실제 악기 소리를 내는 모바일 악기 애플리케이션을 만드는 것이다.

여러 가지(기타, 피아노, 드럼) 악기 기능 제공하기, 유저가 연주한 음원 녹음하기, 녹음된 음원 리플레이 및 정지하기, 광고 배너(아이애드, 애드몹)를 지원하는 앱을 만들려고 한다. 이 기능을 어떻게 구현해야 할까? 우선, 마인드 맵을 이용하여 피아노 연주 앱에서 지원할 기능들에 대해 일목요연하게 정리해보자.

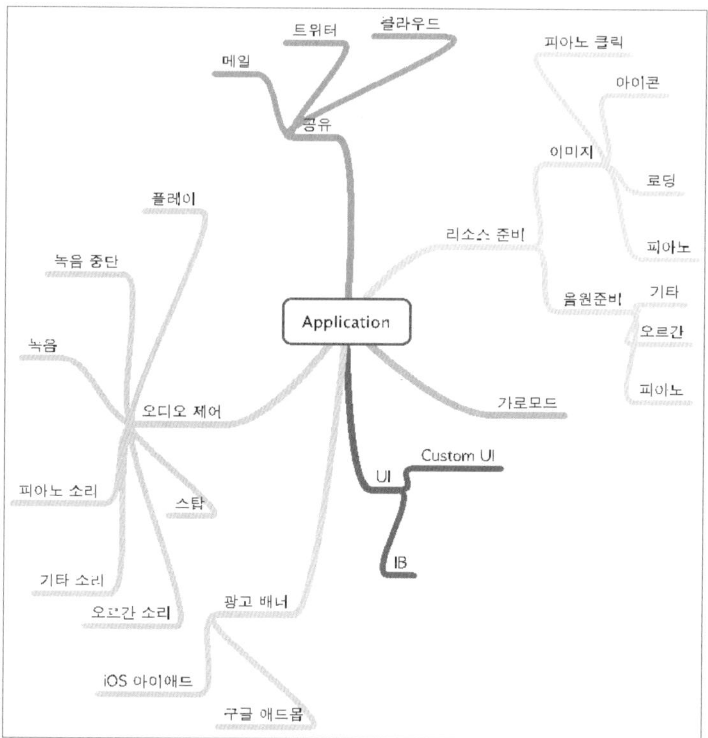


[그림 7-3] 마인드맵을 이용한 앱 기획

우리가 구현할 핵심 기능은 iOS 오디오(사운드) 제어이다. 오디오 제어를 통해 준비된 리소스들을 플레이하고 동시에 녹음을 처리하고, 다시 녹음된 음원을 재생하는 기능을 구현해야 한다. 피아노 연주 이외에도 다양한 악기를 지원할 수 있도록 기타나 오르간 등의 음악 리소스도 제공할 것이다. 또한 피아노 건반이 클릭되었을 때 실제 피아노 건반이 눌린 것처럼 사실감을 높이기 위해 이미지 반전 UI 기능을 구현할 것이다. 그리고 처음부터 가로 모드 앱으로 설정하여 유저가 손쉽게 피아노 앱을 이용할 수 있게 하고, 마지막으로 광고 배너 기능을 지원할 것이다.

## 03 UI 구상하기

구현할 피아노 앱을 처음 실행하면 로딩 화면이 출력된 후 메인 화면이 나타나도록 만들어야 한다. 메인 메뉴 화면에는 피아노 건반이 있고 상단에 Play Mode와 Instrument Mode가 있어 원하는 모드를 선택할 수 있도록 설계할 것이다. 만약, 피아노 연주 화면에서 연주한 음원을 다른 사람과 이메일이나 클라우드, SNS를 통해 공유하려면 메뉴 화면이 하나 더 추가로 생성되어야 한다. 그리고 "i" 버튼을 누르면 상세 설명이 있는 서브 화면으로 이동한다. 마지막으로 앱 상단의 광고 배너를 누르면 해당 광고로 연결된다.

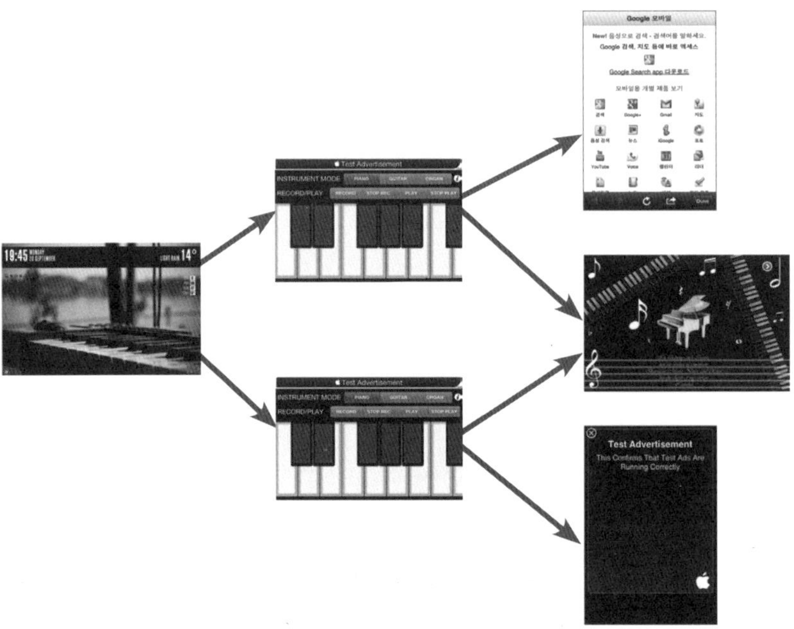

[그림 7-4] 피아노 앱 화면 구성 흐름도

애플리케이션을 구현하기 이전에 UI 스케치 툴을 이용해 화면을 미리 디자인해보자. 화면 디자인 툴인 발사믹을 이용해 [그림 7-5]처럼 화면을 만들어보자. 피아노 앱은 메인 메뉴 화면이 있고 "상세 정보" 버튼을 눌렀을 때 생성되는 서브 화면이 있어야 한다. 그리고 광고 배너를 눌렀을 때 자동으로 생성되는 뷰 화면이 하나 더 존재한다.

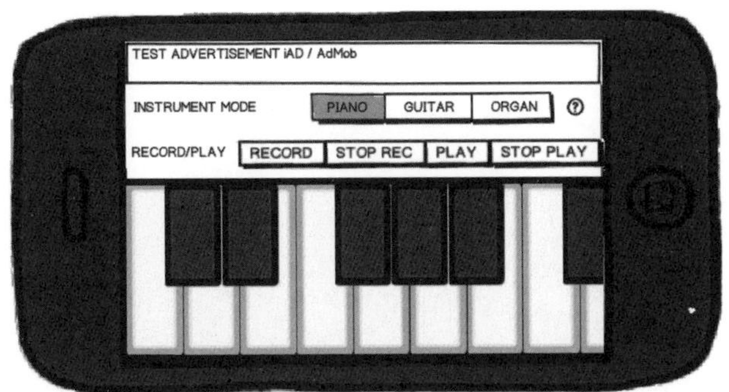


[그림 7-5] 피아노 메인 화면

이제 메인 화면을 어떻게 구현할지 구상해보자. 피아노 메인 화면에는 당연히 피아노 건반이 존재해야 한다. 다른 상용 앱과 같이 앱 하단부에 이미지뷰를 생성하여 피아노 건반 이미지로 설정한다. 그리고 건반 위에는 악기 모드와 재생 모드 같은 세부 기능들을 표현하기 위해 라벨과 세그먼티드 컨트롤을 사용한다. 세그먼티드 컨트롤의 세그먼트를 선택하면 해당 설정 기능들이 오디오 재생에 영향을 준다. 앱이 처음 시작되면 악기 모드는 "피아노"로, 재생 모드는 아무 것도 선택되지 않은 상태로 설정된다. 악기 모드 세그먼티드 컨트롤 옆에 이 앱에 대한 상세 설명 페이지를 호출하는 "정보(Info)" 버튼을 추가한다. 마지막으로 피아노 앱의 상단에 광고 배너를 추가한다. 광고 배너를 사용하기 위해 아이애드와 애드몹 SDK를 사용하여 UI를 구성할 것이다.

[그림 7-6] 피아노 상세 설명 화면

마지막으로 상세설명 화면이 있다. 상세설명 화면은 현재 연주하는 악기에 대한 상세 정보를 보여줄 것이다. [그림 7-6]에서 보는 것처럼 상세정보 설명화면의 오른쪽 상단에 이전 화면으로 돌아가는 버튼이 있다.



## 프로그램 설계하기

클래스 다이어그램을 이용해 피아노 앱의 전체 구조를 설계해보자.

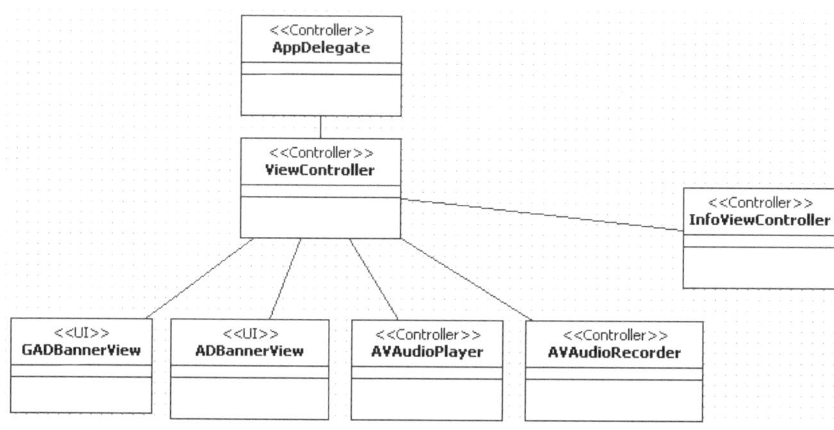


[그림 7-7] 클래스 다이어그램

[그림 7-7]은 피아노 연주 앱의 전체 클래스 구조이다. 클래스 다이어그램을 보면 알 겠지만 우리가 작성할 피아노 연주 앱의 구조는 상당히 단순하다. 피아노 앱의 목적은 메뉴뷰에 있는 모드의 설정에 따라 건반을 눌렀을 때 해당 음에 해당하는 음원을 연 주하는 것이다. Main 화면은 ViewController로 상세 화면은 InfoVewController 로 구현된다. 메인 화면인 ViewController에서 버튼 이벤트 발생에 따라 InfoVewController가 연결되도록 설정한다. 그리고 구글 광고를 구현하기 위해 GADBannerView, iOS 광고를 구현하기 위해 ADBannerView, 키보드를 눌렀을 때 해당 음의 소리를 재생하는 AVAudioPlayer 그리고 마지막으로 플레이된 음원을 녹음하는 AVAudioRecorder가 있다.

## 5.1 XCode로 피아노 연주 앱 프로젝트 만들기

XCode를 시작하고 메뉴에서 [File]-[New Project]를 선택한다. New Project 대화
상자가 나타나면 Single View Application을 선택한다. 우리가 만들 앱은 여러 개의
뷰를 가지고 있는 앱이 아니기 때문에 싱글뷰 기반의 템플릿을 선택하면 된다(XCode
4.2 Version 이상). Single View Application 템플릿은 XCode 4.1 이하 버전에서
는 View-Based Application이었다. 프로젝트 템플릿을 설정하고 프로젝트 이름은
iPiano라고 입력하고 Next를 클릭해 프로젝트를 생성하자.

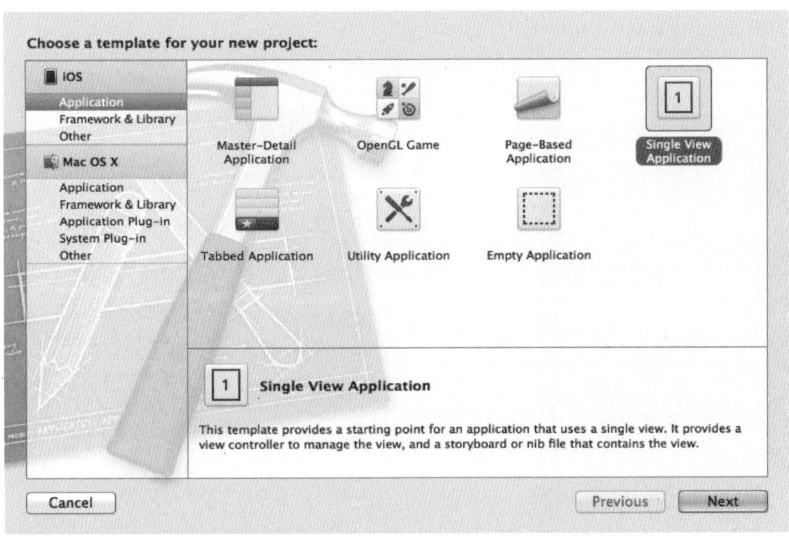


[그림 7-8] XCode 템플릿 - Single View Application XCode 4.2V

프로젝트가 만들어지면 프로젝트 네비게이터에서 AppDelegate.h, AppDelegate.m,
ViewController.h, ViewController.m, ViewController.xib 파일이 자동으로 생
성된 것을 볼 수 있다. 아무런 소스 작업을 하지 않고 "Run" 버튼을 눌러 보자. 비어
있는 뷰 하나가 출력되는 것을 확인할 수 있다. 이제 이 뷰 안에 피아노 버튼과 메뉴
뷰, 광고 배너를 추가해 피아노 앱을 만들어보자.

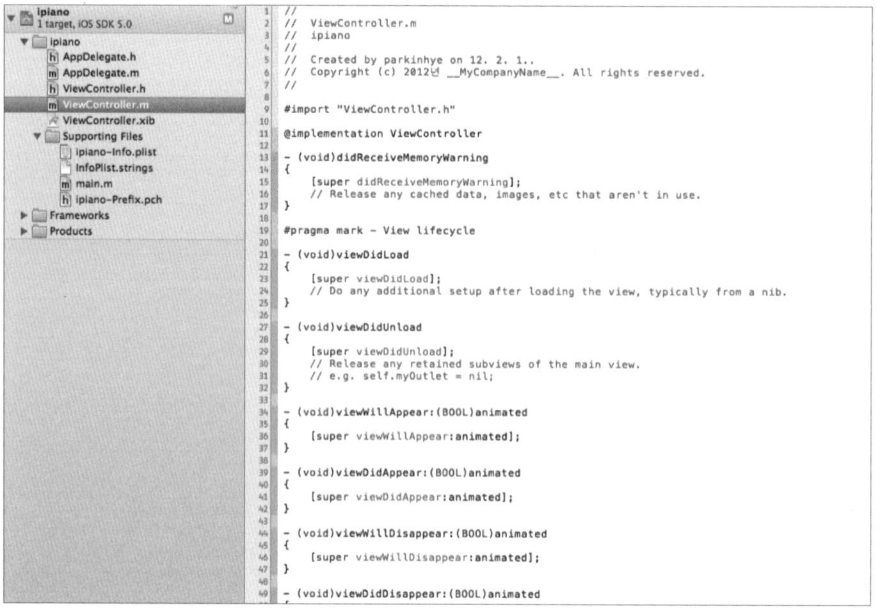

[그림 7-9] iPiano 프로젝트 네비게이터 – 생성 직후

[그림 7-10] Single View 화면

## 5.2 리소스 만들기 – 이미지와 음원

피아노 앱을 만들려면 기본적으로 필요한 리소스들이 있다. 첫 번째는 아이콘과 배경
화면 그리고 피아노 건반 이미지들이다. 두 번째는 건반 음을 눌렀을 때 소리나게 하

기 위한 음원들이다.

우선, 이미지들을 준비해보자. 아이폰에서 사용하는 이미지 포맷은 PNG 파일이다. 앱을 실행시켰을 때 제일 먼저 나오는 아이콘 이미지를 준비해야 한다. 아이콘 이미지 이름과 사이즈는 다음처럼 용도에 맞게 설정한다.

| 파일 이름 | 아이콘 사이즈 | 용도 |
| --- | --- | --- |
| Icon.png | 57 * 57 | 일반적인 아이폰 아이콘 |
| Icon@2x.png | 114 * 114 | 고해상도 iPhone4 아이콘 |
| Icon-72.png | 72 * 72 | 아이패드 아이콘 |
| Icon-Small.png | 29 * 29 | 설정용 아이폰 아이콘 |
| Icon-Small@2x.png | 58 * 58 | 설정 및 검색 결과 고해상도 iPhone4 아이콘 |
| Icon-Small-50.png | 50 * 50 | 설정 및 검색 결과 아이패드 아이콘 |

피아노 연주 앱 아이콘파일 이름은 Icon.png이고 사이즈는 57 * 57이다. 다음은 시작 화면(앱 로딩 화면) 백그라운드 이미지를 준비하자. 시작 화면 이미지 이름과 사이즈는 아래와 같이 설정한다.

| 파일 이름 | 시작 화면(로딩 화면) 사이즈 | 용도 |
| --- | --- | --- |
| Default.png | 320 * 480 | 일반적인 아이폰 |
| Default@2x.png | 640 * 960 | 고해상도 iPhone4 |
| Default-Landscape.png | 1024 * 748 | 아이패드 - 가로 모드 |
| Default-Portrait.png | 768 * 1004 | 아이패드 - 세로모드 |

iOS는 위에 나온 아이콘 파일들을 해당 타겟(디바이스)에 맞춰 자동으로 선택되어 사용한다. 아이콘 파일을 사용할 때 주의할 점은 시뮬레이터에서는 대/소문자를 구분하지 않지만, 디바이스에서는 대/소문자를 구분한다는 것이다. 피아노 연주 앱은 일단 아이폰 전용으로 구현할 것이므로 Default.png, Default@2x.png 두 가지 아이콘을 로딩 이미지로 준비하자.

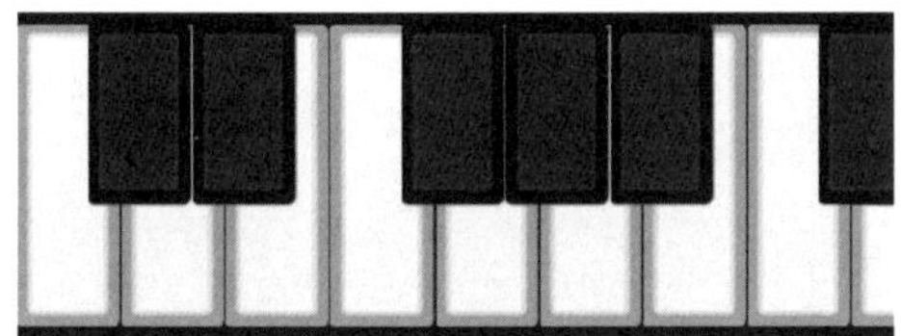

[그림 7-11] 메인뷰 삽입 이미지 - 피아노

15개의 음계를 나타내는 피아노 건반 이미지와 각 건반이 눌러졌을 때, 눌림 효과를 나타내는 용도의 이미지를 준비하자.

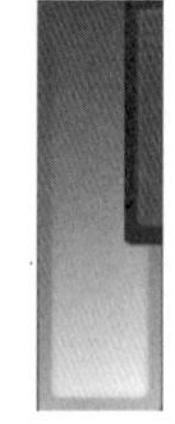

이번에는 음원을 준비해보자. 피아노 연주 앱의 핵심은 실제 피아노를 치는 것과 같은 효과를 모바일에서 구현하는 것이다. 따라서, 건반을 클릭했을 때 재생할 음원이 중요

[그림 7-12] 건반 클릭 이미지

한 요소가 된다. 피아노 연주 앱에서는 피아노뿐만 아니라 기타와 오르간 악기도 지원하기 때문에 세 종류 음원을 모두 준비하자. 음악 편집 프로그램을 사용해 한 가지 악기 소리를 이용하여 피치를 조절해 음계를 만들어보자. 도, 도#, 레, 레#~ 과 같이 음계에 해당하는 악기 소리를 녹음하여 만든다. 음계 생성은 GarageBand 프로그램을 사용하면 쉽게 만들 수 있다.

[그림 7-13] Garage Band – 음원 만들기(피아노, 기타, 오르간)

GarageBand 프로그램은 자신만의 음악 프로젝트를 생성하여 기타 또는 피아노 연주를 배울 수도 있고, 악기를 선택하고 구간을 반복하며, 자신만의 음악을 만들 수 있다. 또한 즉흥 연주 기능, 음성 및 악기 소리를 녹음하는 기능, 아이폰 벨소리 만들기, 음악 공유 기능 등을 제공한다.

GarageBand 프로그램을 이용해 피아노 앱에서 사용할 15개의 음계를(도, 도#, 레, 레#, 미, 파, 파#, 솔, 솔#, 라, 라#, 시, 도, 도#, 레) 준비한다. 피아노 앱에서 지원하는 악기는 피아노뿐만 아니라 오르간과 기타 음원도 필요하기 때문에 각각의 악기에 맞는 음계를 준비하자. 준비할 총 음원은 45개이다.

앞서 준비한 이미지들과 음원들을 iPiano 프로젝트 내에 Resources 그룹을 만들어 [그림 7-14]처럼 드래그해 붙여 넣자.

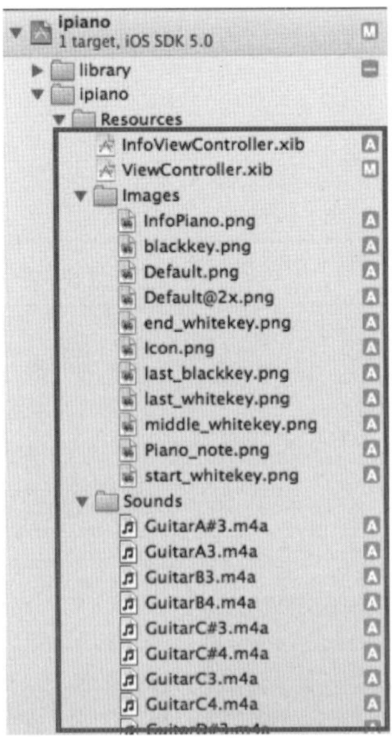

[그림 7-14] 피아노 앱 리소스 – 이미지와 음원들

## 5.3 가로 모드 앱 만들기

아이폰 앱을 실행하면 기본적으로 화면이 세로 모드(Portrait)로 실행된다. 그렇지만 피아노 앱과 같이 엔터테인먼트나 게임류의 앱은 가로 화면을 많이 이용하기 때문에 가로 모드(Landscape)로 아이폰 화면을 설정해야 한다. 가로 모드를 지원하는 앱을 만들려면 다음처럼 3단계 설정을 해야 한다.

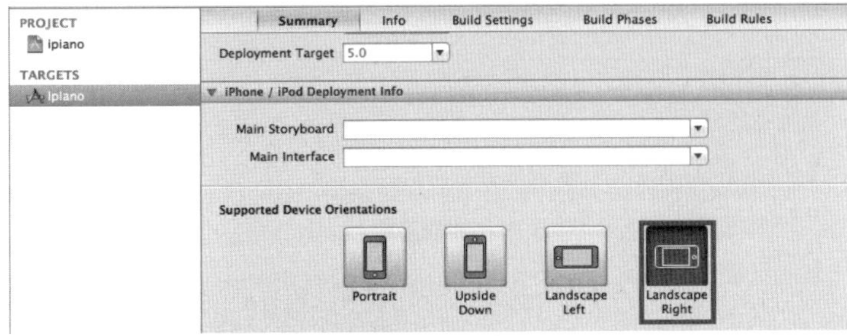


[그림 7-15] ipiano Project Target 설정 – 가로 모드

① 먼저 프로젝트 네비게이터에서 ipiano 프로젝트를 클릭해 TARGETS의 Summary 탭에
Supported Device Orientations를 Landscape Right로 설정해야 한다. 혹은 [그림 7-15]처럼
Summary 탭에서 Supported Device Orientations 항목을 그림처럼 변경한다.

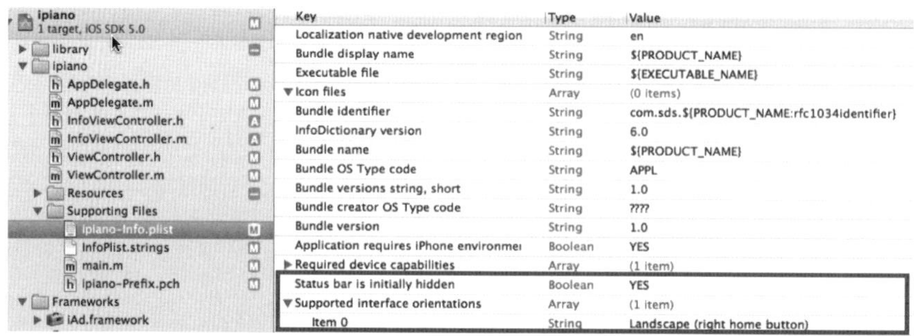

[그림 7-16] ipiano-Info.plist 가로 모드 설정

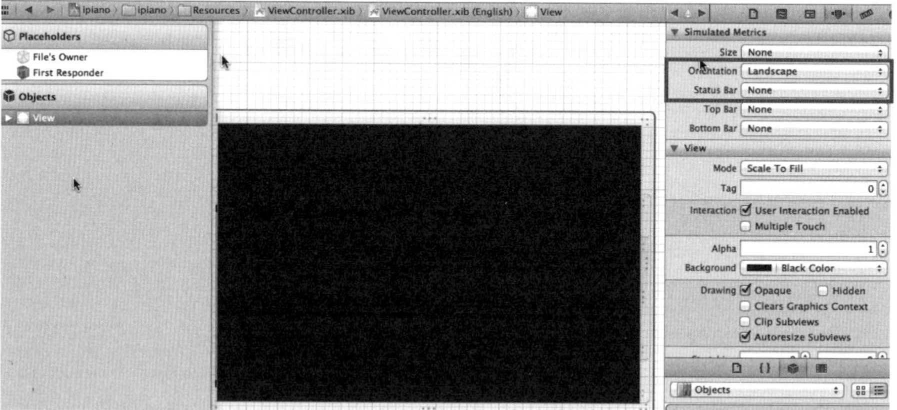

[그림 7-17] Interface Builder View 가로 모드 설정

② 인터페이스 빌더에서 메인뷰의 속성을 변경해야 한다. Simulated Metrics의 Orientation을
Landscape로 변경하면 뷰가 인터페이스 빌더에 가로 모드로 표시된다(그림 7-17).



```
1.- (BOOL)shouldAutorotateToInterfaceOrientation:(UIInterfaceOrienta
tion)interfaceOrientation
2.{
3.// Return YES for supported orientations
4.//return (interfaceOrientation != UIInterfaceOrientationPortraitUp
sideDown);
5.return (interfaceOrientation == UIInterfaceOrientationLandscapeRig
ht);
6.}
```

③ 마지막으로 소스를 수정하자. ViewController.m 파일에 shouldAutorotateToInterfaceOrienta
tion 메소드 반환값을 가로 모드로 설정해야 한다. shouldAutorotateToInterfaceOrientation은
주석 처리된 4라인처럼 세로보기 상태로 설정되어 있다. 4라인을 주석 처리하고 5라인처럼 수정
하면 가로보기 모드로 고정시킬 수 있다. 여기까지 하면 피아노 앱이 실행되자마자 가로 모드로
작동하게 된다. "Run" 버튼을 눌러 정상적으로 동작하는지 확인해보자.

[그림 7-18] 가로 모드 실행

## 5.4 피아노 화면 만들기 – 인터페이스 빌더로 UI 구현하기

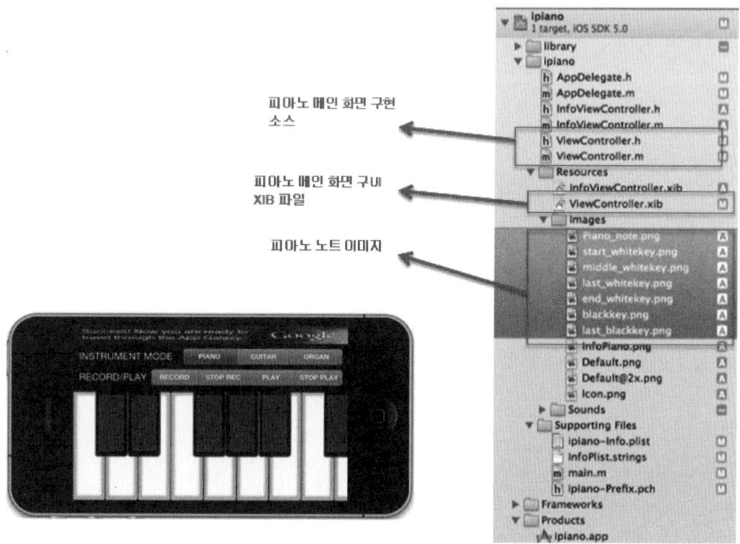


[그림 7-19] 피아노 메인화면 & 프로젝트 목록

메인 화면 하단은 피아노 건반이고 상단은 피아노 앱 기능 설정 화면이다. 피아노 건
반은 하얀색과 검은색의 버튼으로 구성되어 있다. 그리고 메뉴는 두 개의 라벨과 두
개의 세그먼티드 컨트롤과 "정보(Info)" 버튼이 있고, 맨 위에 아이애드나 애드몹과
같은 광고 배너로 구성되어 있다. 피아노 건반은 PNG 이미지로 만들어진다. 이들 이
미지는 Resources 항목 아래에 image 그룹을 만들어 보기 쉽게 분류해 놓았다.

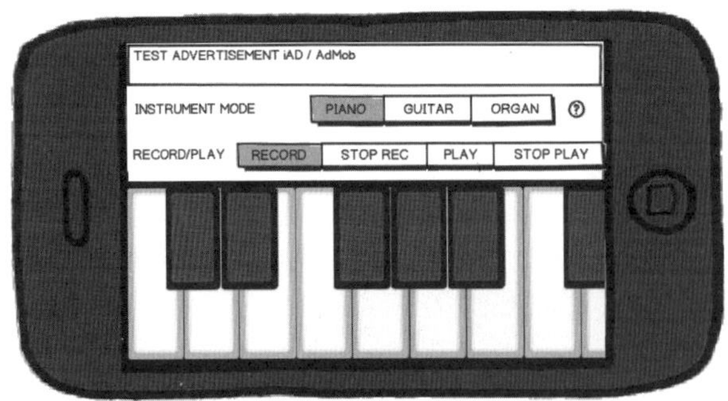

[그림 7-20] 피아노 메인 화면 UI 디자인

앞서, 발사믹으로 디자인한 UI를 바탕으로 메인 화면을 작성해보자. 메인 화면은 배경색상을 검정색으로 설정한 UIView와 그 안에 피아노 이미지를 가지고 있는 ImageView로 구성한다. 먼저, UIView 백그라운드 색상을 변경해보자.

Xcode 프로젝트 윈도우에서 viewController.xib 파일을 더블 클릭해 인터페이스 빌더를 실행시키고, Objects 중에 View를 선택한 후 오른쪽 상단의 Inspector 창에 Attributes 탭에서 Background를 Black Color로 설정하면 배경색상이 검정색으로 변경된다.

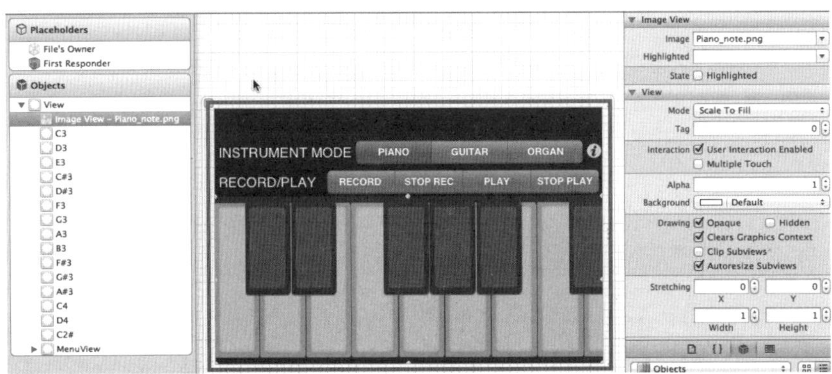

[그림 7-21] 피아노 메인 화면 - 이미지 뷰

우측 하단 오브젝트 라이브러리에서 이미지를 검색해 화면 뷰 안 적절한 위치에 드래 그해 이미지를 추가하자. 이미지 뷰 Attributes inspector의 Image를 앞에서 준비한 Piano_note.png로 설정한다.

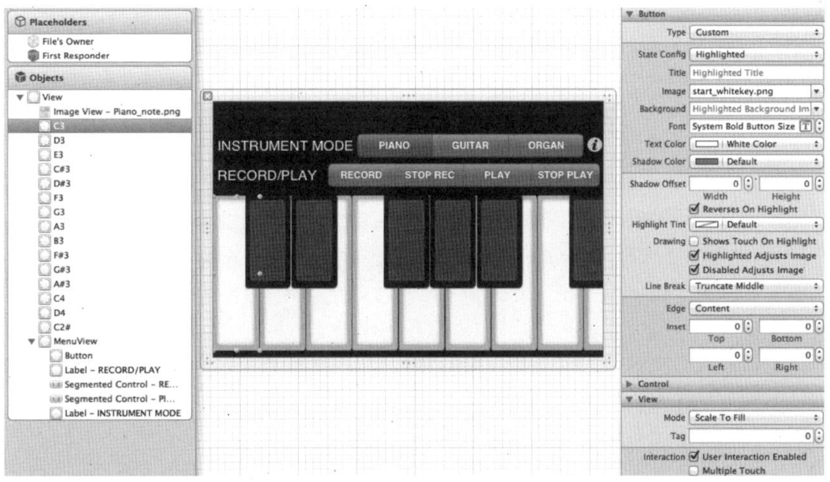

[그림 7-22] 피아노 메인 화면 - C3 버튼

이미지뷰 설정을 끝마친 다음에 각각의 건반을 커스텀 버튼으로 설정하자. 버튼이 터치 다운되었을 때 클릭된 음계에 해당하는 음원이 재생되도록 설정해야 한다. 피아노 앱은 15개의 건반을 갖고 있기 때문에 15개의 UI 버튼이 필요하다. UIButton의 타입은 Custom으로 설정한다. State Config는 HighLighted로 선택되었을 때 선택된 그림자 효과를 주기 위해서 이미지는 start_whitekey.png로 정한다.

그리고 버튼이 여러 개가 존재하기 때문에 각각의 버튼을 구별해주는 Tag값을 설정해준다. "도" 음계 C3의 Tag값은 0으로 같은 방식으로"도샵"은 C#3,"레"는 D3, "레샵"은 D#3, "미"는 E3, "파"는 F3, "파샵"은 F#, "솔"은 G3, "솔샵"은 G#3, "라"는 A3, "라샵"은 A#3, "시"는 B3, "도"는 C4, "도샵"은 C#4, "레"는 B4 등 총 15개를 순차적으로 1씩 더해서 Tag값을 설정한다. 맨 마지막에 위치한 "높은 레"의 Tag값은 14이다. 건반이 눌렸을 때 버튼의 Tag값을 확인하여 어떤 음계가 클릭되었는지 알 수 있는 것이다. 예를 들어 버튼의 태그값이 11이면 음계 시가 눌린 것이고 해당 음계에 맞는 음원 파일을 찾아 재생하면 된다. 보다 자세한 구현 방법은 곧이어 나올 피아노 소리 제어 부분에서 살펴보자.

이번에는 메뉴뷰를 만들어보자.

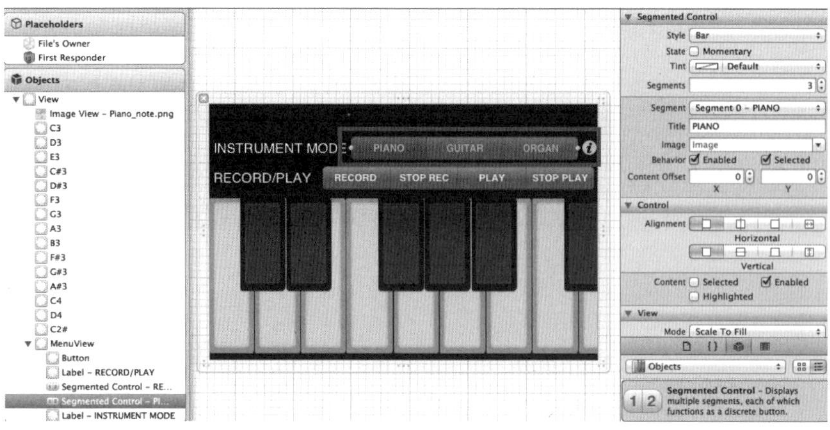



[그림 7-23] 피아노 메인 화면 - 메뉴 뷰에 세그먼트 컨트롤

메인뷰 안에 MenuView로 사용될 UIView를 앞서 살펴본 방식과 동일하게 작성해
보자. Object 창에서 드래그해 피아노 건반 이미지뷰와 겹치지 않게 올려 놓는다.
MenuView 안에는 악기 모드를 설정하는 INSTRUMENT MODE 세그먼트 컨트롤
과 재생 모드를 선택하는 RECORD/PLAY 세그먼트 컨트롤, 각 모드를 나타내는 2개
의 라벨을 추가한다.

INSTRUMENT MODE 세그먼트 컨트롤에서 Segments는 3, 각각의 Segment
는 Segment 0-PIANO, Segment 1-GUITAR, Segment 2-ORGAN 로 설정
한다. 디폴트 악기는 피아노이므로 Segment 0-PIANO를 선택하고 Behavior의
Selected 체크 박스를 선택한다. RECORD/PLAY 세그먼트 컨트롤도 위와 같이
Segments는 4, 각각의 Segment는 Segment 0-RECORD, Segment 1-STROP
REC, Segment 2-PLAY, Segment 3-STOP PLAY 로 설정한다.

마지막으로 메뉴뷰에 "정보 보기" 버튼을 만들어 이 앱에 대한 상세한 설명을 볼 수
있게 한다. 이 버튼의 타입은 Info Light로 설정한다.

[소스 7-2] 메인뷰 이벤트 - ViewController.m

```
1:#pragma mark -
2:#pragma mark event action
3:
4:/*  피아노 건반 클릭시 호출되는 메소드*/
5:-(IBAction)pressKeyDown:(id)sender {
6:NSLog(@"press KeyDown");
7:// 추후 소스 구현
8:}
```

```
 9: /*  악기 변경시 호출되는 메소드*/
10: -(IBAction)changeInstrument:(id)sender {
11:     NSLog(@"change Instrument");
12     //  추후 소스 구현
13.}
14: ./*  녹음 후 호출되는 메소드*/
15: .-(IBAction)changeRecordPlay: (id) sender {
16:     NSLog(@"change Record and Play ");
17:     //  추후 소스 구현
23: }
24: /*  상세 정보 버튼 클릭 시 호출되는 메소드*/
25: -(IBAction)infoClicked {
26:     NSLog(@"press info button");
27:     //  추후 소스 구현
28:}
```

앞에서 UI 컨트롤러를 만들었으니 이제 핸들러를 만들고 연결을 하자. [소스 7-2] 처럼 ViewController.m 파일에 핸들러를 만든다. 핸들러는 IBAction으로 선언해 야 한다. 선언된 핸들러에 메인화면의 컨트롤 이벤트 핸들러를 연결한다(그림 7-24). 피아노 건반이(C3, D3..)이 터치다운(UIControlEventTouchDown)되면 5라인의 pressKeyDown 메소드가 호출된다. 10라인 changeInstrument 메소드는 악기 선 택 모드인 세그먼트 컨트롤 값이 변경되었을 때 호출된다. 15라인 changeRecordPlay 메소드는 재생 모드 설정인 세그먼트 컨트롤 값이 변경되었을 때 호출되며, 26라인 infoClicked 메소드는 "상세 정보" 버튼이 클릭되었을 때 호출된다.

각각의 이벤트가 발생할 때 정상적으로 실행되는지 확인하기 위해 6라인, 11라인, 16 라인, 25라인에 로그를 추가하였다. 프로그램을 실행해 Xcode 터미널에 해당 이벤트 로그가 출력되는지 확인한 후 다음 단계로 넘어가자.

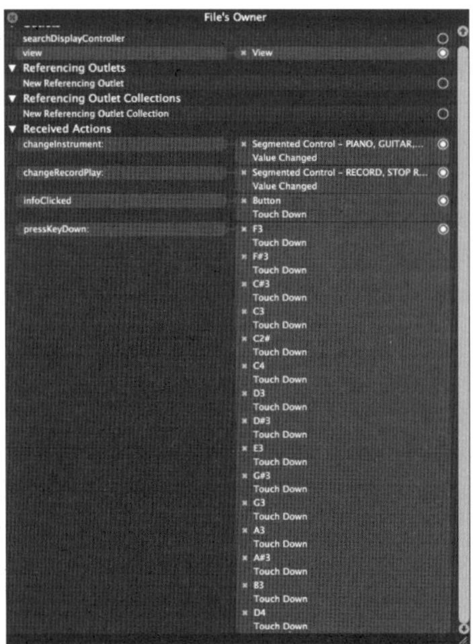

[그림 7-24] 메인화면의 등록 이벤트 화면

## 5.5 오디오 연주

피아노 앱의 UI 구현이 완성되었으면 이제 본격적으로 피아노 소리를 플레이하기 위해 iOS의 오디오 제어 기능에 대하여 알아보자. iOS에서 오디오나 비디오 같은 멀티미디어 프로그램을 구현하기 위해서는 일반적으로 다음과 같은 멀티미디어 프레임워크를 사용한다. 주로 사용되는 프레임워크는 AudioToolbox.framework, OpenAL.framework, AVFoundation.framework, AudioUnit.framework, MediaPlayer.framework이 있다. 각각의 프레임워크에 대하여 자세히 알아보자.

| 사운드 | | |
|---|---|---|
| System Sound Services | 프레임워크 | AudioToolbox.framework |
| | 헤더 | AudioToolbox/AudioServices.h |
| | 특징 | – 기본적인 시스템 사운드 제어로 경고음 또는 인터페이스 이동 시 비프음과 같은 간단한 사운드 재생 시 사용되는 API.<br>– 재생 시 컨트롤 기능과 볼륨 제어 기능과 같이 복잡한 기능은 지원 안함.<br>– 진동(바이브레이션) 기능이 API 사용(iPhone). |

| Audio Queue Services | 프레임워크 | AudioToolbox.framework |
| --- | --- | --- |
| | 헤더 | AudioToolbox/AudioServices.h |
| | 특징 | – 여러 가지 경우에 자주 사용되는 iOS 사운드 제어 API.<br>– 단순하게 오디오 파일 재생 기능뿐만 아니라 볼륨을 제어하거나 일부 구간을 반복시키는 기능들을 제공.<br>– 재생 속도를 조절하거나 신디사이저 악기처럼 여러 음을 합성하는 기능을 제공하기도 하고 딜레이 정도도 컨트롤 가능.<br>– iPhone 내 마이크를 이용한 녹음 기능 지원.<br>– 하지만 구현하기에 API가 복잡하게 구성되어 있어 능숙히 사용하는 데까지 어느 정도 시간 소요. |
| OpenAL | 프레임워크 | OpenAL.framework |
| | 헤더 | OpenAL/al.h OpenAL/alc.h |
| | 특징 | – OpenAL(Open Audio Library)는 OpenGL(Open Graphics Library)과 같이 다중 채널을 지닌 3차원 오디오 음원을 공간 내에 배치시켜 효율적으로 구현하고 제어하기 위해 만들어진 API.<br>– 표준화된 인터페이스로 다양한 플랫폼을 지원함(안드로이드, 아이폰 등).<br>– 3차원 라이브러리는 비교적 구현이 쉽고 재생 시 기다리는 대기 시간이 적어 실시간 기능이 필요한 3D게임에 많이 사용됨. |
| | | – 볼륨 제어 기능 및 루프와 같은 기능도 제공.<br>– System Sound Services와 Audio Queue Services의 중간 정도의 기능을 지원함. |
| AVAudioPlayer | 프레임워크 | AVFoundation.framework |
| | 헤더 | AVFoundation/AVAudioPlayer.h |
| | 특징 | – iPhone OS 2.2부터 지원하기 시작하여 위 Audio Queue Services 프레임워크가 사용하기 복잡한 반면, 이것은 사운드 파일의 재생 기능만을 지원하는 API.<br>– 볼륨 제어 기능 및 루프와 같은 기능도 제공.<br>– Audio Queue Services와 같이 여러 가지 상세 기능을 지원하거나 자유롭게 기능을 확장할 수는 없으나 Audio Queue Services에 비해 사용 방법이 용이함. |
| Audio Unit | 프레임워크 | AudioUnit.framework |
| | 헤더 | AudioUnit/AudioUnit.h |
| | 특징 | – 하드웨어에 가장 가까운 단계의 프레임워크로 다른 사운드 관련 프레임워크는 이 프레임워크 위에 존재.<br>– 사운드 재생 시 대기 시간이 적음.<br>– 구현 방법이 용이하지 않음. |

| MediaPlayer | 프레임워크 | MediaPlayer.framework |
| --- | --- | --- |
|  | 헤더 | MediaPlayer/MediaPlayer.h |
|  | 특징 | – 오디오 팟 캐스트, 오디오 북, 음악, 동영상 등과 같은 미디어 리소스들을 플레이하기 위해 사용.<br>– 풀 화면 오디오와 비디오를 재생. |

위에서 알아본 프레임워크로 할 수 있는 일들은 무궁무진하다. 위 프레임워크로 구현 가능한 대표적인 기능들은 다음과 같다.

- 비디오 및 오디오 플레이어
- 비디오 레코딩
- 오디오 레코딩
- 실시간 음성 녹음
- 게임 및 여러 앱에서 사용되는 효과음 내기
- 사운드 플레이(기타, 피아노, 드럼 등 여러 악기..)
- 음성 변조 및 여러 음 합성
- ETC

그럼 여기서 우리가 구현할 사운드 제어 기능은 어떤 것들이 있는지 알아보자.

- 사운드 재생
- 다양한 악기 소리 재생(피아노, 기타, 오르간)
- 녹음 / 중지 / 리플레이 / Audio Sessions설정

먼저 기본적인 사운드 재생을 하려면 어떻게 해야 하는지 알아보자. 여기서 우리는 사운드 재생을 위해서 여러 프레임워크 중에 가장 사용 방법이 용이한 AVAudioPlayer 를 사용하여 구현하였다. 이제 본격적으로 어떻게 구현되어 있는지 알아보자.

**[소스 7-3] 오디오 연주 선언부 – ViewController.h**

```
1: #import <UIKit/UIKit.h>
2: #import <AVFoundation/AVFoundation.h>
3: #import <AudioToolbox/AudioToolbox.h>
4:
5: #import <iAd/iAd.h>
6: #import "GADBannerViewDelegate.h"
7: #import "GADBannerView.h"
```

```
8:
9: @interface ViewController :UIViewController<AVAudioPlayerDelega
te, ADBannerViewDelegate,
            GADBannerViewDelegate> {
10:     //AVAudioPlayer *theAudio;
11:     /* 광고 배너 */
12:     ADBannerView* adBanner; // iAD
13:     GADBannerView* adMobBanner; // 애드몹
14: }
```

여기서 피아노 건반을 눌렀을 때 해당하는 음원의 소리를 플레이하기 위해서 우리는AVAudioPlayer를 사용한다. AVFoundation.framework을 사용하기 위하여 ViewController.h에 AVFoundation/AVFoundation.h를 임포트한다. 그리고 플레이, 스탑 같은 해당 기능을 수행하기 위해서 ViewController 클래스에 AVAudioPlayerDelegate를 추가해야 한다. 델리케이트를 구현하면 AVAudioPlayer로 음악을 재생할 때 이벤트나 정보 등을 받을 수 있다.



```
1: /* 건반 C가 눌렸을 때 호출 */
2: -(IBAction)pressC:(id)sender {
3:   NSLog(@"Pressed C Note");
4:     NSString *path = [[NSBundlemainBundle]
             pathForResource:@"PianoC3"ofType:@"m4a"];
5:     AVAudioPlayer *theAudio = [[AVAudioPlayeralloc]
       initWithContentsOfURL:[NSURLfileURLWithPath:path] error:NULL];
6:     theAudio.delegate = self;
7:     [theAudio play];
8: }
9:
10: /* 건반 D가 눌렸을 때 호출 */
11: -(IBAction)pressD:(id)sender {
12:     NSLog(@"Pressed D Note");
13:     NSString *path = [[NSBundlemainBundle]
       pathForResource:@"PianoD3"ofType:@"m4a"];
14:     AVAudioPlayer *theAudio = [[AVAudioPlayeralloc]
         initWithContentsOfURL:[NSURLfileURLWithPath:path]
error:NULL];
15:     theAudio.delegate = self;
16:     [theAudio play];
17:}
```

C3 건반이 눌려졌을 때 어떠한 일이 일어나는지 알아보자. 4라인에서 버튼이 눌려졌을 때 재생될 음원의 전체 경로를 찾아 path에 저장한다. 5라인에서 방금 전에 설정한 리소스 파일로 AVAudioPlayer 객체를 만든다. 그리고 나서 6라인에서 자기 자신을 theAudio.delegate에 위임시키면 이제 과정이 끝이 났다. 마지막으로 7라인에서 theAudio를 play시키면 C3 음원이 재생되는 것을 확인할 수 있다. 다른 건반이 눌려졌을 때도 11라인 −(IBAction)pressD:(id)sender과 같은 방법으로 구현하면 된다.

위와 같이 피아노 건반 효과를 내는 것은 매우 간단하다. 60개 건반을 가지고 있는 피아노 앱을 구현하고 싶으면 위와 같이 60개의 IBAction 함수를 구현해 주면 된다. 하지만 위와 같은 방법으로 구현을 하면 똑같은 기능의 함수가 60개나 만들어지기 때문에 앱을 만들 때에 추천하지는 않는다.

이번에는 pressKeyDown이라는 하나의 함수를 만들어 모든 건반이 눌렸을 때 이 함수를 호출하도록 구현해 보자. 이 함수를 구현하기 위해서 우선 모든 음원 리소스들을 plist 파일에 정의해 놓아야 한다. 방금 전에 구현한 pressC와 pressD 메소드의 차이는NSString *path = [[NSBundlemainBundle]pathForResource:@"PianoC3" ofType:@"m4a"]; 리소스명이다.

| Key | Type | Value |
| --- | --- | --- |
| Item 0 | String | PianoC3 |
| Item 1 | String | PianoC#3 |
| Item 2 | String | PianoD3 |
| Item 3 | String | PianoD#3 |
| Item 4 | String | PianoE3 |
| Item 5 | String | PianoF3 |
| Item 6 | String | PianoF#3 |
| Item 7 | String | PianoG3 |
| Item 8 | String | PianoG#3 |
| Item 9 | String | PianoA3 |
| Item 10 | String | PianoA#3 |
| Item 11 | String | PianoB3 |
| Item 12 | String | PianoC4 |
| Item 13 | String | PianoC#4 |
| Item 14 | String | PianoD4 |

**[그림 7-25] Piano.plist 구성하기**

iPiano 프로젝트에서 Resources-Sounds 디렉토리 안에 Piano.plist 파일을 생성한다. Piano.plist 파일 안에 리소스명을 Value에 저장한다. iOS는 NSString, NSNumber, NSDictionary 등 데이터를 Plist 파일 형태로 저장하고 읽을 수 있다. Plist 파일은 XML로 구성되어서 일반 에디터를 사용해서 수정할 수 있기 때문에 편리하다. 더욱이 Xcode는 Plist 파일 편집기도 가지고 있다. [그림 7-25]는 피아노 음원 파일을 저장한 것이다. Plist 파일을 만들었으면 이제 본격적으로 Piano.plist 파일이 어떻게 소스에서 사용되는지 알아보자.

```
1: -(IBAction)pressKeyDown:(id)sender {
2:     NSLog(@"pressed KeyDown");
3:NSString *plistPath = [[NSBundlemainBundle] pathForResource:self.
instrument ofType:@"plist"];
4:NSArray *array = [NSArrayarrayWithContentsOfFile:plistPath];
5:     if (array == nil) {
6:NSLog(@"Could not load sound resource'%@'", plistPath);
7:return;
8:     }
9:     int note = [sender tag];
10:     NSString *sampleRate = [array objectAtIndex:note];
11:     NSString *notePath = [[NSBundlemainBundle]
pathForResource:sampleRate ofType:@"m4a"];
12:    if (recState == TRUE) {
13:        UInt32 sessionCategory = kAudioSessionCategory_
PlayAndRecord;
14:        AudioSessionSetProperty(kAudioSessionProperty_
AudioCategory, sizeof(sessionCategory), &sessionCategory);
15:        AudioSessionSetActive(true);
16:     }
17:     AVAudioPlayer *theAudio = [[AVAudioPlayeralloc]
initWithContentsOfURL:[NSURL fileURLWithPath:notePath] error:NULL];
18:     theAudio.delegate = self;
19:     [theAudio play];
20:  }
33:}
```

[소스 7-5]는 건방이 눌러졌을 때 호출이 된다. 건반에 해당하는 음원을 재생하기 위해서 먼저 재생하려는 악기의 Plist 파일을 읽어야 한다.



```
1:- (void)viewDidLoad
2:{
3:   [super viewDidLoad];
4:    self.instrument = [NSString stringWithString:@"Piano"];
5:    self.recState = FALSE;
6:
7:    [self initADBanner];
8:// Do any additional setup after loading the view, typically from
a nib.
9:}
```

NSString *plistPath = [[NSBundlemainBundle] pathForResource:self.
instrument ofType:@"plist"];에서 self.instrument는 기본값이 "Piano"로
ViewDidLoad 메소드에서 기본값이 설정된다(소스 7-6). Piano.plist 파일의 데
이타를 읽어 보자. [소스 7-5]의 4라인 NSArrayarrayWithContentsOfFile를 사
용하여 Piano.plist 파일 안에 있는 모든 컨텐츠들을 읽어 NSArray 타입을 만든
다. 모든 값을 로드하였으면 이제 현재 눌러진 건반에 해당하는 음원의 파일명을 찾
아야 한다. 현재 array에는 15개의 Index에 대한 각각의 리소스명이 저장되어 있
다. {{0, PianoC3}, {1, PianoC#3}, {2, PianoD3}, {3, PianoD#3}, {4, PianoE3},
{5, PianoF3}, {6, PianoF#3}, {7, PianoG3}, {8, PianoG#3}, {9, PianoA3}, {10,
PianoA#3}, {11, PianoB3}, {12, PianoC4}, {13, PianoC#4}, {14, PianoD4}}이다.

앞 부분 〈5.4 피아노 화면 만들기〉에서 우리는 각각의 버튼에 Tag값을 설정했었다.
도C3의 Tag 값은 0, 같은 방식으로 도샵C#3, 레D3, 레샵D#3, 미E3, 파F3, 파샵
F#, 솔G3, 솔샵G#3, 라A3, 라샵A#3, 시B3, 도C4, 도샵C#4, 레B4 총 15개를 순차
적으로 1씩 더해 Tag 값을 설정하였다. 이 값은 [소스 7-5] 9라인 건반 버튼이 눌렸을
때 해당 버튼의 Tag값을 int note = [sender tag]; tag 메소드를 사용하여 알 수 있
다. note 값이 0이면 현재 눌려진 버튼은 도C3 이다. note의 태그 값이 11이면 음계
시가 눌린 것이고, 그 다음은 해당 노트에 해당하는 리소스를 가져온다.

[소스 7-5] 10라인 기존에 저장한 array에 방금 전에 알아낸 note값에 해당하는
index에 해당하는 value를 가져온다. 이로서 리소스 명을 가져오는 것이 끝이 났다.
나머지는 [소스 7-4]의 오디오 재생하는 부분과 같다.

## 5.6 피아노 소리제어 – 악기별 연주

악기별 재생 방법 변경을 처리하는 changeInstrument 메소드는 다음과 같다. 이 메
소드는 앞에서 악기를 선택하는 세그먼트의 값 변경 이벤트 핸들러로 등록했었다. 사
용자가 세그먼트값을 변경하면 호출된다. 사용자의 선택에 따라서 악기를 나타내는
멤버변수인 instrument의 값을 변경한다(5, 9, 13라인).

[소스 7-7] 메인뷰 이벤트 – ViewController.m

```
1: /* 악기 변경 시 호출되는 메소드*/
2: -(IBAction)changeInstrument:(id)sender {
3:         switch ([sender selectedSegmentIndex]) {
4:             case 0:
5:                 self.instrument = @"Piano";
```

```
6:                    NSLog(@"piano");
7:                    break;
8:                case 1:
9:                    self.instrument = @"Guitar";
10:                   NSLog(@"Guitar");
11:                   break;
12:               case 2:
13:                   self.instrument = @"Organ";
14:                   NSLog(@"Organ");
15:                   break:
16:               default;
17:                   break;
18:           }
19:   }
```

## 5.7 피아노 소리제어 – 녹음, 다시 재생, 정지

Audio Sessions API 를 이용하면 피아노 소리의 녹음, 다시 재생, 정지 등의 기능을
구현할 수 있다.

[소스 7-6] 메인뷰 이벤트 – ViewController.m

```
/*  피아노 건반 클릭 시 호출되는 메소드*/
1: -(IBAction)pressKeyDown:(id)sender {
2:     NSLog(@"press KeyDown");
3:   NSString *plistPath = [[NSBundlemainBundle]
pathForResource:self.instrumentofType:@"plist"];
4: NSArray *array = [NSArrayarrayWithContentsOfFile:plistPath];
5:      if (array == nil) {
6:   NSLog(@"Could not load soundbank '%@'", plistPath);
7:   return;
8: }
9:      int note = [sender tag];
10:    NSString *sampleRate = [array objectAtIndex:note];
11:    NSString *notePath = [[NSBundlemainBundle]
pathForResource:sampleRate ofType:@"m4a"];
12:    if (recState == TRUE) {
13:      UInt32 sessionCategory = kAudioSessionCategory_
PlayAndRecord;
14:      AudioSessionSetProperty(kAudioSessionProperty_
AudioCategory, sizeof(sessionCategory), &sessionCategory);AudioSessi
onSetActive(true);
15:    }
```

```
16:     AVAudioPlayer *theAudio = [[AVAudioPlayer alloc]
initWithContentsOfURL:[NSURLfileURLWithPath:notePath] error:NULL];
17:     theAudio.delegate = self;
18:     [theAudio play];
19:   }
20:
21:     /* 녹음하고 다시 재생 기능을 처리하는 메소드 */
22: -(IBAction)changeRecordPlay: (id) sender {
23:         switch ([sender selectedSegmentIndex]) {
24:             case 0:
25:                 [selftoggleRecord];
26:                 break;
27:             case 1:
28:                 [selftoggleStopRec];
29:                 break;
30:             case 2:
31:                 [selftogglePlay];
32:                 break;
33:             case 3:
34:                 [selftoggleStopPlay];
35:                 break;
36:             default:
37:                 break;
38:         }
39:   }
40:
41: -(void) toggleRecord {
42:         self.recState = TRUE;
43:         UInt32 audioRouteOverride =
kAudioSessionOverrideAudioRoute_Speaker;
44:         AudioSessionSetProperty (kAudioSessionProperty_
OverrideAudioRoute, sizeof(audioRouteOverride),
&audioRouteOverride);
45:         NSURL *url =[NSURLfileURLWithPath:[NSHomeDirectory() string
ByAppendingPathComponent:@"Documents/audio.aif"]];
46:         recorder= [[AVAudioRecorder alloc] initWithURL: url
settings:nilerror:nil];
47:         [recorder record];
48:   }
49:
50: -(void) toggleStopRec {
51:         [recorder stop];
52:         self.recState = FALSE;
53:   }
54:
55: -(void) togglePlay {
56:         NSURL *url =[NSURLfileURLWithPath:[NSHomeDirectory()
```

```
stringByAppendingPathComponent:@"Documents/audio.aif"]];
57:        player= [[AVAudioPlayer alloc] initWithContentsOfURL: url
error:nil];
58:        [player play];
59:    }
60:
61: -(void) toggleStopPlay {
62:        [player stop];
63:    }
```

[소스 7-6]에서 소리녹음코드를 살펴보자. 43~44라인은 Audio Session의 속성에 스피커로 나가는 소리, 즉 악기를 연주하는 소리를 녹음하도록 설정한다. 이후에 녹음 파일이 저장될 경로를 이용해서 AVAudioRecorder 객체를 생성한다(45~46라인). 이제 record 메소드를 호출하면 재생되는 소리를 녹음할 수 있다(47라인). 녹음한 파일은 audio.aif 파일로 저장되므로 녹음한 연주를 재생하려면 56~58라인처럼 한다.

## 06 나만의 앱에 배너 연결하기 – 아이애드/애드몹

iOS 앱 개발자들이 앱 판매 수수료 이외에 수익을 창출하는 주요 수단은 배너 광고를 추가하는 것이다. 아이애드(iAd)나 애드몹(AdMob)과 같이 앱에 광고 배너를 추가하면, 광고 노출 정도에 따라 앱 개발자에게 수익을 배분해 준다. 앱을 무료로 배포해 사용자를 확보하고, 수익을 광고로 올리는 방법은 애플 앱 개발의 매력적인 수익 모델이다. 아이폰 앱에서 사용할 수 있는 주요 광고 배너는 아이애드(iAD)와 애드몹(AdMob)이 있다. 아이애드는 애플에서 제공하는 광고 배너 프레임워크로 간단한 방법을 통해 광고를 앱에 추가할 수 있다. 애드몹은 구글에서 제공하는 광고 라이브러리이다. 구글은 수익의 대부분이 광고에서 나오는 대표적 인터넷 광고 기업이다. 광고 배너는 웹 사이트에서 진행하던 방법과 상당히 유사한 형태로 아이폰 앱의 적당한 위치에 광고를 넣어 배포한 다음, 앱을 다운받아 설치한 사용자가 광고를 클릭할 때마다 일정 수수료를 얻는 방식이다.

### 6.1 아이애드 배너 광고 추가하기

현재(2012년 3월) 아이애드는 iOS 환경에서만 사용할 수 있다. 앞으로 애플에서 개발하는 맥 운영체제, 전자책 솔루션, 애플 TV로도 아이애드 지원이 확산될 것으로 예

상된다. 만약, 전자책에 아이애드가 추가된다면 잡지책과 같은 효과를 주는 서적 앱을
만들어 새로운 수익 모델을 창출할 수 있을 것이다. 아이애드는 아직 국내에서 지원을
하지 않기 때문에 앱에 광고를 달아도 광고 내용이 보이지 않는다. 현재는 미국, 영국,
프랑스, 독일, 일본 등에서 지원한다.

아이애드를 앱에 붙이기 위해서는 크게 두 가지 절차가 필요하다. 첫 번째는 아이애드
를 붙이고자 하는 앱에 광고 삽입 소스를 구현하고, 두 번째로 개발자 사이트에서 아
이애드 부분을 설정하면 된다. 그럼 지금까지 우리가 만든 피아노 앱에 애플의 광고
프레임워크인 아이애드(iAd)를 붙여보자.

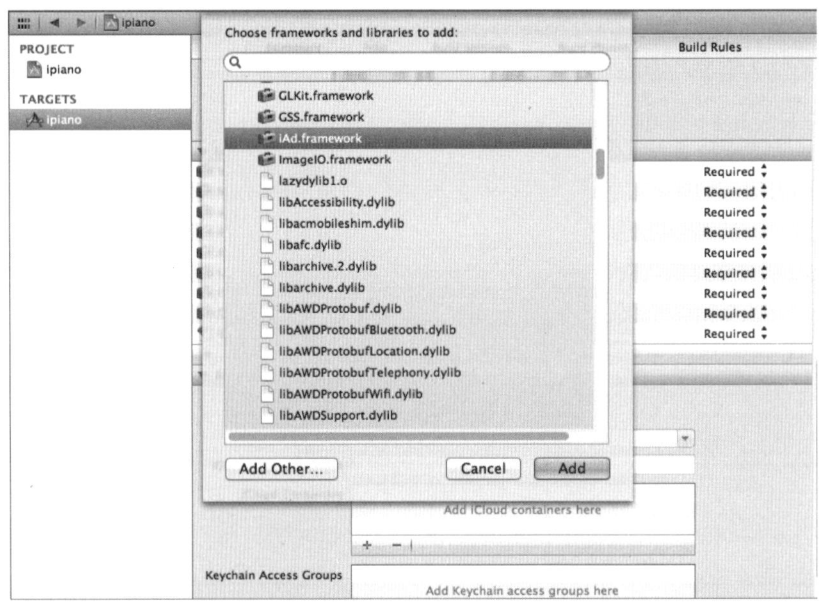


[그림 7-26] 피아노 앱에 아이애드 프레임워크 추가 – iAd.framework

아이애드 광고를 붙이기 위해서는 프레임워크를 추가해야 한다. 프로젝트 네비게
이터에서 ipiano를 선택하고 TARGETS을 클릭한다. TARGETS의 Summary에
"Linked Framework and Libraries"에서 "+" 버튼을 눌러 iAd.framework를 추
가하면 ipiano 프로젝트 안에 iAd.framework가 추가된 것을 확인할 수 있다. 추가
된 iAd.framework를 Frameworks 폴더로 이동시키자.

[그림 7-27] iAd.framework 추가 화면

프레임워크를 추가했다면 ViewControllder.h에 아이애드를 선언하자.



```
1:#import <UIKit/UIKit.h>
2:#import <AVFoundation/AVFoundation.h>
3:#import <AudioToolbox/AudioToolbox.h>
4:
5:#import <iAd/iAd.h>      //iAd 선언하기
6:
7: @interfaceViewController :UIViewController<AVAudioPlayerDelegate,
ADBannerViewDelegate> {
8:    //AVAudioPlayer *theAudio;
9:    /* 광고배너 */
10:   ADBannerView* adBanner; // iAD
11: }
12:
13:  - (void)initADBanner;// 광고배너로딩
```

5라인에서 ⟨iAd/iAd.h⟩를 선언하고 7라인에서 ADBannerViewDelegate를 상속받
도록 인터페이스 부분을 수정해야 한다. 그리고 배너를 제어할 ADBannerView 개체
를 10라인에 선언하자. 13라인에 선언된 − (void)initADBanner 메소드는 광고 배너
를 초기화시킨다.

이제 ViewController.m 파일에 iAd를 구현해보자.

```
1:- (void)viewDidLoad
2: {
3:    [superviewDidLoad];
4:    self.instrument = [NSStringstringWithString:@"Piano"];
5:    self.recState = FALSE;
6:    [self initADBanner]; // 광고 배너 로딩
7:     // Do any additional setup after loading the view, typically
from a nib.
8: }
9:   /* 광고 배너 로딩 메소드*/
10: - (void)initADBanner {
11:     // iAd 배너
12:     if(NSClassFromString(@"ADBannerView") ) {
13:         // 1. iAd 배너 생성
14:         adBanner = [[ADBannerView alloc] initWithFrame:CGRectZero];
15:          // 2. adBanner 프레임 설정(Landscape의 경우)
16:         [adBanner setRequiredContentSizeIdentifiers:
[NSSetsetWithObjects:ADBannerContentSizeIdentifierLandscape,nil]];
17:          // 3. Landscape에 맞게 사이즈 자동 설정
18:         [adBanner setAutoresizingMask:
UIViewAutoresizingFlexibleWidth | UIViewAutoresizingFlexibleHeight |
UIViewAutoresizingFlexibleTopMargin];
19:          // 4. adBanner의 delegate를 설정
20:         [adBanner setDelegate:self];
21:          // 5. adBanner 피아노뷰에 탑재
22:         [self.view addSubview:adBanner];
23:          // 6. 생성된 배너 메모리 해제
24:         [adBanner release];
25:     }
26: }
27:
28: #pragma mark -
29: #pragma mark iAD Delegate
30: /* 광고 취득 성공했을 경우 호출 */
31: - (void)bannerViewDidLoadAd:(ADBannerView *)banner
32: {
33:     // 1. 광고를 표시함
34:     [UIViewbeginAnimations:@"animateBannerAppear"context:nil];
35:     // 2. 광고 위치 변경
36:     //adBanner.frame = CGRectOffset (banner.frame, 0, banner.
frame.size.height);
37:     // 3. 애니메이션 실행
```

```
38:     [UIViewcommitAnimations];
39: }
40:     /* 광고 취득에 실패했을 경우 호출 */
41: - (void)bannerView:(ADBannerView *)banner didFailToReceiveAdWit
hError:(NSError *)error
42: {
43:     // 1. 광고를 일시적으로 숨김
44:     [UIViewbeginAnimations:@"animateBannerOff"context:nil];
45:     // 2. 광고 위치 변경
46:     //adBanner.frame = CGRectOffset (banner.frame, 0, banner.
frame.size.height);
47:     // 3. 애니메이션 실행
48:     [UIViewcommitAnimations];
49: }
```

viewDidLoad 메소드는 화면이 로드될 때 호출된다. 이곳에 6라인처럼 광고 배너를 로딩할 코드를 추가하자. initADBanner 메소드는 10라인에 구현되어 있는데, 이 곳에서 아이애드 배너를 생성하고 배너 프레임을 만들고, 가로 모드(Landscape)에 맞게 사이즈를 설정하고, 배너를 화면에 출력한다. 14~24라인에서 배너를 생성하고 화면에 출력하는 코드가 설명되어 있다. 18라인에서 배너가 가로 모드(landscape)인지 세로 모드(portrait)인지 프레임을 설정해준다. 여기서 피아노는 가로 모드 앱이기 때문에 ADBannerContentSizeIdentifierLandscape로 설정해 준다.

광고 배너를 생성하고 초기화하는 작업이 모두 끝이 났으면 델리게이트 구현 부분을 작성해보자. iAd 델리게이트 인스턴스 메소드는 5가지가 있다. 각각의 메소드에 대하여 살펴보자.

||||| 배너 광고가 로딩되기 전에 호출되는 메소드

```
(void)bannerViewWillLoadAd:(ADBannerView *)
  banner __OSX_AVAILABLE_STARTING(__MAC_NA,__IPHONE_5_0);
```

||||| 배너 광고가 로딩될 때 호출되는 메소드

```
(void)bannerViewDidLoadAd:(ADBannerView *)banner;
```

||||| 배너가 광고를 로딩하는데 실패했을 경우 호출되는 메소드

```
(void)bannerView:(ADBannerView *)
  banner didFailToReceiveAdWithError:(NSError *)error;
```

```
(BOOL)bannerViewActionShouldBegin:(ADBannerView *)
banner willLeaveApplication:(BOOL)willLeave;
```



```
(void)bannerViewActionDidFinish:(ADBannerView *)banner;
```

31라인에 선언된 (void)bannerViewDidLoadAd:(ADBannerView *)banner 메소드는 배너 광고가 로딩될 때 호출되는 함수로 배너 광고를 지정된 위치에 표시된다. 41라인에 (void)bannerView:(ADBannerView *)banner didFailToReceiveAdWithError:(NSError *)error 메소드는 배너 광고 취득에 실패할 때 호출되며, 광고를 일시적으로 숨기는 처리를 한다.

코드 구현이 되었다면 피아노 앱을 실행시켜보자. 화면에 "Test Advertisement"라는 테스트 광고가 피아노 앱 상단에 출력될 것이다. 해당 배너를 클릭하면 테스트 광고 화면으로 이동한다.

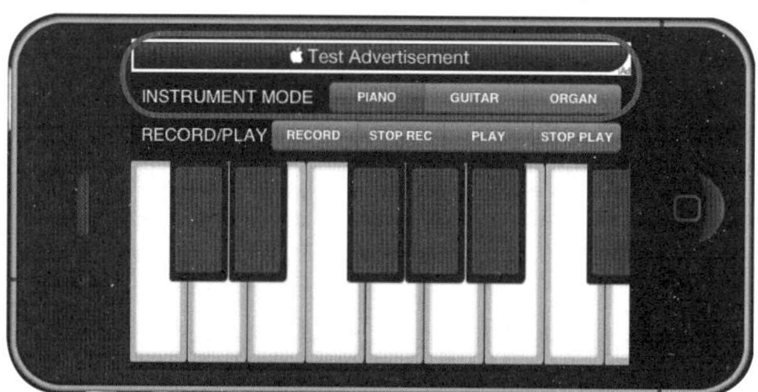


[그림 7-28] iAD 구현 완료 화면

"Test Advertisement"는 테스트 목적의 광고로 애플에서 제공하는 기본 화면이다. 실제 디바이스에서는 이 부분에 광고가 출력되게 된다(그림 7-29).

[그림 7-29] 테스트 광고 화면

iTunes Connect에서 앱을 등록할 때 아이애드(iAD)를 설정하고 정상적으로 앱스토어에 등록하면 테스트 앱이 아니라 그 자리에 실제 광고가 나타나게 된다. 앱을 다운받아 설치한 사용자가 광고 배너를 클릭하면 앱 개발자는 애플에서 제공하는 광고비를 받게 된다.

[그림 7-30] 아이애드(iAD) 실제 광고 화면

## 6.2 애드몹 광고 달기

이제부터는 구글 광고 프로그램 애드몹 사용 방법에 대해 알아보자. 앱에 애드몹 배너를 달기 위해서는 아이애드와 같이 앱에 애드몹 프레임워크와 라이브러리를 추가하고 소스를 구현해야 한다. 그리고 애드몹 홈페이지에 방문해 사이트/앱을 설정하여 광고 코드를 받으면 된다. 홈페이지는 www.admob.com이다.

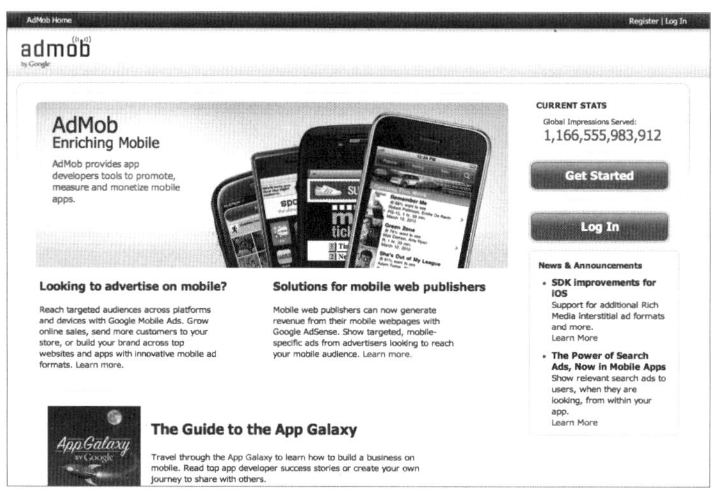

[그림 7-31] 애드몹 사이트 메인 화면 – www.admob.com

우선 애드몹 사이트에 방문해 할당받은 광고 코드를 입력해야 한다. 먼저, 사이트를 방문해 회원 가입을 하자. 만약, 구글 계정을 갖고 있다면 애드몹 회원 가입 시에 구글의 다른 서비스와 연동해 가입할 수 있다.

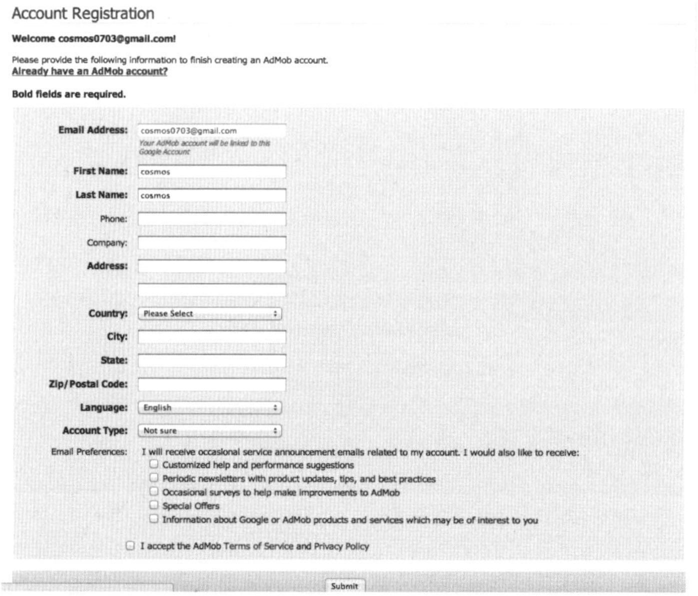

[그림 7-32] 애드몹 회원 가입 페이지

로그인을 한 다음 마켓 플레이스 메뉴를 클릭해보자. 이곳에서 애드몹 광고에 대한 다양한 정보를 확인할 수 있다. 앱의 광고 매출 수익 및 지급 정도 등도 이곳에서 확인할 수 있다. 사이트 및 앱 추가 탭에서 사이트 유형을 추가하자.

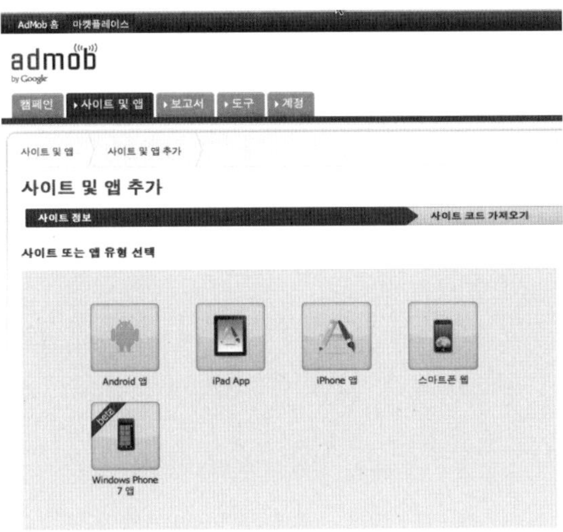

[그림 7-33] 애드몹 사이트 및 앱 추가- 디바이스 선택

피아노 앱은 iPhone에서 구현되었기에 "iPhone앱"을 선택하자. 그러면 배너를 등록할 앱 세부 정보를 입력하는 페이지가 나온다. 앱 이름과 앱스토어(App Store) URL, 카테고리, 앱 설정, 광고 테마, 색상 등을 설정하고 "계속" 버튼을 누른다. 앱 세부 정보 설정이 완료되면 아래 화면에 "AdMob iOS SDK 다운로드" 버튼을 클릭해 애드몹 SDK를 다운로드 받자.

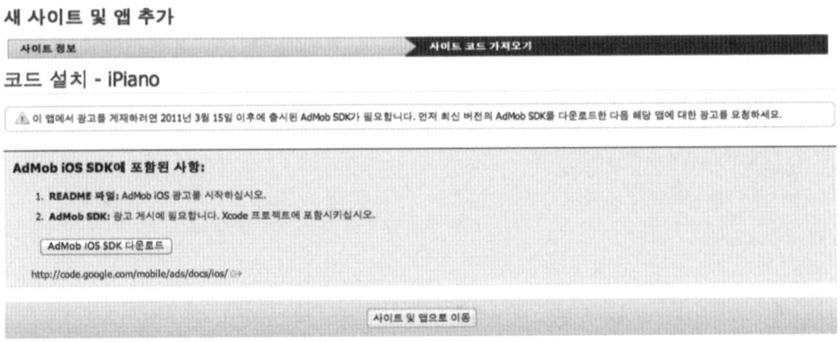

[그림 7-34] 애드몹 사이트 및 앱 추가-SDK 다운로드

[그림 7-35] 애드몹 사이트 및 앱 – 등록 앱 확인

앱 정보 등록을 완료하고 "사이트 코드 가져오기"를 클릭하면 방금 전에 등록한 'iPiano'가 페이지 하단 리스트에 출력된다. 'iPiano'의 "설정 관리" 버튼을 클릭하면 아래 화면이 출력되고 'a14f2..'로 시작하는 게시자 ID 코드가 나타난다. 피아노 앱에 애드몹 관련 소스를 구현할 때 이 코드를 사용하면 된다.

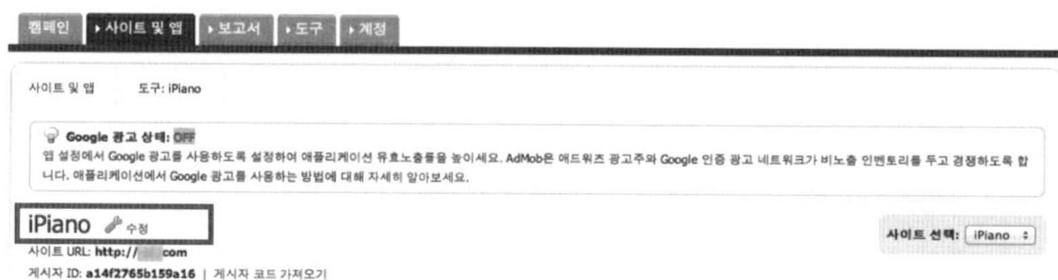

[그림 7-36] 애드몹 사이트 및 앱 – 게시자 코드

이제 애드몹 설정 모두 끝났다. 피아노 앱에 본격적으로 애드몹 광고 배너를 붙여보자. 다운받은 googleadmobadssdkios.zip 파일 압축을 풀어보자. 이 파일은 http://code.google.com/intl/ko-KR/mobile/ads/download.html 사이트에서도 다운로드 받을 수 있다.

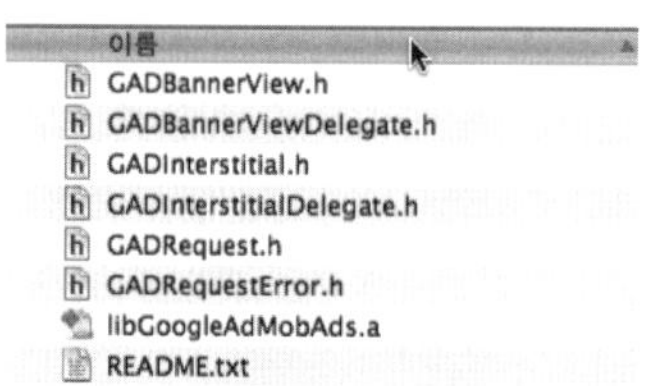

[그림 7-37] Admob iOS SDK 코드 – googleadmobadssdkios

구글 애드몹 광고 배너를 피아노 앱에 추가하기 위해서는 우선 XCode 프로젝트에 애드몹 SDK를 추가하고 UI에 GADBannerView를 추가해야 한다. 이제 본격적으로 피아노 앱에 애드몹 배너를 구현해보자. ipiano 프로젝트 네비게이터에 libray

를 만들고 다운받은 Admob iOS SDK 폴더 안의 파일들을 Xcode에 추가하자. ipiano 프로젝트 TARGETS의 "Build Phases" 탭을 선택하고 "Link Binary With Libraries"의 "+" 버튼을 눌러 애드몹을 구현하는데 필요한 프레임워크를 추가한다. 추가할 프레임워크는 아래와 같다.

〰 AudioToolbox, MessageUI, SystemConfiguration, CoreGraphics

빌드 설정이 끝났으면 프로젝트의 "Run"버튼을 눌러 에러 없이 실행되는지 확인한다.

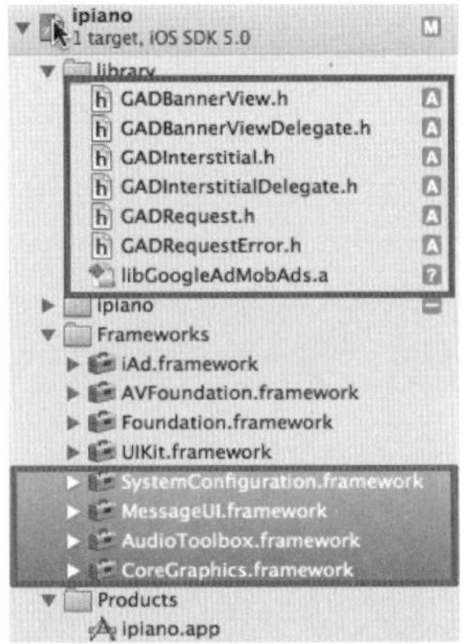

[그림 7-38] 애드몹 SDK와 관련 프레임워크 추가

빌드 환경 설정이 정상적으로 완료되었으면 추가할 뷰 컨트롤러에 GADBanner View를 구현하자. GADBannerView는 UIView의 SubClass이다. 코드에서 GADBannerView를 생성하는 부분은 간단하다.

〰 GADBannerView.h 추가하기

〰 추가할 뷰 컨트롤러에 GADBannerView 인스턴스 정의하기

〰 GADBannerView 생성하기

〰 RootViewController 설정하기

〰 애드몹 게시자 코드 설정하기

〰 뷰에 UI 추가하기

〰 광고 배너 로드하기

[소스 7-9] 애드몹(AdMob) 선언 - ViewController.h

```
1: #import "GADBannerViewDelegate.h"
2: #import "GADBannerView.h"
3:@interfaceViewController:UIViewController<AVAudioPlayerDelegate,
```

```
GADBannerViewDelegate> {
4:      /* 광고배너 */
5:      GADBannerView *adMobBanner; // 애드몹
6:    }
7:
8: - (void)initADBanner;
9: @end
```

먼저 ViewControllder.h에 애드몹을 선언하자. 1,2라인에 GADBanner
ViewDelegate.h, GADBannerView.h 파일을 추가하고 3라인처럼 GADBanner
ViewDelegate를 상속받는 인터페이스를 정의하자. 5라인에 애드몹 광고를 처리할
배너 변수를 선언하자. 8라인에 선언된 initADBanner 메소드는 광고 배너를 초기화
시키고 로딩하는 기능을 수행한다. 이제 애드몹을 실제로 구현해보자.



```
1: #import "ViewController.h"
2: #define GOOGLE_BANNER_ID @"a14f2765b159a16"   // 유니크한 애드몹 게시자 코드
3: @implementation ViewController
4: @synthesize instrument, recorder, player, recState;
5: #pragma mark - View lifecycle
6: - (void)viewDidLoad
7: {
8:      [super viewDidLoad];
9:      self.instrument = [NSStringstringWithString:@"Piano"];
10:     self.recState = FALSE;
11:     [self initADBanner];
12: }
13:    /* 광고 배너 로딩 메소드 */
14: - (void)initADBanner {
15:    // 1. 애드몹 배너 생성
16:    adMobBanner = [[GADBannerView alloc]
initWithFrame:CGRectMake(0, 0, 320, 50)];
17:    // 2. 애드몹 가로 모드로 변경(세로 모드 320*50, 가로 모드 480*32)
18:    adMobBanner.transform = CGAffineTransformMakeScale(480.0/320.0,
32.0/50.0);
19:    // 3. adMobBanner의 delegate를 설정
20:    [adMobBannersetRootViewController:self];
21:    [adMobBannersetDelegate:self];
22:    // 4. 애드몹 사이트에서 할당 받은 ID 설정
23:    [adMobBannersetAdUnitID:GOOGLE_BANNER_ID];
24:    // 5. adMobBanner 피아노뷰에 탑재
25:    [self.viewaddSubview:adMobBanner];
26:    // 6. 생성된 배너 메모리 해제
27:    [adMobBannerrelease];
28:    // 7. 애드몹 광고 요청 인스턴스 생성
29:    GADRequest* requestAd = [GADRequestrequest];
```

```
30:       // 8. 테스트 설정. 테스트 끝난 후 꼭 주석처리 해야함
31:       [requestAd setTestDevices:[NSArrayarrayWithObjects:
[[UIDevicecurrentDevice] uniqueIdentifier], nil]];
32:       // 9. 애드몹 광고 요청하기
33:       [adMobBannerloadRequest:requestAd];
34:   }
35:
36:   #pragma mark -
37:   #pragma mark adMob Delegate
38:     /* 광고 취득 성공했을 경우 호출 */
39:   - (void)adViewDidReceiveAd:(GADBannerView *)bannerView
40:     {
41:       // 1. 광고를 슬라이드 형식으로 표시함
42:       [UIViewbeginAnimations:@"BannerSlide"context:nil];
43:       // 2. 광고 위치 변경
44:       [adMobBannersetFrame:CGRectMake(0, 0, 480, 32)];
45:       // 3. 애니메이션실행
46.       [UIViewcommitAnimations];
47: }
48:
49:     /* 광고 취득에 실패했을 경우 호출 */
50:   - (void)adView:(GADBannerView *)bannerView didFailToReceiveAdW
ithError:(GADRequestError *)error
51:     {
52:       // 1. 광고를 슬라이드 형식으로 표시함
53:       [UIViewbeginAnimations:@"BannerSlide"context:nil];
54:       // 2. 광고 위치 변경
55:       [adMobBannersetFrame:CGRectMake(0, 0, 480, 32)];
56:       // 3. 애니메이션 실행
57:       [UIViewcommitAnimations];
58:   }
59: @end
```

2라인에 애드몹 게시자 코드를 선언한다. 이 값이 애드몹에서 사용자를 식별하는 고유값이 된다. 6~12라인에서 화면을 생성하고 initADBanner 메소드를 호출한다. 14~34라인에 선언된 initADBanner 메소드는 광고 배너를 로딩한다. 애드몹 배너를 생성하고, 화면 모드를 가로로 변경하고, 이벤트를 등록한다. 또한 23라인처럼 애드몹에서 할당받은 ID 값을 설정하고 25라인에서 앱에 광고 배너를 추가한다. 29라인에서 애드몹 광고 요청 인스턴스를 만들고 33라인에서 실제 서버에 광고 정보를 요청한다. 만약, 애드몹 서버에서 광고 정보를 내려주면 adViewDidReceiveAd가 활성화된다. 즉, 광고 정보를 애드몹 서버에서 받으면 39~47라인이 활성화된다. 이곳에서는 광고 슬라이드를 표시한다. 만약, 광고 취득에 실패한다면 50~58라인의 adView : didFailToReceiveAdW ithError:가 호출된다. 지금까지의 과정을 간단히 말하면, 광고배너의 이벤트에 따라서 광고배너의 위치나 크기를 변경하면 되는 것이다.

소스 구현이 완료되었으면 Run을 눌러 실행해보자. 다음 그림과 같이 가로 모드 상단
부에 구글 광고 배너가 나타나는 것을 볼 수 있다.

[그림 7-39] 광고가 출력되는 피아노 앱 화면, 광고 배너 클릭시 출력되는 페이지

광고를 클릭해 앱을 다운받을 수 있는 화면이 나타나면 성공적으로 애드몹 배너를 구
현한 것이다.

## 마무리

지금까지 iOS 오디오 API를 사용해 피아노 연주 앱을 만들어 보았다. iOS가 제공하는 기능을 이용하면 다양한 악기 연주가 가능한 프로그램을 손쉽게 만들 수 있다. 이번 장에서 학습한 피아노 프로그램을 확장하면 GarageBand 수준의 프로그램 작성도 가능할 것이다. 피아노 연주 앱에서 습득한 기술을 바탕으로 드럼 연주 앱, 첼로 연주 앱 등 비슷한 유형의 다른 프로그램을 작성해 주위 사람들에게 선물해보자. 프로그램을 학습하는 가장 효율적인 방법은 자신이 만든 프로그램을 주위 사람과 공유해 피드백을 들어보는 것이다. 기능을 구현하고, 피드백을 받아 기능을 개선하는 작업 속에서 프로그램에 대한 몰입감과 재미를 찾게 된다. 이런 과정을 통해 더 빨리 더 재미있게 iOS 프로그램을 배울 수 있다.

# 플랫폼의 진화 방향

최근 IT 산업은 기존 PC와 모바일 플랫폼이 통합되는 형태로 진화하고 있다.

애플 아이폰으로부터 촉발된 모바일 IT 산업의 혁신적인 변화는 앱스토어라는 에코 시스템을 만들었다. 애플은 자사 PC 운영체제인 맥 OS X를 점진적으로 iOS와 통합한다는 전략을 발표했다. 이에 자극받은 PC 산업의 거인 마이크로소프트도 자사의 모든 플랫폼을 윈도우8로 통합한다는 전략을 발표했다. 또 하나의 거대 세력 구글도 안드로이드와 크롬 중심의 운영체제 플랫폼 통합을 발표하고 행동으로 옮겨가고 있다.

그렇다면 왜 플랫폼을 하나의 에코시스템 안으로 통합시키려 하는 것일까? 최근 가장 유행하는 단어로 컨버전스라는 단어가 있다. 융합이라는 뜻을 갖는 컨버전스는 유사한 분야 또는 전혀 다른 서비스 라인을 갖는 분야의 통합과 진보를 뜻한다.

예를 들어, 애플 앱스토어는 애플 개발자들과 소비자들에게 새로운 가치를 주고 있다. 기존 애플 개발자들이 제품을 만들어 시장에 팔기 위해서는 마케팅과 유통에 관련된 수많은 난관을 뚫어야 했다. 그렇지만 이러한 난관은 애플이 조성한 앱스토어 생태계에서는 사라지고 없다. 소비자들도 마찬가지이다. 자신이 원하는 제품을 빠르고 쉽고, 저렴하게 구매하고 싶어했다. 그 자리에 앱스토어 생태계가 자리잡고 있다. 애플은 이렇게 만들어진 생태계를 통해 새로운 부가가치를 만들어 내려고 노력 중이다. TV(동영상)와 음악(아이튠즈)을 통합해 미디어 컨텐츠 시장의 유통 주도권을 잡으려 하고 있다. 이에 자극받은 경쟁 플랫폼도 앱스토어 개념의 에코 시스템을 중심에 놓고 자사 역량을 집결시키고 있다.

컴퓨터 산업이 10년마다 맞이하는 큰 변화의 흐름 속에 앞으로 플랫폼은 어떻게 진화해 갈 것인가?

# Chapter 08

# 피카사 뷰어(myPicasa)

구글의 사진 공유 서비스인 피카사 서비스를 이용한 피카사 뷰어를 만들어보자. 이번장에서는 구글이 제공하는 Open API를 사용하는 방법을 알아본다. 이를 이용해 사진을 피카사 서비스를 이용해 아이폰용 뷰어를 만들어보자. 이를 바탕으로 다양한 Open API를 활용해 iOS 앱을 만드는 방법에 대해 알아보자.

- 앱 주소 : http://itunes.apple.com/us/app/
  mypicasaweb/id527424141?l=ko&ls=1&mt=8
- 앱 이름 : MyPicasaWeb

- 구글 OpenAPI 사용하기

- CoreData 사용하기

- GCD 알아보기

구글 피카사 웹 서비스를 사용해 피카사 뷰어를 만들어보자.

- 웹 서비스 원리와 개념을 이해한다.

- Gdata API를 사용한 구글 웹 서비스를 사용한다.

- Core Data에 대해서 살펴보고 활용법을 학습한다.

- GCD에 대해서 살펴본다.

 구글 웹 서비스

## 1.1 구글 그리고 Web 2.0

구글은 1998년 래리 페이지와 세리게이브린에 의해 설립된 회사이다. 이 회사는 검색 엔진으로 사업을 시작해 현재는 지메일, 유튜브, 피카사, 구글 리더, 아이구글, 구글앱스 등 수많은 서비스를 제공하고 있다. 구글은 자사의 많은 서비스를 개발자가 자유롭게 이용할 수 있도록 Open API를 제공하고 있다.

구글의 비공식 모토는 "Don't be evil"이다. 이는 기술을 독점해서 단기간에 많은 수익을 거두는 것을 지양하고 기술 발달을 다른 사람들과 나누자는 의미이다. 구글의 이런 초기 움직임은 그 당시에 이미 거대 IT 기업인 마이크로소프트의 전략과는 사뭇 다른 방향이었다. 구글의 행보는 많은 사람들에게 신선한 충격을 주었다. 그렇기 때문에 이런 구글의 정책에 대해 수많은 사용자들과 개발자들은 열렬한 지지를 보냈다. 구글 전략은 당시 Web 2.0 열풍과 더불어 하나의 시대 정신으로 추앙받았다.

Web 2.0은 인터넷 기술 진보를 상징하는 대표적 용어이다. 아이러니하게도 아무도 Web 2.0에 대해서 정확하게 정의하고 설명할 수는 없다. 그렇지만 한 시대의 큰 흐름을 대표하는 용어로 자주 사용된다. Web 2.0을 설명하면서 사용되는 용어들로는 RSS, Wiki, AJAX 등이 있다.

## 1.2 AJAX(Asynchronous JavaScript and XML)

Web 2.0의 기술 중에 가장 크게 주목받는 기술이 AJAX이다. AJAX는 동적인 웹을 만들기 위한 기술이다. 기존 웹 프로그램에서는 화면의 작은 영역만 변경되더라도 화면 전체를 수정해야 했다. 특히, 서버와 주고 받는 데이터량이 큰 것이 문제였다. 인터넷 기술에서 비용 증가와 성능 저하에 가장 큰 영향력을 미치는 요소가 바로 화면 전체 데이터를 주고 받느냐, 아니면 변화가 필요한 일부분만 주고 받느냐 하는 것이다. 구글 지도 서비스의 경우, AJAX 기술을 사용해 화면에 특정 영역에 데이터를 최소한도로 서버와 주고 받으며, 화면 그림 갱신 영역 또한 변화된 부분만 그리도록 설계되어 있다. 이를 통해, 다른 지도 서비스에 비해 반응속도 및 네트웍 데이터 사용량이 큰폭으로 줄어들게 되었다. 또한 기존 지도 서비스가 각종 RIA(Rich Internet Application) 기술을 사용했다면, 구글 지도 서비스는 RIA 없이 웹 브라우저의 자바스크립트 기술을 사용해 가볍고 빠른 속도를 자랑했다. 인터넷을 사용하다 보면 각종 Active-X, 플래쉬, 실버라이트 등의 수 많은 RIA를 접하게 되는데, 이들 RIA는 웹 브라우저의 성능을 크게 저하시키고 각종 보안 위협도 증가시키는 부작용이 많다. AJAX는 데이터를 비동기적으로 서버에서 얻어와 특정 영역에 화면을 갱신할 수 있는 기술로 자바스크립트와 XML을 기반으로 구현된 기술이다. AJAX의 장단점을 살펴보면 다음과 같다.

▥ **장점**

- 페이지 이동없이 화면 전환 가능

- 서버 처리를 기다리지 않고, 비동기 요청이 가능

- 수신하는 데이터량을 줄일 수 있고, 클라이언트에게 처리를 위임할 수 있음

▥ **단점**

- AJAX를 지원하지 않는 브라우저가 있음

- 페이지 이동없는 통신으로 인한 보안상의 문제점

- 자바스크립트의 과도한 사용으로 인한 디버깅의 어려움

## 1.3 구글의 웹 서비스

AJAX의 핵심은 로직을 브라우저에서 처리하고 필요한 데이터를 서버에 요청하는 것이다. 즉 데이터를 웹 서비스를 통해서 가져와야 한다. 구글에서는 자사의 서비스를 개발하면서 사용된 데이터 웹 서비스를 공개하고 있다. 구글의 데이터 웹 서비스는 http://goo.gl/wReYr에서 확인할 수 있다. 주요 구글 API는 다음과 같다.

▥ 블로거 데이터 API

▥ 책 검색 API

▥ 구글 캘린더 데이터 API

▥ 구글 연락처 데이터 API

▥ 구글 피카사 데이터 API

▥ 구글 문서 데이터 API

▥ 기타..

구글이 제공하는 API 를 이용하면 몇 가지를 제외한 거의 모든 구글 서비스들을 무료로 자유롭게 이용할 수 있게 해준다.

애플 앱스토어에 등록된 앱 중에는 구글 서비스를 앱으로 만든 것들이 많다. 우리는 여기서 피카사 뷰어 서비스를 사용하는 앱을 분석해서 어떤 기능들을 구현하고 있는지 조사할 것이다.

## MyPics 앱

[그림 8-1] MyPics 실행 화면

이 앱은 구글 피카사 웹 서비스가 제공하는 거의 모든 기능을 사용하고 있다. 다수의 계정을 지원하고, 각 계정별로 앨범과 사진을 보여주고, 덧글 기능을 제공한다. 사진이나 앨범을 삭제하거나 추가할 수도 있다. 이외에도 자신의 사진이나 앨범을 다른 친구와 공유할 수 있는 기능도 제공한다. MyPics 앱은 앨범별로 캐쉬 기능을 설정할 수 있으며 오프라인에서 캐싱된 사진들을 볼 수 있는 기능도 갖추고 있다.

## Web Albums 앱

Web Alblums는 MyPics와 거의 비슷한 기능을 가지고 있다. 사진을 보여주거나 편집할 수 있고, 단말에 있는 사진을 구글 서버로 업로드할 수 있는 기능을 제공한다. MyPics와 매우 유사한 기능을 제공하지만 몇 가지 차별화된 기능이 돋보인다.

[그림 8-2] Web Albums 앱의 실행 화면

이 앱은 피카사 서비스 이외에 페이스북 계정을 등록할 수 있어서 페이스북 사진들을 관리할 수도 있다. 물론 페이스북에 사진을 업로드하는 기능도 가지고 있다. 또 계정을 통합적으로 관리해서 모든 계정의 사진을 한번에 볼 수 있는 기능을 가지고 있기도 한다. 만약, 사용자가 페이스북 및 피카사의 여러 계정 사진을 통합적으로 관리하고 싶다면 이 앱이 더 매력적일 것이다.

## Picasa Up

[그림 8-3] Picasa Up 실행 화면

다른 앱들이 피카사의 모든 기능을 구현하려고 애쓰고 있다면, 이 앱은 오로지 사진을 올리는 기능에 역량을 집중하고 있다. Picas Up은 단말에 저장된 사진을 자동으로 피카사 서버에 올려, 사진 파일을 자동 동기화하는 기능을 제공한다. 계정을 등록해 두고 앱을 실행하면 카메라롤 앨범의 사진을 자동으로 서버로 업로드 한다. 업로드 기록을 관리하는 메타 정보를 이용해 사진이 중복 업로드되지 않도록 방지하는 기능도 제공한다.

앱을 만들 때 너무 많은 기능을 구현하려다 보면 앱의 차별화된 개성이 사라지곤 한다. 앱의 핵심 가치를 정하고, 경재 제품과 차별화 할 수 있는 몇 가지 기능에 역량을 집중할 필요가 있다. 사용자가 원하는 기능이 무엇인지 파악하고, 앱의 차별화된 개성이 유지되도록 프로그램 개발 과정 내내 주의를 기울일 필요가 있다. 애플이 직접 개발한 앱들은 간결하면서도 꼭 필요한 핵심 기능 구현에 충실하다. 군더더기가 없이 깔끔한 맛이 느껴지도록 앱을 개발할 필요가 있다. 이런 의미에서 본다면 Picasa Up은 기본 목적에 충실하게 작성된 앱이다. 화면의 디자인은 다소 투박해 보이지만 사진 앨범 동기화라는 목적을 충실하게 구현하고 있다.

**[표 8-1] 경쟁 앱들의 기능 비교표**

| 기능 | My Pics | Web Albums | Picasa Up |
| --- | --- | --- | --- |
| 다중 계정 지원 | O | O | X |
| 사진 뷰어 기능 | O | O | X |
| 사진 슬라이드기능 | O | O | X |
| 사진 편집 기능 | O | O | X |
| 사진 업로드 기능 | O | O | O |
| 댓글 추가, 조회, 삭제 | O | O | X |
| 캡션 편집 | O | O | X |
| 사진 공유 기능 | O | O | X |
| 앨범 정보 수정 | O | O | X |

[표 8-1]은 앞에서 설명한 앱들의 기능들을 비교한 표이다. 비교 표를 보면 MyPics와 Web Albums이 비슷한 기능을 가지고 있고, Picasa Up만이 사진 업로드 기능에 특화되어 있다는 것을 확인할 수 있다. 우리가 만들 앱은 피카사 API를 많이 사용한다. 따라서, My Pics나 Web Albums처럼 가급적 많은 기능을 구현해 볼 것이다. 이를 통해 오픈 API 사용법을 확실하게 익혀보자.

## 03 구상해보기

이번 장에서 작성할 앱의 목적을 정의해보자.

*"구글 피카사의 사진을 쉽게 보고 관리할 수 있는 최고의 앱을 만들자."*

큰 목표를 하나 정하고 이 목표에 부합하는 세부사항을 생각해야 한다. 이 큰 목표는 이후에 앱을 만들면서 기능을 추가하거나 어떤 UI로 만들어야 할지 모를 때, 앱의 개성이 부족하다고 느낄 때 하나의 길잡이 역할을 할 것이다. 앱의 작성 목표에 부합하는 기능과 목표를 달성하기 위한 UI를 만들어야 초기 목표에 근접한 앱이 만들어진다. 이렇게 목표를 정하는 것은 마치 새해가 되면 그해에 달성할 목표를 정하는 것과 같다. 비록 목표를 달성하지는 못할지라도 목표를 위해서 노력하는 그 자체가 도움이 될 것이다.

구글 피카사는 한 사람이 계정을 여러 개 만들 수 있다. 2012년 현재 구글 피카사는 기본 용량으로 1GB를 주고 있다. 용량을 늘리기 위해서는 추가 비용이 들지만 계정을 더 만들어서 사용할 수 있기 때문에 사실 무제한의 이미지 저장 공간을 가지고 있다고 할 수 있다. 피카사 앨범 서비스의 무제한 용량 확장을 위해, 우리가 만들 피카사 앱의 첫번째 기능으로 다중 계정을 지원하는 기능 구현이 필요하다.

하나의 계정에는 여러 앨범들이 들어있고, 각 앨범은 여러 사진들로 구성이 되어 있다. 피카사 앱이 사진을 효과적으로 관리하기 위해서는 앨범과 사진 목록을 쉽게 관리할 수 있어야 한다. 즉, 앨범을 수정하거나 삭제 혹은 검색할 수 있어야 한다. 이것이 두번째 기능이다. 세번째는 캡션을 수정해 사진에 설명을 추가할 수 있는 기능이다. 네번째 기능은 사진에 댓글을 추가하는 기능이다. 사진에 댓글을 추가해 다른 사람들과 사진에 대한 의견을 공유할 수 있다. 지금까지 설명한 기능을 정리하면 다음과 같다.

- 다중 계정 지원을 지원한다.
- 앨범 목록 조회, 수정, 삭제 기능을 지원한다.
- 사진 캡션 등 사진 정보를 수정할 수 있다.
- 사진의 댓글 추가, 수정, 삭제할 수 있는 기능을 지원한다.

지금까지 정리한 기능을 가지고 화면을 구상하고 설계해보자. 처음에는 다소 모호한 기능들이지만 단계를 거듭하면서 명확해지고 구체화될 것이다.

앱에서 구현할 화면이 많기 때문에 화면 흐름도가 무엇보다 중요하다. 화면이 많으면 화면 간의 연계 방법이나 화면의 목적에 대해서 명확하지 못해서 헤매는 경우가 많기 때문이다. 따라서 화면들을 설계하고 각 화면간의 흐름 순서를 만드는 것이 선행되어야 한다.

## 4.1 UI 흐름도

화면 시작은 현재 등록된 계정들을 보여주는 화면으로부터 시작한다. 구글 계정은 한 사람이 여러 개를 쉽게 만들어서 용도별로 사용할 수 있기 때문에, 여러 계정을 동시에 지원하는 것은 중요하다. 이 화면을 중심으로 계정을 추가하는 화면과 앱의 설정을 변경하는 화면으로 이동할 수 있다.

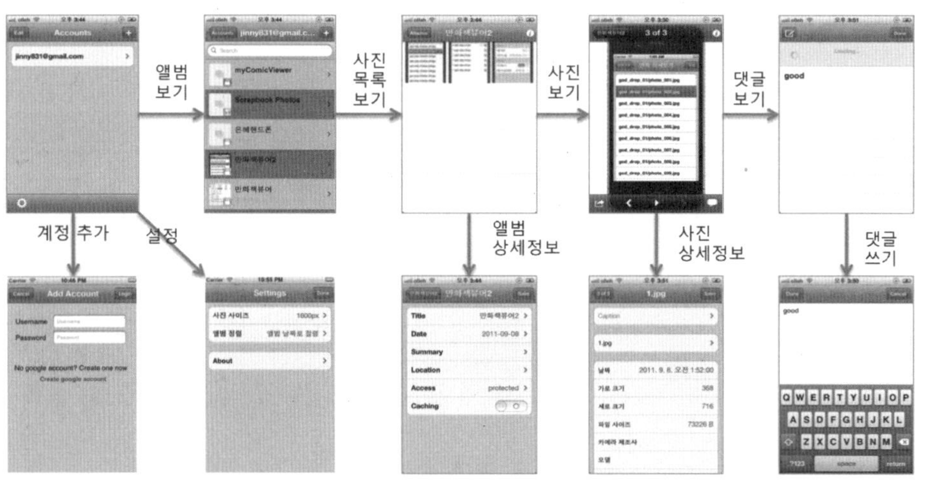

[그림 8-4] 화면 흐름도

계정에 있는 사진들은 앨범별로 관리가 된다. 계정에 있는 앨범들 목록을 보여준다. 원하는 앨범을 선택하면 사진 목록 화면으로 넘어간다. 사진을 격자 형태의 썸네일 사진으로 보여준다. 또한 앨범에 대한 상세 정보에 대해서 알고 싶다면, 화면 오른쪽 상단의 "i" 버튼을 클릭하면 된다. 상세 정보 보기 뿐만 아니라 정보 변경도 가능하다.

사진 목록에서 썸네일 사진을 선택하면 확대 사진을 보여준다. 사진은 핀치/줌 제스츄어를 통해서 확대/축소 사진을 볼 수 있도록 구성한다. 만약 사진에 대한 편집 기능을 추가하고 싶다면 이 부분에 편집 기능을 추가하면 좋을 것이다. 앨범이 상세 정보를 가지는 것처럼 사진들도 상세 정보를 가지고 있다. 사진 파일 이름이나 사진 설명, 촬영 당시의 정보와 같은 상세 정보를 볼 수 있으며, 수정할 수도 있다. 사진에 댓글을 달고 싶다면, "사진보기" 화면에서 아래 오른쪽의 댓글 아이콘을 이용하면 된다.

## 4.2 각 화면별 설명

### 계정 목록

이 화면은 현재 등록된 계정들을 보여준다. 만약 새로운 계정을 등록하려고 한다면 오른쪽 상단의 + 아이콘을 눌러서 계정을 추가할 수 있다. 이렇게 추가된 계정은 "Edit" 버튼으로 삭제하거나 삭제 제스추어(삭제하려는 계정은 오른쪽에서 왼쪽으로 드래그)를 통해서 삭제할 수 있다. 계정을 삭제하면 계정 정보 및 계정에 있는 사진 정보들도 모두 삭제된다. 화면 하단에 있는 "설정" 버튼을 누르면 앱의 설정을 변경할 수 있는 설정 화면으로 이동할 수 있다.

### 계정 추가

새로운 계정을 추가하려고 한다면 "계정 추가 화면"을 이용하면 된다. 입력한 아이디와 암호가 올바른지 검사해 계정을 등록한다. 계정 등록에 성공하면 "계정목록" 화면으로 이동한다. 만약, 등록하고자 하는 사용자 정보가 잘못되었다면 경고 메시지를 표시할 것이다. 기존 구글 계정이 없는 사용자를 위해 화면 하단에 "Create Google Account" 링크를 추가하였다. 이 링크를 이용하면 구글 계정 생성 사이트로 곧바로 이동한다.

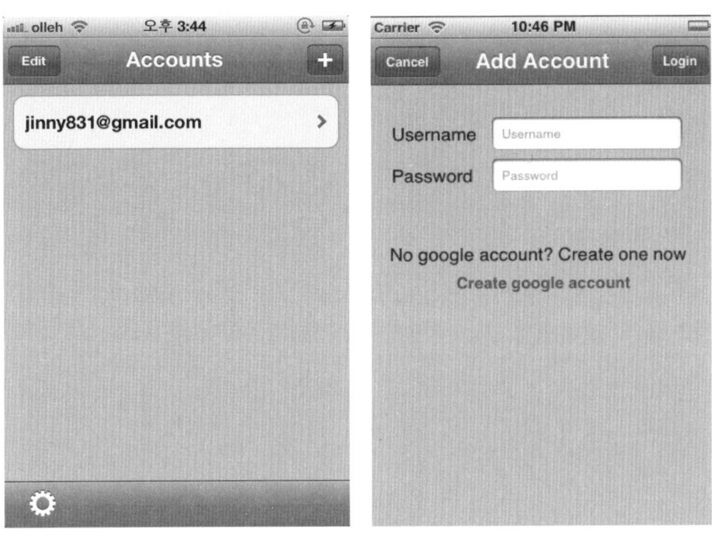


[그림 8-5] 계정 목록　　　　　[그림 8-6] 계정 추가

### 설정

앱 설정 화면은 구글 서버로부터 사진을 다운받을 때 사진 사이즈 및 앨범 목록 화면
에서 앨범들의 정렬 규칙을 설정할 수 있다. 그리고 설정 화면에서는 앱의 버전 및 기
타 정보를 확인할 수 있다. 이외에 앱에 대한 설정을 추가하고 싶다면 이 화면에 추가
한다.

### 앨범 목록

계정 목록 화면에서 계정을 선택하면, 계정에 등록되어 있는 앨범 목록을 볼 수 있다.
앨범 이름, 앨범 사진과 앨범의 접근권한 정보를 확인할 수 있다. 만약, 앨범이 많은
경우에 앨범과 앨범간의 구별이 쉽도록 배경색을 넣었다. 그리고 앨범 제목을 검색할
수 있는 기능도 추가하여 화면 상단의 검색 창에 앨범 제목을 입력하면 검색 결과를
확인할 수도 있다.

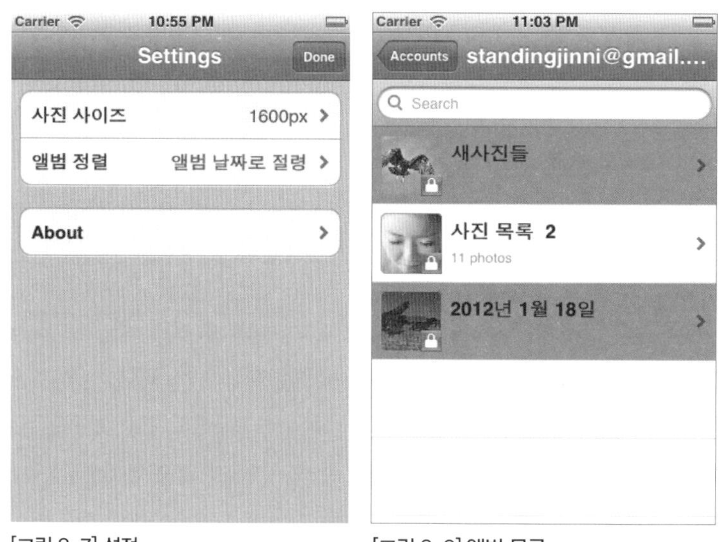

[그림 8-7] 설정    [그림 8-8] 앨범 목록

### 사진 목록

앨범에 있는 많은 사진들을 한눈에 볼 수 있도록 썸네일로 구성된 화면이다. 이 화면
을 통해 사용자는 원하는 사진을 쉽게 찾아서 볼 수 있다. 썸네일은 한 줄에 이미지 세
개를 보여준다.

앨범 정보를 확인하고 싶다면, 화면 우측 상단의 "i" 버튼을 이용하면 된다. 이 버튼을
선택하면 앨범 메타 정보를 보여주는 화면으로 이동한다.

### 앨범 메타 정보

앨범 메타 정보 화면에서는 앨범 제목, 촬영 날짜, 앨범에 대한 간단한 설명과 사진을
촬영한 장소 그리고 앨범의 접근 권한 정보를 볼 수 있다. 만약, 앨범 메타 정보들 수
정하려면 원하는 항목을 선택해 정보를 수정한 후 "Save" 버튼을 클릭해 변경된 메타
정보를 저장하면 된다.

[그림 8-9] 사진 목록

[그림 8-10] 앨범 메타 정보

### 사진 보기

사진 보기 화면은 피카사 앱의 핵심 기능이다. 핀치/줌 제스추어를 사용해 화면을 확
대 혹은 축소할 수 있다. 이전 혹은 다음 사진을 보고 싶다면 화면 하단의 아이콘을 이
용해 이미지 간에 이동도 가능하다. 화면 오른쪽 상단의 "i" 버튼을 선택하면 해당 사
진에 대한 메타 정보를 확인할 수 있다.

### 사진 메타 정보

사진 메타 정보를 보여주는 화면이다. 사진에는 사진에 대한 설명인 캡션과 파일 이름
그리고 촬영 날짜, 이미지의 크기, 카메라 제조사 등 많은 정보들을 보여준다. 앨범의
메타 정보와 같이 정보를 수정할 수도 있지만 이미지의 크기, 촬영 날짜와 같이 수정
할 수 없는 데이터들도 있다. 수정할 수 있는 데이터는 캡션과 파일 이름 정도이다.

### 댓글 목록

댓글은 사진을 보고 사진에 대한 느낌이나 공유할 내용을 기록하는 기능으로 매번 서

버 댓글 정보를 조회하도록 되어 있다. 서버에서 댓글을 조회하는 중이라는 것을 표시
하기 위해서, 화면 상단에 "Loading…" 메시지를 출력한다. 댓글을 추가하고 싶다면
왼쪽 상단 "쓰기" 버튼을 이용하면 된다.

### 댓글 등록 화면

댓글 추가 화면은 UITextView를 통해 댓글 값을 입력받고, "Done" 버튼을 선택하
면 서버에 댓글이 추가된다.

[그림 8-11] 사진 보기

[그림 8-12] 사진 메타 정보

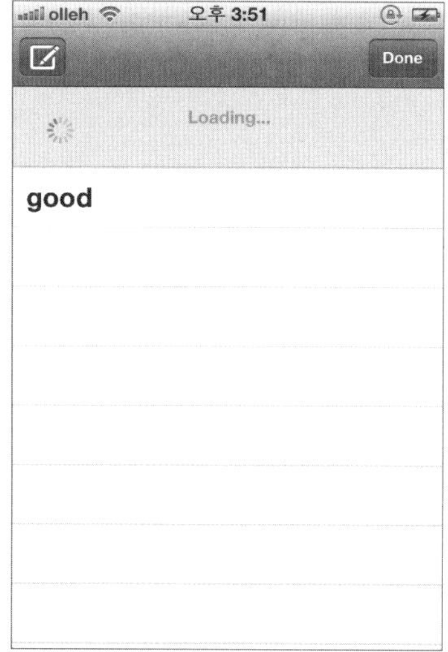

[그림 8-13] 댓글 목록

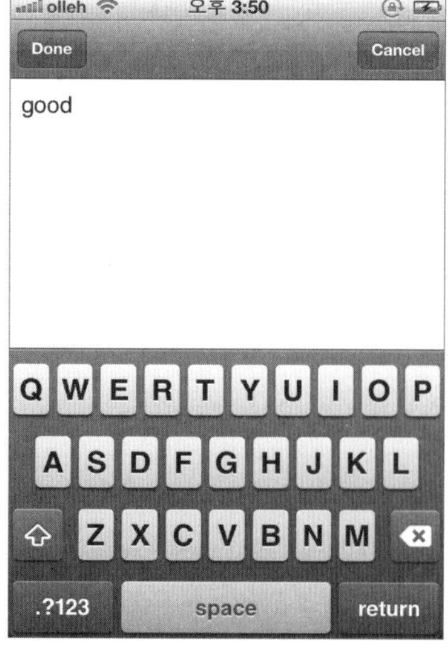

[그림 8-14] 댓글 등록 화면

## 5.1 구글 피카사 API에 대해서

구글에서 제공하는 Open API는 RESTful 방식으로 구현되어있다. RESTful은 웹 서비스를 간단히 제공하기 위한 방법으로 다음과 같은 특징을 갖고 있다.

‰ URL로 표현 가능해야 한다.

　모든 리소스들을 URL 형태의 주소로 표현할 수 있어야 한다. 피카사에서 내 앨범 정보를 가져올 때는 앨범 정보를 다음 URL 형태로 표현한다.

　– http://〈구글서버〉/data/feed/api/user/〈USER_ID〉

‰ 서버에서 클라이언트 상태를 관리하지 않는다.

　서버에서 클라이언트의 세션 정보를 관리하지 않는다. 모든 요청은 일회성으로 관리된다. 사용자가 특정 정보를 요청하면, 서버는 해당 정보를 처리하고 더 이상 클라이언트 세션 정보를 관리하지 않는다. 이런 방식 때문에 서버 로드 밸런싱 설계가 유리하다.

‰ HTTP 프로토콜 메소드를 사용한다.

　HTTP 프로토콜은 웹 리소스를 가져올때 GET 메소드를 사용한다. HTTP 프로토콜은 GET 이외에도 PUT, POST, DELETE, HEAD, OPTION 등의 메소드를 제공한다. 특정 웹 페이지 정보를 읽어올 때는 GET, 값을 보낼 때는 PUT, 프로토콜 헤더 정보는 HEAD 메소드를 사용한다. RESTful 방식은 HTTP 프로토콜의 메소드를 사용해 정보를 처리한다.

RESTful 방식에 대해 보다 자세히 알고 싶다면, Leonard Richardson와 Sam Ruby가 집필한 "RESTful 웹 서비스" 서적을 참고하자.

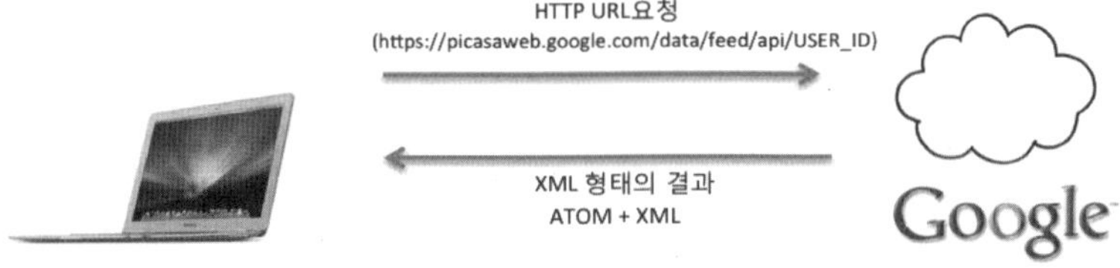


[그림 8-15] 피카사 API호출 방식

RESTful이란, 원하는 리소스를 URL로 표현해서 요청을 하면 XML로 응답받는 웹 서비스 호출 방식이다. 즉, 리소스 요청 URL과 서버에서 받은 XML을 처리하는 방법이 RESTful 이용의 핵심이다.

지금부터 피카사의 데이터 요청 URL을 만드는 방법과 구글서버로부터 받은 XML을 처리하는 방법에 대해 살펴보자.

## 피카사 데이터를 요청하는 URL

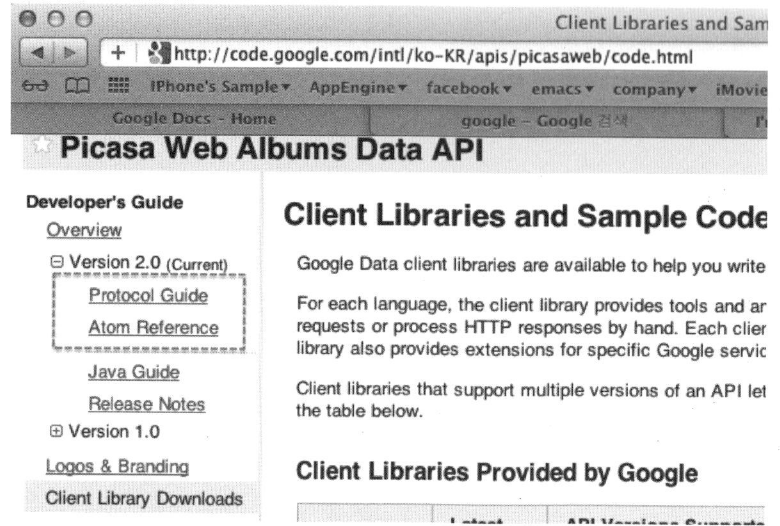


[그림 8-16] 피카사 API 문서(http://goo.gl/rFeIQ )

피카사 API 개발자 문서를 찾아보면, 화면 왼쪽에 두개의 링크를 볼 수 있다. Atom Reference는 프로토콜 자체에 대한 정의 방법으로 리소스를 요청하는 방법과 응답 받은 XML(Atom 프로토콜)에 형식에 대해 자세히 설명하고 있다.

또 다른 문서로 Protocol Guide라는 것이 있는데 이 문서는 프로토콜을 사용하는 방법에 대해 상황별로 예를 들고 있다. 예를 들어, 앨범 리스트를 원하면 어떤 URL를 만들어야 하고 요청을 하면 어떤 응답이 오는지에 대해서 설명하고 있다. 이외에도 사진 데이터 여러 장을 배치(Batch)로 올릴 때의 처리 방법도 설명하고 있다.

우리는 Atom Reference을 살펴볼 것이다. 이 문서에 설명되어 있는 요청 URL에 대해서 알아보고 라이브러리를 사용해서 URL을 만들어 보는 방법에 대해 알아보자. 피카사 서버에 요청하는 URL은 일정한 형태를 갖고 있다. 다음 URL을 살펴보자.

▥ https://picasaweb.google.com/data/feed/api/〈path〉?kind=〈kind〉&access=〈visibility〉

URL를 보면 "〈" 와 "〉"로 둘러쌓인 부분은 변경이 가능한 부분이다. 이 부분에 값을 변경해 원하는 정보를 서버에서 가져올 수 있다. 각 요소들이 어떤 기능이 있는지 자세히 살펴보자.

### path

얻고자하는 정보의 경로이다. 다음 몇가지 예를 살펴보자.

- /user/〈userID〉 : 특정 사용자의 앨범 목록을 구한다.
- /user/〈userID〉/albumid/〈albumID〉 : 특정 앨범의 사진 목록을 구한다.
- /user/〈userID〉/albumid/〈albumID〉/photoid/〈photoID〉 : 특정 사진정보(사진 정보 혹은 댓글 정보 등)

〈path〉는 얻고자하는 정보 형태에 따라 지정된 경로를 입력하면 된다.

### kind

URL를 통해서 어떤 정보를 가져올때 정보의 종류를 선택하는 옵션이다. 이 값에는 album, photo, comment, tag, user 등 총 다섯 가지 값을 복수로 설정할 수 있다. 예를 들어, 사진 정보를 요청했을 때 사진에 연관되어 있는 사진 정보, 댓글 정보, 태그 정보를 모두 선택할 수 있는데, 이 모든 정보를 원한다면 "photo, comment,tag" 와 같이 콤마를 사용해 여러 값을 동시에 지정할 수 있다. 만약, 값을 지정하지 않을 때는 기본값이 적용된다. 보다 자세한 내용은 API 문서를 참고하자.

### access

요청한 정보의 접근 권한을 설정할 수 있다. 총 네가지 타입이 있다. [표 8-2]은 피카사에서 선택할 수 있는 권한들이다.

**[표 8-2] 접근 권한들**

| 접근 권한 | 설명 |
| --- | --- |
| private | 외부에 공개하지 않은 자신의 리소스들만 보여준다. |
| public | 공개한 리소스로 누구나 볼 수 있는 리소스를 보여준다. |
| All | 위에서 설명한 비공개와 공개 리소스를 모두 보여준다. |
| visible | 현재 로그인이 되어 있을 때, 로그인된 접근 권한에 따라서 볼 수 있는 모든 리소스를 볼 수 있다. 만약, 친구가 사진을 공유했다면 친구 사진도 볼 수 있다. |

지금까지, 피카사 서버에 정보를 요청할 때 사용하는 URL 형태를 알아보았다. 명세서를 보고 문자열을 조합해 작성하는 URL 작성 방식 이외에, 구글이 제공하는 라이브러리를 이용해 URL을 작성하는 방법에 대해 살펴보자. 이번 장에서 작성할 피카사 앱은 후자의 방법을 사용해 URL을 작성하였다. 지금부터 이 방법에 대해 자세히 알

아보자. 사용하려는 라이브러리는 구글의 Objective C 공식 라이브러리이다.

▥ http://code.google.com/p/gdata-objectivec-client/



```
NSURL *feedURL =
        [GDataServiceGooglePhotos photoFeedURLForUserID:USER_ID
                                               albumID:nil
                                             albumName:nil
                                               photoID:nil
                                                  kind:nil
                                                access:nil];
```



```
NSURL *feedURL =
        [GDataServiceGooglePhotos photoFeedURLForUserID:USER_ID
                                               albumID:ALBUM_ID
                                             albumName:nil
                                               photoID:nil
                                                  kind:nil
                                                access:nil];
```



```
NSURL *feedURL =
        [GDataServiceGooglePhotos photoFeedURLForUserID:USER_ID
                                               albumID:ALBUM_ID
                                             albumName:nil
                                               photoID:PHOTO_ID
                                                  kind:@"comment"
                                                access:nil];
```

라이브러리를 사용해 작성한 URL 방식은 앞서 살펴본 명세서를 이용한 방식과 URL 형태가 비슷한 것을 확인할 수 있다. kind, access 옵션을 넣을 수 있고 앨범, 사진 정보를 요청하는 path를 만들 때 필요한 USER_ID, ALBUM_ID 등을 파라미터로 받을 수 있도록 되어 있다.

## 피카사 데이터 응답 처리

피카사에 리소스를 요청하고 받는 데이터는 Atom protocol이다. 다음은 앨범 목록을
요청하고 받는 XML 데이터이다.

```
▼<feed xmlns="http://www.w3.org/2005/Atom"   ①
 xmlns:batch="http://schemas.google.com/gdata/batch"
 xmlns:geo="http://www.w3.org/2003/01/geo/wgs84_pos#"
 xmlns:georss="http://www.georss.org/georss"
 xmlns:gml="http://www.opengis.net/gml"
 xmlns:gphoto="http://schemas.google.com/photos/2007"
 xmlns:media="http://search.yahoo.com/mrss/"
 xmlns:openSearch="http://a9.com/-/spec/opensearch/1.1/"
 xmlns:photo="http://www.pheed.com/pheed/">
  <gphoto:maxPhotosPerAlbum>500</gphoto:maxPhotosPerAlbum>
  <gphoto:quotacurrent>108303</gphoto:quotacurrent>
 ▶<gphoto:thumbnail>...</gphoto:thumbnail>
  <gphoto:nickname>Greg</gphoto:nickname>
  <gphoto:quotalimit>1073741824</gphoto:quotalimit>
  <gphoto:user>TestdomainTestAccount</gphoto:user>
 ▶<id>...</id>
  <generator version="1.00" uri="http://photos.google.com/">Google
  Photos</generator>
  <title type="text">TestdomainTestAccount</title>
  <subtitle type="text"/>
▼<entry>   ②
 ▶<media:group>...</media:group>              ③
  <gphoto:id>5067143575034336993</gphoto:id>      ④
  <gphoto:access>public</gphoto:access>       ⑤
  <gphoto:numphotos>2</gphoto:numphotos>
  <gphoto:commentCount>0</gphoto:commentCount>
  <gphoto:bytesUsed>108303</gphoto:bytesUsed>
  <gphoto:nickname>Greg</gphoto:nickname>
  <gphoto:numphotosremaining>498</gphoto:numphotosremaining>
  <gphoto:commentingEnabled>true</gphoto:commentingEnabled>
  <gphoto:location>Album Site</gphoto:location>
  <gphoto:timestamp>1179730800000</gphoto:timestamp>
  <gphoto:user>TestdomainTestAccount</gphoto:user>
 ▼<id>
    http://photos.googleapis.com/data/entry/api/user/TestdomainTestAccount
  </id>
  <title type="text">Test ◉ Albüm</title>   ⑥
  <summary type="text">Album description</summary>
  <rights type="text">public</rights>
  <published>2007-05-21T07:00:00Z</published>
```

[그림 8-17] 앨범 목록 정보를 담고 있는 XML

**[표 8-3] 앨범 목록 XML 구성 요소**

| | |
|---|---|
| ① | 앨범 목록 정보를 담고 있는 루트 노드(root node, feed) |
| ② | Entry 노드 하나가 앨범 정보 하나를 나타낸다. entry 노드를 여러 개 사용해 복수개의 앨범 정보를 표현한다. |
| ③ | 앨범의 대표 사진의 썸네일 정보이다. 사진 정보를 표현할 태그가 ATOM에는 없어서 야후의 media rss 프로토콜을 이용하고 있다. |
| ④ | 앨범의 아이디. 이 아이디를 이용해서 앨범의 상세 정보를 요청할 수 있다. |
| ⑤ | 앨범의 접근 권한으로 public은 공개 앨범을 표현한 것이다. |
| ⑥ | 앨범 제목 |

원래 ATOM은 RSS 프로토콜처럼 웹 피드(web feed)의 일종이다. 즉, ATOM은 주

기적으로 업데이트 되는 정보를 가져오는 프로토콜이다. 구글은 ATOM을 기반으로 자사의 피카사 데이터를 처리하도록 구성하였다. gphoto라는 네임스페이스 프리픽스 (xml namespace prefix)를 사용하고 있는 태그들은 모두 피카사 서비스를 위해서 구글에서 만든 태그들이다. 그리고 썸네일을 표현하기 위해 사용한 야후의 media rss 프로토콜 역시 사용되고 있다.

```objectivec
// begin retrieving the list of the user's albums
- (void)fetchAllAlbums {
    GDataServiceTicket *ticket;
    NSURL *feedURL = [GDataServiceGooglePhotos photoFeedURLForUserID:self.accountInfo.userid
                                                            albumID:nil
                                                          albumName:nil
                                                            photoID:nil
                                                               kind:nil
                                                             access:nil];

    ticket = [self.googlePhotoService fetchFeedWithURL:feedURL
                                delegate:self
                       didFinishSelector:@selector(albumListFetchTicket:finishedWithFeed:error:)
                                ];
    [self setAlbumFetchTicket:ticket];
}

// album list fetch callback
- (void)albumListFetchTicket:(GDataServiceTicket *)ticket
            finishedWithFeed:(GDataFeedPhotoUser *)feed
                       error:(NSError *)error {

    // 서버에게서 받은 데이터를 처리
    // feed가 서버로 부터 받은 정보로 앨범 정보가 들어 있다.

    // feed에서 정보를 가져온다.

    // entry 목록 구하기
    NSArray *entries = [feed entries];

    for ( GDataEntryPhotoAlbum *albumEntry in entries) {
        // 앨범 아이디
        NSString *photoid = [albumEntry GPhotoID];
        NSString *title = [[albumEntry title] stringValue];
        NSString *access = [albumEntry access];
        NSString *summary = [[albumEntry summary] stringValue];

        // 썸네일 정보 ( URL 구하기 )
        NSArray *thumbnails = [[albumEntry mediaGroup] mediaThumbnails];
        NSString *thumnailURL = nil;
        if ([thumbnails count] > 0) {
            thumnailURL = [[thumbnails objectAtIndex:0] URLString];
        }
    }
}
```

[그림 8-18] 앨범 목록을 요청하고 처리하는 코드

**[표 8-4] 앨범 목록 요청 처리**

| | |
|---|---|
| ① | 앨범 목록을 구하기 위해서 피카사 요청 URL을 만든다. |
| ② | 요청 URL로 정보를 요청한다. |
| ③ | 요청하고 응답을 받을때 호출되는 콜백 메소드이다. |
| ④ | XML로 들어온 값을 파싱해서 만들어진 객체이다. feed 객체를 이용해 XML의 모든 데이터를 찾을 수 있다. |
| ⑤ | 앨범들의 정보를 구한다. feed 노드에는 여러 개의 entry 노드가 있다는 것을 기억할 것이다. entry 노드의 객체화된 목록을 entries를 통해서 구할 수 있다. |
| ⑥ | 앨범 아이디 |

구글 피카사 서비스에 어떤 정보를 요청하기 위해서는 단계별로 접속 코드를 작성해야한다. 구글에 정보를 요청하면, 구글 서비스가 요청에 대한 결과 값을 반환하는데까지는 약간의 시간이 걸린다. 데이터의 양, 네트워크의 상황에 따라 이 값이 전달되는데까지 걸리는 시간은 유동적이다.

만약, 동기 방식으로 코드를 작성한다면 구글에 정보 요청 후 정보가 올 때까지 앱이 동작을 멈추게 된다. 이런 문제를 방지하기 위해 웹 서비스 형태의 RESTful 호출에서는 비동기 방식을 사용해 서버에서 응답이 오면 작업을 다시 처리하는 형태로 작성한다. 즉, 서버에 요청을 하고, 해당 작업을 처리할 콜백 함수를 등록해두고 다른 작업을 하도록 코드를 작성해 놓으면, 나중에 서버에서 요청에 대한 답변이 왔을 때, 미리 등록한 콜백함수가 호출되어 작업을 처리하는 형태가 비동기 방식이다. 구글에 정보를 요청하는 것은 시간이 많이 드는 작업이기 때문에 보통의 네트워크 작업처럼 콜백으로 처리한다. 서버로부터 데이터를 받으면 XML 데이터를 분석해서 객체화한다. 우리는 이 객체를 사용해서 원하는 정보를 구할 수 있다. XML의 태그와 객체의 메소드 이름은 완전히 동일하지 않다.

더욱이 구글에서는 라이브러리에 대해서 메뉴얼을 만들어두지 않아서 원하는 데이터를 찾기 위해서 여기저기 관련 소스를 찾아 보아야 한다. 다행히 구글이 라이브러리에 대한 소스를 공개하고 있으니, 소스에서 원하는 메소드들을 찾을 수 있다. 이때 길잡이가 되는 것이 태그 이름이다.

## 06 설계하기

지금까지 피카사 API에 대해서 알아보았다. 앞에 설명한 화면을 개발하기 위해서 간략히 설계를 진행해보자. 코드를 작성하기 전에 코드를 어떤 식으로 작성할지 계획을 미리 세우는 것이다.

### 6.1 개발할 클래스들

[그림 8-19]는 피카사뷰어에서 필요한 주요 클래스들이다. 우선 UI 부분은 화면을 설계하면서 설명한 화면과 1:1 매칭한다. 즉, 하나의 화면을 만들기 위해서 하나의 뷰컨트롤러를 만든다. 만들려는 프로그램에 따라서 하나의 뷰컨트롤러에서 여러 화면을

제어하는 경우도 있다. 하지만 이번 앱에서는 중복된 기능이 거의 없고 화면 간의 공통점이 많지 않으므로 화면 별로 따로 뷰컨트롤러를 만들었다.

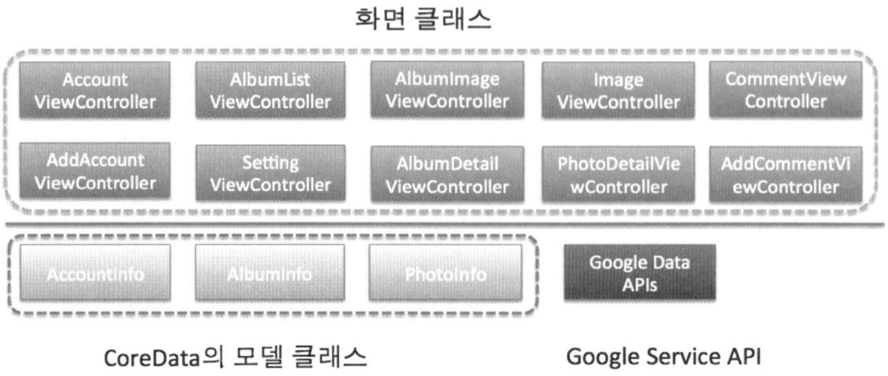

[그림 8-19] 앱에서 구현할 클래스들

뷰컨트롤러를 통해서 화면에 표시할 데이터를 모델 객체라고 한다. 모델 객체는 Info로 끝나는 클래스들로 AccountInfo는 사용자 계정 정보를 AlbumInfo 클래스는 앨범 정보, 사진에 대한 데이터는 PhotoInfo 클래스에서 처리한다. 이 모델 클래스들은 코어데이터(CoreData)의 모델 클래스를 상속받는다. 코어데이터를 일종의 캐쉬처럼 사용할 것이다. 피카사의 앨범이나 사진 정보는 피카사 서버에 원격 요청을 해서 사용한다. 그렇지만 매번 필요한 정보를 네트워크를 통해서 읽어와야 한다면 네트워크에 부하를 줄 수 있으며, 혹 네트워크가 작동하지 않을 경우 피카사 앱이 아예 실행되지 않을 수도 있다. 따라서, 이미 받아온 앨범 정보나 사진 정보는 별도로 캐쉬에 저장해 둘 필요가 있다. 즉, 이미 로컬 캐쉬에 저장된 정보는 서버에 다시 값을 요청하지 않아도 되기 때문에, 프로그램의 성능 향상을 꽤할 수 있다. 이 캐쉬 역할에 코어데이터가 사용된다.


## 6.2 코어데이터의 모델들

코어데이터는 데이터베이스의 일종이기 때문에 데이터들간의 관계를 만들어 주어야 한다. 앞에서 설명한 데이터 모델들의 관계를 알아보자.

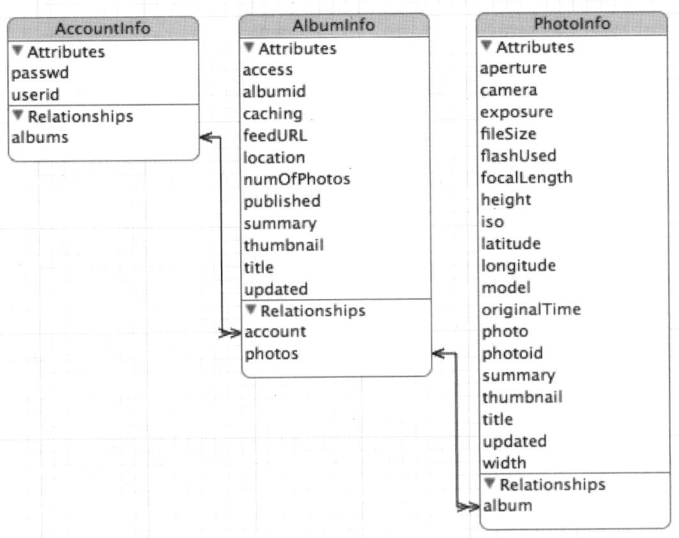


[그림 8-20] 코어데이터 모델들의 관계

Xcode에는 코어데이터 모델을 생성하고 이들 간의 관계를 편집할 수 있는 편집기가 내장되어 있다. 피카사 앱은 총 세개의 코어데이터 모델을 사용한다. 계정 정보를 관리할 AccountInfo, 한 계정에 속해있는 앨범들에 대한 정보를 저장할 AlbumInfo 그리고 앨범 속의 사진에 대한 정보를 가진 PhotoInfo가 그것이다.

앞에서 AccountInfo에는 계정 정보가 들어있다고 했다. 그럼 어떤 정보들이 들어 있을까? 주요 정보로는 로그인 아이디와 로그인 암호 정보가 들어 있다. 로그인 암호는 매우 민감한 정보이기 때문에 암호화하거나 키체인 API를 사용해 저장하는 것이 좋다. 키체인을 이용하면 정보가 자동으로 암호화 된다. 암호화에 대한 또 다른 대안으로 OAuth라는 기술이 있다. OAuth는 웹으로 로그인하고 접근 키만 받아서 암호처럼 사용하는 방식이다. 자세한 내용은 구글의 OAuth 2.0을 찾아보길 바란다. 우리가 만들 피카사 앱은 구현의 편의성과 간결한 설명을 위해 암호 부분 처리는 가장 간단한 방식을 취할 것이다.

하나의 계성은 다수의 앨범을 가질 수 있다. 즉, 계정과 앨범과의 관계는 1:n 관계이다. 그리고 앨범 정보에는 앨범 제목, 설명, 촬영 장소 등 앨범과 관련된 정보를 가지고 있다. 이 정보들은 구글 피카사에서 관리하는 정보들과 동일한다. 마지막으로 사진 정보인 PhotoInfo는 앨범과 n:1 관계를 갖는다. 하나의 앨범에는 1개 이상의 사진들이 들어 있다. 사진 정보로 촬영 날짜, 촬영 위치 정보, 각종 부가 정보들이 있다. 이런 내용을 코어데이터로 나타내면 [그림 8-20]과 같이 표현할 수 있다.

## 7.1 개발 순서에 대해서

설계 단계에서 만든 설계 내용을 바탕으로 실제 코드를 다음 순서로 구현해보자.

① 템플릿을 이용한 기본 코드 생성

② 코어데이터 설계 및 코드 생성

③ 계정 목록 화면 개발 #1

④ 계정 추가 화면 개발

⑤ 계정 목록 화면 개발 #2

⑥ 앨범 목록 화면 개발

⑦ 앨범 사진 화면 개발

⑧ 앨범 메타 정보 화면 개발

⑨ 사진 보기 화면 개발

⑩ 사진 메타 정보 화면 개발

⑪ 댓글 보기 화면 개발

⑫ 댓글 추가 화면 개발

피카사 앱은 개발할 화면이 상대적으로 많다. 화면이 많은 만큼 개발할 코드 양도 많다. 그렇지만 개발 방법과 원리를 이해한다면 그리 어렵지는 않다. 데이터와 데이터를 처리할 화면 그리고 사용자 요청에 대한 적절한 대응 원리만 알고 있으면 개발이 어렵지 않을 것이다.

## 7.2 템플릿을 이용한 기본 코드 생성

피카사 앱의 기본 구조를 네비게이션 템플릿을 기반으로 만들어보자.

### 프로젝트 만들기

메뉴를 이용해 새로운 프로젝트 만들거나 단축키로 `Command` + `Shift` + `N` 클릭해 Navigation-based Application를 하나 만들자. Xcode 4.2 이상 버전을 사용하고 있다면 이 템플릿이 없을 것이다. 따라서 http://10apps.tistory.com/2를 참조해서 템플릿을 추가하고 진행해야 한다.

- IIII **Product Name** : PicasaWebViewer
- IIII **Capany Identifier** : com.icarus

이번 앱에서는 코어데이터를 사용하므로 프로젝트 생성시에 "Use Core Data"을 선택하자. 이 부분을 체크하면 코어데이터 사용에 필요한 기본 코드가 자동으로 생성된다.

만들어진 파일들을 효과적으로 구분하기 위해 [그림 8-21]와 같이 그룹을 생성하자. 많은 화면이 있는 만큼 관련 코드가 늘어나기 때문에 프로젝트 그룹 설정을 통해, 코드를 관심 항목끼리 묶어두는 것이 좋다.

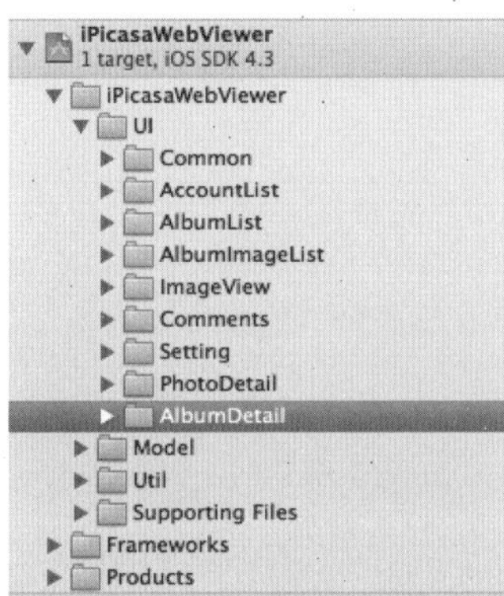

[그림 8- 21] 그룹 설정으로 파일을 효율적으로 관리

그룹은 다음처럼 4개 항목으로 구분해 만들었다.

**[표 8-5] Xcode 그룹 분류**

| | |
|---|---|
| UI | 표시되는 화면들. 화면별로 서브 그룹을 만든다. 공통적으로 쓰이는 UI요소들을 Common 그룹으로 분리해서 관리한다. |
| Model | 코어데이터에서 쓰이는 모델이나 기타 데이터를 다루기 위한 클래스들이 여기에 속한다. |
| Util | 유틸성 코드들로 앱 전체에서 쓰이는 코드들이다. |
| Supporting Files | 대부분은 템플릿에서 쓰이는 기본 파일들로 앱 개발 과정에서 수정이 거의 필요없는 코드들과 그림 파일 같은 리소스들이다. |

## 7.3 코어데이터 설계 및 코드 생성

코어데이터를 이용하기 위해서 데이터 모델을 만들어야 한다. 데이터 모델이란 관계형 데이터베이스의 테이블에 해당한다.

만든 모델은 클래스로 매핑된다. 모델 툴을 사용해 모델을 만들고 모델 코드를 만들면
된다.

## 모델 만들기

프로젝트를 만들 때 코어데이터를 사용한다고 옵션을 체크한 것을 기억할 것이다. 코
어데이터를 사용한다고 체크하면, 코어데이터 모델 코드가 자동으로 생성된다.

---

```
iPicasaWebViewer.xcdatamodeld
```

---

이 파일을 프로젝트 트리에서 발견할 수 있다. 이 파일을 모델 그룹으로 이동시켜보
자. 이 파일은 Xcode에서 코어데이터 모델을 정의한 파일이다. 관계형 데이터베이스
의 테이블 스키마 정보에 해당하는 내용이 이 파일에 들어있다.

> **여기서 잠깐만** | xxx.xcdatamodeld |
>
> xxx.xcdatamodeld는 파일이 아니다. Finder를 통해서 찾아보면 이것이 디렉토리임을 알 수 있다. 모델이 하나뿐이라면 하
> 나의 파일만 들어 있지만 모델이 여러 버전을 가지고 있다면 하나 이상의 파일이 존재한다.

이 파일을 열고 모델을 정의해보자. 파일에는 이미 Event라는 모델이 정의되어 있다.
우리는 Event 모델을 사용하지 않으므로, Delete 로 Event 모델을 삭제하자.

우리가 사용할 모델은 AccountInfo, AlbumInfo, PhotoInfo이다. 이 모델들을 [그
림 8-22]처럼 추가하자.

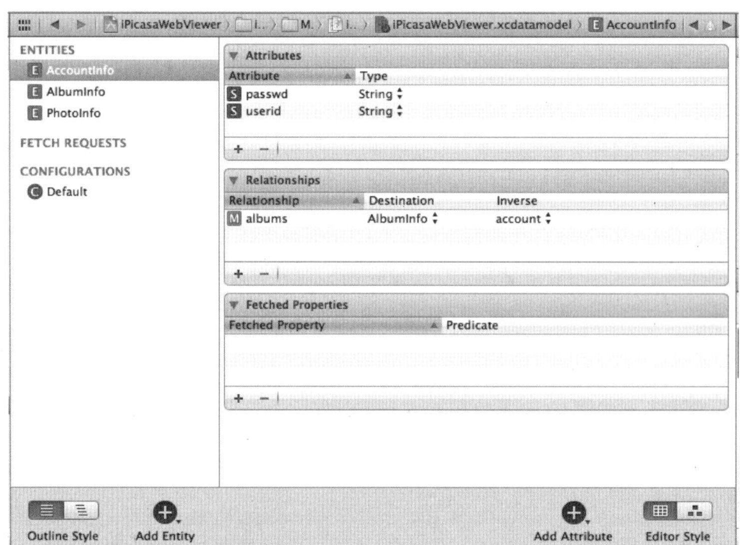

[그림 8-22] 코어데이터 모델 추가

"Add Entity" 버튼을 이용해 새로운 모델을 만들고 이름을 변경한다. 모델을 만들고 모델에 들어갈 속성을 정의하자. 원하는 모델을 선택하고 "Add Attribute" 버튼을 클릭하자. 추가할 변수가 많으니 속성을 많이 추가해 놓고 변경하는 것이 편하다.

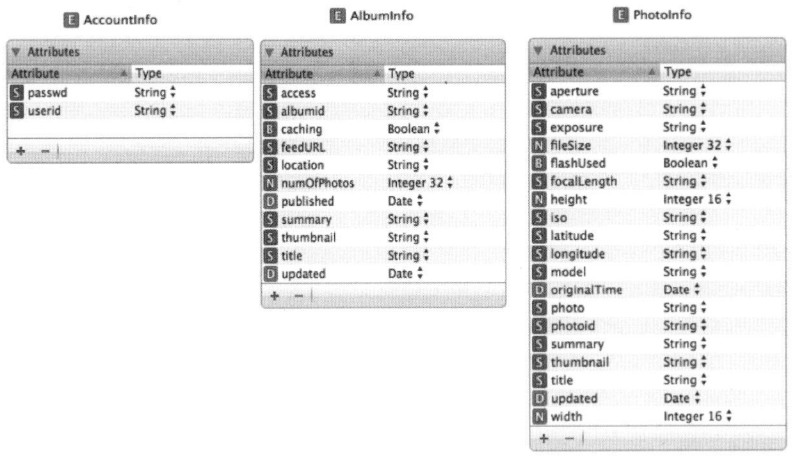

[그림 8-23] 모델 속성들

모델에 들어 갈 속성들은 [그림 8-23]과 같다. 각 속성들의 의미는 속성의 이름을 통해서 쉽게 파악할 수 있다. 여기서 정의한 속성 이름들은 모델 클래스를 만들 때 그대로 변수명이 된다. 이번에는 모델 간의 관계도를 만들어보자. 앞서 설명한 것처럼 모델 간에는 관계를 설정할 수 있다.

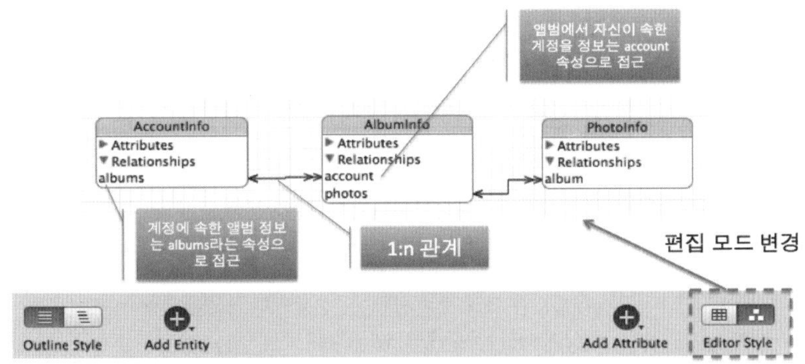


[그림 8-24] 모델 간의 관계

[그림 8-24]은 모델 에디터에서 편집모드(Editor Style)를 변경해 본 것이다. AccountInfo와 AlbumInfo는 1:n 관계를 가진다. 즉, AccountInfo에 속하는 AlbumInfo는 albums라는 속성을 통해서 접근할 수 있고, 반대로 AlbumInfo에서 자신을 가지고 있는 AccountInfo를 알고 싶다면 account 속성을 통해서 접근할 수

있다. 여기서 말하는 속성들은 모델을 클래스화 했을때 변수로 처리된다. 즉, 변수를 통해 모델 정보에 접근할 수 있도록 연결된다. 이렇게 속성을 통해서 모델 간의 관계를 만들면 프로그램에서 마치 변수를 다루듯이 모델을 다룰 수 있게 된다.

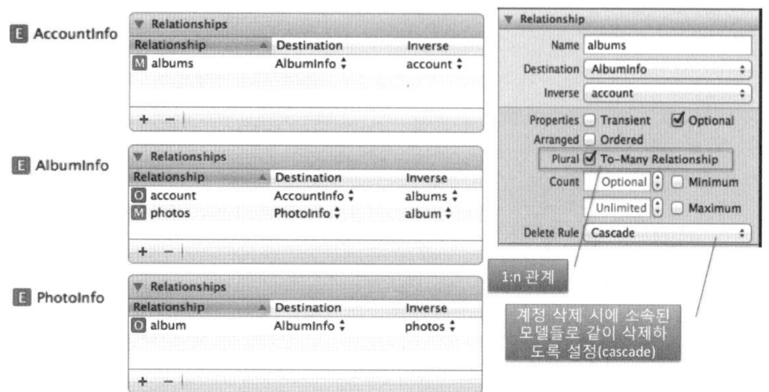


[그림 8- 25] 관계 속성

각 모델 간의 관계를 만드는 방법은 한 모델에서 다른 모델을 접근하는 관계 (Relationship)을 만드는 것에서 시작한다. 가령 AccountInfo에서 AlbumInfo와 관계를 설정할때 AccountInfo에서 albums라는 관계 속성을 만들고, 이 속성을 통해서 접근할 AlbumInfo를 Destination으로 설정하면 된다. 마지막으로 Inverse값을 설정한다. Inverse는 역관계를 의미하는 것으로 AlbumInfo에서 AccountInfo로 접근할 수 있는 속성을 설정하는 것으로 AlbumInfo에 속성값을 만들어야 선택할 수 있다. 역관계는 꼭 설정하지 않아도 되지만, 설정하지 않으면 컴파일 과정에서 경고 (warning) 메시지가 출력된다.

설정한 관계가 1:n 관계라면 To-Many Relation을 체크하자. Delete Rule은 객체가 삭제될 때 관계된 모델의 객체를 어떻게 할 것인가를 설정하는 것이다. 계정이 삭제되면 계정에 속하는 앨범들 역시 삭제되어야 하기 때문에 cascade를 선택하면 된다 (다른 옵션들은 [표 8-6]을 참조하라).

코어데이터를 이용할 때 사용되는 대부분의 용어나 주의 사항은 관계형 데이터베이스 사용시에 알고 있던 것들과 동일하다.

[표 8-6] 삭제 규칙의 옵션들

| 삭제 규칙 | 설명 |
| --- | --- |
| No Action | 객체가 삭제되어도 역관계의 속성을 그대로 유지함. |
| Cacade | 객체가 삭제되면 관계된 다른 객체를 모두 삭제함. |

| Nullify | 객체가 삭제되면 역관계의 속성에 Null이 설정됨. |
| --- | --- |
| Deny | 객체와 관계된 다른 객체들이 하나라도 있다면 삭제. |

지금까지 모델을 만들고 모델 간의 관계를 설정해 보았다. 이렇게 설정한 부분은 데이터의 설계도에 해당한다. 개발자가 이 설계도만 가지고 데이터를 다룰 수는 없다. 데이터를 다룰 클래스가 필요하다. 모델과 1:1 매핑되는 모델 클래스를 만들어보자. 개발자는 이 모델 클래스를 이용해 데이터를 조회하고 생성하고 삭제할 수 있다. 물론, 모델 클래스를 만들지 않아도 데이터를 처리할 수 있지만, 사용이 어렵고 디버깅이 어려워 권장하지 않는다.

모델을 클래스로 만드는 방법은 Xcode를 이용하면 간단하게 처리할 수 있다. 클래스를 만들고자 하는 모델을 선택한 후 Command + N 을 눌러서 새로운 파일을 만들자.

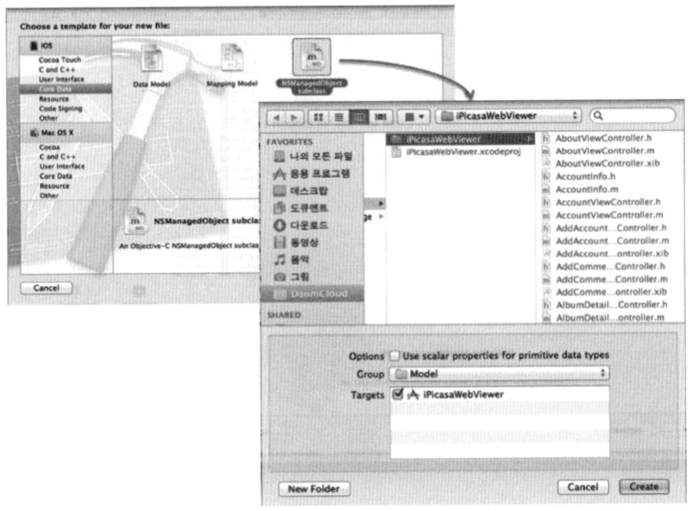

[그림 8-26] 모델 클래스 생성

[iOS] – [Core Data] – [NSManagedObject subclass]를 선택해서 원하는 위치에 파일을 생성하자. 이때 생성되는 파일명과 클래스 이름은 엔티티명과 동일하다. 클래스의 변수명들 역시 엔티티의 속성명과 동일하도록 생성된다.

이제 데이터을 저장할 코어데이터 모델이 완성되었다. 코어데이터에 대한 보다 자세한 내용은 관련 서적이나 애플 개발자 사이트 "Core Data Tutorial for iOS" 항목을 참고하자(http://goo.gl/ZONRa).

## 7.4 계정 리스트 화면 개발 #1

계정 리스트를 표시하는 화면을 만들어보자. 계정 정보는 코어데이터에 저장되어 있다. 7.3에서 만들었던 AccountInfo 모델을 코어데이터에서 로드 후 테이블뷰를 사용해서 출력하면 된다. 여기서 중요한 것은 데이터를 어떻게 가져오는가 하는 것이다.

화면을 만들기 위해서 파일을 생성해보자. Command + N 단축키를 이용해서 파일을 하나 만들자. [iOS] – [Cocoa Touch] 항목의 [UIViewConroller subclass] 항목을 선택해서 파일을 만든다. 파일 이름은 AccountViewController이고 UIViewController를 상속받도록 하자. 우선 인터페이스 빌더를 이용해 화면을 만들어보자.

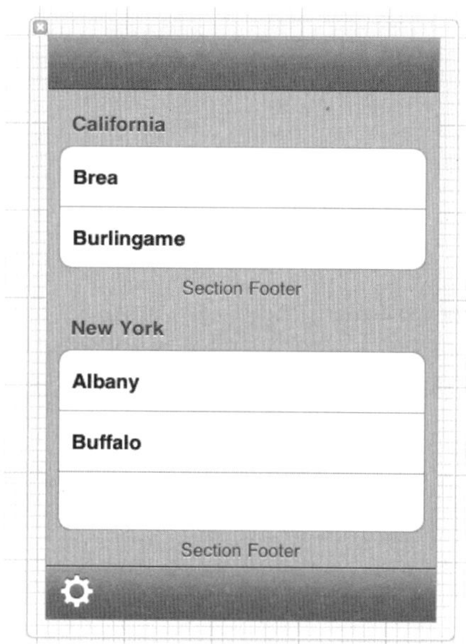

[그림 8-27] 계정 리스트 화면의 XIB 구현 화면

오브젝트 라이브러리에서 UITableView, UIToolbar 그리고 UIBarButtonItem을 가져와서 [그림 8-27]과 같이 구성하자.

[표 8- 7] 계정 리스트 화면 컨트롤러 속성

| 타입 | 설명 | 설정 |
| --- | --- | --- |
| UITableView | 계정 정보를 출력한 리스트 | * Style : Grouped |
| UIToolbar | 화면 아래 툴바 표시 | 기본 값 사용. |
| UIBarButtonItem | 설정 화면으로 이동하기 위한 버튼으로 사용 | * Style : Plain<br>* Identify : Custom<br>* Image : icon–settings.png |

[표 8-7]을 참고해 설정값을 변경한다. 화면 구성이 끝났다면, 인터페이스 빌더를 이
용해 XIB와 코드를 연결해주자. Xcode 4.0 이상부터는 쉽게 연결할 수 있도록 UI가
만들어졌다.

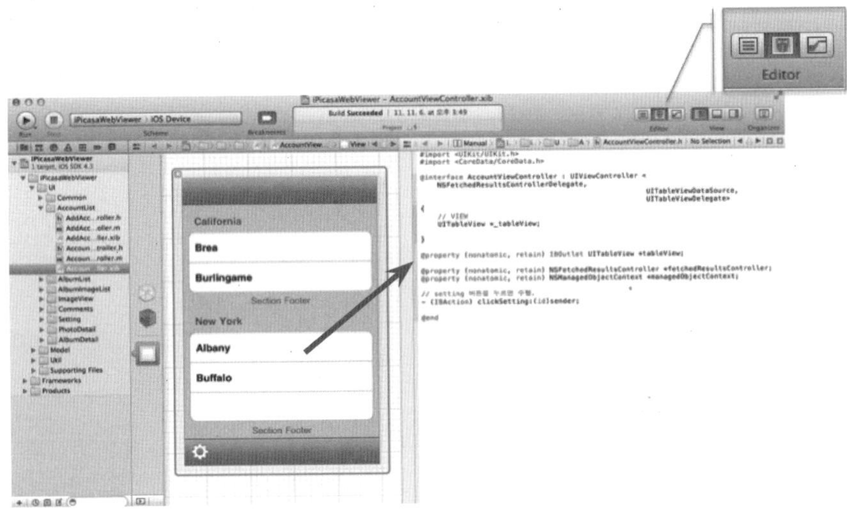

[그림 8-28] 보조 편집 화면

XIB 파일과 연결된 소스의 헤더 부분을 표시해 주자. 연결하려는 액션이나 컨트롤러
를 **Ctrl**와 함께 마우스를 드래그해서 코드와 연결하자.

**[표 8- 8] 컨트롤 및 클릭 이벤트 연결**

| 타입 | 연결 속성 | 변수 혹은 메소드 |
| --- | --- | --- |
| UIBarButtonItem | 액션 | clickSetting: |
| UITableView | 변수 | tableView |

이제 UI작업을 마무리하고 생성된 코드를 보자. 코드는 데이터를 가져오는 부분과 가
져온 데이터를 표시하는 부분으로 구성되어 있다.

## 코어데이터 사용 준비

**[소스 8-1] 계정리스트 화면 – AccountViewController.h**

```
1 : @interface AccountViewController : UIViewController <NSFetched
ResultsControllerDelegate,
2 :                                        UITableViewDataSource,
3 :                                        UITableViewDelegate>
4 : {
```

```
 5 :     // VIEW
 6 :     UITableView *_tableView;
 7 :
 8 : }
 9 :
10 : @property (nonatomic, retain) IBOutlet UITableView *tableView;
11 :
12 : @property (nonatomic, retain) NSFetchedResultsController
 *fetchedResultsController;
13 : @property (nonatomic, retain) NSManagedObjectContext
 *managedObjectContext;
14 :
15 : // setting 버튼을 누르면 수행.
16 : - (IBAction) clickSetting:(id)sender;
17 :
18 : @end
```

코어데이터를 사용하기 위해서 12~13라인과 같이 코어데이터 프로퍼티를 추가한다.
이 프로퍼티는 객체가 생성될 때 사용되는 설정값이다.

```
@property (nonatomic, retain) NSFetchedResultsController
 *fetchedResultsController;
@property (nonatomic, retain) NSManagedObjectContext
 *managedObjectContext;
```

NSManagedObjectContext는 코어데이터 컨텍스트다. 코어데이터에서 데이터를
가져올 때는 코어데이터 컨텍스트를 통해서만 가져올 수 있다. 코어데이터를 사용한
다는 것은 컨텍스트를 생성하고, 이 컨텍스트로부터 데이터를 조회, 수정, 삭제, 추가
하는 작업을 의미한다.

우리는 코어데이터로부터 데이터를 받아와 테이블뷰로 값을 출력하려고 한다. 그렇
지만 테이블뷰에 데이터를 효율적으로 표시하는 것은 쉬운 일이 아니다. 만약 표시
하려는 데이터가 1000일 경우, 이를 모두 코어데이터에서 얻어와 테이블에 출력하
는 것은 비효율적이다. 왜냐하면 테이블뷰에 출력할 수 있는 양이 상당히 제한적이
기 때문이다. 이럴 경우에는 테이블뷰에 출력할 크기 만큼만(한 화면 혹은 버퍼로 몇
개 더) 데이터를 가져와 처리하는 것이 더 효율적이다. iOS SDK는 이럴 때 사용할
NSFetchedResultsController 클래스를 제공한다. 이 클래스는 코어데이터 컨텍스
트로부터 데이터를 가져오는데, 한번에 테이블뷰에 표시할 만큼만 가져온다. 이외에
도 데이터를 삭제하거나 추가하는 작업도 쉽게 할 수 있다.

## 네비게이션 바에 버튼 만들기

인터페이스빌더에서 생성하지 못한 버튼을 만들어보자. XIB 화면에서 표시되었던 네
비게이션은 시뮬레이트된 것이어서 필요한 버튼을 만들지 못했다. 소스 코드를 추가
해 이 부분을 해결해보자.



```
 1 : - (void)viewDidLoad
 2 : {
 3 :     [super viewDidLoad];
 4 :
 5 :     // 타이틀 값 설정
 6 :     self.navigationItem.title = @"Accounts";
 7 :
 8 :     // 네비게이션 바에 버튼 생성
 9 :     // 1. 편집 버튼  (계정 삭제를 위해서)
10 :     UIBarButtonItem *editButton = [[UIBarButtonItem alloc]
11 :         initWithBarButtonSystemItem:UIBarButtonSystemItemEdit
12 :         target:self
13 :         action:@selector(clickEditAccount)];
14 :
15 :     self.navigationItem.leftBarButtonItem = editButton;
16 :     [editButton release];
17 :
18 :     // 2. 추가 버튼  (계정 추가를 위해서)
19 :     UIBarButtonItem *addButton = [[UIBarButtonItem alloc]
20 :         initWithBarButtonSystemItem:UIBarButtonSystemItemAdd
21 :         target:self
22 :         action:@selector(clickAddAcount)];
23 :     self.navigationItem.rightBarButtonItem = addButton;
24 :     [addButton release];
25 : }
26 :
27 : - (void) clickEditAccount
28 : {
29 :   // 테이블뷰의 편집 모드 변경
30 :   //     - [self.tableView setEditing:<YES or NO>];
31 :   //   편집 버튼 변경
32 :       //    - 화면에 보이는 버튼이 토글되도록 버튼을 변경시켜줌.
33 : }
34 : - (void) clickAddAcount
35 : {
36 :     // 계정 추가 화면으로 화면 전환
37 : }
```

[소스 8-2]와 같이 버튼을 생성해서 추가한다. 버튼을 생성할 때는 버튼이 눌렸을 때의 핸들러를 등록하게 되어있다. 10~25라인에서 등록 버튼 중 하나인 편집 버튼은 테이블뷰의 편집 모드를 변경한다. 테이블뷰에는 편집 상태가 있다. 34~37라인은 추가버튼을 눌렀을 때 호출되는 콜백 메소드로 계정을 추가하는 화면을 생성하고, 화면을 전환한다.

## 계정 정보 가져오기

계정 정보를 가져오기 위해서 NSManagedObjectContext 객체가 필요하다. 이 객체는 보통 Application Delegate에 구현이 되어있다. 다른 곳에 만들어도 되지만 Application Delegate에 만들어두면 프로그램 전체에서 접근해 사용할 수 있기 때문에 상당히 편리하다.

**여기서 잠깐만**

Application Delegate를 객체를 얻기 위해서 다음과 같은 코드를 사용할 수 있다.

```
[[UIApplication sharedApplication] delegate]
```

Application은 앱이 실행 중에는 하나만 생성되므로, sharedApplication으로 UIApplication 객체를 얻고 이를 통해 Delegate 객체를 얻을 수 있다.

NSManagedObjectContext 객체를 만들어서 계정 리스트 화면을 생성할 때 값을 설정해야 한다. 다음은 계정 리스트 화면을 초기화하는 부분이다.

**[소스 8-3] 계정 리스트 화면 초기화 – iPicasaWebViewAppDelegate.m**

```
 1 : - (void)awakeFromNib
 2 : {
 3 :     AccountViewController *accountViewController =
(AccountViewController *)[self.navigationController
topViewController];
 4 :     accountViewController.managedObjectContext = self.
managedObjectContext;
 5 : }
```

화면을 생성하고 NSManagedObjectContext 객체를 생성해 AccountView Controller 값을 설정하면, NSManagedObjectContext를 이용해 데이터를 조회하게 된다.

```objc
 1 : #pragma mark - Fetched results controller
 2 :
 3 : - (NSFetchedResultsController *)fetchedResultsController
 4 : {
 5 :   // NSFetchedResultsController 객체를 생성한다.
 6 :   // 객체 생성시에
 7 :   // 다음과 같은 값들이 설정된다 (SQLite의 용어를 사용한다면).
 8 :   // 원하는 데이터가 있는 테이블
 9 :   // 원하는 조건
10 :   // 한번에 조회할 데이터 량
11 : }
12 :
13 : #pragma mark - Fetched results controller delegate
14 :
15 : - (void)controllerWillChangeContent:(NSFetchedResultsControll
er *)controller
16 : {
17 :   // NSFetchedResultsController를 이용해서 데이터가 많이 변경되기 전에 호출됨
18 :   // 테이블뷰는 테이블 데이터가 변경되더라도 데이터 갱신을 하지 않는다.
19 :   // 속도 향상을 위한 방편
20 :     [self.tableView beginUpdates];
21 : }
22 :
23 : - (void)controller:(NSFetchedResultsController *)controller
didChangeSection:(id <NSFetchedResultsSectionInfo>)sectionInfo
24 :            atIndex:(NSUInteger)sectionIndex forChangeType:(NSF
etchedResultsChangeType)type
25 : {
26 :   // 섹션의 변경이 있을 때
27 : }
28 :
29 : - (void)controller:(NSFetchedResultsController *)controller
didChangeObject:(id)anObject
30 :        atIndexPath:(NSIndexPath *)indexPath forChangeType:(NSF
etchedResultsChangeType)type
31 :        newIndexPath:(NSIndexPath *)newIndexPath
32 : {
33 :   // 데이터가 변경되었을 때
34 : }
35 :
36 : - (void)controllerDidChangeContent:(NSFetchedResultsController
*)controller
37 : {
38 :   // 테이블뷰의 변경 내용 적용
39 :     [self.tableView endUpdates];
40 : }
```

위에 코드는 NSFetchResultController을 사용하려는 거의 모든 목적에 사용할 수 있는 범용 코드로 특별히 속도 이슈나 로직 구현상의 문제가 없다면, 위에 설명한 코드를 그대로 재활용하면 된다. NSFetchResultController와 관련된 보다 자세한 내용은 코어데이터 가이드 문서를 참고하자. 테이블에 출력한 값을 앱 사용자가 수정할 수 있어야 하므로 코어데이터와 관련된 조회, 추가, 삭제, 변경 등의 기능을 구현해야 한다. 자세한 내용은 [소스 8-4]의 주석을 참고하기 바란다.

[소스 8-5] 계정 정보 표시 및 삭제 – AccountViewController.m

```
 1 : - (NSInteger)numberOfSectionsInTableView:(UITableView *)
tableView
 2 : {    // 섹션 개수. 이 경우 1이다.
 3 :     return [[self.fetchedResultsController sections] count];
 4 : }
 5 :
 6 : - (NSInteger)tableView:(UITableView *)tableView numberOfRowsIn
Section:(NSInteger)section
 7 : {    // 섹션별 셀 개수
 8 :     id <NSFetchedResultsSectionInfo> sectionInfo =
[[self.fetchedResultsController sections] objectAtIndex:section];
 9 :     return [sectionInfo numberOfObjects];
10 : }
11 :
12 : - (UITableViewCell *)tableView:(UITableView *)tableView
cellForRowAtIndexPath:(NSIndexPath *)indexPath
13 : {
14 :     UITableViewCell *cell = < Cell 생성 >;
15 :     // Configure the cell.
16 :     [self configureCell:cell atIndexPath:indexPath];
17 :     return cell;
18 : }
19 :
20 : - (void)configureCell:(UITableViewCell *)cell
atIndexPath:(NSIndexPath *)indexPath
21 : {
22 :   // 테이블 셀에 계정 아이디를 출력
23 :     AccountInfo *accountInfo = [self.fetchedResultsController
objectAtIndexPath:indexPath];
24 :     cell.textLabel.text = accountInfo.userid;
25 :     cell.accessoryType = UITableViewCellAccessoryDisclosureInd
icator;
26 : }
27 :
28 :
```

```
29 : - (void)tableView:(UITableView *)tableView commitEditingStyle:
(UITableViewCellEditingStyle)editingStyle
           forRowAtIndexPath:(NSIndexPath *)indexPath
30 : {
31 :   // 계정을 삭제하려 할 때
32 :     if (editingStyle == UITableViewCellEditingStyleDelete)
33 :     {
34 :         // 선택한 객체를 가져온다.
35 :         AccountInfo *info = [self.fetchedResultsController
objectAtIndexPath:indexPath];
36 :
37 :         // 속도를 위해서 임시로 받아 놓은 사진 데이터 삭제
38 :         RepositoryManager *repository = [[RepositoryManager
alloc] initWithTags:[NSArray arrayWithObject:info.userid]];
39 :         [repository deleteRepository];
40 :
41 :     // account  정보 객체를 코어데이터에서 삭제
42 :         NSManagedObjectContext *context = [self.
fetchedResultsController managedObjectContext];
43 :         [context deleteObject:info];
44 :
45 :         // 코어데이터 변경 내용을 저장
46 :         NSError *error = nil;
47 :         if (![context save:&error])
48 :         {
49 :             NSLog(@"Unresolved error %@, %@", error, [error
userInfo]);
50 :         }
51 :     }
52 : }
```

3라인 섹션 개수, 8~9라인 섹션별 데이터 개수는 NSFetchedResultsController
를 이용해 구한다. 계정 삭제는 코어데이터에서 객체 정보를 삭제하는 것이다. 편
집 모드에서 계정을 삭제하려고 하면 29라인이 호출된다. 선택된 계정 객체를
NSManagedObjectContext에서 삭제한다. 메모리 상에서 삭제하였다는 표시만 하
고 코어데이터에서 지정한 데이터가 곧바로 삭제되지는 않는다. 만약, 바로 삭제하려
면 47라인처럼 명시적으로 변경 내용을 파일에 쓰겠다고 지시하면 된다.

앞에서도 언급했지만 코어데이터를 사용하는 것은 NSManagedObjectContext의
모델 객체를 삭제, 추가, 수정하는 작업이다. 이 사실을 정확히 기억한다면, 코어데이
터를 사용한 데이터베이스 관련 프로그램 작성이 어렵지 않을 것이다.

## 7.5 구글 라이브러리 추가

구글은 다양한 서비스를 XML이나 JSON 문자열 방식으로 제공하고 있다. 그렇지만, 프로그램을 작성하다 보면 XML, JSON 문자열 명령을 만들고 문자열을 분석하는 구문을 일일이 작성하는 작업이 상당히 어렵고 불편하다는 사실을 알게 될 것이다. 이런 불편함을 해소하기 위해 구글은 다양한 언어에서 사용할 수 있는 각종 라이브러리가 별도로 제공된다.

구글 서비스를 사용하는데 이용되는 Objective C 형태 라이브러리는 두 종류가 있다. JSON API를 사용하는 라이브러리(Google APIs Client Library for Objective C)와 XML API를 이용한 라이브러리(Google Data APIs Objective C Client Library)가 바로 그것이다. 최근에 개발된 JSON API 라이브러리가 구성이 잘되어 있고 사용이 상대적으로 쉽다. 그래서 구글도 JSON API 라이브러리 사용을 권장하고 있다. 그렇지만 현재 피카사 서비스는 XML 방식만을 지원하고 있어서 XML API를 이용한 라이브러리를 이용해야 한다.

### 라이브러리 받기

첫 번째로 해야 할 것은 라이브러리를 다운받는 것이다. 다운로드 경로: http://code. google.com/p/gdata-objectivec-client). 홈페이지에서 소스를 다운받거나 SVN 명령으로 내려 받을 수 있다.

```
$> svn checkout http://gdata-objectivec-client.googlecode.com/svn/
trunk/ gdata
```

콘솔에서 svn 명령어를 이용해 코드를 내려받으면, 최신 소스가 라이브러리를 내려받을 수 있다. gdata 디렉토리를 iPicasaWebViewer 디렉토리에 복사해 iPicasaWebViewer 프로젝트와 같이 사용할 수 있도록 하자.

### 라이브러리 연결

라이브러리를 이용하는 방식은 미리 빌드된 바이너리를 이용하는 방식과 소스를 직접 빌드해 사용하는 방식이 있다. 만약, 소스를 변경하지 않는다면 결국 두 가지 방식은 동일하다. 여기서는 gdata 프로젝트를 이용해보도록 하겠다.

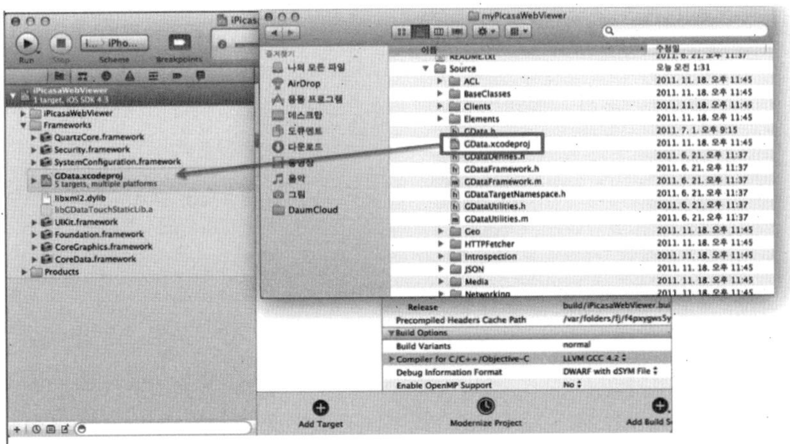

[그림 8-29] 의존 라이브러리 추가

gdata 디렉토리에 있는 라이브러리를 iPicasaWebViewer 프로젝트에 추가하자. 라이브러리를 프로젝트에 추가하면 라이브러리 의존 관계를 만들 수 있다. 즉, iPicasaWebViewer가 빌드하기 전에 gdata 라이브러리가 먼저 빌드되도록 설정해야 한다.

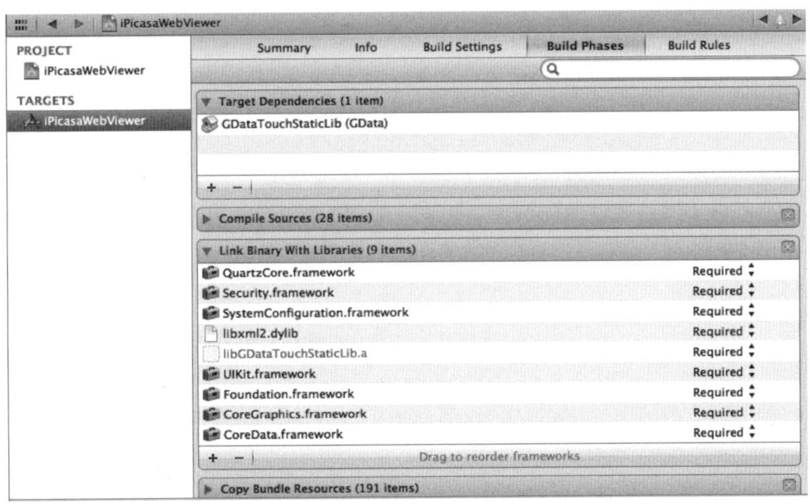

[그림 8-30] 의존 관계 설정

Targets 설정에서 Build Phases 탭을 선택하면 [그림 8-30]과 같은 모습이 보일 것이다. "Target Dependencies" 항목이 의존 라이브러리를 선택하는 곳으로 gdata 프로젝트에서 GDataTouchStaticLib를 추가한다. 이제 iPicasaweb이 빌드하기 전에 gdata가 먼저 빌드된다. 마지막으로 빌드된 라이브러리를 추가하기 위해서는 "Link Binary With Libraries" 항목에 "libGDataTouchStaticLib.a"를 추가한다.

여기서 잠깐만

라이브러리를 설정하는 방법은 Build Setting을 통해서도 할 수 있다. Xcode는 통합개발환경(IDE)일 뿐, 실제 컴파일 및 링크 작업은 gcc 혹은 clang 같은 개발 툴체인(Toolchain)에서 이뤄진다. Xcode의 Build Setting에 값을 설정하면 Xcode에 연결된 툴체인 옵션이 gcc나 clang 툴체인에 반영된다.

라이브러리를 추가하려면 Library Search Paths와 Other Linker Flags를 수정해야 한다. Library Search Paths는 라이브러리를 찾을 경로이고, Other Linker Flags는 라이브러리 옵션을 설정하는 곳이다.

　‖‖‖ Library Search Paths : $(SRCROOT)/〈라이브러리 경로〉

　‖‖‖ Other Linker Flags: ─lGDataTouchStaticLib

## 헤더 파일 연결

라이브러리를 사용하기 위해서는 라이브러리 헤더 정보가 필요하다. 즉, gdata API를 사용하기 위해서는 Xcode의 툴체인이 gdata 라이브러리의 헤더 경로를 알고 있어야 한다. 프로젝트 설정에서 Target를 선택하고 Build Settings를 선택해보자. 여러 가지 복잡한 설정값들이 보인다. 이 값들은 툴체인의 빌드 옵션을 설정하는데 사용된다. 많은 옵션들이 있지만 실제 꼭 알아야 할 설정들은 얼마 되지 않는다. 헤더 파일 경로를 추가하는 설정은 꼭 알아야 할 설정에 속한다.

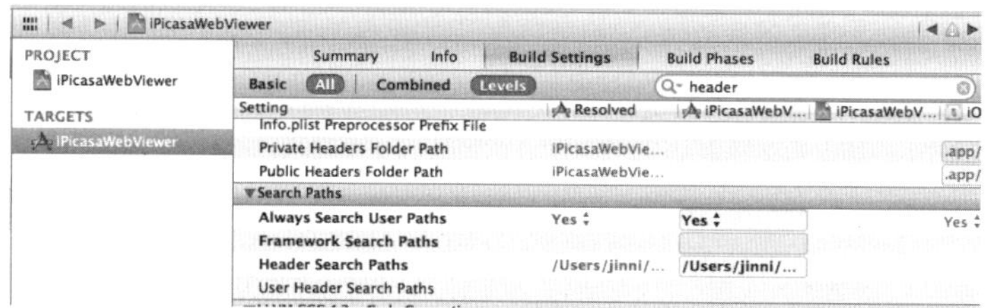

[그림 8-31] 헤더 파일 경로 설정

Header Search Paths 항목에 라이브러리 헤더를 설정한다.

　‖‖‖ $(SRCROOT)/iPicasaWebViewer/gdata/Source  (Recursive 선택)

　‖‖‖ /usr/include/libxml2

경로는 현재 프로젝트 경로를 나타내는 $(SRCROOT)를 사용해서 상대 경로 형태로 설정한다. 헤더 파일 경로 중에 libxml2가 포함이 되어 있는데, 이것은 gdata에서 libxml를 사용하고 있기 때문에 꼭 필요한 정보이다.

## 링크 옵션 추가

헤더파일을 추가했으니 이번에는 라이브러리와 몇 가지 옵션을 추가해보자.

IIII Other Linker Flags  : −lxml2  −ObjC  −all_load

- −lxml2 : xml 라이브러리 추가

- −ObjC : 사용하려는 라이브러리가 오브젝티브 C 로 작성된 라이브러리

- −all_load : iOS의 경우  −ObjC가 적용되지 않는 문제가 있어 사용

(참고 : http://developer.apple.com/library/mac/#qa/qa1490/_index.html)

## 7.6 계정 추가 화면 만들기

구글 서비스를 이용하기 위해서는 구글 계정이 별도로 있어야 한다. 구글 계정 정보를
사용자에게 입력받는 화면을 만들어보자.

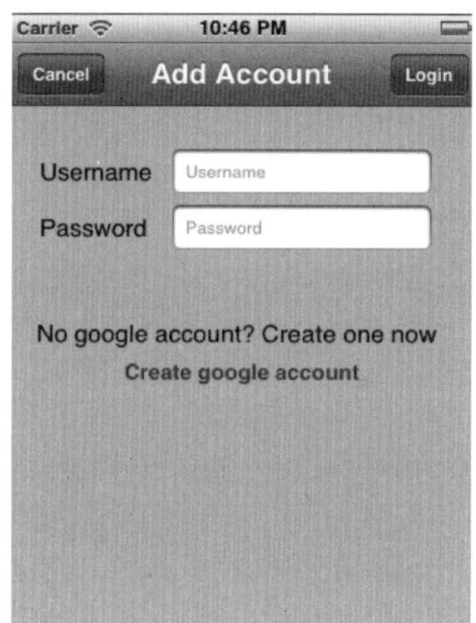


[그림 8-32] 계정 등록 화면

UIViewController를 상속받는 화면을 만들고 인터페이스 빌더로 화면을 디자인해
보자.

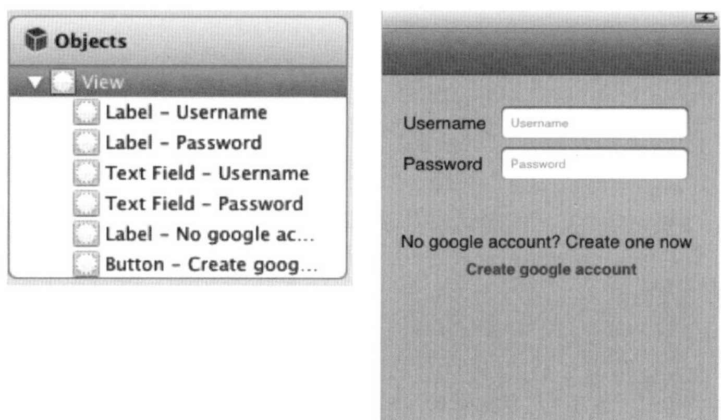


[그림 8-33] 화면 설계 화면 (AddAccountViewController.xib)

계정 등록 화면은 네비게이션 컨트롤러의 일부로 만들 것이기 때문에, 화면이 제대로
출력되도록 화면 매트릭스를 조정해야 한다.

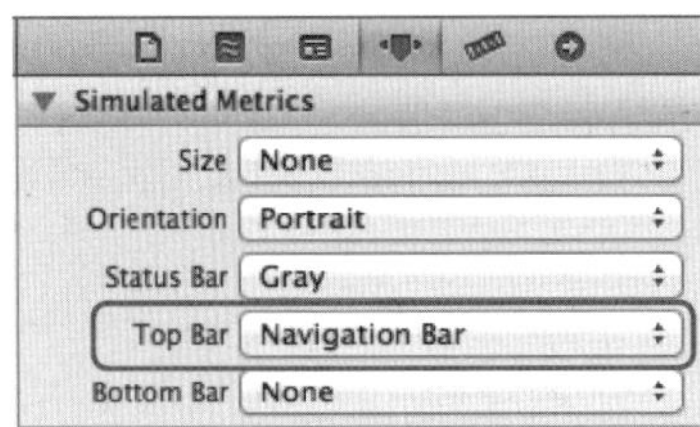

[그림 8-34] 화면 매트릭스 보정

화면 상단에 Navigation Bar가 보이도록 화면 매트릭스를 보정하자(그림 8-34). 로
그인을 처리할 UITextField 두 개를 추가하고 IBOutlet으로 코드와 바인딩 시키자.
그리고 계정이 없는 경우 계정을 새롭게 만들수 있도록 버튼을 하나 추가한다. 버튼처
럼 보이지 않도록 하기 위해서 스타일을 Custom으로 변경하고 텍스트 색도 파랑색으
로 설정한다(그림 8-33).



```objc
 1 : @interface AddAccountViewController : UIViewController {
 2 :     NSManagedObjectContext *_managedContext;
 3 :     UITextField *_username;
 4 :     UITextField *_password;
 5 :     LoadingView *_loadingView;
 6 : }
 7 :
 8 : // 로딩 중임을 표시하기 위한 로딩 뷰
 9 : @property(nonatomic, retain) LoadingView *loadingView;
10 : // 코어데이터 사용을 위한 컨텍스트
11 : @property(nonatomic,retain) NSManagedObjectContext
 *managedContext;
12 : // 사용자 아이디
13 : @property(nonatomic,retain) IBOutlet UITextField *username;
14 : // 사용자 패스워드
15 : @property(nonatomic,retain) IBOutlet UITextField *password;
16 : // 구글 계정 생성 버튼의 핸들러
17 : - (IBAction) clickCreateAccount:(id)sender;
18 : @end
```

XIB에서 사용자 아이디와 패스워드를 입력하는 컨트롤을 바인딩하기 위한 컨트롤러
(13, 15라인)와 구글 계정 생성을 위한 핸들러(17라인)을 추가한다.

11라인의 NSManagedObjectContext는 코어데이터를 사용하기 위한 컨텍스트 객체이다. 컨텍스트 객체를 사용해서 코어데이터의 데이터를 조회하거나 로그인 정보를 저장할 것이다.

[소스 8-7] 계정 등록 화면 – AddAccountViewController.m

```
 1 : - (void)viewDidLoad
 2 : {
 3 :     [super viewDidLoad];
 4 :     self.navigationItem.title = @"Add Account";
 5 :     // 네비게이션 바에 두 개의 버튼를 추가한다.
 6 :     //  취소 버튼과 로그인 버튼
 7 :     UIBarButtonItem *buttonCancel = <취소 버튼 생성>;
 8 :     UIBarButtonItem *buttonLogin = <로그인 버튼 생성>;
 9 :     self.navigationItem.rightBarButtonItem = buttonLogin;
10 :     self.navigationItem.leftBarButtonItem = buttonCancel;
11 :     [buttonCancel release];
12 :     [buttonLogin release];
13 : }
14 : // 로그인 버튼을 눌렀을 때의 핸들러
15 : // 로그인을 누르면 기존 계정인지 알아본다.
16 : // 기존에 없는 계정이면 계정 정보를 확인한다.
17 : - (void) onClickLogin:(id)sender
18 : {
19 :     // check parameter
20 :     // 아이디와 패스워드의 입력값이 있는지 확인하다.
21 :     // 바르지 않은 값이 있으면 그냥 return 시켜버림.
22 :     // TODO 기존에 등록된 사용자와 같은 것이 있는지 확인
23 :     if([self isAlreadyLoginedUser:self.username.text])
24 :     {
25 :         // 기존에 등록이 되어있으면 Account List로 이동
26 :         [self dismissModalViewControllerAnimated:YES];
27 :         return;
28 :     }
29 :     // Login 시도
30 :     [self.username resignFirstResponder];
31 :     [self.password resignFirstResponder];
32 :     self.loadingView = [LoadingView loadingViewInView:self.view];
33 :     self.loadingView.textLabel.text = @"계정 확인";
34 :     [self enableUserInteraction:NO];
35 :   // 서비스 객체 생성
36 :     GDataServiceGooglePhotos *service = [self
googlePhotosServiceWithId:self.username.text password:self.password.
```

```
text];
37 :     // 로그인 시도
38 :        [service authenticateWithDelegate:self
                  didAuthenticateSelector:@selector(ticket:authenticat
edWithError:)];
39 : }
40 :
41 : - (void) enableUserInteraction:(BOOL)flag
41 : {
43 :    // 로그인 중간에 취소를 할 수 없도록
44 :    // 컨트롤들의 인터액션을 막거나 풀어준다.
45 : }
46 :    // 기존에 같은 아이디로 등록되었는지 확인
47 : - (BOOL)isAlreadyLoginedUser:(NSString*) username
48 : {
49 :    // username으로 코어데이터를 조회해서 등록된  username이 있는지 확인한다.
50 : }
51 :    // 구글 아이디와 암호로 계정을 확인한다. 계정 확인은 비동기로 이루어지고
52 :    // 결과는 ticket:authenticatedWithError: 로 받을 것이다.
53 : - (GDataServiceGooglePhotos *)googlePhotosServiceWithId:
(NSString*)username password:(NSString*)password
54 : {
55 :       // 구글 서비스 객체를 생성
56 :       static GDataServiceGooglePhotos* service = nil;
57 :       if (!service) {
58 :          service = [[GDataServiceGooglePhotos alloc] init];
59 :          [service setShouldCacheResponseData:YES];
60 :          [service setServiceShouldFollowNextLinks:YES];
61 :       }
62 :       // 아이디와 패스워드 설정
63 :       if ([username length] && [password length]) {
64 :          [service setUserCredentialsWithUsername:username
                                 password:password];
65 :       } else {
66 :          [service setUserCredentialsWithUsername:nil
                                 password:nil];
67 :       }
68 :       return service;
69 : }
70 :    // 구글 서버로부터 로그인 계정확인에 대한 결과를 받는다.
71 : - (void)ticket:(GDataServiceTicket *)ticket
authenticatedWithError:(NSError *)error
72 : {
73 :       if (error == nil) {
```

```
 74 :            // Login 성공이면 DB에 반영한다.
 75 :            // Create a new instance of the entity managed by the
fetched results controller.
 76 :            NSEntityDescription *entity = [NSEntityDescription
entityForName:@"AccountInfo" inManagedObjectContext:self.
managedContext];
 77 :            AccountInfo *accountInfo = [NSEntityDescription insert
NewObjectForEntityForName:[entity name] inManagedObjectContext:self.
managedContext];
 78 :            accountInfo.userid = self.username.text;
 79 :            accountInfo.passwd = self.password.text;
 80 : :          // Save the context.
 81 :            NSError *err = nil;
 82 :            if (![self.managedContext save:&error])
 83 :            {
 84 :                NSLog(@"Unresolved error %@, %@", err, [error
userInfo]);
 85 :            }
 86 :            [self dismissModalViewControllerAnimated:YES];
 87 :        }
 88 :        [self enableUserInteraction:YES];
 89 :        [self.loadingView removeView];
 90 : }
```

로그인 처리용 두 개 버튼은 XIB 파일에서 만들 수 없기 때문에 코드로 작성해야 한다
(7~12라인).

사용자가 아이디와 암호를 입력하면 17라인의 onClickLogin:이 호출되는데, 이곳에
서 사용자가 입력한 정보의 유효성을 체크한다. 56라인에서는 구글 서비스 객체를 생
성한다. 구글 API를 사용하려면 서비스 객체를 만들어야 한다. 서비스 객체를 만들때
사용자 아이디와 암호가 설정된다. 81~85라인에서 만약 계정 정보가 잘못되었다면
error 객체에 해당 문제의 원인을 출력한다. NSError 객체가 nil이면 계정 정보가 올
바른 것이다.

계정정보가 맞다면 아이디와 암호를 코어데이터에 저장해야 한다. 코어데이터에 값을
저장하는 것은 의외로 간단하다. 우선, 76라인에서 데이터를 담을 모델 객체를 만든
다. 78, 79라인에서 모델 객체에 데이터를 설정하고 NSManagedContext의 save :
메소드를 이용해 메모리에만 저장된 값을 파일에 기록한다.

## 7.7 앨범 목록 리스트 화면 개발

계정이 만들어졌으면 그 계정에 있는 앨범들을 조회해야 한다.

### 앨범 목록 화면 구성

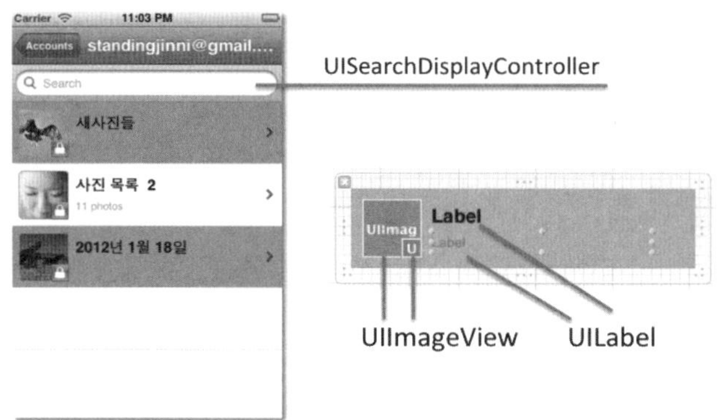


[그림 8-35] 앨범 목록 리스트 컨트롤러

화면을 구성하기 위해 다음 순서에 따라서 코드를 작성해보자.

① UITableViewController로 파일을 하나 만든다.

② NSFetchedResultsController를 사용해서 테이블뷰 데이터 소스를 핸들러를 만든다.

③ 앨범 갱신 로직을 작성한다.

④ 커스텀 셀을 만들다.

UITableViewController 파일을 만든다.

먼저 [File]-[New]-[New File] 메뉴를 선택해 UITableViewController를 상속받는 AlbumListViewController 파일을 만들자. 이때, XIB는 만들지 말자. 화면에 UITableView만 있기 때문에 XIB 대신 코드로 화면을 만드는 것이 좋다.

NSFetchedResultsController를 사용해서 테이블 데이터 소스 핸들러를 만든다.

데이터코어의 값을 UITableView로 나타내려고 할 때 NSFetchedResults Controller를 사용한다. 이 클래스를 사용하기 위해서는 NSFetchedResultsController Delegate 프로토콜을 상속해야 한다. 그리고 NSFetchedResultsController 생성에 필요한 NSManagedObject 객체 설정도 필요하다.

[소스 8-8] 앨범 리스트 뷰 헤더 – AlbumeListViewController.h

```
1 : @interface AlbumListViewController : UITableViewController
<NSFetchedResultsControllerDelegate>{
2 :        AccountInfo *_accountInfo;
3 :        NSManagedObjectContext *_managedObjectContext;
4 :        NSFetchedResultsController *__fetchedResultsController;
5 : }
6 : @property(nonatomic,retain) NSManagedObjectContext
*managedObjectContext;
7 : @property(nonatomic,retain) AccountInfo *accountInfo;
8 : @property(nonatomic,retain) NSFetchedResultsController
*fetchedResultsController;
9 : @end
```

표시할 계정 정보를 담고 있는 accountInfo와 코어데이터 컨텍스트인
managedObjectContext, 앨범 정보들을 조회할 fetchedResultsController를 정
의한다.

[소스 8-9] 데이터를 화면에 표시하는 최소한의 코드 – AlbumListViewController.m

```
1 : // Customize the number of sections in the table view.
2 : - (NSInteger)numberOfSectionsInTableView:(UITableView *)tableView
3 : {
4 :        NSLog(@"num of section : %d", [[self.
fetchedResultsController sections] count]);
5 :        return [[self.fetchedResultsController sections] count];
6 : }
7 :
8 : - (NSInteger)tableView:(UITableView *)tableView numberOfRowsIn
Section:(NSInteger)section
9 : {
10 :        id <NSFetchedResultsSectionInfo> sectionInfo =
[[self.fetchedResultsController sections] objectAtIndex:section];
11 :        return [sectionInfo numberOfObjects];
12 :        return 0;
13 : }
14 :
15 :
16 : #pragma mark - Fetched results controller
17 :
18 : - (NSFetchedResultsController *)fetchedResultsController
19 : {
20 : // Code Snippert Library의
21 : // [ICARUS] NSFetchedResultController Create Method
```

```
22 :   // 참조
23 :
24 :   … 생략 …
25 :
26 :      // Create the fetch request for the entity.
27 :      NSFetchRequest *fetchRequest = [[NSFetchRequest alloc] init];
28 :      // Edit the entity name as appropriate.
29 :      NSEntityDescription *entity = [NSEntityDescription
entityForName:@"AlbumInfo" inManagedObjectContext:self.
managedObjectContext];
30 :      [fetchRequest setEntity:entity];
31 :
32 :      // Set the batch size to a suitable number.
33 :      [fetchRequest setFetchBatchSize:20];
34 :
35 :      NSPredicate *predicate = [NSPredicate
predicateWithFormat:@"account.userid like %@", self.accountInfo.
userid];
36 :      [fetchRequest setPredicate:predicate];
37 :
38 :      // Edit the sort key as appropriate.
39 :      NSSortDescriptor *sortDescriptor = [[NSSortDescriptor
alloc] initWithKey:@"published" ascending:NO];
40 :      NSArray *sortDescriptors = [[NSArray alloc]
initWithObjects:sortDescriptor, nil];
41 :
42 :   …. 생략 …
43 :
44 :      return __fetchedResultsController;
45 : }
46 :
47 : #pragma mark - Fetched results controller delegate
48 : // Fetched result controller delegate는
49 : // [ICARUS] NSFetchedResultController Delegate를 참조
50 :
51 : - (void)controllerWillChangeContent:(NSFetchedResultsControll
er *)controller
52 : {
53 :   // 생략
54 : }
55 :
56 : - (void)controller:(NSFetchedResultsController *)controller
didChangeSection:
(id <NSFetchedResultsSectionInfo>)sectionInfo
57 :                atIndex:(NSUInteger)sectionIndex forChangeType:(NSF
etchedResultsChangeType)type
```

```
58 : {
59 :  // 생략
60 : }
61 :
62 : - (void)controller:(NSFetchedResultsController *)controller
didChangeObject:(id)anObject
63 :          atIndexPath:(NSIndexPath *)indexPath forChangeType:(NSF
etchedResultsChangeType)type
64 :          newIndexPath:(NSIndexPath *)newIndexPath
65 : {
66 :  // 생략
67 : }
68 :
69 : - (void)controllerDidChangeContent:(NSFetchedResultsController
*)controller
70 : {  // 생략
71 :
72 : }
```

계정목록 화면을 만들 때 사용한 NSFetchedResultsController Deligate 코드를
복사해서 사용하자.

우선 NSFetchedResultController 객체를 만들어 보도록하자. fetchedResults
Controller는 NSFetchedResultController 객체를 만드는 getter 메소드이다.
이 코드는 대부분 중복된 코드로 검색에 사용되는 모델 이름과 검색 조건을 설정해야
한다.

[소스 8-10] UITableView의 데이터 소스 메소드 - AlbumListViewController.m

```
1 : // Customize the number of sections in the table view.
2 : - (NSInteger)numberOfSectionsInTableView:(UITableView *)tableView
3 : {
4 :     return [[self.fetchedResultsController sections] count];
5 : }
6 :
7 : - (NSInteger)tableView:(UITableView *)tableView numberOfRowsIn
Section:(NSInteger)section
8 : {
9 :     id <NSFetchedResultsSectionInfo> sectionInfo =
[[self.fetchedResultsController sections] objectAtIndex:section];
10 :     return [sectionInfo numberOfObjects];
11 : }
12 :
```

```
13 : - (UITableViewCell *)tableView:(UITableView *)tableView
cellForRowAtIndexPath:(NSIndexPath *)indexPath
14 : {
15 :     NSString *CellIdentifier = "Cell";
16 :
17 :     UITableViewCell *cell = nil;
18 :     cell = [tableView dequeueReusableCellWithIdentifier:CellIde
ntifier];
19 :     if (cell == nil) {
20 :     cell = [[[UITableViewCell alloc] initWithStyle:UITableViewC
ellStyleDefault reuseIdentifier:CellIdentifier] autorelease];
21 :     }
22 :
23 :     // Configure the cell.
24 :     [self configureCell:cell atIndexPath:indexPath];
25 :
26 :     return cell;
27 : }
```

NSFetchedResultController를 사용해 UITableView의 데이터 소스 메소드들을
오버라이딩한다. fetchedResultController 객체를 사용해 테이블에 표시할 정보의
개수를 구한다. 만약, 표시할 데이터가 서버에 있는 데이터라면 어떻게 해야 할까? 서
버쪽 데이터를 가져와 코어데이터를 넣고 그 데이터를 표시하면 될 것이다. 지금부터
서버에서 데이터를 읽어와 코어데이터로 처리하는 방법을 살펴보자.

## 피카사 뷰 앨범 리스트 정보 가져오기

**[소스 8-11] 피카사 서버로 부터 앨범 리스트 받기 – AlbumListViewController.h**

```
 1 : @interface AlbumListViewController : UITableViewController <NS
FetchedResultsControllerDelegate>{
 2 :
 3 : < 생략 >
 4 :
 5 :     GDataServiceGooglePhotos *_googlePhotoService;
 6 :
 7 :     GDataServiceTicket *_albumFetchTicket;
 8 :     NSError             *_albumFetchError;
 9 :     GDataFeedPhotoUser *_albumFeed;
10 :
11 :     RepositoryManager *_repositoryManager;
12 :
13 : < 생략 >
```

```
14 : }
15 :
16 :   < 생략 >
17 :
18 : @property(nonatomic,retain) GDataServiceGooglePhotos
*googlePhotoService;
19 :
20 :   < 생략 >
21 :

22 : @end
```

서버 정보를 조회하려면 구글 서비스 객체가 있어야 한다. 이 객체는 계정 리스트 화면에서 화면을 전환할 때 설정하는 객체로 18라인에 선언되어 있다. 7~9라인은 정보를 조회할 때 사용하는 변수들이며, 11라인의 _repositoryManager는 앨범 사진을 임시 폴더에 저장하는 객체이다. 코어데이터에 작은 크기의 바이너리 데이터를 넣는 것은 괜찮지만, 대용량의 바이너리를 넣는 것은 상당히 비효율이다. 큰 바이너리 파일은 외부에 별도 파일 형태로 저장하고, 코어데이터에는 파일이 저장된 정보만을 넣는 것이 좋다.

**[소스 8-12] 구글 서버에서 정보 조회하기 – AlbumListViewController.m**

```
 1 : // begin retrieving the list of the user's albums
 2 : - (void)fetchAllAlbums {
 3 :     GDataServiceTicket *ticket;
 4 :     NSURL *feedURL = [GDataServiceGooglePhotos
 5 :                       photoFeedURLForUserID:self.
accountInfo.userid
 6 :                       albumID:nil
 7 :                       albumName:nil
 8 :                       photoID:nil
 9 :                       kind:nil
10 :                       access:nil];
11 :     ticket = [self.googlePhotoService fetchFeedWithURL:feedURL
12 :                       delegate:self
13 :                       didFinishSelector:@selector(albumListFetc
hTicket:finishedWithFeed:error:)];
14 :     [self setAlbumFetchTicket:ticket];
15 : }
16 :
17 :
18 : // album list fetch callback
19 : - (void)albumListFetchTicket:(GDataServiceTicket *)ticket
```

```
20 :                       finishedWithFeed:(GDataFeedPhotoUser *)feed
21 :                                  error:(NSError *)error {
22 :         [self setAlbumFeed:feed];
23 :         [self setAlbumFetchError:error];
24 :         [self setAlbumFetchTicket:nil];
25 :
26 :         if (error == nil) {
27 :             [self updateChangeAlbumList];
28 :         }
29 :
30 :         [self.tableView reloadData];
31 :         [self dataSourceDidFinishLoadingNewData];
32 :
33 : }
```

[소스 8-12]는 구글 서버로부터 데이터를 조회하는 코드이다. 피카사 서버로부터 데이터를 받기 위해서 먼저 요청 URL을 만들어야 한다. 구글 Gdata 라이브러리를 사용하고 있으므로 코드를 통해서 URL 요청을 만든다(4~10라인). 만들어진 URL을 이용해서 서버 요청을 하면(11~13라인) 콜백 메소드를 통해서 결과를 받게 된다. 19~33라인이 결과를 받는 메소드로 정상적인 결과를 받으면 코어 데이터의 내용을 갱신하고(27라인) 현재 앨범 목록을 보여주는 테이블 뷰를 갱신한다(30라인).



```
 1 : // update local db from server infomation.
 2 : - (void)updateChangeAlbumList {
 3 :
 4 :     GDataFeedPhotoUser *feed = [self albumFeed];
 5 :     NSArray *entries = [feed entries];
 6 :
 7 :     for (int idx = 0; idx < [entries count]; idx++) {
 8 :         GDataEntryPhotoAlbum *albumEntry = [entries
objectAtIndex:idx];
 9 :
10 :         NSString *photoid = [albumEntry GPhotoID];
11 :         NSDate *updatedDate = [[albumEntry updatedDate] date];
12 :
13 :         AlbumInfo *album = [self findOrCreateAlbumInfo:photoid];
14 :         if ([album.updated isEqualToDate:updatedDate]) {
15 :             continue;
16 :         }
17 :
```

```
18 :            album.title = [[albumEntry title] stringValue];
19 :            album.access = [albumEntry access];
20 :            album.updated = updatedDate;
21 :            album.published = [[albumEntry publishedDate] date];
22 :            album.summary = [[albumEntry summary] stringValue];
23 :            album.albumid = photoid;
24 :            album.numOfPhotos = [albumEntry photosUsed];
25 :
26 :            NSArray *thumbnails = [[albumEntry mediaGroup]
mediaThumbnails];
27 :            if ([thumbnails count] > 0) {
28 :                album.thumbnail = [[thumbnails objectAtIndex:0]
URLString];
29 :            }
30 :            album.account = self.accountInfo;
31 :        }
32 :
33 :     // Save the context.
34 :     NSError *error = nil;
35 :     if (![self.managedObjectContext save:&error])
36 :     {
37 :         NSLog(@"Unresolved error %@, %@", error, [error
userInfo]);
38 :     }
39 : }
```

서버로부터 받은 앨범 정보를 이용해서 로컬의 코어 데이터를 갱신한다. 코어데
이터를 갱신 되면 그 정보를 가지고 테이블을 갱신해서 화면을 변경하게 된다. [소
스 8-13]은 코어 데이터를 갱신하는 코드이다. 피카사 서버로부터 받은 정보는
GdataFeedPhotoUser 객체에 담겨 있다(4라인). 이 객체에 담겨 있는 엔트리 정보
들이 앨범들이 이제 이 앨범 정보들을 순환하면서 데이터를 가져와서 코어데이터에
저장하면 된다. 8라인에서 앨범 정보를 하나를 추출한다. albumEntry 변수에는 앨
범의 메타 정보들이 보함되어 있다. 우선 코어 데이터에 저장하기 위해서 코어 데이터
객체를 생성하고(13라인) 서버의 정보를 찾아서 코어 데이터 객체에 설정한다(18~30
라인). 코어 데이터의 객체를 managedObjectContext에 저장되어 있다. 아직 메모
리 상으로 존재한다. 이 상태에서 앱이 죽어 버린다면 설정한 데이터가 사라진다. 그
래서 메모리의 데이터를 파일로 저장해야 한다. 35라인은 코어데이터 객체를 파일에
기록하는 작업을 수행하게 된다.

## 7.8 앨범 사진 화면 개발

이 전까지는 앨범 목록만 보여줬다면 이제 앨범 내부 사진을 보여주자. 이 화면에서
사진들은 썸네일 형태로 표시된다. 사용자는 썸네일 이미지에서 자신이 원하는 사진
을 선택할 수 있다. 선택한 이미지는 전체화면을 볼 수 있도록 사진상세보기 화면으로
이동한다.

### 화면 만들기

앨범 사진 화면은 테이블 형태로 구성되어 있다. 테이블의 한 라인에 세장의 사진을
출력한다. 사진을 목록을 보여주는 화면을 커스텀뷰를 사용해서 별도로 만드는 것도
좋지만, 테이블 컨트롤을 사용해 구현하는 방법이 더 쉽고 더 직관적이다. 많은 데이
터를 보여줄 때 테이블뷰 만큼 좋은 컨트롤도 없다.

[그림 8-36] 앨범 사진 화면

### 세개의 썸네일을 보여주는 셀 만들기

여러 개의 썸네일을 출력하는 셀을 만들어보자. 우선, 커스텀 셀을 하나 만들어야 한
다. [File]-[New]-[New File]을 이용해 UITableViewCell을 상속받는 클래스 파일
을 하나 만들자. 파일명은 "AlbumImageCellView.m"로 한다. 이때 XIB 파일도 같
이 생성되도록 체크 박스를 선택한다.

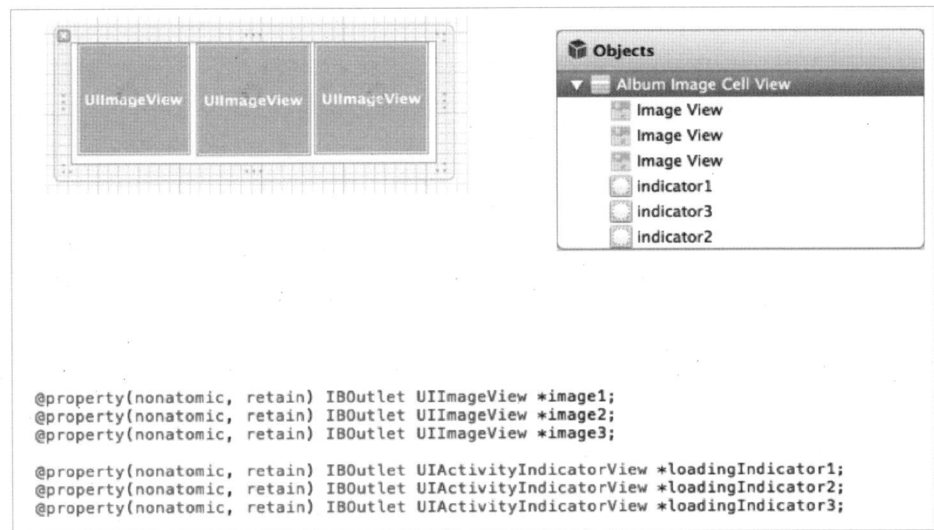


[그림 8-37] 셀 XIB 파일과 소스 코드 연결하기

XIB 파일을 만들고 소스 코드와 연결해보자. 이때, AlbumImageCellView의 File's Owner를 AlbumImageViewController로 설정해야 한다. 이것은 셀 객체를 생성하는 것과 관련이 있다. 이와 관련된 셀 생성 부분은 곧이어 다시 설명할 것이다.

XIB에 썸네일을 표시할 UIImageView와 썸네일 로딩을 표시하는 UIActivity IndicatorView를 배치하자. 그리고 이들 컨트롤들과 소스 코드를 연결하자.

**[소스 8-14] 썸네일을 표시할 테이블 셀 – AlbumImageCellView.h**

```
 1 : @protocol AlbumImageCellViewDelegate <NSObject>
 2 :
 3 : - (void)albumImageCell:(AlbumImageCellView*)cellView
didClicked:(NSInteger) index;
 4 :
 5 : @end
 6 :
 7 : @interface AlbumImageCellView : UITableViewCell {
 8 :     id<AlbumImageCellViewDelegate> _delegate;
 9 : }
10 :
11 : <… 생략  …>
12 : @property(nonatomic, assign) id<AlbumImageCellViewDelegate>
delegate;
13 : <… 생략  …>
14 : @end
```

썸네일을 표시하는 사진을 클릭하면, 호출될 프로토콜을 하나 정의하자. 프로토콜 이름은 AlbumImageCellViewDelegate이다. 사진을 클릭하면 선택한 썸네일의 인덱스를 보내주며, 받는 쪽에서는 호출 썸네일을 처리한다(소스 8-13에서 1~5라인).

[소스 8-15] 탭 리스너 등록 – AlbumImageCellView.m

```objc
 1 : - (void)awakeFromNib
 2 : {
 3 :     UITapGestureRecognizer* recognizer = [[UITapGestureRecognizer
alloc] initWithTarget:self action:@selector(handleTapFrom:)];
 4 :     [self addGestureRecognizer:recognizer];
 5 :     [recognizer release];
 6 :
 7 : }
 8 :
 9 : - (void)handleTapFrom:(UITapGestureRecognizer *)recognizer
10 : {
11 :
12 :     CGPoint curPos = [recognizer locationInView:self];
13 :
14 :     if(CGRectContainsPoint(self.image1.frame,curPos))
15 :     {
16 :         if(_delegate){
17 :             [_delegate albumImageCell:self didClicked:1];
18 :         }
19 :     }
20 :     if(CGRectContainsPoint(self.image2.frame,curPos))
21 :     {
22 :         if(_delegate){
23 :             [_delegate albumImageCell:self didClicked:2];
24 :         }
25 :     }
26 :     if(CGRectContainsPoint(self.image3.frame,curPos))
27 :     {
28 :         if(_delegate){
29 :             [_delegate albumImageCell:self didClicked:3];
30 :         }
31 :     }
32 :
33 : }
```

셀 선택 감지는 UIGestureRecognizer를 이용한다. 제스츄어를 등록하기 가장 좋은 곳은 awakeFromNib으로, 이 메소드는 XIB을 로드해서 객체화시킨 이후 호출된다.

이 부분에 셀뷰 UITapGestureRecognizer를 등록한다. 객체를 생성하고 핸들러를 등록하자.

탭 이벤트가 감지되면 등록된 핸들러가 호출된다. 탭이 호출되는 위치는 locationIn View를 이용해 얻을 수 있다. 이 좌표는 UIGestureRecognizer가 등록된 뷰를 기준으로 한 좌표이다. 이 좌표와 썸네일 뷰의 좌표와 비교해서 어떤 이미지뷰가 눌렸는지 파악한다. 이 후에 등록된 델리게이트를 호출한다.

## 테이블 만들기

[소스 8-16] 앨범 이미지 화면 헤더 – AlbumImageViewController.h

```
 1 : @interface AlbumImageViewController : UITableViewController
<UITableViewDataSource, NSFetchedResultsControllerDelegate,
AlbumImageCellViewDelegate>
 2 : {
 3 :    // VIEW
 4 :      RefreshTableHeaderView *refreshHeaderView;
 5 :      AlbumImageCellView *_tableCell;
 6 :      // MODEL
 7 :      BOOL checkForRefresh;
 8 :      BOOL reloading;
 9 :      AlbumInfo *_albumInfo;
10 :    GDataServiceGooglePhotos *_googlePhotoService;
11 :      NSManagedObjectContext *_managedObjectContext;
12 :      GDataServiceTicket   *_photoFetchTicket;
13 :      NSError              *_photoFetchError;
14 :      GDataFeedPhotoAlbum *_photoFeed;
15 :      GroupingPhotos *_groupingPhotos;
16 : }
17 : @property(nonatomic, retain) AlbumInfo *albumInfo;
18 : @property(nonatomic, retain) GDataServiceGooglePhotos
*googlePhotoService;
19 : @property(nonatomic, retain) NSManagedObjectContext
*managedObjectContext;
20 : @property(nonatomic, retain) GDataServiceTicket
*photoFetchTicket;
21 : @property(nonatomic, retain) NSError  *photoFetchError;
22 : @property(nonatomic, retain) GDataFeedPhotoAlbum *photoFeed;
23 : @property(nonatomic, retain) IBOutlet AlbumImageCellView
*tableCell;
24 : @property(nonatomic, retain) GroupingPhotos *groupingPhotos;
25 : @end
```

앨범 이미지는 코어데이터를 이용해 표시할 이미지를 가져와 보여주며, 앨범 이미지 목록을 갱신할 때는 구글의 피카사 API를 이용해 데이터를 가져와 처리한다. 테이블에 표시할 썸네일 역시 필요하다면 피카사 API를 통해 가져올 것이다.

[소스 8-17] 사진 그룹화 객체 – AlbumImageViewController.m

```objectivec
 1 : @interface GroupingPhotos : NSObject {
 2 : @private
 3 :     AlbumInfo *_albumInfo;
 4 :     NSInteger _groupSize;
 5 :     NSArray *_photos;
 6 : }
 7 : @property(nonatomic,retain) AlbumInfo *albumInfo;
 8 : @property(nonatomic,retain) NSArray *photos;
 9 : @property(nonatomic,assign) NSInteger groupSize;
10 : - (NSInteger) numberOfGroups;
11 : - (NSArray*)  itemsOfAtGroup:(NSInteger)groupIndex;
12 : @end
13 : @implementation GroupingPhotos
14 : @synthesize photos = _photos;
15 : @synthesize albumInfo = _albumInfo;
16 : @synthesize groupSize = _groupSize;
17 : - (void)dealloc
18 : {
19 :     [_albumInfo release];
20 :     [super dealloc];
21 : }
22 : - (NSInteger) numberOfGroups
23 : {
24 :     NSInteger ret = ([_albumInfo.photos count] + self.
groupSize - 1) / self.groupSize;
25 :     NSLog(@"number of groups = %d", ret);
26 :     self.photos = [_albumInfo.photos allObjects];
27 :     return ret;
28 : }
29 : - (NSArray*)  itemsOfAtGroup:(NSInteger)groupIndex
30 : {
31 :     NSMutableArray *ret = [[NSMutableArray alloc]
initWithCapacity:self.groupSize];
32 :     NSInteger startRow = groupIndex * _groupSize;
33 :     NSInteger endRow = startRow + _groupSize;
34 :     endRow = MIN( endRow, [_albumInfo.photos count] );
35 :     for(NSInteger row=startRow ; row < endRow; row++)
36 :     {
37 :         NSLog(@"items 1 = %d",row);
```

```
38 :            [ret addObject:[self.photos objectAtIndex:row]];
39 :        }
40 :    return ret;
41 : }
42 : @end
```

이미지 목록을 가져올 때 3개 그룹으로 나눠야 한다. [소스 8-16]는 사진 목록을 그룹
핑하는 클래스다. 이 클래스가 필요한 이유는 간단하다. 표시할 사진이 10개라고 가정
해보자. 한 테이블 셀에는 3개의 사진이 표시될 수 있다면, 총 4개의 셀이 있어야 10
개의 사진 모두를 테이블 뷰를 이용해 표시할 수 있다. 이렇게 모든 사진을 그룹으로
나누어 테이블 뷰에 표시할 때 계산을 편리하게 하기 위해 GroupingPhotos 클래스
를 만들었다.



```
 1 : - (NSInteger)tableView:(UITableView *)tableView numberOfRowsIn
Section:(NSInteger)section
 2 : {
 3 :     NSLog(@"numberOfRows = %d",[_groupingPhotos
numberOfGroups]);
 4 :     return [_groupingPhotos numberOfGroups];
 5 : }
 6 : - (UITableViewCell *)tableView:(UITableView *)tableView
cellForRowAtIndexPath:(NSIndexPath *)indexPath
 7 : {
 8 :     static NSString *CellIdentifier = @"Cell";
 9 :     NSLog(@" cell row = %d", indexPath.row);
10 :     AlbumImageCellView *cell = (AlbumImageCellView*)
[tableView dequeueReusableCellWithIdentifier:CellIdentifier];
11 :     if (cell == nil) {
12 :         NSBundle *mainBundle = [NSBundle mainBundle];
13 :         [mainBundle loadNibNamed:@"AlbumImageCellView"
owner:self options:nil];
14 :         cell = self.tableCell;
15 :     }
16 :     // Configure the cell.
17 :     [self configureCell:cell atIndexPath:indexPath];
18 :     return cell;
19 : }
```

표시될 테이블 셀의 개수는 GroupingPhotos 클래스를 이용해서 계산한다(4라인).
10라인은 화면에 표시할 셀을 생성하는 부분이다. XIB의 객체 생성은 13라인처럼

loadNibNamed:owner:options를 이용해 구할 수 있다. 이 메소드는 nib 이름을 통해서 객체를 생성하며, owner 항목에 self를 지정해 객체를 생성한다. XIB를 객체화하면 _tableCell에 셀뷰 객체가 연결된다. 이것은 XIB 파일의 File's Owner를 AlbumImageViewController로 설정했고 테이블 셀을 _tableCell 변수에 바인딩되도록 만들었기 때문이다. 이후 17라인에서 테이블 셀에 이미지 3개를 설정한다.

## 7.9 앨범 상세 정보 화면 개발

앨범 상세 화면에는 사진들을 대표할 앨범 이름, 생성 날짜, 설명, 촬영 장소, 접근 권한 등의 다양한 정보가 표시된다. 앨범 상세 정보 화면에서는 이들 정보를 표시하고 수정하는 기능이 제공된다. [그림 8-38]은 구글 피카사 서비스와 우리가 만들 앱의 앨범 상세 처리 화면 비교 그림이다.

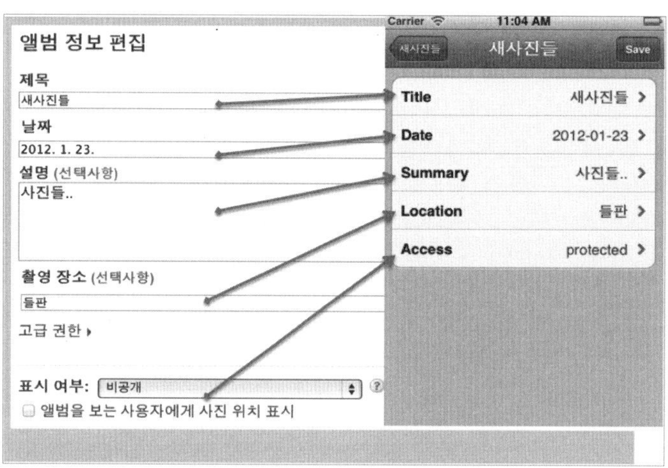


[그림 8-38] 피카사 앨범 웹 화면과 우리가 만들 앱의 앨범 화면 비교

### 현재 정보 표시

현재 앨범 정보를 테이블뷰를 이용해 표시해보자.

**[소스 8-19] 현재 앨범 정보 표시 – AlbumDetailViewController.m**

```
 1 :  // 앨범 상세 정보에 표시할 정보들
 2 :  enum {
 3 :      kAlbumItemTitle,       // 앨범명
 4 :      kAlbumItemDate,        // 앨범의 대표 날짜
 5 :      kAlbumItemSummary,     // 앨범 요약
 6 :      kAlbumItemLocation,    // 앨범 사진들의 장소 ( 대표 장소 )
```

```objc
7 :        kAlbumItemAccess,      // 접근 권한
8 :        kAlbumItemCount
9 : };
10 : // x가 nil이면 기본 값을 반환하는 매크로
11 : #define OBJECT_VAL(x, obj)   (x == nil) ? obj : (x)
12 : // 화면이 로드될 때 호출되는 메소드
13 : - (void)viewDidLoad
14 : {
15 :    < 생략 >
16 :      // 이 뷰에서 표시하고 변경할 객체 생성
17 :      // 이 화면에서 데이터를 수정하면 이 객체의 값을 변경하고
18 :      // 코어데이터에 저장된 데이터
19 :      self.tempData = [NSMutableArray arrayWithObjects:
20 :            OBJECT_VAL(self.album.title, @""),  // kAlbumItemTitle,
21 :            OBJECT_VAL(self.album.published, [NSDate date]),
// kAlbumItemDate,
22 :            OBJECT_VAL(self.album.summary, @""),  // kAlbumItemSummary,
23 :            OBJECT_VAL(self.album.location, @""), // kAlbumItemLocation,
24 :            OBJECT_VAL(self.album.access, @"public"), // kAlbumItemAccess,
25 :                      nil];
26 :    < 생략 >
27 : }
28 : // 화면에 표시한 셀의 개수 – 앨범 정보 개수
29 : - (NSInteger)tableView:(UITableView *)tableView numberOfRowsInSectio
n:(NSInteger)section
30 : {
31 :     return kAlbumItemCount;
32 : }
33 : // 화면에 표시할 셀의 설정
34 : - (UITableViewCell *)tableView:(UITableView *)tableView
cellForRowAtIndexPath:(NSIndexPath *)indexPath
35 : {
36 :     static NSString *CellIdentifier = @"Cell";
37 :     // 테이블뷰 생성
38 :     UITableViewCell *cell = [tableView dequeueReusableCellWithIdenti
fier:CellIdentifier];
39 :     if (cell == nil) {
40 :         cell = [[[UITableViewCell alloc] initWithStyle:UITableViewCe
llStyleValue1 reuseIdentifier:CellIdentifier] autorelease];
41 :         cell.accessoryType =  UITableViewCellAccessoryDisclosureIndi
cator;
42 :     }
43 :     if (indexPath.row == kAlbumItemTitle) {
44 :         // 앨범 타이틀
45 :         cell.textLabel.text = kAlbumItemTitleString;
46 :         cell.detailTextLabel.text = [self.tempData
```

```
objectAtIndex:kAlbumItemTitle];
 47 :        }
 48 :      <생략 : 다른 정보들 역시 타이틀과 동일하게 설정>
 49 :        return cell;
 50 : }
```

self.album은 앨범 정보를 갖고 있다. 이 객체를 수정하면 내부 코어데이터에 변경된 내용이 저장된다. 코어데이터는 서버의 정보를 저장하기 위한 것이므로 여기서 변경되면 안된다. 이를 방지하기 위해서 tempData 변수를 사용한다. tempData 변수는 앨범 정보를 임시로 저장하는 용도로 사용되며, viewDidLoad 메소드에서 생성한다. 19~25라인에서 테이블에 tempData 값을 표시한다. 테이블에 표시할 셀은 kAlbumItemCount 값, 즉 5개로 설정한다. 36~50라인에서 테이블 셀 스타일과 각종 라벨값을 설정한다.

## 정보 수정

셀을 선택하면 정보 타입에 따라 입력 화면이 표시된다. InputViewController와 OptionViewController가 정보 입력 화면으로 사용된다. InputViewController은 단일 문자열 데이터 및 다중 문자열 데이터 그리고 날짜 데이터를 입력받을 수 있다. OptionViewController은 여러 개의 선택 사항 중 하나를 입력할 수 있다.

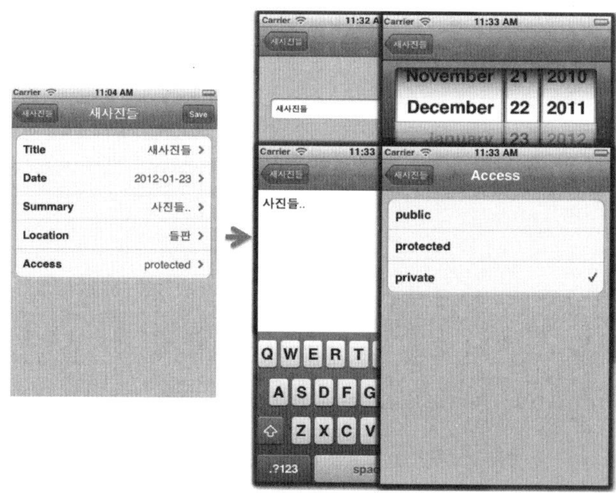

[그림 8-39] 정보 수정 화면



```
  1 :  // 테이블 셀을 선택했을때 호출되는 메소드
```

```objc
 2 : - (void)tableView:(UITableView *)tableView didSelectRowAtIndexP
ath:(NSIndexPath *)indexPath
 3 : {
 4 :        if (indexPath.row == kAlbumItemTitle) {
 5 :            // 앨범 제목 셀을 선택하면
 6 :            // 제목을 수정하는 화면으로 이동
 7 :            // 수정을 위한 화면에 표시할 타입은 한줄 텍스트를 입력받을 화면 타입
 8 :            InputViewController *viewController =
[[InputViewController alloc]
initWithType:kInputViewTypeTextField];
 9 :            viewController.delegate = self;
10 :            // 콜백 메소드 호출때 사용할 사용자 데이터
11 :            viewController.userInfo = [NSNumber numberWithInteger:k
AlbumItemTitle];
12 :            // 현재 값을 설정해서 입력란에 표시된 값
13 :            viewController.currentValue = [self.tempData
objectAtIndex:kAlbumItemTitle];
14 :            // 화면 전환
15 :            [self.navigationController pushViewController:viewContr
oller animated:YES];
16 :            [viewController release];
17 :        } else if (indexPath.row == kAlbumItemDate) {
18 :            // 앨범 대표 날짜 셀을 선택하면
19 :            // 날짜을 수정하는 화면으로 이동
20 :        < 생략 >
21 :        } else if (indexPath.row == kAlbumItemSummary) {
22 :            // 앨범 요약 셀을 선택하면
23 :            // 요약 정보를 수정하는 화면으로 이동
24 :        < 생략 >
25 :        } else if (indexPath.row == kAlbumItemLocation) {
26 :            // 앨범 로케이션 셀을 선택하면
27 :            // 로케이션 정보를 수정하는 화면으로 이동
28 :        < 생략 >
29 :        } else if (indexPath.row == kAlbumItemAccess) {
30 :            // 앨범 권한 셀을 선택하면
31 :            // 권한 정보를 수정하는 화면으로 이동
32 :            // OptionViewController은 파라미터로 주어진 선택 사항 중에서 선택할 수 있도록
33 :            // 테이블로 보여주는 화면이다. 이 화면에서 값을 선택하면 델리게이트로 선택한 값을
34 :            // 받을 수 있다.
35 :            OptionViewController *viewController =
                [[OptionViewController alloc] initWithTitle:kAlbum
ItemAccessString
                options:[Setting stringsForAccessLevel]
                selectedIndex:[Setting accessLevelForString:
                [self.tempData objectAtIndex:kAlbumItemAccess ]]];
36 :            viewController.optionKind = kAlbumItemAccess;
```

```
37 :            viewController.delegate = self;
38 :            [self.navigationController pushViewController:viewContr
oller animated:YES];
39 :            [viewController release];
40 :        }
41 : }
42 :
43 : #pragma mark inputViewControllerDelegate Handler
44 : // 값이 변경되면 호출되는 메소드
45 : // userInfo에는 InputViewController을 호출할 당시에 설정했던
46 : // 사용자 데이터가 저장되어 있다.
47 : - (void) inputViewController:(InputViewController*)
viewController changedValue:(id)value ofType:(InputViewType)type
                    userInfo:(id)userInfo
48 : {
49 :     if( [userInfo integerValue] == kAlbumItemTitle )
50 :     {
51 :         // 앨범명을 변경한 것이면 변경된 값을 설정한다.
52 :         [self.tempData replaceObjectAtIndex:kAlbumItemTitle
withObject:value];
53 :     }
54 :    <생략 : Date, Summary, Location, Access  역시 변경된 내용을 self.
tempData에 반영>
55 :     // 값이 변경되었으니 Save 버튼을 눌렀을때 정보를 갱신할 수 있도록 플래그 설정
56 :     contextChanged = YES;
57:      [self.tableView reloadData];
58 : }
59 :
60 : #pragma mark OptionViewControllerDelegate Handler
61 : // 앨범의 접근 권한을 변경하였을 때 호출되는 메소드
62 : - (void) optionView:(OptionViewController*)viewController
            isValueChanged:(NSInteger)selectedIndex
63 : {
64 :     if (viewController.optionKind == kAlbumItemAccess) {
65 :         // 변경된 접근 권한을 설정한다.
66 :         NSString *accessVal = [[Setting stringsForAccessLevel]
objectAtIndex:selectedIndex];
67 :         [self.tempData replaceObjectAtIndex:kAlbumItemAccess
withObject:accessVal];
68 :     }
69 :     contextChanged = YES;
70 :     [self.tableView reloadData];
71 : }
```

테이블뷰에서 수정할 정보를 선택하면 2~41라인에 정의된 메소드가 호출된다. 선택

한 셀의 종류에 따라 정보 입력 화면을 각각 만들어 화면을 전환한다. 여기서는 앨범 제목과 앨범 접근 권한을 수정하는 부분만을 설명하도록 하겠다. 우선, 앨범 제목을 선택하면 5~16라인이 실행된다. 텍스트를 입력받기 위해 InputViewController의 데이터 타입을 kInputViewTypeTextField로 설정해 생성하자. 이렇게 하면 한 줄짜리 문자열 수정을 위한 화면을 얻을 수 있다.

InputViewController에서 값을 변경하면 inputView:changedValue:ofType:userInfo 메소드가 호출된다(47~58라인). 이때 앨범 제목을 수정하면 52라인이 실행되면서 self.tempData의 값을 수정한다. 또 다른 형태의 타입으로 OptionViewController가 있다. 앨범 권한은 public, protected, private 중에 하나를 설정해야 한다. OptionViewController는 여러 값 중에 하나를 선택할 수 있는 화면을 만든다. OptionViewController에서 값을 변경하면 64~70라인에 선언된 optionView:isValueChanged:가 호출된다. 여기서 변경된 정보로 self.tempData 값을 수정한다.

## 수정된 정보를 서버에 적용

변경된 정보를 갱신할 부분은 두 곳이다. 하나는 구글 피카사 서버이고 다른 하나는 내부 코어데이터 부분이다. 우선, 구글 서버를 갱신한 후 코어데이터를 갱신해야 한다. 앨범 정보를 갱신하려면 현재 앨범 정보를 가져와야 한다. 기존 정보에서 갱신할 정보만 변경해서, 다시 서버에 반영해야 한다. 12라인은 구글 서버에 있는 정보를 조회하기 위해 URL을 만드는 코드이다. 서버에 현재정보를 요청하고 단말에서 변경한 값을 변경한다. 변경된 값은 31라인처럼 서버의 값을 갱신한다.

[소스 8-21] 수정된 정보를 피카사 서버에 적용 – AlbumDetailViewController.m

```
1 : // 변경한 내용을 서버와 코어데이터에 저장
2 : - (void) onSave:(id)sender
3 : {
4 :     if( contextChanged )
5 :     {
6 :         // 피카사 서버를 통해서 현재 정보를 가져온다.
7 :         NSURL *feedURL = <앨범 목록을 조회하기 위한 URL객체>;
8 :         // 저장 중임을 화면에 표시
9 :         self.loadingView = [LoadingView loadingViewInView:self.view];
10 :         self.loadingView.textLabel.text = @"Saving Album";
11 :     // 서버에 앨범 정보를 조회한다.
12 :         [self.googlePhotoService fetchFeedWithURL:feedURL
                    completionHandler:^(GDataServiceTicket *ticket,
```

```objc
                                GDataFeedBase *feed,  NSError *error)
13 :             {
14 :                 // 서버로부터 현재 정보를 받으면 다음 코드가 실행됨
15 :                 if (error == nil) {
16 :                     GDataFeedPhotoUser *userFeed = (GDataFeedPhotoUser*)
feed;
17 :                     NSArray *albums = userFeed.entries;
18 :                     GDataEntryPhotoAlbum *albumEntry = <albums에서 수정하려는
앨범 정보 객체>;
19 :                     // 현재 설정한 값으로 앨범 정보를 수정한다.
20 :                     NSString *strOfTitle = [self.tempData
objectAtIndex:kAlbumItemTitle];
21 :                     NSString *strOfSummary = [self.tempData objectAtInde
x:kAlbumItemSummary];
22 :                     NSString *strOfAccess = [self.tempData objectAtIndex
:kAlbumItemAccess];
23 :                     NSString *strOfLocation = [self.tempData objectAtInd
ex:kAlbumItemLocation];
24 :                     NSDate *dateOfAlbum = [self.tempData
objectAtIndex:kAlbumItemDate];
25 :                     albumEntry.title = [GDataTextConstruct
textConstructWithString: strOfTitle];
26 :                     albumEntry.summary =
[GDataTextConstruct textConstructWithString: strOfSummary];
27 :                     albumEntry.timestamp =
[GDataPhotoTimestamp timestampWithDate: dateOfAlbum];
28 :                     albumEntry.location = strOfLocation;
29 :                     albumEntry.access = strOfAccess;
30 :                     // 수정된 정보를 서버에 반영한다.
31 :                     [self.googlePhotoService fetchEntryByUpdatingEntry:a
lbumEntry
                            completionHandler:^(GDataServiceTicket *ticket,
                            GDataEntryBase *entry, NSError *error)
32 :                     {
33 :                         if(error == nil)
34 :                         {
35 :                             // 서버에 정보 갱신이 성공하면 내부의 코어데이터의 정보도 변경한다.
36 :                             self.album.title = strOfTitle;
37 :                             self.album.published = dateOfAlbum;
38 :                             self.album.summary = strOfSummary;
39 :                             self.album.location = strOfLocation;
40 :                             self.album.access = strOfAccess;
41 :                             // save info
42 :                             [self.album.managedObjectContext save:nil];
43 :                             [self.navigationController
popViewControllerAnimated:YES];
```

```
44 :                              [self.loadingView removeView];
45 :                          }
46 :                      }];
47 :                  }
48 :              }];
49 :          // update request
50 :      } else {
51 :          [self.navigationController popViewControllerAnimated:YES];
52 :      }
53 : }
```

서버에 변경된 값을 정상적으로 전달하였으면 내부 코어데이터에도 변경된 값을 반영한다(35~42라인).

## 7.10 사진 상세 보기 화면 개발

앨범 리스트 화면에서 썸네일만을 선택하면 원본 사진을 서버에서 가져와야 한다. 서버에서 가져온 사진은 핀치줌 기능을 이용해 자유롭게 확대, 축소할 수 있도록 구현한다. 이외에 사진 정보를 보여주거나 캡션을 추가하기 위해 사진 메타 정보를 수정하고 댓글을 달 수 있는 화면을 연결하는 기능도 갖춰야 한다.

### 화면 구성

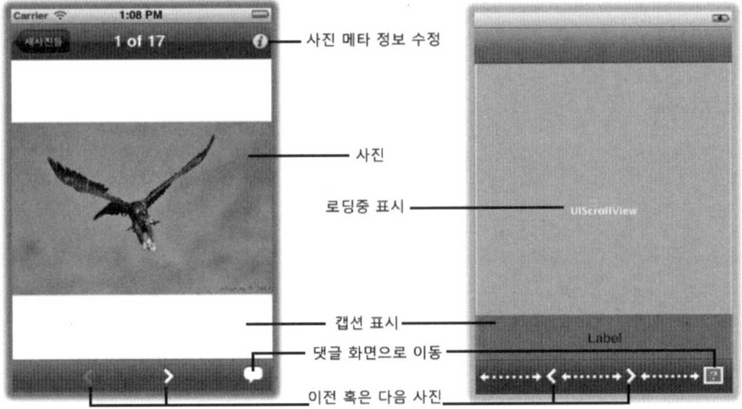


[그림 8-40] 사진 보기 화면 구성

그림 왼쪽은 프로그램이 실행될 때 화면이고, 오른쪽은 XIB로 설계한 화면이다. 실제 화면과 설계 화면이 다른 이유는 컨트롤 중 일부는 소스 코드로 구현했기 때문이다.

코드로 UI 기능을 구현할 경우에는 viewDidLoad 메소드에 사용하는 경우가 많다.



```
 1 : - (void)viewDidLoad
 2 : {
 3 :     [super viewDidLoad];
 4 :     // i(Info 버튼) 버튼을 넣기 위해서 UIButton 객체를 하나 만들고
 5 :     // UIBarButtonItem으로 감싸서 네비게이션 버튼에 추가한다.
 6 :     UIButton *buttonInfo = [UIButton buttonWithType:UIButtonTypeInfoL
ight];
 7 :     [buttonInfo addTarget:self action:@selector(clickShowDetail:)
 8 :          forControlEvents:UIControlEventTouchUpInside];
 9 :     UIBarButtonItem *customItem = [[[UIBarButtonItem alloc]
initWithCustomView:buttonInfo]autorelease];
10 :     // 네비게이션 버튼의 오른쪽에 추가한다.
11 :     self.navigationItem.rightBarButtonItem = customItem;
12 : }
```

화면에 사진 메타 정보를 출력하는 "i" 버튼을 넣어야 한다. 이 버튼을 곧바로 네비게이션 바에 추가할 수는 없다. 네비게이션 바는 UIBarButtonItem만을 추가할 수 있기 때문이다. 따라서, UIButton으로 생성한 i 버튼을 UIBarButtonItem으로 감싸서 네비게이션에 7~11라인처럼 구현한다. i 버튼을 선택하면 호출되는 핸들러는 clickShowDetail:이다. 이 메소드에서 PhotoDetailViewController를 생성하고 화면을 전환한다.

## 핀치 줌이 가능한 사진

핀치 줌이 가능한 이미지뷰를 만들려면 ImageView를 갖고 있는 ScrollView를 만들어야 한다. ImageScrollView가 그 역할을 하게 된다. ImageScrollView는 내부에 ImageView를 가지고 있어서 사진을 보여줄 수 있고 기본적으로 핀치 줌 기능을 내포하고 있기 때문에 핀치 줌 제스추어가 들어왔을 때 어떤 뷰를 확대/축소해야 하는지 선택할 수 있다.



```
 1 : - (UIView *)viewForZoomingInScrollView:(UIScrollView *)scrollView
 2 : {
 3 :     return imageView;
 4 : }
```

ImageScrollView와 관련된 자세한 내용은 만화 뷰어에 언급한 부분을 다루었다. 이 코드는 만화책 뷰어에서 사용한 것과 동일하다.

## 표시할 사진 가져오기

표시할 사진은 인터넷을 통해 받아와야 한다. 그렇지만 항상 인터넷을 통해 사진 정보를 가져올 경우에는 경우에 따라 사진을 얻어오는게 어렵거나 생각보다 긴 시간이 소요될 수 있는 부담이 있다. 이럴 경우, 한번 인터넷에서 받아온 사진을 로컬 캐쉬에 저장해 두었다가 다음번에 재활용하면 앱의 성능을 향상시킬 수 있다.



```
 1 : - (void)updateCurrentData
 2 : {
 3 :   < 생략 >
 4 :     // load image
 5 :     NSURL *photoURL = [NSURL URLWithString:self.currentPhoto.photo];
 6 :     if ([photoURL isFileURL]) {
 7 :         // 캐쉬에 있는 사진 데이터는 사진을 바로 표시한다.
 8 :     < 생략 >
 9 :     } else {
10 :         // 캐쉬에 없는 사진이면 인디케이션을 활성화시키고
11 :         // 사진을 가져온다.
12 :         // 사진을 다 가져오면 사진을 화면에 표시할 것이다.
13 :         [self.loadingIndicator startAnimating];
14 :         [self fetchPhoto];
15 :     }
16 :   < 생략 >
17 : }
18 :
19 : // 현재 사진을 서버로부터 조회한다.
20 : - (void) fetchPhoto
21 : {
22 :     // 조회할 Query를 만든다.
23 :     // 조회에 사용될 FeedURL은 self.currentPhoto.photo 변수에 있다.
24 :     GDataQueryGooglePhotos *query;
25 :     NSURL *photoURL = [NSURL URLWithString:self.currentPhoto.photo];
26 :     query = [GDataQueryGooglePhotos photoQueryWithFeedURL:photoURL];
27 :   < 생략 >
28 :     // 구글 서버에서 이미지를 가져온다.
29 :     // 완료되면 fetchEntryTicket:finishedWithEntry:error:가 호출됨
30 :     GDataServiceTicket *ticket;
31 :     ticket = [self.googlePhotoService fetchEntryWithURL:[query URL]
```

```
delegate:self didFinishSelector:@selector(fetchEntryTicket:finishedWithEntr
y:error:)];
32 : }
33 :
34 : - (void)fetchEntryTicket:(GDataServiceTicket *)ticket
           finishedWithEntry:(GDataEntryPhoto *)photoEntry error:(NSError *)
error
35 : {
36 :     if (error == nil) {
37 :        // 이미지를 제대로 가져왔다면 URL Entry의 mediaContents에 값을 찾을 수 있다.
38 :          NSArray *mediaContents = [[photoEntry mediaGroup]
mediaContents];
39 :          GDataMediaContent *imageContent = < 사진 URL 구함 >;
40 :          if (imageContent) {
41 :             // meida group의 이미지 URL을 구한다.
42 :             NSURL *downloadURL = [NSURL URLWithString:[imageContent
URLString]];
43 :             < 생략 >
44 :             GTMHTTPFetcher *fetcher = [GTMHTTPFetcher
fetcherWithRequest:request];
45 :             < 생략 >
46 :             // 다운로드를 시작한다. 완료가 되면 imageFetcher:finishedWithData:err
or: 이 호출된다.
47 :             [fetcher beginFetchWithDelegate:self
                          didFinishSelector:@selector(imageFetcher:finish
edWithData:error:)];
48 :          } else {
49 :          // no image content for this photo entry; this shouldn't
happen for  photos
50 :          }
51 :      } else {
52 :          NSLog(@"error raised");
53 :      }
54 : }
55 :
56 : // 구글 사진을 가져오면 호출되는 콜백 메소드
57 : - (void)imageFetcher:(GTMHTTPFetcher *)fetcher
           finishedWithData:(NSData *)data error:(NSError *)error
58 : {
59 :     if (error == nil) {
60 :        // 서버로 부터 받은 이미지 데이터를 사용해서 화면 이미지를 갱신한다.
61 :        UIImage *image = [[[UIImage alloc] initWithData:data]
autorelease];
62 :        [self.imageView displayImage:image];
```

```
63 :            // 이미지 데이터를 캐쉬에 저장한다.
64 :            // 여기서 저장한 정보를 다음번에 표시할때 사용될 것이다.
65 :            NSString *savedPath = [_repository writeData:data
asName:self.currentPhoto.photoid];
66 :
67 :            // photo URL을 캐쉬의 URL로 변경한다.
68 :            self.currentPhoto.photo = [[NSURL fileURLWithPath:savedPath]
absoluteString];
70 :            // 로딩 인디케이터 중지
71 :            [self.loadingIndicator stopAnimating];
72 :        } else {
73 :            // 서버로부터 데이터를 가져오지 못했다면 에러출력
74 :            // TODO 에러 발생시 에러를 나타내는 이미지를 표시하도록 해야 한다.
75 :            NSLog(@"imageFetcher:%@ error:%@", fetcher,  error);
76 :        }
77 : }
```

사진 상세 화면에서 표시할 사진 정보는 currentPhoto 프로퍼티에 들어있다. 이 객체에 사진 메타데이터 및 표시할 사진의 URL 등이 들어 있다.

updateCurrentData는 현재 표시해야 하는 URL의 사진을 표시한다. update CurrentData에 있는 사진 정보가 이미 캐쉬에 있는 것이라면 화면에 7~8라인에서 표시한다. 그렇지만 사진을 인터넷에서 받아야 한다면, 로딩 인디케이션을 화면 중앙에 표시하고 해당 사진 파일을 서버에서 받는다.

20라인에 선언된 fetchPhoto 메소드는 현재 사진 URL을 이용해 사진 상세 정보를 조회한다. 사진을 바로 찾을 수는 없다. 일단 사진정보를 조회하고 조회된 정보에서 사진 URL을 찾아서 이미지 요청을 지시한다. 사진 URL를 이용해 이미지를 요청할 때는 GTMHTTPFetcher를 사용한다. 이 메소드는 NSURLConnection처럼 주어진 URL로 값을 요청해 그 응답을 받는 기본 형태는 비슷하지만 구글 쿠키값을 사용하기 때문에 자료를 가져올 때 인증 문제를 해결할 수 있다. GTMHTTPFetcher는 비동기로 형태로 실행된다. 사진 정보를 모두 가져왔다면, 57라인의 imageFetcher:finish edWithData:error 메소드가 호출된다. 이 곳에서는 61라인에서 사진을 표시하고 캐쉬에 정보를 기록한다.

## 다음 혹은 이전 사진으로 이동

화면의 하단에 사진의 이동을 위해서 이전, 혹은 다음 사진으로 이동하는 버튼이 있다. 이 버튼을 이용해서 사용자는 사진을 이동할 수 있다. 사진의 이동을 버튼으로 하

지 않고 스와이프 제스츄어를 사용해도 되지만 스와이프을 사용하는 방식은 만화뷰어
예제에서 만들어 보았으므로 여기서는 버튼을 적용했다.

[소스 8-25] 다음 혹은 이전 사진으로 이동 – ImageViewController.m

```
 1 : - (IBAction) clickShowPrev:(id)sender
 2 : {
 3 :     NSInteger curIndex = [self.photos indexOfObject:self.currentPhoto];
 4 :     curIndex--;
 5 :     self.currentPhoto = [self.photos objectAtIndex:curIndex];
 6 :     [self updateCurrentData];
 7 : }
 8 : - (IBAction) clickShowNext:(id)sender
 9 : {
10 :     NSInteger curIndex = [self.photos indexOfObject:self.currentPhoto];
11 :     curIndex++;
12 :     self.currentPhoto = [self.photos objectAtIndex:curIndex];
13 :     [self updateCurrentData];
14 : }
15 :  - (void)updateCurrentData
16 : {
17 :     // 타이틀 정보를 갱신한다(ex. "1 of 17").
18 :     <생략>
19 :     // load image
20 :     <생략>
21 :     // 사진에 부연 설명(Summary)가 있으면 화면에 표시한다.
22 :     <생략>
23 :     // 현재 표시하는 사진 정보가 앨범의 사진 목록중에 어떤
24 :     // 위치에 있는지 찾는다(curIndex).
25 :     NSInteger curIndex = [self.photos indexOfObject:self.currentPhoto];
26 :     self.buttonPrev.enabled = YES;
27 :     self.buttonNext.enabled = YES;
28 :     // 앨범에서 첫번째 사진이면 이번 사진으로 가는
29 :     // 컨트롤을 비활성화 시킨다.
30 :     if (curIndex == 0) {
31 :         self.buttonPrev.enabled = NO;
32 :     }
33 :     // 현재 사진이 앨범의 마지막 사진이면 다음 사진으로 가는
34 :     // 컨트롤을 비활성화 시킨다.
35 :     if(curIndex >= self.photos.count - 1)
36 :     {
37 :         self.buttonNext.enabled = NO;
38 :     }
39 : }
```

1~7라인 메소드는 툴바 화살표 버튼 핸들러로 등록되어 있다. 핸들러 설정은 인터페이스 빌더를 이용한 UI 설계 시 설정한 것이다. 다음 혹은 이전 사진으로 이동하기 위해서는 currentPhoto 프러퍼티 값을 변경하고 updateCurrentData를 실행하면 된다. 만약, 다음 혹은 이전 사진이 없다면 updateCurrentData에서 버튼을 비활성화시켜 에러 발생을 미연에 방지한다.

### 댓글 보기 화면으로

댓글 화면은 화면을 로드하고 필요한 데이터를 설정한 후에 PresentModalViewController:animated:를 이용해 모달뷰로 전환한다. 필요한 데이터로는 댓글을 조회할 PhotoInfo 객체 및 코어데이터 컨텍스트와 구글에 댓글 정보를 요청할때 사용된 구글 서비스 객체가 있다.

[소스 8-26] 댓글 보기 화면으로 전환 – ImageViewController.m

```
 1 :  // 댓글 보기 화면으로 전환
 2 :  - (IBAction) clickShowComment:(id)sender
 3 :  {
 4 :      CommentViewController *viewController = [[CommentViewController
alloc] init];
 5 :      viewController.googlePhotoService = self.googlePhotoService;
 6 :      viewController.managedObjectContext = self.managedObjectContext;
 7 :      viewController.photo = self.currentPhoto;
 8 :
 9 :      UINavigationController *nav = [[UINavigationController alloc]
initWithRootViewController:viewController];
10 :
11 :      [self presentModalViewController:nav animated:YES];
12 :      [viewController release];
13 :  }
```

## 7.11 사진 상세 정보 화면 개발

사진 상세 정보 화면은 앨범 정보 화면과 크게 다르지 않다. 차이가 있다면 앨범 정보 화면이 하나의 섹션이라면 상세 정보 화면은 세개 섹션으로 나누어져 있다는 것이다. 첫번째 섹션은 캡션을, 두번째 섹션은 파일명, 세번째 섹션은 이미지 정보를 표시하는 섹션이다.

[그림 8- 41] 사진 상세 정보 화면

코드는 앨범 상세 정보를 처리하는 부분과 거의 유사하다. 차이점이 있다면 앨범 정보 조회시에 사진의 메타 정보도 같이 찾는 것이다. 따라서 앨범 정보를 조회한(8라인) 이후에 앨범정보에서 사진정보를 찾는다(12라인). 원하는 사진의 정보를 찾았다면 값을 갱신하고 서버에 변경 요청한다(15라인). 서버의 값을 변경하면 코어데이터의 값도 변경한다.



```
1 : // 사진의 메타정보를 구글 서버와 코어데이터에 반영하는 메소드
2 : - (void) onSave:(id)sender
3 : {
4 :     if( contextChanged )
5 :     {
6 :      < 생략 >
7 :        // 앨범 정보를 구글 서버에 요청함
8 :        [self.googlePhotoService fetchFeedWithURL:feedURL
                completionHandler:^(GDataServiceTicket *ticket,
                GDataFeedBase *feed, NSError *error)
9 :        {
10 :            if (error == nil) {
11 :                // 구글의 앨범 정보 중에서 특정 사진 정보를 찾는다.
12 :                GDataEntryPhoto *photoEntry = <현재 사진의 서버 정보를 feed
에서 찾는다.>;
13 :                // 사진 정보들의 값을 갱신시킨다.
14 :     < 생략 >
15 :                [self.googlePhotoService fetchEntryByUpdatingEntry:
photoEntry completionHandler:^(GDataServiceTicket *ticket, GDataEntryBase
*entry, NSError *error)
```

```
16 :                        {
17 :                            if(error == nil)
18 :                            {
19 :                                // 코어데이터에 반영
20 :                    < 생략 >
21 :                            }
22 :                        }];
23 :                    }
24 :                }];
25 :            // update request
26 :        } else {
27 :            [self.navigationController popViewControllerAnimated:YES];
28 :        }
29 : }
```

## 7.12 댓글 보기 화면 개발

사진에 댓글을 등록할 수 있다. 댓글 기능을 이용하면 사진에 대해 다른 사람들과 의
견을 공유할 수 있다. 댓글은 코어데이터에 별도로 저장해 두지 않고, 필요할 때마다
서버에서 받아오도록 처리하자. 댓글은 테이블뷰를 이용해서 표현하고 테이블뷰에 표
시할 데이터는 comments 프로퍼티를 이용해 처리할 것이다.

[소스 8-28] 구글 서버에서 댓글 정보 가져오기 – CommentViewController.m

```
1 : // 댓글을 조회한다.
2 : - (void) fetchComments
3 : {
4 :     // 댓글 조회를 위한 Query URL을 만든다.
5 :     GDataQueryGooglePhotos *query;
6 :     NSURL *feedURL = [GDataServiceGooglePhotos
                photoFeedURLForUserID:self.photo.album.account.userid
                albumID:self.photo.album.albumid
                albumName:nil  photoID:self.photo.photoid
                kind:@"comment"  access:nil];
7 :     query = [GDataQueryGooglePhotos photoQueryWithFeedURL:feedURL];
8 :     // 댓글을 조회한다.
9 :     // 댓글 조회가 완료되면 fetchEntryTicket:finishedWithEntry:error:가 호출된다.
10 :     GDataServiceTicket *ticket;
11 :     ticket = [self.googlePhotoService fetchEntryWithURL:[query URL]
            delegate:self didFinishSelector:@selector(fetchEntryTicket:fi
nishedWithEntry:error:)];
12 :     }
13 : // 댓글 조회가 완료되면 호출되는 메소드
14 : - (void)fetchEntryTicket:(GDataServiceTicket *)ticket
        finishedWithEntry:(GDataFeedPhoto *)photoEntry  error:(NSError *)error
15 : {
```

```
16 :        if (error == nil && [[photoEntry commentCount] intValue] > 0) {
17 :            // photoEntry의 댓글들을 self.comments에 기록한다.
18 :            NSInteger countOfComment = [[photoEntry commentCount] intValue];
19 :            NSMutableArray *commentStrings = [[NSMutableArray alloc]
                       initWithCapacity:countOfComment];
20 :            NSArray *comments = [photoEntry entries];
21 :            for (GDataEntryPhotoComment *comment in comments)
22 :            {
23 :                NSLog(@"comment = %@",[[comment content] stringValue]);
24 :                [commentStrings addObject:[[comment content] stringValue]];
25 :            }
26 :            self.comments = commentStrings;
27 :            // 테이블 갱신
28 :            [self.tableView reloadData];
29 :        } else {
30 :            NSLog(@"error raised");
31 :        }
32 :        // 데이터 갱신이 완료
33 :        // pull-to-reload 상태를 갱신한다.
34 :        [self dataSourceDidFinishLoadingNewData];
35 : }
```

구글 서버에 댓글 데이터 조회를 위해 Query URL를 사용해 서비스 객체를 요청하는 코드를 작성해야 한다. 콜백 메소드 fetchEntryTicket:finishedWithEntry:error:는 요청한 정보가 서버에서 내려올 때 자동으로 호출된다. 콜백 메소드에 전해진 entry 객체로부터 댓글 정보를 가져와(20라인) comments 프로퍼티에 설정한 후(26라인) 테이블을 갱신하면(28라인) 댓글이 화면에 출력된다. 지금까지 봐왔던 구글 라이브러리 API 사용과 동일하다.

## 7.13 댓글 추가 화면 개발

사진에 댓글을 추가하는 부분을 살펴보자.



```
1 : - (void)postToPhotoTicket:(GDataServiceTicket *)ticket
           finishedWithEntry:(GDataFeedPhoto *)photoEntry
           error:(NSError *)error
2 : {
3 :     if (self.delegate) {
4 :         [self.delegate addCommentViewControllerDidUpdated:self];
5 :     }
6 :     [self dismissModalViewControllerAnimated:YES];
7 :     [self.loadingView removeView];
```

```
 8 :     // enable buttons
 9 :     [self enableUserInteraction:YES];
10 : }
11 : - (void) clickDone:(id)sender
12 : {
13 :     self.loadingView = [LoadingView loadingViewInView:self.view];
14 :     self.loadingView.textLabel.text = @"Comment 올리기";
15 :     NSURL *query = [GDataServiceGooglePhotos
                 photoFeedURLForUserID:self.photo.album.account.userid
                 albumID:self.photo.album.albumid albumName:nil
                 photoID:self.photo.photoid  kind:@"comment"  access:nil];
16 :     GDataEntryPhotoComment *comment = [GDataEntryPhotoComment
             commentEntryWithString:self.textView.text];
17 :     GDataServiceTicket *ticket;
18 :     ticket = [self.googlePhotoService fetchEntryByInsertingEntry:comment
                 forFeedURL:query  delegate:self
                 didFinishSelector:@selector(postToPhotoTicket:finishedWit
hEntry:error:)];
19 :     // 버튼 비활성화
20 :     [self enableUserInteraction:NO];
21 : }
```

댓글 추가를 위한 QueryURL을 생성한다(15라인). 댓글은 textView를 이용해 사용
자로부터 입력받는다. 입력받은 문자열을 댓글 문자열 객체로 16라인에서 변환한다.
서버 fetchEntryByInsertEntry:forFeedURL:delegate:didFinishSelector: 메
소드를 호출해 서버에 댓글을 전달한다. 서버에 댓글이 올라가면 델리게이트가 호출
되며 댓글 보기 화면이 갱신된다(1~10라인).

## 마무리

지금까지 구글 웹 서비스 중 하나인 피카사 API를 이용해 피카사 앱을 작성해봤다.

일반적으로 웹 서비스를 이용하려면, 복잡한 XML 규칙을 만들고 XML 코드 생성 및 분석을 할 수 있는
모듈을 구현해야 했다. 그렇지만 대부분의 Open API 제공 업체, 특히 구글은 자사 웹 서비스를 쉽게
활용할 수 있도록 다양한 언어용 라이브러리를 제공하고 있다. 우리는 이 라이브러리를 이용해 피카사
앱의 앨범 정보, 사진 정보, 댓글 정보를 조회, 추가, 수정하는 기능을 구현해봤다. 피카사 앱을 통해 접
한 Open API 개발 방식을 다른 앱 개발에도 적용해보자.

# 애플의 디자인 철학

애플 제품의 가장 큰 특징은 혁신적인 디자인 철학이다. 이러한 애플의 디자인 철학은 조나단 아이브라는 걸출한 디자이너에서 출발했다고 알려져 있다. 조나단 아이브는 스티브 잡스가 천만금을 주고도 바꾸지 않을 사람이라고 극찬한 주인공이다. 애플 디자인에는 휴먼 인터페이스 철학이 담겨 있다고 칭송되고 있다. 다음은 애플의 주요 제품들이다.

하나 같이 미려한 곡선과 세라믹 느낌의 투명도 흰색을 바탕으로 편안한 느낌의 세련된 디자인이다. 마치 화장실에 세라믹 변기들의 편안한 느낌이랄까?

사실 조나단 아이브가 애플에 입사하기 전에는 욕조와 세면대를 디자인하는 디자이너였다고 한다. 조나단 아이브의 휴먼 인터페이스 출발은 화장실에서 출발한 것이 아닐까 하는 재미있는 상상을 해본다.

# 스마일 몽키(Smile Monkey)

이번 장에서는 아이폰에서 앵그리버드 스타일의 게임을 만드는 방법에 대해 살펴본다. 아이폰에서 게임을 만들기 위해서는 Cocos2d와 같은 게임 엔진을 사용해야 한다. 실제 아이폰에서 게임을 작성하기 위해서 어떤 준비 작업이 필요하고, 어떤 과정을 거쳐 게임을 작성하는지 살펴보자. 또한 앵그리버드처럼 물리 엔진이 적용된 게임을 작성하는 방법을 Box2D 라이브러리를 통해 알아보자.

- 앱 주소 : http://itunes.apple.com/us/app/ smilemonkey/id527428846?l=ko&ls=1&mt=8
- 앱 이름 : SmileMonkey

- 아이폰 게임 프로그램에 대한 이해

- Cocos2d 기반 게임 작성하기

- 물리 엔진을 적용한 게임 만들기

물리 엔진이 적용된 앵그리버드 스타일의 iOS용 게임을 만들어보자.

1. iOS 환경에서 게임 만드는 방법을 학습한다.

2. Cocos2d 라이브러리 사용 방법을 익힌다.

3. 물리 엔진에 대한 학습과 응용 방법을 살펴본다.

4. 스마일 몽키(Smile Monkey) 게임을 개발한다.

5. 게임 개발에 대한 다양한 정보를 알아보자.

## 1.1 게임을 만들려면

아이폰 사용자들이 전화 기능 이외에 가장 많이 사용하는 아이폰 기능은 무엇일까? 아이폰은 단순한 전화기가 아니라 초소형 컴퓨터이자 엔터테인먼트를 지원하는 멀티미디어 기기이다. 아이폰의 특징은 언제 어디서나 인터넷 혹은 메신저를 통해 네트워크에 연결할 수 있으며, 강력한 그래픽 기능을 갖춘 만능 게임기라는 점이다. 특히, 아이폰이나 아이팟을 처음 접한 사용자들은 간단하면서도 직관적인 게임 앵그리버드에 매료된다.

앵그리버드(Angry Birds)는 로비오 모바일(Rovio)에서 개발되었다. 2009년 12월에 처음 출시된 앵그리버드는 터치 스크린에 기반한 아케이드 게임으로 아이폰에서 선풍적인 인기를 끌었다. 지금까지 앵그리버드는 애플 앱스토어에서 가장 많이 다운로드된 앱 중에 하나이며, 현재는 안드로이드폰, 윈도우 운영체제, 웹 브라우저 등의 다양한 플랫폼에 이식되어 그 인기를 이어가고 있다.

앵그리버드의 인기에서 알 수 있듯이, 애플 앱스토어에서 가장 인기있는 컨텐츠 중에 하나가 바로 게임이다. 아이폰은 강력한 그래픽과 빠른 수치 연산기능 그리고 다양한 센서를 갖춘 휴대용 게임 플랫폼이다. 그렇다면, 이러한 강력한 게임 플랫폼인 아이폰에서 게임을 만들어 앱스토어에 유통시키려면 어떤 준비가 필요한 걸까? 게임을 만들려면 어디부터 시작해야 할까? 자! 지금부터 그 의문점들을 하나씩 풀어나가 보자.

우선 게임을 만들기 위해서 필요한 것이 무엇인지 알아보자. 게임은 그래픽과 오디오 그리고 아이폰의 특징인 센서 인식 기능이 결합되어 만들어진다. iOS는 이와 관련된 다양한 개발 라이브러리를 제공한다. 대표적인 그래픽 라이브러리로 iOS의 쿼츠(Quartz)가 있다. 쿼츠는 맥 OS X에 사용되는 그래픽 기반 기술로 코어 그래픽스(Core Graphics), OpenGL ES, 쿼츠 코어(Quartz Core)로 구성되어 있다.

▥ **코어 그래픽스** : 2차원 그래픽 라이브러리로 선, 원, 사각형 등의 기본 도형 및 베지어 곡선, 다각형, 다양한 2차원 그래픽 기능을 제공한다. iOS에서 가장 기본이 되는 그래픽 모듈이다.

▥ **OpenGL ES** : 2차원 및 3차원 그래픽 이미지를 정의한 컴퓨터 산업 표준 API로 실리콘 그래픽스에서 처음 시작되었으며, 이후 DEC, 인텔, IBM, 마이크로소프트 등의 다양한 업체에서 지원을

하기 시작했다. OpenGL은 하드웨어 가속 기능을 이용해 화려한 그래픽 효과를 제공하는 기술로, 임베디드 디바이스에서는 OpenGL의 축소 버전인 OpenGL ES를 제공한다. 아이폰 초기 모델부터 OpenGL ES 1.1을 제공했으며, 아이폰 3Gs부터 OpenGL ES 2.0을 지원한다. 아이폰/아이팟/아이패드에 탑재된 OpenGL ES은 아이폰 게임의 핵심 그래픽 기술이다.

- **쿼츠 코어** : 코어 애니메이션(Core Animation)이 제공되며, 아이폰의 역동적인 UI 기술을 제공하는 기반 기술이다. 레이어(Layer) 기반 API로 그래픽 가속 기능을 사용해 가볍고 빠르다.

오디오 기능은 코어 오디오(Core Audio) 프레임워크를 사용한다. 코어 오디오는 오디오 툴박스, 오디오 유닛, AV 파운데이션, OpenAL이 있다.

- **오디오 툴박스(Audio Toolbox)** : 오디오 재생과 녹음을 제공하는 저수준 C API이다. 오디오에 대한 상세한 제어가 가능하지만 C 언어 형태로 제공되며, 사용이 불편해 주로 상위 레벨의 AV 파운데이션이 사용된다.

- **오디오 유닛(Audio Unit)** : 애플에서 개발한 오디오 플러그인 기술 및 표준 규격이다. 오디오 유닛은 실시간에 가까운 오디오 스트림을 만들거나 가공할 수 있는 기능을 제공한다.

- **AV 파운데이션(AV Foundation)** : 오디오 툴박스의 저수준 C API 사용을 보다 쉽고 직관적으로 처리하기 위해 아이폰 SDK 2.2 버전부터 추가된 고수준 오브젝티브 C API이다. 오디오 재생 및 녹음에 대한 다양한 기능을 제공한다.

- **OpenAL(Open Audio Library)** : 오디오 기술의 명가 크리에이티브(Creative)사에서 만들어 공개한 3차원 오디오 기술이다. OpenGL이 그래픽 표준 기술이라면 OpenAL은 오디오 표준 기술이다. 다중 채널을 지닌 3차원 오디오를 효율적으로 구현하기 위해 만들어졌다.

게임을 만들기 위해서는 앞서 소개한 그래픽과 오디오 라이브러리 이외에 오브젝티브 C, 알고리즘, 자료구조 등에 대한 선행 학습이 필요하다. 게임은 컴퓨터 프로그램에서 가장 어려운 부분 중 하나로 코딩 능력과 다양한 사전 지식이 요구되는 복합 개발 영역이다.

만약, 테트리스와 같은 게임을 만들고 싶다면 어떻게 해야 할까? 우선 테트리스 게임 규칙을 정의해야 한다. 테트리스 게임에 사용되는 블록을 정의하고, 각 블록이 바닥에 닿았을 때 어떤 규칙에 의해 없어지는지에 대한 정의가 필요하다. 이러한 규칙이 만들어졌다면, 규칙을 구현할 방법을 찾아야 한다. 우선, 화면에 그림을 표시해야 하므로 그래픽 API를 사용해야 한다. 아이폰 환경에서 구현해야 하므로 언어는 오브젝티브 C를 선택해야 할 것이며, 2D 화면에 구현한다면 코어 그래픽을 사용하면 될 것이다. 게임에 배경 음악을 넣고자 한다면 오디오 툴박스를 사용해 테트리스 배경 음악을 구현하면 된다. 만약, 화면 터치나 이벤트 발생시에 효과음을 내고 싶다면 오디오 툴박스를 이용하면 된다.

만약, 앵그리버드 같은 게임을 만들고 싶다면 어떻게 해야 할까? 테트리스와 마찬가지로 다음 순서로 개발을 진행하면 된다.

① 게임 규칙을 정의한다. → 터치 기반의 액션 게임이다.

② 게임 시나리오를 정의한다. → 앵그리버드 이야기를 만든다.

③ 그래픽 구현 방법을 찾는다. → 중력이 작용하는 실세계처럼 그래픽을 구현한다.

④ 배경 음악을 구현한다.

그런데, 여기서 문제가 발생한다. 앵그리버드 스타일 게임의 가장 큰 특징은 중력 법칙이 적용되어, 마치 실세계처럼 움직이는 것이다. 이런 게임을 iOS가 제공하는 그래픽 API로 처리할 수 있을까? 물론 iOS가 제공하는 OpenGL, 쿼츠 코어를 사용하면 이러한 기능을 충분히 구현할 수 있다. 그렇지만 OpenGL이나 쿼츠 코어를 이해하고 이를 바탕으로 물리 법칙이 적용된 게임을 만드는 작업은 결코 쉬운 일이 아니다. 우리가 원하는 것은 앵그리버드 스타일의 자연스러운 그래픽 처리인데 그것을 실제로 구현하는 것은 쉬운 일이 아니다. 게임에서 가장 중요한 게임 시나리오에 좀 더 집중할 수는 없을까? 중력이나 3차원 효과를 구현하기 위해 복잡한 그래픽 원리나 수학 공식이 가득한 책을 공부해야 할까? 앱스토어에 등록된 수많은 앵그리버드 스타일 게임을 개발한 개발자들은 모두 그래픽 구현을 위해 OpenGL이나 수많은 수학 공식과 씨름을 한 것일까?

사실, 앵그리버드 스타일 게임은 그래픽 처리를 상당히 쉽고 효율적인 방법을 사용해 처리하고 있다. 앵그리버드 이야기 속의 중력 세계는 게임 엔진(Game Engine)을 통해 쉽게 구현되어 있다. 게임 엔진은 컴퓨터 게임 개발에 바탕이 되는 기술을 제공하는 도구로 게임 개발 과정을 단축시켜주고 게임을 다양한 플랫폼에서 실행할 수 있도록 도와주는 기술이다. 게임 엔진을 사용하면 2차원 그래픽이나 3차원 그래픽을 처리하기 위한 렌더링, 물리 엔진, 충돌 검출과 충돌 반응, 애니메이션, 인공지능, 네트워크, 스레딩 처리 등의 다양한 기능을 사용할 수 있다.

## 1.2  게임 엔진 살펴보기

앵그리버드와 유사한 게임을 아이폰용으로 만들었다. 만약, 이 게임을 안드로이드폰이나 윈도우폰에서도 작동하도록 만들고 싶다면 어떻게 해야 할까? 만약, 아이폰에서 iOS가 제공하는 기본 그래픽 API를 사용해 소스 코드를 개발했다면 이 코드를 안드로이드폰이나 윈도우폰 개발에 재사용할 수 있을까? iOS와 안드로이드, 윈도우 플랫폼은 서로 다르므로 이 코드는 재사용이 불가능할 것이다. 게임 엔진은 화려한 그래픽을 갖는 게임을 빠르고 쉽게 만들 수 있으며, 다양한 플랫폼에 쉽게 이식(포팅)할 수 있는 장점을 제공한다. 그렇다면 앵그리버드는 어떤 게임 엔진을 사용했을까? 앵그리버드가 사용한 게임 엔진은 오픈 소스인 Cocos2d와 Box2D 게임 엔진이다.

우선, 게임 엔진에 대해 조금 더 자세히 알아보자.

#### IIIII 게임 엔진의 주요한 기능

- 렌더링 엔진 : 2D나 3D 그래픽을 처리

- 플랫폼 추상화 : 다양한 플랫폼에서 소스 코드 수정을 최소화해 다양한 플랫폼에서 이식할 수 있도록 지원

- 물리 엔진 : 실제 세계의 물리 작용을 컴퓨터에 구현하는 기술

#### IIIII 주요한 게임 엔진들

- 언리얼 엔진 : 에픽 게임즈가 개발한 3차원 게임 엔진으로 언리얼에 처음 사용된 물리 엔진이며, 현재는 수십 개의 컴퓨터, 비디오 게임에 사용되고 있다.

- 게임브리오 : 문명4, 다크 에이지 오브 카멜롯 등의 게임 개발에 사용되었으며 C++ 기반의 크로스 플랫폼 게임 엔진이다. 컴퓨터 이외에 플레이스테이션 2/3, Xbox 360 등에 플랫폼 추상화를 지원한다.

- 이드 테크 : 이드 소프트웨어가 개발했으며, 둠 3 개발에 사용되었다.

- 유니티 : 유니트 테크놀로지가 개발한 유명한 게임 엔진으로 비디오 게임이나 건축 시각화, 실시간 3D 애니메이션 처리에 사용된다.

- 하복 : 하복사가 개발했으며, 스타크래프트2, 풀아웃3 등 화려한 3차원 화면을 갖춘 게임 개발에 사용된다. 하복 피직스(Havoc Physics), 하복 컴플리트(Havoc Complete), 하복 스펙트럼(Havoc Spectrum) 등이 있다.

만약, 스타크래프트2와 같은 게임을 만들고 싶다면, 게임 시나리오를 만들고, 이를 실제로 구현할 게임 엔진(스타크래프트2는 하복)을 도입한다. 이후 화면 디자인(포토샵, 맥스3D, CAD 등의 작업)을 만들고, 게임 인터페이스, 게임 음악을 접목해 프로그램을 작성한다. 즉, 단순 게임 개발이 아닌 상용화 수준 게임을 개발하는 일반적인 방법은 성능이 우수한 게임 엔진을 기반으로 디자인과 게임 시나리오를 적용해 게임 개발을 진행한다.

아이폰에서 앵그리버드 스타일의 게임을 만들 때 사용하기 적당한 게임 엔진으로 Cocos2d가 있다. Cocos2d는 2D 게임을 손쉽게 개발하기 위해 만들어진 라이브러리로 아이폰 및 안드로이드폰, 윈도우폰 등 다양한 플랫폼을 지원한다.

Cocos2d는 MIT 기반의 무료 라이센스를 갖는 라이브러리로 여러 그룹에서 다양한 형태로 개발이 진행되고 있다.

- ⅢⅢ **아이폰** : http://www.cocos2d-iphone.org
- ⅢⅢ **안드로이드폰** : http://code.google.com/p/cocos2d-android
- ⅢⅢ **멀티플랫폼** : http://www.cocos2d-x.org

Cocos2d를 이용한 게임 목록은 다음 주소를 참고하자.

- ⅢⅢ http://code.google.com/p/cocos2d-iphone/wiki/GamesUsingCocos2d

Cocos2d를 사용해서 얻을 수 있는 장점은 다음과 같다.

① OpenGL ES에 최적화되어 있어 그래픽 가속 기능을 쉽게 사용할 수 있다.

② 오픈 소스이므로 라이센스에 대한 문제에서 자유롭다.

③ 소스 코드의 큰 변경 없이 다양한 플랫폼으로 포팅 작업이 가능하다.

④ API가 비교적 간결하고 API 사용에 관련된 자료를 구하기 쉽다.

Cocos2d는 아래와 같은 기능을 제공한다.

① Scene : 화면을 하나의 scene으로 관리한다. 메뉴, 게임 화면, 점수 화면 등이 각각 하나의 scene으로 처리된다. 마치 영화의 한 장면(scene)처럼 게임 화면을 관리할 수 있다.  하나의 scene에서 다른 scene으로 아주 쉽게 변환할 수 있다.

② Scene Transition : 비디오 편집 시에 화면 하나하나를 다루는 것처럼 scene과 scene 사이의 전환을 손쉽게 관리할 수 있다.

③ Menu : Cocos2d의 Menu 클래스를 이용하면 게임에서 사용하는 메뉴를 손쉽게 구현할 수 있다.

④ Text Rendering : 레이블(Label)을 사용해 여러 가지 폰트로 글자를 표시할 수 있다. 비트맵 폰트를 지원해 다양한 모양의 글꼴을 화면에 출력할 수 있다.

⑤ Sprite : 게임 속에 캐릭터를 스프라이트(sprite) 개념을 사용해 쉽게 구현할 수 있다. 하나의 이미지로 하나의 sprite를 만들 수도 있고, 한 이미지 파일에 여러 개의 이미지를 넣고 sprite를 만들 수도 있다. 하나의 파일에 여러 개의 이미지를 넣은 것은 스프라이트 시트(sprite sheet)로 쉽게 관리할 수 있다.

⑥ Action : 스프라이트를 특정 위치로 이동, 크기 조절, 회전 등의 다양한 액션을 처리할 때 사용한다.

⑦ Timer :  iOS가 제공하는 NSTimer 보다 정교한 기능을 제공하는 타이머를 제공한다.

⑧ Particle System : 폭탄 터지는 효과, 비 내리는 장면, 미사일 궤적 등의 효과를 연출할 수 있다.

⑨ Sound : 코코스덴션(CocosDenshion) 클래스를 사용해 효과음과 배경음을 쉽게 제어할 수 있다.

⑩ Physics Engine : 실세계에 가까운 사물의 움직임과 충돌 등을 구현할 수 있는 물리 엔진을 제

공한다. Cocos2d는 Chipmunk와 Box2D 두 개의 물리 엔진을 제공한다. Chipmunk는 C 기반, Box2D는 C++ 기반이다.

## 1.3 스마일 몽키(Smile Monkey) 살펴보기

앵그리버드는 알을 훔쳐간 나쁜 돼지들을 물리치는 스토리라인을 중심으로 블록을 깨는 단순한 인터페이스를 갖는다. 이때, 블록들은 마치 현실 세계의 중력이 작용하는 것처럼 자연스럽게 움직인다.

[그림 9-1] 앵그리버드 초기 화면

새총에서 새들이 발사되며, 각각의 새들은 나름의 특징을 갖고 목표물을 향해 날아간다. 다양한 블록 안에 있는 돼지들을 파괴하기 위해서는 새총에서 새를 발사할 때, 방향과 힘 조절을 잘해야 한다.

[그림 9-2] 앵그리버드 게임 화면

앵그리버드와 마찬가지로 우리가 만들어 볼 스마일 몽키는 사막, 바다, 정글에서 다양한 물건을 던지며 적(호랑이, 앵무새, 다람쥐, 전갈, 풍뎅이, 조개, 새우, 상어)을 물리치는 단순한 내용을 갖고 있다.

[그림 9-3] 스마일 몽키 게임 화면 – 정글

[그림 9-4] 스마일 몽키 게임 화면 – 바다

스마일 몽키는 사막, 바다, 정글 3개의 레벨을 갖고 있다. 각 레벨에서 배경음과 효과음이 지원된다. 게임 방식은 주워진 총알(바나나, 파인애플, 가방, 모자, 물병)을 탱크를 타고 던지는 방식으로 진행된다. 각 레벨에 있는 적을 모두 없애면 다음 레벨로 이동한다. 탱크에서 총알이 달린 포신을 잡아당겼다 놓으면, 총알이 포물선 형태로 날아가 적이 있는 곳에 부딪치며 정확히 적을 맞추면 폭발하게 된다.

## 02 Cocos2d 살펴보기

### 2.1 Cocos2d 구성

스마일 몽키 게임을 본격적으로 작성하기에 앞서 게임 제작의 핵심인 Cocos2d에 대해 자세히 알아보자. Cocos2d는 OpenGL ES 1.1을 바탕으로 만들어진 2D 그래픽용 프레임워크이다.

iOS의 UIView의 하위 클래스인 이글뷰(EAGLView) 위에서 OpenGL ES를 사용해 2D 그래픽을 만들어 낸다.

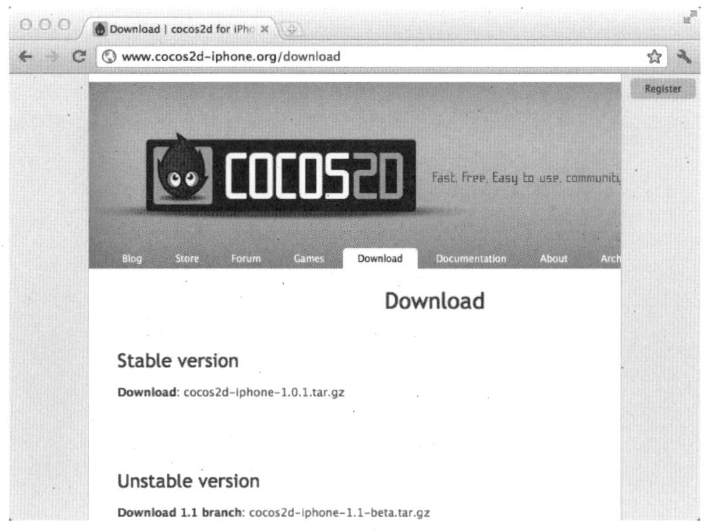

[그림 9-5] Cocos2d 홈페이지

Cocos2d는 원래 파이썬(Python)용으로 만들어진 게임 라이브러리로 http://cocos2d.org/에서 배포하기 시작했다. 이후 iOS와 안드로이드로 이식되며, 스마트폰용 무료 게임 프레임워크로 널리 사용되기 시작했다. 특히, Ricardo Quesada에 의해 만들어지기 시작한 오브젝티브 C 버전용 Cocos2d Box2D와 Chipmunk 물리 엔진을 포함하고 있으며, www.cocos2d-iphone.org에서 공식적으로 배포된다.

지금부터 Cocos2d 프레임워크를 설치하고 간단한 샘플 프로그램을 작성해 보자. 먼저 www.cocos2d-iphone.org/download에 접속해 Cocos2d를 다운받아 압축을 풀면 다음과 같은 디렉터리 구조를 볼 수 있다.

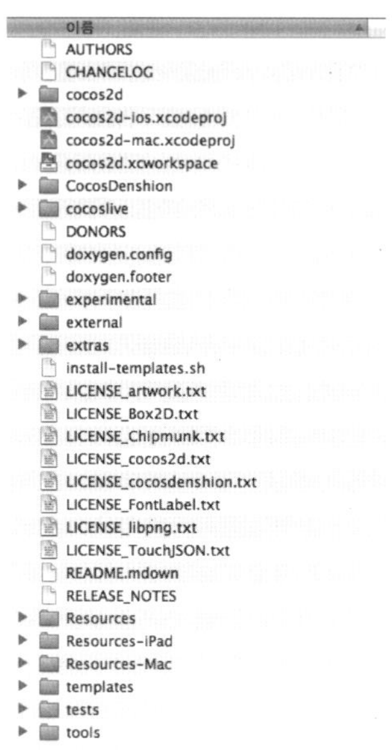

[그림 9-6] Cocos2d 소스 코드

Xcode에서 사용하기 위해 Cocos2d를 다음 절차에 따라 설치해 보자.

① Applications/Utilities 디렉터리에 있는 Terminal 애플리케이션을 실행한다.

② 터미널 안에서 Cocos2d를 다운받은 곳으로 이동해 압축을 푼다.

    A. cd 〈파일 다운로드 경로〉

    B. tar xzvf Cocos2d-iphone-1.0.1.tar.gz

    C. cd 〈파일 다운로드 경로〉/Cocos2d-iphone-1.0.1

③ 설치 스크립트를 실행한다.

```
sudo ./install-templates.sh
cjkui-iMac:Cocos2d-iphone-1.0.1 cjk$ sudo ./install-templates.sh
Cocos2d-iphone template installer

Installing Xcode 4 Cocos2d iOS template
----------------------------------------------------
templates already installed. To force a re-install use the '-f'
parameter
cjkui-iMac:Cocos2d-iphone-1.0.1 cjk$ sudo ./install-templates.sh -f
Cocos2d-iphone template installer
... < 생략 > ...
```

Xcode 4일 경우, 다음 경로에 템플릿이 만들어진다.

```
/Users/[로그인 계정]/Library/Developer/Xcode/Templates
/File Templates/Cocos2d/
```

Xcode 3일 경우, 다음 경로에 템플릿이 만들어진다.

```
/Library/Application Support/Developer/Shared/Xcode/Project
 Templates/Cocos2d 1.0.1/
Cocos2d Application/
```

만약, 새로운 버전이 출시되어 이전 버전의 Cocos2d 템플릿을 제거하려면, 이전 버전이 설치된 디렉터리를 삭제하면 된다.

## 2.2 Hello World 프로젝트 살펴보기

방금 전에 설치한 Cocos2d를 사용해보자. Xcode를 실행하고 [File]–[New]–[New Project…]를 선택하자. 아래 화면에서 Cocos2d 아이콘을 선택하고 "Next" 버튼을 클릭하자.

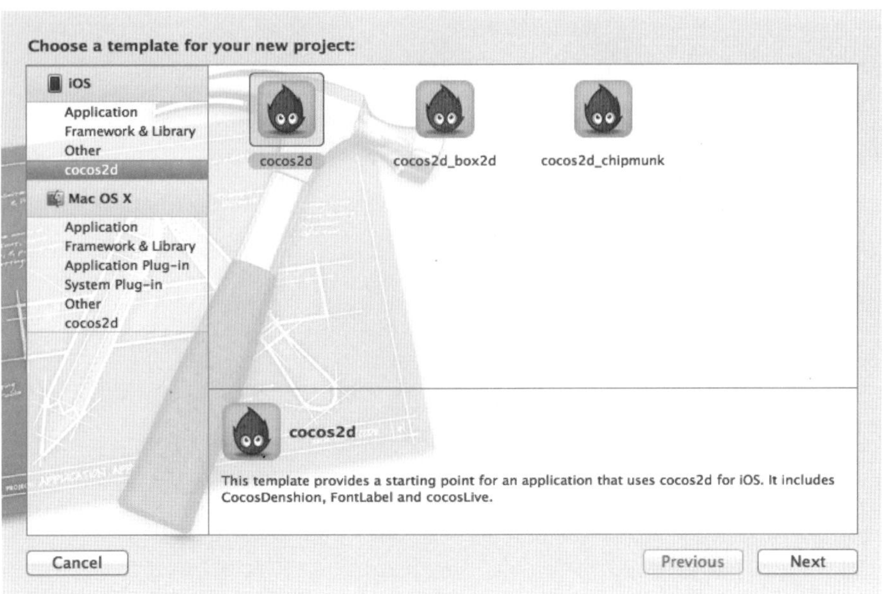


[그림 9-7] Cocos2d 템플릿 화면

Product Name에 Helloworld를 입력한 후 "Next" 버튼을 선택하자. 프로젝트가 만들어지면 [그림 9-8]과 같은 화면이 출력된다. Helloworld 프로젝트는 Resources, libs, Supporting Files 디렉터리로 구성되어 있다.

[그림 9-8] Cocos2d 기본 템플릿으로 생성한 프로젝트

Xcode 좌측 상단의 프로젝트를 "Helloworld 〉 iPhone 5.0 Simulator"로 선택하고
Command + R 을 눌러 프로그램을 실행해 보자. 화면에 "Hello World"가 출력되는 모
습을 확인할 수 있다.

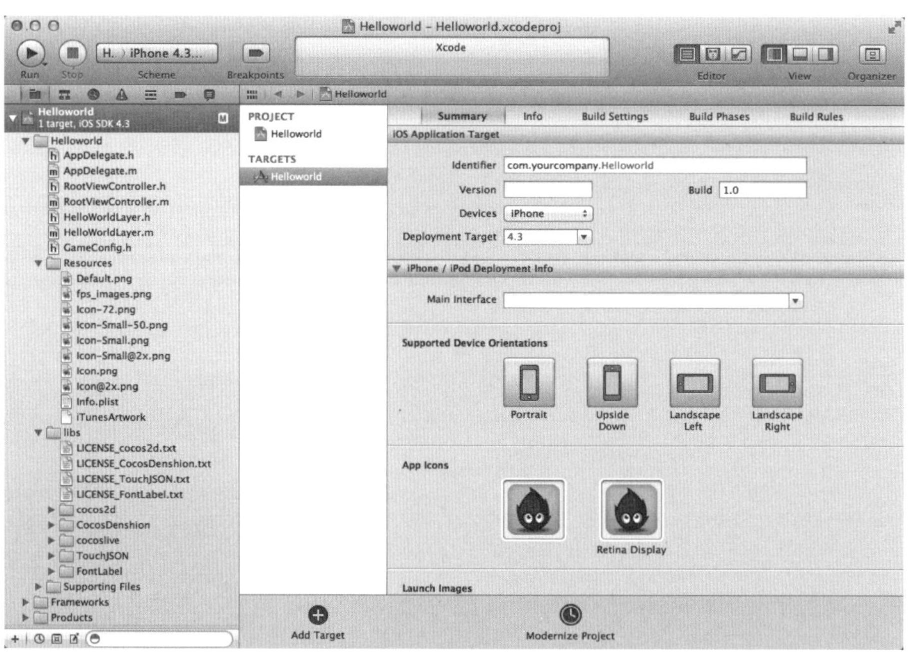

[그림 9-9] 프로그램 실행 모습

화면에 "Hello World"가 출력되는데 사용된 소스는 다음 형태로 구성되어 있다.

[그림 9-10] Cocos2d 프로젝트 파일 목록

Resources\Supporting Files 디렉터리 아래 main.m 파일이 Cocos2d의 시작 부분이다. main.m은 AppDelegate 인터페이스를 호출한다. AppDelegate는 AppDelegate.h에 정의되어 있는데, UIWindows와 RootViewController를 내부 멤버로 갖고 있다.

AppDelegate.m의 − (void) applicationDidFinishLaunching:(UIApplication*) application 메소드는 UIWindows *window에 EAGLView를 추가해 OpenGL ES로 화면에 Cocos2d를 출력하도록 설정되어 있다. 이 메소드의 마지막 부분에서 HelloWorldLayer 화면을 호출한다.

```
[[CCDirector sharedDirector] runWithScene: [HelloWorldLayer scene]];
```

HelloWorldLayer는 CCLayer를 상속 받았으며, 다음처럼 정의되어 있다.

```
1:   // HelloWorldLayer.h 파일에 정의된 HelloWorldLayer
2:   #import "Cocos2d.h"
3:   @interface HelloWorldLayer : CCLayer
4: {
5: }
6: // returns a CCScene that contains the HelloWorldLayer as the
only child
7: +(CCScene *) scene;
8: @end
```

HelloWorldLayer.m 파일에는 scene, init, dealloc 메소드가 정의되어 있다. init는 CCLayer를 상속받은 클래스에서 가장 먼저 호출되는 메소드로 "Hello World" 문자열로 만들어진 Label을 화면 중앙에 만들고 scene 메소드에서 화면에 출력한다. Cocos2d 라이브러리의 클래스는 모두 CCxxx 형태의 이름으로 시작된다.

Cocos2d 템플릿이 만들어준 HelloWorld 예제를 다시 정리하면 main.m →
AppDelegate → HelloWorldLayer 순서로 각각의 클래스가 호출되어 작동한다.

Cocos2d는 다음 구조에 따라 화면을 만들어 사용한다.

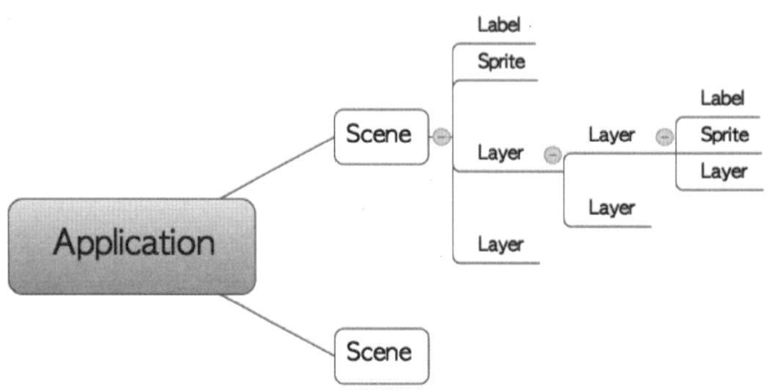

[그림 9-11] Cocos2d 화면 구성

하나의 앱(Application)은 여러 개의 화면(Scene)을 갖는다. 게임은 보통 소개
(intro), 게임 메뉴 선택, 레벨1~레벨N, 성공/실패 화면, 게임 점수 등의 다양한 화면
을 갖는다. Cocos2d에서는 이런 하나 하나의 화면을 Scene으로 표현한다. 각각의 화
면은 Director를 이용해 전환되며, 이때 다양한 효과를 줄 수 있다.

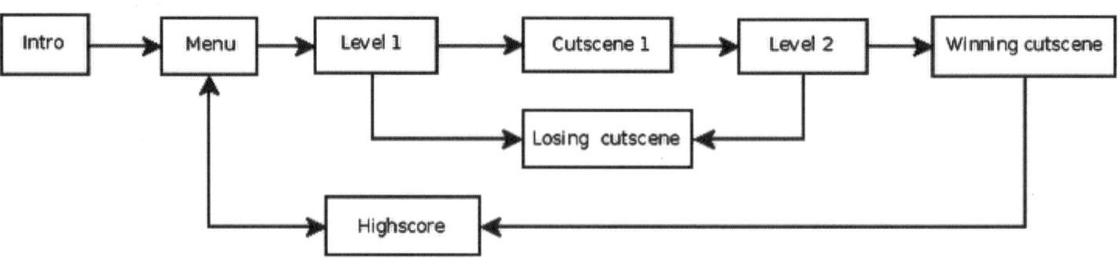

[그림 9-12] Cocos2d 화면 흐름 구성 예

하나의 화면(Scene)은 Label, Sprite, Layer 등의 다양한 하위 구성 요소로 만들어
진다. Label은 화면에 문자열을 출력할 때 사용하며, Sprite는 특정 이미지의 이동,
회전, 크기 조정, 애니메이션을 처리할 때 사용한다. Layer는 한 화면에 출력되는 다
양한 클래스를 묶어 관리하는 단위이다. 예를 들어, 다음과 같은 게임 화면에서 배경
(Background), 캐릭터(Animation), 메뉴(Menu)가 각각 별도의 Layer이다.

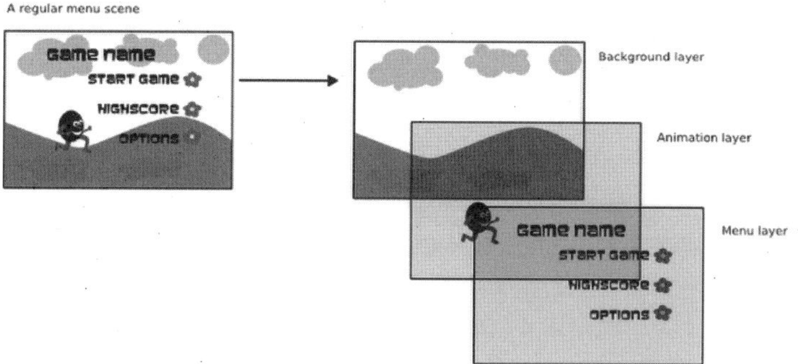


[그림 9-13] Layer 화면 구성

Scene은 CCScene, Director는 CCDirector, Layer는 CCLayer, Sprite는
CCSprite 클래스로 구현된다. 즉, 게임을 만들 때 기본 뼈대는 CCScene으로 각각의
화면을 만들고, 각 화면에서는 CCLayer로 화면을 구성하는 것이다. 자세한 내용은
다음 URL을 참고하자.

│││ http://www.cocos2d-iphone.org/wiki/doku.php/prog_guide:index

│││ http://www.cocos2d-iphone.org/wiki/doku.php/ko:prog_guide:index (한글 Wiki)

## 2.3 Scene 다루기

앞서 만든 Helloworld 예제를 바탕으로 Scene을 다루는 샘플을 간단하게 작성해
보자. Xcode에서 [File]-[New]-[New File…] 메뉴를 선택해 SampleScene.h,
SampleScene.h SampleLayer.h, SampleLayer.m, GameManager.h,
GameManager.m 파일을 프로젝트에 추가하자. 또한 화면에 [그림 9-14]처럼 원숭
이 그림과 바다 배경 그림을 출력하기 위해 monkey7.png 파일과 ocean.jpg 파일도
Resources에 추가하자.

[그림 9-14] Scene 다루기

[그림 9-14] 같은 화면을 만들기 위해서 CCLayer를 상속받은 SampleLayer를 작성해보자. SampleLayer.h 파일은 cocos2d.h 파일과 게임 화면을 총괄할 GameManager.h를 추가해주자.



```
 1 : #import "SampleLayer.h"
 2 : @implementation SampleLayer
 3 : -(id) init
 4 : {
 5 :     if( (self=[super init])) {
 6 :         // 터치 사용이 가능하도록 설정
 7 :  self.isTouchEnabled = YES;
 8 :         CGSize screenSize = [CCDirector sharedDirector].winSize;
 9 :         // 배경 화면 설정
10 :         CCSprite *sprite = [CCSprite spriteWithFile:@"ocean.jpg"];
11 :         sprite.anchorPoint = CGPointZero;
12 :         [self addChild:sprite z:-1];
13 :         // 문자열 출력
14 :         CCLabelTTF *label = [CCLabelTTF labelWithString:@"Thank
you! Sample Layer." fontName:@"Marker Felt" fontSize:40];
15 : [label setColor:ccc3(255,0,100)];
16 : label.position = ccp(screenSize.width/2, screenSize.height-50);
17 : [self addChild:label z:0];
18 :         // 원숭이 이미지 출력
19 : CCSprite *monkeyImage = [CCSprite spriteWithFile:@"monkey7.
png"];
20 : [monkeyImage setPosition:ccp(screenSize.width/2, screenSize.
height/2-20)];
21 : [self addChild:monkeyImage];
22 :     }
23 :     return self;
24 : }
25 :
26 :- (void)ccTouchesBegan:(NSSet *)touches withEvent:(UIEvent *)
event
27 : {
28 :     exit(0);   // 프로그램 종료
29 : }
30 : @end
```

7라인에서 화면 터치를 처리하기 위해 isTouchEnabled 값을 YES로 설정한다. 이 값이 YES로 설정된 상태에서 화면을 터치하면 26~29라인이 실행된다. 화면 터치 이

벤트에 대해서는 잠시 후에 자세히 살펴보자.

화면에 배경 이미지를 설정하려면 10라인처럼 CCSprite를 이용해 화면에 이미지를 추가하면 된다. addChild에 이미지 파일을 설정하고, z값을 −1로 설정하면 배경 이미지로 설정된다. z값이 크면 화면 위쪽에 표시되며, z값이 작아지면 화면 아래쪽에 깔리게 된다. 문자열은 CCLabelTTF를 이용해 14~17라인처럼 설정하면 된다. 문자열 바로 아래에 원숭이 이미지를 19~21라인처럼 설정하면 [그림 9-14]와 같은 화면 구성이 완료된다.

게임을 작성하려면 여러 Scene을 효율적으로 제어할 필요가 있다. 화면을 제어할 GameManger 클래스를 작성해보자. 이 클래스는 클래스 변수인 myGameManager를 이용해 프로그램 어느 위치에서건 화면을 제어할 GameManager를 제어할 수 있도록 작성한다. 실제 이 코드는 스마일 몽키에서 가장 중심이 되는 부분이다.



```
1 : #import "GameManager.h"
2 : #import "SampleScene.h"
3 : @implementation GameManager
4 : static GameManager* _myGameManager = nil;
5 : // Singletons 처리
6 : +(GameManager*)myGameManager {
7 :     @synchronized([GameManager class])
8 :     {
9 :         if(!_myGameManager)
10 :             [[self alloc] init];
11 :         return _myGameManager;
12 :     }
13 :     return nil;
14 : }
15 : +(id) alloc{
16 :     @synchronized([GameManager class]){
17 :     _myGameManager = [super alloc];
18 :         return _myGameManager;
19 :     }
20 :     return nil;
21 : }
22 : -(void)runScene {
23 :     [[CCDirector sharedDirector] runWithScene:[SampleScene node]];
24 : }
25 : @end
```

4라인에서 static 변수를 선언하고 6~14라인에서 해당 변수에 대한 Singleton을 설정한다. 이 작업을 통해, GameManager는 프로그램 어느 위치에서나 호출할 수 있게 된다. 22라인에 선언된 runScene 메소드는 SampleScene 화면을 출력한다. CCDirector는 타이머, 표시 방향, OpenGL 설정 및 Scene 관리를 처리하는 중요한 클래스이다. 관리할 화면이 늘어난다면 runScene 메소드에 인자 값을 정의해서 화면을 분기할 수 있도록 처리하면 된다.

HelloWorldLayer.h와 HelloWorldLayer.m 파일을 삭제한 후 AppDelegate.m 파일에 다음 코드를 추가해보자.



```
//#import "HelloWorldLayer.h"
#import "GameManager.h"
...
- (void) applicationDidFinishLaunching:(UIApplication*)application
{
    ...
    // 추가된 코드
//[[CCDirector sharedDirector] runWithScene: [HelloWorldLayer scene]];
[[GameManager myGameManager] runScene];
}
```

[[GameManager myGameManager] runScene]은 GameManger.m에 정의된 runScene 메소드를 호출한다. 이 메소드는 SampleScene을 실행해 화면에 문자열과 원숭이 그림, 배경 이미지를 갖는 Layer를 실행한다.

## 2.4 터치 이벤트 처리

아이폰의 주요 입력 방법은 화면을 손가락으로 만지는 터치 방식이다. 우리가 만들 게임도 화면을 터치해 진행하는 방식이다. 그렇다면, Cocos2d에서 터치 이벤트는 어떻게 처리하는 것일까? Cocos2d 클래스 중 디바이스의 터치 이벤트는 CCLayer가 전담해 처리한다. 터치 이벤트 처리는 다음 두 가지 방식을 따른다.

- CCStandardTouchDelegate

- CCTargetedTouchDelegate

CCStandardTouchDelegate 형태로 터치 이벤트를 처리하려면, CCLayer 클래

스의 isTouchEnable 값을 YES로 설정해야 한다. 이 상태에서 터치가 발생하면 ccTouchesBegan, ccTouchesEnded, ccTouchesMoved 메소드가 호출된다. 각각의 메소드는 터치 발생시, 터치 종료 시, 터치 상태에서 화면 이동 시에 발생한다. 이 방식은 가장 많이 사용되는 이벤트 처리 방식이다. 지금부터 각각의 방식에 따른 터치 이벤트 처리를 살펴보자.

### 예) CCStandardTouchDelegate 기반 터치 이벤트 처리하기

SampleLayer.h 파일이 CCLayer를 상속받아 정의되어 있고,

```
    ...
@interface SampleLayer : CCLayer {     // 터치 이벤트는 CCLayer에서 처리
    ...
    }
```

SampleLayer.m 파일의 초기화 부분에서 터치 이벤트를 처리하도록 설정한다.

```
    ..
    @implementation SampleLayer
    -(id) init {
        if( (self = [super init]) ){
            self.isTouchEnabled = YES; // CCStandardTouchDelegate 사용
            ...
        }
        return self;
    }
```

이렇게 설정하면 ccTouchesBegan/ccTouchesMoved/ccTouchesEnded가 각각 호출된다.

```
    ...
 -(void) ccTouchesBegan:(NSSet*)touches withEvent:(UIEvent*)event {
        ... // 터치가 발생한 순간 호출되는 부분
    }
 -(void)ccTouchesMoved:(NSSet*)touches withEvent:(UIEvent *)event{
        ... // 터치한 상태에서 손가락을 움직이면 계속 호출되는 부분
    }
 -(void)ccTouchesEnded:(NSSet*)touches withEvent:(UIEvent*)event {
        ... // 손가락을 화면에서 떼는 순간 호출되는 부분
    }
    ..
```

CCStandardTouchDelegate가 CCLayer에서 발생하는 모든 터치 이벤트를 감지해 처리하는 것과는 대조적으로 CCTargetedTouchDelegate는 ccTouchesBegan 메소드에서 발생한 터치 이벤트를 조건에 따라 선별적으로 처리하는 방식이다. 즉, CCTargetedTouchDelegate는 관심있는 터치 이벤트만 선별적으로 처리할 수 있다. CCTargetedTouchDelegate를 사용하려면, CCLayer를 상속받은 클래스에서 registerWithTouchDispatcher 메소드를 이용해 설정해 주면 된다. 여러 개의 CCLayer에서 CCTargetedTouchDelegate를 사용할 때는 registerWithTouchDispatcher 메소드에서 Priority 값을 설정해 각각의 터치 이벤트의 우선 순위를 설정할 수 있으며, swallowsTouches 값을 YES로 설정해 ccTouchBegan 메소드에서 조건에 만족하지 않는 터치 이벤트는 무시된다.

### 예) CCTargetedTouchDelegate 기반 터치 이벤트 처리하기

```objc
...
-(void) registerWithTouchDispatcher {      // 반드시 오버라이딩해야 한다.
    [[CCTouchDispatcher sharedDispatcher] addTargetedDelegate:self
            Priority:0 swallowsTouches: YES]; // 우선순위 설정
}
    ...
-(BOOL) ccTourchBegan:(UITouch*)touch withEvent:(UIEvent*)event {
    ... //   조건을 만족하지 않는 터치 이벤트는 처리하지 않음
}
-(void) ccTouchMoved:(UITouch*)touch withEvent:(UIEvent*)event {
    ...//   조건을 만족하지 않는 터치 이벤트는 처리하지 않음
}
-(void) ccTouchEnded:(UITouch*)touch withEvent:(UIEvent*)event {
    ...//   조건을 만족하지 않는 터치 이벤트는 처리하지 않음
}
```

Helloworld 예제의 SampleLayer.m 파일에는 화면을 터치하면 프로그램 종료하도록 다음 코드가 추가되어 있다.

```objc
- (void)ccTouchesBegan:(NSSet *)touches withEvent:(UIEvent *)event
{
    exit(0); // 프로그램을 종료한다.
}
```

스마일 몽키에서는 화면 터치를 통해 화면 이동 및 유닛 던지기 등의 기능이 구현되어 있다. Cocos2d에 대한 보다 자세한 내용은 관련 서적 및 Cocos2d 홈페이지를 참고하자.

 물리 엔진 적용하기

## 3.1 물리 엔진이란?

물리 엔진을 이용하면 우리가 사는 3차원의 세계를 시뮬레이트할 수 있다. 우리가 사는 세계는 중력이 적용되는 곳으로 물체의 이동, 충돌, 정지 등의 모든 현상에 중력이 개입된다. 물리 엔진은 이러한 중력의 영향을 게임 화면에 구현해 주는 기술이다. Cocos2d는 두 개의 물리 엔진을 제공한다. 바로 Box2D와 Chipmunk가 그것이다. Box2D는 다양한 언어로 제공되는 대표적인 물리 엔진이다. Box2D는 C++로 Chipmunk는 C 언어로 작성되었다. Box2D가 C++로 작성되었기 때문에 오브젝티브 C에 조금 더 쉽게 적용할 수 있다. Chipmunk는 SpaceManager를 통해 보다 쉽게 오브젝티브 C와 결합해 사용할 수 있는 인터페이스를 제공한다(SpaceManager 정보: http://code.google.com/p/chipmunk-spacemanager).

우리가 만들 스마일 몽키도 Cocos2d와 Box2D 조합으로 작성할 것이다. Box2D가 C++ 코드를 갖고 있기 때문에 파일 확장자를 xxx.mm 형태로 해주어야 한다. Xcode는 파일 확장자가 mm일 경우 C++이 포함된 코드로 인식해 C++ 컴파일러로 해당 파일을 컴파일하게 된다. 즉, Box2D 코드가 사용된 파일을 반드시 파일 확장자를 mm으로 설정해야 한다.

## 3.2 Box2D 물리 엔진

Box2D는 실수 단위를 사용한다. 컴퓨터에서 사용하는 픽셀 개념 대신, 실제 우리 생활에서 사용하는 미터-킬로그램-초(Meters-Kilogram-Second, MKS) 단위로 Box2D 내부 값을 사용해야 한다. Box2D에서는 물리 엔진이 적용될 세계의 크기와 어느 정도의 중력을 가지는지를 설정해야 한다. Box2D의 물리 엔진이 적용될 세계는 경계 박스(Boundary box)로 정의해야 한다. 다음 코드는 중력 및 Sleep 모드 설정을 위한 샘플 코드이다. Sleep은 물리 엔진의 계산 효율을 높이고자, 계산하지 않아도 되는 물체를 시뮬레이션에서 제외시킬지를 결정하는 속성이다.

```
// Box2D 중력 설정, Sleep 모드 설정
b2Vec2 gravity;
gravity.Set(0.0f, -10.0f); // 중력 설정. 우리가 사는 세계의 중력 가속도는 약 9.8
```

```
      bool doSleep = true;

      // Box2D 화면 구성
      B2World *world = new b2World(gravity, doSleep);
      // 물리 엔진 적용
      world->SetContinuousPhysics(true);


  // ground body 영역 설정
  b2BodyDef groundBodyDef;
        // 왼쪽 코너 설정
  groundBodyDef.position.Set(0, 0);
          // ground body 영역 적용
      groundBody = world->CreateBody(&groundBodyDef);
```

중력과 Sleep 모드를 설정해 Box2D 엔진이 적용될 가상의 세계(B2World)를 설정하면, 해당 영역에 중력이 작용하게 된다. 중력이 작용되는 영역은 b2BodyDef를 통해 설정할 수 있다.

중력이 작용되는 공간에서 질량이 0인 물체를 정적 물체(static body)라고 부르며, 질량을 갖고 있어서 중력의 영향을 받아 움직이는 물체를 동적 물체(dynamic body)라고 부른다. 정적 물체를 만들려면 shape를 만들어서 물체(body)에 붙여줘야 한다.

**[표 9–1] Box2D 정적·동적 물체 특징**

|  | 정적 물체 | 동적 물체 |
| --- | --- | --- |
| 밀도 | 상관 없음 | 있음 |
| 질량 | 없음 | 있음 |
| 디버그 모드 표시 | 녹색 테두리 | 흰색 테두리(계산하지 않은 경우 빨간색 테두리) |

정적 물체는 질량이 없고, B2World 영역 안에 고정되어 표시된다. 또한 Box2D가 제공하는 디버그 모드를 이용해 확인하면 녹색 테두리를 갖고 있다. 이와 반대로 동적 물체는 중력이 작용하며 다른 물체들과 충돌을 일으킨다.

보통 하나의 객체는 다른 객체와 충돌을 일으키며 이동하게 된다. 물리 엔진은 이러한 물체들의 충돌과 그 결과 벌어지는 상호 작용을 시뮬레이션한다. B2World의 CreateBody를 이용해 물체를 만들고 나서 반환되는 b2Body에 shape를 설정해 물체를 만들게 된다. 이때 질량이 있어야 중력에 영향을 받게 된다. Box2D가 질량을 계산하는 방식은 Shape 정보를 기준으로 면적과 밀도를 이용해 질량을 계산한다. 밀도는 density 속성을 통해 할당한다. Box2D에서 각 물체의 충돌 이벤트는 b2ContactListener를 통해 처리된다.

Box2D에서 생성할 수 있는 물체(body)는 사각형, 원, 다각형 등이 있고 b2ShapeDef, b2CircleDef, b2PolyDef 등의 클래스로 만들 수 있다. 또한 각 물체(body)는 조인트(Joint) 개념을 통해 서로 연결할 수 있다. 조인트의 종류는 Distance, Revolute, Pulley, Prismatic, Gear 등이 있다. 보다 자세한 내용은 http://box2d.org/manual.pdf의 조인트 항목을 참고하자.

Box2D가 제공하는 디버그 모드는 가상의 물리 세계에 등록된 모든 물체의 정보를 보여준다. 디버그 모드에 대한 사용 방법은 스마일 몽키를 만들면서 살펴보자.

## 04 Smile Monkey 만들기

## 4.1 게임 기획하기

스마일 몽키는 앵그리버드 스타일의 게임이다. 이 앱의 목적은 물리 엔진을 적용해 iOS용 게임을 만드는 방법을 학습하는데 있다. 따라서, 수준있는 게임 개발에 초점을 맞추지 않고 게임을 기획하고 만드는 방법에 초점을 맞춰 설명할 것이다.

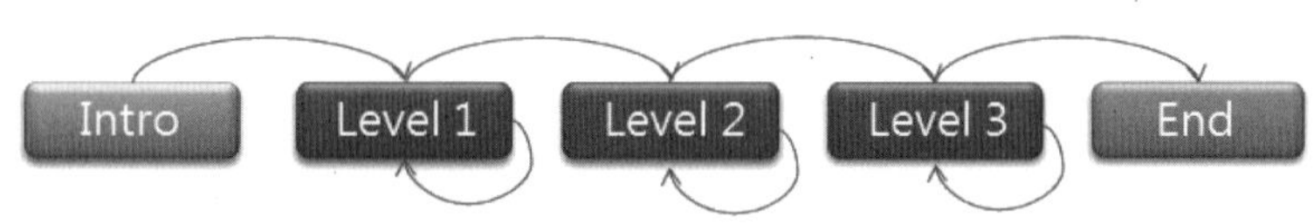


[그림 9-15] Smile Monkey 게임의 전체 흐름도

게임은 크게 5개의 Scene을 갖는다. Intro는 게임 시작 전에 스마일 몽키의 시작을 알리는 역할을 하며 Cocos2d 전용으로 만들 것이다. Level 1, Level 2, Level 3은 실제 물리 엔진을 적용한 게임을 처리하도록 만들 것이며 Box2D를 사용할 것이다. End는 게임 종료를 알리는 간단한 기능을 갖고 있으며 Cocos2d용으로 제작한다. Level 1, Level 2, Level 3에서 해당 레벨의 게임을 클리어하지 못하면 해당 레벨 게임을 처음부터 다시 진행한다. 즉, 다음 레벨로 가기 위해서는 현재 레벨의 모든 적을 클리어해야 한다. 또한 각 화면에 맞도록 배경 음악을 별도로 준비할 것이다.

[그림 9-16] 각 레벨에서 게임 화면

각 레벨에서 게임 진행 화면은 [그림 9-16]처럼 남은 적의 수 표시, 레벨 표시, 일시 정지 버튼, 배경 화면, 원숭이 그림, 총알, 탱크, 포신, 장전된 총알을 표시해야 한다.

**[표 9-2] 레벨 배경 및 적 유닛**

| 구분 | 배경 | 적 유닛 |
|---|---|---|
| Level 1 | 사막 | 전갈, 풍뎅이 |
| Level 2 | 바다 | 새우, 상어, 조개 |
| Level 3 | 정글 | 다람쥐, 호랑이, 앵무새 |

게임 안에서 사용될 장애물은 크게 돌과 나무로 구성되어 있다. 돌은 5가지 종류가 제공되며, 나무는 3가지 종류가 제공된다.

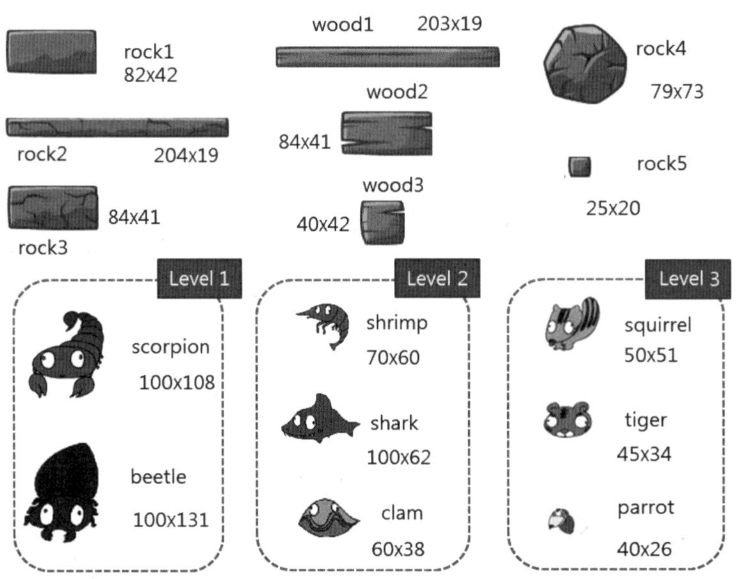


[그림 9-17] 게임에 사용될 유닛 정보

레벨에 따른 유닛 배치는 다음처럼 만들어보자. Level 1에서는 적 유닛의 크기가 크므로 두 개만 배치해보자. 전갈 밑에 길쭉한 바위 두 개는 고정되어 있는 정적 물체이다.

[그림 9-18] Level 1 단계 화면 구성안

Level 2에서는 배경이 바닷속이기 때문에 상어와 새우가 공중에 떠 있는 형태로 배치해보자.

[그림 9-19] Level 2 단계 화면 구성안

Level 3은 배경이 정글이므로 앵무새, 호랑이, 다람쥐가 돌 혹은 나무, 바닥에 배치된 형태로 작성하자. 또한 난이도가 높아지므로 쉽게 적 유닛을 폭발시키지 못하도록 적 유닛의 위치를 조절해보자.

[그림 9-20] Level 3 단계 화면 구성안

## 4.2 게임에 필요한 요소들

스마일 몽키를 작성하기 위해서는 코딩 기법과 리소스에 관련된 요소들이 필요하다. www.raywenderlich.com과 www.cocos2dbook.com/book를 참고하면 횡 스크롤 기반의 게임과 Box2D에 대한 다양한 정보를 얻을 수 있다. 스마일 몽키의 일부 코드도 두 사이트에서 제공하는 내용을 포함하고 있다. 이외에 리소스와 관련된 부분은 게임 배경 음악과 효과음을 얻기 위해 무료 배경 음악 제공 사이트를 활용해보자. 스마일 몽키에 사용된 배경 음악은 연옥정원(http://rengoku-teien.com)에서 무료로 배포되는 음원을 사용하였다. 해당 음원은 각각 Intro, Level 1, Level 2, Level3, End에 사용된다. 이외에도 효과음에 fire.wav(포신에서 유닛 발사 때), explodes.wav(적 유닛이 파괴될 때), stretch.wav(포신 당길 때)가 사용된다.

원숭이가 던지는 총알 유닛의 종류는 바나나, 바나나 송이, 수통, 모자, 파인애플의 5가지 종류가 있다. 이들은 각 레벨에서 숫자를 조정해 사용할 수 있다. 게임에서는 기본 값인 5를 모든 레벨에 적용하였다.

## 4.3 게임 만들기

자! 이제부터 본격적으로 스마일 몽키 게임을 작성해보자. 우선, Xcode를 이용해 스마일 몽키용 프로젝트를 생성해보자. [File]-[New]-[New Project…] 메뉴를 차례대로 선택한 후 그림 9-21처럼 cocos2d_box2d 템플릿을 선택해 SmileMonkey 프로젝트를 만들자.

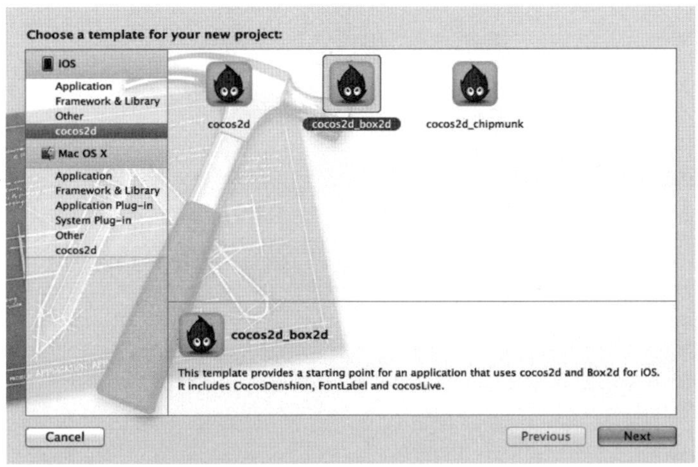


[그림 9-21] 프로젝트 템플릿 선택하기

생성된 프로젝트에서 HelloWorldLayer.h, HelloWorldLayer.mm 파일을 삭제하자.
그리고 앞서 만들어본 GameManager를 추가해보자. 프로젝트 창에서 GameManager
라는 그룹을 생성한 후 GameManager.mm과 GameManager.h 파일을 추가하자. 템
플릿이 자동으로 만들어준 GameConfig.h에 다음 코드를 추가한다.

```
#define PTM_RATIO 32
#define FLOOR_HEIGTH    10.0f

// 화면 제어
typedef enum {
    kUninitialized      =       0,
    kIntroScene         =       100,
    kLevel1Scene        =       200,
    kLevel2Scene        =       201,
    kLevel3Scene        =       202,
    kEndScene           =       203,
} GameSceneTypes;
```

PTM_RATIO는 Box2D에서 사용하는 MKS 형태로 픽셀 정보를 변환하는데 사용되
며, FLOOR_HEIGTH는 게임 유닛이 바닥에서 얼마 높이로 위치할 것인지 설정한다.
GameSceneType은 게임 화면 제어에 사용된다.



```
1 :  #import <Foundation/Foundation.h>
2 :  #import "GameConfig.h"
3 :  #import "SoundManager.h"
```

```
4 :
5 :    @interface GameManager : NSObject {
6 :        GameSceneTypes currentScene;   // 게임 화면을 처리
7 :    }
8 :    +(GameManager*)myGameManager;     // GameManager 전역 변수
9 :    -(void)runSceneWithID:(GameSceneTypes)sceneName; // 지정한 Scene
으로 화면 전환
10 :   @end
```



```
1 :    -(void)runSceneWithID:(GameSceneTypes)sceneName {
2 :        id showScene = nil;
3 :        switch (sceneName) {
4 :           case kIntroScene:
5 :               currentScene = kIntroScene;
6 :               [[SoundManager mySoundManager] playBackgroundMusic:
@"intro"];
7 :               showScene = [IntroScene node];
8 :               break;
9 :           case kLevel1Scene:
10 :               currentScene = kLevel1Scene;
11 :               [[SoundManager mySoundManager] playBackgroundMusic
:@"level1"];
12 :               showScene = [Level1Scene node];
13 :               break;
14 :           case kLevel2Scene:
15 :               currentScene = kLevel2Scene;
16 :               [[SoundManager mySoundManager] playBackgroundMusic
:@"level2"];
17 :               showScene = [Level2Scene node];
18 :               break;
19 :           case kLevel3Scene:
20 :               currentScene = kLevel3Scene;
21 :               [[SoundManager mySoundManager] playBackgroundMusic
:@"level3"];
22 :               showScene = [Level3Scene node];
23 :               break;
24 :           case kEndScene:
25 :               [[SoundManager mySoundManager] playBackgroundMusic
:@"end"];
26 :               showScene = [EndScene node];
27 :               break;
28 :           default:
29 :               CCLOG(@"화면 전환에 문제가 발생했습니다.");
```

```
30 :            return;
31 :        }
32 :        if ([[CCDirector sharedDirector] runningScene] == nil) {
33 :            // 화면이 없으면 만들고
34 :            [[CCDirector sharedDirector] runWithScene:showScene];
35 :        } else {
36 :            // 화면이 있으면 화면 변경
37 :            [[CCDirector sharedDirector] replaceScene:showScene];
38 :        }
39 :    }
```

runSceneWithID 메소드는 GameSceneTypes 인자를 매개 변수로 받아들여 해당
화면으로 이동하는 기능을 처리한다. 게임이 처음 시작할 때 Intro 화면을 보여주고
싶다면, AppDelegate.m 파일의 applicationDidFinishLaunching 메소드 마지막
에 다음 코드를 추가하면 된다.

```
[[GameManager myGameManager] runSceneWithID:kIntroScene];
```

kIntroScene이 인자로 들어오면 4~8라인이 실행된다. 6라인의 SoundManager
는 배경 음악과 효과음을 처리하는 클래스이다. GameManager가 다루는 모든
Scene은 CCScene을 상속받아 구현되었다. GameManager가 관리하는 Intro,
Level 1~3, End 화면은 각각 별도의 Scene 파일로 관리된다. 이들 Scene 파일은
CCScene을 상속받았으며, 7라인처럼 해당 Scene의 인스턴스를 얻어 제어할 수 있
다. xxxScene.m 파일은 다음처럼 모두 init 메소드에서 xxxLayer에 해당하는 클래
스의 인스턴스를 만들어 addChild에 추가해 놓았다.



```
1 : #import "IntroScene.h"
2 :
3 : @implementation IntroScene
4 : -(id)init {
5 : self = [super init];
6 : if (self != nil) {
7 :     IntroLayer *myLayer = [IntroLayer node];
8 :     [self addChild:myLayer];
9 : }
10 : return self;
11 : }
12 : @end
```

즉, GameManager는 각 화면의 Scene을 관리하며, 각 Scene은 각각의 Layer를
호출하는 구조로 되어 있다.

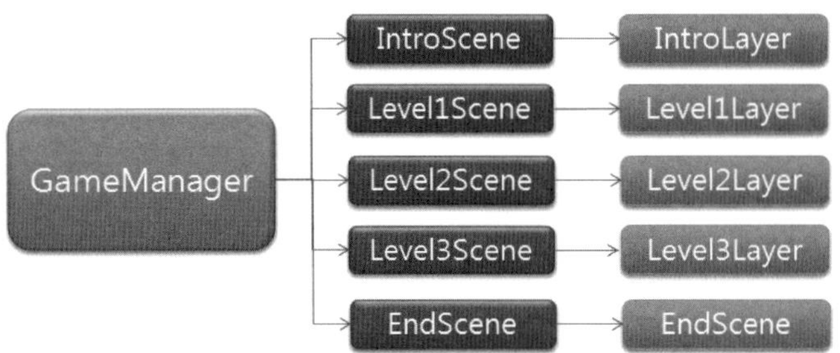


[그림 9-22] GameManager의 화면 처리

SoundManager 클래스는 배경 음악과 효과음을 처리하기 위해 사용된다. 배경
음악은 AVAudioPlayer를 사용해 구현하며, 효과음은 AudioServicesPlay
SystemSound를 사용한다.

[소스 9-7] 배경 음악과 효과음을 처리하는 SoundManager – SoundManager.h

```
 1 : #import <Foundation/Foundation.h>
 2 : #import <AVFoundation/AVAudioPlayer.h>
 3 : #import <AudioToolbox/AudioToolbox.h>
 4 :
 5 : @interface SoundManager : NSObject {
 6 :     // 만들어진 SystemSoundID를 재사용하기 위해 보관할 dictionary
 7 :     AVAudioPlayer *backgroundMusic;          // 배경 음악
 8 :     NSMutableDictionary *soundEffect;        // 효과음
 9 : }
10 : @property (nonatomic, retain) AVAudioPlayer *backgroundMusic;
11 : @property (nonatomic, retain) NSMutableDictionary *soundEffect;
12 :
13 : +(SoundManager *)mySoundManager;
14 : - (void) createSoundEffect;        // 효과음 생성
15 : - (void) playBackgroundMusic:(NSString*)fileName;  // filename 배
경 음악 재생
16 : - (void) stopBackgroundMusic;      // 배경 음악 재생 중단
17 : - (void) pauseBackgroundMusic;     // 배경 음악 재생 일시 정지
18 : - (void) resumeBackgroundMusic;    // 배경 음악 재생 다시 진행
19 : - (void) playSoundEffect:(NSString*)fileName;//   효과음 실행
20 :
21 : @end
```

SoundManager 클래스도 전역 변수를 사용해 스마일 몽키 게임 내부 어디서든 호

출할 수 있는 구조로 되어 있다. 7라인의 backgroundMusic을 사용해 배경 음악을 출력하며, 8라인의 soundEffect에는 explodes, fire, stretch 효과음이 NSMutableDictionary에 저장되어 있다.

배경 음악은 [[SoundManager mySoundManager] playBackgroundMusic:@"intro"];처럼 사용한다. 효과음은 [[SoundManager mySoundManager] playSoundEffect:@"explodes"];처럼 사용한다. 프로젝트 창의 Resources 항목에 images, sound 그룹을 만들어보자. 그리고 sound 그룹 아래에 effect와 music 그룹을 추가하고 다음 그림처럼 음악 파일을 추가하자.

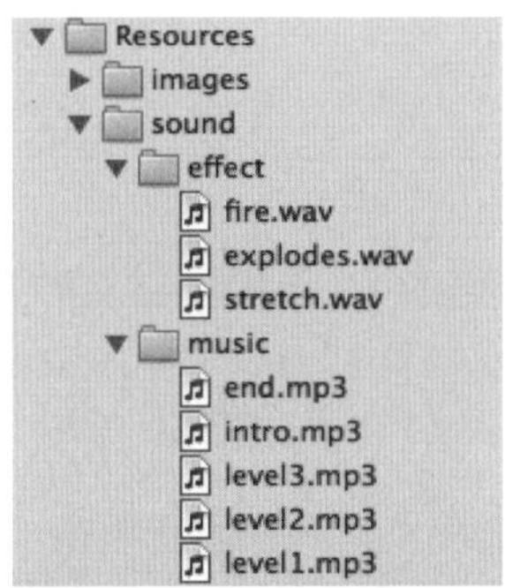

[그림 9-23] 음악 리소스 추가하기

이번에는 게임이 시작되면 가장 먼저 출력되는 Intro 화면을 만들어보자.

[그림 9-24] 스마일 몽키 초기 화면

초기 화면에서는 왼쪽 원숭이가 화면 중간에 무언가를 던지는 애니메이션과 함께 화면 가운데에서 CParticleSystem을 통한 폭발 효과가 출력된다. 또한 경쾌한 배경 음악이 같이 재생된다. 초기 화면의 왼쪽에는 물건을 던지는 원숭이 애니메이션이 실행된다.

[그림 9-25] 원숭이 애니메이션 동작

원숭이 애니메이션은 다음 코드를 이용해 만들어보자. CCAnimation을 사용해 0.3
초마다 7장의 원숭이 이미지를 호출해 실행하도록 구성한다. 초기 화면에는 화면 중
간에 파티클 효과를 주기 위해 CCParticleSystem을 이용해 코드를 작성하였다.



```
1 :  ... < 생략 > ...
2 : - (void)startParticles {
3 :      particleType++;
4 :      if (particleType == ParticleTypes_MAX)
5 :    particleType = 0;
6 : }
7 :    [self removeChildByTag:1 cleanup:YES];
8 :    CCParticleSystem* system;
9 :    switch (particleType)
10 :    {
11 :        case ParticleTypeExplosion:
12 :            system = [CCParticleExplosion node];
13 :            break;
14 :        case ParticleTypeFire:
15 :            system = [CCParticleFire node];
16 :            break;
17 :        ... < 생략 > ...
18 :    default:
19 :            break;
20 :        }
21 :        [self addChild:system z:1 tag:1];
22 :    }
23 :    ... <생략> ...
24 :  -(id)init {
25 : self = [super init];
26 : if (self != nil) {
27 :    //  터치 이벤트 처리
28 :    self.isTouchEnabled = YES;
29 :        CGSize screenSize = [CCDirector sharedDirector].winSize;
30 :    self.introImage = [CCSprite spriteWithFile:@"intro.jpg"];
31 :    [introImage setPosition:ccp(screenSize.width/2, screenSize.
height/2)];
```

```
32 :     [self addChild:introImage];
33 :          // 원숭이 이미지 출력
34 :   self.monkeyImage = [CCSprite spriteWithFile:@"monkey1.png"];
35 :   [monkeyImage setPosition:ccp(70, screenSize.height/2)];
36 :   [self addChild:monkeyImage];
37 :          // 원숭이 애니메이션 시작
38 :          CCAnimation *monkeyAnimation = [CCAnimation animation];
39 :          [monkeyAnimation setDelay:0.3f];
40 :       for (int frameNumber=1; frameNumber < 8; frameNumber++) {
41 :          CCLOG(@"Adding image monkey%d.png to the
monkeyAnimation.",frameNumber);
42 :          [monkeyAnimation addFrameWithFilename:
          [NSString stringWithFormat:@"monkey%d.png",frameNumber]];
43:          }
44 :          // Particle 효과 주기
45 :      id animationAction = [CCAnimate actionWithAnimation:monke
yAnimation restoreOriginalFrame:NO];
46 :          CCCallFunc *callAction = [CCCallFunc
actionWithTarget:self selector:@selector(startParticles)];
47 :      id monkeySequence = [CCSequence actions:animationAction,c
allAction, nil];
48 :      [self.monkeyImage runAction:[CCRepeatForever actionWith
Action:monkeySequence]];
49 : }
50 :      return self;
51 : }
52 :   ... <생략> ...
```

2라인에 있는 startParticles 메소드는 ParticleTypeExplosion, ParticleType Fire, ParticleTypeFlower, ParticleTypeGalaxy, ParticleTypeMeteor, Particle TypeRain, ParticleTypeSmoke, ParticleTypeSnow, ParticleTypeSpiral, ParticleTypeSun 등의 효과를 구현하고 있다. IntroLayer 클래스의 init 메소드 는 28라인에서 터치 이벤트를 처리하고, 29라인에서 화면 사이즈를 얻어온 후, 30라 인에서 배경 이미지를 읽고, 31라인에서 화면 중간에 배경 이미지를 위치시킨다. 34 라인에서 왼쪽에 위치할 원숭이 이미지를 읽어 35~36라인에서 화면에 출력한다. 38~43라인에서 원숭이 이미지 7장을 반복하며, 화면 중앙에 물체를 던지는 애니메 이션을 구현한다. 45~49라인에서 파티클 효과를 처리하는 코드를 추가한다.

초기 화면을 손가락으로 터치하면 ccTouchesBegan 메소드가 호출된다. 이 메소드 는 startGamePlay를 호출하게 한다.

[소스 9-9] 초기 화면을 터치하면 처리할 기능 – IntroLayer.m

```
1 : … <생략>…
2 : -(void)startGamePlay {
3 :  CCLOG(@"Intro complete, asking Game Manager to start the Game
play");
4 :         // 원숭이 애니메이션 중지
5 :         [self.monkeyImage stopAllActions];
6 :         // Intro 배경 음악 중지
7 :         [[SoundManager mySoundManager] stopBackgroundMusic];
8 :         // 첫 번째 게임 화면으로 이동
9 : [[GameManager myGameManager] runSceneWithID:kLevel1Scene];
10 :     }
11 :
12 : -(void)ccTouchesBegan:(NSSet *)touches withEvent:(UIEvent *)
event {
13 : CCLOG(@"Touches received, skipping intro");
14 :         [self removeChildByTag:1 cleanup:YES];
15 :         [self startGamePlay];
16 :     }
17 : … <생략>…
```

5라인에서 원숭이 애니메이션을 정지하고, 6라인에서 배경 음악을 중지한다. 9라인에
서 첫 번째 게임 화면으로 이동해 실제 스마일 몽키 게임을 시작한다.

[그림 9-26] 첫 번째 레벨 시작 화면

스마일 몽키의 실제 게임 기능 구현은 Level1Layer.mm 파일에서 모두 처리된다. 우
선, Level1Layer.h 파일을 살펴보자.

[소스 9-10] 레벨 1 헤더 파일 – Level1Layer.h

```
1 : … <생략>…
2 : #import "cocos2d.h"
3 : #import "Box2D.h"
```

```objc
4 : #import "GLES-Render.h"
5 : #import "GameManager.h"
6 : #import "EnemyContactListener.h"
7 :
8 : @interface Level1Layer : CCLayer {
9 :     // Box2d 환경 초기화
10 :     b2World *world;
11 :     // 디버그 모드 출력
12 :     GLESDebugDraw *m_debugDraw;
13 :     b2Body *groundBody;
14 :     b2Body *barrelBarBody;
15 :     b2Fixture *barrelBarFixture;
16 :     b2RevoluteJoint *barrelBarJoint;
17 :     b2MouseJoint *mouseJoint;
18 :     // 총알 배열
19 :     NSMutableArray *unitItems;
20 :     // 현재 사용 중인 총알
21 :     int curUnitItem;
22 :     b2Body *bulletBody;
23 :     b2WeldJoint *bulletJoint;
24 :     BOOL releasingBarrel;
25 :     // 블록
26 :     NSMutableSet *targets;
27 :     // 적 아이템
28 :     NSMutableSet *enemies;
29 :     // 적 남은 숫자
30 :     CCLabelTTF *labelEnemies;
31 :     // 게임 일시 정기 기능
32 :     BOOL isGamePause;
33 :     CCSprite *pauseBtnSprite;
34 :     CCSprite *pressPauseBtnSprite;
35 :     EnemyContactListener *enemyContact;
36 : }
37 :
38 : @property (nonatomic, retain) CCLabelTTF *labelEnemies;
39 : @property (nonatomic, retain) CCSprite *pauseBtnSprite;
40 : @property (nonatomic, retain) CCSprite *pressPauseBtnSprite;
41 :
42 : - (void)resetGame;                              // 게임 초기화
43 : - (void)createUnitItems:(NSInteger)cnt; // 화면에 총알 추가하기
44 : - (BOOL)attachUnitItem;                     // 총알 화면에 그리기
45 : - (void)createTargets;                       // 블록 및 적 배치하기
46 : - (void)displayEnemies;                      // 남은 적 숫자 표시하기
47 : - (BOOL)isTouchInsidePauseBtn:(CCSprite *)sprite
withTouch:(UITouch *)touch;
48 : @end
```

6라인의 EnemyContactListener.h 파일은 동적 객체의 충돌 관리를 위해 사용된다. Box2D의 객체 충돌 관리는 b2ContactListener를 상속받아 구현하면 된다. 이 파일은 C++로 작성되어 있으며, b2ContactListener의 BeginContact, EndContact, PreSolve, PostSolve를 오버라이딩 해야 한다.

```cpp
#import "Box2D.h"
#import <set>
#import <algorithm>
class EnemyContactListener : public b2ContactListener {
public:
    std::set<b2Body*>contacts;
                EnemyContactListener();      // 생성자
                ~EnemyContactListener();     // 소멸자
    virtual void BeginContact(b2Contact* contact);
    virtual void EndContact(b2Contact* contact);
    virtual void PreSolve(b2Contact* contact, const b2Manifold*
oldManifold);
    virtual void PostSolve(b2Contact* contact, const
b2ContactImpulse* impulse);
        };
```

스마일 몽키에서는 PostSolve에 충돌할 동적 객체를 넣어서 객체 충돌 효과를 구현하였다.

PostSolve에서는 들어온 객체가 적인지를 판별해 객체를 관리하도록 구현하였다.

```cpp
void EnemyContactListener::PostSolve(b2Contact* contact,  const
b2ContactImpulse* impulse)
{
    bool isAEnemy = contact->GetFixtureA()->GetUserData() != NULL;
    bool isBEnemy = contact->GetFixtureB()->GetUserData() != NULL;
    if (isAEnemy || isBEnemy)
    {
        int32 count = contact->GetManifold()->pointCount;
        float32 maxImpulse = 0.0f;
        for (int32 i = 0; i < count; ++i)
        {
            maxImpulse = b2Max(maxImpulse, impulse->normalImpulses[i]);
        }

        if (maxImpulse > 1.0f)
        {
            if (isAEnemy)
```

```
                contacts.insert(contact->GetFixtureA()->GetBody());
            if (isBEnemy)
                contacts.insert(contact->GetFixtureB()->GetBody());
        }
    }
}
```

38~40라인에서 남은 적의 수를 표시하는 라벨, 일시 정지 버튼, 다시 실행 버튼 객체의 메모리 설정을 처리한다.

게임은 Level1Layer.mm 파일의 init에서 Box2D 영역과 각종 이미지 정보를 설정하고 resetGame을 호출하도록 구현되어 있다. resetGame에서는 화면에 유닛을 추가(createUnitItem)하고 게임 화면(createTargets)을 그리고 적 유닛 개수(displayEnemies)를 화면에 출력한다. 이 상태에서 총알 유닛을 포신에 배치하는 attachUnitItem이 호출된다. 전체적인 게임 흐름을 살펴보았으니 이제 소스 코드를 통해 어떻게 구현하는지 살펴보자.

[소스 9–11] Level1Layer 초기화 부분 – Level1Layer.mm

```
1 :    ... <생략>...
2 :    -(id) init
3 :    {
4 :        if( (self=[super init])) {
5 :        self.isTouchEnabled = YES;
6 :        CGSize screenSize = [CCDirector sharedDirector].winSize;
7 :        // Box2D 중력 설정, Sleep 모드 설정
8 :        b2Vec2 gravity;
9 :        gravity.Set(0.0f, -10.0f);
10 :       bool doSleep = true;
11 :       // Box2D 화면 구성
12 :       world = new b2World(gravity, doSleep);
13 :       // 물리 엔진 적용
14 :       world->SetContinuousPhysics(true);
15 :       // 디버그 정보 출력
16 :       m_debugDraw = new GLESDebugDraw( PTM_RATIO );
17 :       world->SetDebugDraw(m_debugDraw);
18 :       uint32 flags = 0;
19 :       // 디버그 정보 출력 플래그
20 :       /*
21 :       flags += b2DebugDraw::e_shapeBit;// 채색
22 :       flags += b2DebugDraw::e_jointBit;// 조인트를 나타내는 색
23 :       flags += b2DebugDraw::e_aabbBit; // 객체를 사각형으로 영역 표시
24 :       flags += b2DebugDraw::e_pairBit;// 연결된 객체의 중심과 라인을 표시
25 :       flags += b2DebugDraw::e_centerOfMassBit;// 객체 중심점을 그림
26 :       */
```

```
27 :        m_debugDraw->SetFlags(flags);
28 :        // 배경 화면 설정
29 :        CCSprite *sprite = [CCSprite spriteWithFile:@"desert.jpg"];
30 :        sprite.anchorPoint = CGPointZero;
31 :        [self addChild:sprite z:-1];
32 :         // 탱크 왼쪽에 위치하는 원숭이
33 :        sprite = [CCSprite spriteWithFile:@"monkey1.png"];
34 :        sprite.anchorPoint = CGPointZero;
35 :        sprite.position = CGPointMake(30.0f, FLOOR_HEIGTH+35);
36 :        sprite.scale = 0.5;
37 :        [self addChild:sprite z:0];
38 :         // 대포 발사하는 몸체
39 :        sprite = [CCSprite spriteWithFile:@"tank.png"];
40 :        sprite.anchorPoint = CGPointZero;
41 :        sprite.position = CGPointMake(40.0f, FLOOR_HEIGTH-5);
42 :        sprite.scale = 0.5;
43 :        [self addChild:sprite z:2];

44 :        self.pauseBtnSprite = [[CCSprite alloc] initWithFile:@"stop.
png"];
45 :        self.pauseBtnSprite.anchorPoint = CGPointZero;
46 :        self.pauseBtnSprite.position = CGPointMake(420.0f, FLOOR_
HEIGTH+250);
47 :        self.pauseBtnSprite.visible = YES;
48 :        [self addChild:self.pauseBtnSprite z:2];
49 :        self.pressPauseBtnSprite = [[CCSprite alloc]
initWithFile:@"play.png"];
50 :        self.pressPauseBtnSprite.anchorPoint = CGPointZero;
51 :        self.pressPauseBtnSprite.position = CGPointMake(420.0f,
FLOOR_HEIGTH+250);
52 :        self.pressPauseBtnSprite.visible = NO;
53 :        [self addChild:self.pressPauseBtnSprite z:2];
54 :        // ground body 영역 설정
55 :        b2BodyDef groundBodyDef;
56 :        // 왼쪽 코너 설정
57 :        groundBodyDef.position.Set(0, 0);
58 :        // ground body 영역 적용
59 :        groundBody = world->CreateBody(&groundBodyDef);
60 :        // Box2D 영역 설정
61 :        b2PolygonShape groundRect;
62 :        // 바닥
63 :        groundRect.SetAsEdge(b2Vec2(0,FLOOR_HEIGTH/PTM_RATIO),
b2Vec2(screenSize.width*2.0f/PTM_RATIO,FLOOR_HEIGTH/PTM_RATIO));
              groundBody->CreateFixture(&groundRect,0);
64 :      // 천장
65 :       groundRect.SetAsEdge(b2Vec2(0,screenSize.height/PTM_RATIO),
b2Vec2(screenSize.width*2.0f/PTM_RATIO,screenSize.height/PTM_RATIO));
66 :       groundBody->CreateFixture(&groundRect,0);
67 :      // 왼쪽
```

```
68 :          groundRect.SetAsEdge(b2Vec2(0,screenSize.height/PTM_
RATIO), b2Vec2(0,0));
69 :         groundBody->CreateFixture(&groundRect,0);
70 :         // 대포 포신
71 :         CCSprite *barrelBar = [CCSprite spriteWithFile:@"barrel.png"];
72 :         [self addChild:barrelBar z:1];
73 :
74 :         b2BodyDef barrelBarBodyDef;
75 :         barrelBarBodyDef.type = b2_dynamicBody;
76 :         barrelBarBodyDef.linearDamping = 1;
77 :         barrelBarBodyDef.angularDamping = 1;
78 :         barrelBarBodyDef.position.Set(200.0f/PTM_RATIO, (FLOOR_
HEIGTH+90.0f)/PTM_RATIO);
79 :         barrelBarBodyDef.userData = barrelBar;
80 :         barrelBarBody = world->CreateBody(&barrelBarBodyDef);
81 :
82 :         b2PolygonShape barRect;
83 :         b2FixtureDef barRectDef;
84 :         barRectDef.shape = &barRect;
85 :         barRectDef.density = 0.5F;
86 :         barRect.SetAsBox(10.0f/PTM_RATIO, 90.0f/PTM_RATIO);
87 :         barrelBarFixture = barrelBarBody->CreateFixture(&barRectDef);
88 :
89 :         b2RevoluteJointDef barrelJointDef;
90 :         barrelJointDef.Initialize(groundBody, barrelBarBody,
b2Vec2(180.0f/PTM_RATIO, FLOOR_HEIGTH/PTM_RATIO));
91 :         barrelJointDef.enableMotor = true;
92 :         barrelJointDef.enableLimit = true;
93 :         barrelJointDef.motorSpeed   = -10;
94 :         barrelJointDef.lowerAngle  = CC_DEGREES_TO_RADIANS(10);
95 :         barrelJointDef.upperAngle  = CC_DEGREES_TO_RADIANS(80);
96 :         barrelJointDef.maxMotorTorque = 900;
97 :         barrelBarJoint = (b2RevoluteJoint*)world->CreateJoint
(&barrelJointDef);
98 :         [self schedule: @selector(tick:)];
99 :         [self performSelector:@selector(resetGame) withObject:nil
afterDelay:0.3f];
100 :        enemyContact = new EnemyContactListener();
101 :        world->SetContactListener(enemyContact);
102 :
103 :        // 문자열 출력
104 :        CCLabelTTF *label = [CCLabelTTF labelWithString:@"Level1
Desert Mission" fontName:@"Marker Felt" fontSize:32];
105 :        [label setColor:ccc3(0,130,135)];
106 :        label.position = ccp( screenSize.width/2, screenSize.
height-50);
107 :        [self addChild:label z:5];
108 :         self.labelEnemies = [CCLabelTTF labelWithString:@""
fontName:@"Marker Felt" fontSize:25];
```

```
109 :        [self.labelEnemies setColor:ccc3(250,120,0)];
110 :        self.labelEnemies.position = ccp( 100, screenSize.
height-25);
111 :        [self addChild:self.labelEnemies z:5];
112 :    }
113 :    return self;
114 :    }
115 :    ... <생략>...
```

init 메소드에서는 Box2D의 게임 영역 설정 및 초기 이미지 로딩을 처리한다. 16~27
라인에 디버그 정보를 이용하면, 게임 화면에서 디버그 정보를 눈으로 확인할 수 있
다. [그림 9-27]를 보면 디버그 모드를 이용해 유닛에 각종 테두리가 표시되는 것을
확인할 수 있다. 디버그 정보를 사용하면 유닛의 실제 크기와 영역을 정확히 알 수 있
기 때문에 디버깅 작업이 수월해진다.

[그림 9-27] 디버그 모드 화면 1

[그림 9-28] 디버그 모드 화면 2

28~43라인에서 배경 화면, 탱크 왼쪽에 올라가 있는 원숭이, 탱크를 차례대로 화
면에 출력한다. 44~53라인에서 오른쪽 상단에 "일시 정지" 버튼 처리를 해준다.
54~69라인은 Box2D가 작용할 영역의 경계 값을 설정해주는 부분이다. 70~97라인
에서 대포 포신의 조인트 처리를 해준다. 대포 포신은 탱크를 중심으로 가운데에서 왼

쪽으로 움직이며, 힘을 갖고 있어 포신 위에 탑재된 아이템을 날려버리는 기능을 갖고 있다. 71라인에서 포신 그림을 가져온 후 74~87에서 포신 객체를 만든다. 89~97라인에서 b3RevoluteJointDef를 이용해 좌우로 움직이는 조인트 기능을 설정한다. 93라인의 motorSpeed 값을 조정하면 포신의 가속도를 조절할 수 있다. 94~95의 앵글 값을 설정하면 포신의 움직임 각도 역시 조절할 수 있다.

98~101에서 해당 영역을 Box2D 세계로 설정하고, 주기적으로 tick 메소드를 호출하도록 설정한다. tick 메소드는 게임에 대한 주요 처리를 수행하는 곳으로 잠시 후에 자세히 살펴볼 것이다. 99라인의 PerformSelector는 지정된 시간마다 @selector에 지정된 메소드를 호출한다. 여기서는 0.3초마다 resetGame 메소드를 호출한다. 103~111에서 남은 적의 유닛 수를 표시할 레벨을 화면 좌측 상단에 표시한다.

**여기서 잠깐만**

–(void) schedule: (SEL) s;
이 메소드는 매 프레임마다 @selector로 정의된 콜백(callback) 메소드를 호출한다.

–(void) schedule: (SEL) s interval:(ccTime)seconds;
만일, 호출 간격(interval)을 0으로 설정하면 –(void) schedule: (SEL) s;와 같은 효과를 갖게 된다. 인터벌 시간은 초 단위로 설정하며 소수를 이용해 1초보다 짧은 시간도 지정할 수 있다. 예를 들어 0.3으로 설정하면 매 0.3초마다 지정된 콜백 메소드를 호출한다.

tick 메소드는 매 프레임마다 호출되며 실제 게임을 수행하는 핵심 부분이다.

**[소스 9-12] tick 메소드 – Level1Layer.mm**

```
1 : -(void) tick: (ccTime) dt
2 : {
3 : int32 velocityIterations = 8;
4 : int32 positionIterations = 1;
5 : world->Step(dt, velocityIterations, positionIterations);
6 : for (b2Body* b = world->GetBodyList(); b; b = b->GetNext()) {
7 :         if (b->GetUserData() != NULL) {
8 :             CCSprite *myActor = (CCSprite*)b->GetUserData();
9 :             myActor.position = CGPointMake( b->GetPosition().x *
PTM_RATIO, b->GetPosition().y * PTM_RATIO);
10 :             myActor.rotation = -1 * CC_RADIANS_TO_DEGREES(b->
GetAngle());
11 :         }
12 :     }
13 :         if (releasingBarrel && bulletJoint) {
14 :             if (barrelBarJoint->GetJointAngle() <= CC_
```

```
DEGREES_TO_RADIANS(10)) {
15 :                        releasingBarrel = NO;
16 :                        world->DestroyJoint(bulletJoint);
17 :                        bulletJoint = nil;
18 :                        [self performSelector:@selector(resetUnit)
withObject:nil afterDelay:5.0f];
19 :                    }
20 :                }
21 :            if (bulletBody && bulletJoint == nil) {// 포탄 던질 때 이동 화면
22 :                b2Vec2 position = bulletBody->GetPosition();
23 :                CGPoint myPosition = self.position;
24 :                CGSize screenSize = [CCDirector sharedDirector].
winSize;
25 :                // 카메라 이동
26 :                if (position.x > screenSize.width / 2.0f / PTM_
RATIO) {
27 :                        myPosition.x = -MIN(screenSize.width *
2.0f - screenSize.width,
position.x * PTM_RATIO - screenSize.width / 2.0f);
28 :                        self.position = myPosition;
29 :                    }
30 :                }
31:                // 충격 체크
32 :            std::set<b2Body*>::iterator pos;
33 :        for(pos = enemyContact->contacts.begin(); pos !=
enemyContact->contacts.end(); ++pos)
34 :            {
35 :                b2Body *body = *pos;
36 :                CCNode *contactNode = (CCNode*)body->GetUserData();
37 :                CGPoint position = contactNode.position;
38 :                [self removeChild:contactNode cleanup:YES];
39 :                world->DestroyBody(body);
40 :                [targets removeObject:[NSValue
valueWithPointer:body]];
41 :                [enemies removeObject:[NSValue
valueWithPointer:body]];
42 :                CCParticleSun* explosion = [[CCParticleSun alloc]
initWithTotalParticles:200];
43 :                explosion.autoRemoveOnFinish = YES;
44 :                explosion.startSize = 10.0f;
45 :                explosion.speed = 70.0f;
46 :                explosion.anchorPoint = ccp(0.5f,0.5f);
47 :                explosion.position = position;
48 :                explosion.duration = 1.0f;
49 :                [self addChild:explosion z:11];
50 :                [explosion release];
51 :                // 폭발 효과음
52 :                [[SoundManager mySoundManager] playSoundEffect:@"exp
```

```
lodes"];
53 :             }
54 :             enemyContact->contacts.clear();
55 :     }
```

6~12라인에서 Box2D 영역에 있는 모든 물체를 확인해본다. 이때 액션이 있다면 이 값을 반영한다. 13~20라인에서 포신의 조인트 상태를 확인해서 resetUnit 메소드를 호출한다. 21~30라인은 포탄을 던질 때 카메라 이동을 처리한다. 31~54라인에서는 물체 간의 충돌을 확인해 처리한다. 물체 간에 충돌이 발생하면 52라인에서 폭발 효과음이 재생된다.

resetGaem 메소드는 게임을 초기화하는 기능을 처리한다.



```
1 : - (void) resetGame
2 : {   // 화면에 표시된 유닛을 새롭게 그림
3 :     if (unitItems)
4 :     {
5 :         for (NSValue *unitPointer in unitItems)
6 :         {
7 :             b2Body *unit = (b2Body*)[unitPointer pointerValue];
8 :             CCNode *node = (CCNode*)unit->GetUserData();
9 :             [self removeChild:node cleanup:YES];
10 :             world->DestroyBody(unit);
11 :         }
12 :         [unitItems release];
13 :         unitItems = nil;
14 :     }
15 :     // 타겟 지우고 새로 그리기
16 :     if (targets)
17 :     {
18 :         for (NSValue *bodyValue in targets)
19 :         {
20 :             b2Body *body = (b2Body*)[bodyValue pointerValue];
21 :             CCNode *node = (CCNode*)body->GetUserData();
22 :             [self removeChild:node cleanup:YES];
23 :             world->DestroyBody(body);
24 :         }
25 :         [targets release];
26 :         [enemies release];
27 :         targets = nil;
28 :         enemies = nil;
29 :     }
30 :     [self createUnitItems:5];   // 발사할 수 있는 유닛의 수
```

```
31 :        [self createTargets];        // 화면에 표시할 타켓 수
32 :        [self displayEnemies];        // 적 유닛 표시
33 :        [self runAction:[CCSequence actions:
                [CCMoveTo actionWithDuration:
1.5f position:CGPointMake(-480.0f, 0.0f)],
                [CCCallFuncN actionWithTarget:self selector:
@selector(attachUnitItem)],
                [CCDelayTime actionWithDuration:1.0f],
                [CCMoveTo actionWithDuration:1.5f position:CGPointZero],
                nil]];
34 : }
```

3라인에서 화면에 표시된 유닛을 확인해 화면을 새롭게 그린다. 16라인에서는 타겟
을 확인해 있으면 화면을 초기화한다. 이 상태에서 30라인에서 총알을 추가한다. 만
약, 레벨에 따라 제공할 총알의 개수를 조정하고 싶다면 [self createUnitItems:3]
처럼 createUnitItem의 인자 값을 조정하면 된다. 31라인에서 화면에 나무, 돌, 적
유닛을 추가하고 33라인에서 게임 애니메이션을 시작한다. 33라인의 runAction은
attachUnitItem을 호출해 포신에 총알을 추가하는 기능을 처리한다.

[소스 9-14] 총알 초기화 메소드 createUnitItem - Level1Layer.mm

```
1 : - (void)createUnitItems:(NSInteger)cnt
2 : {
3 :     curUnitItem = 0;
4 :     CGFloat pos = 62.0f;
5 :     // 발사할 유닛을 추가
6 :     NSArray *bulletName = [NSArray arrayWithObjects:@"banana1.png",
@"banana2.png", @"bottle.png", @"hat.png", @"pineapple.png", nil];
7 :     cnt = (cnt > [bulletName count])?[bulletName count]:cnt;
8 :     if (cnt > 0) {
9 :         unitItems = [[NSMutableArray alloc]
initWithCapacity:cnt];
10 :         CGFloat delta = (cnt > 1)?(50.0f / (cnt - 1)):0.0f;
11 :         for (NSInteger i = 0; i <  cnt; i++, pos += delta) {
12 :             CCSprite *sprite = [CCSprite
spriteWithFile:[bulletName objectAtIndex:i]];
13 :             sprite.scale = 0.3;
14 :             [self addChild:sprite z:2];
15 :             b2BodyDef unitBodyDef;
16 :             unitBodyDef.type = b2_dynamicBody;
17 :             unitBodyDef.bullet = true;
18 :             unitBodyDef.position.Set(pos/PTM_RATIO, (FLOOR_
HEIGTH + 30.0f)/PTM_RATIO);
19 :             unitBodyDef.userData = sprite;
```

```
20 :                    b2Body *bullet = world->CreateBody(&unitBodyDef);
21 :                    bullet->SetActive(false);
22 :                    b2CircleShape circle;
23 :                    circle.m_radius = 15.0/PTM_RATIO;
24 :                    b2FixtureDef unitShapeDef;
25 :                    unitShapeDef.shape = &circle;
26 :                    unitShapeDef.density = 0.8f;
27 :                    unitShapeDef.restitution = 0.2f;
28 :                    unitShapeDef.friction = 0.99f;
29 :                    bullet->CreateFixture(&unitShapeDef);
30 :                    [unitItems addObject:[NSValue
valueWithPointer:bullet]];
31 :            }
32 :        }
33 : }
```

6라인에서 발사할 총알의 유닛을 배열에 추가한다. 총알 종류는 5가지 종류이며, 입력 받은 총알의 개수에 따라 총알이 추가된다. 예를 들어, 입력한 총알 수가 6이라면, 화면에 표시되는 총알은 바나나, 바나나 송이, 물병, 모자, 파인애플, 바나나가 된다. 만약, 총알 수가 3이라면, 화면에 바나나, 바나나 송이, 물병만 출력된다. 8~32라인에서 총알 아이템의 속성을 부여하고, 화면 하단에 추가한다.

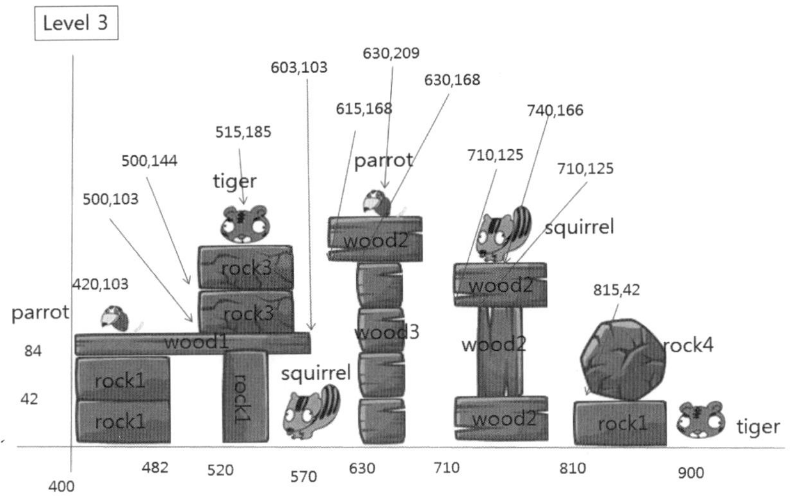


[그림 9-29] 화면 타겟 그리기

화면 타겟은 실제 게임을 진행할 판을 그리는 작업이다. [그림 9-29]처럼 게임 레벨에 따라, 적 유닛과 돌, 나무를 적당히 배치해 화면에 출력하는 작업을 createTargets에서 처리한다. [그림 9-29]에는 화면에 표시될 아이템 이름과 좌표를 표시하고 있다.

Level 1, Level 2, Level 3으로 게임 난이도를 만들려면, 위와 같이 화면 타겟을 레벨에 따라 별도로 지정하면 된다. 화면에 타겟을 그리는 방식에 대해 살펴보자.



```
 1 : - (void)createTargets
 2 : {
 3 :     [targets release];
 4 :     [enemies release];
 5 :     targets = [[NSMutableSet alloc] init];
 6 :     enemies = [[NSMutableSet alloc] init];
 7 :     [self createTarget:@"rock3.png" atPosition:CGPointMake(500.0, FLOOR_
             HEIGTH) rotation:0.0f 1 : isCircle:NO isStatic:YES isEnemy:NO];
 8 :     [self createTarget:@"rock3.png" atPosition:CGPointMake(520.0, FLOOR_
             HEIGTH+41) rotation:0.0f isCircle:NO isStatic:NO isEnemy:NO];
 9 :     [self createTarget:@"rock3.png" atPosition:CGPointMake(530.0, FLOOR_
             HEIGTH+82) rotation:0.0f isCircle:NO isStatic:NO isEnemy:NO];
10:     [self createTarget:@"rock2.png" atPosition:CGPointMake(550.0, FLOOR_
             HEIGTH+123) rotation:0.0f isCircle:NO isStatic:YES isEnemy:NO];
11:     [self createTarget:@"rock2.png" atPosition:CGPointMake(754.0, FLOOR_
             HEIGTH+123) rotation:0.0f isCircle:NO isStatic:YES isEnemy:NO];
12:     [self createTarget:@"beetle.png" atPosition:CGPointMake(600, FLOOR_
             HEIGTH) rotation:0.0f isCircle:NO isStatic:YES isEnemy:YES];
13:     [self createTarget:@"rock4.png" atPosition:CGPointMake(754.0, FLOOR_
             HEIGTH+20) rotation:0.0f isCircle:NO isStatic:YES isEnemy:NO];
14:     [self createTarget:@"wood2.png" atPosition:CGPointMake(800.0, FLOOR_
             HEIGTH) rotation:90.0f isCircle:NO isStatic:NO isEnemy:NO];
15:     [self createTarget:@"rock5.png" atPosition:CGPointMake(880.0, FLOOR_
             HEIGTH) rotation:0.0f isCircle:NO isStatic:NO isEnemy:NO];
16:     [self createTarget:@"rock5.png" atPosition:CGPointMake(870.0, FLOOR_
             HEIGTH+30) rotation:0.0f isCircle:NO isStatic:NO isEnemy:NO];
17:     [self createTarget:@"rock5.png" atPosition:CGPointMake(890.0, FLOOR_
             HEIGTH+50) rotation:0.0f isCircle:NO isStatic:NO isEnemy:NO];
18:     [self createTarget:@"scorpion.png" atPosition:CGPointMake(685.0,FLOOR_
             HEIGTH+142) rotation:0.0f isCircle:NO isStatic:YES isEnemy:YES];
19: }
```

실제 화면에 그림을 그리는 역할은 createTarget 메소드에서 처리한다. 이 메소드의 첫 번째 인자는 그릴 아이템 이미지이며, 두 번째는 그림을 표시할 위치이다. 세 번째는 그릴 이미지의 회전도, 네 번째는 원으로 유닛을 표시할지 여부, 다섯 번째는 질량이 0인 정적 물체 생성 여부, 여섯 번째는 적 유닛인지를 설정하는데 사용한다. createTargets는 레벨에 따라 값 설정을 변경해 그려주면 된다. [그림 9-29]처럼 화면에 배치하려면 다음과 같이 코드를 작성하면 된다.

```objc
// 첫 번째 블록
[self createTarget:@"rock1.png" atPosition:CGPointMake(400.0, FLOOR_
    HEIGTH) rotation:0.0f isCircle:NO isStatic:NO isEnemy:NO];
[self createTarget:@"rock1.png" atPosition:CGPointMake(400.0, FLOOR_
    HEIGTH+42) rotation:0.0f isCircle:NO isStatic:NO isEnemy:NO];
[self createTarget:@"rock1.png" atPosition:CGPointMake(520.0, FLOOR_
    HEIGTH) rotation:90.0f isCircle:NO isStatic:NO isEnemy:NO];
[self createTarget:@"wood1.png" atPosition:CGPointMake(400.0, FLOOR_
    HEIGTH+84) rotation:0.0f isCircle:NO isStatic:NO isEnemy:NO];
[self createTarget:@"parrot.png" atPosition:CGPointMake(420.0,
    FLOOR_HEIGTH+103) rotation:0.0f isCircle:YES isStatic:NO
    isEnemy:YES];
[self createTarget:@"rock3.png" atPosition:CGPointMake(500.0, FLOOR_
    HEIGTH+103) rotation:0.0f isCircle:NO isStatic:NO isEnemy:NO];
[self createTarget:@"rock3.png" atPosition:CGPointMake(500.0, FLOOR_
    HEIGTH+144) rotation:0.0f isCircle:NO isStatic:NO isEnemy:NO];
[self createTarget:@"tiger.png" atPosition:CGPointMake(515.0, FLOOR_
    HEIGTH+185) rotation:0.0f isCircle:NO isStatic:NO isEnemy:YES];

// 두 번째 블록
[self createTarget:@"squirrel.png" atPosition:CGPointMake(570.0,
    FLOOR_HEIGTH) rotation:0.0f isCircle:NO isStatic:NO isEnemy:YES];
[self createTarget:@"wood3.png" atPosition:CGPointMake(630.0, FLOOR_
    HEIGTH) rotation:0.0f isCircle:NO isStatic:NO isEnemy:NO];
[self createTarget:@"wood3.png" atPosition:CGPointMake(630.0, FLOOR_
    HEIGTH+42) rotation:0.0f isCircle:NO isStatic:NO isEnemy:NO];
[self createTarget:@"wood3.png" atPosition:CGPointMake(630.0, FLOOR_
    HEIGTH+84) rotation:0.0f isCircle:NO isStatic:NO isEnemy:NO];
[self createTarget:@"wood3.png" atPosition:CGPointMake(630.0, FLOOR_
    HEIGTH+126) rotation:0.0f isCircle:NO isStatic:NO isEnemy:NO];
[self createTarget:@"wood2.png" atPosition:CGPointMake(615.0, FLOOR_
    HEIGTH+168) rotation:0.0f isCircle:NO isStatic:NO isEnemy:NO];
[self createTarget:@"parrot.png" atPosition:CGPointMake(630.0,
    FLOOR_HEIGTH+209) rotation:0.0f isCircle:NO isStatic:NO
    isEnemy:YES];

// 세 번째 블록
[self createTarget:@"wood2.png" atPosition:CGPointMake(710.0, FLOOR_
    HEIGTH) rotation:0.0f isCircle:NO isStatic:NO isEnemy:NO];
[self createTarget:@"wood2.png" atPosition:CGPointMake(720, FLOOR_
    HEIGTH+41) rotation:90.0f isCircle:NO isStatic:NO isEnemy:NO];
[self createTarget:@"wood2.png" atPosition:CGPointMake(710.0, FLOOR_
    HEIGTH+125) rotation:0.0f isCircle:NO isStatic:NO isEnemy:NO];
[self createTarget:@"squirrel.png" atPosition:CGPointMake(740.0,
    FLOOR_HEIGTH+166) rotation:0.0f isCircle:NO isStatic:NO
    isEnemy:YES];

// 네 번째 블록
[self createTarget:@"rock1.png" atPosition:CGPointMake(810.0, FLOOR_
```

```
          HEIGTH) rotation:0.0f isCircle:NO isStatic:NO isEnemy:NO];
    [self createTarget:@"rock4.png" atPosition:CGPointMake(815.0, FLOOR_
          HEIGTH+42) rotation:0.0f isCircle:NO isStatic:NO isEnemy:NO];
    [self createTarget:@"tiger.png" atPosition:CGPointMake(900.0, FLOOR_
          HEIGTH) rotation:0.0f isCircle:NO isStatic:NO isEnemy:YES];
```

다음은 유닛 배치를 처리하는 creteTarget 메소드이다.



```
 1 : - (void)createTarget:(NSString*)imageName   // 유닛 이미지
           atPosition:(CGPoint)position          // 유닛 위치
             rotation:(CGFloat)rotation          // 유닛 회전 설정
             isCircle:(BOOL)isCircle             // 유닛에 원 테두리 출력
             isStatic:(BOOL)isStatic       // 유닛 질량 설정, 0이면 정적 물체가 됨
              isEnemy:(BOOL)isEnemy         // 추가할 유닛이 적인지 설정
 2 : {
 3 :      CCSprite *sprite = [CCSprite spriteWithFile:imageName];
 4 :      [self addChild:sprite z:1];
 5 :      b2BodyDef bodyDef;
 6 :      bodyDef.type = isStatic?b2_staticBody:b2_dynamicBody;
 7 :      bodyDef.position.Set((position.x+sprite.contentSize.
width/2.0f)/PTM_RATIO, (position.y+sprite.contentSize.height/2.0f)/
PTM_RATIO);
 8 :      bodyDef.angle = CC_DEGREES_TO_RADIANS(rotation);
 9 :      bodyDef.userData = sprite;
10 :     b2Body *body = world->CreateBody(&bodyDef);
11 :     b2FixtureDef boxDef;
12 :     if (isCircle) {   // 원 형태 표시
13 :          b2CircleShape circle;
14 :          circle.m_radius = sprite.contentSize.width/2.0f/PTM_
RATIO;
15 :          boxDef.shape = &circle;
16 :       }
17 :     else   {   // 정상 모형 표시
18 :          b2PolygonShape boxShape;
19 :          boxShape.SetAsBox(sprite.contentSize.width/2.0f/PTM_
RATIO, sprite.contentSize.height/2.0f/PTM_RATIO);
20 :          boxDef.shape = &boxShape;
21 :       }
22 :     if (isEnemy)  {   // 적 유닛일 경우
23 :          boxDef.userData = (void*)1;
24 :          [enemies addObject:[NSValue valueWithPointer:body]];
25 :       }
26 :      boxDef.density = 0.5f;
27 :      body->CreateFixture(&boxDef);
28 :      [targets addObject:[NSValue valueWithPointer:body]];
29 : }
```

3~4라인에서 유닛 이미지를 불러오고, 5~10라인에서 물체를 만들어 Box2D 영역에 추가한다. 12~16라인에서 추가할 물체에 원 형태 표시를 설정할지 지정하며, 18~20 라인에서는 물체를 정상 모형으로 표시해 추가한다. 23~24라인에서 적 유닛인 경우 enemies 개체에 해당 물체를 추가해 충돌 후 폭발 처리를 하도록 처리한다.

Box2D 영역을 만들고 타겟을 설정하고 각 물체의 속성을 지정했다면, 이제 남은 일은 터치 이벤트를 받아들여 사용자가 원하는 형태로 작동하도록 처리하는 것이다. 이벤트 처리에 대해 살펴보자.



```
1 : -(BOOL) isTouchInsidePauseBtn:(CCSprite *)sprite withTouch:(UITouch *)
touch
2 : {
3 :      CGPoint location = [touch locationInView:[touch view]];
4 :      CGPoint convert = [[CCDirector sharedDirector] convertToGL:location];
5 :      CGFloat width = sprite.contentSize.width / 2;
7 :      CGFloat height = sprite.contentSize.height / 2;
8 :      CCLOG(@"%f + w, %f - w, %f + h, %f - h", sprite.position.
x + width, sprite.position.x - width,sprite.position.y + height,sprite.
position.y - height );
9 :      if(convert.x > (sprite.position.x + width)  ||
           convert.x < (sprite.position.x - width)  ||
           convert.y > (sprite.position.y + height) ||
           convert.y < (sprite.position.y - height)){
10 :          return NO;
11 :      }
12 :     else {
13 :          return YES;
14 :      }
15 : }
16 :
17 : -(void) draw
18 : {
19 : glDisable(GL_TEXTURE_2D);
20 : glDisableClientState(GL_COLOR_ARRAY);
21 : glDisableClientState(GL_TEXTURE_COORD_ARRAY);
22 : world->DrawDebugData();
23 : glEnable(GL_TEXTURE_2D);
24 : glEnableClientState(GL_COLOR_ARRAY);
25 : glEnableClientState(GL_TEXTURE_COORD_ARRAY);
26 : }
27 :
28 : - (void)ccTouchesBegan:(NSSet *)touches withEvent:(UIEvent *)event
29 : {
30 :      if (mouseJoint != nil) return;
```

```
31 :            UITouch *touch = [touches anyObject];
32 :            if((([self isTouchInsidePauseBtn:self.pauseBtnSprite
withTouch:touch] == YES) || ([self isTouchInsidePauseBtn:self.
pressPauseBtnSprite withTouch:touch] == YES))
33 :                {
34 :                if (self.pauseBtnSprite.visible == YES) {
35 :                    [[CCDirector sharedDirector] pause];
36 :                    [[SoundManager mySoundManager] pauseBackgroundMusic];
37 :                    self.pauseBtnSprite.visible = NO;
38 :                    self.pressPauseBtnSprite.visible = YES;
39 :                    isGamePause = YES;
41 :                    }
42 :                else   {
43 :                    [[CCDirector sharedDirector] resume];
44 :                    [[SoundManager mySoundManager]
resumeBackgroundMusic];
45 :                    self.pauseBtnSprite.visible = YES;
46 :                    self.pressPauseBtnSprite.visible = NO;
47 :                    isGamePause = NO;
48 :                    }
49 :                }
50 :            else  {
51 :                if(isGamePause == YES) return;
52 :                CGPoint location = [touch locationInView:[touch view]];
53 :                location = [[CCDirector sharedDirector]
convertToGL:location];
54 :                b2Vec2 locationWorld = b2Vec2(location.x/PTM_RATIO,
location.y/PTM_RATIO);
55 :                if (locationWorld.x < barrelBarBody->GetWorldCenter().x
+ 50.0/PTM_RATIO)  {
56 :                    b2MouseJointDef md;
57 :                    md.bodyA = groundBody;
58 :                    md.bodyB = barrelBarBody;
59 :                    md.target = locationWorld;
60 :                    md.maxForce = 2000;
61 :                    mouseJoint = (b2MouseJoint *)world->CreateJoint(&md);
62 :                    // 포신 잡아 당기는 효과음 추가하기
63 :                    [[SoundManager mySoundManager]
playSoundEffect:@"stretch"];
64 :                    }
65 :                }
66 :            }
67 :    - (void)ccTouchesMoved:(NSSet *)touches withEvent:(UIEvent *)event
68 :        {
69 :            if (mouseJoint == nil) return;
70 :            UITouch *myTouch = [touches anyObject];
71 :            CGPoint location = [myTouch locationInView:[myTouch view]];
72 :            location = [[CCDirector sharedDirector]
convertToGL:location];
73 :            b2Vec2 locationWorld = b2Vec2(location.x/PTM_RATIO,
```

```
location.y/PTM_RATIO);
74 :            mouseJoint->SetTarget(locationWorld);
75 :        }
76 : - (void)ccTouchesEnded:(NSSet *)touches withEvent:(UIEvent *)event
77 :    {
78 :        if (mouseJoint != nil)  {
79 :            if (barrelBarJoint->GetJointAngle() >= CC_DEGREES_TO_
RADIANS(30))  {
80 :                releasingBarrel = YES;
81 :                // 총알 발사 효과음 추가하기
82 :                [[SoundManager mySoundManager] playSoundEffect:@"fire"];
83 :            }
84 :            world->DestroyJoint(mouseJoint);
85 :            mouseJoint = nil;
86 :        }
87 :    }
```

1~15라인에 구현된 isTouchInsidePauseBtn은 화면 우측 상단에 "일시 정지(pause)" 버튼을 눌렀는지 확인하는 메소드이다.

17~26의 draw 메소드는 화면에 디버그 메시지를 출력한다.

28~66라인의 ccTouchesBegan 메소드는 화면 터치가 발생하면 맨 처음 호출되는 곳이다. 32라인에서 "일시 정지" 버튼이 터치되었다면 배경 음악을 중단하고 전체 게임 진행을 중단시킨다. 게임 진행 중단은 [CCDirector sharedDirector] pause] 를 이용해 할 수 있다. 43~47라인은 일시 정지된 상태에서 터치 이벤트가 다시 발생하면 게임의 일시 정지를 풀고 배경 음악을 다시 재생하는 코드들이다.

51~63라인은 터치가 "일시 정지" 버튼 이외의 장소에서 발생하면 호출된다. 55라인에서 포신을 당기고 있는지 확인해 64라인에서 포신 당기는 효과음을 내도록 처리한다.

67~75라인의 ccTouchesMoved는 터치 상태에서 이동할 때 호출되는 메소드로 포신의 조인트 부분의 이동을 처리한다. 즉, 총알을 장전한 상태에서 포신을 왼쪽으로 당길 때 호출된다.

76~87라인의 ccTouchesEnded는 화면에서 손을 뗄 때 호출된다. 79라인에서 포신을 당겼다 놓는 동작을 확인한 후 실제 총알을 움직이도록 설정한다. 82라인에서는 총알 발사 효과음이 나도록 처리한다.

지금까지 Level1Layer.mm 파일에 대해서 살펴보았다. Level2Layer.mm, Level3Layer.mm 파일도 동일한 방식으로 작성해보자.

## 4.4 개선 방향 살펴보기

지금까지 앵그리버드와 유사한 횡 스크롤 게임을 작성해 보았다. 이 게임은 3개의 레벨을 갖고 있으며, 매우 기본적인 동작을 처리하고 있다. 조금 더 개선된 게임을 작성하기 위해서는 다음과 같은 기능을 추가로 구현해야 할 것이다.

**‖‖‖ 추가 구현할 항목**

- 화면 줌인 줌아웃 기능

- 궤적 추적

- 장애물 추가하기

- 보다 풍부한 게임 레벨 추가하기

- 메뉴 기능 구현하기

앵그리버드 게임은 두 손가락을 이용해 핀치 줌을 하면 게임 화면이 커지거나 혹은 작아지는 기능을 갖고 있다. 아이폰 화면이 작기 때문에 전체 타겟의 배치를 한눈에 볼 수 있도록 줌인과 줌아웃 기능이 제공된다. 스마일 몽키에도 이 기능을 구현해보자. 또한, 총알이 날아가는 궤적을 볼 수 있다면, 다음 번 총을 쏠 때 적 유닛을 파괴할 확률이 훨씬 더 커질 것이다. 총알의 움직임을 따라 궤적을 추가하는 기능을 넣어보자. 앵그리버드 게임에는 게임 타겟 배치에 아주 다양한 유닛이 배열된다. 현재 스마일 몽키 게임에는 나무와 돌 장애물만 존재한다. 보다 많은 장애물을 추가해보자. 또한 3단계 이상의 다양한 게임 레벨을 추가해보자. 이외에도 메뉴 기능을 추가하고, 게임 센터와 연동한다거나 네트워크 기능을 넣어 친구와 대전 게임을 할 수 있도록 개선할 수도 있을 것이다.

### 마무리

지금까지 Cocos2d와 Box2D를 이용한 iOS용 게임을 작성해 보았다. 게임 라이브러리를 이용하면 앵그리버드 스타일의 화려한 UI를 갖는 게임을 손쉽게 개발할 수 있다. iOS에서 주로 사용하는 Cocos2d 및 Unity 3D 등의 게임 라이브러리를 학습해 보다 개선된 게임 프로그램을 작성해보자. 게임 개발은 iOS 공부를 조금 더 재미있고, 열정적으로 할 수 있도록 도와줄 것이다.

# 오브젝티브 C 탄생과 성장

오브젝티브 C (Objective-C, 종종 ObjC 로 표기)는 iOS 프로그램의 기본 언어로 채택되어 있다.

오브젝티브 C는 C 프로그램 언어에 스몰토크 스타일의 메시지를 추가한 객체지향 언어이다. 1983년 Tom Love와 Brad Cox에 의해 처음 만들어졌으며 이후 자바 언어 등의 객체 지향 언어 탄생에 영향을 주었다.

그렇지만 오브젝티브 C는 얼마 전까지 큰 주목을 받지 못한 잊혀진 컴퓨터 프로그램 언어에 불과했다. 스티브 잡스가 애플을 떠나 새롭게 만든 NeXT라는 회사에서 1988년 오브젝티브 C 라이센스를 받고 NeXTSTEP 사용자 인터페이스와 인터페이스 빌더를 구축하면서 본격적으로 오브젝티브 C가 사용되기 시작했다. NeXTSTEP 은 NeXT에서 개발한 컴퓨터의 운영체제로 혁신적은 제품을 만들어 냈지만 시장의 주목을 받지는 못했다. 스티브 잡스가 다시 애플로 복귀한 후에 기존 애플 개발환경을 걷어내고 NeXTSTEP 기반의 새로운 운영체제와 개발환경을 만들기 시작했다. 맥킨토시의 성공과 아이팟 그리고 아이폰의 성공으로 오브젝티브 C 기반의 NeXTSTEP는 iOS와 MAC OS X에서 빛을 보기 시작한다.

오브젝티브 C는 C 위에 얇은 레이어를 씌운 형태로 C++과 달리 다중 상속을 지원하지 않는다. 대신 자바의 인터페이스에 해당하는 프로토콜(protocol)을 정의해 사용한다. 또한 객체지향 프로그램 지원을 위한 메시지와 클래스 선언과 구현 방식을 제공한다.

오브젝티브 C에 대한 보다 자세한 내용은 아래 링크를 참고하자.

▥ https://developer.apple.com/library/mac/#documentation/Cocoa/Conceptual/ObjectiveC/Introduction/introObjectiveC.html

# iCloud

애플의 클라우드 서비스인 iCloud를 사용하는 방식은 키–값 저장 방식과 도규먼트 저장 방식의 두 가지가 있다. 이번 장에서는 iCloud의 기본 개념과 구체적인 사용 방법을 예제를 통해 자세히 살펴볼 것이다. 아이폰 앱에 클라우드 개념을 적용해 보다 활용성 높은 앱을 작성해보자.

- iCloud 개념 학습하기

- 만화책 뷰어에 iCloud 적용하기

만화책 뷰어에 iCloud 서비스를 적용해보자.

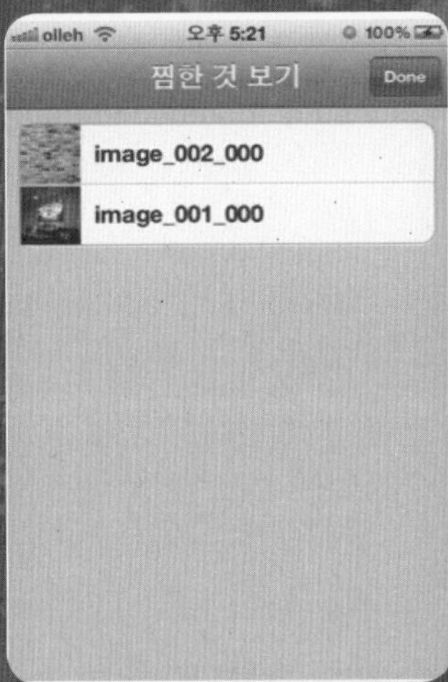



- iCloud를 이해한다.

- 키-값 스토리지 API 사용 방법을 안다

- 도큐먼트 스토리지 API 사용 방법을 안다.

2011년 스티브 잡스가 병든 몸을 이끌고 나와서 마지막으로 발표했던 서비스가 바로 iCloud였다. 스티브 잡스는 iCloud를 위해서 2011년에 iCloude.com 도메인을 450만 달러(우리돈 50억)에 구입하고 미국 노스케롤라이나주에 세계 최대 규모의 데이터 센터를 지었다.

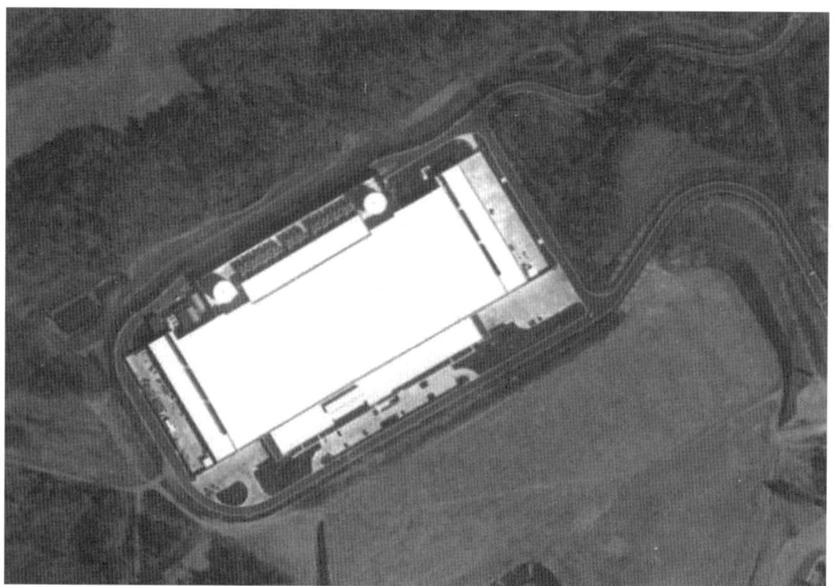

[그림 10-1] 애플 데이터 센터 전경

많은 사람들은 대규모 데이터 센터를 짓는다는 소문에 애플이 과연 어떤 서비스를 준비하고 있는지 궁금해했다. 스티브 잡스가 마지막으로 내놓은 이 서비스는 도대체 정체가 무엇일까? 서비스를 이해하기 위해서 우선 클라우드 서비스에 대해서 알아보고 다시 iCloud에 대해서 살펴보도록 하자.

클라우드 서비스란 일종의 렌탈 서비스이다. 내가 여행을 갔을 때 그 여행지에서 사용할 차를 렌탈 업체에서 임시로 빌려서 사용하고 사용한 만큼의 비용을 지불하는 것과 유사하다. 가령 내가 한달간 100TB(테라바이트)의 저장 공간이 필요하다고 하자. 100TB의 하드디스크를 구입해 사용할 수도 있겠지만 하드 디스크를 사용하고 관리하는 비용이 들어간다. 그리고 한달 간만 쓸 예정이였으므로 필요없게 되면 중고로 팔아서 처분해야 한다. 이렇게 복잡한 방법을 대신할 다른 방법이 있다. 바로 클라우드 업체에서 100TB의 용량을 대여받아 사용을 하고 서비스 비용을 지불하는 방법이 그것이다. 서비스 비용이 합리적이라면 당연히 후자쪽이 더 유리하다.

아마존, 구글, MS 등의 클라우드 업체들은 가상 컴퓨터, 가상 스토리지와 같은 IT 리소스를 대여해주고 있다. 이 리소스를 소비자가 얼마나 사용하는가에 따라 비용을 받고 있다. 이제 더이상 서버를 구축하기 위해서 비싼 서버를 직접 구입해서 관리하지 않아도 된다. 그리고 크리스마스와 같이 특정기간에 몰리는 트래픽 때문에 당장 필요하지 않는 서버를 마련해두지 않아도 된다. 필요할때 요청을 하면 필요한 만큼의 IT 리소스를 대여받아서 사용할 수 있다. 이런 개념을 유틸리티 컴퓨팅 서비스라고 부르는데, 수도세나 전기세, 가스비처럼 쓰는 만큼 비용을 지불하는 형태이다. 즉, IT 자산을 쓰는 만큼만 비용을 정산하는 서비스 모델로 가상화 기법을 적용해 클라우드 서비스라고 부른다. 클라우드 서비스가 제공하는 서비스는 크게 컴퓨팅 서비스와 스토리지 서비스로 구분된다. 컴퓨팅 서비스는 가상의 서버를 임대하는 방식이고, 스토리지 서비스는 웹하드와 유사한 서비스 방식이다. 대표적인 컴퓨팅 서비스는 아마존의 EC2가 있고, 대표적인 스토리지 서비스는 역시 아마존의 S3가 있다.

지금까지의 설명한 클라우드의 이점은 서버를 구축하는 서버 담당자들 이야기이다. 그럼 사용자들에게 클라우드의 서비스의 의미는 무엇일까? 아이폰과 아이패드를 만들어서 판매하는 제조사인 애플이 바라보는 클라우드 서비스는 무엇일까?

[그림 10-2] 클라우드 서비스 (출처 : 애플 클라우드 서비스)

애플이 생각하는 클라우드 서비스는 자사 기기들 간의 컨텐츠 공유로 그 영역을 제한한다. [그림 10-2]처럼 아이폰에서 노래를 구입하면 아이패드, 맥북에서도 같은 사진, 같은 노래를 자동으로 다운 받아서 이용할 수 있다. IT 장비를 만들어 팔고 컨텐츠를 유통하는 회사인 만큼 사용자의 입장에서 클라우드를 설명하고 있다. iCloud의 등장으로 이제 클라우드 서비스는 서버에서 사용하는 용어가 아닌 일반 사용자들에게 친숙한 용어가 되었다.

**[표 10-1] iCloud에서 제공하는 서비스들**

| 서비스 | 내용 |
| --- | --- |
| 사진 공유 | 최대 1000장의 사진을 기기 간에 공유할 수 있는 서비스. 단 공유된 사진은 보거나 저장할 수는 있지만 삭제할 수는 없음(iOS5부터 삭제 기능) |
| 앱 공유 | 아이폰에서 구매한 앱이 자동으로 다른 기기에 다운로드 되는 서비스 |
| 책 공유 | 아이폰에서 구매한 책이 다른 기기에 다운로드 되며 책갈피도 공유하는 서비스 |
| 백업 서비스 | 아이폰 및 아이패드, 컴퓨터의 데이터를 클라우드 서버에 백업해 저장하는 서비스 |
| 일정 | 일정 정보를 공유하는 서비스 |
| 메일 | 전자 우편 서비스 |
| 연락처 | 연락처 정보를 공유하는 서비스 |
| 친구 찾기 | 친구들의 위치를 확인할 수 있는 서비스 |
| 아이폰 찾기 | 자신의 아이폰 위치를 볼 수 있는 서비스 |
| 자료 공유 | 앱의 일반 정보를 공유하는 서비스. 애플의 페이지, 키노트와 같은 앱들의 데이터를 공유하는 기능 |

앱을 제작하는 개발자의 입장에서 iCloud 서비스 중에서 관심을 가져야 하는 서비스는 자료 공유 기능이다. 이 기능은 앱에서 발생한 데이터를 공유하는 기능이다. 애플의 앱 중에 키노트 앱이 있는데 아이폰의 키노트에서 문서를 하나 만들어서 공유를 하면 집에 있는 맥에 키노트 문서가 만들어지는 식이다.

지금부터 자료 공유 기능을 사용하는 방법에 대해서 살펴보자. 이를 바탕으로 앞에서 작성한 만화책 뷰어에 클라우드 기술을 적용해보자.

iCloud가 제공하고 있는 자료 공유 서비스를 이용하는 방법에는 두 가지 방법이 있다. 바로 키-값 저장 방식(iCloud Key-Value Storage)과 도큐먼트 저장 방식(iCloud Document-based Storage)이다. 이들 두 방식의 차이에 대해서 알아보자.

## 저장하려는 데이터가 다르다.

키-값 저장 방식과 도큐먼트 저장 방식의 가장 큰 차이점은 공유하려는 데이터의 종류이다. 키-값 저장 방식은 그 이름에서도 알 수 있듯이 NSMutableDictionary 클래스처럼 키와 연관된 값을 저장하는 방식이다. 값으로 지정할 수 있는 것을 plist 형태로 표현할 수 있는 NSData, NSString, NSNumber, NSArray, NSDictionary 등이 키-값 저장 방식에 사용할 수 있다. 단, 값으로 지정할 수 있는 최대 값은 64KB이다. 그 이상을 저장하려고 하면 용량 초과 노티피케이션을 받게 된다. 자세한 내용은 클라우드 API를 설명하는 부분에서 살펴보자.

도큐먼트 저장 방식은 파일과 디렉토리로 이루어진 데이터를 저장하고 동기화할 수 있다. 키-값 저장 방식에 비해서 다룰 수 있는 데이터 종류나 용량도 제한이 없다. 개발자가 원하는 데이터를 원하는 만큼 사용할 수 있다. 대신, 총 사용량은 최종 사용자의 해당 iCloud 계정 여유 공간으로 제한된다. 즉, iCloud 용량이 10GB인 사용자는 10GB만큼, 5GB 사용자는 5GB만큼만 사용할 수 있다.

## 사용하는 목적이 다르다.

iCloud를 이용하는 데이터가 다른 것은 사용하려는 목적이 다르기 때문이다. 먼저 키-값 저장 방식은 앱의 설정 값이나 다른 데이터들의 설정 데이터를 공유하기 위해서 사용한다. 보통 설정 값들은 앱 실행에 있어서 꼭 필요한 데이터가 아니고 공유하려는 데이터의 사이즈가 크지 않다. 예를 들어 iBooks의 책갈피 정보나 사파리 웹 브라우저의 즐겨찾기 정보들은 키-값 저장 방식을 사용했을 것이다.

도큐먼트 저장 방식은 키-값 저장 방식 이외의 모든 형태의 데이터를 공유하는데 사용된다. 앱에서 생성한 모든 데이터를 공유할 수 있다. 예를 들어 키노트 앱에서 문서를 생성하고 이 문서를 공유할 때 사용된다. 공유할 수 있는 도큐먼트는 파일이나 디렉토리로 이루어진 데이터를 말한다. 즉 어떤 데이터든 사용할 수 있다.

## 데이터를 사용하는 방법이 다르다.

그럼 사용하는 방법은 어떻게 다를까? 키-값 저장 방식은 사용 목적이 간단한 만큼
사용법도 간단하다.

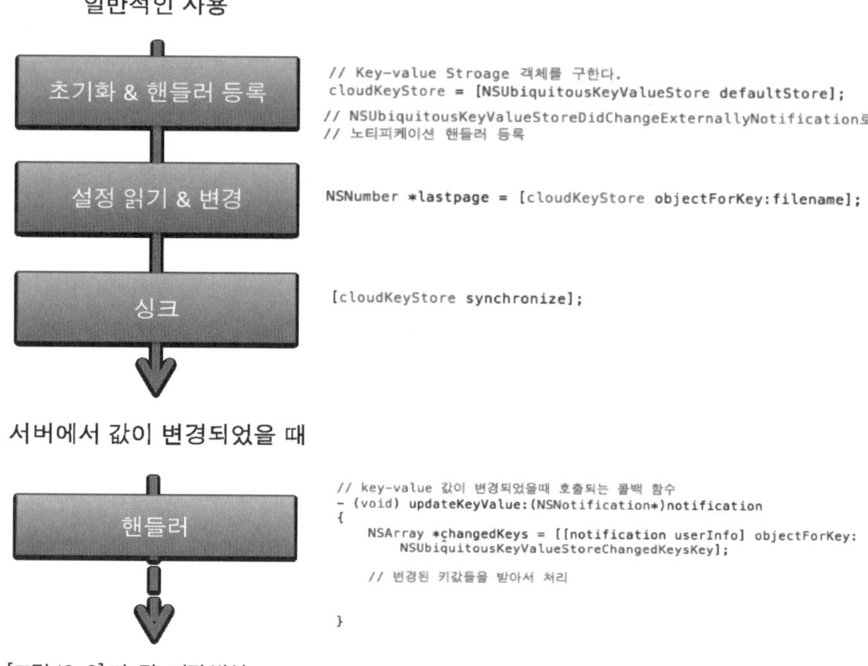


[그림 10-3] 키-값 저장 방식

키-값 저장 방식은 NSUbiquitousKeyValueStore을 사용한다. 이 클래스를 이용해
서 객체을 생성하고 데이터를 읽거나 저장한다. 값을 변경하면 synchronize 메소드
를 이용해서 변경된 값을 저장한다. 이렇게 저장된 값은 서버에 자동으로 전송되고 다
른 기기들에 자동으로 동기화된다. 단 데이터를 변경하더라도 바로 반영되지 않는다.
변경된 데이터가 서버에 전송되기까지 몇 분의 시간이 걸릴 수 있다.

도큐먼트 저장 방식은 파일과 디렉토리처럼 일반 데이터를 다루기 때문에 키-값 저장
방식에 비해 사용법이 조금 더 복잡하다. 하지만 동기화하려는 데이터가 파일과 디렉
토리라는 사실만 다를 뿐 기본 원리는 같다.

iCloud 서버는 동기화할 데이터가 메타 데이터와 함께 저장되어 있다. 서버 데이터는
사이즈가 클 수 있기 때문에 데이터를 바로 동기화하지 않고 데이터에 대한 메타 데이
터를 먼저 동기화한다. 메타 데이터에 대한 동기화는 키-값 저장 방식과 같이 시스템
에서 자동으로 해준다. 개발자가 할 일은 동기화된 메타 데이터를 조회해서 실제 데이
터를 동기화하도록 구현하는 것이다.

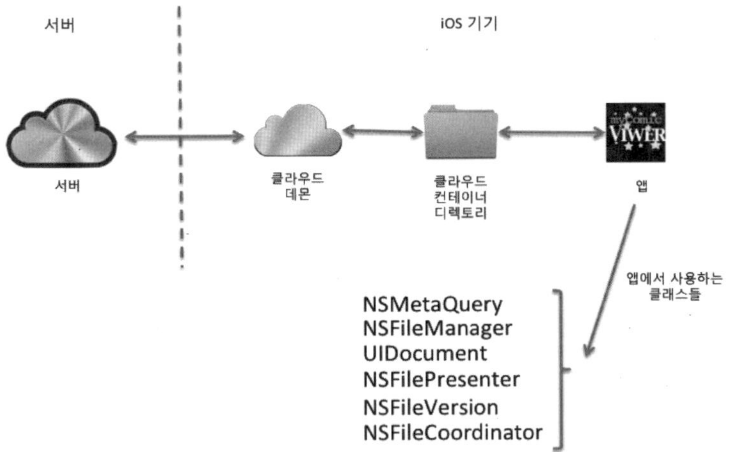


[그림 10-4] 도큐먼트 저장 방식

iCloud에서 사용할 API들은 크게 세 부분으로 구분할 수 있다. 바로 검색, 파일 처리, 데이터 읽기/쓰기이다. 검색은 NSMetaQuery 클래스를 이용한 동기화된 파일들에 대한 정보들을 얻을 수 있다. 메타 데이터에는 파일 이름, 파일 사이즈, 다운로드/업로드 정보 등을 얻을 수 있다.

iCloud에서 관리하는 파일을 다운로드 시키거나 로컬에 있는 파일을 클라우드 파일로 변경시킬 때는 NSFileManager 클래스를 이용한다. 이외에도 클라우드 컨테이너의 경로를 조회하는 기능도 가지고 있다. 파일을 읽고 쓰려면 NSFileCoordinator 클래스를 사용해야 한다. NSFileCoordinator는 하나의 클라우드 파일에 대해서 다른 프로세스나 스레드에서 파일을 읽거나 쓰면 문제가 발생할 수 있기 때문에, 사용하려는 파일의 접근을 한번에 하나의 요청만 처리하도록 하는 역할을 한다.

## 데이터 충돌을 다루는 방법

데이터를 동기화하는 프로그램에서 가장 중요한 이슈는 데이터 충돌 감지와 충돌 데이터의 처리 문제다. 같은 데이터를 두 기기에서 동시에 수정을 하였을 때 어떻게 처리를 해야 할까? 이 문제를 iCloud는 어떻게 해결했을까?

우선, 키-값 저장 방식에서는 데이터 충돌이 없다. 어떤 키에 대해서 값을 변경하면 변경된 시간을 기준으로 가장 최신 데이터가 적용된다. 따라서, 데이터의 충돌에 대해서 개발자가 할 일이 없다. 하지만 이런 점 때문에 꼭 필요하고 중요한 데이터에는 키-값 저장 방식을 사용하지 못한다. 만약, 모든 변경 사항을 고려해야 한다면 도큐먼트 저장 방식을 사용해야 한다. UIDocument를 사용하면 내부의 documentState 프로퍼티를 통해서 데이터 충돌 여부를 확인할 수 있다.

UIDocument는 documentState가 변경될 때 노티피케이션이 발생하게 된다. 충돌처리는 충동 노티피케이션 핸들러를 통해 처리된다.

지금까지 iCloud를 사용하는 두 가지 방법에 대해 살펴보았다. 두 방식은 처리하는 데이터의 종류와 처리 방식이 현저히 다르기 때문에, 각 특성에 맞도록 적절히 기능을 사용해야 한다. 만화책 뷰어에 클라우드 기능을 적용하면서 iCloud의 주요 기능을 살펴보자.

## 03 iCloud 서버 설정

iCloud를 앱에서 사용하기 위해서는 우선, 개발자 계정 서버에 iCloud를 사용한다는 설정을 해야 한다. 애플 개발자 사이트(https://developer.apple.com/ios)를 이용해 [그림 10-5]처럼 개발자 포털 사이트에서 "Enable for iCloud"를 선택해 iCloud 기능을 활성화 시키자.

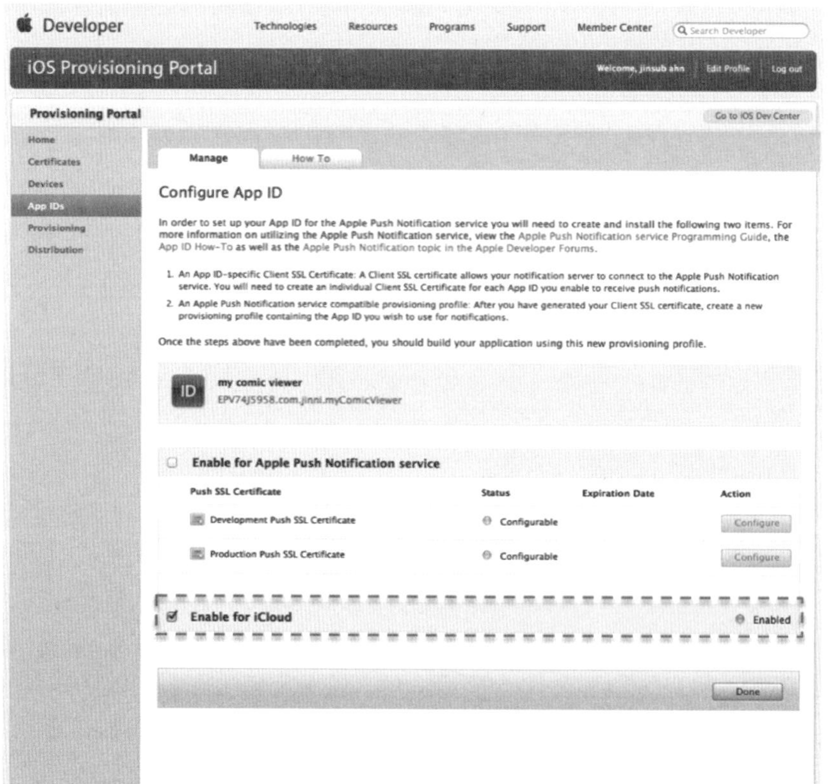

[그림 10-5] iCloud 활성화 시키기(출처 : 개발자 포털 사이트)

만약, App ID를 iCloud 서비스가 만들어지기 이전에 만들었다면 프로비젼 파일을 다시 만들어야 앱에서 iCloud를 사용할 수 있다. 왜냐하면 iCloud가 추가되면서 프로비젼 파일 형식이 변경되었기 때문이다.

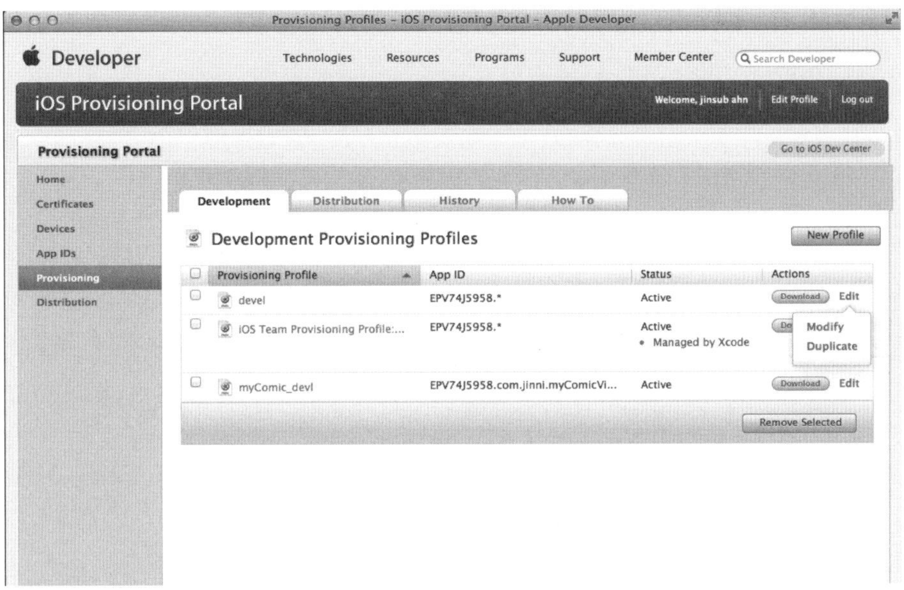

[그림 10-6] iCloud 프로비젼 파일 갱신(출처 : 개발자 포털 사이트)

 ┃ 팀 아이디 ┃

App ID를 만들다보면 앱 아이디 앞에 붙는 일련의 문자들이 있다. 이것은 번들 아이디로 불리며 키체인을 통해서 데이터를 공유할 때 사용하는 값이다. 같은 개발사 혹은 개발자가 만든 앱 간에 같은 번들 아이디를 사용한다면 키체인을 통해서 데이터를 공유할 수 있다. iCloud도 같은 개념의 문자들이 있다. 이것을 팀 아이디라고 한다. 같은 팀 아이디를 공유한다면 클라우드를 이용해 앱 사이의 데이터를 공유할 수 있다. 동일 기기에서 데이터를 공유하는 키체인 방식과는 다르게 팀 아이디를 이용하면 클라우드를 통해서 맥과도 데이터 공유가 가능하다. 팀 아이디는 애플 개발자 포털의 개인 정보 화면에서 확인할 수 있다.

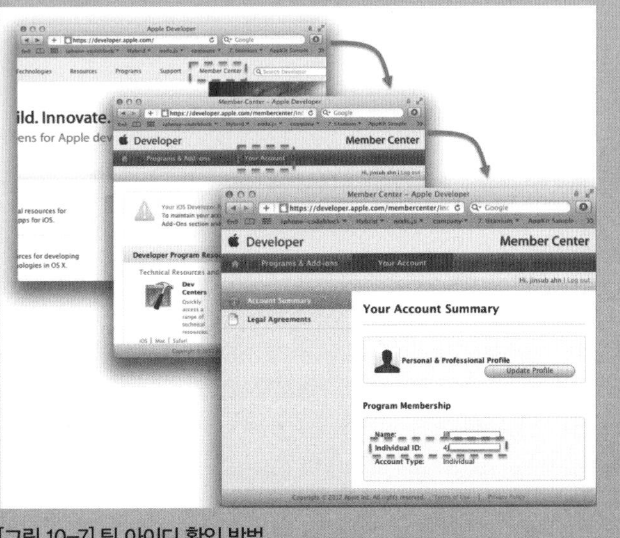

[그림 10-7] 팀 아이디 확인 방법

# 키-값 저장 방식 사용하기

키-값 저장 방식은 앞에서 언급했듯이 동기화되는 데이터량이 작을 경우 사용한다. 만화책 뷰어에서 마지막으로 보았던 페이지를 저장하는 부분에 키-값 저장 방식을 적용해보자.

## 4.1 iCloud 설정

iOS기기에서 iCloud를 사용하려면 우선 권한(entitlement) 설정을 해야 한다. 최신 버전의 Xcode에서는 권한을 관리하기 위한 화면이 있기 때문에 쉽게 설정할 수 있다. [그림 10-8]처럼 값을 설정하자.

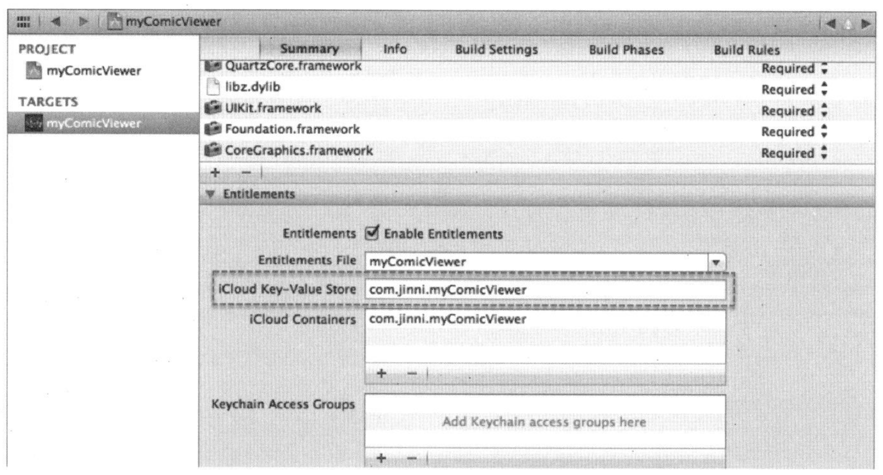

[그림 10-8] 권한(Entitlements) 설정

권한을 설정하면 〈TARGET_NAME〉.entitlements라는 파일이 생성된다. 이때 TARGET_NAME은 보통 프로젝트 이름과 동일하다. 예제에서는 myComicViewer.entitlements가 생성된다. 이 파일에 설정 값이 plist 파일로 저장된다.

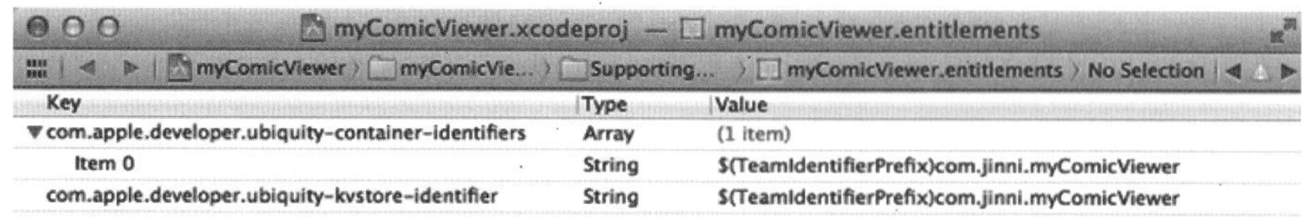

[그림 10-9] iCloud 설정(myComicViewer.entitlements)

com.apple.developer.ubiquity-kvstore-identifier값을 이용하면 키-값 저장 방식 처리를 통해 앱들 간에 데이터를 공유할 수 있다. 즉, 다른 앱들 간에 설정 값을 공유할 수 있다. 예제에서는 앱 아이디를 사용하였는데 꼭 앱 아이디가 아니어도 상관없다. 단지 팀 아이디와 앱아이디로 이루어진 문자열이 같으면 데이터를 공유할 수 있다.

com.apple.developer.ubiquity-container-identifiers키 값은 도큐먼트 저장 방식을 위한 값이다. 키-값 저장 방식 설정과는 다르게 여러 개의 값을 설정할 수 있다. 즉, 여러 동기화 디렉토리에 접근할 수 있어서 같은 개발자, 동일 개발사에서 개발한 앱들 간의 연계된 서비스를 구현할 수 있다.

권한(entilements) 파일에 있는 $(TeamIdentifierPrefix)는 프로비저닝 파일에 저장된 팀 아이디를 사용하겠다는 표시이다.

**[표10-2] 권한 파일의 클라우드 설정 키 이름**

| 키 이름 | 설명 |
| --- | --- |
| com.apple.developer.ubiquity-kvstore-identifier | 키-값 동기화를 위한 설정 키 |
| com.apple.developer.ubiquity-container-identifiers | 도큐먼트 동기화를 위한 설정 키. 동시에 여러 도큐먼트 컨테이너를 접근할 수 있다. |

**여기서 잠깐만**  | **권한(entitlements) 파일** |

권한(entitlements) 파일은 키체인이나 클라우드를 사용할 때 반드시 사용된다. 이 파일에 설정하는 값은 디렉토리와 관련이 있다. iOS 앱들은 모든 샌드박스라는 구조하에서 동작하도록 되어있다. 미리 설정된 샌드박스 이외에 자원을 접근할 수 없도록 해놓았다. 하지만 키 체인이나 클라우드를 사용할때는 이 샌드박스를 확장해야 한다. 클라우드의 경우 클라우드 컨테이너라는 디렉토리를 이용하는데, 이 디렉토리는 샌드박스 외부에 있다. 따라서, 클라우드 컨테이너의 디렉토리에 접근을 수 있도록 미리 권한(entitlements) 파일에 설정을 해두어야 한다.

## 4.2 초기화

**[소스 10-1] 키 - 값 동기화 - AppDelegate.m**

```
1: // Cloud API를 지원하는지 확인.
2: BOOL IsSupportCloudAPI()
3: {
4:     return NSClassFromString(@"NSUbiquitousKeyValueStore") != nil;
5: }
6:
```

```
 7:    // iCloud Key-Value Storage 초기화
 8:  - (void) setupKeyValueCloud
 9:  {
10:        // iCloud가 지원하지 않으면 설정하지 않음
11:        if(! IsSupportCloudAPI()) return;
12:
13:        // Key-value Stroage 객체를 구한다.
14:        cloudKeyStore = [NSUbiquitousKeyValueStore defaultStore];
15:
16:        [cloudKeyStore synchronize];
17:  }
18:
19:  - (BOOL)application:(UIApplication *)application
            didFinishLaunchingWithOptions:(NSDictionary *)launchOptions
20:  {
21:        ...< 생략 >...
22:        // 클라우드 API 초기화
23:        [self setupKeyValueCloud];
24:
25:        ...< 생략 >...
26:     return YES;
27:  }
```

iCloud를 사용하려면 우선, 클라우드 관련 API를 초기화해야 한다. 앱을 실행할 때 AppDelegat의 application:didFinishLaunchingWithOptions:에서 초기화 시켜 주면 된다.

iCloud는 iOS 5.x 이상에서만 사용할 수 있다. 따라서, 현재 iOS가 iCloud 서비스를 사용할 수 있는지 확인하는 것이 중요하다. 사용 가능 여부 확인법은 NSUbiquitousKeyValueStore 클래스가 있는지 확인하는 것이다. 이 클래스를 이용할 수 있다면 iOS 5.x 이상 버전이므로 클라우드 기능을 사용할 수 있다.

키-값 저장 방식은 초기화를 위해서 NSUbiquitouskeyValueStore 객체를 얻어서 synchronize 메소드를 실행해 주어야 한다. 만약, 권한(entitlements) 파일에 키-값 저장 방식이 설정되어 있지 않으면, synchronize 메소드 실행 결과가 NO가 된다.

## 4.3 키-값 쓰기

키-값 저장 방식을 통해서 값을 설정해보도록 하자. 우리가 구현할 기능은 만화책을 본 마지막 페이지를 동기화하는 것이다. 마지막 페이지는 ComicInfo 객체의

lastPage에 저장되어 있다. 앱이 숨겨질 때 마지막 페이지를 iCloud에 저장하도록 구
현해보자.

[소스 10-2] 마지막 페이지 저장 – AppDelegate.m

```objc
 1: - (void)applicationWillResignActive:(UIApplication *)application
 2: {
 3:
 4:     [[Setting sharedSetting] setComicInfos:comicInfos];
 5:
 6:     if (cloudKeyStore) {
 7:         for (NSString *filename in comicInfos)
 8:         {
 9:             ComicInfo *info = [comicInfos objectForKey:filename];
10:
11:             // 마지막 페이지(last page)가 변경된 경우에만 반영
12:             NSNumber *cloudedPage = [cloudKeyStore
                                       objectForKey:filename];
13:             if ([cloudedPage integerValue] != info.lastPage ) {
14:                 [cloudKeyStore setObject:[NSNumber
                      numberWithInteger:info.lastPage] forKey:filename];
15:             }
16:
17:         }
18:
19:         [cloudKeyStore synchronize];
20:     }
21: }
```

키-값 저장 방식을 이용해서 값을 저장하는 방법은 사용자 설정을 저장하는
NSUserDefaults 사용법과 동일하다. [소스 10-2]는 앱이 백그라운드로 들어갈 때
호출되는 메소드이다. 키는 파일명으로 하고 저장할 값은 마지막으로 보았던 페이지
번호이다. 값을 저장할 수 있는 것은 NSString, NSNumber 등과 같은 객체들이기
때문에 NSNumber로 변환해 값을 저장한다. 14라인에서 데이터를 모두 썼다면 19라
인에서 synchronize를 실행시켜서 변경 내용을 저장한다.


## 4.4 키-값 읽기

[소스 10-3]는 앱이 실행될 때 호출되는 메소드로 앱이 초기에 실행되거나 백그라운
드에 있다가 다시 활성화될 때 호출된다. 앱이 활성화될 때 iCloud에 저장된 값을 읽

어온다. 읽어오는 명령은 objectForKey로 NSDictionary에서 키로 값을 찾는 경우
와 같다.

[소스 10-3] 마지막 페이지 읽기 – AppDelegate.m

```
 1: - (void)applicationDidBecomeActive:(UIApplication *)application
 2: {
 3:     NSMutableDictionary *comicInfos =
                 self.filelistViewController.comicInfos;
 4:
 5:     if (cloudKeyStore) {
 6:         for (NSString *filename in comicInfos)
 7:         {
 8:          NSNumber *lastpage = [cloudKeyStore objectForKey:filename];
 9:             if (lastpage)
10:             {
11:                ComicInfo *info = [comicInfos objectForKey:filename];
12:                 info.lastPage = [lastpage integerValue];
13:             }
14:         }
15:     }
16: }
```

8라인에서 사용한 것처럼 NSUbiquitousKeyValueStore 객체의 objectForKey 메
소드를 사용해 클라우드에 저장된 값을 읽을 수 있다.

## 4.5 키-값 저장 방식에서 값이 변경되었을때 처리

앱 실행 중에 iCloud에 저장된 값을 변경할 수 있다. iCloud 서버의 데이터가 변경되
고 변경된 데이터가 언제 단말에 내려올지 확실한 시점을 알지는 못한다. iCloud 정보
가 변경된 경우, 이 값을 반영하기 위해서는 노티피케이션을 등록해 놓으면 된다. 등
록한 노티피케이션은 iCloud에서 값이 내려와 데이터를 변경할 시점에 호출된다.

[소스 10-4] 노티피케이션 등록 및 핸들러 처리 – AppDelegate.m

```
 1: // key-value 값이 변경되었을때 호출되는 콜백 함수
 2: - (void) updateKeyValue:(NSNotification*)notification
 3: {
 4:     NSMutableDictionary *comicInfos =
                     self.filelistViewController.comicInfos;
 5:     NSArray *changedKeys = [[notification userInfo]
            objectForKey:NSUbiquitousKeyValueStoreChangedKeysKey];
```

```objc
 6:
 7:     for (NSString *filename in comicInfos)
 8:     {
 9:         if ([changedKeys containsObject:filename]) {
10:             ComicInfo *info = [comicInfos objectForKey:filename];
11:             NSNumber *lastpage = [cloudKeyStore
objectForKey:filename];
12:             info.lastPage = [lastpage integerValue];
13:             break;
14:         }
15:     }
16: }
17:
18: // iCloud Key-Value Storage 초기화
19: - (void) setupKeyValueCloud
20: {
21:     // iCloud가 지원하지 않으면 설정하지 않음
22:     if(! IsSupportCloudAPI()) return;
23:
24:     // Key-Value Storage API가 있는지 확인
25:     // Cloud API들을 iOS 5.0 이상에서만 사용할 수 있다.
26:
27:     // Key-value Stroage 객체를 구한다.
28:     cloudKeyStore = [NSUbiquitousKeyValueStore defaultStore];
29:
30:     // NSUbiquitousKeyValueStoreDidChangeExternallyNotification로
31:     // 노티피케이션 핸들러 등록
32:
33:     // Key-Value Storage 값이 변경되었을때 호출된 핸들러 등록
34:     NSNotificationCenter *notificationCenter =
                            [NSNotificationCenter defaultCenter];
35:     [notificationCenter addObserver:self
        selector:@selector(updateKeyValue:)
        name:NSUbiquitousKeyValueStoreDidChangeExternallyNotification
        object:cloudKeyStore];
36:
37:     [cloudKeyStore synchronize];
38: }
```

초기에 키-값 동기화를 활성시키는 setupKeyValueCloud 메소드에 노티피케이션
을 등록한다. NSUbiquitousKeyVAlueStoreDidChangeExternallyNotification
이라는 긴 이름으로 노티피케이션을 등록한다. 데이터가 변경되면 등록된 핸들러를
호출하게 된다. 핸들러가 호출되면 데이터가 변경된 것이고 notification의 userInfo

값인 NSDictionary 객체를 통해서 변경된 데이터를 알아내야 한다. 이 객체는 다음
과 같은 두 개의 키가 있다.

### NSUbiquitousKeyValueStoreChangedKeysKey

키-값이 변경되었을 때 어떤 키에 해당하는 데이터가 변경되었는지 알 수 있다. 다른
iOS 기기에서 어떤 파일의 마지막 페이지를 변경하였다면 이 키를 통해서 어떤 파일
의 마지막 페이지가 변경되었는지 확인할 수 있다. 또 변경되는 키는 여러 개일 수 있
기 때문에 NSArray 타입으로 반환된다. NSArray에서 다시 키값을 찾을 수 있다.

### NSUbiquitousKeyValueStoreChangeReasonKey

알림의 원인을 확인할 수 있다. 알림은 키-값이 변경되었을 때도 호출되지만 용량이
초과(최대 용량 64KB)되거나 초기 동기화 실패 때문에 일어날 수 있다. 따라서 필요
에 따라 이런 알람이 오면 적절한 처리를 할 수 있다.

## 05 iCloud 도큐먼트 저장 방식

앞에서 설명한 키-값 저장 방식은 구조도 간단하고 사용 방법 역시 간단하다.
NSUbiquitousKeyValueStore에서 데이터를 읽고 쓰기만 하면 된다. 하지만 키-값
저장 방식으로 해결하지 못하는 일반 데이터는 이 방식을 사용할 수 없다. 도큐먼트
저장 방식은 키-값 저장방식과 다르게 조금 사용하기 어렵지만 개발의 자유도가 높기
때문에 앱에서 사용하는 중요 데이터를 동기화 할 때 사용된다. 이제 도큐먼트 저장
방식을 적용해보고 사용 방법에 대해서 알아 보도록 한다.

### 5.1 권한(Entitlements) 설정

4.1에서 설명했던 것처럼 iCloud를 사용하기 위해서는 권한(entitlements)을 설정해
야 한다. 타겟 설정에서 [그림 10-10]처럼 Entitlements에 iCloud Containers 값
을 설정한다. 기본 값은 App ID이다.

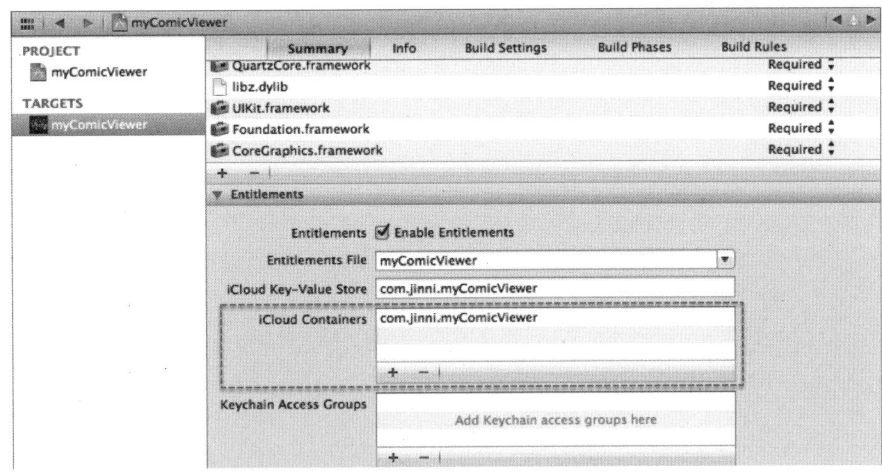

[그림 10-10] 도큐먼트 저장 방식에서 권한 설정


## 5.2 iCloud 초기화

iCloud의 도큐먼트 저장 방식을 사용하기 위해서는 다음과 같은 초기화 작업이 필요
하다.

**[소스 10-5] 도큐먼트 저장 방식 초기화 – AppDelegate.m**

```
1: // iCloud Document Storage 초기화
2: - (void) setupDocumentCloud
3: {
4:     // 클라우드 API를 지원하지 안는 시스템이면 패스
5:     if (! IsSupportCloudAPI() ) return;
6:
7:     // 클라우드 초기화
8:     if(![[NSFileManager defaultManager]
            URLForUbiquityContainerIdentifier:nil] )
9:     {
10:         NSLog(@"It is not supported in iCloud Document Storage
Service");
11:     }
12: }
13:
14: - (BOOL)application:(UIApplication *)application
        didFinishLaunchingWithOptions:(NSDictionary *)launchOptions
15: {
16:     ...< 생략 >...
17:
18:     // 클라우드 API 초기화
```

```
19:     [self setupDocumentCloud];
20:     ...< 생략 >...
21:
22:     return YES;
23: }
```

초기화는 앱을 실행할때 한번만 해주면 된다. 초기화 위치로 적당한 장소는 applicat ion:didFinishLaunchingWithOptions:이다. 이 메소드는 앱이 처음 실행될 때 호출되는 메소드로 클라우드 설정을 초기화하기에 좋다. NSFileManager를 사용해서 클라우드 컨테이너 URL를 알아보는 것으로 간단히 초기화를 할 수 있다. 만약, 8라인의 결과 값으로 FALSE가 리턴되면 클라우드 서비스를 사용할 수 없다는 의미이다. 이런 에러는 대부분 앱 설정을 잘못하였거나 시뮬레이터에서 기능을 실행시킬 때 발생한다. 만약, 앱 설정이 잘못되었다면 서버 설정과 앱의 클라우드 설정을 보고 다시 점검해야 한다. 시뮬레이터를 사용했기 때문에 발생한 에러는 아이폰 디바이스에서 앱을 실행시키면 된다.

## 5.3 UIDocument를 사용해서 도큐먼트 만들기

만화책 뷰어에 클라우드 기능을 추가해 사진을 공유하려고 한다. 만화를 보면서 저장하고 싶은 장면이 있으면 클라우드에 사진 이미지를 저장하고, iCloud에 연동된 모든 기기에 동기화시키는 기능을 구현해 보려 한다. 클라우드를 이용해서 사진 데이터를 공유하기 위해서는 UIDocument를 상속받는 FavoriteDocument 클래스를 만들어야 한다.

**[소스 10-6] 공유할 데이터 클래스 – FavoriteDocument**

```
1: @interface FavoriteDocument : UIDocument
2:
3: @property (nonatomic, retain) UIImage *image;
4:
5: @end
```

이 클래스는 만화책을 보면서 저장하고 싶은 사진 정보를 UIImage 객체로 저장해 갖고 있게된다. FavoriteDocument 클래스는 UIDocument을 상속받아 구현한다. UIDocument는 클라우드를 이용해서 데이터를 동기화할 때 사용할 용도로 iOS5 SDK부터 추가된 클래스이다. UIDocument를 그대로는 사용할 수 없고, 상속받아 몇몇 메소드를 재정의해 사용해야 한다.

```objc
 1: @implementation FavoriteDocument
 2: @synthesize image;
 3: - (void)dealloc
 4: {
 5:     [image release];
 6:     [super dealloc];
 7: }
 8: // 데이터 읽기
 9: - (BOOL)loadFromContents:(id)contents ofType:(NSString *)
        typeName error:(NSError **)outError
10: {
11:     if([contents length] > 0){
12:         UIImage *img = [UIImage imageWithData:contents];
13:         self.image = img;
14:     } else {
15:         self.image = nil;
16:     }
17:     return YES;
18: }
19: // 데이터 쓰기
20: - (id)contentsForType:(NSString *)typeName error:(NSError **)
outError
21: {
22:     NSData *data = UIImageJPEGRepresentation(self.image, 0.6f);
23:     NSLog(@"data size = %d", data.length);
24:     if (self.image) {
25:         return data;
26:     } else {
27:         return [[[NSData alloc] init] autorelease];
28:     }
29: }
30: @end
```

UIDocument를 상속받았다면 기본적으로 두 개의 메소드를 재정의해야 한다. 클라우드 데이터를 읽은 후 호출되는 loadFromContents:ofType:error: 메소드와 현재 데이터를 저장하기 직전에 저장할 데이터를 만드는 contentsForType:error: 메소드이다. 이 두 메소드는 데이터를 읽거나 저장하는 UIDocument의 메소드를 호출하면 내부적으로 호출되는 메소드이다.

[그림 10-11] UIDocument를 이용한 읽기 과정

우선, UIDocument를 사용해서 읽는 과정을 살펴보자. UIDocument의 openWithCompletionHandler: 메소드를 이용해 읽겠다는 명령을 호출하면 내부적으로 다른 스레드를 사용해서 클라우드 데이터를 읽는다. 클라우드의 데이터는 초기에는 메타데이터만 자동으로 동기화된다. 실제 데이터는 명시적으로 요청해야 하는데 UIDocument에서 이 작업을 자동으로 처리해준다. 클라우드 데이터 읽기가 완료되면 새롭게 정의된 loadFromContents 메소드가 호출된다. 따라서 우리가 할 일은 NSData 객체로 넘어오는 데이터를 처리하면 된다. 12라인처럼 NSData를 이용해서 UIImage 객체를 만들면 된다.

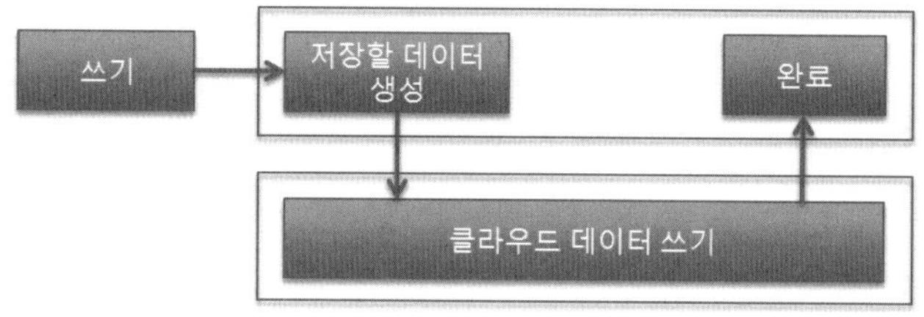

[그림 10-12] UIDocument를 이용한 쓰기 과정

UIDocument의 saveToURL:forSaveOperation:completionHanlder: 메소드를 이용해서 클라우드에 데이터를 저장할 수 있다. UIDocument가 데이터를 저장하기 위해서는 저장할 데이터를 만들어줘야 한다. UIImage를 이용해 NSData 객체를 만들어 반환해야 한다. 나머지는 UIDocument에서 처리한다.

saveToURL:forSaveOperation:completionHandler:의 마지막 파라미터는 쓰기가 완료되었을 때 실행되는 부분이다. 클라우드 데이터를 실제로 파일에 기록하는 것은 저장 명령을 내렸던 스레드가 아닌 다른 스레드에서 클라우드에 데이터 쓰기 명령이 실행된다. 모든 쓰기 동작이 완료되면 completionHandler가 호출되는데, 이때 사용되는 스레드는 명령을 내렸던 원래 스레드이다.

지금까지 UIDocument의 사용법을 살펴보았다. 그렇지만 UIDocument가 다루는 데이터 사이즈는 작다. UIDocument를 이용해 보다 큰 사이즈의 데이터를 다룰 수는 없을까? 방법은 두가지가 있다. 처리할 객체를 작은 파일로 분할해 처리하는 방법과 UIDocument의 다른 메소드를 재정의해 처리하는 방법이다.

객체를 작은 파일로 분할해 처리하는 방식은 NSFileWrapper 클래스를 이용하면 된다. NSFileWrapper는 디렉토리를 다루는 방법과 같다. 디렉토리가 파일이나 다른 디렉토리를 포함할 수 있는 것처럼 하나의 NSFileWrapper는 파일, 혹은 디렉토리를 가르키는 다른 NSFileWrapper를 포함시킬 수 있다.

FavoriteDocument를 통해서 구현했던 loadFromContents:ofType:error:나 contentsForType:error:에 NSData 객체 대신 NSFileWrapper를 사용할 수 있다.

두번째 방법으로 데이터를 직접 읽고 쓰는 것이다. 읽을 때는 readFromURL: error:, 메소드를 쓸 때는 writeContents:toURL:forSaveOperation:originalContentsURL:error: 메소드를 사용하면 된다.

## 5.4 클라우드 파일 저장

FavoriteDocument가 만들어졌으니 이 클래스를 사용해 데이터를 저장해보자. [소스 10-8]는 저장할 사진의 UIImage 객체를 만들고 이를 FavoritDocument로 만들어서 저장하는 방법을 보여주고 있다.

[소스 10-8] 화면 저장 – ImageViewerViewController.m

```objc
 1: // 현재 이미지를 저장할때 사용할 이미지 파일명 만들기
 2: // 형태 : <파일명>_<index>.png
 3: - (NSString*) imageDocumentNameForSaveInCloud
 4: {
 5:   < 생략 >
 6:     return [NSString stringWithFormat:@"%@_%03d_%03d.jpg",
                 displayName, info.lastPage, subindex];
 7: }
 8:
 9: - (IBAction)saveImage:(id)sender
10: {
11:     // 클라우드 파일 생성
12: dispatch_async(dispatch_get_global_queue(
        DISPATCH_QUEUE_PRIORITY_DEFAULT, 0), ^{
13:         NSFileManager *fm = [NSFileManager defaultManager];
```

```objc
14:            NSURL *newDocumentURL = [self ubiquitousDocumentsDirect
oryURL];
15:            newDocumentURL = [newDocumentURL
16:                    URLByAppendingPathComponent:[self
                        imageDocumentNameForSaveInCloud]];
17:            FavoriteDocument *document = [[[FavoriteDocument alloc]
                initWithFileURL:newDocumentURL] autorelease];
18:
19:      // 파일이 이미 있으면 열고 아니면 새로 만든다.
20:      if (! [fm fileExistsAtPath:[newDocumentURL path]]) {
21:        // 파일 생성
22:      document.image = [(UIImageView*)self.curImageView.imageView
image];
23:
24:      [document saveToURL:newDocumentURL
25:       forSaveOperation:UIDocumentSaveForCreating
26:       completionHandler:^(BOOL success) {
27:       if(success)
28:          [document closeWithCompletionHandler:^(BOOL success) {
29:        }];
30:
31:          NSLog(@"save result = %d", success);
32:        }];
33:
34:        }
35:    });
36:
37:    // 버튼을 눌렀을때 애니메이션 시작
38:    ...< 생략 >...
39:
40: }
41:
42: #pragma mark - Misc utility
43: - (NSURL*)ubiquitousContainerURL
44: {
45:      return [[NSFileManager defaultManager]
                URLForUbiquityContainerIdentifier:nil];
46: }
47:
48: - (NSURL*)ubiquitousDocumentsDirectoryURL
49: {
50:      NSURL *ubiquitousDocumentsURL = [[self ubiquitousContainerURL]
                URLByAppendingPathComponent:@"Documents"];
51:    // ubiquitousDocumentsURL가 없으면 NSFileManager를 사용해 디렉토리를 만든다.
52:      return ubiquitousDocumentsURL;
53: }
```

소스를 보면 첫 번째로 눈에 띄는 것이 12라인의 GCD 함수다. GCD 함수는 특정 코드를 큐를 사용해 실행시킬 때 사용한다. 쉽게 말해서 다른 스레드를 사용해서 명령을 실행시킬 수 있다는 말이다. 클라우드 기능을 구현할 때는 GCD 함수를 사용해 비동기 처리를 구현해야 한다. 그 이유는 클라우드의 특수성에서 찾을 수 있다. 클라우드를 이용하게 되면 데이터가 외부 서버에 있게 된다. 외부 서버에 있으면 데이터를 다운받기 위해서 기다리는 시간이 길어지게 된다. 즉, 언제 데이터 다운이 완료될지 알 수 없다. 따라서 네트워크를 통한 데이터 송수신 관련 프로그램은 비동기 방식으로 구현해야 한다. 이때 GCD를 사용하는 것이다.

클라우드에 저장하기 위해서 클라우드 컨테이너의 경로가 필요하다. 13~16라인에서 파일이 저장된 URL를 만들었다. 이 URL을 이용해서 FavoriteDocument를 생성한다. FavoriteDocument는 데이터를 저장할 때 생성하면서 받은 URL에 데이터를 저장하게 된다. 저장할 데이터는 22라인에 선언된 UIImage 객체이다. 이 객체를 FavoriteDocument에 설정한다. 저장은 UIDocument의 메소드인 saveToURL:forSaveOperation:completionHandler:를 사용하면 된다. 파일을 처음 만드는 것이므로 UIDocumentSaveForCreating를 옵션으로 설정해준다. 만약, 이미 만들어진 데이터를 저장할 때는 24~26라인처럼 UIDocumentSaveForOverwriting을 사용한다.

또 한가지 saveToURL:forSaveOperation:completionHandler: 메소드는 내부에서 비동기 방식으로 데이터를 처리한다. 그러므로 파일에 저장된 이후에 처리가 필요하면 completionHandler에 블럭 코드를 사용해야 한다. 이렇게 등록된 코드는 호출할 때의 큐와 동일한 큐로 실행이 된다. 즉, UI 스레드에서 명령을 실행시키면 완료 핸들러도 UI 스레드에서 실행이 된다. 이 말은 완료 핸들러에서 바로 UI를 변경해도 된다는 말이다. 48~52라인은 클라우드 컨테이너에 Documents 디렉토리 URL을 만드는 코드이다. 클라우드 컨테이너의 정보는 두 종류로 나눌 수 있다. 하나는 Documents 디렉토리 아래에 있는 데이터와 그 이외에 다른 디렉토리에 저장되어 있는 데이터이다. 차이점은 Documents 디렉토리 아래 있는 데이터는 설정 화면에서 파일 단위로 삭제가 가능하다. 그렇지만 다른 디렉토리 파일들은 관리할 수 없다.

[그림 10-13] 클라우드 파일 관리

Documents 파일에 저장되어 있는 파일들은 개별 삭제가 가능하다. 그렇지만 그 이외에 파일들은 클라우드 데이터를 삭제하지 않는 한 설정 화면에서 삭제할 수 없다.

## 5.5 클라우드 파일 조회

지금까지 파일을 클라우드에 저장하는 방법을 살펴보았다. 이렇게 저장된 파일은 클라우드 컨테이너 디렉토리에 파일이 만들어지고 데몬에 의해 애플 서버로 전송된다. 물론, 다른 단말에 의해서 등록된 파일들도 동기화되면서 클라우드 컨테이너 디렉토리에 생성된다. 이렇듯 클라우드 상에서는 수 많은 파일들이 수시로 생성되고 삭제된다. 이런 환경을 효율적으로 관리하기 위해서는 클라우드에 올라간 파일 목록을 조회하는 기능이 필요하다. 이런 기능은 NSMetadataQuery를 이용해 구현할 수 있다. NSMetadataQuery 클래스를 이용하면 클라우드 컨테이너를 검색할 수 있다.

```objectivec
 1: // 조회 Query 생성
 2: - (NSMetadataQuery*)createDocumentQuery {
 3:     NSMetadataQuery* aQuery = [[NSMetadataQuery alloc] init];
 4:   if (aQuery) {
 5:       // 클라우드 컨테이너의 Documents 폴더만 검색
 6:     [aQuery setSearchScopes:[NSArray
 7:        arrayWithObject:NSMetadataQueryUbiquitousDocumentsScope]];
 8:
 9:       // 모든 파일을 검색한다.
10:     NSString* filePattern = [NSString stringWithFormat:@"*.*"];
11:     [aQuery setPredicate:[NSPredicate predicateWithFormat:
12:          @"%K LIKE %@", NSMetadataItemFSNameKey, filePattern]];
13:   }
14:
15:     return [aQuery autorelease];
16: }
17:
18: - (void)setupAndStartQuery {
19:     // 조회를 위한 객체 생성
20:    if (!query)
21:       query = [[self createDocumentQuery] retain];
22:
23:    // iCloud 메타 데이터 쿼리에 대한 노티피게이션 등록
24:    [[NSNotificationCenter defaultCenter] addObserver:self
25:            selector:@selector(metaQueryDidFinishingGathering:)
26:            name:NSMetadataQueryDidFinishGatheringNotification
27:            object:nil];
28:
29:
30:    // 조회 시작
31:    [query startQuery];
32: }
```

NSMetadataQuery를 만들고 검색 범위와 검색된 정보를 필터링할 조건들을 설정할
수 있다. 6~7라인에서 클라우드 컨테이너 디렉토리의 검색 범위를 설정하고 있다.

파일은 컨테이너 디렉토리의 Documents 아래 저장되는 파일들과 그 이외의 파일들
로 구분할 수 있다. 여기서, 정할 수 있는 검색 범위는 이 둘 중 하나이다. 소스에서는
NSMetadataQueryUbiquitousDocumentsScope을 설정해서 Documents 디렉

토리 아래에 있는 파일만 검색하도록 했다.

다음으로 검색된 파일들을 필터링할 수 있는 조건을 설정할 수 있다. 설정 조건은 NSPredicate를 사용하고 있다. 11~12라인은 모든 파일명을 검색하겠다고 설정하는 것이다. NSPredicate는 코어데이터에서 제공되며 검색 조건을 설정할 때 주로 사용된다.

파일 조회를 시작하기 전에 마지막으로 노티피케이션을 설정해야 한다. NSMetadata Query는 몇 가지 노티피케이션이 있다. 하나는 초기 조회가 끝났을 때 받을 수 있는 노티피케이션이 있고, 파일이 추가되거나 변경되었을 때 받을 수 있는 노티피케이션이 있다. 초기 한번만 검색하기 때문에 NSMetadataQueryDidFinishGatheringN otification만 노티피케이션을 받겠다고 설정하였다. 그렇지만 대부분의 앱에서는 중간에 파일이 추가, 삭제될 수 있기 때문에 NSMetadataQueryDidUpdateNotificat ion도 설정해야 한다.

[소스 10-10] 파일 검색 완료 처리 – FavoriteListViewController.m

```objectivec
 1: // 클라우드 컨테이너 검색이 끝나면 호출되는 메소드
 2: - (void)metaQueryDidFinishingGathering:(NSNotification*)
aNotification {
 3:     NSMutableArray *queryedItems = [[NSMutableArray alloc]
initWithCapacity:10];
 4:
 5:     [query disableUpdates];
 6:
 7:     // 검색된 파일들
 8:     NSArray *queryResults = [query results];
 9:
10:     for (NSMetadataItem *item in queryResults) {
11:         // 파일 경로
12:         NSURL *itemURL = [item valueForAttribute:NSMetadataItem
URLKey];
13:
14:         // 기존 리스트에서 같은 파일 경로를 갖는 객체가 있는지 확인한다.
15:         BOOL found = NO;
16:         for (FavoriteDocument *item in favoriteItems) {
17:             if( [item.fileURL isEqual:itemURL] ){
18:                 found = YES;
19:                 [queryedItems addObject:item];
20:                 break;
21:             }
```

```objc
22:            }
23:            if (found) continue;
24:
25:            // 기존에 같은 아이템이 없다면 새로 만들기
26:            FavoriteDocument *itemDoc = [[FavoriteDocument alloc]
initWithFileURL:itemURL];
27:            [queryedItems addObject:itemDoc];
28:            [itemDoc release];
29:        }
30:
31:    // 업데이트된 정보가 변경되었을 때만 적용
32:    if( ! [favoriteItems isEqualToArray:queryedItems] ) {
33:        // Update the list of documents.
34:        [favoriteItems removeAllObjects];
35:        [favoriteItems addObjectsFromArray:queryedItems];
36:        [self.tableView reloadData];
37:    }
38:
39:    [queryedItems release];
40:
41:    // 검색을 위한 노티피케이션을 제거한다.
42:    [[NSNotificationCenter defaultCenter] removeObserver:self];
43:
44:    // query 객체 제거
45:    [query stopQuery];
46:    [query release];
47:    query = nil;
48: }
```

[소스 10-10]은 검색이 완료되었을 때 호출되는 핸들러이다. 검색이 완료되었으므
로 완료된 파일 목록을 찾아야 한다. results를 이용해서 검색된 데이터를 찾을 수 있
다. 8라인에서 반환된 객체는 NSArray로 NSMetadataItem 객체들이 포함되어 있
다. NSMetadataItem으로부터 파일 이름이나 파일 사이즈 등을 알 수 있을 뿐만 아
니라 서버로부터 다운받고 있는지, 다운받고 있다면 얼마나 받았는지도 확인할 수 있
다. NSMetadataItem의 valueForAttribute:를 이용해서 값을 조회할 수 있다. 이
메소드에 사용되는 키 값들은 NSMetadataItemXXXKey들이다. 자세한 키 값은
NSMetadataItem API 문서에서 확인할 수 있다.

소스에서는 파일의 URL만 필요하기 때문에 NSMetadataitemURLKey만 사용하였
다. 12라인에서 이렇게 검색된 URL로 FavoriteDocument 객체를 만든다.

26라인에서 모든 파일 조회가 되었다면 그 결과를 테이블뷰를 사용해 표시한다. 42라인에서 검색이 완료되었으므로 이제 필요없는 NSMetadataQuery 객체와 알림을 제거하고 핸들러를 종료한다.

## 5.6 클라우드 파일 읽기

FavoriteDocument를 사용해서 데이터를 읽어보자.

[소스 10–11] 클라우드 파일 읽기 – FavoriteImageViewController.m

```objc
 1: - (void)viewWillAppear:(BOOL)animated
 2: {
 3:     [super viewWillAppear:animated];
 4:     [self.activityIndicator startAnimating];
 5:
 6:     [self.document openWithCompletionHandler:^(BOOL success) {
 7:         [self.imageScrollView displayImage:document.image];
 8:         [self.activityIndicator stopAnimating];
 9:     }];
10: }
11:
12: - (void)viewWillDisappear:(BOOL)animated
13: {
14:     [super viewWillDisappear:animated];
15:     [self.activityIndicator stopAnimating];
16:
17:     // 이미 닫혔다면 이중으로 닫지 않도록 처리한다.
18:     if((self.document.documentState & UIDocumentStateClosed) == 0)
19:     {
20:       [self.document closeWithCompletionHandler:^(BOOL success) {
21:             self.document = nil;
22:         }];
23:     }
24: }
```

6~9라인에서 보여주고 있는 것처럼 openWithCompletionHanlder:를 사용하면 클라우드에서 파일을 읽어올 수 있다. openWithCompletionHandler:를 사용하면 파일을 비동기로 읽는다. 만약, 읽으려는 파일이 서버에서 아직 전송되지 않았다면 파일을 다운받기 시작한다. 파일 다운로드가 완료되면 FavoriteDocument에서 정의했던 loadFromContents:ofType:error: 메소드가 호출되며 FavoriteDocument의

image 프로퍼티를 설정한다.

FavoriteDocument 사용이 끝나면 closeWithCompletionHandler:를 통해서 도
큐먼트 객체를 닫아 주어야 한다. 우리는 FavoriteDocument를 수정하지 않았지만
만약, 이미지를 수정하는 기능이 추가되어 FavoriteDocument의 데이터가 변경되었
다면 문서를 닫을 때 자동으로 문서가 저장된다.

## 5.7 클라우드 파일 삭제

이제 클라우드 파일을 삭제하는 방법을 알아보자. 클라우드 파일 역시 NSFileManager
를 통해 삭제할 수 있다.

[소스 10-12] 클라우드 파일 삭제 – FavoriteListViewController.m

```objc
 1: - (void)tableView:(UITableView *)tableView
 2:     commitEditingStyle:(UITableViewCellEditingStyle)
editingStyle
 3:      forRowAtIndexPath:(NSIndexPath *)indexPath
 4: {
 5:     if(editingStyle == UITableViewCellEditingStyleDelete)
 6:     {
 7:     // 아이템 삭제가 수행되었을 때 선택된 아이템을 얻어 온다.
 8:     FavoriteDocument *favoriteItem = [favoriteItems
objectAtIndex:[indexPath row]];
 9:     dispatch_async(dispatch_get_global_queue(DISPATCH_QUEUE_
PRIORITY_DEFAULT, 0), ^{
10:     // NSFileCoordinator 객체 생성
11:     NSFileCoordinator *fc = [[NSFileCoordinator alloc]
initWithFilePresenter:nil];
12:      // 삭제 명령 수행
13:     [fc coordinateWritingItemAtURL:favoriteItem.fileURL
14:              options:NSFileCoordinatorWritingForDeleting
error:nil
15:              byAccessor:^(NSURL *newURL)
16:         {
17:             // NSFileManager를 사용해서 제거한다.
18:             // 제거 방법은 기존 파일 제거 방식과 동일하다.
19:             NSFileManager *fm = [[NSFileManager alloc] init];
20:             [fm removeItemAtURL:newURL error:nil];
21:         }];
22:     });
```

```
23:            // 삭제된 파일을 리스트에서도 제거한다.
24:            [favoriteItems removeObjectAtIndex:[indexPath row]];
25:            // 테이블 UI 갱신
26:            [tableView deleteRowsAtIndexPaths:[NSArray
arrayWithObject:indexPath]
27:                    withRowAnimation:UITableViewRowAnimationAutomatic];
28:
29:        }
30: }
```

[소스 10-12]는 테이블뷰에서 셀을 삭제할 때 호출되는 메소드이다. 셀을 삭제하기 위해서는 해당 파일의 URL를 얻어와야 한다. FavoriteDocument 객체의 fileURL 을 이용하면 삭제하려는 파일의 URL을 얻을 수 있다. 파일을 삭제하는 방법은 NSFileManager의 removeItemAtURL:error:를 사용하면 된다. 하지만 이 메소드 로 삭제하려는 파일이 다른 프로세스 혹은 다른 스레드에 의해서 사용되지 않는다는 보장이 있어야 한다.

NSFileCoordinator는 삭제할 때 다른 스레드에서 사용하지 않는다는 보장을 해주는 역할을 한다. 클라우드 파일을 다룰 때는 반드시 NSFileCoordinator를 사용해서 처 리해야 한다. UIDocument를 이용할 때도 내부적으로 NSFileCoordinator를 사용 하고 있다. 파일을 삭제하기 위해서 NSFileCoordinator를 이용해서 11~22라인처럼 구현한다. NSFileCoordinator를 다룰 때 고려해야 할 점은 API가 동기적으로 수행 이 된다는 점이다. 11~22라인은 파일이 삭제되어야만 다른 코드가 실행된다. 이 때문 에 NSFileCooridnator의 API는 9라인처럼 비동기로 호출해 사용해야 한다.

## 5.8 setUbiquitous:itemAtURL:destinationURL:error 메소드

클라우드 파일을 만들때 꼭 UIDocument를 이용해서 새로 파일을 만들어야 할까? 기존에 로컬에 있는 파일을 클라우드 파일로 만들려면 어떻게 해야 할까? 답은 상당히 간단하다. 그냥 파일을 클라우드 컨테이너 디렉토리로 옮기면 된다.

NSFileManager의setUbiquitous:itemAtURL:destinationURL:error: 메소드 를 이용하면 된다.

```
- (BOOL)setUbiquitous:(BOOL)flag itemAtURL:(NSURL *)url
destinationURL:(NSURL *)destinationURL error:(NSError **)errorOut
```

url에 옮길 파일의 URL을 destinationURL에 복사할 경로를 입력한다. 그리고 flag를 YES로 지정하면 로컬 파일을 클라우드 파일로 옮길 수 있다. 반대로 flag에 NO를 입력하면 클라우드 파일을 로컬 경로로 옮길 수 있다.

이 메소드를 이용하면 DropBox처럼 로컬 파일을 클라우드 서버로 옮길 수 있고 그 반대 기능 구현도 가능하다.

## 마무리

지금까지 iCloud 서비스에 대해 알아보았다. 그리고 iOS 5.0에 추가된 iCloud API를 사용해서 만화책 뷰어에 클라우드 기능을 추가해보면서 실제 사용 방법을 알아보았다. 이번 장에서 소개한 방법을 통해 앱에 iCloud 기능을 활용하고자 한다면 먼저 이 기능이 꼭 필요한 것인지 생각해보길 바란다. iCloud는 데이터를 동기화해서 iOS 기기와 맥 장비 간 데이터를 공유하고 사용할 수 있는 방법을 제공해 주고 있다.

하지만 다른 클라우드 업체들의 서비스에 비해서 너무 폐쇄적이라는 단점이 있다. iCloud를 사용할 수 있는 장비는 애플 장비들뿐이기 때문에 멀티 플랫폼을 고려한 앱이라면 문제가 될 것이다. 그리고 데이터를 공유하는 것도 같은 계정으로 등록된 기기 간에만 공유할 수 있기 때문에 다른 계정을 사용하는 친구들과 데이터를 공유하는 것이 불가능하다. 이런 점을 고려한다면 기존의 다른 클라우드 업체의 서비스를 사용하는 것이 나을 수 있다. 그럼에도 불구하고 iCloud에 관심을 가져야 하는 이유가 두가지 있다.

하나는 애플의 시장 점유율이다. 2011년에만 9300만 대의 아이폰이 판매가 되었다. 비록 안드로이드로 인해서 애플 아이폰의 시장 점유률이 낮아지고 있지만 단일 회사라는 점을 고려할 때 높은 시장 점유율을 유지하고 있고, 앞으로도 상당 기간 높은 시장 점유율을 유지할 것으로 보인다.

두번째는 다수의 기기를 소유하고 있는 사용자들이 많다는 점이다. 아이폰을 가지고 있으면서 아이패드를 사용하는 사용자들에게 자신의 데이터를 공유하는 기능은 필수적이다. 즉, 한 계정으로 다수의 기기를 사용하는 소비자의 증가는 iCloud를 사용해야하는 또 다른 이유이다.

# 앱스토어 성공 이후 계속되는 스토어

애플은 iOS 기반의 앱스토어 이후 OS X 기반의 새로운 앱스토어인 맥앱스토어를 만들었다. 앱스토어를 통해 새로운 프로그램 유통 구조에 대한 성공 가능성을 확인한 이후 이를 PC로 확산시키기 위해 만들어낸 작품이 바로 맥앱스토어이다.

맥앱스토어를 이용하면 PC용 프로그램을 손쉽게 검색 및 구입할 수 있다. 또한 iCloud와 연계되어 정보를 효율적으로 처리할 수 있다.

또한 전자책 시장 진출을 위해 iBooks Author 등의 프로그램도 배포되고 있다. 이를 통해 아마존과 같은 전자책 시장에서도 앱스토어와 같은 성공을 기대하고 있다. 이외에도 이미 확고한 시장을 선점한 아이튠즈를 통해 음악을 유통할 수 있는 마켓을 조성했으며, 이러한 분야를 가정용 디지털 기기의 정점인 TV로 확대하고 위해 애플 TV를 만들어냈다.

새로운 디지털 컨텐츠의 생태계를 계속 만들어가고 있는 애플! 과연 앞으로 등장할 제2, 제3의 앱스토어는 어떤 모습일지 사뭇 기대된다.

# 앱스토어에 나만의 앱 등록하기

iOS 애플리케이션 개발이 완료되면, 실제 앱스토어에 배포해 프로그램을 유통시켜야 한다. 지금부터 개발자

계정 등록부터 작성한 애플리케이션의 디바이스 배포 그리고 앱스토어 등록까지의 과정을 살펴보자.

## 학습 목표

1. 개발 준비

2. 애플 개발자 등록

3. 프로그램 개발

4. 디바이스에 올려서 테스트하기

5. 앱스토어에 등록할 배포용 빌드하기

6. 앱스토어에 등록하기

7. 심사 및 대기하기

8. 등록 완료

iOS 개발을 위한 사전 준비 사항은 아래와 같다.

- Mac OS X – iPhone SDK는 레오파드 (10.5.3) 이상이 설치된 인텔맥
- iOS Device (iPhone, iPod, iPad)
- Xcode & iPhone SDK

## 1.1 맥 컴퓨터

아이폰 앱은 Xcode 개발 툴을 사용해 개발한다. 맥 없이 윈도우 계열 컴퓨터에서 가상머신(Vmware, Virtual Machine 등)으로 맥 OS 이미지를 올려 사용할 수도 있지만(이와 같은 방식을 해킨토시라고 부른다), 이런 방식으로 Xcode를 이용해 iOS 앱을 개발하기에는 많은 한계점이 존재한다. 즉, 앱스토어에 등록해 수익을 발생할 수 있는 수준의 앱을 개발하기 위해서는 맥 컴퓨터가 필요하다. 현재 애플스토어에서 판매하는 맥의 종류는 아래와 같다.

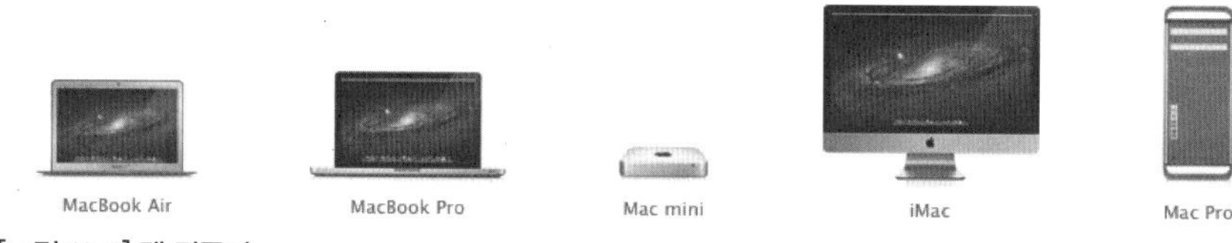


[그림 11-1] 맥 컴퓨터

## 1.2 iOS 디바이스

iOS 앱을 개발하려면 iOS 디바이스가 필요하다. 시뮬레이터만으로 앱을 개발하기에는 제약사항이 많기 때문에, 가급적 iOS 디바이스를 구비하는 것이 좋다. iOS 디바이스는 iPhone, iPad, iPod 등이 있다.

[그림 11-2] iOS 디바이스

## 1.3 Xcode & iOS SDK

애플 컴퓨터 환경에서 개발하기 위해서는 애플이 무료로 제공하는 개발툴인 Xcode를 사용해야 한다. Xcode는 오브젝티브 C, C++, Python, Java, Ruby 등의 다양한 언어를 지원한다. iOS 앱을 개발하기 위해서는 Xcode 설치 후 iOS 용 SDK(Software Development kit)을 추가로 설치해야 한다. 최신 Xcode는 맥 앱스토어에서 무료로 다운받아 설치할 수 있다.

[그림 11-3] 맥 앱스토어에서 Xcode 설치하기

## 02 애플 개발자 등록

Xcode와 iOS SDK를 이용해 개발한 iOS용 앱을 iOS 디바이스에 설치하거나 앱스토어에 등록하려면 애플 개발자 프로그램(ADC)에 가입해야 한다. 만약, 개발자 프로그램이 없다면 자신이 소유한 iOS 디바이스에 자신이 개발한 앱을 설치해 실행시키지도 못한다.

애플 개발자 사이트(http://developer.apple.com/programs)에 접속해 애플 개발자 프로그램에 가입할 수 있다. 애플 개발자 프로그램은 맥 컴퓨터용 개발자 라이센스와 iOS 개발자 라이센스, 사파리 웹 브라우저 개발자 라이센스가 있다. 맥과 iOS 개발자 라이센스는 1년에 99달러의 비용을 지불해야 하며, 사파리 웹 브라우저 개발자 라이센스는 무료이다. 개발자 라이센스에 가입하면, 개발에 필요한 각종 SDK와 샘플 문서, 최신 기술 보고서 등 다양한 혜택을 받을 수 있다.

iOS 개발자 프로그램 라이센스를 받으려면 6단계 절차가 필요하다. 그 중 첫 번째인 계정 정보 입력(Enter Account Info) 단계에서는 우선 개인 회원과 기업 회원 중 어떤 분류로 등록할지를 선택하고 다음에 아이디, 비밀번호, 생년월일, 이름, 이메일, 국가, 지역 등의 개인 정보를 등록한다. 등록 후 확인 버튼을 누르면 가입한 이메일로 인증 메일이 발송된다.

인증 메일에 명시된 코드를 클릭하면, 두 번째 프로그램 선택(Select Program) 단계로 넘어간다. 이 곳에서 자신에 맞는 애플 개발자 프로그램을 선택하자.

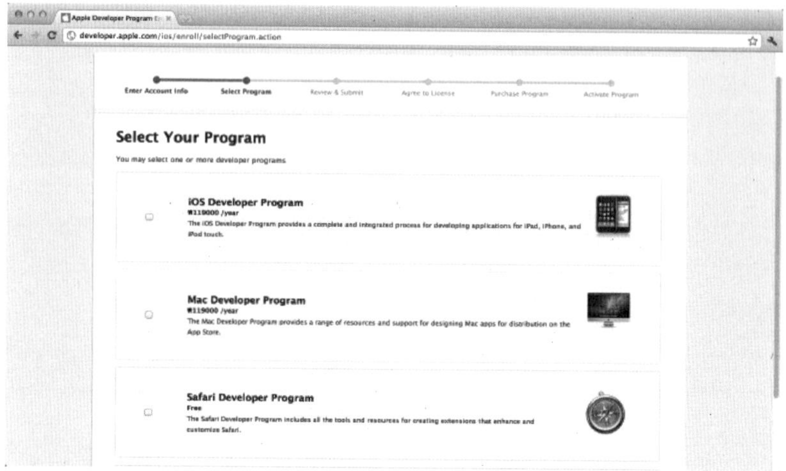

[그림 11-4] 개발자 프로그램 선택

iOS 프로그램을 선택하고 나면 지금까지 기입한 내용을 확인하는 페이지가 나오고, 개발자 라이센스 동의서, 최종 구매 단계가 순차적으로 진행된다.

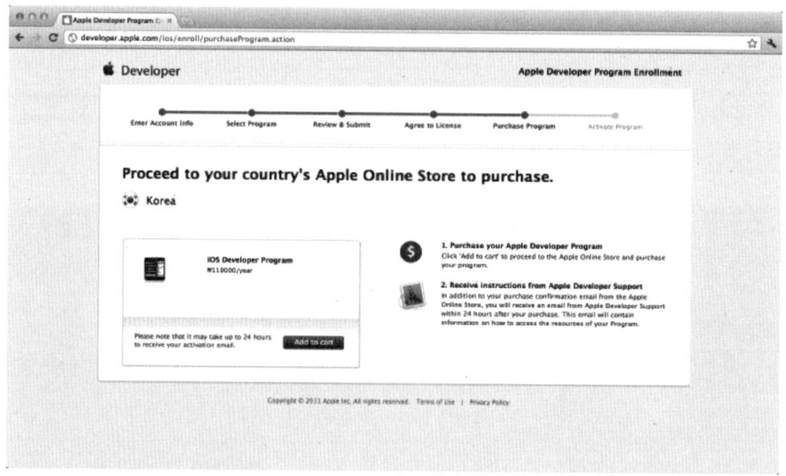

[그림 11-5] 프로그램 구매 단계

개발자 프로그램은 1년에 2건의 기술 지원을 해주며, 각종 개발에 필요한 리소스를 제공한다. 한국 계정으로 개발자 계정을 신청하면 원화로 결제가 진행된다. 환율과 애플 정책에 따라 99달러에 해당하는 금액이 청구된다.

## 03 프로그램 개발

Xcode와 iOS SDK를 이용해 프로그램을 개발한다.

## 04 디바이스 환경에서 개발 및 디버깅하기

iOS SDK의 시뮬레이터는 카메라, 가속기 그리고 GPS 등 iOS 디바이스가 갖고 있
는 기능을 사용할 수 없다. 앱 스토어에 배포할 앱이라면 사전에 반드시 iOS 디바이스
에서 개발 및 테스트가 필요하다. iOS 디바이스에서 앱을 개발하려면, 애플 개발자 프
로그램 가입 이후에 다음과 같은 작업을 추가로 해야 한다.

- Certificates(인증서) 발급
- Devices 등록
- App ID 만들기
- Provisioning
- Xcode 환경 설정

## 4.1 Certificates(인증서) 발급

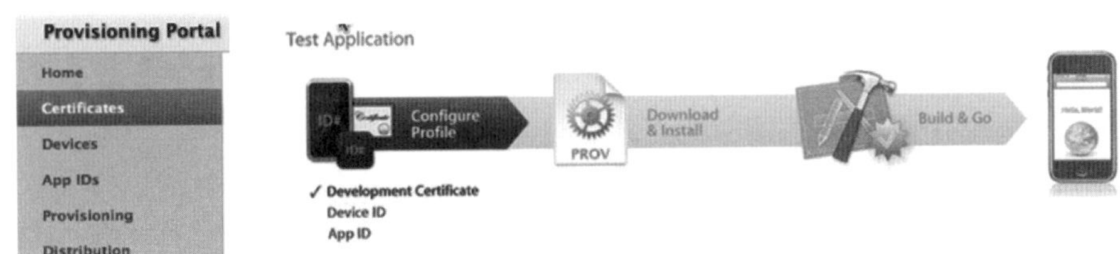


[그림 11–6] 인증서 발급 화면 – Obtaining your iOS Development Certificate

애플 개발자 사이트(http://developer.apple.com)에 접속하여 앞서 등록한 아이
디로 로그인을 하고 iOS Provisioning Portal로 들어가면 왼쪽 상단에 애플리케이
션을 만드는 순서대로 메뉴가 구성되어 있는 것을 확인할 수 있다. 초기 화면 상태가
Home 단계이므로 "Certificates"부터가 시작 단계라고 보면 된다.

iOS 앱을 개발하기 위해서는 다음 3개의 인증이 필요하다.

- 첫 번째는 애플사를 프로비저닝하고
- 두 번째는 내가 애플에서 인정한 개발자라는 것을 프로비저닝하고
- 세 번째는 내(애플에서 인정한 개발자)가 만든 앱이라는 것을 프로비저닝해야 한다.

## 애플 인증서 발급 받기

기본적으로 운영체제마다 '신뢰할 수 있는 공인 인증 기관'들이 등록되어 있고 이에 속하지 않는 곳들은 추가로 등록해야 한다. 애플은 기본적으로 등록되어 있는 공인 인증 기관이 아니기 때문에 애플사를 신뢰할 수 있는 공인 기관으로 등록해줘야 한다. "Click here to download now"를 눌러서 애플 인증서를 다운받은 후 실행하면, 애플을 신뢰할 수 있는 공인 인증 기관으로 등록할 수 있다.

**Current Development Certificates**

**Your Certificate**

| Name | Provisioning Profiles | Expiration Date |
| --- | --- | --- |
| | You currently do not have a valid certificate | |

*If you do not have the WWDR intermediate certificate installed, click here to download now.

[그림 11-7] 공인 인증 기관에 애플사(社) 등록하기

## 개발자 인증서 요청하기

개발자 인증서 발급은 개별적으로 iOS 개발 인증서를 요청하여 발급받아야 한다. 우선 [맥 Finder] → [응용 프로그램] → [유틸리티] → [키체인 접근]을 실행시킨다. 키체인 접근 메뉴를 펼치면 환경 설정이 있다.

환경 설정 창의 검사/복구 탭을 선택해 모든 체크 박스를 선택하고, 인증서 탭으로 이동해 OCSP와 CRL 기능을 아래 그림처럼 "끔"으로 설정하자.

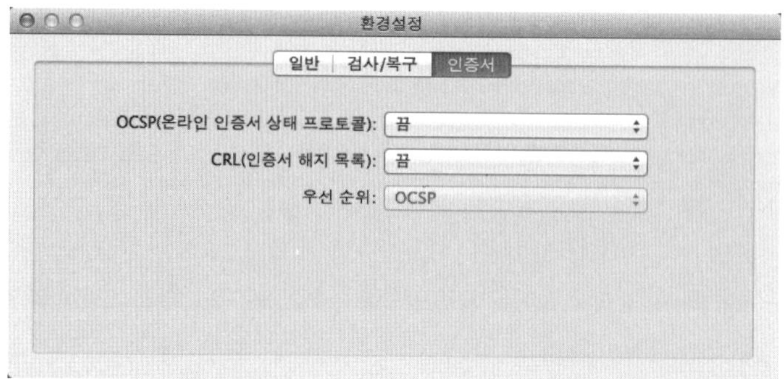


[그림 11-8] 키체인 접근 환경 설정

다시 키체인 접근 메뉴를 펼쳐서 [키체인 접근] → [인증 지원] → [인증 기관에서 인증
서 요청] 메뉴를 선택한다.

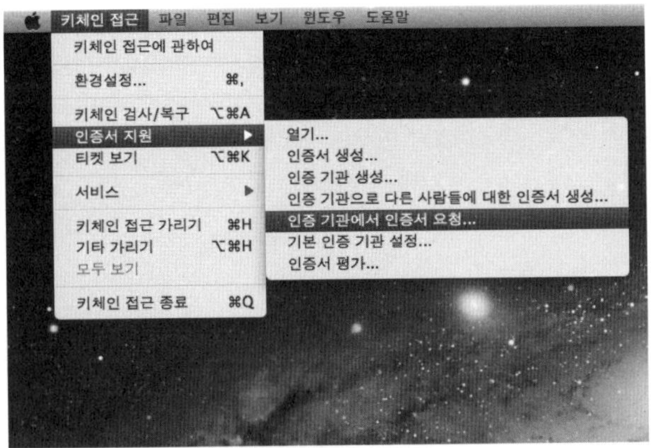

[그림 11-9] 키체인 접근 인증서 요청

사용자 이메일 주소는 iPhone Developer에 등록할 때 제출한 이메일 주소를 입력하
고 일반 이름에는 자신을 식별할 문자열을 입력하자. CA 이메일 주소는 기입하지 말
고 요청 항목을 '디스크에 저장됨'으로 선택하자. 이때 '본인이 키 쌍 정보 지정' 항목
도 선택한다.

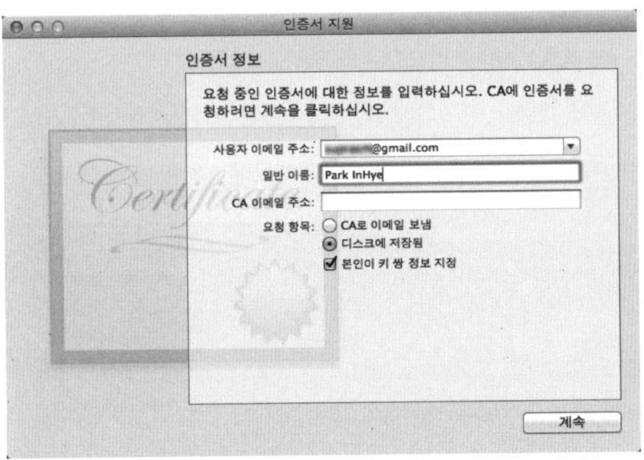

[그림 11-10] 인증서 지원 정보(1)

'본인이 키 쌍 정보 지정'을 선택했으면, 키 크기는 '2048비트', 알고리즘은 'RSA'를
선택하고 "계속"을 누른다. CSR(Certificate Signing Request) 파일이 개인 컴퓨터
에 생성될 것이다.

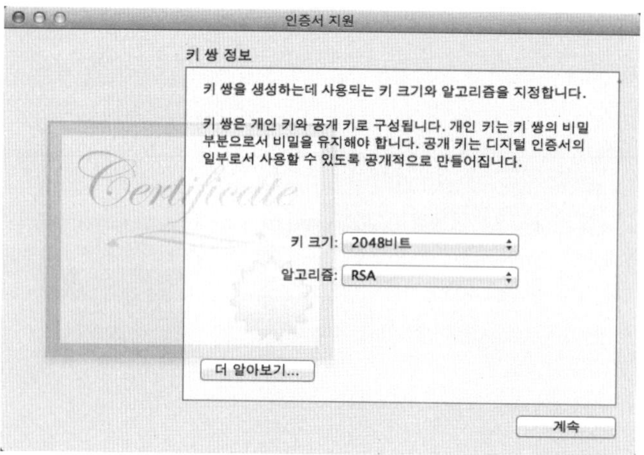

[그림 11-11] 인증서 지원 정보(2)

## 개발자 인증서 발급하기

이제 만들어진 CSR 파일을 Apple Developer Program Portal에 제출하고 승인을 받아야 한다. 앞에서 가입한 iPhone Developer Program Portal로 이동해보자. 개발 단계에서는 Certificate 페이지의 Development 탭, 배포 단계에서는 Distribution 탭을 선택한 후 인증 절차를 진행하면 된다.

우선, Development 탭을 클릭한 다음 "Your Certificate" 오른쪽 하단에 있는 Request Certificate를 클릭하여 인증서 요청 단계를 진행한다.

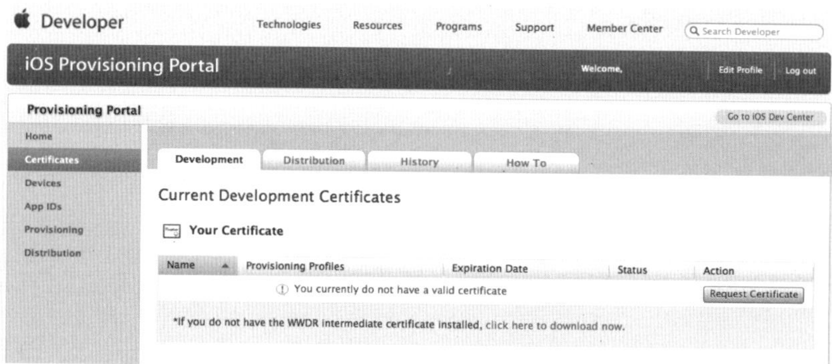

[그림 11-12] 인증서 발급(1)

파일 선택 버튼을 클릭해 PC에 저장된 CSR 파일을 선택하고 "제출" 버튼을 누른다.

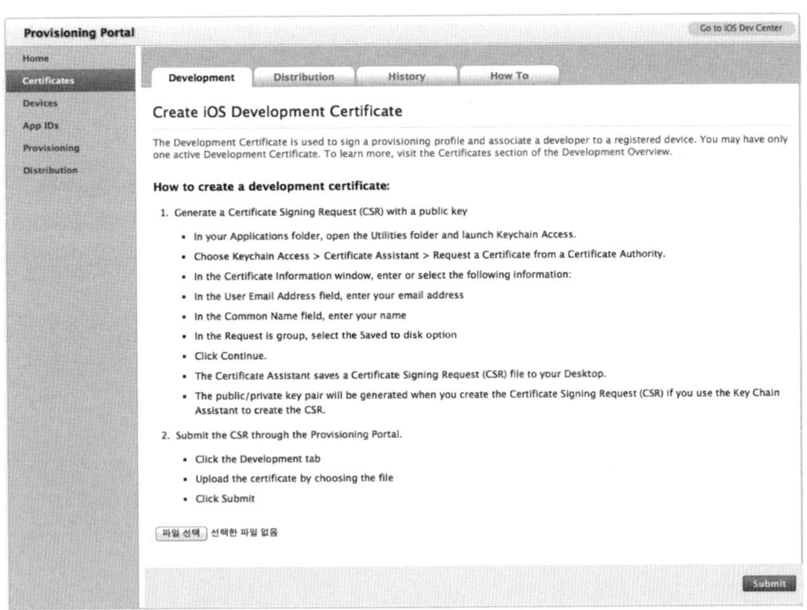

[그림 11-13] 인증서 발급(2)

해당 정보를 바탕으로 인증서 발급이 진행된다. 인증서 발급에는 약간의 시간이 소요되고 새로 고침을 하다 보면 "Pending Issuance" 상태에서 아래와 같이 Issued로 바뀔 것이다. 여기까지 하면 인증서 발급이 완료된다. "Download" 버튼을 클릭해 인증서를 다운로드한 후 실행해보자.

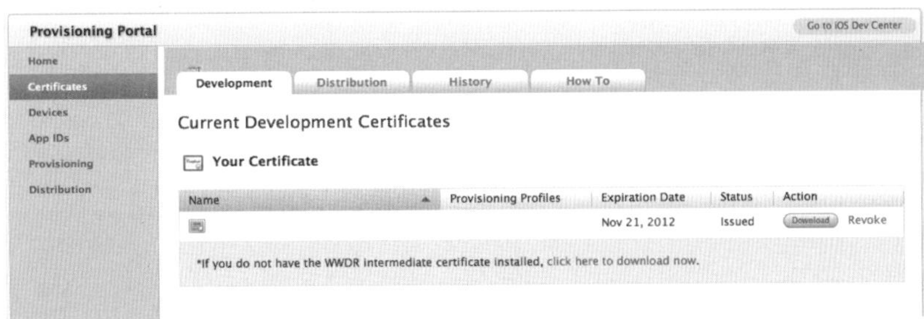

[그림 11-14] 인증서 발급 완료(3)

## 개발자 인증서 등록하기

키체인 화면의 카테고리-인증서 항목을 살펴보면 애플 인증서와 자신의 인증서가 있다. 이 상태가 되면 개발자 인증을 위한 모든 절차가 끝나게 된다.

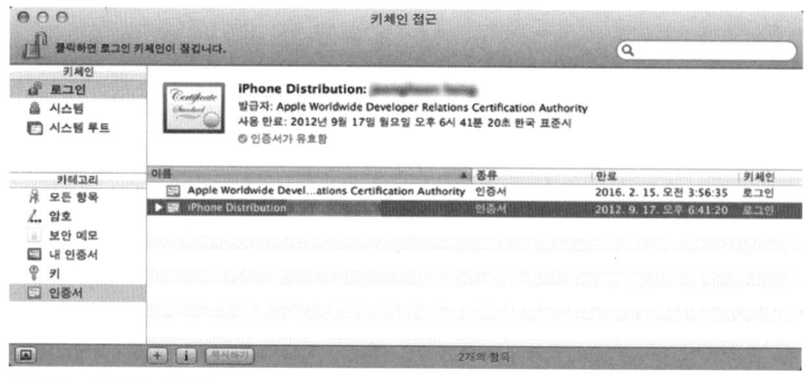

[그림 11-15] 인증서 등록

## 4.2 디바이스 등록

인증서를 이용해 이제부터 디바이스를 등록해보자. 프로비저닝 포탈의 Devices 항목, Manage 탭에서 "Add Devices" 버튼을 클릭하자.

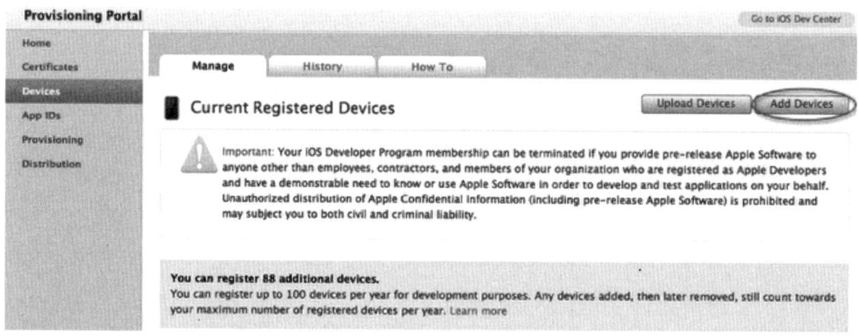

[그림 11-16] 디바이스 등록

Device Name은 해당 디바이스를 구분할 문자열을 기입하는 부분이다. 예를 들어, cosmos처럼 해당 디바이스를 구분할 수 있는 이름을 설정하면 된다. 이 이름은 영어로 기입하도록 하자. Device ID는 개발 장비의 UDID(Unique Device Identifier)를 입력한다. UDID는 40개의 헥사(HEX) 문자열로 이루어져 있으며, Xcode의 Organizer나 아이튠즈를 이용해 손쉽게 확인할 수 있다.

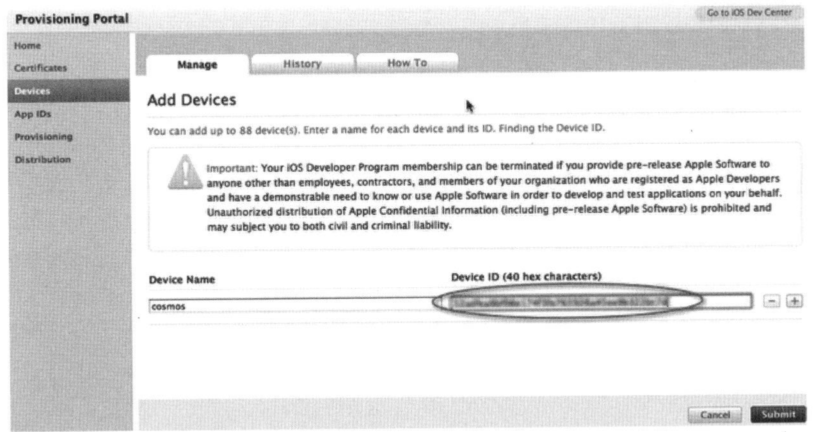

[그림 11-17] 디바이스 등록

Xcode Organizer와 아이튠즈의 Identifier 값을 등록한다.

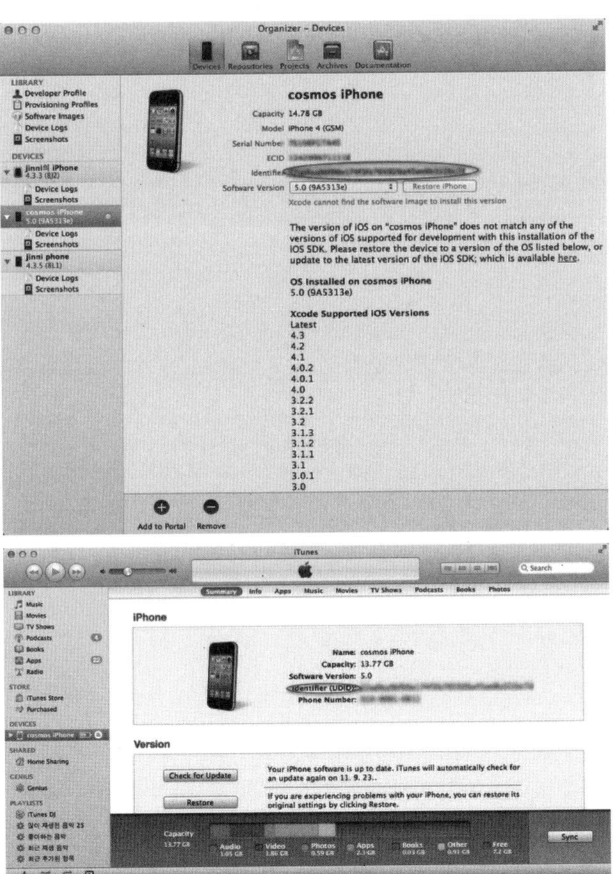

[그림 11-18] Organizer와 아이튠즈에서 UDID 확인

## 4.3 App(Application) ID 만들기

App ID는 앱스토어나 아이폰에서 애플리케이션을 구별하는 문자열이다. com.yourcompany.AppID 역순으로 적은 뒤 앱 실행 파일 이름을 붙인다. 다양한 앱을 하나의 App ID로 묶어 사용하려면 Apple Developer Program Portal에서 실행 파일 이름을 와일드 카드 문자로 설정해 사용하면 된다.

예) com.yourcompany.*

– Description: 앱에 대한 간략한 설명을 설정한다.

– Bundle Identifier: 보통 com.그룹/회사명.앱이름 형태로 만든다.

"제출" 버튼을 클릭하면 App ID가 발급된다.

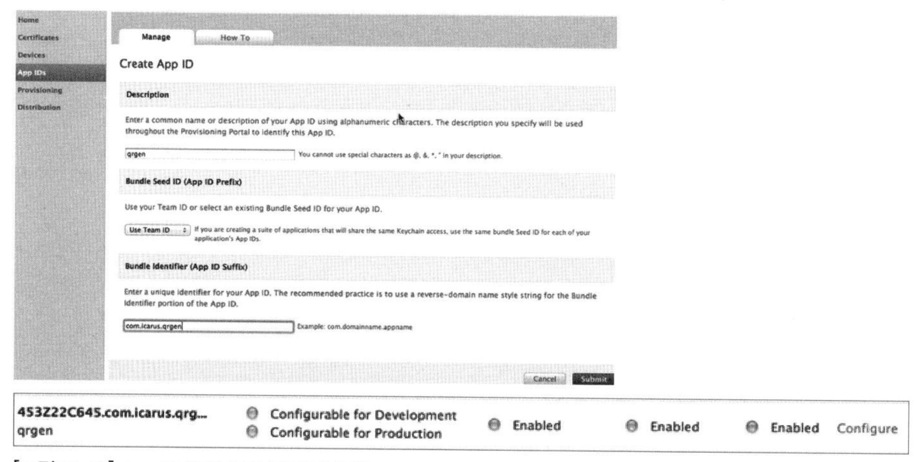

[그림 11-19] App ID 설정 화면 및 발급 화면

## 4.4 프로비저닝(Provisioning)

이제 가장 중요한 단계인 프로비저닝이다. 프로비저닝은 권한설정이란 뜻을 갖고 있다. 프로비저닝 프로파일은 Xcode에서 프로젝트를 빌드할 때 반드시 포함시켜야 하는 정보로 인증서와 디바이스, App ID를 모두 선택해 설정해야 한다. 프로비저닝 프로파일은 3 종류가 있다. 개발 테스트를 목적으로 준비한 개발 프로비저닝(Development Provisioning), 앱스토어 등록용인 배포 프로비저닝(Distribution Provisioning) 그리고 임시 배포용인 Ad-Hoc이 있다.

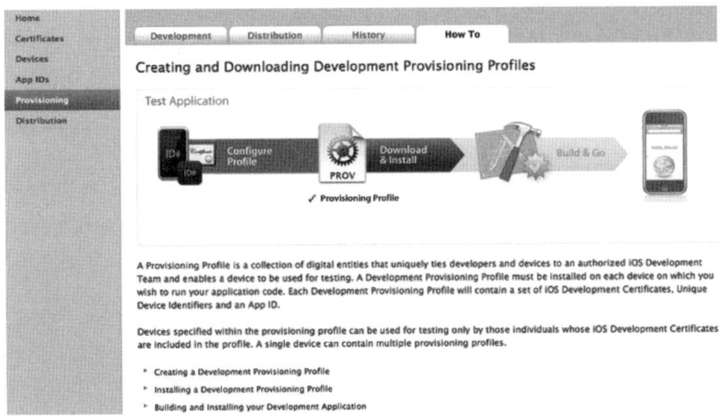

[그림 11-20] 프로비저닝 프로파일 기본 화면


## 〈프로비저닝 프로파일 생성〉

프로파일 이름은 일반적으로 프로젝트 이름을 사용한다. 다운받은 인증서를 선택하고
이전에 등록한 App ID와 Devices를 선택한 후 제출한다.

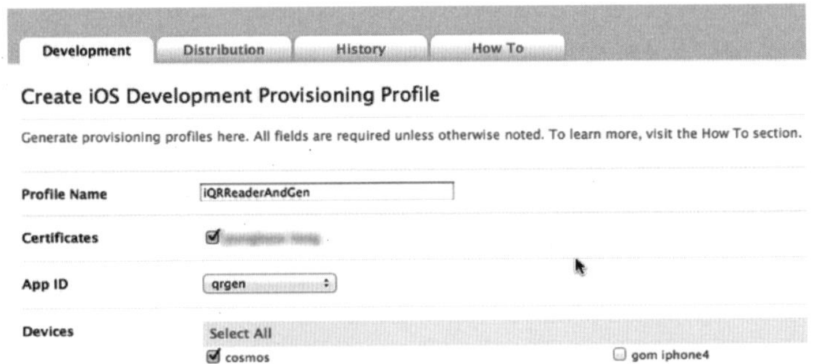

[그림 11-21] 프로비저닝 설정 화면


여기까지하면 모든 인증서 발급 절차가 마무리된다. 작성한 인증서에는 개발자, App
ID, 디바이스 정보가 들어있다. 예를 들어, 발급받은 인증서에는 "Park InHye라는
개발자가 iQRReaderAndGen 애플리케이션을 Cosmos's iPhone4 디바이스에 넣
을 것이다" 라는 정보가 들어 있는 것이다.

마지막으로 완성된 애플리케이션 공급 인증서를 다운로드 받은 후 더블 클릭하자.

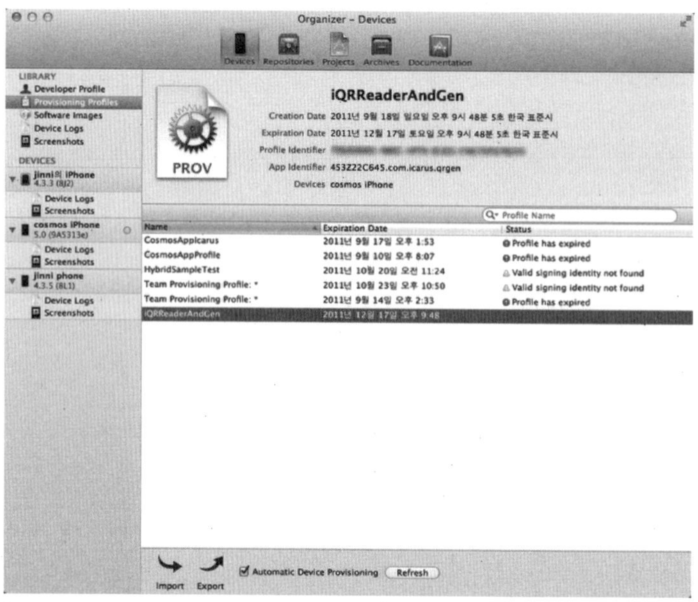

[그림 11-22] 프로비저닝 발급 완료 화면

## 4.5 Xcode & 환경 설정

이제 Xcode 환경 설정을 해보자. 왼쪽에 프로젝트(Project) 설정과 타겟(Targets) 설정이 있다. 타겟 설정 탭 정보(Info)란을 클릭해 Bundle Identifier 값에 등록한 App ID를 설정하자(ex: com.icarus.qrgen).

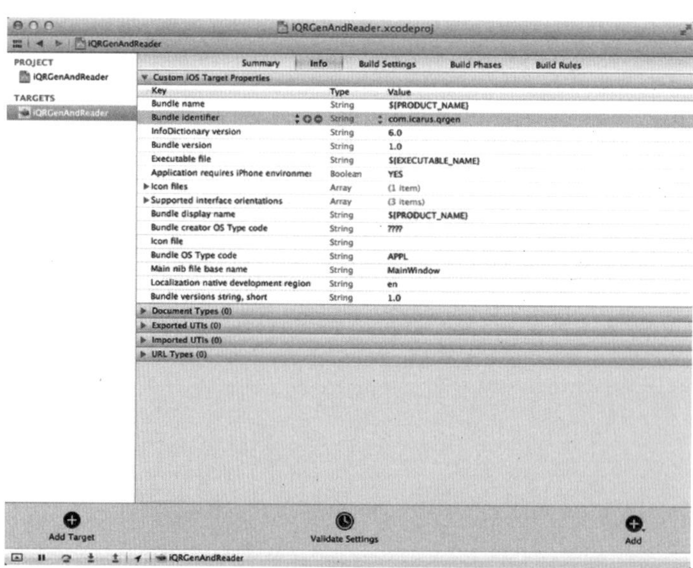

[그림 11-23] Xcode 환경 설정

타겟과 프로젝트 설정에서 빌드 셋팅(Build Settings) 탭을 클릭해 Code Signing Identity 항목에 등록한 프로비저닝 파일을 등록하자.

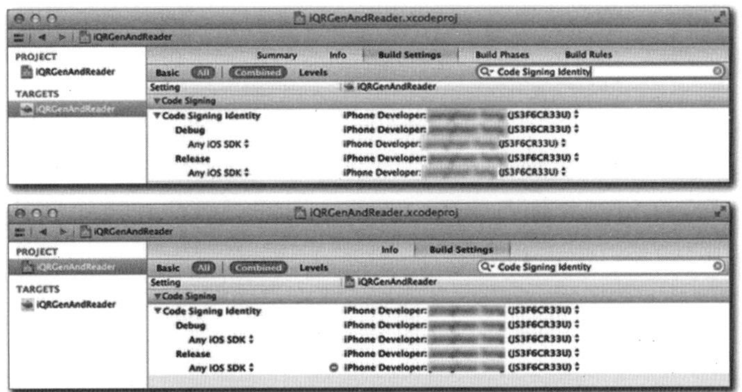

[그림 11-24] Xcode 타켓과 프로젝트 빌드 셋팅

Xcode에서 "Run" 버튼을 클릭해 프로그램을 실행하면 아이폰 디바이스에 작성한 프로그램이 배포된 후 실행될 것이다.

## 05 앱스토어에 등록할 배포용 빌드하기

개발자 포털에서 4.1 단계에서 한 것처럼 배포 인증서(Distribution Certificate)를 받아서 설치한 후 동일하게 진행하면 된다.

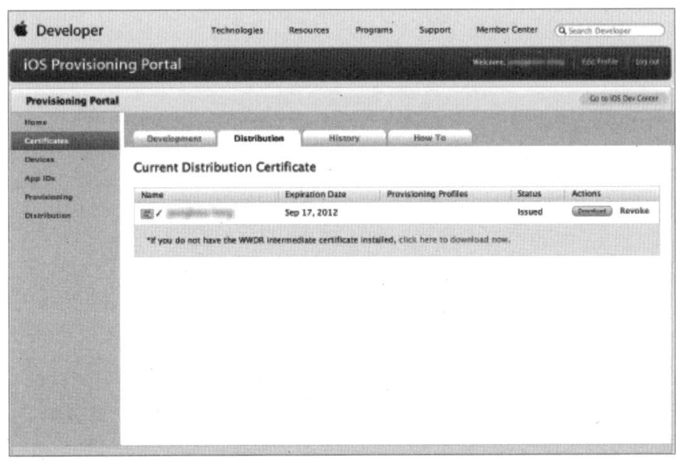

[그림 11-25] 배포 인증서 발급

그리고 4.4 단계에서 진행했던 것처럼 배포 프로비저닝 프로파일(Distribution Provisioning Profile)을 생성한 후 다운로드해서 설치하면 된다.

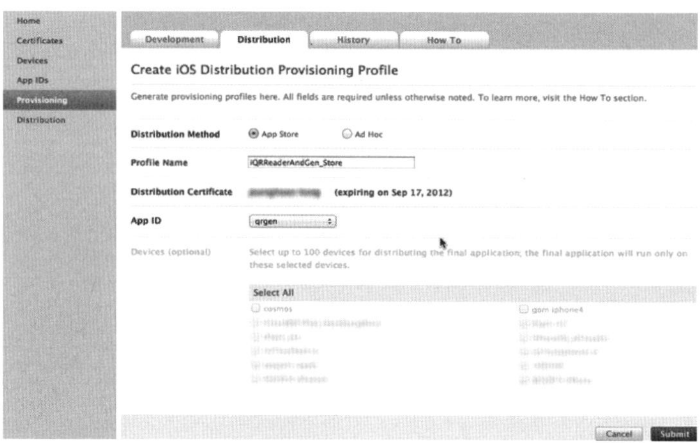

[그림 11-26] 배포 프로비저닝 프로파일

Xcode 환경 설정도 4.5 단계에서 진행했던 것처럼 배포(Distribution)용 Build Targets 설정을 하고 Build Info에서 설치한 배포 프로비저닝 프로파일을 선택하고 프로그램 버전 정보, 이름을 설정해 빌드하자.

## 06 앱스토어 등록

앱스토어에 앱을 등록하기 위해 아이폰 개발자 센터의 iTunes Connect에 접속한다.

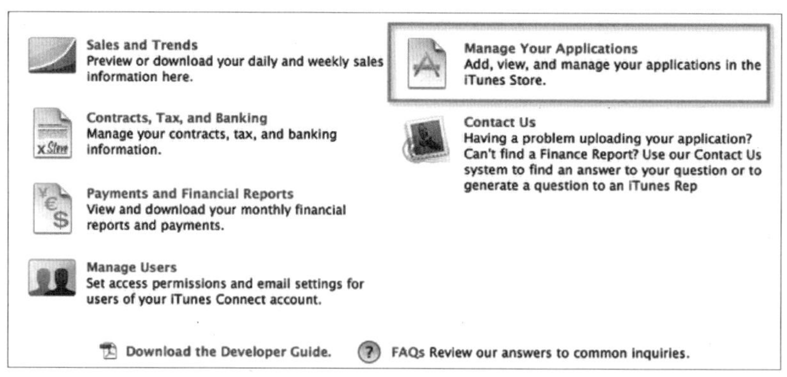

[그림 11-27] iTunes Connect

"Manage Your Applications"에서 "Add New Application"을 선택한 후 정보를 입력한다. Primary Language에서 사용할 언어를 선택하고, Company Name에 회사 이름을 입력한다.

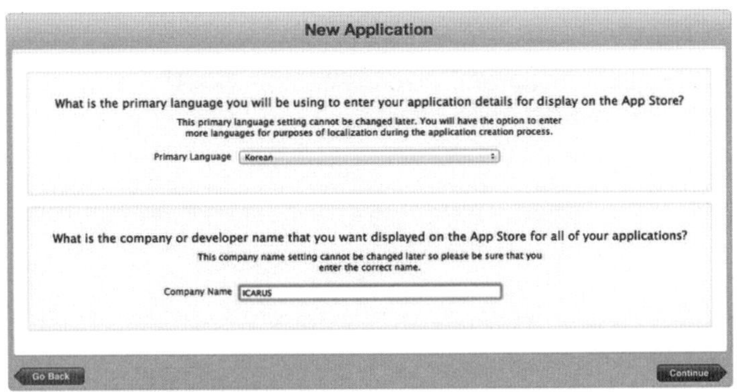

[그림 11-28] 언어 및 회사 등록

다음은 App Information 정보를 입력한다. App Name은 앱스토어에 노출되는 이름이다. 최소 2바이트에서 최대 255바이트까지 가능하다. SKU Number는 앱 구분 번호이며, 최소 2바이트이다. Bundle ID는 업데이트에 사용된다.

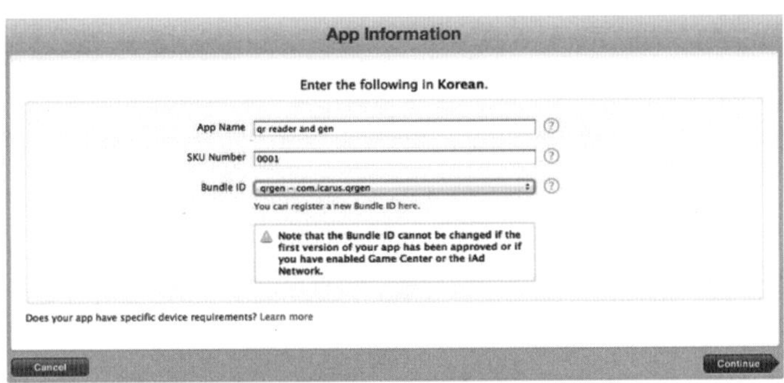

[그림 11-29] 애플리케이션 정보 입력

애플리케이션을 등록할 때는 아래와 같은 팁이 있다.

▥ 다른 회사 명이나 상품 이름을 비슷하게 사용하거나 도용할 경우에는 앱스토어에서 삭제된다.

▥ 앱을 등록한 후 120일 이내에 바이너리를 전송해야 한다. 그렇지 않으면 아이튠즈 커넥트에서 등록 내용이 삭제된다.

▥ SKU Number와 Bundle ID는 제출한 이후에는 변경할 수 없다.

다음은 등록할 애플리케이션의 이용 가능 날짜와 가격을 입력한다.

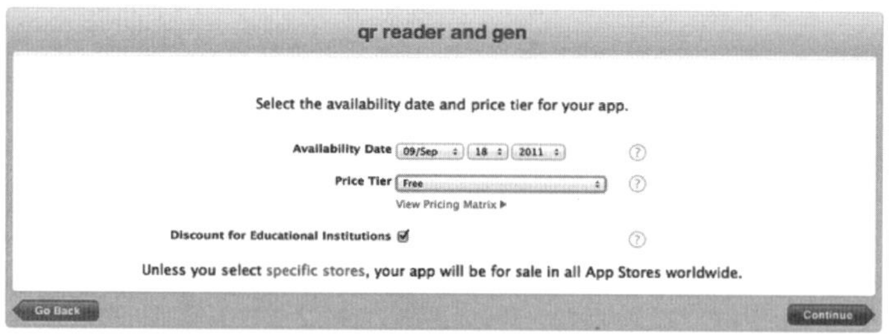


[그림 11-30] 이용 가능 날짜와 가격 입력

이용 가능 날짜와 가격을 선택하고 나면 다음과 같은 메타데이터(MetaData) 정보를
입력해야 한다.

- Version Number: 1.0 혹은 1.0.1 과 같은 형식으로 입력

- Description: 등록하려는 앱에 대한 설명 입력(최대 4,000 바이트)

- Primary Category: 등록하려는 앱의 카테고리 선택

- Secondary Category: Primary Category에서 게임 선택 시 Secondary Category에서 게임
  종류 선택

- Keyword: 검색을 통해 등록하려는 앱을 찾을 수 있도록 키워드 입력(최대 100바이트)

- Copyright: 저작권 표시(ex: 2011 Korea Icarus Inc 같은 형식으로 작성)

- Contact Email Address: 앱 등록 중 이슈 발생시 애플로부터 연락받을 이메일 주소 입력(일반
  사용자들에게는 노출되지 않음)

- Support URL: 등록하려는 앱에 대한 이슈나 피드백을 받을 사이트 노출(선택사항)

- Review Notes: 등록하려는 앱에 회원 가입과 로그인이 필요하다면 ID/Password 입력

메타데이터 정보 기입 시에는 아래와 같은 팁들이 있다.

- Version Number는 바이너리에도 동일한 정보를 입력해야 한다.

- 등록하려는 앱의 성격과 맞지 않는 카테고리 선택은 앱 등록 거부 사유이다.

- 키워드는 쉼표로 구분한다.

- Copyright 마크 ⓒ를 별도로 입력할 필요가 없다. 앱스토어에서 자동으로 보여준다.

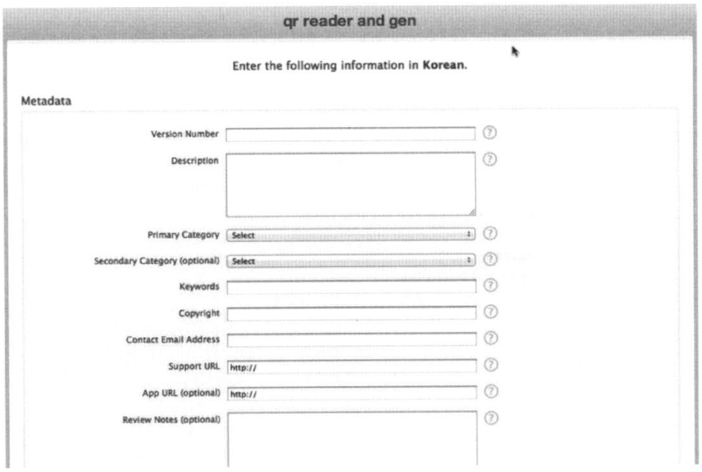

[그림 11-31] 애플리케이션 메타데이터 정보 입력

메타데이터를 입력하면 사용자 등급(Rating) 입력란이 나온다. 등록하려는 애플리케이션의 사용자 연령 등급을 설정하는 부분이다. 해당 내용에 대한 체크박스를 선택하면 자동으로 등급이 계산된다. 등급은 4세 이상, 9세 이상, 12세 이상, 17세 이상의 4가지로 구분된다. 등급이 17세 이상이면 다운로드나 업데이트 할 경우 팝업 알림 창이 생성된다. 외설적이거나 비도적적이거나 불쾌한 내용을 담고 있다면 앱 검사시 거부될 확률이 높다.

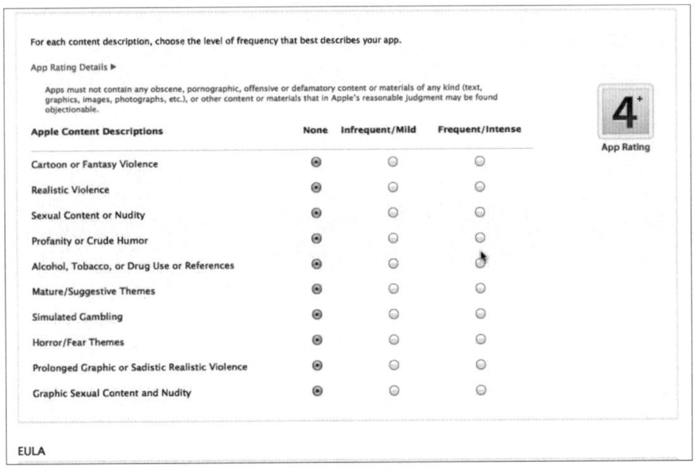

[그림 11-32] 사용자 등급 설정

사용자 등급 설정을 완료하면 EULA(End User License Agreement) 내용을 확인한 후 업로드 이미지를 등록해야 한다. 업로드할 이미지는 총 3가지가 있다. 첫째 앱스토어에 노출되는 아이콘으로 사이즈는 Large 512×512다. 둘째 아이폰과 아이팟 터치 스크린샷으로 아이폰/아이팟에서 실행되는 화면을 캡쳐한 이미지이고, 셋째는 아이패드에서 실행되는 화면을 캡쳐한 이미지이다.

아이콘을 등록하면 자동으로 모서리가 라운드 처리된다. 홈스크린용 아이콘은 등록할 실행 파일(Binary) 안에 담겨 있는 이미지를 동일하게 사용해야 한다. 만약, 등록할 앱이 아이폰과 아이패드 모두를 대상으로 실행되는 Universal 스타일이라면, 아이폰과 아이패드 스크린샷을 모두 등록해야한다.

모든 정보를 다 등록하고 "Ready to Upload Binary"를 선택한 후 "Export Compliance"로 이동한다. 마지막으로 등록하려는 앱의 로그인이나 인증 기능이 있는지 없는지를 선택하면 아래와 같이 등록하려는 현재 앱의 상태를 볼 수 있다. 현재 상태는 "Waiting for Upload"이다.

iTunes Connect에서 애플리케이션 등록 신청 절차가 끝이 났으면 Xcode를 이용해 바이너리(Binary)을 준비해야 한다. Xcode에서 Bundle Version을 기입하고 Code Singing을 Developer에서 이미 만들어 놓은 Distribution으로 변경하고 새로 빌드를 하여 아이튠즈에 올릴 최종 바이너리 즉, 실행파일을 만들어보자.

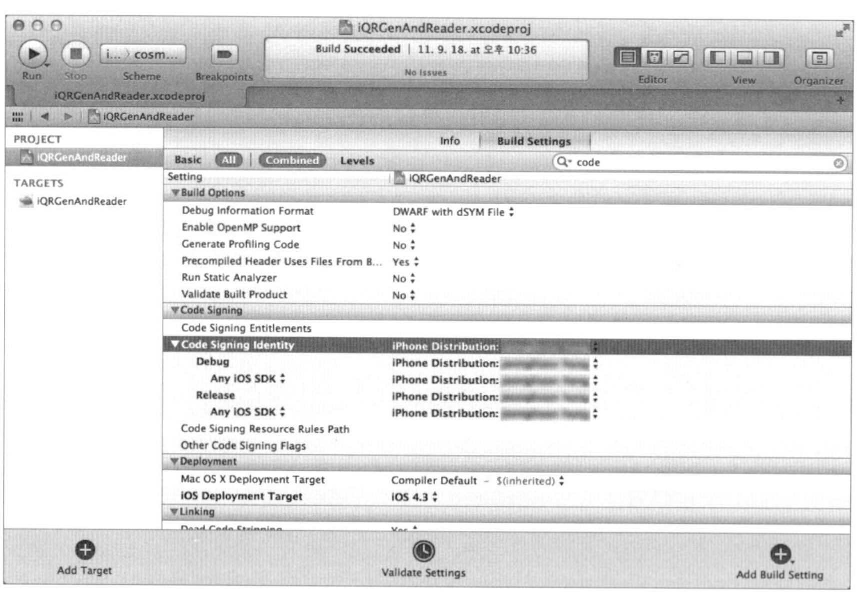

[그림 11-33] Xcode 설정 변경

생성된 바이너리 파일을 선택한 후 파인더를 이용해 압축하자.

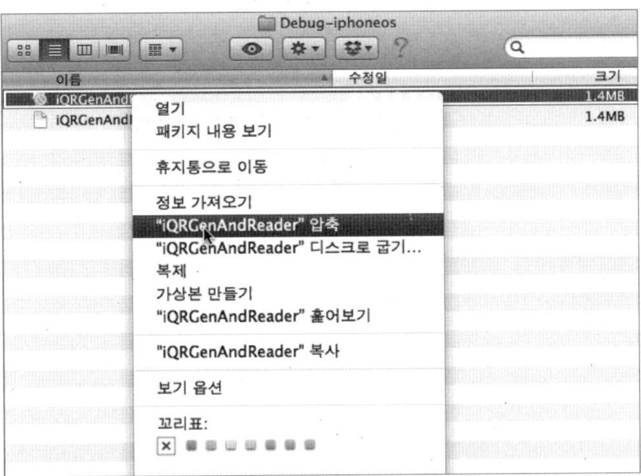

[그림 11-34] 바이너리 파일 압축하기

이제 앱스토어에 올릴 애플리케이션 실행 파일도 준비됐다. Spotlight를 이용해 Application Loader를 실행하자. 이제 Application Loader를 이용해 앱스토어에 압축한 바이너리 파일을 등록하면 된다.

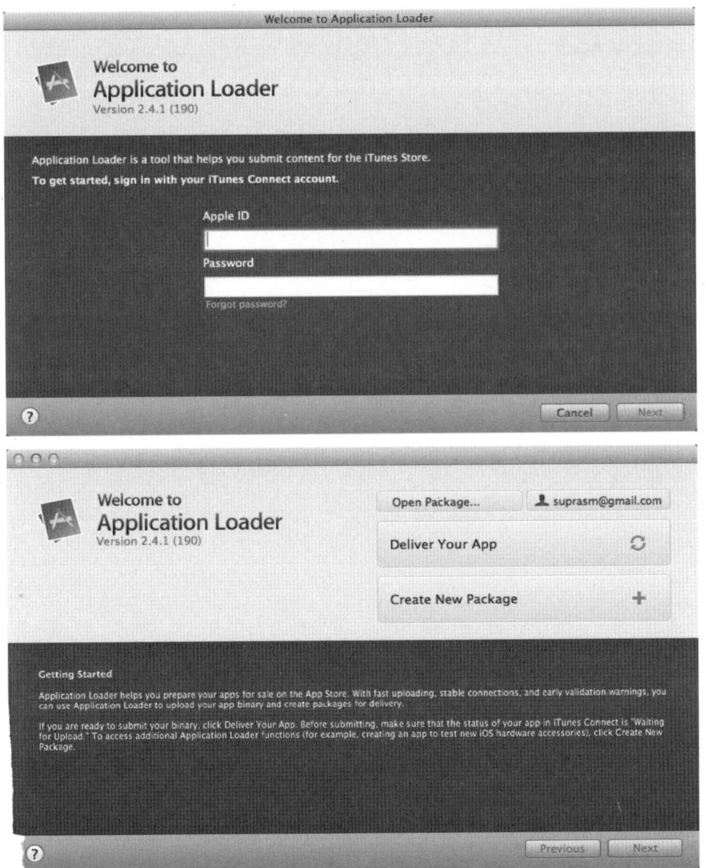

[그림 11-35] Application Loader 실행

앱을 업로드하면 앱스토어 담당자가 검수를 진행한다. 만약, 앱 등록에 이슈가 있다면, 해당 내용에 대한 내용 및 해결책에 대한 이메일을 받게 된다. iTunes Connect에서는 검수 진행 상태를 확인할 수 있다. App Status 등록과 결과에 대한 상태는 아래와 같다.

**[표 11-1] 앱 검수 결과**

| 표시 | 상태 | 설명 |
| --- | --- | --- |
| | Prepare For Upload | 바이너리 파일 업로드 준비 상태 |
| | Wating For Upload | 바이너리 파일 업로드 대기 상태 |
| | Wating For Review | 앱스토어 담당자 검수 대기 상태 |
| | In Review | 앱스토어 담당자 검수 진행 중 |
| | Pending Contract | 사용자의 Contracts, Tax, Banking 정보에 대한 재검토 요청 상태 |
| | Wating For Export Compliance | 최종 업로드 확인 상태 |
| | Upload Received | Application Loader를 통해 등록한 바이너리의 업로드를 확인한 상태 |
| | Pending Developer Release | 사용자 Version Release Control button의 설정 대기 상태 |
| | Processing for App Store | 바이너리 작동 확인 및 24시간 이내 Ready For Sale로 전환될 예정 |
| | Pending Apple Release | 공개된 iOS 버전과 상응될 때까지 대기 상태 |
| | Ready For Sale | 앱스토어 판매 대기 및 판매 중 상태 |
| | Rejected | 판매 보류 상태 |
| | Removed From Sale | 앱스토어에서 등록 취소된 상태 |
| | Developer Rejected | 개발자 본인이 앱을 리뷰 큐에서 제거한 상태 |
| | Developer Removed From Sale | 개발자 본인이 앱을 앱스토어에서 제거한 상태 |

| | | |
|---|---|---|
| | Invalid Binary | Application Loader를 통해 바이너리를 전송했지만 요구 사항을 전부 충족하지 못한 상태. 이메일로 해당 이슈와 해결책 발송 |
| | Missing Screenshot | 스크린 샷이 누락된 상태 |

## 08 등록 완료

등록이 완료되면 확인 메일이 애플로부터 온다. 이제 여러분들이 작성한 앱을 앱스토어를 통해 판매할 수 있게 된 것이다. 유료 애플리케이션일 경우에는 Promotional Codes를 받아서, 테스트 삼아 사람들에게 무료로 받아보게 할 수도 있다. 앱 별로 50개씩 받을 수 있다([iPhone Development Center] → [iTunes Connect] → [Request Promotional Codes]).

그리고 내 앱이 몇 개나 다운되었는지는 [iPhone Development Center] → [iTunes Connect] → [Sales/Trend Reports]에 들어가면 일/주/월 단위로 어느 지역에서 얼마만큼 다운되었는지를 일목요연하게 확인할 수 있다.

# 에필로그

지금까지 우리는 10개의 앱을 구현해보았다. 기본 아이디어 설계와 필요한 재료 수집, 그리고 프로그램 설계와 하나하나의 구성 요소를 결합하며, 완성품을 만들어 보았다. 그렇다면, 이 책을 정독한 이후에는 어떻게 학습을 지속해야 할까? 이와 관련해 다음 5가지 키워드를 제시하고자 한다..

## 1. 기본에 충실하자.

모든 일에 있어서 가장 중요한 것은 바로 기본기이다. 아무리 멋지고 화려한 건물이라도 기반이 부실하면 언젠가는 무너지게 된다. 아이폰 앱을 만들 때도 마찬가지이다. 코드를 작성할 때 코딩 규칙이나 정교한 프로그램 설계. 확장성, 디버깅을 통한 안정성 확보가 무엇보다 중요하다. 뛰어난 기능과 화려한 UI를 갖고 있어도 프로그램이 실행 중에 오작동한다면 소비자의 신뢰에 금이 가버리게 된다. 문법을 확실하게 알고 있어야 하고, 기본 작동 구조에 대한 파악도 확실하게 되어 있어야 한다.

## 2. 언어를 익히는 지름길은 없다.

아이폰 프로그램을 작성하려면, 애플 왕국에서 통용되는 언어를 알아야 한다. 컴퓨터 프로그램 언어도 우리가 아는 영어, 한국어, 일어와 같다. 영어나 한국말을 습득하는 가장 좋은 방법은 핵심 구문 암기와 이해 그리고 이를 자주 사용하는 것이다. 언어는 습관이다. 시간과 노력을 꾸준히 투입해 애플 왕국의 언어를 꾸준히 익혀야 한다. 언어 학습에 왕도는 없다. 노력과 열정 그리고 집중력 있는 시간 투자가 필요하다.

## 3. 모방은 창조의 어머니

아이폰 앱을 만들 때 처음부터 독창적이며, 화려한 앱을 만들 수는 없다. 잘 만들어진 앱과 잘 작성된 소스코드를 찾아서 다양하게 변형하고 모방하면서 새로운 앱이 탄생하게 된다. 가급적 많은 코드를 보고 가급적 많은 모방을 해봐야 한다. 다른 사람들의 경험을 축적하다 보면, 어느 순간 새로운 기능을 만들어 낼 수 있다. 모방은 창조의 어머니란 격언을 잊지 말자.

## 4. 목마른 사람이 우물을 판다.

일단, 기본 학습이 마무리되면 자신에게 필요한 앱을 개발해야 한다. 가계부나 일정관리와 같이 자신에게 필요한 앱을 구상하고, 이를 직접 만들어보자. 자신에게 가장 적합한 앱을 직접 만들어 사용해보자. 이런 목적으로 만들어진 앱을 주위 지인들에게 전달하며 피드백을 받아보자. 프로그램에 관련된 정보도 직접 찾아야 한다. SNS를 최대한 활용해 전문가들과의 교류를 끊임없이 시도하자. 전문 서적도 찾아 열심히 정독해보자. 자신이 필요한 것은 자신이 직접 찾아야 한다. 적극적이며 능동적인 자세가 중요하다.

## 5. 시작이 반이다.

눈으로 보고, 머리 속으로 생각만하면 안 된다. 바로 실행에 옮겨야 한다. 한 줄 두 줄 코딩을 시작했다면, 이미 절반은 만들어진 것이다. 코딩을 하고 앱을 만들고 있다면, 이미 절반 이상 온 것이다. 필요한 리소스는 어떻게 얻을 수 있을까? 21세기를 살고 있는 우리는 매일매일 넘쳐나는 정보의 홍수 속에 빠져있다. 이러한 정보 중에 어떤 것이 값어치가 있는 것일까?

**트위터를 적극 활용하자.** 다양한 전문가의 견해와 날카로운 비판, 그리고 조언을 구할 수 있다.

또한 모든 공식적인 정보와 가장 훌륭한 리소스는 **애플 개발자 사이트**에 있다. 물론, 영어로 작성되어 어려움이 있지만 이 곳만큼 훌륭한 리소스는 없다.

그리고 가장 중요한 리소스는 **개발자의 검색 능력**에 있다. "코딩을 구글로 했어요^^"라는 말이 있다. 자신이 개발하고자 하는 것은 이미 누군가가 시도를 했거나 만들었을 확률이 높다. 검색을 하다 보면 다양한 정보를 접하게 된다. 관련 참고 소스코드도 구할 수 있고, 각종 디버깅이나 환경 설정 이슈도 확인할 수 있다. 또한 이러한 과정을 통해, 관련된 수많은 지식을 습득할 수도 있다. 100% 장담할 수는 없지만 개발 능력과 검색 능력은 서로 비례된다. 좋은 리소스를 찾는다면 그만큼 빠른 시간 안에 좋은 프로그램을 만들 확률이 커진다. 오픈 소스, 오픈 플랫폼이 넘쳐나는 Web 2.0 시대에는 개발도 검색을 바탕으로 시작하는 것은 어떨까?

## 10개의 앱으로 배우는
# iPhone 실전 프로젝트 따라하기

1판 1쇄 발행  2012년 6월 25일

저    자  안진섭, 박인혜, 최재규

발 행 인  김길수

발 행 처  (주)영진닷컴

주    소  서울시 금천구 가산동 664번지 대륭테크노타운 13차 10층 (우)153-803

대표전화  1588-0789

대표팩스  (02) 2105-2200

등    록  2007. 4. 27. 제16-4189호

값 25,000 원

© 2012. (주)영진닷컴

ISBN : 978-89-314-4259-5

※ 본 도서의 내용 문의는 저자 블로그(http://10apps.tistory.com)로 해주시기 바랍니다.

http://www.youngjin.com